当代经济学系列丛书
Contemporary Economics Series
主编 陈昕

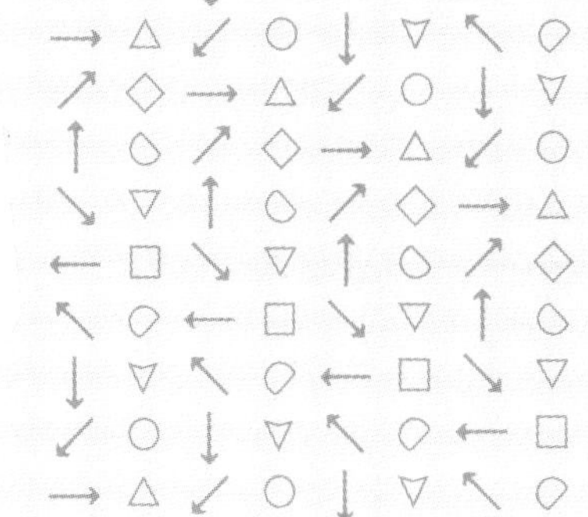

数量金融导论
数学工具箱

[美] 罗伯特·R.雷伊塔诺 著
马博 隆云滔 刘洁 译

格致出版社
上海三联书店
上海人民出版社

主编的话

上世纪80年代，为了全面地、系统地反映当代经济学的全貌及其进程，总结与挖掘当代经济学已有的和潜在的成果，展示当代经济学新的发展方向，我们决定出版“当代经济学系列丛书”。

“当代经济学系列丛书”是大型的、高层次的、综合性的经济学术理论丛书。它包括三个子系列：(1)当代经济学文库；(2)当代经济学译库；(3)当代经济学教学参考书系。本丛书在学科领域方面，不仅着眼于各传统经济学科的新成果，更注重经济学前沿学科、边缘学科和综合学科的新成就；在选题的采择上，广泛联系海内外学者，努力开掘学术功力深厚、思想新颖独到、作品水平拔尖的著作。“文库”力求达到中国经济学界当前的最高水平；“译库”翻译当代经济学的名人名著；“教学参考书系”主要出版国内外著名高等院校最新的经济学通用教材。

20多年过去了，本丛书先后出版了200多种著作，在很大程度上推动了中国经济学的现代化和国际标准化。这主要体现在两个方面：一是从研究范围、研究内容、研究方法、分析技术等方面完成了中国经济学从传统向现代的转轨；二是培养了整整一代青年经济学人，如今他们大都成长为中国第一线的经济学家，活跃在国内外的学术舞台上。

为了进一步推动中国经济学的发展，我们将继续引进翻译出版国际上经济学的最新研究成果，加强中国经济学家与世界各国经济学家之间的交流；同时，我们更鼓励中国经济学家创建自己的理论体系，在自主的理论框架内消化和吸收世界上最优秀的理论成果，并把它放到中国经济改革发展的实践中进行筛选和检验，进而寻找属于中国的又面向未来世界的经济制度和经济理论，使中国经济学真正立足于世界经济学之林。

我们渴望经济学家支持我们的追求；我们和经济学家一起瞻望中国经济学的未来。

陈昕

2014年1月

前　　言

本书提供了一个易懂但不失严密性的，关于进行成功投资以及数量金融领域内所必需的数学知识的介绍。这本书展开介绍了在投资组合管理和投资银行学中使用数学的相关主题，包括基本的衍生品定价以及风险管理应用等，这些都是量化投资金融，或者更通俗地讲——投资金融学所必须了解的知识。一本正在构思中的书——《高级数量金融：数学工具箱》，将会介绍更高深的数学知识，这些知识主要用来进行投资建模、衍生品定价以及风险管理。总而言之，后面出现的这些领域被称为定量金融或数理金融。

本书中使用的数学知识主要是大学本科数学专业学生所学习的。相对应的每一章的数学知识几乎都需要一个学期的时间。当然，由于本书的目的是强调那些与金融应用相关的最重要的部分，所以每一章介绍的数学知识就只是那些传统数学课程中的极小一部分。然而，本书不同于以往惯例，把高深的知识提前介绍，这使得读者在熟悉的前提下了解这些内容。

我写本书的初衷是为了填补目前在金融学和数学学科中联合应用的两个缺口，填补这两个缺口对学习金融学的学生、金融从业者以及希望强化自己的数学技能与加深对投资、数量金融应用的了解的人来说，是有意义的。数学方面有关文献存在的缺陷在于，其中大部分的内容集中在数学的一个单一领域内，如微积分。任何对金融学感兴趣并希望能满足该学科要求的人，他们只有两种选择，要么去获得一个或更多的数学相关学位，要么自己对相关数学教科书下一番功夫。无论是对商学院和金融系研究生还是对那些正从事投资和数量金融工作并有志提高他们数学技能的人来说，这两种方法都不是很有效的。那些勤奋的读者可能已经发现了，每一本这样的书，它们介绍的数学知识比金融应用所需要的知识要多很多，并且几乎不可能明确指出数学中哪一个方面的内容对金融应用来说是必要的。另一个复杂情形是，数学教材很少（偶尔也会有）提及在金融学的应用，这使得厘清相关理论变得更加复杂。

第二个缺陷在于金融学方面的文献。现有的金融学教材根据对数学熟悉程度不同分成两种,一种是像"食谱"似的教科书介绍数学金融,这种教材通常只说明数学公式,附带着简单的或启发式的推导。这一类书的特点是忽略由推导公式的要求而产生的对数学分析框架的讨论,同时也不重视为得出结论而做出的假设的作用。不过,这种方法也许更适合讨论金融应用,而对那些不可避免要探究一些答案未知的数量问题的学生来说,这类教材的内容还显得不够充实。

另一类金融学教材,其数学理论相当严谨,但是对非数学专业的学生来说,不是很容易被接受。尽管这种教材内容十分严谨,但其也取决于其他学科产生的复杂结论。因此对一个不具备其他学科知识的学生来说,尽管他们学习的积极性很高,但是他们的学习也将是不完整且不充分的。这里,再一次强调,对于那些尚未准备好的学生,他们过度相信已有的结果而没有加以真正理解,这是另一种形式的"食谱"学习。

在本书中,作者试图通过一种合理的、既严谨又易接受的方式来弥补上面提出的那些缺陷,即回顾在数量投资金融中所需要涉猎的诸多数学知识。我的目标是帮助读者深刻了解相关的数学理论,并把学到的工具有效地用于实践中。在每章中,我都会结合有关金融应用的案例来帮助读者把本章的数学理论与金融应用以及金融行业中的实际工作联系起来。

怎样才能成为"量化"

从某种意义上说,本书强调的是数学工具的应用,所谓数学工具就是在金融中成功应用的数学模型。"数学工具箱"这一表达的含义是明确的,它反映了我本人的一种理念:研究数学是对智力劳动的奖励。数学提供一系列灵活的工具,使得利用它的读者能够解决很多重要而现实的问题。

然而,我所指的使用工具,并不意味着为了后来的运用而去背诵一些公式。当然,如同使用任何一门语言一样,为了理解词语的含义并进行准确的交流,在数学的学习中,也需要适当的背诵,但是大多数公式不在必须背诵之列。的确,数学的很多内容常常伴随着公式,但是对公式的记忆应该排在学生或使用这类书的读者要努力做的事情的最后一位。学生应该努力掌握数学的分析框架并应用这些框架来分析真实世界的问题。

换句话说,学生应该把注意力放在思考的过程中,并用数学的方法来得出每一个结果。这些"工具",即每一学科中的数学方法,都要明确了解其中的假定条件。通常地,学生们要形成必要的洞察力,理解公式与假设条件之间暗含的关系。本书中定义和研究的这些工具将会使得学习者掌握很全面的理论框架,这些框架能被应用于投资和数量金融的研究中。

尽管本书相当厚重,但是它所涵盖的内容并没有看上去那么多,本书仅仅介绍数学应用中的一个特殊领域,即在金融中的应用。因此本书选择的相关材料都是数学分支中极小的一部分。这个选择工作是本书形成过程中最为困难的一环。大体上说,我选择材料的范围都有一个主题,要么是可以直接应用到金融上的,要么是为理解后面章节的知识能直接应用到金融中所必需的。由于我的目的是确保本书不仅仅是一系列数学公式的堆础,就如同其他金融“食谱”教材一样,因此,我致力于留出讨论这些结果是如何推导出来的空间,以及这些数学知识与它们的假设之间的关系的。最为理想的情况是,学习本书的人,不要再把公式作为一个不变的真理而忽略其提出者做出的假设。

我这样做的动机是因为,在投资和数量金融中,很少有好的职位是依靠在标准情形中使用标准公式来解决问题的。即使有,这些应用也往往是由计算机系统来自动完成而很少或根本不需要人员干预,可将“程式交易”看作这种说法的一个例子。还有一个有趣且深刻的理论,就是所谓的套利机会。套利过程可以用公式来说明,用编辑好的程序来自我实现,它们的运行很少需要分析师的进一步干预。

同样地,因为需要定期开发新的金融产品,即使这不是更为重要的,对定量分析师的需求也在不断上升,所有的金融从业者都在使用以往的方法并使它们适应金融分析、定价、风险模型以及风险管理。如今,在具体工作中,标准化结果也许可以得到应用,也许不能得到应用,定量金融分析师最重要的工作是判断传统的方法是否还能使用,如果不能,分析师必须对传统方法做出适当的修改甚至是采用全新的方法。换句话来说,对现在的金融分析师来说,重要的是能够用数学的思维而不是简单的生搬硬套去解决问题。

对一个新手来说,本书中关于金融应用的介绍足够了,但是如果想掌握这些应用还显得不够详细。最理想的是,在读者熟悉某些应用后,如果需要,可以通过更深入研究来学习其他的应用。本书中所选择的数学主题和金融应用内容,欢迎读者和实际工作者提出宝贵意见,你们的反馈将会在下一版中致谢。

本书计划

本书共 10 章,每一章中都基于章节开始时提出的数学材料来展开讨论。然而,在一些地方,一个公式或结果不会被展开介绍,除非在后面的章节还会继续应用。还有一些较为深奥的结论我不打算给出证明,因为那样会使本书的定位偏离原来预定的方向。总体而言,本书的体例是独立的,每一个被讨论的素材都是相对完整的,并且具有数学的严谨性。读者唯一需要的数学背景是了解代数运算以及熟悉微积分的入门知识,例如图表、指数和对数等知识。因此本书中阐述的各个主题之间是相关的,读者应该使用铅笔或钢笔在纸上或电脑上来进行模拟,以此在理解中学会应用。对推导和案例有不清楚的地方,读者应该尝试运用代数知识自己解决。

当然,即使一个证明或案例很清楚,如果读者能够使用钢笔和纸或电脑来模拟,以澄清推导过程中被遗漏的细节,那么你们将会受益匪浅。这种非正式的练习在所讨论的工具的应用上很有必要,在做完本书中的习题以及经过现实的金融领域的实践后,你们分析问题的技能会得到很大的提高。然而,本书的每一个推导并不是都同样对所研究的数学工具具有相同程度的启发,在开始研究之前应该对细节部分好好斟酌一番,形成研究细节的习惯,这样可以加深对数学知识理解并对知识有更好地应用。

在本书中,我已经把比较难的部分用星号(*)标出了。开始阅读本书的时候,浏览本书的各个章节会很有用的。对自己感兴趣的应用可以回过头来仔细研究。对于那些有相当深厚功底的读者来说,阅读本书后会发现,对以前熟悉的知识会有进一步的认识。对于初学者或者新接触这些材料的研究生来说,在进行应用之前浏览一下较长的证明的推理过程是很有用的。

按章节顺序,书中介绍了很多有效的方法,既可以自学也可以用在常规的课堂教学中。那些具有前瞻性的教授和从业者,他们可能会为了有效地满足必要的教育需求而打乱章节间的顺序来选择相关内容。对金融的应用来说,最好的方法就是那些最能满足读者和从业者实际需要的方法。那些熟悉金融应用和了解数学技巧的读者,如果需要进一步强化,应该将注意力放在适当的数学部分上,然后通过金融应用来更好地理解数学和金融之间的联系。那些对金融学不是很熟悉的读者,也许在看到数学部分之前,会被开始浏览每一章的应用而激励。

一些课程设计选项

和其他一些金融学课程一样,如投资市场和产品、投资组合理论、金融报告、公司金融以及商业战略,本书适合作为研究生第一学期入门课程数量金融的教材或参考书。在教学过程中,第一学期要在学生加强数学知识和加深理解金融应用之间平衡好时间。在第二学期,学生应该关注更具有定量性的投资金融课程,如在固定收益市场和产权投资市场的投资组合管理、期权及衍生工具等。

对商学院那些刚接触金融学这门课程的金融系学生来说,最好把本书的讲授推迟到第二学期,在学习了金融市场和金融工具的入门课程后。这样可以为讨论本书章节中的金融应用提供背景知识。

本书同样适合那些已经毕业并希望巩固在投资和数量金融中理论知识和实践技巧的读者,因此对那些即将从事投资或数量金融行业的学生和需要提高自身数学技能以便使他们在“金融工程师”的职业上得到提升的从业者来说,本书可以用来进行自学。在数学和工程学中,很多研究生和本科生在本书介绍的数学知识领域中很有造诣,他们也许对在数学框架中提供的关于金融课程的入门很感兴趣。严谨的数学方法在现实世界中的应用可能对这些学生来说是熟悉的,因此在学生早期的学习计划中需要综合地学习数学和金融知识。

对于数学较好的学生,由于本书前几章提供了相对简单的回顾,因此宜采取序贯的方法来学习所有内容,在熟悉的主题上快速通过,把更多的精力放在金融应用上。对数学不擅长的学生来说,他们可能在看完前四章的时候,会陷入与抽象公式做斗争的危险,他们只有在认识到在后面的实际应用中需要数学知识时才有动力去学习数学。对于这一类学生,最好只教授第1章到第4章中的部分数学知识,把注意力集中在这些章节中的直接应用上。举个例子,导师可以给出第1章中逻辑和证明的快速回顾,选择第2章中关于数字系统的部分内容,然后直接跳到第4章的集合运算。在浏览完这些主题后,导师就可以解决第5章中的所有数学和应用方面的问题,然后顺序地从第6章进行到第10章。第1章至第4章中的其他数学内容可以被作为剩下章节中的补充材料来指定阅读或讲授。这种方法和进度能激励学生较快地学习更有意义的应用,并且有助于学生在学习这些重要应用之前保持对数学学习的兴趣。

章节练习

章节中的练习被分成操作练习和强化练习两种。这两种练习都提供了在数学和金融应用中的训练。比较有挑战性的习题在题后都给出了"提示"。学习数学和金融应用最佳的方法是寻找多种方法,即使有些方法被证明是错误的。宝贵的教训来自于这些错误的方法,它们可以帮助学生认识到自己错误地理解了某一概念或误用了某一逻辑和数学技巧。因此,如果一个问题的其他解决方法看起来是可行的,那么学生就应该被鼓励去得出至少一个结论。这一额外的努力会因为通过不同方法得出结果而强化对其的认识,即使两种方法导致不同的结论,也会有助于辨别错误和误解。

解决方案和教师手册

对于本书中的操作练习,学生可以购买有详细解答的《习题手册》。对于强化练习,教师可以从《教师手册》中获得部分答案。这一手册还包含每一章中对教授内容的建议。所有的教学资源都能在网上找到。

章节组织

如今的数学教程很少会介绍数理逻辑这一章,当然也没有谈及其应用。逻辑成为数学系或哲学系的学生学习的一门独立的课程。跳过逻辑这一内容其实是失去了一个获得思考的工具,失去了得出合理结论以及形成清楚正确定量推理的机会。

简单的结论和定量推导没有形式上的逻辑要求,但真实报表和状态分析的工具以及证明过程的逻辑结构,尤其在评估更复杂结果的完整性时逻辑性是必不可少的。除了逻辑性这一工具外,第 1 章还给出了各种应用这些工具的证明,并且这种做法一直延续到下面的章节中。第 1 章还提出了一系列有趣的悖论,通过仔细论证这些悖论,可以看出,如果论点是错误的,那么得到的结论也许也是无意义的。然而悖论是重要的,它促使我们更加清楚地去思考并明确地识别基本假设的重要。

最后,对于完整性而言,这一章包含了对数学正规化公理的讨论,并解释为何这种正规化公理能帮助读者避免悖论的产生。注意,在选择公理的时候存在一定的限制范围,公理对数学理论有着很大的影响。然而,读者也不应该陷在这些正规性的要求中,因为这些要求不是理解下面内容的关键,读者会在后面的研究中遇到更为熟悉的框架。

金融学以及其他任何学科中的数学逻辑,其主要应用都是作为指导,在确认假设和应用中或推导一个必需的结论而避免任何潜在的灾难性的后果的风险。直觉对得出结论有帮助,但是它决不能代替对问题的仔细分析。

第 2 章主要介绍数系与函数,这似乎不是很重要的主题。我们不都在读小学的时候学过数字吗? 这一章的主要目的是回顾不同的数字系统,这些系统为人所熟知并且为更高级的数学模型提供基础。由于本书的目的是介绍早期的重要概念,在第 1 章中,自然数成为一个相对简单的关于公理化结构的例子,它被用来形成一个数学理论。

由自然数开始,允许更加复杂的数学运算,依次允许加入整数、有理数、无理数、实数以及复数。整体上看,这一系列的数都具有某些共同的数学运算结构,这样就可以介绍群和域的概念了。同理,这一系列数还为无限可数的集合、无限不可数集合以及给定集合的"紧致"子集这些概念提供基本的理论基础。一旦这些数字系统以及它们的各种子集被定义,则其就成为具有功能的自然域。

也许只有有理数才是金融中所需要的,即使是有理数,也只使用6到10位小数,很容易可以证实有些金融问题的解是无理数甚至是复数。在前者情形中,合理使用近似值,有时可以调和现实世界中交易产生的困难,同时,通过建立在利率框架的基础还可以避免复数的出现。在金融中随处可见数字系统的作用,从名义利率转换到实际利率的转换,从作为债券、抵押贷款和其他贷款、优先股和普通股以及远期合约的价格函数,从作为投资回报模型的资产分配函数。

数字系统结构随着欧氏空间和其他空间的引入得以在第3章中继续拓展。第2章中介绍的二维欧氏空间为复数提供了一个可视化的框架。在定义了上面的概念后,欧氏空间的向量空间结构得以讨论,在这些空间上的标准范数以及内积的概念也随之建立。这些概念的讨论自然地得出与之相关的重要的不等式——柯西—施瓦茨(Cauchy-Schwarz)不等式,这个不等式会不时地出现在本书的很多内容中。欧氏空间也是最简单的空间,其中定义了替代范数的概念,尤其是l_p—范数的定义与其相关的关系,得出主要的结果是将柯西—施瓦茨不等式一般化为赫尔德(Hölder)不等式,把三角不等式一般化为闵可夫斯基(Minkowski)不等式。

接着讨论度量的概念,以及度量和范数之间的关系,即二者在给定空间下可以彼此互相推导出来。在文章中可以看见数学中一个共同的主题,那就是一般意义的度量与定义在$\mathbb{R}^2$或$\mathbb{R}^n$上的为大家所熟知的标准度量的基本性质是一样的。两个度量的两种等价的概念也被介绍了,其内容是在欧氏空间中,由l_p—范数推导出来的所有度量都是等价的。强有力的证据显示,这个结论的得出与这些空间的有限的维数基本相关,表明在下面的更一般的空间中,这种等价关系不一定成立。同样地,尽管l_p—等价具有普遍性,但这并不意味着所有的度量都是等价的。

在金融应用中,欧氏空间被视为是表述关于资产配置的一个投资组合、各种债券收益率以及预测的现金流等很自然的方式。此外,似乎所有的l_p—范数都计算各种瞬间样本统计数据,然而一些l_p—范数,尤其是当$p=1$, 2和∞时,以各种形式出现在金融的约束下最优化问题中。有时这些特殊的范数作为约束条件,有时又作为目标函数需要被优化。

第4章主要介绍集合论以及拓扑的知识,并介绍了另一种公理化结构的例子,这个例子是由于第1章中讨论的悖论而产生。但是这里焦点在集合运算以及集合之间的关系上。这些是重要的数学工具,就像代数运算法则在数学推导中的地位一样。此外,关于开和闭的基本概念,首先是在人们很熟悉的直线上的区间集合。在说明$\mathbb{R}$上的相对简单的开集后,构造的康托尔(Cantor)集被当作闭集的一个特例给介绍。康托尔集是特殊的,这是由于它是不可数的,而且与此同时,它表现出"测度为0"的特殊性质。这一结果的得出是通过证明康托尔集在区间$[0, 1]$上被去掉一列的小区间后,这些被去掉的小区间总长度之和是1!

开和闭的定义很自然地延伸到欧氏空间和度量空间中，为了说明完整性，又介绍了拓扑空间的概念。拓扑，被定义为具有与更为大家所熟悉的开集合一样的性质，这一概念在本章里被再一次用来说明一个一般理念。这一章的结尾部分介绍了其他几个重要的概念，例如聚点、紧致性等，这些概念会在下一章中进行谈论。

在金融应用中，用由函数和/或范数定义的在欧氏空间中的集合来描述带有约束的最优化问题，这是一种最自然不过的方法。一般地，这些问题的解要求这些集合具有某些拓扑性质，例如紧致性，定义的函数则具有正则性。这里，函数的正则性的意思是，方程的解可用迭代过程近似得到，迭代过程随着迭代次数的增加而收敛，收敛的概念会在第 5 章介绍。间隔二等分作为迭代过程的一个例子而被引入本章中，它的一个应用是计算证券的收益，并且在连续性的定义下使得收敛问题得到解决。

在第 5 章中，在利用好前面章节中的有关定义、工具和例子后，序列及其收敛问题得到解决。当然，主要内容是一个极限的收敛问题，在没有正式定义收敛之前先非正式地解释下收敛的含义。由于这一内容的重要性，本章利用相当大的篇幅来讨论其正式定义，详细说明定义中的语句含义以及相关判别方法，以及为何该定义需要如此正式的介绍。运用各种数学运算方法收敛性被证明。同样地，与紧致性相关的一个重要结果被证明，即虽然有界序列不一定收敛，但它一定有一个聚点并且包含一个子序列，该子序列收敛于这个聚点。因为这些序列也许有很多——事实上，无限的聚点。有限上界和有限下界概念的引入，分别被用来表明这些聚点的最大值和最小值。

序列收敛在具有更广泛内容的欧氏空间中被讨论，在此可以指出，前面讨论得出的结果可以不用任何修改而加以推广，但在度量空间中，有些结果还是需要小心的使用。接下来介绍的柯西序列的概念似乎很自然地提出这样的问题：这些序列是否收敛到一点？这将作为收敛和非收敛的例子出现。这种讨论产生了一个概念——度量空间的完整性，也就是数学中的完备性。这个重要的结论虽然没有给出证明，但是与被研究的例子是相同的。

间隔二等分在金融中的一个重要例子就是柯西序列。这个序列的解是由迭代产生的，但是关于价格问题的收敛性在下一章能够得到解决。为了更详细地了解这一过程，本章给出正式的连续函数的定义。

对数目无限的序列自身来说，收敛性是被广泛使用的，这个理论使得在第 6 章中的级数以及它们的收敛性完美地结合起来。提出的绝对收敛和条件收敛的概念，加之这些性质在级数运算中的应用，可以重新定义级数这个术语了。本章重新讨论了单和以及多重和的应用。

第 6 章介绍了一些关于收敛的最有用的内容。第 3 章中出现的 l_p—范数在这里被扩展到包含在 l_p—空间的序列和联合范数上，表明这些空间是完全范数空间或巴拿赫(Banach)空间，尽管对于每一个 p 来说，它们是截然不同的空间，但是它们的定义是一样的。特别关注当 $p=2$ 时的情形，此时这一空间就是完全内积空间，或希尔伯特(Hilbert)空间，这一空间的含义被研究得很清楚。本章接着介绍了幂级数，并且定义了收敛半径以及收敛区间，这是对上面收敛的扩展内容。最后，介绍了幂级数的乘积和商的内容。

金融的应用包括研究各种永久性优先股和普通股的价格模型中方程的收敛性，在价格模型中,模型中的现金流被赋予不同的功能。除此之外,本书中的金融应用还研究各种投资者收益的需求。以线性形式增长的现金流给我们提供了一个双重求和的例子,这个结果被扩展为多重求和支付的方式。下一步该考虑用幂级数来逼近复杂的价格方程,而以 l_p—空间为特点的应用,这被用来介绍更广义的函数空间,就是另外一本内容更高深教材的任务了。

第 6 章中的一个重要应用工具是独立概率理论,这一主题的介绍在第 7 章中以样本空间和概率度量的介绍开始。之所以被称为离散,是因为该理论主要应用在有限样本点或无线可数样本点上。同时,也研究条件概率、随机独立以及 n 次试验样本空间结构,这些知识的学习给从样本空间中获取独立样本提供了理论的基础。本章接着介绍了组合数学,这被当作一个组织和计算一列从离散空间中抽出的事件的工具。

随机变量是理解样本空间的关键,样本空间的概率通过联合概率密度和分布函数,并利用好组合工具而度量。之后本章介绍了概率密度函数的矩以及其性质,以及 n 次试验的样本空间中的样本数据的矩。另外,一些最常见的离散概率密度函数、从任意密度函数里产生随机样本的方法在本章中也有提及。

在金融中,上述提到的方法的应用是多方面的,并以与债券或贷款组合以及那些各种形式的保险相关的损失模型为始端。在后者的情形中,推导出各种净保费的计算。资产分配提出了一个应用概率的方法,如在离散时间内应用二项式或二项式场景模型来考虑股票定价模型。二项点阵模型就是在复制期权的定义基础上,应用于离散时间中的期权定价。最后,通过基于抽样的定义在股票价格抽样的情景的概念来介绍基于情景下的期权定价。

以第 7 章为背景知识,第 8 章提出一系列基本概率理论,以在有限离散概率密度函数的情形下,简单证明矩产生函数和特征函数为起点。切比雪夫(Chebyshev)不等式,作为弱大数定律(weak law of large numbers)中的第一个定律,它的形式随着样本容量的增加不断发展。弱大数定律包含几个定律,它们的内容与在极限情况下一个随机变量的样本均值的分布相关。尽管弱大数定律只要求随机变量具有有限的均值,更为一般的情形是,变量的方差也是有限的,这一结论的证明只需在切比雪夫定律的基础上一步就可以完成。

强大数定律(strong law of large numbers)既要求均值和方差都有界,而且对关于样本均值的有限分布给出了更加有力的表述。强大数定律被称为柯尔莫哥洛夫(Kolmogorov)不等式,是建立在切比雪夫不等式的基础上。接着在讨论正态分布以及中心极限理论(central limit theorem, CLT)之后,研究了棣莫弗—拉普拉斯(De Moivre-Laplace)定理。中心极限定理是在特殊的矩生产函数形式的概率密度情形下被证明了,并讨论了一些一般化情形。

在金融应用中,切比雪夫不等式应用在具有高风险资产负债表的情形中,用于模拟和估算资产充足率或资金充足率。第 7 章中介绍预测现实世界中股票价格的二项点阵模型。这个模型研究当时间间隔趋于 0 时股票价格能达到的极限,并且确定了未来股票价格的概率密度函数。这个分析的理论基础是棣莫弗—拉普拉斯定理,它提供了针对欧式看跌或看涨期权的价格的布莱克—斯科尔斯—莫顿(Black-Scholes-Merton)公式的推导进一步研究的基础。这一推导的一些细节需要第 9 章和第 10 章中介绍的工具，因此有关这些细节可以参见这两章的内容。基于情景的期权价格的概率性质在金融中的应用，这些知识在第 7 章中会有介绍。

单变量的函数微积分是第 9 章和第 10 章的主要内容。一般地，微积分作为研究各种类型的“平滑”的函数工具。按照传统的路线，微积分理论被分成两种理论：微分理论和积分理论。前者给接近光滑的函数提供了严格的分析框架，而后者则介绍了在连续概率理论中所需要的重要工具。

第 9 章是介绍微分的计算，首先介绍连续性的概念及其变化，同时说明连续函数的重要性质。有关平滑的基本概念给出了一种近似方法，就是用这种方法概括和形成了函数的导数的发展。微分的各种结论，可以通过泰勒级数正式应用于函数的导数上。有了这些与导数相关的重要结论，可以区分一个给定函数的临界点，总结凸性和凹性的特点以及推导出詹生(Jensen)不等式。导数不仅可以被用来近似求函数值，而且导数值可以近似地用相近函数值来表示，而且其误差能够量化。在函数序列的收敛的条件下，可以得出序列的连续性和可微性的结果，如同分析函数和幂级数之间的关系。

金融中的应用包括价格函数的连续性以及早间隔二分法中的应用。同时讨论了目标函数的连续性和有约束条件的函数，还讨论了连续性对约束下最优化问题的可解性的影响。推导出最小风险下的投资组合分配方式是临界点分析的一个应用。持久的凸的固定收益投资在下面的章节中研究，并且，在各种集合下，将泰勒级数应用到近似价格函数以及资产负债管理问题中。

除了固定收益，对敏感性测度的更普遍的方法是“指标”概念。有了这些指标就很容易把它们应用到泰勒级数的方法中。效用理论以及它们在风险偏好中的应用，主要是研究凸凹函数和詹生不等式的应用，进一步应用到最优投资组合分配的内容中。最后，本章给出了在风险中立概率下的股票价格的极限分布的相关细节，至于特殊风险规避概率，则需要布莱克—斯科尔斯—莫顿期权价格公式的推导，这个公式的延伸和正式的推导则在第 8 章中给出。风险规避模型作为一个数学利器使得最后推导过程变得容易，这个模型也将在第 8 章中给出介绍，但是很明显，最终的结果只取决于风险中立模型。

第 10 章中微积分的整合中研究了黎曼积分的概念，一开始，黎曼积分就定义在一个闭的有界区间中的连续函数上，在那里，黎曼积分被视为函数图象与坐标轴 x 轴之间的被“标记”区域内。从弱化连续性这一假设到除了“一组测度为 0 的点集”之外，积分是有界和连续，再扩展到整个定义区间可以是无界的，最后甚至是函数也是无界的，通过这样不断弱化条件，得出了一系列推广的结论。这些积分性质的形成，以及研究积分和微分之间关系，形成了微积分理论的两种形式。

精确估值的标准方法和数值计算方法用来对给定积分进行估算。在泰勒级数中，定义的积分似乎是对其余项的一个有效的替代表示，并且提供了一个有力的工具来判断一个无穷级数的收敛性，以及估算无穷级数的和，或者如果该无穷级数不收敛，估算其发散度是多少。第 10 章还讨论了一个积分序列的收敛性。尽管黎曼积分的作用很大，但也有其自身局限，这一点也会在书中被探讨。

在使用第 10 章中的工具，“开发”连续概率理论时，该理论涵盖了更一般的概率空间以及σ代数域。连续分布的随机变量和它们的矩被介绍,一个表现为离散化的可行的结果就是一个随机变量,它连接着离散和连续矩这些结果。第10章介绍了一些连续分布的例子并研究了它们的性质。

在第10章的金融应用中,包括具有连续利率的连续现金流的现值和累计值,这里的连续利率是针对债券收益率,即期和远期利率而言的术语,以及连续的股本股息和对股票的再追加。本章还介绍了另外一种方法,该方法把持久的凸的固定收益投资值应用到逼近价格函数。数值积分方法通过在正态分布的应用中被举例说明。

最后,第8章中的一般二项分布的价格结果,以此结果为基础推广形成欧氏期权的布莱克-斯科尔斯-莫顿价格公式,该公式使用二项分布的"连续化"性质,并推演出这种"连续化"使得二项分布近似等价于第9章中的正态分布。至于其他的应用,黎曼-斯蒂尔杰斯积分,则在本章后面的练习中介绍。在离散和连续概率理论的计算中,似乎有一种数学纽带存在,这种纽带可以概括为所谓的混合概率密度。

致　谢

我很庆幸能师从于并共事于很多数学和金融领域的专家。我的论文顾问和指导者Alberto P.Calderón(1920—1998)教授,对我的数学学习影响深远,直至今日,我还从他的著作与通信中的优美明晰的数学证明中获益。此外,还感谢所有我曾研读过的书籍和论文,里面完美的证明影响着本书中很多的证明。

我还要感谢很多朋友和专业人士对本书的支持以及提出的建议。尤其是以下学者(以姓氏字母顺序):Zvi Bodie、Laurence D. Booth、F. Trenery Dolbear、Jr.,Frank J.Fabozzi、George J.Hall、John C.Hull、Blake LeBaron、Andrew Lyasoff、Bruce R.Magid、Catherine L.Mann,以及 Rachel McCulloch。同时还有如下金融从业者:Foster L. Aborn、Charles L.Gilbert、C.Dec Mullarkey、K.Ravi Ravindran 和 Andrew D.Smith;出版专业人士:Jane MacDonald 和 Tina Samaha;以及麻省理工出版社的编辑 Dana Andrus。

感谢 Brandeis 国际商学院的学生,是他们给了本书最初的反馈和仔细校对,他们是:Amidou Guindo、Zhenbin Luo、Manjola Tase、Ly Tran 和 Erick Barongo Vedasto。尽管他们都尽了最大的努力,但难免仍有疏漏,将由我负责本书出现的任何错误。

最后,我要感谢我的父母,Dorothy 和 Domenic,他们终其一生都在给我支持与建议。在此,为准备本书出版的有点漫长而连续不断的工作过程中,很感谢我的妻子 Lisa 对我的支持和鼓励,她为本书的编辑工作付出了心血,感谢我的儿子们 Michael、David 以及 Jeffrey。

欢迎阅读本书的读者提出意见,我的邮箱是 rreitano@brandeis.edu。

罗伯特·R.雷伊塔诺

布兰迪斯大学国际商学院

目　录

数理逻辑

1.1 引言

几乎每个人都会认为自己知道逻辑是什么，但对其给出一个正式的定义则存在一定的困难，或者由于逻辑的含义明确而会觉得没必要给出正式的定义。譬如，在辩论时，我们喜欢用“结论是不合逻辑的”的表述来战胜对手，或企图通过宣称“逻辑要求我的结论是正确的”来确保我们的胜利。但是如果一定要在上述任何一种情况中，规范给出逻辑是以什么样的方式得出预想结论的，或许是困难的。

一个合法审判可以看作是努力获得逻辑结论的过程。原告尝试着利用一些所谓的事实来证明被告是有罪的，而被告也通过同样的事实或另一组事实来证明其罪名是不成立的，或者事实上甚至是清白的。在这个例子中，举证责任存在一种不对称性。被告方不必去证明其是清白的，当然如果能有这样的证明，那么被告可以得到无罪的判决。举证责任相应地就落在了原告方，原因是他们至少要从某些法律规则上必须证明被告有罪。如果他们不能证明这一点，那么被告就被认为是无罪的。

因此，被告方的策略往往不在于努力证明其是清白的，而在于证明原告方企图控告其有罪所做的表述是有缺陷的。可以通过表明一些被控告的事实是值得怀疑的，或者由于另外存在其他的事实，或者甚至在给定的这些事实上，判定有罪的结论未必在逻辑上是讲得通的来指控原告的缺陷。也就是说，结论或许与事实一致，但不能直接由事实推得。在这种情况下，事实或者证据就被称为“间接证据”。

关于把逻辑的学科应用在推导结论或推论的形成方面是明确的。在某种意义上讲，这也是好的科学推理。最简单地说，逻辑说明这种情况：一个人可以正确地推论出“从 A 得到 B”，或“A 蕴含着 B”，或“如果 A 成立，那么 B 成立”。如果相对于经验来看，一种推论或结论是有意义的，大多数人会正式说它是有逻辑的。更具体地，如果一个结论能够由已经被证明正确的表述或是一系列正确的表述来保证和推得，那么我们说这个结论逻辑上可以从一个表述或一系列表述推得。

我们可以考虑这样的一个例子，某被告被指控在漆黑的夜晚抢劫了商店。指控方给出这样的事实：先前的犯罪事实；目击证人关于肇事者有同样身高、体重和头发颜色的陈述;室友关于被告在抢劫当天晚上没有回家的证词;还有,被告在被质询的过程中没法解释他当天晚上的去向。确切地说,所有的这些事实都与确定是犯罪的结论是相符的,但这些很明显还是不能构成有罪的结论。甚至是有更仔细的目击证人的解释,也很难证明有罪的结论,因为案发在晚上,而且视力想必是受到影响的。一个比较难以被否决的事实可能是被告藏有很多店里的贵重物品但没有票据,尽管这可能不是确凿的事实。但被告方会追问:"谁保留着票据?"

数学理论和证明的范畴跟这样的法庭审判有着同样的特点。首先,数学家必须通过证明这个结论的正确性以断言某个结果的有效性。譬如,断言如下事实:

对于任意给定的两个整数 N 和 M, $M+N=N+M$ 成立。

那么必须证明这个结论可以由一些事实推出。由数学界的同行组成的评审们届时将会评估这些被认定的事实的效度和得到断言的结论所使用的逻辑或推理的效用性。如果评审们判定该事实或逻辑是不充分的,他们会认为这个结论"没有被证明"。同样地,证明被告有罪的结论失败并不意味着被告是清白的;正确性的证明失败并不等于证明其错误性。通常情况下,没有单一的法官能负责这样一个数学过程,但在这种情况下,每个陪审团成员是法官。

试想一下,如果在数学上举证责任不像上述所描述的那样而是相反的情况。考虑一下如果上述提到的关于两个整数 N 和 M 的断言的一个可接受的证明是"因为你不能证明它是错误的,所以它是正确的"。这样的结果就等同于在一个审判事件中逆转了举证责任:指控方宣称被告是有罪的,因为被告不能证明他是清白的。也就是说,在审判的事件中许多清白的人将会受到惩罚,或许将持续到以后其清白被证明。在数学上,情况会是:很多错误的结论会被认为是对的,而且持续到以后其错误被证明。因此,监狱里会关着很多无辜的人;数学书里会充满着有疑问但事实上是错误的理论。

与一个有效结果的断言相比,如果我认为一个给定的表述是错误的,我只需举出一个例子,这个例子被称为该表述的反例。譬如,断言:

对于任意的整数 A,都存在一个整数 B 使得 $A=2B$。

上述断言被证明是错误的,举个反例"$A=3$"就可以反证它。

区别这两种证明方法跟所断言的表述的正确或错误无关,它与存在于数学理论表述的方式的非对称性有关。一般地,数学家比较感兴趣的是:一个一般的结果是否总是正确的或并不总是正确的。第一种情况下,一个普遍适用的证明是需要的,然而在第二种情况下,只需一个反例就足够了。另一方面,如果想证明一个结果总是错误的或并不总是错误的,同样地,在第一种情况下,一个普遍适用的证明是需要的,然而在第二种情况下,一个反例也就足够了。存在一种非对称性,即数学上的命题很少用某个结果总是错误的或并不总是错误的来表述。数学家倾向于关注"正结果"和某个正结果的反例,而且也采用反面的角度。当然,这更多是语义上的偏好,而不是理论上的偏好。当有了一种等价且更加正面的角度来表述的命题是以"一个给定表述的反面总是正确的"的形式出现,数学家就没有必要把这个命题表述成"一个给定表述总是错误的"的形式。当能证明"对于所有的 $x\neq 0$ 时, $2x\neq x$ 是正确的",为什么还要证明"当 $x\neq 0$ 时,$2x=x$ 总是错误的"呢?

现实世界中的逻辑区别于数学上需要的逻辑,体现在:在现实世界中,从 B 可以得到

A 的判定往往反映着诸如法官、陪审团等观察者的经验，还有法律中的特定的规章。这一点在审判嫌疑人的情况下得到了加强，这时给定了陪审团一个明确的定性标准，比如“超出合理的质疑”。在这种情况下，陪审团不必接收能说明被告 100%犯罪的证据，仅要基于人类的经验和本能，由法官进一步定义和具体化的“超出合理的质疑”的证据就能定罪。

由正确的事实推出的逻辑结论比仅仅依靠数学家评判的合理的质疑来得更加可靠，这是数学界所需要的。因为数学是一门累积发展的科学，每一份工作都是以之前得出来的结果为基础的。因此，任何错误的发现（尽管不大可能）将会有更深远的意义，这也将是需要克服巨大困难去修正的。所以，毋庸置疑，数学逻辑的目标是每个得出的结论将是不变的、不受质疑的，而且一旦推得将不会被推翻或者不会与以后新出现的信息产生矛盾。数学不会像搭纸牌房子那样，在以后的时间被发现是不稳定的且易于倒塌的。

相比而言，在自然科学中，能被接受的证明跟上述讨论到的法律案件的证明较接近。在自然科学中，一个理论的首要要求是与所观察的相一致。而在数学上，一个理论的首要要求是一致的、严格发展的和永恒的。而这经常是数学理论被拓展的情况，有时或多或少是时尚的，取决于围绕发展新思想的所处的兴奋程度，但绝不是这种情况：一个理论因为被发现有误而被丢弃。额外要求与观察要相一致的自然科学，随着时间可能要被大大改变，而且当新的观察使得当前的理论无法充分解释时，先前成功的理论甚至是要被抛弃的。

1.2 公理化理论

从上述的讨论中可以看出，发展每个数学理论需要有结构是不足为奇的。我们得出以下四个结论：

(1) 在证明中所使用的事实是明确被认同的，而且每个事实要么被认为是正确的，要么是根据其他被认同或证明的事实来证明是正确的。

(2) 推论的规则，也就是证明需要的事实中所应用的逻辑是“正确的”，而“正确”的定义必须是客观且不变的。

(3) 利用第 2 条的逻辑和公认的定理，并从第 1 条的事实中证明得出的结论总体上是一致的。也就是说，定理的集合中不会同时出现“表述 P 是正确的”和“表述 P 的反面也是正确的”。

(4) 所有定理组成的集合是完备的。也就是说，对于每个表述 P，或者“表述 P 是一个定理”成立，或者“表述 P 的反面是一个定理”成立。一个相关但更强的条件是要求得出的理论是可判定的，也就是说对于任意一个表述 P 来讲，能发展出一种程序使得经过有限步骤后能决定表述 P 是正确的还是不正确的。

第一个结论中被认同的事实的“正确性”不是首要要求可能看起来有点奇怪，但这些事实是明显被公认的。很自然地，对所假定事实的认同对于数学评审完成评判工作来说是重要的，但可能会被追问：为什么不要求绝对“正确”呢？简短的回答是：在数学上没有一个事实是“正确”的，而且与此同时还没有不依赖于事实的其他表述。因为一个人不可能从一个没有事实的状态作为起点，仅仅利用逻辑就能得出被认为是正确的结论的集合。

因此,一些基本事实的集合必须被假定是正确的,而这些将成为理论的*公理*。总而言之,所有的数学理论都是*公理化的理论*,在这个理论中,有一些基本事实被假定是正确的,而且基于这些事实,其他的事实能够被证明。当然,一个理论成为公理不是任意的。数学家们将会选择这样的一些公理:在既定的情景下,它们的正确性是不可否定的,或至少是高度合理的。这是保证第三个结论中数学理论的定理成立所需要的,也就是在给定的情景下,从这些公理得出一些事实和结论将是有用的。

不同的数学理论需要不同的公理集。发展整数理论所需要的公理集应该有别于发展平面几何理论所需要的公理集。两个公理集在对应的情景下都是不可否认的正确,或者至少相当合理且与经验一致。而且,即使给定一个主题,比如几何,可能有多个感兴趣的情景,因此公理集的合理选择可能有多个。

比如,*平面几何*或者应用在"平坦的"二维平面上的几何的基本公理,在逻辑上有别于发展*球面几何学*或者说是应用在诸如球面几何所需要的公理。哪一个公理集是正确的?答案是两者都是,因为在对应的情景下利用这两个公理集发展的两种理论都是有用的。也就是说,这些公理集被合理地认为是"正确"的,因为在对应的情景下它们都蕴含着许多重要而又有深刻洞察力的理论。

也就是说,在数学上,从公理集能够发展出一些理论,这些理论看起来抽象,而且在现实世界中没有可观测的情景原型。然而这些公理将会推出一些有趣而又美丽的数学理论,这些理论自从其发展起来到在现实中找到相关的东西需要较长的时间。

一个公理集的一般要求是:

(1) *充分的*,可以用来发展有趣的和或有用的理论。

(2) *一致的*,它们不能用来证明"表述 P 是正确的"和"表述 P 的反面也是正确的"同时成立。

(3) *最小的*,出于美学的考虑,以及因为它们是遵循所有"被假定的正确的事实",所以最简单的公理集是需要的,以及完成产生一个有趣且有用的理论的目标所需的最少公理个数也是需要的。

在公理化理论中,给定一种数学理论框架的必要性绝不是现代的发明,理解这一点很重要。最早的阐述源自亚历山大里亚的欧几里得(公元前 325—265 年)的著作《几何原本》(*Elements*),所以创建公理化方法一般归功于欧几里得。《几何原本》里引进了公理化方法,应用于二维和三维的几何(称为*欧几里得几何*)和数论中。跟现代理论类似,这个论著中明确标示了公理,这些公理被称为"共识"或"公设",且接着是详细推导它的定理,这些被称为"命题"。即使从现代的标准来看,《几何原本》也是对公理化方法的一个高超的阐述。

如果说《几何原本》跟现代几何以及其他理论在处理方式上有一个重大区别的话,那就是《几何原本》在描述公理和推导定理之前就定义所有的基本概念,比如点和线。当今数学家承认和接受这样的观念企图定义所有的概念是没有用的。每一个这样的定义都利用了需要进一步扩充的文字和文献等等。现代数学的发展简单认同和接受一些未定义的观念——原始的概念——比如关于对这些概念的性质做一些必要的假设被列举在公理中。

1.3 推论

欧几里得在《几何原本》里的逻辑演化依赖于“推论的规则”，而没有正式把逻辑本身作为一个理论并包含其中。关于逻辑理论的正式发展已有近两千年没有被探求，因为欧几里得之后的数学家都很有信心地觉得他们所使用的“逻辑”是无可辩驳的。举个例子，如果我们要证明一个方程的某个解满足 $x<100$，然而我们计算得出的是 $x<50$，我们无须进一步思考就可以断言证明已完成。在逻辑上，我们有：

“$x<50$ 蕴含着 $x<100$”是一个正确的陈述。

“$x<50$”通过给定的计算是一个正确的陈述。

“$x<100$”根据推论是正确的陈述。

抽象地说：“如果 $P \Rightarrow Q$ 和 P 成立，则 Q 成立”。这里我们使用众所周知的推断符号“$\Rightarrow$”来表示“蕴含”(implies)，而且约定了这个符号，所有呈现的陈述都是“正确的”。也就是说，如果 $P \Rightarrow Q$ 和 P 是正确的陈述，那么 Q 也是正确的陈述。这是一个例子，它把证明的直接方法应用在条件式陈述上，$P \Rightarrow Q$，也被称为蕴含。

在上述的例子中，注意到即使我们尽力去完成关于结论 $x<100$ 的有效性的客观逻辑论证，我们将同时考虑我们对问题给定的背景的直觉，或许这是有偏见。在逻辑上，要尽可能地剥离所有的背景，因此也就剥离了所有的直觉和偏见。我们得到关于 x 的逻辑结论是正确的当且仅当在每一个背景下，我们对下列的逻辑表述感觉合适的话，由此我们把它归属于陈述 P 和 Q 的意义存在：

如果 $P \Rightarrow Q$ 和 P 成立，则 Q 成立。

在逻辑上，它可能代表全部或者什么都不代表。上述所归纳的推论的规则就是有名“假言推理”(modus ponens)，以下我们还会进行更详细地讨论。

另一种我们可能会用到的更细微的逻辑推论如下：

“$x<50$ 蕴含着 $x<100$”是一个正确的陈述。

“$x<100$”通过演算可知不是一个正确的陈述。

“$x<50$”通过推论可知不是一个正确的陈述。

同样地，抽象地说：“如果 $P \Rightarrow Q$ 和 $\sim Q$ 成立，那么 $\sim P$ 成立”。这里我们用符号“$\sim Q$”来表示“Q 的反面是正确的”，也就是从逻辑上讲“Q 是错误的”。这类似于“证明的直接方法”，但应用于所谓的条件 $P \Rightarrow Q$ 的对换，因此它可以被认为是“证明的间接方法”。同样地，我们能在给定的背景下应用这一逻辑推论，当且仅当我们认为在每个背景下对下述的逻辑表述合适：

如果 $P \Rightarrow Q$ 和 $\sim Q$ 成立，那么 $\sim P$ 成立

上述所归纳的推论规则就是著名的“否定后件的假言推理”(modus tollens)，同样地我们将在下面进行讨论。

很明显，一个论证的逻辑结构比这些具体的例子来得更复杂和更细微。数理逻辑的理论创立了表述这些论证有效性的一个正式的结构，在这个结构下关于公理化理论的一般问题能够被解决。由它的建立，在数理逻辑上能发展很多推论的规则，但假言推理起着非常核心的作用，因为其他规则可以由其推论而得到。

1.4 悖论

我们可能会问，数学家什么时候和为什么决定对逻辑的数学理论的发展变得如此正式，统称为数理逻辑，需要一个公理化的结构和对推论规则的形式化。一个使它变得更加正式的重要动机是意识到数学并不总是足够正式，即使早期也付出了一些努力，如欧几里得的《几何原本》，这就造成了历史上出现许多的悖论。悖论被定义为一个陈述或一系列陈述，似乎是正确的，但是与此同时产生一种矛盾或与直觉冲突。历史上有一些悖论是直到后来的更多理论发展后才被解决。也就是说，悖论表明对理论存在的不完整或错误的理解经常是由一些错误的假设所导致。更致命地，它们揭示了发展起来的理论就像用纸牌建立起来的房子一样容易倒塌，因此需要一个更坚实且更正式的理论基础。

当然，数学之外也存在着悖论。最简单的例子是说谎者的悖论：

“这种陈述是错误的。”

这个陈述是矛盾的，因为如果这句话是正确的，则这个陈述必须是错误的；但反之，如果这句话是错误的，那么这个陈述是正确的。所以，这个陈述或者既正确又错误，或者既不正确也不错误，因此这就是悖论。

回到数学上来，有时候一个明显的悖论仅仅代表一个把戏。以证明“1=0”为例，这个证明由下列的步骤推导：

$$\begin{aligned}
&a=1\\
&a^2=1\\
&a^2-a=0\\
&a(a-1)=0\\
&a=0\\
&1=0
\end{aligned}$$

这里所使用的把戏对我们很多人说是很明显的。我们在第 5 步之前除了一个因式 $a-1$，但是由第一步知道 $a-1=0$。所以悖论是由用 0 去除的不合理产生的。从另外一个方式看，这也成为了证明“用 0 去除的不合理性”，因为允许“用 0 去除”就等同于默认了“1=0”。

有时候，把戏会表现得更加细微，这就直击我们缺乏理解的要害和更加正式的必要性。同样地，以下列推导“1=0”结论为例：

$$\begin{aligned}
A&=1-1+1-1+1-1+1-\cdots\\
&=(1-1)+(1-1)+(1-1)+\cdots\\
&=0\\
A&=1-(1-1)-(1-1)-(1-1)-\cdots\\
&=1
\end{aligned}$$

所以，又一次，得到了 $A=1=0$。这个推导的问题是与以上所示的分组运算的合理性有关；一旦分组后，无穷多个 0 的和也是 0 就不值得怀疑了。因为我们知道如果这样的和只有有限项，这样的分组运算是对的，这里的问题是与这个例子中无穷项的和有关。第 6 章数值级数将会更详细地讨论这个问题，但是在那一章我们将看到这样的交错和是没有意义的，而且这样的分组运算在数学上只有当它的和是有意义的时候才是合理的。

一个更早但更复杂的数学上的悖论的例子就是*芝诺悖论*(Zeno's paradox)，来自于阿基里斯(Achilles)和一只乌龟赛跑的故事。*伊利亚的芝诺*(Zeno of Elea，公元前 490—430)注意到如果它们往同一个方向赛跑，阿基里斯一开始落后，则阿基里斯永远也跑不过乌龟。他的理由是阿基里斯在任何一个时刻到达路上的某一点，乌龟已经到过那个点了，因此乌龟还是跑在前头，不管阿基里斯跑得有多快。这是一个悖论，理由是我们经常观察到跑得快的运动员总是会超过跑得慢的运动员。但是这样的一个论证怎样才能被解决呢?

尽管这在第 6 章才得到正式的解决，但是芝诺的决断是在有限的时间内无限次地对阿基里斯和乌龟的前后状态观察中来描述的。芝诺的悖论潜在地体现这样的一个假设：如果在无穷次观察中，每一次的结果是乌龟跑在阿基里斯前面，那么结果是这样的情况：乌龟总是跑在阿基里斯前面。一个正式的决断仍然需要发展一个理论，这个理论能解决无穷数列的求和问题，在这个情况下，每个数代表观察的间隔时间长度。

另一个悖论讲的是*亚里士多德的车轮*(wheel of Aristotle)。*斯塔吉拉的亚里士多德*(Aristotle of Stagira，公元前 384—322)想象一个具有内部和外部的同心圆的车轮，就像在一个车胎的内外边缘。他接着想象当车轮转动时有一条固定的线沿车轮的中心延长穿过这两个圆。亚里士多德指出在每一时刻，在这条线与内部圆的交点和这条线与外部圆的交点之间存在一一对应关系(1∶1 Correspondence)。因此内部圆与外部圆之间应该有同样多的点，因此也有同样的周长，这又是一个悖论。这个悖论的决断在于这两个圆上的点之间的一一对应并不能保证它们有同样的周长，但是使这个悖论正规化需要几百年之后关于无限集理论的发展。在亚里士多德的时代，难以理解的是两个一一对应的集合怎么会在它们的长度或测度上不等价，因为这一点在两个一一对应的有限集是很明显等价的。在第 2 章，数系的系统将一步探讨关于无限集的这个话题。

最后一个悖论跟其他的悖论不一样，它对现存的数学理论是一个致命的打击，这也使得这个数学理论需要重新被发展，并在一开始就以正式的方式发展它。公正地说，上述悖论并没有说明理论像纸牌房子一样，而是说明有一种情况在现存的数学理论或那个时代的对理论的理解里面没有得到合适的解释。接下来的这个悖论有很多种形式，但其中最受欢迎的形式是*理发师的悖论*(Barber's paradox)。这个故事是说，在一个镇上有一个理发师给并且只给那些自己不刮胡子的人刮胡子。问题是：这个理发师是要给自己刮胡子吗? 类似于说谎者的悖论，我们得到这样的结论：理发师给自己刮胡子当且仅当他不给自己刮胡子。这个问题直击了集合论的核心，在这个集合论中预先假定集合是由满足一个给定标准的所有元素组成的，而且一旦被定义了，决定一个给定的元素是否属于这个集合是明确的。在这里集合被定义为由满足不给自己刮胡子这个标准的那些人组成的，而且我们得不到“理发师是否属于这个集合中的一员”的逻辑结论。

这个悖论的一个等价形式，在 1901 年被*罗素*(Bertrand Russell, 1872—1970)发现，并称为有名的“*罗素悖论*”(Russell's paradox)，它使得集合论中的关系更加明确。令 X 表示由所有本身不是元素的集合组成的集合。悖论是说我们能推论出 X 是它本身的一个元素当且仅当它不是它本身的一个元素。这一发现在确定有需要和刺激了一个更谨慎的发展对于集合论的公理化方法是有帮助的。当然，我们对所有数学发展正式的公理化的方法同样是迫切需要的，因为如果数学随意将简单和直观的东西定义为一个集合的话，谁能很有自信地认为其他潜在的危机必定不会降临在其他的地方?

1.5 命题逻辑

1.5.1 真值表

一旦引进真值表(truth table)的概念和基本关系,大部分的数理逻辑将能被更好的理解。出发点是要在数学理论中定义一个陈述(statement),就像陈述句要么是正确的,要么是错误的,但是不能两者同时成立。比如,"今天天空是蓝色的"和"$5<7$"都是陈述。像"$x<7$"这样的表达式就不是一个陈述,因为我们不知道所假设的 x 的值是多少而不能赋予它 T 或 F。这样的表达式在下面将会称为式子(formula)。然而一个式子不是一个陈述,因为变量 x 是一个自变量,通过令 x 是一个有界变量,可以使这个式子成为一个陈述。实现这一点的最常见的方式是利用全称量词(universal quantifier)"$\forall$",和存在量词(existential quantifier)"$\exists$",它们被定义如下:

- $\forall x$ 表示:"对于所有的 x"。
- $\exists x$ 表示:"存在 x 使得"。

例如,$\forall x(x<7)$ 和 $\exists x(x<7)$ 就已经是陈述了。前者的意思是"对于所有的 x,x 小于 7"被赋予 F;后者的意思是"存在一个 x 使得 x 小于 7"被赋予 T。

一个真值表可以看成是对一个复杂的陈述通过基于其中的一些陈述的正确和错误来判断其正确或错误的解码机械设备。复杂的陈述是由使用陈述的连接词以不同方式的组合后的陈述。当然,从上述的讨论中,一个既定的数学理论最初的集合被当成"假定的事实"或理论的公理是不足为奇的。真值表提供一种机制可以决定从这些公理中归纳出来的更加复杂的陈述的正确与错误,而且,我们将会看到,真值表也提供一个框架,在这个框架里我们可以评估由证明所得出的给定推论的逻辑完整性。

如果 P 和 Q 都是陈述,我们定义下列的陈述连接词并提供相应的真值表。否定是一元的或单边连接的,而其他的都是双边连接的。在每一种情况,真值表显示了给定的陈述 P 和 Q 的所有可能的"真"(T)或"假"(F)的组合,而且接着对定义的陈述赋以"真"(T)或"假"(F)。

(1) 否定(negation):$\sim P$ 表示陈述"非 P"。

P	**~P**
T	F
F	T

(2) 合取(conjunction):$P\wedge Q$ 表示陈述"P 和 Q"。

P	**Q**	**P ∧ Q**
T	T	T
T	F	F
F	T	F
F	F	F

(3) 析取(disjunction)：$P \vee Q$ 表示陈述"P 或 Q"但应理解为"P 和/或 Q"。

P	Q	$P \vee Q$
T	T	T
T	F	T
F	T	T
F	F	F

(4) 条件式(conditional)：$P \Rightarrow Q$ 表示陈述"P 蕴含 Q"。

P	Q	$P \Rightarrow Q$
T	T	T
T	F	F
F	T	T
F	F	T

(5) 双条件式(biconditional)：$P \Leftrightarrow Q$ 表示陈述"P 成立当且仅当 Q 成立"。

P	Q	$P \Leftrightarrow Q$
T	T	T
T	F	F
F	T	F
F	F	T

换句话说，我们有如下的真值分布，这一般与通常的使用相一致：

- $\sim P$ 与 P 有相反的真值。
- $P \wedge Q$ 是正确的，当 P 和 Q 都是正确的。
- $P \vee Q$ 是正确的，当 P 和 Q 至少有一个是正确的。
- $P \Rightarrow Q$ 是正确的，除了"P 是正确的和 Q 是错误的"这种情况外。
- $P \Leftrightarrow Q$ 是正确的，当 P 和 Q 有相同的真值。

这里有两个不一样的地方。第一，在数理逻辑中，析取"或"表示"和/或"。在一般语言中，"P 或 Q"总是表示"P 或 Q，但不是两者都成立"。如果你被命令"要钱还是要命"，当你交出你的钱包后你会是安全的。很明显地，如果这个贼是一个数学家，可能会有不愉快的惊讶。

关于析取这样理解的重要结果是，尽管在一般语言符号中可能是不正确的，当否定作用的时候，合取和析取之间存在一种逻辑对称性：

$$\sim(P \wedge Q) \Leftrightarrow (\sim P) \vee (\sim Q)$$
$$\sim(P \vee Q) \Leftrightarrow (\sim P) \wedge (\sim Q)$$

也就是说，陈述"$P \wedge Q$"是错误的当且仅当"要么 P 是错误的，要么 Q 是错误的"，而陈述"$P \vee Q$"是错误的当且仅当"P 和 Q 都是错误的"。

这些陈述的等价性可以从使用上述的性质分析正值表而得到。比如，第一个陈述的真值表如下：

P	Q	$\sim(P \wedge Q)$	$(\sim P) \vee (\sim Q)$	$\sim(P \wedge Q) \Leftrightarrow (\sim P) \vee (\sim Q)$
T	T	F	F	T
T	F	T	T	T
F	T	T	T	T
F	F	T	T	T

这表明了这两个陈述总是有相同的真值。

第二个惊奇的地方是关于在条件式的真值表的最后两行，也就是当 P 是错误时真值的情况：不管 Q 是正确的还是错误的，条件式 $P \Rightarrow Q$ 都被认为是正确的。例如，令：

P：市场有定价错误。

Q：我将企图去套利。

因此，$P \Rightarrow Q$ 是我可能会做出这样的一个陈述：

“如果市场有定价错误，那么我将企图去套利。”

问题是，你怎么评估我的陈述是正确的还是错误的？当 P 和 Q 都是正确的，真值表声明这个陈述是正确的，而且你也会这样声明。换句话说，如果标价有误而且我将企图套利，你会判定我的陈述是正确的。同样地，如果 P 是正确的而且我没有套利的企图，你会判定我的陈述是错误的，这与真值表的第二行是一致的。

现在假设在当今的市场有定价错误，而且我被观察有企图套利。那么上面我的陈述能否被判定为错误？又假如在同样的市场上，我不会企图去套利，那么我的陈述会被认为是错误的吗？条件式的真值表表明上面我原本陈述的两种情况会被认为是正确的，虽然在现实世界中可能性的结果“不是很明显的错误”。换句话说，在这最后的两种情况中我的行为并没有提供我陈述错误的证据，因此真值表就认为我的陈述是“正确的”。简单地说，真值表会认为我的陈述是正确的除非它能证明其错误，或者就像法庭审判中除非被告被证明有罪，否则就会被认定是清白的。条件式的真值表分布的结果说明：

$$(P \Rightarrow Q) \Leftrightarrow \sim(P \wedge \sim Q)$$

换句话说，$P \Rightarrow Q$ 与 $\sim(P \wedge \sim Q)$ 恰有相同的真值。相关的真值表如下：

P	Q	$P \Rightarrow Q$	$\sim(P \wedge \sim Q)$	$(P \Rightarrow Q) \Leftrightarrow \sim(P \wedge \sim Q)$
T	T	T	T	T
T	F	F	F	T
F	T	T	T	T
F	F	T	T	T

这个真值表的分析和上述真值表有点乏味，特别当所有可省略的栏都被具体地添满时，但是值得注意的是它们是完全机械的。不需要任何直觉，我们只是以有条不紊的方式应用了由上述真值表定义的逻辑规则。

这些真值表有另外的理解方式，也就是说，对任何的陈述 P 和 Q 以及任何真值的分布来讲，以下陈述：

$$\sim(P \wedge Q) \Leftrightarrow (\sim P) \vee (\sim Q)$$

它是一个同义反复，也就是说它总是正确的。同样上面的双条件式的陈述也是一个同义反复。

同义反复将会看成是发展和评估推论规则的基础，更具体地说，是一个给定的证明的逻辑完整性。

可能还有许多其他的同义反复，事实上有无穷多个。其中一个原因是在上述的连接词“$\sim$”、“$\wedge$”、“$\vee$”、“$\Rightarrow$”、“$\Leftrightarrow$”中有多余的连接词。

在数理逻辑的正式处理方式中，只有“$\sim$”和“$\Rightarrow$”需要被引入，而且其他的连接词则由下列的陈述来定义。其中，这些陈述在上述的框架下都是同义反复的：

$$P \vee Q \Leftrightarrow \sim P \Rightarrow Q$$

$$P \wedge Q \Leftrightarrow \sim (P \Rightarrow \sim Q)$$

$$(P \Leftrightarrow Q) \Leftrightarrow (P \Rightarrow Q) \wedge (Q \Rightarrow P)$$

注意到，上面最后一个陈述利用第二个同义反复同样可以仅由“$\sim$”和“$\Rightarrow$”来表示。

同样地，全称量词和存在量词也存在多余。在正式的处理方式上，我们可以引入“$\forall$”和“$\exists$”，如下：

$$\exists x P(x) \Leftrightarrow \sim \forall x(\sim P(x))$$

换句话说，“存在一个 x 使得陈述 $P(x)$ 是正确的”等同于“对于所有的 x，陈述 $P(x)$ 是错误的是错误的。”

必须承认，这样定义的连接词需要我们停下来好好理解，而且你可能会问为什么所有这些不能直接简单的定义而要用上述复杂的方式来定义，理由在前面关于公理的讨论已经被提到了。构建公理化结构的目标之一是使其最简，至少尽量简化。实现公理化的这个目标的代价往往明显是复杂的，因为我们可能会花很大的功夫证明一个陈述，然而事实上每个人都会更乐意接受这个陈述直接成为另一个公理。但是数理逻辑的目标不是通过添加更多的公理来避免复杂性；这就是通过最小化所需要的公理的个数来阐明理论和避免潜在的悖论。公理的个数越少，理论会更加明显，而且这些公理与一个公理化结构能达到的另一个重要目标相违背的可能性会变小。这就是一致性。

1.5.2 证明框架

在之后章节中，许多的陈述会变成黑体字“命题”，其实在这本书里更正式更响亮的词语应该是“定理”。这些词语在数学上是等价的，而且词语的选择反映的是风格，而不是实质。事实上，在所有的情况下，陈述的“证明”会被给出。“引理”是另一种叫法，尽管一般情况下引理会被当成是相对次要的结果，而不是一个命题或定理是主要的结果。一些数学家区别命题和定理也是基于这样的区别重要和次要的标准，把定理用在最重要的结果上。

这样的术语决不是普遍被接受的。例如，毋庸置疑，财务专业的学生将会碰到伊藤引理(Ito's lemma)，以及不久会发现作为财务衍生的定价，如选择理论，这个引理可能是在数量金融学中最重要的理论结果。

目前，对命题的陈述的经典结构是：

如果 P 成立，则 Q 成立

陈述 P 是命题的假设,在一些情况下假设可能会是带有许多子陈述和连接词的复杂陈述,而陈述 Q 是命题的结论。本节和下节的主要目的是确定这些证明的逻辑框架。

首先,陈述"如果 P 成立,则 Q 成立"的一个证明并不等价于陈述"$P \Rightarrow Q$"的一个证明,尽管在非正式的语言上它们显然是等价的。特别地:

"如果 P,则 Q"意思是"如果陈述 P 是正确的,那么陈述 Q 是正确的"

而

"$P \Rightarrow Q$"意思是"陈述 P 蕴含着 Q 是正确的"

当然,除非陈述 Q 被断言是一个正确的陈述,否则我们对证明诸如"$P \Rightarrow Q$"的陈述不感兴趣。证明陈述 Q 是正确的结论是一个命题的正确的目的。然而陈述 $P \Rightarrow Q$ 在上述的真值表中四种情况的其中三种情况被看成是正确的,而且这三种情况中,仅有一种情况下 Q 被看成是正确的。也就是,$P \Rightarrow Q$ 的正确性只有当 P 是正确时才能保证 Q 的正确性。因此,如果我们想证明上述典型的命题结构,也就是说我们能从陈述 P 的正确性去证明推论 Q 的正确性,我们可以证明下述成立:

如果 P 和 $P \Rightarrow Q$ 都成立,则 Q 成立

如果这个陈述用逻辑符号来表示的话,它事实上是一个同义反复,总是正确的。也就是,在真值表中,

$$P \wedge (P \Rightarrow Q) \Rightarrow Q \tag{1.1}$$

对于陈述 P 和 Q 的任意真值分布,这个陈述的真值都为"真"。这个陈述是逻辑上推论的核心规则(rule of inference),这也就是著名的假言推理(modus ponens)。也是说:如果陈述 P 是正确的,而且陈述 $P \Rightarrow Q$ 也表明是正确的话,那么陈述 Q 也是正确的。

这是关于"如果 P 成立,那么 Q 成立"许多数学证明中的正式基础。当然,证明的语言经常贯注于蕴含式 $P \Rightarrow Q$ 的正确性的发展,然而陈述 P 的正确性,也就是定理的前提,是很容易得到的。而且,如果 P 是错误的,关于 $P \Rightarrow Q$ 的正确性的证明是没有用的,因为在这种情况下,由上述的真值表可以得出 Q 可能是正确的,也可能是错误的。

在下一节中,我们将更具体地考察证明结构。核心的想法是一个有效证明的每一个逻辑结构是能被表示成同义反复的,如在式(1.1)中的假言推理结构。就像我们所看到的,即使可能有点乏味,证明一个给定的、尽管是复杂的证明结构,并且事实上是一个同义反复。这件事是直接和机械的。这里有一些其他可能的证明结构从直觉上看是同义反复的,也就是在真值表中相对容易证明的。每一个都只是简单地与给定连词的基本的真值表其中的一行相关:

$$P \wedge (P \wedge Q) \Rightarrow Q$$
$$(P \vee Q) \wedge \sim Q \Rightarrow P$$
$$(P \Leftrightarrow Q) \wedge \sim Q \Rightarrow \sim P$$

例如,关于 $P \wedge Q$ 的真值表,P 和 $P \wedge Q$ 都是正确的唯一一行就是 Q 也是正确的那一行。在任意其他行,P 和 $P \wedge Q$ 其中一个是错误的或者两者都是错误的,因此合取式 $P \wedge (P \wedge Q)$ 是错误的,这就保证了条件式 $P \wedge (P \wedge Q) \Rightarrow Q$ 是正确的。那就是为什么这个陈述变成是一个同义反复,而且这个逻辑将会被看成在所有这种情况下都是成立的。特别地,当命题的假设是一个合取式,就像是典型的情况,我们仅需去评估所有子陈述都

是正确的情况，并且确保结论在那种情况下是正确的。而在所有其他情况下合取式是错误的并且条件式自动成立。

1.5.3 证明方法

有了假言推理作为背景，事实上任意数学证明的实质是对蕴含式 $P\Rightarrow Q$ 正确性的证明。为了达到这个目的，第一种选择是直接就证明条件式的陈述 $P\Rightarrow Q$，或反面证明 $\sim Q\Rightarrow\sim P$。这些陈述是逻辑等价的，也就是说在所有的情况下有同样的真值。换句话说：

$$(P\Rightarrow Q)\Leftrightarrow(\sim Q\Rightarrow\sim P) \tag{1.2}$$

式(1.2)是一个同义反复，就是说，对于陈述 P 和 Q 的任意的真值分布，这个陈述都有真值“真”。

如果假言推理应用在这个反证的过程，我可以得到：

$$\sim Q\wedge(\sim Q\Rightarrow\sim P)\Rightarrow\sim P \tag{1.3}$$

然而，由于式(1.2)，因此式(1.3)能被写成：

$$\sim Q\wedge(P\Rightarrow Q)\Rightarrow\sim P \tag{1.4}$$

这就是有名的*否定后件*的假言推理规则，在第 1.2 节关于公理化理论有典型例证。当然，这不是一个独立的推论的规则，因为它是由假言推理得到的。总之，式(1.4)表明如果 $P\Rightarrow Q$ 是正确的，以及 $\sim Q$ 是正确的，也就是 Q 是错误的，则 $\sim P$ 也是正确的，或者 P 是错误的。

在一些证明中，直接的陈述更容易证明，在其他的证明中，应用反证法会更简单。然而在一些情况，两者看起来都是简单的；但在另外一些情况，两者看起来都很艰难。唯一的一般性规则是，如果你使用的方法不能成功，就尝试另一种方法。经历过一些成功和失败的尝试，会提高第一次尝试就使用更合适的方法的几率。

比如，假如我们想要证明 $P\Rightarrow Q$，这里有：

P：$a=b$

Q：$a^2=b^2$

直接的证明过程是：

$$a=b\Rightarrow[a^2=ab \text{ 和 } ab=b^2]\Rightarrow a^2=b^2$$

反证法的证明首先确定陈述的否定形式：

$$\begin{cases}\sim P\text{：}a\neq b\\ \sim Q\text{：}a^2=b^2\end{cases}$$

然后建立如下的证明：

$$\begin{aligned}\sim Q&\Rightarrow a^2-b^2\neq 0\\&\Rightarrow(a+b)(a-b)\neq 0\\&\Rightarrow[(a+b)\neq 0 \text{ 和}(a-b)\neq 0]\\&\Rightarrow a\neq b\end{aligned}$$

在上面的陈述中,我们也能推出 $a \neq -b$ 的结论,但这个额外的信息对于给定的表述是不必要的。

一旦在直接的陈述和反证法之间做出了一个选择,在证明蕴含式的结论的正确性有两种共同的方法。为了简化符号,我们把蕴含式表示为证明 $A \Rightarrow C$,这里 A 表示 P 或者 $\sim Q$,而 C 表示 Q 或者 $\sim P$。

1. 直接证明

第一种方法就是我们经常使用演绎推理。这里如果我们无法一步就证明 $A \Rightarrow C$,我们可以分两步或更多步来证明。例如,对于某个陈述 B 来说,证明了 $A \Rightarrow B$ 和 $B \Rightarrow C$,这样很明显 $A \Rightarrow C$ 是成立的。我们期待这样对陈述的分解是有效的,与中间有多少的蕴含式无关,以及事实上就是这种情况。这就是基于逻辑上的一种叫做*三段论*(syllogism)的结果,而且形成了著名的*直接证明*(direct proof)的基础。特别地,我们有:

$$(A \Rightarrow B) \wedge (B \Rightarrow C) \Rightarrow (A \Rightarrow C) \tag{1.5}$$

式(1.5)是一个同义反复。也就是说,对于 A、B 和 C 的任意的真值分布,这个陈述恒有真值"真"。

直接证明方法是非常强有力的,体现在它允许最复杂的蕴含式能通过任意多的更小的和更容易证明的蕴含式来证明。在上述的证明 $P \Rightarrow Q$ 中,这个方法的过程如下:

$$A:\ a = b$$
$$B:\ a^2 = ab \wedge ab = b^2$$
$$C:\ a^2 = b^2$$

2. 反证法

第二种证明一个蕴含式的方法被认为是一种*间接证明*(indirect proof),这是有名的*归谬法*(reductio ad absurdum),也就是*反证法*(proof by contradiction)。用最简单的方式,用反证法来证明的过程如下:

为了证明 P,先假设 $\sim P$。如果对于任意的 R,能证明 $R \wedge \sim R$,那么能推出 P。

换句话说:

如果 $\sim P \Rightarrow (R \wedge \sim R)$ 成立,那么 P 也成立。

如果 $\sim P \Rightarrow (R \wedge \sim R)$ 是正确,则因为 $R \wedge \sim R$ 总是错误的,结果是这样的情况 $\sim P$ 也总是错误的,因此 P 是正确的。它的逻辑结构是一个同义反复:

$$[\sim P \Rightarrow (R \wedge \sim R)] \Rightarrow P \tag{1.6}$$

注释 1.1:经常有这样的情况:在一个给定的应用中,反证法以如下的方式出现:

$$\text{如果} \sim P \Rightarrow R\text{,而且已经知道 } R \text{ 是错误,那么 } P \text{ 成立} \tag{1.7}$$

例如,我们可能得到 $\sim P \Rightarrow R$,这里 R 是陈述 $1 \neq 1$。不言而喻,陈述 $\sim R$,也就是 $1=1$ 的正确性不必明确地去验证,但是能被理解。而且注意到一个像 $1=1$ 的陈述的正确性在某种意义上不需要从陈述 $\sim P$ 得到。那么式(1.7)是一个有效的结论,这也能从在同义反复 $[(\sim P \Rightarrow R) \wedge \sim R] \Rightarrow P$ 中明确地验证 $\sim R$ 的正确性来正式归纳得到,除非符号等同于式(1.4)的否定后件的假言推理。这种方法也证明了归谬法这一术语的正式性,也就是从假定关于 $\sim P$ 的正确性可以推出一个荒唐的结论 R,例如 $1 \neq 1$。

这种间接的证明方法可能会显得复杂，但经过一些训练，这也是相当简单的。关键点在于对于任意的陈述 R，这就是 $R \wedge \sim R$ 总是错误的情况。这是因为它的否定式 $\sim R \vee R$ 总是正确的，而且：

$$\sim (R \wedge \sim R) \Leftrightarrow \sim R \vee R \tag{1.8}$$

式(1.8)是一个同义反复。也就是说，对于任意的陈述 R，或者 R 是正确的，或者 $\sim R$ 是正确的。这就是著名的排中律(law of the excluded middle)。

在正式归纳之前，让我们把这种间接证明的方式应用在之前简单的例子中，采取如下谨慎步骤：

第一步：表述我们寻求证明的：$a=b \Leftrightarrow a^2=b^2$。

第二步：发展蕴含式的否定式。从条件式的真值表来看，蕴含式 $A \Rightarrow C$ 只有当 A 是正确的，而且 C 是错误的时候才是错误的。因此，我们需要证明的否定式是：$a=b$ 和 $a^2 \neq b^2$。

第三步：我们能从这一假定的陈述中推得什么？这就等同于与某些数学家开玩笑并想看看我们能得到什么：

$$\begin{aligned} a^2 \neq b^2 &\Leftrightarrow a^2-b^2 \neq 0 \\ &\Leftrightarrow (a+b)(a-b) \neq 0 \\ &\Leftrightarrow a+b \neq 0 \text{ 和 } a-b \neq 0 \end{aligned}$$

而

$$a=b \Leftrightarrow a-b=0$$

第四步：确定矛盾：我们能推得 $a-b=0$ 和 $a-b \neq 0$ 同时成立。

第五步：大功告成：$a=b \Rightarrow a^2=b^2$ 是正确的。

必须承认，这可能看起来是一种不好掌握的处理，但是只要稍加练习，逻辑序列将变得自然。训练这种方法的好处是在以后的章节将会看到的是它能提供一个强有力和经常使用的证明数学上的陈述的可供选择的方法。

归纳起来，我们可以用数学上最广泛使用的方式来重写式(1.6)，而且也就是当陈述 P 事实上是一个蕴含式 $A \Rightarrow C$ 时常用的方式。为了做到这一点，我们关于一个蕴含式的否定使用了第二步的结果。也就是：

$$\sim (A \Rightarrow C) \Leftrightarrow A \wedge \sim C$$

即，在式(1.6)中能得到的最常见的矛盾不是一个一般的陈述 R，而是像上面的例子一样，它是关于 A 的矛盾。我们首先以最常见的形式来表述这个结果：

若 $(A \wedge \sim C) \Rightarrow \sim A$，则 $A \Rightarrow C$。

同义反复：$[(A \wedge \sim C) \Rightarrow \sim A] \Rightarrow (A \Rightarrow C)$ (1.9)

在更多一般的情况，有：

若 $(A \wedge \sim C) \Rightarrow R \wedge \sim R$，则 $A \Rightarrow C$。

同义反复：$[(A \wedge \sim C) \Rightarrow (R \wedge \sim R)] \Rightarrow (A \Rightarrow C)$ (1.10)

注释 1.2：就像在注释 1.1 中，式(1.10)也能应用在 $(A \wedge \sim C) \Rightarrow R$ 这样的情况，其中 R 已知是错误的。从而关于 $A \Rightarrow C$ 是正确的结论也就能得到。

3. 归纳法

当要证明的陈述包含有(可数)无穷多个陈述需要证明时(更多关于可数无穷集的内容将在第2章的数系部分介绍)，*归纳法*(proof of induction)是一种经常使用的方法。对于一个稍微有点复杂的例子，如第1.1节引言中的陈述："对于任意的两个整数 M 和 N，我们有 $M+N=N+M$"是复杂的，因为这个陈述包含两个一般的数量，而且每一个可以假设有无穷多个数值。换句话说，这个陈述是一种表达无穷多个等式($1+9=9+1$，$-4+37=37+(-4)$，等等)的一种合算的方式。

一个更简单的只包含这样一个数量的例子如下：

$$\text{若 } N \text{ 是一个正整数，那么 } 1+2+\cdots+N=\frac{N(N+1)}{2}\text{。} \tag{1.11}$$

这里有一个等式的形式，$P=Q$，但 P 和 Q 都不是简单的声明。相反地，它们都用正整数的指标来表述。也就是，我们试图证明：

$$\forall N,\ P(N)=Q(N) \tag{1.12}$$

在这里，我们定义：

$$P(N)=1+2+\cdots+N$$
$$Q(N)=\frac{N(N+1)}{2}$$

显然，对于任意给定的 N 的值，证明不需要任何一般理论，而且结果能通过手算或者计算机计算来验证或得出矛盾。归纳法提供表述式(1.12)对于任意的 N 都有效的一种经济的方法。具体思路可以归纳如下：

若 $P(1)=Q(1)$，

以及 $$[P(N)=Q(N)]\Rightarrow[P(N+1)=Q(N+1)] \tag{1.13}$$

则 $\forall N,\ P(N)=Q(N)$。

换句话说，归纳法分有以下两个步骤：

第一步(初始步骤)：证明对于 N 的最小的整数值，陈述是正确的，比如 $N=1$(有时候 $N=0$)。

第二步(归纳步骤)：证明如果结论对于一个给定的 N 值已经是正确了，那么对于 $N+1$ 也是正确的。

这个逻辑是不证自明的。从初始步骤和归纳步骤可以保证结论对于 $N=2$ 是正确的，这个结果再次用同样的方法保证 $N=3$ 也正确，等等。

例 1.1 为了证明式(1.11)，我们看到结论对于 $N=1$ 很明显是正确的。接下来，假设结论对于 N 是正确的，我们得到：

$$\begin{aligned}1+2+\cdots+N+(N+1)&=\frac{N(N+1)}{2}+N+1\\&=\frac{N(N+1)}{2}+\frac{2(N+1)}{2}\\&=\frac{(N+1)(N+2)}{2}\end{aligned}$$

这就是我们预期的结果。

*1.6 数理逻辑

数理逻辑(mathematical logic)是数学中最抽象、最符号化的学科之一,是相当严谨的。正如上面举例说明的,数理逻辑的目的是要定义和发展演绎系统的,与上下文无关的性能。我们不能确定一个给定的合乎逻辑的发展是正确的,因为我们对它的估计受到了一定数学领域的应用直觉的影响。所以数理逻辑的目的就是要在去除任何提示的情况下,抛弃以往熟悉的理论,从一般的、未指定的数学理论来研究的逻辑结构。

为了达到这个目的,数理逻辑就必须首先去掉所有能暗示给定背景环境的符号。同时,它的符号结构必须很一般,所以它能够应用于各种各样的数学学科和背景。因此,数理逻辑是高度符号化、高度程式化的,致使逻辑学家只能用结构所允许的规则作为指导。这样,每一步演绎都能够通过一个适当的结构化计算机程序机械且有效地证明。这个程序发出了一个符号化的声明表示是“真”当且仅当它只通过公理或假设事实以及由演绎结构声明所得到的参考规则来创建一个符号序列。没有背景的假设,也没有直觉的需求。

前一节关于数学逻辑语句的非正式介绍是*命题演算*(statement calculus)或者*命题逻辑*(propositional logic),是数理逻辑学科的一个子集。命题演算的公理结构包括:

(1) 某些*形式符号*构成了*逻辑运算符*(～和 =>,但是不包括∀和∃)、*标点符号*(例如,括号),以及其他未定义的符号。但是对其他所需要的概念,如*变量*、*谓词*、*公式*、*运算*、*命题*和*定理*给出了定义。

(2) 确定基本公式结构的*公理*假设成立。

(3) *推理规则*:假言推理。

由于递推理论的*可制定性*,使得它是*完全的*。通过建立真值表形成判断一个命题真假与否的算法,而建表的每一步都只需要有限步便能完成。这一结果的关键是:一个命题是命题演算中的定理,这意味着它可以利用假言推理从公理推导出当且仅当就相关真值表来说此命题是恒真的。然而在数学的很多领域,命题演算在对于包含:

$$\forall xP(x) \text{ 或 } \exists xP(x)$$

形式的命题显得不足。而这种形式,在很多数学学科中正是命题的中心。这种适用于这些概念的数学理论叫做*一阶谓词演算*或简单地称为*一阶逻辑*。

关于一阶逻辑具有里程碑似的结果是由克尔特·哥德尔(Kurt Gödel, 1906—1978)在1931年提出的*哥德尔不完备性定理*(Gödel incompleteness theorems)。尽管该定理远远超出了此书的要求范围,哥德尔的第一定理可以非正式地描述为:任何一致一阶逻辑足以建立数字的基本理论。它可以建立一个不能被证明的真命题。换句话说,任何这种理论都不能确认或者否定每一条建立在此理论上的命题,所以这样的理论是“不完备的”。

哥德尔第二定理的非正式描述是:任何这种理论都不能确认或者否定每一条建立在此理论上的命题,不能从该理论来证明一致性。也就是说,任何这种理论一致性的证明都不在理论的限定范围内。

1.7 金融学上的应用

在这一章所讨论的数理逻辑在金融学上的应用是既有特殊性又有普遍一般性的。首先,当我们要为一个结果提供证明方法时,可以在金融学中找到很多具体的实例。通常情况下,这类证明并不像我们在研究型论文里见到的定理那样正式。这样的证明只是差不多应用于一个给定的定语,或者有时适合一个给定的定理。此定理没有明确的预期理论或者完全在理论体系之外。

另一方面,我们也许正在建立或者检验种种在给定文章中看似合理的假设性猜想。这种特别的应用调查的继续必须要有非常正式的逻辑推导和证明,前面章节所提及的方法具有很大的利用价值,因为它为调查构建的框架是严密的或者至少是半严密的。

更具体地说,真值表常常能在包含一系列影响因子以及各样恒等式证明的微妙逻辑推导中发挥重大作用,它能够提供不同的方法来得出结果。例如,反证法在反命题上的应用相当微妙。就像在数学中,将逻辑论证从语境中提取出能够为评估提供更好的框架,消除后者带来的偏置。另外,当一个调查最终推导成为一个特定蕴含的证明,特别是在当你尝试去评估一个合理甚至是一个期望蕴含的真实性时,各种证明方法都能够攻破。

同样,这一章还将讨论很多其他一般的金融学应用,更广泛地,应用数学学科还起到了警世故事的作用。在很多情况下数学的动力性和严密性能被理解为一定的固定性,那就是说,一个假定真的结果,在数学里"很真",他们稳固到即使是稍微改变了假设前提,或者是错误的用在别的环境中它一样保持真性。事实上,没有什么更真实的了!

回忆起来,很久以前,有一次在我毕业论文指导老师 Alberto P. Calderón(1920—1998)的办公室里,他就这一点给出了深刻独到的见解。也许并不能完全回忆起来,他就这一点的看法是:"数学中最有趣、最有力量的定理往往是几乎不真的"。换句话说,数学中"最好定理"的结论是既有坚实的基础又是不稳定牢固的,它们代表了假设前提与已证结论的精妙关系。在"最好定理"中,假言非常接近于由最小化假设推导出的结论,或者说,结论非常接近于假设前提下最大可能的结果。一个定理越真,由于过多的假设前提或次优结论导致该定理就越没有趣和越没用。这样的定理往往多次回顾文章以找到更加简练的陈述。

这个故事警告我们,仅仅简单记住数学结论的大致内容,而不仔细关注证明该结论所用的假设前提是不够的。稍微修改一下假设条件,或者尝试扩展结论,都将发生严重的错误。但是,我们不仅仅需要仔细利用已知结论,假设条件如何推导结论的证明同样重要,因为,在实践中,研究人员经常需要修改一个或多个条件,以评估原结论的哪些部分仍然成立。

这一章还会提及小部分的数学历史、支持最好结果不稳定性的悖论,以及如何使它们正确平衡的注意事项。尽管数学家们在项目研究时非常仔细,但是那些必须要避免的误区还是时时存在的。这些误区虽然明显,却难以避免,尽管很多的数学家知识渊博,甚至是该数学学科的领导者都难免陷入误区之中。这些误区与其说是他们能力的反应,不如说是对他们学科精妙性的检验。

作为警世故事的一个简单例子，它在任何数学工作无论是定量计算，还是逻辑推导都是非常重要的，我们必须记住在分离原则约定下命题 Q 的真性不仅取决于假设前提 P 还要依赖于蕴含条件 $P \Rightarrow Q$。而后者是更加要注意的重点，它依赖于前面所讲的许多原则的应用。而分离原则的重要往往体现在更繁琐的推导，目的是反复检查假设条件，以及 P 的有效性。

一个简单的例子就是套利原则，它往往能够吸引新的金融学学生。在套利中，人们能够无成本地实现市场贸易，也就是无风险的度过一段时间，并极可能最后分毫无损地获得收益。学生们总是做出详尽且非常有创意的计算来确定金融市场中的套利现象。换句话说，在特定的应用中，他们总是仔细且创造性地推导命题 $P \Rightarrow Q$ 的真性。其中命题 P 是："根据从电视媒体或网络获得的关于市场价格的信息来决定是减少还是增加各种仪器的投入。"命题 Q 是："当利润滚滚而来的时候，我将变得相当富裕。"

当然，练习较少的学生由于使用了错误的仪器组，或者没有意识到在邮政交易中所存在的风险，在证明 $P \Rightarrow Q$ 的过程中会犯错误。但是更好的学生会得到完美和有时细微的交易分析。不变的是，经济学教授留下了"破坏泡沫"的工作，带有这样的问题："在价格固定下交易的安全性，你有几分的把握"。换句话说，你对于 P 是正确的，有几分的把握？

这个问题的答案来自使用三段论和否定后件的断言推理对下列论述的逻辑分析：

如果经济班的学生判断有效的话，则将有很多相当富有的经济班的学生。

如果经济班的学生能在一个既定的价格交易的话，那么他们的判断有效。

尴尬的是，没有很多富有的金融学学生。

练习题

操作练习

1. 创建真值表来判断下列的陈述 $A \Leftrightarrow B$ 是否是同义反复：

(1) $P \vee Q \Leftrightarrow \sim P \Rightarrow Q$

(2) $(P \vee Q) \vee (P \Rightarrow Q) \Leftrightarrow P \wedge Q$

(3) $(P \Leftrightarrow Q) \Leftrightarrow (P \Rightarrow Q) \wedge (Q \Rightarrow P)$

(4) $[P \Rightarrow (Q \vee R)] \wedge [Q \Rightarrow (P \vee R)] \Leftrightarrow R$

2. 注意到，$P \Rightarrow Q$ 的正确性未必蕴含 Q 的正确性。利用真值表证明 $(P \Rightarrow Q) \Rightarrow Q$ 不是同义反复来说明这一点。举实例，可以通过定义陈述 P 和 Q 来阐明 $(P \Rightarrow Q) \Rightarrow Q$ 是正确的例子，和对应的错误的例子。

3. 反证法提供了另一种证明蕴含式 $P \Rightarrow Q$ 的正确性的方法。断言 $(P \Rightarrow Q) \Leftrightarrow (\sim Q \Rightarrow \sim P)$ 是一个同义反复。请给出一个例子。

4. 验证矛盾证明法的结构，$[(A \wedge \sim C) \Rightarrow \sim A] \Rightarrow (A \Rightarrow C)$，是一个同义反复。

5. 戏剧性地，逻辑推论 $[(P \Rightarrow Q) \wedge Q] \Rightarrow P$ 就是有名的 modus moronus。证明这个

陈述不是一个同义反复,以及给出一个关于陈述 P 和 Q 的实例,在这个例子里,前提是正确的,而结论是错误的。

6. 利用数学归纳法证明对于任意的整数 $n\geqslant 0$:$\sum_{i=0}^{n}2^i=2^{n+1}-1$。

7. 给出练习 6 的一个直接证明。(提示:定义 $S=\sum_{i=0}^{n}2^i$,考虑 $2S$ 的公式,然后相减。)

8. 利用书中式(1.6)的形式的反证法证明练习 6。(提示:公式对于 $n=0,1,2$ 和其他的 n 值,显然是成立的。令 N 是第一个使得公式错误的整数。从公式对于 $n=N-1$ 正确和对于 $n=N$ 是错误的可以推得 $2^N\neq 2^N$,并回忆一下式(1.6)的注释。)

9. 经常假设的情况是数学归纳法中的第一步是没必要的,而仅需验证的是归纳的步骤。证明:公式 $\sum_{i=0}^{n}2^i=2^{n+1}+c$,对于任意 c 满足归纳步骤,但只有 $c=-1$ 满足初始步骤。

10. 用数学归纳法证明:$\sum_{j=1}^{n}j^2=\frac{n(n+1)(2n+1)}{6}$。

11. 一个银行做出这样的承诺:对于某个固定的 $i>0$,一项投资会以公式 $F_{j+1}=F_j(1+i)$ 逐年增长,这里 F_j 表示在第 j 年的基金。利用数学归纳法来证明:如果一个投资 F_0 定义在今天,那么对于任意的 $n\geqslant 1$,有 $F_n=F_0(1+i)^n$。

12. 使用式(1.4)的结构中的否定后件(modus tollens)的假言推理来证明如果在今后第 n 年某个时候,银行流通量 $F_n\neq F_0(1+i)^n$,那么银行在某个时候可能会打破练习 11 中的每年基金增长的承诺。[提示:定义 P:$F_{j+1}=F_j(1+i)$,对于所有 j;Q:$F_n=F_0(1+i)^n$,对于所有的 $n\geqslant 1$。从 $(P\Rightarrow Q)\wedge\sim Q$ 获得什么启发?]

强化练习

13. 创建真值表来评估下述的陈述 $A\Leftrightarrow B$ 或 $A\Rightarrow B$ 是否是同义反复:

(1) $P\wedge Q\Leftrightarrow\sim(P\Rightarrow\sim Q)$

(2) $(P\vee Q)\wedge\sim Q\Rightarrow P$

(3) $(P\Rightarrow Q)\wedge(P\wedge R)\Rightarrow Q\wedge R$

(4) $\sim P\vee(Q\wedge R)\Leftrightarrow(\sim R\vee\sim Q)\wedge P$

14. 演绎推理(modus ponens)确定了这样的必要的额外事实:把蕴含式 $P\Rightarrow Q$ 的正确性的证明转换成一个结论 Q 的证明。断言 $P\wedge(P\Rightarrow Q)\Rightarrow Q$ 是一个同义反复。通过在练习 2 中的现实世界的例子来表述虽然 $(P\Rightarrow Q)\Rightarrow Q$ 可能是正确的或是错误的,$P\wedge(P\Rightarrow Q)\Rightarrow Q$ 总是正确的。

15. 利用演绎推理与反证法证明 $\sim Q\wedge(P\Rightarrow Q)\Rightarrow\sim P$,以及直接证明这个陈述是一个同义反复。请给出一个实例。

16. 以 A 或 B 等来标记这一章末尾的论证中出现的陈述,把论证转化为一个逻辑结构,并表述利用三段论和否定后件的假言推理能得到什么样的结论。

17. 对于 $i>0$ 和整数 $n\geqslant 1$,利用数学归纳法证明:$\sum_{j=1}^{n}(1+i)^{-j}=\frac{1-(1+i)^{-n}}{i}$。

18. 直接证明练习 17 中的公式。(提示:参考练习 7。)

19. 利用数学归纳法证明:$\sum_{j=1}^{n}j^3=\left(\sum_{j=1}^{n}j\right)^2$。

20. 一个银行已经做出这样的承诺：对于某个固定 $i > 0$，一个投资以公式 $F_{j+1} = F_j(1+i)$ 逐年增长，这里的 F_j 表示第 j 年的投资基金。对于任意的 $n \geqslant 1$，利用形如式(1.9)的反证法来证明：$F_n = F_0(1+i)^n$。(提示：定义 $A: F_{j+1} = F_j(1+i)$，对于任意的 $j \geqslant 0$；$C: F_n = F_0(1+i)^n$，对于任意 $n \geqslant 1$。如果 $A \wedge \sim C$ 成立，而且 N 是使得 C 不成立的最小的整数 n，关于 F_N，你能得到什么结论？F_N 提供了一个矛盾，如何得到结论 $A \Rightarrow C$?)

▶2

数系与函数

2.1 数字性质和结构

2.1.1 引言

在这一章中，我们省略了一些有关数系的详细证明过程，原因在于，我们后面总结数系基本性质的一个严格的框架中，会提供一套精巧细致的数学工具，但这些工具在后续章节中用处不大。然而，本章节中所涉及的数学理论，既展示了数学的“力与美”（简洁之美和超凡作用），又能为后续章节许多归纳总结提供一个直观的背景。

数学理论兼具“力与美”的这种表达方式，一定让许多读者吃惊不已，因为他们一般认为数学的作用仅限于揭示新的和复杂的理论。事实上，构建一个严格的框架用来证明许多在学龄前就被认为是正确的数的性质，可能更加复杂。比如，我们如何证明对于任意整数 n 和 m，$n+m=m+n$ 总是成立？

除了数学家之外，应该没有其他人认为如此“显而易见”的表达式还需要证明，也只有数学家为了客观而严谨地分析这些表达式，进而会去构建一系列必要的工具和数学框架。

正如我们在第 1 章中讨论过的，为构建出这样一种框架，我们必须引入一些未定义的术语和较为正式的符号。关于这些术语、符号，以及所研究的数系的公理假设，我们都需要进行明确说明。许多数字性质，人们可能从孩提时起就已确信不疑，但我们仍要保证所有表达式的理论证明，必须明确且只能来自公理和其他对公理的推论结果。这些可被证明的表达式被称为这一理论的*定理*或*命题*（可交替使用的术语），有关这些表达式有效性的严格论证过程，称为对这一理论的*证明*。

针对自然数的现代公理性方法，是由*朱塞佩·皮亚诺*（Giuseppe Peano，1858—1932）于 1889 年引入的，当年他创立了*皮亚诺公理*（Peano's axioms），在其中对*理查德·戴德金*（Richard Dedekind，1831—1916）于 1888 年建立的公理化推导法进行了简化。

2.1.2 自然数

最简单的数字集合莫过于自然数(natural numbers)或算数(counting numbers)了,用 $\mathbb{N}$ 表示,并定义为:

$$\mathbb{N}=\{1,\ 2,\ \cdots\} \text{ 或 } \{0,\ 1,\ 2,\ \cdots\}$$

为使 $\mathbb{N}$ 的公理化结构更为形象,我们引入皮亚诺公理,构造一个基本算数结构。正式符号中,除了“′”之外都是显而易见的。直观上,对任意自然数 n 而言,n' 代表紧接的下一个元素,用具体式子表示,可被视为 $n+1$。

(1) 正式符号(formal symbols):=、′、+、·、0。

(2) 公理(axioms)。

公理 1.1　$\forall m \forall n(m'=n' \Rightarrow m=n)$。

公理 1.2　$\forall m(m' \neq 0)$。

公理 1.3　$\forall m(m+0=m)$。

公理 1.4　$\forall m \forall n[m+n'=(m+n)']$。

公理 1.5　$\forall m(m \cdot 0=0)$。

公理 1.6　$\forall m \forall n(m \cdot n'=m \cdot n+m)$。

公理 1.7　对任一个公式 $P(m)$:$\left[P(0) \wedge \forall m\left(P(m) \Rightarrow P(m')\right)\right] \Rightarrow \forall m P(m)$。

我们看到,正式符号中包括我们所熟知的加号(+)、乘号(·)、等号(=),以及一个数字常量 0。还有主符号(′),可被看作是由公理推导而来,表示“后续元素”。用通俗的语言说,m' 就表示 $m+1$,但用更为抽象的公理化角度来看,m' 仅仅表示 m 的后续元素。

公理 1.1 表明“后续元素”是唯一的,集合 $\mathbb{N}$ 中两个不同的元素不能有相同的后续元素。公理 1.2 把 0 作为后续元素链的起始元素。公理 1.3 和公理 1.4 为加法运算建立基础,公理 1.5 和公理 1.6 为乘法运算建立基础。同时,公理 1.6 也验证了我们对于 $m'=m+1$ 的通俗理解。为了正式地推导,我们需要定义 $1=0'$,然后证明 $m=1 \cdot m$ 以及因式分解 $m \cdot n+m=m \cdot (n+1)$ 成立。最后,公理 1.7 是“归纳法”公理,为证明关于的一般公式提供了一个框架,就是说,如果证明一个公式对于 0 成立,那么关于 m 的事实就关于 m' 成立,进而得出公式对于所有 m 都成立。这一思想曾在第 1 章用归纳法引入。我们将不会对正式公理化问题作进一步探讨。

回到非正式背景之下,我们看到自然数的作用主要在于计数与排序。集合 $\mathbb{N}$ 含有无限个自然数元素,当然,为与“无穷大”概念相区别,我们说集合 $\mathbb{N}$ 是可数的(countable or denumerable)。更为一般地,若 X 与集合 $\mathbb{N}$ 存在一一对应关系,集合 X 为可数的,表示为:

$$X \leftrightarrow \mathbb{N}$$

意味着存在对集合 X 中元素的列举(enumeration),

$$X=\{x_1,\ x_2,\ \cdots\}$$

集合 X 包括其中所有元素有且仅有一次,或者说,X 中的每个元素可与集合 $\mathbb{N}$ 中的唯一元素配对。

但要注意到,要证明一个集合中元素是可数的,我们易于验证一个与 X 相对应的集合,其中包含多个元素,且集合 X 中所有元素都至少被计入了一次。这样的验证就隐含了我们所期望得到的结论,当然,描述这个明确的对应关系时,不必一定要找到"一个相应的集合使它包含集合 X 中的每个元素恰好一次"。能找到有重复多次的也可行,毕竟如果有元素多次计算后集合仍然可数,那么原集合一定可数。

命题 2.1 若集合 X_i 对于 $i=1, 2, \cdots, n$,而言是可数的,那么 $X=\{x \mid x \in X_i$ 对于某个 $i\}$ 也是可数的。

证明:将每个 $X_i \equiv \{x_{i1}, x_{i2}, \cdots, x_{ij}, \cdots\}$ 中的元素与条件 $\{i+(j-1)n \mid j=1, 2, \cdots\}$ 联系在一起,进而定义一个必要的对应集合 $X \leftrightarrow \mathbb{N}$。换而言之,$\{X_i\}$ 中第一序列元素按顺序被计数,然后是第二序列元素,等等。 ■

注释 2.1:在下一章中,我们将引入集合和集合的运算,比如并集和交集,但对于已经熟知这些概念的读者而言,上面所介绍的集合 X 是定义为 X_i 的并集。若 X_i 可数,上述命题依然成立。当有理数可数时,我们将在下面给出对这一命题的证明过程。

自然数集合是对加法和乘法封闭的,意味着下列运算过程的结果仍然是自然数。

$$n_1, n_2 \in \mathbb{N} \Rightarrow n_1+n_2 \in \mathbb{N}, \text{并且 } n_1 \cdot n_2 \in \mathbb{N}$$

但这一运算过程对减法或除法不是封闭的。在乘法中有关 $\mathbb{N}$ 的一个重要性质,为古希腊人所熟知的,就是唯一析因定理(unique factorization)。我们首先预设条件。

定义 2.1 若 $n>1$,某个数 $n \in \mathbb{N}$ 为素数(prime),且对于 $n=n_1 \cdot n_2$ 有 $n_1=1$、$n_2=n$ 或 $n_1=n$、$n_2=1$。某数 $n>1$ 如果不是素数,就是合数(composite)。即 $n=n_1 \cdot n_2$ 中两个因子以及其他因子 n_j 都不等于 1。

注意到当 $n=1$ 时,按定义,既非素数,也非合数。我们不用担心唯一析因定理的定义,是否将其定义为素数,这就在于个人喜好了,本身不太重要。关于唯一析因定理的定义会在后面进行讨论。

命题 2.2 素数的集合是无限的。

证明:顺着欧几里得在《几何原本》中提供的证明思路,我们用反证法来证明。若结论是错误的,只有 $n_1, n_2, \cdots, n_N$ 才是素数,然后定义 $n=n_1 \cdot n_2 \cdot \cdots \cdot n_N+1$。所以任一个 n 都是素数,这里就有矛盾之处,因为它显然是比任何原素数大,或者它是合数,这意味着它可被一个原素数集所整除。但假定该公式对任意 n 都成立,1 却不能被任意素数所整除,故而这一结论也不成立。 ■

现在我们回到唯一析因定理的概念,我们仅用这个概念表明:每个自然数都能以唯一方式表示为许多素数的乘积。

定义 2.2 若集合 $\mathbb{N}$ 对所有 n 满足唯一析因定理(unique factorization)条件,都存在一个素数集合 $\{p_j\}_{j=1}^N$ 使得 $n=\prod p_j$,若存在素数集合 $\{p_j\}_{j=1}^N$ 与 $\{q_k\}_{k=1}^M$ 使得 $n=\prod p_j=\prod q_k$,那么 $N=M$,且对所有 j 而言,当以非减次序排列这些素数时,$p_j=q_j$。

注释 2.2:(1) 在上述定义中,$\prod p_j$ 是乘积的缩写形式:$\prod p_j=p_1p_2\cdots p_N$,$\prod q_k$ 也是类似缩写形式。必要时为明确起见,这个乘积形式将表示为 $\prod_{j=1}^N p_j$。

(2) 在这里,非减次序的排列乍看起来是挺别扭的。我们习惯于将递增与递减看作是相对的概念,所以也倾向于把一个非减次序排列归入递增的那一类。但是这个定义必须考虑到并不是所有素数都是不同的,因此有的排列不可能完全“递增”。在其他语境中,“非增”的概念也是出于同样的考虑。

(3) 如果把自然数 1 定义为一个素数,当考虑到因素的个数等于 1 时,唯一析因定理的定义就会变得更复杂一些。

命题 2.3 (算数基本定理)(fundamental theorem of arithmetic) 自然数集合 $\mathbb{N}$ 满足唯一析因定理。

证明:这个证明过程的复杂性在于求证一个更为简单的思想:若一个素数整除一个合数,然后考虑该合数的任意因式分解情况,这个素数必须能整除该合数的至少一个因子。这就是欧几里得引理(Euclid's lemma),我们将在后面继续讨论。只要该引理得证,就可以进一步用归纳法来证明。该命题对 $n=2$(为素数)显然成立。接下来,假设该命题对所有 $n<N$ 成立,且 N 已被分解为 $N=\prod p_j=\prod q_k$,这里,为明确起见,所有素数都被排列为非减的次序。当然,我们可以假设 N 为合数,因为在定义上,所有素数都满足唯一析因条件。现在根据欧几里得引理,若 p_1 能整除 $N=\prod q_j$,必须要能整除其中一个因子。因为 q_j 是素数,必须要对某个 i 而言,存在一个 $p_1=q_j$。类似地,因为 q_1 必须能整除 $\prod p_j$ 且 p_j 均为素数,必须要对某个 k 而言,存在一个 $q_1=p_k$。所以,根据假定的素数排列次序,我们得出 $q_1=p_1$,这一公因子可以从表达式中约掉。我们现在就得到两个素数因子数 $N/p_1=N/q_1$,这个数小于 N。因而通过归纳法推导可知,唯一析因定理是适用的,结果也证实了这一点。 ■

注释 2.3:

(1) 欧几里得引理:现代观点认为,与传统证明相对的是,若自然数 p 和 a 没有公因子,我们就能找到自然数 x 和 y,使得 $1=\pm(px-ay)$。换而言之,若 p 和 a 没有公因子,我们会发现这些数的倍数之差为 1。这一结论是**贝祖恒等式**(Bézout's identity)的一个特例,名字来自艾蒂安・贝祖(Étienne Bézout, 1730—1783)。假定引理中,p 能整除 $n=ab$,但不能整除 a,我们知道 p 和 a 没有公因子,故上述恒等式成立。式子两边同乘 b,得到 $b=\pm(bpx-aby)$,因此 p 能整除 b,p 显然能整除 bpx,且能整除 $aby=ny$,因为我们假定 p 能整除 n。

(2) 贝祖恒等式:贝祖恒等式表明给定任意自然数 a 和 b,若 d 表示最大公因子,$d=\gcd(a, b)$,则有自然数 x 和 y 使得 $d=\pm(ax-by)$。换而言之,我们可以通过这些数的最大公因子来区别这些数的倍数。若 a 和 b 没有公因子,那么 $d=1$,这就是上面提到的欧几里得引理的应用。对这一结论的证明来自于欧几里得另一个精巧的解释。

(3) **欧几里得算法**(Euclid's Algorithm):欧几里得算法为找到 a 和 b 的最大公因子 d,构建了一套有效的步骤,为了理解这一步骤的基本思想,我们先假设 $b>a$,且令 $b=q_1a+r_1$,其中 q_1 为自然数,包括 0;r_1 为自然数且满足 $0\leqslant r_1<a$。欧几里得的重要性发现在于任意能整除 a 和 b 的数必须也能整除 r_1,因为 $r_1=b-q_1a$。进而 $\gcd(a, b)$ 必须也能整除 r_1,因此 $\gcd(a, b)=\gcd(r_1, a)$。我们用 a 和 r_1 重复上述步骤:

$$
\begin{aligned}
a &= q_2 r_1 + r_2 \\
r_1 &= q_3 r_2 + r_3 \\
r_2 &= q_4 r_3 + r_4 \\
&\vdots
\end{aligned}
$$

其中每一步都满足条件 $0 \leqslant r_{j+1} < r_j$。按上述方法重复多次，直至得到 0 的余项，因为余项是递减的，所以一定能得到。根据上述的重要发现，第二个到最后一个余项就应当为 d。换句话说，我们得到最后两步式子为：

$$
\begin{aligned}
r_{n-1} &= q_{n+1} r_n + r_{n+1} \\
r_n &= q_{n+2} r_{n+1} + 0
\end{aligned}
$$

因为 $\gcd(a, b) = \gcd(r_{n+1}, 0) = r_{n+1}$，必然有 $r_{n+1} = d$。然后通过逆向倒推，我们得到 x 和 y。比如，假设在第三步得到 0 的余项 a，就有 $r_3 = 0$ 且 $r_2 = d$，进而有：

$$
\begin{aligned}
d &= a - q_2 r_1 \\
&= a - q_2(b - q_1 a) \\
&= (1 + q_2 q_1)a - q_2 b
\end{aligned}
$$

例 2.1 证明 $\gcd(68\,013, 6\,172) = 1$。

证明：

$$
\begin{aligned}
68\,013 &= 11 \times 6\,172 + 121 \\
6\,172 &= 51 \times 121 + 1 \\
121 &= 121 \times 1 + 0
\end{aligned}
$$

将上面步骤逆推得到：

$$
\begin{aligned}
1 &= 6\,172 - 51 \times 121 \\
&= 6\,172 - 51 \times (68\,013 - 11 \times 6\,172) \\
&= -51 \times 68\,013 + 562 \times 6\,172
\end{aligned}
$$

2.1.3 整数

整数的集合，用 $\mathbb{Z}$ 表示，定义为：

$$
\mathbb{Z} = \{\cdots, -2, -1, 0, 1, 2, \cdots\}
$$

对加法、减法和乘法是封闭的，事实上，在加法运算下，整数具有交换群（commutative group）的结构（$\mathbb{Z}$, $+$），此处证明略去。

定义 2.3 一个集合 X 为在运算 $\star$ 之下的群，表示为 $(X, \star)$，若：

(1) X 在 $\star$ 运算之下为封闭的：即 $x, y \in X \Rightarrow x \star y \in X$。

(2) X 有一个单位元素（unit）：存在一个元素 $e \in X$，使得 $e \star x = x \star e = x$。

(3) X 包含逆元素（inverses）：对于任意 $x \neq e$，存在 $x^{-1} \in X$，使得 $x^{-1} \star x = x \star x^{-1} = e$。

(4) $\star$ 运算适用结合律：对任意 $x, y, z \in X$：$\big((x \star y) \star z\big) = \big(x \star (y \star z)\big)$。

定义 2.4 若对所有 x，$y \in X$，X 为一个群，则$(X, \star)$为交换群(或阿贝尔群)(abelian group)：

$$x \star y = y \star x$$

当然，在交换群结构$(\mathbb{Z}, +)$中，单位元素 $e=0$，且 $x^{-1}=-x$。

同时，集合 $\mathbb{Z}$ 为可数的，因为它是三个可数集合的组合——自然数集、自然数的负数集和$\{0\}$。只要± 1 乘积的可能性能得到解释，唯一析因定理对于集合 $\mathbb{Z}$ 也同样适用，当然我们必须考虑诸如 $2\times 3=(-2)\times(-3)$ 这样的情形。换而言之，算术基本定理对正负自然数都成立，但对于素因子分解而言，得到结论前，必须考虑到对所有 j 而言，$p_j=\pm q_j$ 的可能性。

最后，我们有时也会分别用 $\mathbb{Z}^+$ 和 $\mathbb{Z}^-$ 来表示正整数和负整数，尽管并没有一个可靠的惯例表明 0 是否包含于 $\mathbb{Z}^+$ 中，但对整数集合而言，相关方面的规定与自然数集合 $\mathbb{N}$ 类似。

2.1.4 有理数

集合 $\mathbb{Z}$ 在除法运算下不是封闭的，但扩展到有理数(rational numbers)集合，用 $\mathbb{Q}$ 表示，定义为：

$$\mathbb{Q}=\left\{\frac{n}{m} \mid n, m \in \mathbb{Z}, m \neq 0\right\}$$

集合 $\mathbb{Q}$ 是一个在加法(+)和乘法(·)运算之下的群。在$(\mathbb{Q}, +)$以及$(\mathbb{Z}, +)$中，单位元素 $e=0$ 且 $x^{-1}=-x$，但在$(\mathbb{Q}, \cdot)$中，$e=1$，$x^{-1}=1/x$。事实上，$(\mathbb{Q}, +, \cdot)$具有域的结构。

定义 2.5 一个在+和·运算之下的集合 X 就是一个域(或场)(field)，表示为$(X, +, \cdot)$，若满足下列条件：

(1) $(X, +)$是一个交换群。

(2) $(X, \cdot)$是一个交换群。

(3) (·)和(+)运算满足分配率：对任意 x，y，$z \in X$：$x\cdot(y+z)=x\cdot y+x\cdot z$。

集合 $\mathbb{Q}$ 是可数的，这一点可以用格奥尔格·康托尔(Georg Cantor，1845—1918)构造的著名方法中得到证明。用下列网格式方法将所有正有理数表示出来为：

$$\begin{matrix} \frac{1}{1} & \frac{1}{2} & \frac{1}{3} & \frac{1}{4} & \cdots \\ \frac{2}{1} & \frac{2}{2} & \frac{2}{3} & \frac{2}{4} & \cdots \\ \frac{3}{1} & \frac{3}{2} & \frac{3}{3} & \frac{3}{4} & \cdots \\ \frac{4}{1} & \frac{4}{2} & \frac{4}{3} & \frac{4}{4} & \cdots \\ \vdots & \vdots & \vdots & \vdots & \vdots \end{matrix}$$

显然，上面列出的是所有正有理数的排列，所有有理数都被无限计数多次。但即便表示得如此冗余，这些数字仍然是可数的，可以从左上角第一个数开始，按照下述对角形式串

起来:

$$\frac{1}{1} \mapsto \frac{1}{2} \mapsto \frac{2}{1} \mapsto \frac{3}{1} \mapsto \frac{2}{2} \mapsto \frac{1}{3} \mapsto \frac{1}{4} \mapsto \cdots$$

进而,所有有理数都为可数的,因为有理数可以分为三个可数集合的组合:正有理数、负有理数和$\{0\}$。

注释 2.4:上面的证明过程用更一般的语言来表述为所有可数集合的可数元素的并集都是可数的,因为这些集合在上述表格中以行列形式展示出来,计数的定义也是类似的。

有理数集合$\mathbb{Q}$,在算术运算$+$、$-$、$\cdot$、$\div$之下是封闭的,但在正数的指数运算之下不是封闭的。换而言之:

$$x > 0 \text{ 且 } y \in \mathbb{Q} \nRightarrow x^y \in \mathbb{Q}$$

其中"$\nRightarrow$"是"并不必然意味着"的简写形式。对于非有理数存在性的最简单证明起源于公元前 500 年左右的希腊,大约比欧几里得时代早 200 年。最早得出的结论是$\sqrt{2}$不是有理数。一般性的结论指出只有自然数的完全平方才有有理平方根,只有自然数的完全立方才存在有理立方根,依此类推。我们将在后面对自然数的平方根结果进行证明。

命题 2.4 若$n \in \mathbb{N}$且$n \neq m^2$对任意$m \in \mathbb{N}$都成立,则$\sqrt{n} \notin \mathbb{Q}$。

证明:再次用反证法来证明。假设$\sqrt{n}$是有理数,且$\sqrt{n} = \frac{a}{b} \in \mathbb{Q}$。则有$nb^2 = a^2$。若$a = \prod p_j$且$b = \prod q_k$是各自的唯一因式分解,我们就得到$n \prod q_k^2 = \prod p_j^2$。

但是,因为nb^2也满足唯一因式分解条件,等式左右两边的素数集必须是相等的,这意味着消去两边相等部分后,会得到一个素数集使得$n = \prod r_j^2$。也即,当$m = \prod r_j$时,$n = m^2$,但这与假设前提中对任意m而言,$n \neq m^2$的条件是相矛盾的。 ■

用一样的证明方法,可以将这一命题在很大程度上一般化。具体而言,若当$r \in \mathbb{N}$且$r > 1$时,只有一种情况使得一个自然数的r次方根为有理数,就是当分子和分母都是自然数的r次方时才行。

命题 2.5 令$\frac{n'}{m'} \in \mathbb{Q}$,无公约数,且$\frac{n'}{m'} \neq 0$。若$\frac{n'}{m'} \neq \frac{n^r}{m^r}$对于某个$n, m \in \mathbb{N}$成立,且$r \in \mathbb{N}$,$r > 1$,则$\sqrt[r]{\frac{n'}{m'}} \notin \mathbb{Q}$。

证明:按照上述特例的步骤。 ■

集合$\mathbb{Q}$具有四个有趣但可能并不出人意料的性质,这些性质将为下面有关实数的介绍中提供一些深刻的洞见。这些性质将在第 4 章中予以解释,这些性质归纳而言,说的是在实数集合中,有理数集是一个*稠密子集*(dense subset),类似情况也适用于非有理数集合,被称之为*无理数*(irrational numbers)。然而,这些数集在后面的讨论中会展示出极大的不同之处。

命题 2.6

(1) 对任意$q_1, q_2 \in \mathbb{Q}$,且$q_1 < q_2$,存在一个$q \in \mathbb{Q}$,且$q_1 < q < q_2$。

(2) 对任意$q_1, q_2 \in \mathbb{Q}$,且$q_1 < q_2$,存在一个$r \notin \mathbb{Q}$,且$q_1 < r < q_2$。

(3) 对任意 $r_1, r_2 \notin \mathbb{Q}$，且 $r_1 < r_2$，存在一个 $q \in \mathbb{Q}$，且 $r_1 < q < r_2$。

(4) 对任意 $r_1, r_2 \notin \mathbb{Q}$，且 $r_1 < r_2$，存在一个 $r \notin \mathbb{Q}$，且 $r_1 < r < r_2$。

证明：第一个命题易于证明，令 $q = 0.5(q_1 + q_2)$，或更一般地，对于任意有理数 p，$0 < p < 1$ 时有 $q = p(q_1 + q_2)$。对第二个命题，我们用反证法进行证明。假设所有这样的 r 都是有理数，那么对任意 $p \in \mathbb{Q}$，我们可知所有在 $q_1 + p < r < q_2 + p$ 中的 r 为有理数，因为有理数在加法运算下是封闭的。选定 $p = -q_1$，我们就会得到如下自相矛盾的结果：上述命题中显示若对于任意 m，$n \neq m^2$，且 $\sqrt{n} \notin \mathbb{Q}$，因此 $\dfrac{1}{\sqrt{n}} \notin \mathbb{Q}$。但是我们能明确地找到值为 $\dfrac{1}{\sqrt{n}}$ 时，满足条件 $0 < \dfrac{1}{\sqrt{n}} < q_2 - q_1$。第三个命题证明与第二个命题类似，具体而言，若假设所有这样的 q 都为无理数，那我们可以用一个有理数 p 来替换，得出结论是在区间 $r_1 + p < q < r_2 + p$ 上的所有 q 都不是有理数(易于验证无理数和有理数的和为无理数)。然后我们就可以把适用范围扩展到整数或我们选定的任意有理数。最后，第四个命题我们可以运用第二个命题的结论构建两个介于 r_1 和 r_2 的有理数，根据第三个命题给出证明。 ■

因此，通俗地讲，有理数集合可被看作是“无限趋近”，没有“大的空隙”，但同时也包含许多无限趋近的“小的空隙”。对于无理数而言，结论同样成立。换而言之，我们可以设想上述命题隐含的意思是这两个集合都是可数的。但我们马上就会发现这种设想是错误的。

2.1.5 实数

有理数的概念可以扩展到实数(real numbers)，用 $\mathbb{R}$ 表示，其中包含有理数和无理数，尽管实际情况是很微妙的。实数的概念是由理查德·戴德金(Richard Dedekind, 1831—1916)于 1872 年的一篇论文中引入的，在文中他使用了一种后来被称为戴德金分割(Dedekind cuts)的方法。尽管在第 4 章中才讨论“集合”的概念，但此处我们定义 $\varnothing$ 的符号是通用的，含义就是“空的集合”或集合中没有任何元素。

在实数的构建中，是利用了一个有理数和无理数共有的性质，这条性质由上述命题推论而出，会在练习 2 和练习 17 中得到总结。即对于任意 $r \in \mathbb{Q}$ 或 $r \notin \mathbb{Q}$，存在一个有理数序列：$q_1, q_2, \cdots, q_n$，使得随着 n 无限增大，表示为 $n \to \infty$ 时，q_n“任意趋近于”r。

定义 2.6 戴德金分割是包含于有理数集的子集 $\alpha \subset \mathbb{Q}$，具有如下性质：

(1) $\alpha \neq \varnothing$，且 $\alpha \neq \mathbb{Q}$。

(2) 若 $q \in \alpha$，$p < q$，且 $p \in \mathbb{Q}$，则 $p \in \alpha$。

(3) 不存在 $p \in \alpha$ 使得 $\alpha = \{q \in \mathbb{Q} \mid q \leqslant p\}$。

一个分割既不是空集也不是所有有理数的集合，此集合中的每一个有理数都比不在此集合中的有理数小，它也不含最大有理数(即比集合中其他数都大的数)。戴德金的思想在于证明许多分割的集合构成一个域，用 $\mathbb{R}$ 表示，其中包含域 $\mathbb{Q}$。当然，也需要对实数和分割之间进行一个识别，识别形式为：

$$r \in \mathbb{R} \leftrightarrow \alpha_r \equiv \{q \in \mathbb{Q} \mid q < r\}$$

换句话说,每一个实数 r 可用分割 α_r 的最小上界(least upper bound,即所有上界值中的最小值,或者 l.u.b.)来进行识别:

$$\begin{aligned} r &= \text{l.u.b}\cdot\{p \mid p \in \alpha_r\} \\ &= \min\{q \in \mathbb{Q} \mid q > p \text{ 对所有 } p \in \alpha_r\} \end{aligned}$$

直观上,当且仅当 $r \in \mathbb{Q}$ 时,该最小值是 $\mathbb{Q}$ 中的一个元素。例如,

$$\begin{aligned} \frac{1}{2} &= \text{l.u.b}\cdot\{p \mid p \in \alpha_{1/2}\} \\ &= \min\{q \in \mathbb{Q} \mid q > p \text{ 对所有 } p \in \alpha_{1/2}\} \\ \sqrt{2} &= \text{l.u.b}\cdot\{p \mid p \in \alpha_{\sqrt{2}}\} \\ &= \min\{q \in \mathbb{Q} \mid q > p \text{ 对所有 } p \in \alpha_{\sqrt{2}}\} \end{aligned}$$

1872 年,奥古斯丁·路易·柯西(Augustin Louis Cauchy, 1789—1857)引入了一套替代 $\mathbb{R}$ 的概念,称之为柯西序列,我们将在第 5 章中进行研究。柯西序列显示可以用有理数柯西序列的一个域来识别实数的域。实际上,每一个实数都是用这种序列的极限进行识别的。为了做到这一点,康托尔需要把所有具有相同极限的序列"识别为一个序列",然后为了识别 $\mathbb{R}$ 中的元素,每一个关联类中的任意序列一样地好。

类似集合 $\mathbb{Q}$,集合 $\mathbb{R}$ 同样是一个在+、-、·、÷运算之下封闭的域,对于正实数而言,在指数运算下也是封闭的。不同于集合 $\mathbb{Q}$ 的是,集合 $\mathbb{R}$ 是不可数的。

命题 2.7 不存在列举 $\mathbb{R}=\{r_n\}_{n=1}^{\infty}$。

证明:最早的证明是由格奥尔格·康托尔(Georg Cantor, 1845—1918)发现的,并出版于 1874 年,通过反证法证明如下。这种方法后来被称为康托尔对角线法(Cantor's diagonalization argument)。假设这种列举法是可行的,那么在 0 和 1 之间的实数可以用如下形式表示:

$$\begin{gathered} 0.a_{11}a_{12}a_{13}a_{14}a_{15}a_{16}\cdots \\ 0.a_{21}a_{22}a_{23}a_{24}a_{25}a_{26}\cdots \\ 0.a_{31}a_{32}a_{33}a_{34}a_{35}a_{36}\cdots \\ 0.a_{41}a_{42}a_{43}a_{44}a_{45}a_{46}\cdots \\ 0.a_{51}a_{52}a_{53}a_{54}a_{55}a_{56}\cdots \\ 0.a_{61}a_{62}a_{63}a_{64}a_{65}a_{66}\cdots \\ \vdots \end{gathered}$$

在此,每一个数字 a_{ij} 都是一个处于 0 至 9 之间的整数。康托尔的想法是上述列举不可能是完全的。他的证据是我们可以轻易找到许多不在列举中的实数。简单地把实数 a 定义为 $a=\tilde{a}_{11}\tilde{a}_{22}\tilde{a}_{33}\tilde{a}_{44}\tilde{a}_{55}\cdots$,其中,每个构造的数字 $\tilde{a}_{jj}$,表示上面数列中任意一个除 a_{jj} 以外的数字。对于每个 j,$\tilde{a}_{jj}$ 都有 9 种选择,无限种组合形式,而任意这种实数构造方式都不会出现在上面的数列中。因而,上面的数列是不完全的,因此 $\mathbb{R}$ 是不可数的。 ■

第一次引入不可数无限集(nondenumerably infinite)的概念,这个概念自然会引起一丝质疑。或许使用比十进制位数更少的进制,能更为容易、更为清楚地看清上面的数列。因为任何数字都可以用多种进制来表示,可数性与否也与进制的选择是相互独立的。

标准十进制展开式(base-10 expansions),表示一个实数 $x \in [0, 1]$,即:

$$\begin{aligned} x &= 0.x_1x_2x_3x_4x_5x_6\cdots \\ &= \frac{x_1}{10} + \frac{x_2}{10^2} + \frac{x_3}{10^3} + \frac{x_4}{10^4} + \cdots \end{aligned}$$

其中每个 $x_j \in \{0, 1, 2, \cdots, 9\}$。类似地,定义一个 x 的 b 进制展开式(base-b expansion),对于一个正整数 b, $b \geqslant 2$,有:

$$\begin{aligned} x_{(b)} &= 0.a_1a_2a_3a_4a_5a_6\cdots \\ &\equiv \frac{a_1}{b} + \frac{a_2}{b^2} + \frac{a_3}{b^3} + \frac{a_4}{b^4} + \frac{a_5}{b^5} + \cdots \end{aligned} \tag{2.1}$$

其中每个 $a_j \in \{0, 1, 2, \cdots, b-1\}$。每个 a_j 反复地被所谓的贪婪算法(greedy algorithm)定义为$\frac{1}{b^j}$的最大公倍数,这个值小于或等于经过前面步骤后的余项。也即,最大公倍数小于或等于 $x - \sum_{k=1}^{j-1} \frac{a_k}{b^k}$。

若将这一算法应用于表达式中正的或负的 b 次幂,对于其他实数 $x \in \mathbb{R}$ 而言也是一致的,正如同 10 进制的算法。

特别当 $b=2$,或 2 进制(base-2 or binary system)体系下,所有 $a_j \in \{0, 1\}$ 时,我们容易设想一个定义明确、可数的实数列表,用一个 $x \in [0, 1]$ 的实数以明确次序排列如下:

0.000 000 000 000…

0.100 000 000 000…

0.010 000 000 000…

0.110 000 000 000…

0.001 000 000 000…

0.011 000 000 000…

0.101 000 000 000…

0.111 000 000 000…

依此类推。看似上述列表将实数所有可能情况都展示出来了,因此实数是可数的。

然而,这里的逻辑推理有点问题,因为列表中每个数的所有 0 都来自固定二进制,每个数都是形如 $\sum_{k=1}^{n} \frac{a_k}{2^k}$, $a_k \in \{0, 1\}$ 的一个有限加总,因此是有理数。所有我们简单证明这个有理数的真子集是可数的。这是一个真子集,因为它不包含一些数,比如$\frac{1}{3}$, $\frac{1}{3}$在二进制中没有这样的有限展开式形式。一旦无限二进制展开形式加入上述数列中后,我们可以像之前一样再次使用康托尔对角线法,找到遗漏的无限多个实数。

这里有一个有趣的发现:尽管在有理数这部分的分析表明,有理数和无理数是有效分散于整个实数范围内,有理数是可数的,无理数却是不可数的;否则实数就应该是可数的。在后面章节中,这一发现将会引出许多有趣而重要的推论。

*2.1.6 复数

实数构成一个域,($\mathbb{R}$, +, ·),在代数运算+、-、·、÷,也包括指数运算 x^y,之下是封闭的。若 $x>0$,但负实数在指数运算下不是封闭的。最简单的例子是 $\sqrt{-1}$,因为每个实数的平方都是非负的。更一般地,并不是所有以实数为系数的多项式都在 $\mathbb{R}$ 中有解,再次,最简单的例子是 $x^2+1=0$。

显然,通过加上所谓的虚数单位(imaginary unit),表示为 $\iota=\sqrt{-1}$,我们就能以恰当的方式扩充 $\mathbb{R}$,那么所有的多项式就是有解的。

定义 2.7 复数(complex numbers)的集合,以 $\mathbb{C}$ 表示,定义为:

$$\mathbb{C}=\{z \mid z=a+b\iota;\ a,\ b\in\mathbb{R},\ \iota=\sqrt{-1}\}$$

其中,a 称为 z 的实部(real part),表示为 $\mathrm{Re}(z)$,b 称为 z 的虚部(imaginary part),表示为 $\mathrm{Im}(z)$。z 的复共轭数,表示为 $\bar{z}$,定义为:

$$\text{如果 } z=a+b\iota\text{,那么 } \bar{z}=a-b\iota$$

z 的绝对值,表示为 $|z|$,定义为:

$$|z|=\sqrt{a^2+b^2}=\sqrt{z\bar{z}} \tag{2.2}$$

其中,按惯例取正平方根。

一般地,常用二维实数空间来识别复杂的"数值轴",这种方式也被称为笛卡儿平面(Cartesian plane),表示为 $\mathbb{R}^2$(见第 3 章):

$$z\leftrightarrow(a,\ b)$$

这种方式中,$\mathrm{Re}(z)$ 标绘于传统的 x 轴上,$\mathrm{Im}(z)$ 标绘于 y 轴,z 的绝对值(absolute value)可以被视为 x 自然推广形式的绝对值 $|x|$。对于实数 x:

$$|x|=\sqrt{x^2}=\begin{cases}x, & x\geqslant 0\\ -x, & x<0\end{cases} \tag{2.3}$$

同上,按惯例取正平方根。

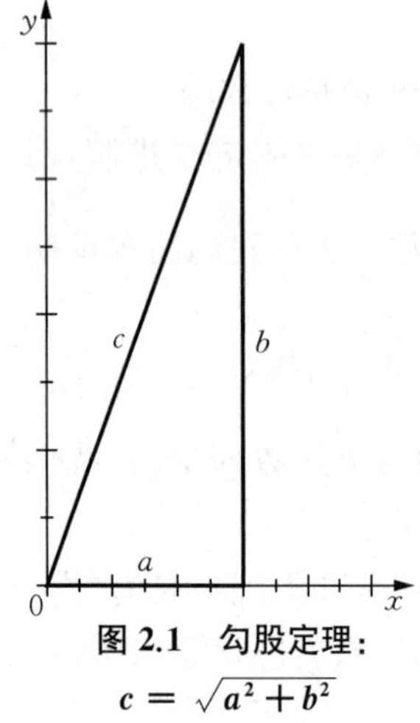

图 2.1 勾股定理:$c=\sqrt{a^2+b^2}$

这个绝对值可以被解释为 x 到原点 0 的距离。同样地,$|z|$ 是点 $z=(a,\ b)$ 到原点 $(0,\ 0)$ 的距离,根据勾股定理(pythagorean theorem)应用于直角边长为 $|a|$ 和 $|b|$ 的直角三角形。例如图 2.1 所示,其中 $a>0$,$b>0$。

另一个复数集合 $\mathbb{C}$ 与笛卡尔平面之间的有趣关联,是通过点 $(a,\ b)\in\mathbb{R}^2$ 的所谓极坐标表示法(polar coordinate representation)联系起来的。$(a,\ b)\leftrightarrow(r,\ t)$,其中 r 表示到原点的距离,t 为对角 α 的"弧度"度量,是从 $(0,\ 0)$ 到 $(a,\ b)$ 画一条"射线",然后从 x 轴正向沿顺时针方向所度量的角度,对 α 的测度限定在旋转一周范围内,即 $0^\circ\leqslant\alpha<360^\circ$,或以通常的弧度(radian measure)表示为 $0\leqslant t<2\pi$。角度 α° 与相应的"弧度

t"的联系是一个角的弧度等于半径为 1 的圆的弧长所对应的内角 $\alpha°$。这样的圆通常被称为单位圆(unit circle)。约去度数符号,用数字表示为 $t=\frac{2\pi\alpha}{360}$。

极坐标表示法可定义为:

$$(a,\ b)=(r\cos t,\ r\sin t) \tag{2.4a}$$

$$r=\sqrt{a^2+b^2} \tag{2.4b}$$

$$t=\begin{cases}\arctan\frac{b}{a},\ 0\leqslant\theta<2\pi,\ a\neq 0\\ \frac{\pi}{2},\ a=0,\ b>0\\ \frac{3\pi}{2},\ a=0,\ b<0\end{cases} \tag{2.4c}$$

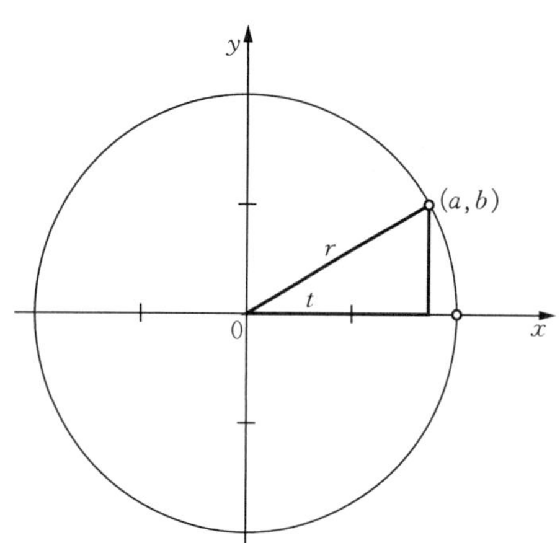

图 2.2　$a=r\cos t$, $b=r\sin t$

图 2.2 描述了 $a>0$, $b>0$ 时上述关系的图形描述。当 $a=b=0$ 时,t 可随意定义。换而言之,$(0,\ 0)\leftrightarrow(0,\ t)$ 对所有 t 都成立。

顺着这样的思路,我们自然地联系到复数 $z=a+b\iota=|z|(\cos t+i\sin t)$。但是,在莱昂哈德·欧拉(Leonhard Euler, 1707—1783)之后,出现了一个更为重要的结论,称之为欧拉公式(Euler's formula)。欧拉基于微积分的方法之上,推导出了这一方法。特别地,当 $z=a+b\iota$ 时:

$$e^z=e^a(\cos b+i\sin b) \tag{2.5}$$

其中 $z=b\iota$ 意味着对于所有 b 而言,$|e^{bi}|=1$,这是因为根据式(2.2),$|e^{bi}|^2=\cos^2 b+\sin^2 b=1$。

另外,当应用于 $z=\pi i$ 时,这一方程式得出了所有数学领域中最重要,或许也是最著名的一个等式,称为欧拉恒等式(Euler's identity)。根据式(2.5),因为 $\cos\pi=-1$,且 $\sin\pi=0$,有:

$$e^{\pi i}=-1 \tag{2.6}$$

更一般地,欧拉公式有另一个有趣的三角学方面的应用(见练习 5),而这对于挣扎于记忆三角学中被称为"恒等式"的大量复杂方程式的人来说,无异于是个"大救星"。我们下面将展示,无论对于式(2.2)还是式(2.3),所谓的三角形公理(triangle inequality)都满足。

命题 2.8　无论对于式(2.2)还是式(2.3),我们都有:

$$|x+y|\leqslant|x|+|y| \tag{2.7}$$

证明:我们将通过使用式(2.2)中的绝对值定义,来证明式(2.7),对于实数 x、y,式(2.2)中的绝对值等于式(2.3)中的绝对值。即有:

$$\begin{aligned}|x+y|^2&=(x+y)(\bar{x}+\bar{y})\\&=x\bar{x}+x\bar{y}+y\bar{x}+y\bar{y}\\&=|x|^2+2\mathrm{Re}(x\bar{y})+|y|^2\\&\leqslant|x|^2+2|x||y|+|y|^2\\&=(|x|+|y|)^2\end{aligned}$$

注意到第三步中，使用了 $y\bar{x}=\overline{x\bar{y}}$，且 $z+\bar{z}=2\mathrm{Re}(z)$，而对于第四步而言，$\mathrm{Re}(x\bar{y})\leqslant|x\bar{y}|=\sqrt{x\bar{y}\,\overline{x\bar{y}}}=\sqrt{x\bar{x}y\bar{y}}=|x||y|$。■

正如上述推导显示出的，$(\mathbb{C},+,\cdot)$是一个满足常用算术法则的域，因为 $\iota^2=-1$。例如，乘法过程计算如下：

$$(a+b\iota)\cdot(c+d\iota)=(ac-bd)+(ad+bc)\iota \tag{2.8}$$

其中或许还有一点不是那么明确的，就是乘法逆元素，对于 $z\in\mathbb{C}$，其中 $z\neq 0$，易于通过下式：

$$z^{-1}=\frac{\bar{z}}{|z|^2}=\frac{a-b\iota}{a^2+b^2}$$

检验是否 $zz^{-1}=1$。

根据这些概念，我们可以将实数域 $\mathbb{R}$ 视为复数域 $\mathbb{C}$ 的一个“子域”：

$$\mathbb{R}\leftrightarrow\{(a,b)\mid b=0\}$$

写成完整的包含关系就是：

$$\mathbb{N}\subset\mathbb{Z}\subset\mathbb{Q}\subset\mathbb{R}\subset\mathbb{C}$$

正如上文中提到的，对于大部分数学概念而言，$\mathbb{C}$ 是数字域“链条”中的最后一环，而这些概念，至少有一部分要归功于高斯对于一个结论的第一次证明(在他的博士论文中)。高斯(Johann Carl Friedrich Gauss，1777—1855)于 1799 年完成对这个结论的证明，而在此之前超过 200 年，已有其他许多著名数学家尝试证明而未果。我们只是陈述这个结论，而未给出证明。值得一提的是，对于这个结论有多种证明方法，证明过程运用到了许多不同的数学分支知识。

命题 2.9 (代数基本定理)(fundamental theorem of algebra) 令 $P(z)$是有复数为系数的 n 次多项式：

$$P(z)=\sum_{j=0}^{n}c_jz^j$$

然后等式 $P(z)=0$ 有 n 个复数根，$\{w_j\}\subset\mathbb{C}$，重数计数，$P(z)$就可被分解为：

$$P(z)=c_n\prod_{j=0}^{n}(z-w_j)$$

注释 2.5：(1) “重数计数”的表达方式意思是，根的集合并不要求都是不同的，有些根出现次数或许不止一次。例如 $P(z)\equiv z^2-2z+1=(z-1)^2$，其中有两个根，1 和 1，是重数计数的。

(2) 这个重要的定理常常表述时隐含一个假设，即 $P(z)$有一个首项系数，$c_n=1$，然后在上面的因式分解中消掉系数。

(3) 若 $P(z)$有实系数与复数根，就是说 $w=a+bi$，$b\neq 0$，以共轭对(conjugate pairs)形式出现，即：

$$P(\bar{w})=0 \text{ 当且仅当 } P(\bar{w})=0$$

“当且仅当”表示两个命题要么都是正确的，要么都是错的，这与第 1 章中使用的逻辑符号

“$\Leftrightarrow$”意义是一样的。完整的逻辑命题形式为：

$$P(w)=0 \quad 当\ P(\bar{w})=0 \quad 且仅当\ P(\bar{w})=0$$

在共轭对上的这一结论易于证明，只要显示对于实系数而言，$\overline{P(w)}=P(\bar{w})$ 成立即可。因为共轭满足下列性质：

若 $w=w_1+w_2$，则 $\bar{w}=\bar{w}_1+\bar{w}_2$

若 $w=w_1\cdot w_2$，则 $\bar{w}=\bar{w}_1\cdot\bar{w}_2$

2.2 函数

定义 2.8 两个值的集合通过某种规则联系起来，这种规则就被称为函数(function)。对于这种联系只有一个限制条件，就是第一个值集中的每一个元素，被称为定义域(domain)，必须与第二个值集中的唯一元素对应，第二个值集称为值域(range)。

对于此书中许多有趣的应用而言，一个函数的定义域和值域都是实数或整数的子集，但这些也可能定义在更一般的集合中，比如下面要看到的那样。这种规则的典型表达式是方程式的形式，比如：

$$f(x)=x^2+3$$

此处，x 是一个函数 f 定义域中的一个元素，其中 $f(x)$是函数 f 值域中的一个元素。函数也可以被想做或“视为”值域与定义域之间的映射。据此，x 映射到$f(x)$，这种想象有时能对直觉上的理解提供帮助。在这种情况下，我们通常记为：

$$f:X\rightarrow Y$$

其中，X 表示 f 的定义域，Y 为值域。但无论对于只用 f 表示的函数，还是函数在 x 这一点的值而言，通常写成 $f(x)$也是常见的。此处的一点点不经意，一般不会导致概念的混淆。最后 Dmn(f) 和 Rng(f) 一般作为函数定义域和值域的缩写形式。

在很多应用中，f 将是一个多变量函数(multivariate function)，也称为若干个变量的函数(function of several variables)，意为 f 的定义域是由 n 组(n-tuples)变量(x_1，x_2，…，x_n)组成的，其中每个变量 x_j，都是定义在实数域，或复数域上，等等。例如 $f(x, y, z)=1-xy+yz$ 是关于三个变量的函数，标记法则中当n 较小时，n 组可表示为(x，y)或(x，y，z)，避免使用太多下标。为区别于一个变量的函数，对于这种函数有时被称为一元函数(univariate)。

在一般数学语言中，“函数”这个词通常意味着 f 的值域，或 Y，是在上述定义的一个数系中的一个子集。当$Y\subset\mathbb{R}$，函数 f 被称为实值函数(real-valued function)，类似的定义概念有复值(complex-valued)函数、整数值(integer-valued)函数等等。这个术语既适用于单变量，也适用于多变量函数。类似地，若 $X\subset\mathbb{R}$，函数 f 就被视为实变量(real variable)的一个函数，类似定义也适用于复变量(complex variable)，依此类推。如果必要，这一术语将改为一个实变量的一元函数(univariate function of a real variable)，或一个实变量的多元函数(multivariate function of a real variable)。例如，在通常情况下，我们讨论的内容都没必要使用这种冗长的术语。在更一般的情况下，其中 X、Y 为n 组的集合，也许

有不同的 n 值,f 通常被视为从 X 到 Y 的变换(transformation)。

注意到一个函数的定义要求,对于任意 x,$f(x)$是唯一的,但并不要求对任意 $f(x)$,x 是唯一的。比如,对于上述函数 $f(x)=x^2+3$,当 $x>0$ 时,有 $f(x)=f(-x)$。另一种表述这种关系的形式是,一个函数可以是多对一规则,或一对一规则,但不能是一对多规则。一个函数事实上是一对一的话,还有一个特殊的性质就是,它有一个"逆规则",同样是一个函数。

定义 2.9 若 f 是一对一的函数,$f:X\to Y$,*逆函数*表示为 f^{-1},定义为:

$$f^{-1}: Y\to X, \tag{2.9a}$$

$$f^{-1}(y)=x, \text{当且仅当 } f(x)=y \tag{2.9b}$$

上述的例子 $f(x)=x^2+3$,若定义为一个函数时,其定义域为所有实数,满足多对一规则,没有逆函数;但若函数的定义域限定在非负或非正的实数的任意子集上,使得满足一对一规则,那么这个函数就是可逆的。

自然地,一个函数也可以联系到非数值集上。例如,定义域可以为重复抛 10 次硬币,出现各种正面(H)或反面(T)情况的集合。一个函数 f 就可以被定义为,在给定试验次数下,出现正面的次数。故函数形式为:

$$f:\{\text{抛硬币 10 次出现正面或反面的次数}\}\to\{0, 1, 2, \cdots, 9, 10\}$$

其中,f =正面出现的次数。

2.3 在金融上的应用

2.3.1 数系

显而易见,金融最终都是与金钱相关,以一种或几种货币形式出现,金钱就是与数字相关的。在这一点上,毋庸赘言。无可否认地,金融仅仅与有理数有关,因为谁会通过投资挣到$\sqrt{200}$美元的利润呢?另一方面,当我们处理回报率或处理财务问题和解有关它们的方程时,仅仅有理数就不够了,即使对于财务问题中的所有条件,或最终方程式的系数,都是有理数时,仅仅有理数不适用这点也是对的。

例如,若一项投资在 n 年内翻倍,隐含的年化收益对于 $n>1$ 的自然数而言就是无理数。当 $n=5$,初始投资额为 1 000 美元时,解方程:

$$1\,000(1+r)^5=2\,000$$

$$r=\sqrt[5]{2}-1$$

当然,这只是理论,没有人会在市场上引用回报率为 $100\times(\sqrt[5]{2}-1)\%$,会估算为有理数 14.87%,或更为精确的 14.869 836%。第一个估算值就能满足大部分人的需求,若我们的美元投资额足够大,我们就会用有理数近似,开始关注用近似有理数回报率估算实际回报率与近似回报率之间的差别。

例如,回报率为 $r=0.147\,6$,投资 100 万美元,大约有 14.30 美元左右的正误差。像这种差异在金融市场中是很常见的，但这对于投资额不大的个人投资者而言，不算是很严重的问题，但对于动辄数万数亿量级的机构投资者而言，这种近似误差就会导致模棱两可，同时需要进行一些惯例上的约定。也要注意到，在现实世界中使用有理数近似可能带来的成本：舍入误差开始出现在我们的计算之中。换而言之，当我们解方程时，用有理数近似得出结论，每次结果无法重复出现，除非结果的数量级非常小，以至舍入误差比最小的货币单位还要小。在其他情况下，我们的理论计算无法与现实世界相匹配。当进行复杂计算时，误差会大到足以使我们对计算机程序无法进行有效调试，因为我们那时需要确定数值上的不匹配，到底是属于舍入误差还是一个未被发现的错误。

但即使是实数域就够了吗？我们很可能给出肯定的答案，因为对于复数的固有怀疑态度，以及对复数的不熟悉，交织着相对于"实"数对"虚"数这一术语的不认同又强化了这种怀疑态度。但让我们想一想，一些投资策略可能会使最终资产负债中出现负值，若投资者账上有保障金的情况下，这一点也可能被掩盖。

例如，如果一个对冲基金经理，用 1 亿美元资本金以 10∶1 的杠杆率借入 10 亿美元，用多种策略对 11 亿美元资金进行投资，那么对于投资者而言，在这种策略下，资本回报率是多少呢？自然地，经纪人会要求为这一策略提供保证金，最终的负资产会在保证金账户和总资本账户资金的减少中得到反映。我们也可以在衍生品市场中直接开发类似的策略，通过买进或卖出商品（或其他标的物）期货进行投资，或在期权市场中使用多头/空头策略。一个人投资 100 美元，在行权日（或交割日），最终账面为 −100 美元，在现实中，会通过在保证金账户中扣除 100 美元来实现账面平衡。

对于这段投资区间，我们可以说回报为 −200%，或区间回报率为 $r=-2.00$。另一方面，若我们要将这个收益折算为*年化收益率*(annual rate)，麻烦就产生了。比如，若这笔投资区间为 1 个月，那年化收益满足：

$$100\,(1+r)^{1/12}=-100$$
$$(1+r)^{1/12}=-1$$

r 在实数域 $\mathbb{R}$ 内无解，但在复数域上 $\mathbb{C}$ 存在 12 个不同的解。注意到指数运算提供了一个逃离 $\mathbb{C}$ 的错觉：

$$(1+r)=(-1)^{12}$$
$$r=0$$

但是当 $r=0$ 解这个代数变换等式的时候，并没有对原方程进行求解，这种解优势被称为*伪解*(spurious solution)。

若这个回报是在一年的区间上发生的，我们想知道对于这笔投资月回报率是多少，则有：

$$100\left(1+\frac{r}{12}\right)^{12}=-100$$
$$1+\frac{r}{12}=\sqrt[12]{-1}$$
$$r=12\times(\sqrt[12]{-1}-1)$$

一个绝对意义上的复数回报，它在复数域 $\mathbb{C}$ 上也有 12 个不同的解。另外，通过对原等式取平方,我们可以再次得到伪解 $r=0$。当然,把这个结果代入上述等式中无法成立。

所以什么才是正确答案呢?尽管看起来可能有点怪,但 $r=12\times(\sqrt[12]{-1}-1)$ 的 12 个可能值中的任意一个,就是实际的月度收益率,因为每个值都能解上述等式,就有 12 个可能的月度复回报率就能对年化收益进行解释。

当然,市场总可以通过简单地使用"这段时间"回报率为 $r=-200\%$,来避免上述问题的出现。

2.3.2 函数

这一章中有关应用的大部分篇幅都是与函数联系在一起的,函数无处不在!不仅是在金融中,在自然科学的每个分支中,乃至社会科学的方方面面,都有函数的影子。这是因为在人类探索的每一个领域都包含着公式或方程,描述量与量之间的关系,要么在理论上是可证的,要么是基于一个真实理论之上的观察和近似模型。正是这些方程通过揭示理论中的各种关系来帮助我们更好地理解理论。我们发现这样一条真理:每个方程都是伪装的函数。

方程与函数之间的区别只是在于不同使用者的目标不同而已。比如,我们要求出半径 $r=2$ 的圆的面积 A,我们回想或查阅方程式:面积等于 π 乘以半径的平方,近似取 $\pi\approx 3.141\,6$,我们估算 $A\approx 12.566\,4$。另外,若我们了解面积与半径之间的关系,我们习惯的表达式是一个函数形式:

$$A(r)=\pi r^2$$

我们可以清楚地看到,若半径加倍,面积就扩大为原来的 4 倍。我们也可以轻易断定一个 17 英寸的大比萨饼,与两个 12 英寸的小比萨饼的面积是一样大的,想到犒劳家人时,将会有一个重大发现。考虑到一个大比萨饼的价格比两个小比萨饼的价格要便宜得多,这当然也是一个在金融上的应用。

回到金融的其他领域上,我们考虑几个例子。在每个例子中,金融仅仅与参数选择的目标和偏好有关,在给定方程中的参数被看作是相关函数的变量。一般经验法则是我们要选取足够多的变量来完成分析工作,但同时又尽可能用最少的变量来构造每个函数。

1. 现值函数

若 5 年后将得到 100 美元,那么这笔现金流在今天的价值,或现值(present value),可用一个假设的年化收益率 r 来表示出来。

$$V(r)=100\,(1+r)^{-5}$$

将未来的现金流一般化为 F,期限为 n 年,函数表示为:

$$V(r)=F\,(1+r)^{-n}=Fv^n \tag{2.10}$$

现值函数在式(2.10)中一般写成简写形式 $V(r)=Fv^n$,其中 v 为通用的一期折现因子,在这里 $v=(1+r)^{-1}$。

更一般地,若在未来 n 年中每年末支付值为 F 的现金流,现值可以用假设年化收益率的函数形式表示：

$$V(r)=F\sum_{j=1}^{n}(1+r)^{-j}$$
$$=F\frac{1-(1+r)^{-n}}{r}$$

最后一个方程是由第 1 章练习 17 和练习 18 推导而来。

因为这个现值在金融中很常用，所以用一个特殊记号，代表一种支付 n 年固定现金流的值，称为年金(annuity)：

$$a_{n;\,r}\equiv\frac{1-(1+r)^{-n}}{r}=\frac{1-v^{n}}{r} \tag{2.11}$$

注意到 $a_{n;\,r}$是 n 和 r 的函数，等同于记号 $a(n,\ r)$。

2. 累积价值函数

若在 0 时刻时，进行一笔投资 F，经过 n 年累积，年化利率为 r 时，n 年后累积价值(accumulated value)为：

$$A(r)=F\ (1+r)^{n} \tag{2.12}$$

在未来 n 年中，每年末都进行价值为 F 的投资，在 n 年后累积的价值，可表示为：

$$A(r)=F\sum_{j=0}^{n-1}(1+r)^{j}$$
$$=F\frac{(1+r)^{n}-1}{r}$$

其中最后一个方程式是用式(2.11)同样的方法推导出来的。在金融应用中，累积因子也是常用概念，同样使用特殊记号：

$$s_{n;\,r}\equiv\frac{(1+r)^{n}-1}{r} \tag{2.13}$$

注意到函数 $s_{n;\,r}$是 n 和 r 的函数，等同于记号 $s(n,\ r)$。

尽管将 $V(r)$写成更正式的形式应该是 $V(r,\ F)$，对 $A(r)$也是类似的，但因为对现金流 F 估值的问题并不是那么重要，所以一般还是采用前者这样的简写形式。但是，对于在有些函数的应用过程中，n 年终利率不是固定不变的，所以我们也会看到 $a_{n;\,r}$或 $s_{n;\,r}$这样的较为繁琐的标记方式。

3. 名义利率转换函数

金融市场经常进行复利计算时使用的利率不是年利率。常用的系统是名义利率(nominal interest rate) 报价来自年利率(annualized basis)，但却是通过上面例子中那样产生月度名义利率来计算。

同样的方式：一个年率为 r，意味着利息每年以 $100r\%$的额度来进行累积；若 r 为半年率，利息每半年以 $100\left(\frac{r}{2}\right)\%$的速度进行累积；月利率就是以 $100\left(\frac{r}{12}\right)\%$每月的速度进行累积的，依此类推。在每种情况下，数值都与一年期有关，实际上在金融中一般不会出现报价基于一个长于或短于一年的区间。月率为 6%并不意味着在一个月中支付或赚取 6%

的利息,市场的惯例会是一个月中支付或赚取 0.5%的利息。类似地,8%半年付息一次,意味着半年率为 4%,依此类推。因此,我们可以引入这样一个概念,年率为 r,一年付息 m 次,意味着每$\frac{1}{m}$年,累积 $100\left(\frac{r}{m}\right)$%的利息。

名义利率简化了现值和累积值的计算和表述过程,使得现金流不必总是按年支付。比如,美国债券利息的支付一般是半年一次。若在未来 n 年中,每半年支付 F,按年利率来表述的这笔金融资产现值就是:

$$V(r)=F\sum_{j=1}^{2n}(1+r)^{-j/2}$$

或用更为简单的半年率表示为:

$$\begin{aligned}V(r)&=F\sum_{j=1}^{2n}\left(1+\frac{r}{2}\right)^{-j}\\&=Fa_{2n;\,r/2}\end{aligned}$$

使得现值和累积值在式(2.11)和式(2.13)中的应用更为灵活。

最后,我们引入名义利率的等效值(equivalence of nominal rates),意思是将累积或折现现金流值,使用等价率得出一样的结果。若名义利率 r_m 为一年付息 m 次,r_n 为一年付息 n 次,为使 N 年后一笔现金流 F 的现值在这两种情况下相同,必须要求:

$$F\left(1+\frac{r_m}{m}\right)^{-Nm}=F\left(1+\frac{r_n}{n}\right)^{-Nn}$$

我们马上发现:等价的概念与现金流 F 和时间区间 N 相互独立。当然,r_n 和 r_m 之间的等式可以转换为一个函数,比如 $r_m(r_n)$。这告诉我们,对于任意基于 n 次付息的名义利率 r_n,基于 m 次付息的等价利率 r_m 可以写成:

$$r_m(r_n)=m\left[\left(1+\frac{r_n}{n}\right)^{n/m}-1\right] \tag{2.14}$$

4. 债券定价函数

上面的方程与函数在固定收益工具,比如债券、按揭上的应用相对而言是较为直接的。例如,在美国按惯例半年付息一次中,半年率为 r,半年支付的息票金额为 $F\frac{r}{2}$,其中 F 表示债券的票面价值(par value)。若债券期限为 n 年,在半年收益率为 i 时,债券价格为

$$P(i)=F\frac{r}{2}a_{2n;\,i/2}+Fv_{i/2}^{2n} \tag{2.15}$$

这里,$v_{i/2}$表示一期的折现因子 $v=\left(1+\frac{i}{2}\right)^{-1}$,角标是为保持区间一致。有时收益率也表达为 i_n 来强调这是基于 n 年期债券的收益。

对方程中 $P(i)$与 F(或价格与票面价值)之间关系进行一个简要分析,从式(2.11)在 $a_{2n;\,i/2}$上的应用,我们可推导出 $v_{i/2}^{2n}=1-\frac{i}{2}a_{2n;\,i/2}$,代入式(2.15)中,价格函数就变为:

$$P(i)=F\left[1+\frac{1}{2}(r-i)a_{2n;\,i/2}\right] \tag{2.16}$$

从这个表达式中,我们可以得出如下结论:

- $P(i) > F$，债券溢价发行(sells at a premium)，当且仅当 $r > i$。
- $P(i) = F$，债券平价发行(sells at par)，当且仅当 $r = i$。
- $P(i) < F$，债券折价发行(sells at a discount)，当且仅当 $r < i$。

注意到式(2.15)或式(2.16)中债券价格函数可以看成是时间的函数。当债券期限为 n 年，由给定方程找出今天的价格，表示为 $P_0(i)$，在第 j 次付息后，在 $\frac{j}{2}$ 时刻的价格，表示为 $P_{j/2}(i)$：

$$P_{j/2}(i) = F\left[1 + \frac{1}{2}(r - i)a_{2n-j;\, i/2}\right] \tag{2.17}$$

使用式(2.16)，做一点类似的微调，以式(2.15)的形式表示出来。当然，方程在 0 时刻是正确的，因为它减小为 F。换言之，最后一次付息后，债券价格就与外在票面价值是相等的了。

在两次付息之间的债券价格，比如，在 t 时刻，$0 < t < \frac{1}{2}$，可以预先推导出来，在这一时刻还未支付的现金流的折现值，或要保证投资者能得到 i 的回报率，上述任一种情况下，都能推出 $P_t(i) = \left(1 + \frac{i}{2}\right)^{2t} P_0(i)$，一般化为：

$$P_{(j/2)+t}(i) = \left(1 + \frac{i}{2}\right)^{2t} P_{j/2}(i) \quad 0 \leqslant t < \frac{1}{2} \tag{2.18}$$

这就证明对于固定收益率 i，债券价格在两个付息日间平稳变化，在债券付息日发生突变。在第 9 章中，这个价格函数在付息日之间是连续(continuous)的，在付息日时是不连续的(discontinuous)。

更一般地，我们想将 P 表示为一个 $2n$ 个收益变量的函数，允许每次现金流都按合适的半年期即期利率(spot rate)进行折现，因此，有：

$$P(i_{0.5},\, i_1,\, \cdots,\, i_n) = F\frac{r}{2}\sum_{j=1}^{2n}\left(1 + \frac{i_{j/2}}{2}\right)^{-j} + F\left(1 + \frac{i_n}{2}\right)^{-2n} \tag{2.19}$$

这些债券定价函数的定义域，在逻辑上可理解成 $0 \leqslant i < 1$ 或 $0 \leqslant i_j < 1$ 范围内的实数，尽管函数在区间 $1 + \frac{i}{m} > 0$ 内，在数学上是定义明确的，其中 i 为 m 次付息的名义利率。

5. 按揭—贷款定价函数

与债券常常每半年支付一次现金流一样，按揭和其他许多消费贷款常常是每月支付现金流，所以利率经常要折算为月度名义利率。若对于一笔金额为 L 的贷款，每月偿还金额为 P，期限为 n 年，L 与 P 之间的关系依赖于贷款利率的值 r。贷款价值必须等于在要求利率下的现金流的折现值。用上述工具，就有：

$$L = Pa_{12n;\, r/12}$$

月度偿付额为：

$$P(r,\, n) = \frac{Lr}{12(1 - v_{r/12}^{12n})} \tag{2.20}$$

月度偿付额表述为一个关于 r 和 n 的函数。在某些应用中，n 是固定的，记号简化为 $P(r)$。

注意到贷款价值与未付现金流之间的等式，也可以用以跟踪贷款的未付余额(outstanding balance)，要么如式(2.17)在偿付一次现金流后，要么像式(2.18)(见练习 13)一样，在两次偿付日之间。

6. 优先股定价函数

所谓永久优先股(perpetual preferred stock)是一个期限 $n=\infty$ 的有效债券。也就是，面额为 F，息票率为 r，一般都是半年报价一次，称为优先股的红利率(dividend rate)，但这种金融工具没有期限，因此无须支付本金，在给定半年收益率为 i 时，这种工具的价格可以简单地从式(2.15)中推出来，主要是通过考虑当债券期限 n 无限增长时，每个现值函数会如何变化。此处涉及的极限的概念，将在第 5 章和第 6 章中详细阐述，这里我们只给出一个非正式但令人信服的结论。

既然一般假定市场收益率 $i>0$，则有 $i+\frac{i}{2}>1$，因此当 n 趋近于∞时，$v_{i/2}^{2n}$减小到 0。用式(2.11)变到半年收益率，年金因子 $a_{2n;\, i/2}$增加到$\frac{1}{i/2}$，可表示为 $a_{\infty;\, i/2}$，$v_{i/2}^{2n}$减小到 0。合并且约去$\frac{1}{2}$项，我们就有了永久优先股定价函数：

$$P(i)=\frac{Fr}{i} \tag{2.21}$$

从式(2.21)中，我们可以看到红利率和利率都是基于半年期的，但价格并没有反应这一点。更一般地，若 r 与 i 在任意相同期间的名义率上报价，价格都相同。

永久优先股溢价发行，平价或折价发行与一个给定的债券定价条件是一样的，分别是在 $r>i$、$r=i$、$r<i$ 的条件下。

7. 普通股定价函数

所谓的股利贴现模型(discounted dividend model, DDM)是用来评估一个普通股的价格，是另一个多变量函数。这个模型的基本思想是股票的价格等于预计股息现值。因为普通股没有“票面”价值，红利一般都是以美元或本地货币来进行报价与建模，虽然一般计算都会以“每股”作为基础。

若 D 表示(每股)已付年度红利，假定未来年红利每年将以速率 g 增长，投资者要求年回报率为 r，在最一般的表达式中，股票价格可以被视为所有这些变量的函数：

$$V(D,\, g,\, r)=D\,\frac{1+g}{r-g},\ r>g \tag{2.22}$$

式(2.22)的推导过程与上面优先股类似，但有一点小小不同，就是红利的折现值可写成：

$$D\sum_{j=1}^{\infty}(1+r)^{-j}(1+g)^{j}$$

因为 $(1+r)^{-j}(1+g)^{j}=\left(1+\frac{r-g}{1+g}\right)^{-j}$，这个现值就变成一个红利为 D 的优先股，收益率

为 $\dfrac{r-g}{1+g}$。然后式(2.22)与式(2.21)推导过程类似，$r>g$ 的条件要求仅仅是保证在式(2.11)中，当 n 增大到∞时，$\left(1+\dfrac{r-g}{1+g}\right)^{-n}$ 减小到 0。

在许多应用中，大家都把这个定价函数视为一个单变量函数。例如，若我们把 D 与 r 看作是固定的，则股票价值就是假定增长率 $V(g)$的函数。这就证实了前面提到的重要一点。一个量的函数表达式常常不是定义为一种形式，它一般是基于使用者的目标，而进行最适合的定义。对于债券价格也是一样，我们也可以让 g 和(或)r 随时间变化，进一步拓展这个定价函数的多元性质，或者将可付红利变为非年度支付的方式进行推导。

8. 投资组合回报函数

若投资于资产 A_1 的回报率为 r_1，A_2 的回报率为 r_2，我们就可以定义一个函数 $f(w)$ 来表示投资于这两种资产的一个投资组合的回报率，其中 $100w\%$配置给 A_1 资产，剩余 $100(1-w)\%$ 配置给 A_2 资产，我们就有：

$$\begin{aligned} f(w) &= wr_1+(1-w)r_2 \\ &= r_2+w(r_1-r_2) \end{aligned}$$

这个模型中通常隐含条件 $0\leqslant w\leqslant 1$，当然若超出定义域，就可以理解为“负投资”，来表示卖空(short sale)。

卖空是指投资者借入并卖出资产，以获得现金收益，重新在市场上买入资产来进行平仓(cover the short)，也就是说，将资产归还原来的所有者。这种卖空交易要求在保证金账户中有抵押，一般是除现金收益或购买证券及这些收益以外的部分。

把模型推广到 n 种资产，我们的资产选择集合为 $\{A_j\}_{j=1}^n$，预期收益为 $\{r_j\}_{j=1}^n$，资产配置额度为 $\{w_j\}_{j=1}^n$，且 $0\leqslant w_j\leqslant 1$，$\sum\limits_{j=1}^n w_j=1$。然后我们就发现预期资产组合回报是这些资产配置权重的函数：

$$f(w_1,\ w_2,\ \cdots,\ w_n)=\sum_{j=1}^n w_j r_j \tag{2.23}$$

再次，若允许卖空，函数的定义域可以不用受原定义域对所有 j，$0\leqslant w_j\leqslant 1$ 成立的约束。

最后补充一点，上面推导中，有点奇怪的地方：两种资产时，f 是一个变量的函数；但当有 n 个资产时，却是 n 个变量的函数。这就是这类表达式灵活性的又一体现。正如刚才说到的，分析中，必须满足 $\sum\limits_{j=1}^n w_j=1$，因此这 n 个变量是受约束的(constrained)，意味着这个函数的定义域不是“n 维的方体”，$\{(w_1,\ w_2,\ \cdots,\ w_n)\mid 0\leqslant w_j\leqslant 1$ 对所有 j 成立$\}$，但却是这个方体的子集，$\{(w_1,\ w_2,\ \cdots,\ w_n)\mid 0\leqslant w_j\leqslant 1$ 对所有 j 成立，且$\sum\limits_{j=1}^n w_j=1\}$，要抛开这个约束，可以直接把它植入函数的定义中，正如在两资产模型中那样。比如，$w_n=1-\sum\limits_{j=1}^{n-1} w_j$，我们就可以将预期回报函数改写为一个 $n-1$ 元的函数：

$$f(w_1,\ w_2,\ \cdots,\ w_{n-1})=r_n+\sum_{j=1}^{n-1} w_j(r_j-r_n)$$

这个函数的定义域现在就定义为:要么允许卖空,要么排除卖空的情况。

自然,当 r_j 值开始并不是定义为常量,而是表示在本期期末才能知道的值时,这个函数表达式也是成立的。这一观点使得我们考虑把这些回报率视为随机变量(random variables),相关概念将在第 7 章概率论中详述。在这一分析框架下,这个函数可以完成许多出色的分析工作,资产配置可被视为资产组合回报随机性的影响因素。

9. 远期定价函数

最后一个例子,考虑关于一个权益的远期合约,现价为 S_0,一个远期合约(forward contract)是规定在未来某时刻 $T>0$(一般按年来计算),以当前双方同意的价格,表示为 F_0,规定合约多头(long)方有购入这个权益的义务,空头(short)方有卖出的义务。在 0 时刻无现金交易,但在 T 时刻每股权益以 F_0 价格进行交易。我们自然要问,F_0 值为多少?它的变化依赖于哪些变量?

多头方可以在理论上复制(replicate)这一合约,也就是说,多头方在 0 时刻进行远期交易,约定在 T 时刻"买入"该股票,即使此时刻找不到愿意卖出的另一投资者,上述步骤仍可实现。类似地,空头方也可复制,一个投资者无须找到另一个愿意买入的投资者,也可实现。

多头方在今天,以价格 S_0 完成对权益的购买,所需现金是通过卖空(short-selling)一个 T 期的国债来实现。这个权益和其他投资者资金一道,放置于保证金账户中等待空头,实际上,在这个交易时刻,投资者并不拥有它。到了 T 时刻,卖空将以 $S_0(1+r_T)^T$ 的成本来进行平仓,这一成本是原来的所有者在这一时刻的国债价值,其中 r_T 表示国债的年回报率,T 为年数。因为空头已被平仓,保证金账户开放,投资者得到这支股票的所有权。

类似地,卖空远期合约,可以通过卖空股票,投资国债的方式来复制,成本也为 $S_0(1+r_T)^T$。在两种情况下,对投资者而言,无论多空双方,在 0 时刻,都不用支付现金。

所以,我们得到,远期价格 F_0,现在无需交易现金,若在理论上复制这一过程,就是一个三元函数:

$$F_0(S_0,\ r_T,\ T)=S_0(1+r_T)^T \tag{2.24}$$

在某些应用中,这个函数中的一到两个变量是固定的,远期价格函数就可用更少的变量来表示。这里"正确定价"的原因是倘若远期合约定一个不同的价格,投资者就可以通过进行无风险套利(见练习 15)。

一旦远期合约达成并履行,我们就想知道在 t 时刻这份合约对于多空双方的价值有多大。为确定起见,令 F_0 表示在 $t=0$ 时刻约定的价格。在 t 时刻,我们就从上述方程中得知,远期价格为:

$$F_t(S_t,\ r_{T-t},\ T-t)=S_t(1+r_{T-t})^{T-t} \tag{2.25}$$

所以,多头承诺在 T 时刻以 F_0 价格买入,但今日市场显示正确价格是 F_t。若 $F_0\leqslant F_t$,这对于多头而言是个好消息;反之,则是坏消息。对于空头的感觉就恰恰相反,所以在 t 时刻,是"加上或减去"F_0 与 F_t 两个价格之间的差异的折现值,也就是 $\pm(F_t-F_0)(1+r_{T-t})^{-(T-t)}$,对于多头方,可表示为:

$$V_t(S_t,\ r_{T-t},\ T-t)=S_t-F_0(1+r_{T-t})^{-(T-t)} \tag{2.26}$$

函数表示了空头方合约的价值,就是式(2.26)中函数的相反数。

练习题

操作练习

1. 使用欧几里得算法，在下列几对整数中找到最大公约数，并用贝祖恒等式将最大公约数表示出来：

(1) 115 和 35

(2) 4 531 和 828

(3) 1 915 和 472

(4) 46 053 和 3 042

2. 在非有理数(或无理数)存在性证明之后的一段话中，证明了在任意两个有理数之间是一个有理数和一个无理数。通过构造法或反证法，证明两种情况下，在给定有理数之间，都有无限多个有理数和无理数。(提示：对于中间的有理数，注意到对于 $n \neq m^2$，我们知道 $\sqrt{n} \notin \mathbb{Q}$，因此 $\frac{1}{\sqrt{n}} \notin \mathbb{Q}$。而且，当 $n \to \infty$ 时，$\frac{1}{\sqrt{n}} \to 0$。)

3. 证明无理数是不可数的。(提示：考虑通过反证法，基于有理数的可数性和实数的不可数性。)

4. 用贪婪算法将下列实数按指示的进制表示出来，完全保留小数部分或精确到小数点后 4 位：

(1) 100.4 六进制

(2) 0.1212121212… 二进制

(3) 125160.256256256… 十二进制

(4) −127.33333333… 七进制

5. 证明若一个数的小数展开形式是有限的，或是以无限循环小数出现，例如 $12.12536363636 \equiv 12.125\overline{36}$，那么这个数就是有理数。(提示：若令例中的这个数为 x，比较 $1\,000x$ 与 $100\,000x$，并一般化。)

6. 欧拉公式为推导出三角等式提供了一个简单有效的方法，主要是关于正弦与余弦的函数。验证下列式子[提示：$e^{2ai} = (e^{ai})^2$]：

(1) $\cos 2a = \cos^2 a - \sin^2 a$

(2) $\sin 2a = 2\sin a \cos a$

7. 若一个年金，从第 8 期到第 20 期，每年支付 100，试求这个延后 7 年，支付 13 年年金的价值为下列选项哪一个：

(1) $100(a_{20;\,r} - a_{7;\,r})$

(2) $100\,(1+r)^{-7} a_{13;\,r}$

8. 下列函数的定义域和值域是什么？注意，有时定义域可能包括一些实数，但这些实数在金融应用中无意义。

(1) 年金现值：$V(r) = F\sum_{j=1}^{n}(1+r)^{-j}$ (若写成等价形式 $V(r) = F\,\frac{1-(1+r)^{-n}}{r}$，定义

域看起来就不一样。通过数值计算或分析证明,即使当 $r=0$,对第二个函数而言,也不是问题,因为分母中的 r“约去”了分子中的 r,就像 $3r/r$。)

(2) 债券价格:$P(i)=F_{\frac{r}{2}}a_{2n;\,i/2}+Fv_{i/2}^{2n}$

(3) 贷款还款额:$P(r,\,n)=\dfrac{L(r/12)}{1-v_{r/12}^{12n}}$

9. 使用名义等价利率公式,从数值上证明,当年利率 $r_1=0.01$, 0.10, 0.25, 1.00, 随着 $m\to\infty$, 等价收益率 $r_m(r_1)$愈发趋近 $\ln(1+r_1)$。假设当 m 增大到 1 000。若对于所有 r_1, r_n 与 n 是固定的,那么当 $m\to\infty$ 时,等价收益率 $r_m(r_n)$再次不断趋近 $\ln(1+r_1)$,其中 r_1 是等价于 r_n 的年利率。(注意这些结论,在序列极限概念正式引入后,可以利用第 5 章的工具进行证明,在引入了可以对函数 $\ln x$ 进行近似计算的泰勒展开式后,可以利用第 9 章工具进行证明。)

10. 用等价名义利率将下表补全:

r_1	r_2	r_4	r_{12}	r_{365}
0.05				
	0.10			
		0.082 5		
			0.045 0	
				0.077 5

11. 给定两个债券,5 年期和 30 年期,面额均为 1 000,半年息票率为 8%。计算在半年利率为 8%时债券价格,并将半年利率 i 在区间 $0\%\leqslant i\leqslant 16\%$ 上变化时,在同一坐标系上将每个价格函数绘制出来。你能发现图形之间的关系吗?

12. 在练习 11 中,对于 5 年期债券,计算当半年率为 6%和 10%时:

(1) 用式(2.18)绘制在不同时期这些债券的价格。

(2) 在利率为 6% 的情况下,债券资产减记(write downs)的相邻比率定义为 $P_{j/2}(0.06)-P_{(j+1)/2}(0.06)$,有一个值为 1.03 的固定比率。

(3) 类似地,在利率为 10%,债券资产增记(write ups)的相邻比率,定义为 $P_{(j+1)/2}(0.10)-P_{j/2}(0.10)$,有一个值为 1.05 的固定比率。

(4) 利用式(2.16),用代数方法推导出,资产增记和资产减记的一般式,使得公比为 $1+\dfrac{i}{2}$,其中 i 表示投资者收益率。

13. 考虑一个金额为 100 000, 10 年期,月度名义利率为 7.5%的贷款。

(1) 计算这笔贷款的每月偿还额。

(2) 计算这笔贷款的未付余额,在第一年后,马上跟随着 12 次付款,并在余额上体现变化,分期付款(loan amortizations)。(提示:贷款余额等于未付金额的折现值。)

(3) 确认连续摊还比率是常数 $1+\dfrac{0.075}{12}$。

(4) 以代数方法推导分期付款的一般公式,确认连续值比例为常数 $1+\dfrac{i}{12}$。

(5) 证明给定方程推导出的分期支付的价值,最终加总等于原贷款价值 L。

14. 普通股，每季度支付红利，最后一次红利 2.50 是昨天支付的。计算在以下情形中，这个金融资产的 DDM 价格是多少：

(1) 若红利假定为按每季度名义速率 9%增长，且投资者要求每季度 15%的回报率？

(2) 若红利按 9%增长仅 5 年，然后按 4%速率增长呢？[提示：头 5 年参照第一个比率，5 年之后视为永续年金(perpetuity)(即无限期年金)用另一个比率。另参见练习 7。]

15. 普通股在今天以 $S_0 = 15$ 交易，半年期无风险利率为 6%。

(1) 这支股票一年后成交的远期价格是多少？

(2) 买进一个远期合约，其中为股票和国债的投资组合，对投资初始状态和在一年内的交易分析给出详细步骤。

(3) 若市场以 15.10 的价格，买进和卖出这支股票的一年期远期合约，定价错误，造成了套利机会，对投资初始状态和在一年内的交易分析给出详细步骤。(提示：当价格被低估时，买入远期，若被高估时，卖出。通过复制方法对冲风险。)

(4) 若投资者在(1)中卖空远期合约，若股价跌至 13.50，9 个月无风险利率为 7.50%(半年)，当合约在市场上被冲销时(即按当时市场价格清算)，投资者在 3 月期内的损益为多少？

强化练习

16. 使用欧几里得算法，在下列几对整数中找到最大公约数，并用贝祖恒等式将最大公约数表示出来：

(1) 697 和 221

(2) 7 500 和 2 412

(3) 21 423 和 3 441

(4) 79 107 和 32 567

17. (参见练习 2)在非有理数(或无理数)存在性证明之后的一段话中，证明了在任意两个有理数之间是一个有理数和一个无理数。通过构造法或反证法，证明两种情况下，在给定有理数之间，都有无限多个有理数和无理数。

18. 用贪婪算法将下列实数按指示的进制表示出来，完全保留小数部分或精确到小数点后 4 位：

(1) 25.5　二进制

(2) 150.151515…　五进制

(3) 237996.1256…　十二进制

(4) −2399.27　九进制

19. (参见练习 5)解释若一个数为有理数，它的小数展开式要么是有限的，要么是以无限循环小数出现，例如 $12.125\overline{36}$，具体而言，解释若有理数是 $\frac{n}{m}$，其中 m 和 n 没有公约数，那么这个数的小数展开式，小数点后位数为 m 位，或在第 m 位小数及更早就开始循环。在这种情况下，循环位数最多为 $m-1$。(提示：想想除法运算中每步所得到的余项。)

20. 欧拉公式为推导三角等式提供了一个简单有效的方法，主要是关于正弦与余弦的函数。验证下列式子[提示：$e^{(a+b)i} = e^{ai}e^{bi}$]：

(1) $\cos(a+b) = \cos a\cos b - \sin a\sin b$

(2) $\sin(a+b) = \cos a\sin b + \cos b\sin a$

21. (参见练习 7)若一个年金,从第 $n+1$ 期到第 $n+m$ 期,每年支付 100。试求此延后 n 年,支付 m 年年金的价值为下列选项中的哪一个:

(1) $100(a_{n+m;\,r}-a_{n;\,r})$

(2) $100(1+r)^{-n}a_{m;\,r}$

22. 下列函数的定义域和值域是什么?注意到有时定义域可能包括一些实数,但这些实数在金融应用中无意义。

(1) 名义等价率:$r_m(r_n)=m\left[\left(1+\dfrac{r_n}{n}\right)^{n/m}-1\right]$

(2) 普通股价格:$V(D,\ g,\ r)=D\dfrac{1+g}{r-g}$

(3) 远期价格:$F_t(S_t,\ r_{T-t},\ T-t)=S_t(1+r_{T-t})^{T-t}$

23. 用等价名义利率将下表补全:

r_1	r_2	r_4	r_{12}	r_{365}
0.16				
	0.045			
		0.095 5		
			0.015 0	
				0.025

24. 考虑一个金额为 25 000 000 美元,10 年期,月度名义利率为 8%的商业抵押贷款。

(1) 计算这笔贷款每月偿还额 P

(2) 若 B_j 表示在第 j 次偿付后,这笔贷款的未付余额,且 $B_0=25\,000\,000$,证明:

$$\begin{aligned}B_j&=Pa_{(120-j);\,0.08/12}\\&=(B_0-Pa_{j;\,0.08/12})\left(1+\frac{0.08}{12}\right)^j\end{aligned}$$

(3) 若 P_j 表示第 j 次偿付的主体部分,证明 $P_j=P-\dfrac{0.08}{12}B_{j-1}$。

(4) 证明,当 $j\geqslant 1$ 时,$P_{j+1}=\left(1+\dfrac{0.08}{12}\right)P_j$。

(5) 根据第(4)问的结论,证明 $\sum P_j=25\,000\,000$。

25. 普通股在今天以 $S_0=50$ 交易,半年期无风险利率为 5%。

(1) 这支股票半年后成交的远期价格是多少?

(2) 买进一个远期合约,其中为股票和国债的投资组合,对投资初始状态和在半年内的交易分析给出详细步骤。

(3) 若市场以 53 的价格,买进和卖出这支股票的半年期远期合约,定价错误,造成了套利机会,对投资初始状态和在半年内的交易分析给出详细步骤。

(4) 若投资者在(1)中买进远期合约,若股价涨至 52,3 个月无风险利率为 4.50%(半年),当合约在市场上被冲销时,投资者在 3 月期内的损益为多少?

▶3

欧氏空间及其他空间

3.1 欧氏空间

3.1.1 结构和算法

n 维欧氏空间的定义由欧几里得在其著作《几何原本》里研究的二维平面和三维空间扩展而得。

定义 3.1 用$\mathbb{R}^n$或(有时)E^n 来表示 n 维欧氏空间(n-dimensional Euclidean space)或欧氏 n 空间(Euclidean n-space),则 n 维欧氏空间被定义为 n 元实数组的集合,这里的实数被称为元素:

$$\mathbb{R}^n \equiv \{(x_1, x_2, \cdots, x_n) \mid x_j \in \mathbb{R} \text{ 对所有的 } j \text{ 都成立}\} \tag{3.1}$$

$\mathbb{R}^n$上定义*逐点加法*(pointwise addition)和*标量乘法*(scalar multiplication)的算术运算如下:

(1) $\boldsymbol{x}+\boldsymbol{y}=(x_1+y_1, x_2+y_2, \cdots, x_n+y_n)$

(2) $a\boldsymbol{x}=(ax_1, ax_2, \cdots, ax_n)$, $a \in \mathbb{R}$

换句话说,空间里标量 $a \in \mathbb{R}$ 的加法乘法被定义成分量方式。由于$\mathbb{R}^n$中的元素有 n 个分量,这可以类比成人们熟悉具有 2 个和 3 个向量的二维和三维空间。空间中的元素被称为*点*或有时称为*向量*(vectors),可以写成粗体黑字,如 $\boldsymbol{x}$,这种写法为本书所采用。另外还可以在元素上面加上箭头记成$\vec{x}$。这些元素的分量$\{x_j\}$被称为坐标,称 x_j 为向量 $\boldsymbol{x}$ 的第 j 个坐标。

n 元组,这一术语开始看起来似乎有点奇怪,但这种写法确实是对“二倍”、“三倍”、“四倍”、“五倍”等等这些数群最好的描述的典型用语。对具体的 n 值,可以记为 2 元组、3 元组等等,依此类推。

注意,欧氏空间的记法$\mathbb{R}^n$不是由实数集记法$\mathbb{R}$任意扩展得到的,而是源于直积或笛卡儿乘积的定义。

定义 3.2 如果 X 和 Y 是两个集合,则 X 和 Y 的*直积*(direct product)或*笛卡儿乘积*

(Cartesian product),记为 $X\times Y$ 被定义为:

$$X\times Y=\{(x, y)\mid x\in X, y\in Y\} \tag{3.2}$$

这意味着,$X\times Y$ 是一对有序数对(ordered pairs)的集合,一般来说,$X\times Y\neq Y\times X$,并且在直积中,元素的顺序是很重要的。可类似地定义 $X\times Y\times Z$,等等。所有符合这种结构形式的集合都可以被称为积空间(product spaces)。

当 $X=Y$ 时,习惯上把 $X\times X$ 记为 X^2,把 $X\times X\times X$ 记为 X^3,依此类推。因此,在源于积空间的欧氏空间的概念中,包含了这种传统的记法:

$$\mathbb{R}^n=\mathbb{R}\times\mathbb{R}\times\cdots\times\mathbb{R}\text{,共有 } n \text{ 个}$$

相似地,n 维复空间(n-dimensional complex space),记为 $\mathbb{C}^n$;n 维整数空间(n-dimensional integer space)或 n 维整数格(n-dimensional integer lattice),记为 $\mathbb{Z}^n$,其他空间可以类似表示。

总的来说,欧氏空间不具有第 2 章中定义的 $\mathbb{Q}$、$\mathbb{R}$ 和 $\mathbb{C}$,原因并不在于 $\mathbb{R}^n$ 中的"加法"运算,而在于定义具有特定性质的向量乘法这一问题上。然而,欧氏空间具有向量空间的结构,并且很容易证明 $\mathbb{R}^n$ 是基于实数域上的向量空间。在本书中,我们几乎只对实向量空间 $\mathcal{F}=\mathbb{R}$ 感兴趣。

定义 3.3 一组点或向量 X,定义在一实向量空间 $\mathcal{F}$ 上,如果满足下列条件:

(1) X 满足逐点加法与标量乘法运算的封闭性,即如果 $\boldsymbol{x}, \boldsymbol{y}\in X$,且 $a\in\mathcal{F}$,则 $\boldsymbol{x}+\boldsymbol{y}\in X$ 并且 $a\boldsymbol{x}\in\mathcal{F}$。

(2) 存在一个零向量(zero vector):$\boldsymbol{0}=(0, 0, \cdots, 0)\in \boldsymbol{X}$,使得:

$$\boldsymbol{x}+\boldsymbol{0}=\boldsymbol{0}+\boldsymbol{x}\text{,对所有的 } \boldsymbol{x}\in X \text{ 都成立}$$

(3) 加法满足交换律(commutative)和结合律(associative):给定有 $\boldsymbol{x}, \boldsymbol{y}, \boldsymbol{z}\in X$,有:

$$\boldsymbol{x}+\boldsymbol{y}=\boldsymbol{y}+\boldsymbol{x}$$
$$\boldsymbol{x}+(\boldsymbol{y}+\boldsymbol{z})=\boldsymbol{x}+(\boldsymbol{y}+\boldsymbol{z})$$

(4) 标量乘法满足配置律(distributive law):给定 $\boldsymbol{x}, \boldsymbol{y}\in X$ 且 $a\in\mathcal{F}$,有:

$$a(\boldsymbol{x}+\boldsymbol{y})=(\boldsymbol{x}+\boldsymbol{y})a=a\boldsymbol{x}+a\boldsymbol{y}$$

采用第 2 章的记法,可以使用复数的形式来定义 $\mathbb{R}^2$ 上的乘法和空间结构:

$$\mathbb{R}^2\leftrightarrow\mathbb{C}:(a, b)\leftrightarrow a+b\iota$$

那么根据式(2.8)来定义乘积:

$$(a, b)\cdot(c, d)=(ac-bd, ad+bc)$$

乘法逆运算遵循如下公式:

$$(a, b)^{-1}=\left(\frac{a}{a^2+b^2}, \frac{-b}{a^2+b^2}\right)$$

很自然会产生疑问:这种记法是否适合 $n>2$ 的多维空间中的运算?答案是肯定的:对某个 $n>2$,这一记法确实成立,这种记法不具有上面的空间结构。

例如,这些等式首先被威廉·R.哈密顿爵士(Sir William Rowan Hamilton,1805—1865)于 1843 年发现,并将之称为四元数(quaternions)。四元数这一概念与四维空间有关,而且有着扩展的复数形式,即有一个实数分量和三个虚数分量 i、j、k。形式如下:

$$(a, b, c, d) \leftrightarrow a + bi + cj + dk$$
$$i^2 = j^2 = k^2 = ijk = -1$$

由此构成的结构不符合上面介绍的空间结构，这是因为四元数的乘法不满足交换律，可以由 $ijk = -1$ 推导出 $ij = -ji$。这种结构被称为联合赋范可除代数结构(associative normed division algebra)。

反过来，四元数还可以被推广到八维空间 $\mathbb{R}^8$ 中去，并得出八元数(octonions)的定义。这一定义分别由约翰·T.格拉夫斯(John T.Graves, 1806—1870)和阿瑟·凯利(Arthur Cayley, 1821—1895)于 1843 年和 1845 年独立提出。尽管八元数也可以形成一个赋范可除代数结构，但是与四元数相比，其乘法既不满足交换律也不满足结合律。还可以对进一步对任意的 n 将之扩展到 $\mathbb{R}^{2^n}$，在这一系列连续项中，每一项都应用大家熟知的凯利-迪克森结构(Cayley-Dickson construction)或伦纳德·尤金·迪克森(Leonard Eugene Dickson, 1874—1954)结构由前一项推导出来。

3.1.2 $\mathbb{R}^n$ 上的标准范数和内积

对 n 维欧氏空间中的一个元素来说，除了运算规则外，还需要定义长度(length)或量级。在数学中这一定义被称为范数。

定义 3.4 $\mathbb{R}^2$ 标准范数，记为 $|\boldsymbol{x}|$ 或 $\|\boldsymbol{x}\|$，被定义为：

$$|\boldsymbol{x}| = \sqrt{\sum_{i=1}^{n} x_i^2} \tag{3.3}$$

显而易见，这里意味着正的平方根。

这种范数的概念的提出，形成了勾股定理(Pythagorean theorem)以及平面和三维空间长度概念，这反过来也得出直线或一维空间距离的概念，用如式(2.3)中所示的 x 的绝对值 $|x|$ 来表示。

$\mathbb{R}^n$ 中另外一个有用的概念是向量空间的*内积*(inner product)。在二维和三维空间中也被称为*点积*(dot product)。

定义 3.5 n 维欧氏空间 $\mathbb{R}^n$ 中的标准内积，记为 $\boldsymbol{x} \cdot \boldsymbol{y}$ 或 $(\boldsymbol{x}, \boldsymbol{y})$，则被定义成：

$$\boldsymbol{x} \cdot \boldsymbol{y} = \sum_{i=1}^{n} x_i y_i, \ x, \ y \in \mathbb{R}^n \tag{3.4}$$

内积与范数有着内在的联系，正如上面定义所示，标准的范数满足：

$$|\boldsymbol{x}| = (\boldsymbol{x} \cdot \boldsymbol{x})^{1/2} \text{ 或 } |\boldsymbol{x}|^2 = |\boldsymbol{x} \cdot \boldsymbol{x}| \tag{3.5}$$

注释 3.1： 内积的概念会在后面的章节中再次出现，它可以被用于研究很多问题。事实上，$\mathbb{R}^n$ 中很多的内积都满足一些相同的关键性质，如上面的式(3.5)。下面将列出一些性质，关于标准内积性质的证明可以作为练习。注意到，性质(4)可以由性质(2)和性质(3)得出，但没有完整列出。

定义 3.6 实向量空间 X 中得到内积具有以下性质的实指函数：

(1) $(\boldsymbol{x}, \boldsymbol{x}) \geqslant 0$ 并且 $(\boldsymbol{x}, \boldsymbol{x}) = 0$，当且仅当 $\boldsymbol{x} = 0$。

(2) $(\boldsymbol{x}, \boldsymbol{y})=(\boldsymbol{y}, \boldsymbol{x})$。

(3) $(a\boldsymbol{x}_1+b\boldsymbol{x}_2, \boldsymbol{y})=a(\boldsymbol{x}_1, \boldsymbol{y})+b(\boldsymbol{x}_2, \boldsymbol{y})$,其中 $a, b \in \mathbb{R}$。

(4) $(\boldsymbol{x}, a\boldsymbol{y}_1+b\boldsymbol{y}_2)=a(\boldsymbol{x}, \boldsymbol{y}_1)+b(\boldsymbol{x}, \boldsymbol{y}_2)$,其中 $a, b \in \mathbb{R}$。

定义 3.7 如果$(\boldsymbol{x}, \boldsymbol{y})$是实向量空间 X 上的内积,则与这种内积相联系的范数可以由式(3.5)来定义。

*3.1.3 $\mathbb{C}^n$中的标准范数和内积

注意,为了恰当地将式(2.2)推广到一个 n 维复向量空间,内积和范数的定义要随相应的空间变化而改变。例如在$\mathbb{C}^n$中,在其基本域中,有复数值。定义如下:

定义 3.8 $\mathbb{C}^n$中的标准的内积,表示为 $\boldsymbol{x}\cdot\boldsymbol{y}$ 或$(\boldsymbol{x}, \boldsymbol{y})$, $\boldsymbol{x}, \boldsymbol{y} \in \mathbb{C}^n$,那么有:

$$\boldsymbol{x}\cdot\boldsymbol{y}=\sum_{i=1}^{n} x_i \bar{y}_i \tag{3.6}$$

这里 $\bar{y}_i$ 代表 y_i 的复共轭。$\mathbb{C}^n$中的标准范数被定义成:

$$|\boldsymbol{x}|=(\boldsymbol{x}\cdot\boldsymbol{x})^{1/2} \text{ 或 } |\boldsymbol{x}|^2=(\boldsymbol{x}\cdot\boldsymbol{x}) \tag{3.7}$$

注释 3.2:在本书的复空间中,可能很多内积也满足上面的标准内积的重要性质。除了对第二项复共轭进行必要的调整外,这些性质与$\mathbb{R}^n$中的一样。与前面类似,下面列出的性质(5)可由性质(3)和性质(4)推出;同样,性质(1)也可由性质(3)推出,但是这些性质被完整的描述出来了。

定义 3.9 复向量空间 X 中的内积是一个定义为 $X\times X$ 上的复值函数,其满足下列性质:

(1) $(\boldsymbol{x}, \boldsymbol{x}) \in \mathbb{R}$,对所有的 $\boldsymbol{x}$ 都成立。

(2) $(\boldsymbol{x}, \boldsymbol{x}) \geqslant 0$ 并且 $(\boldsymbol{x}, \boldsymbol{x})=0$,当且仅当 $\boldsymbol{x}=0$。

(3) $(\boldsymbol{x}, \boldsymbol{y})=\overline{(\boldsymbol{y}, \boldsymbol{x})}$。

(4) $(a\boldsymbol{x}_1+b\boldsymbol{x}_2, \boldsymbol{y})=a(\boldsymbol{x}_1, \boldsymbol{y})+b(\boldsymbol{x}_2, \boldsymbol{y})$, $a, b \in \mathbb{C}$。

(5) $(\boldsymbol{x}, a\boldsymbol{y}_1+b\boldsymbol{y}_2)=\bar{a}(\boldsymbol{x}, \boldsymbol{y}_1)+\bar{b}(\boldsymbol{x}, \boldsymbol{y}_2)$, $a, b \in \mathbb{C}$。

3.1.4 $\mathbb{R}^n$中的范数和内积不等式

内积一个重要性质是柯西—施瓦茨不等式(Cauchy-Schwarz inequality),这个不等式最早由奥古斯丁·路易·柯西(Augustin Louis Cauchy, 1759—1857)于 1821 年在研究有限维空间中证明,并在 25 年后由海尔曼·施瓦茨(Hermann Schwarz, 1843—1921)推广至所有"内积空间"中。

在本部分前后,相关内积的结论来自于式(3.4)或式(3.6)定义的"标准"内积的特性。然而,值得注意的是,这些结论的证明仅仅依赖于一般意义上的内积的性质。因此这些结论适用所有曾被定义过的内积概念。

命题 3.1 (柯西—施瓦茨不等式)定义在式(3.4)或式(3.6)中的 $\boldsymbol{x}\cdot\boldsymbol{y}$ 满足:

$$|\boldsymbol{x}\cdot\boldsymbol{y}| \leqslant |\boldsymbol{x}||\boldsymbol{y}| \tag{3.8}$$

换句话说，内积的绝对值不大于向量范数的乘积。

证明：考虑 $\boldsymbol{x}-a\boldsymbol{y}$。定义一个范数，对任意实数 a 有：

$$|\boldsymbol{x}-a\boldsymbol{y}|\geqslant 0$$

然而，经计算有：

$$\begin{aligned}|\boldsymbol{x}-a\boldsymbol{y}|^2&=(\boldsymbol{x}-a\boldsymbol{y},\ \boldsymbol{x}-a\boldsymbol{y})\\&=\boldsymbol{x}\cdot\boldsymbol{x}-2a\boldsymbol{x}\cdot\boldsymbol{y}+a^2\boldsymbol{y}\cdot\boldsymbol{y}\\&=|\boldsymbol{x}|^2+a^2|\boldsymbol{y}|^2-2a\boldsymbol{x}\cdot\boldsymbol{y}\end{aligned}$$

选择 $a=\dfrac{\boldsymbol{x}\cdot\boldsymbol{y}}{|\boldsymbol{y}|^2}$，代入上面，得：

$$|\boldsymbol{x}|^2-\frac{\boldsymbol{x}\cdot\boldsymbol{y}}{|\boldsymbol{y}|^2}\geqslant 0$$

证毕。 ■

注释 3.3：去掉 $|\boldsymbol{x}\cdot\boldsymbol{y}|$ 的绝对值符号，定义 $\boldsymbol{x}\cdot\boldsymbol{y}=\pm|\boldsymbol{x}\cdot\boldsymbol{y}|\leqslant|\boldsymbol{x}\cdot\boldsymbol{y}|$，这样结果依然正确。将该结论用在下面的内容中。

一般性范数的概念是数学中的一个基本工具，规范化如下：

定义 3.10 实向量空间 X 中的范数是在 X 的实值函数值，记为 $|\boldsymbol{x}|$ 或 $\|\boldsymbol{x}\|$，它们满足：

(1) $|\boldsymbol{x}|\in\mathbb{R}$。

(2) $|\mathbf{0}|=0$，并且 $|\boldsymbol{x}|>0$，$\boldsymbol{x}\neq 0$。

(3) $|a\boldsymbol{x}|=|a||\boldsymbol{x}|$，$a\in\mathbb{R}$。

(4) (三角不等式) $|\boldsymbol{x}+\boldsymbol{y}|\leqslant|\boldsymbol{x}|+|\boldsymbol{y}|$。

定义 3.11 赋范向量空间(normed vector space)是指在任意向量空间 X 上定义一个范数 $|\boldsymbol{x}|$。赋范向量空间有时被记为 $(X,\ |\boldsymbol{x}|)$ 或 $(X,\ \|\boldsymbol{x}\|)$。

注释 3.4：上面的定义 3.10 中的第(4)项之所以称为三角不等式(triangle inequality)，是因为这一性质概括了式(2.7)的结果，即三角形任一边的长度不超过另外两边的长度之和。注意，第(4)项很容易被扩展为各种形式：

$$\left|\sum_{i=1}^{n}\boldsymbol{x}_i\right|\leqslant\sum_{i=1}^{n}|\boldsymbol{x}_i| \tag{3.9}$$

注释 3.5：在更为一般的意义上的空间 $\mathcal{F}$ 中，诸如复空间 $\mathbb{C}$，这里 $|a|$ 表示向量 $a\in\mathcal{F}$ 的范数。但是在这里不需要对此进行推广。

广义的范数的定义被用来捕捉被公认是正确的定义在 $\mathbb{R}^n$ 上标准范数的基本性质。毫无疑问，可以得到如下命题：

命题 3.2 定义在式(3.3)中的 $|\boldsymbol{x}|$ 是 $\mathbb{R}^n$ 中的范数。

证明：只有三角不等式需要说明，其他性质可由定义直接得出。从式(3.5)可得：

$$\begin{aligned}|\boldsymbol{x}+\boldsymbol{y}|^2&=(\boldsymbol{x}+\boldsymbol{y},\ \boldsymbol{x}+\boldsymbol{y})\\&=\boldsymbol{x}\cdot\boldsymbol{x}+2\boldsymbol{x}\cdot\boldsymbol{y}+\boldsymbol{y}\cdot\boldsymbol{y}\\&\leqslant|\boldsymbol{x}|^2+2|\boldsymbol{x}||\boldsymbol{y}|+|\boldsymbol{y}|^2\\&=(|\boldsymbol{x}|+|\boldsymbol{y}|)^2\end{aligned}$$

结论得出。注意在第三步中,使用了柯西—施瓦茨不等式,$\boldsymbol{x}\cdot\boldsymbol{y}\leqslant|\boldsymbol{x}||\boldsymbol{y}|$。 ■

*3.1.5 $\mathbb{R}^n$中其他形式的范数以及范数不等式

结果表明,除了式(3.5)定义的标准范数外,还可以定义很多其他形式的范数。

例 3.1

(1) 对任意 p, $1\leqslant p<\infty$,所谓的 l_p—范数,定义如下:

$$\|\boldsymbol{x}\|_p\equiv\left(\sum_{i=1}^{n}|x_i|^p\right)^{1/p} \tag{3.10}$$

(2) 扩展 p 到 $p=\infty$,所谓的 l_∞—范数,被定义为:

$$\|\boldsymbol{x}\|_\infty=\max_i|x_i| \tag{3.11}$$

注释 3.6:必须要根据上文中的定义来证明这类 l_p—范数是真正的范数,然而注意到,对 $p=2$ 而言,l_2—范数正式定义式(3.3)所描述的标准范数。因此,l_p—范数可以看作是对定义中的乘方和根扩展而形成的。同样,正如下面所示,尽管 l_∞—范数看起来其定义不同,但也可以视为有限的 l_p—范数当 p 增加至无穷而形成的。

说明这些提供真正范数的例子的难点在于,如何说明它们满足三角不等式,其他几个必要条件很容易得到说明。对式(3.11)中的 l_∞—范数的三角不等式可由式(2.7)得出,理由如下:由于 l_∞—范数是其所有绝对值中最大的,故根据式(2.7)有:

$$|x_i+y_i|\leqslant|x_i|+|y_i|$$

并且有:

$$\max_i|x_i+y_i|\leqslant\max_i(|x_i|+|y_i|)\leqslant\max_i|x_i|+\max_i|y_i|$$

类似地,l_1—范数也满足三角不等式。由于 l_1—范数是一组绝对值之和,有:

$$\sum_{i=1}^{n}|x_i+y_i|\leqslant\sum_{i=1}^{n}|x_i|+\sum_{i=1}^{n}|y_i|$$

当 $1<p<\infty$ 时,证明需要很长的步骤,为了第一次阅读时能简单浏览,现把焦点放在证明过程的逻辑上。证明如下:

(1) 首先要说明的是,这里的三角不等式被称为闵可夫斯基不等式(Minkowski inequality),由赫尔曼·闵可夫斯基(Hermann Minkowski, 1864—1909)在 1896 年提出。证明这一不等式,需要了解柯西—施瓦茨不等式,也被称为赫尔德不等式(Hölder inequality),由奥图·赫尔德(Otto Hölder, 1859—1937)在 1884 年提出,但是其形式更为普遍。

(2) 为推出赫尔德不等式,又需要杨氏不等式(Young inequality),这个不等式是由 W.H.Young(1863—1942)在 1912 年提出。

颠倒下证明顺序,从杨氏不等式开始说明。在杨氏不等式中,引入一个新的概念,这一概念在研究 l_p—范数时经常被提及,即指数 p 的共轭指数(conjugate index)q。特别地,考虑 $1<p<\infty$,如果 $\dfrac{1}{p}+\dfrac{1}{q}=1$,指数 q 是 p 的共轭指数。则容易看出,若 $q=$

$\frac{p}{p-1}$，此时 $1<q<\infty$，那么，p 同样也是 q 的共轭指数。在某些情形下，共轭的概念被推广到 $1\leqslant p\leqslant\infty$ 上，把 $\frac{1}{\infty}$ 的值视为恒等于 0，因此 $p=1$ 和 $q=\infty$ 是共轭的。这个概念强调指数 $p=2$ 的特殊性，这是由于这个指数是唯一的一个与自身共轭的指数，这一事实的重要性在后面的章节中有所体现。

在给出杨氏不等式的证明之前，注意自然对数函数是一个凹函数(concave function)，就是说，对任意 x，$y>0$，有：

$$t\ln x+(1-t)\ln y\leqslant\ln(tx+(1-t)y)\text{，}0\leqslant t\leqslant 1 \tag{3.12}$$

从图形上看，对给定的点 x，$y>0$，比如为确定起见，令 $y>x>0$，则连接坐标点$(x,\ln x)$和$(y,\ln y)$间的直线不会超过函数 $f(z)=\ln z$ 的边界，其中，$x\leqslant z\leqslant y$。事实上，除了在两个端点处(曲线和直线的交点)，这一直线总是落在该函数图形下边。这个性质被称为严格凹性。

就目前现有的工具来证明这一性质是很困难的，但在第 9 章中，使用其中介绍的工具来证明就很容易了。现在要注意到式(3.12)中的不等式与几何算术平均数等价，t 是个有理数。这个常见的不等式，在第 9 章还会出现，表明对任意正数集合 $\{x_i\}_{i=1}^{n}$，有 AM $\geqslant$ GM，或用符号表示为：

$$\frac{1}{n}\sum_{i=1}^{n}x_i\geqslant\left(\prod_{i=1}^{n}x_i\right)^{1/n} \tag{3.13}$$

如果 $t=\frac{a}{b}$，为$[0,1]$上的有理数，应用式(3.13)，令 $ax_i=x$，$(b-a)x_i=y$，有如下不等式：

$$\frac{a}{b}x+\left(1-\frac{a}{b}\right)y\geqslant x^{a/b}y^{1-(a/b)}$$

如果有理数 $t\in[0,1]$，对该不等式两边同时取对数就等价于式(3.12)。尽管式(3.12)对所有的有理数 t 而言，被证明是正确的，但是在第 9 章中，此不等式需要把 t 的范围扩大到任意实数上去。现在，假设式(3.12)成立，给出证明。

命题 3.3 (杨氏不等式)给定 p、q，使得 $1<p$，$q<\infty$，且 $\frac{1}{p}+\frac{1}{q}=1$，那么对所有的 a，$b>0$，有：

$$ab\leqslant\frac{a^p}{p}+\frac{b^q}{q} \tag{3.14}$$

证明：假定已知 $\ln x$ 是凹函数，$t=\frac{1}{p}$ 满足式(3.12)中要求，可以得出：

$$\ln(ab)=\frac{\ln a^p}{p}+\frac{\ln b^q}{q}\leqslant\ln\left(\frac{a^p}{p}+\frac{b^q}{q}\right)$$

不等式两边去掉对数，就得到式(3.14)的结论。 ■

注释 3.7：式(3.12)中关于凹函数的概念，对任意函数 $f:X\to\mathbb{R}$ 来说是有意义的，这里

的 X 并不限于一维直线上。只要 X 是 $\mathbb{R}$ 上的向量空间,使得向量加法在不等式中成立。换句话说,如果对 $\boldsymbol{x}$, $\boldsymbol{y} \in X$, f 为凹函数,则有:

$$tf(\boldsymbol{x})+(1-t)f(\boldsymbol{y}) \leqslant f\big(t\boldsymbol{x}+(1-t)\boldsymbol{y}\big),\ 0 \leqslant t \leqslant 1 \tag{3.15}$$

正如前面所述,接着应该介绍柯西—施瓦茨不等式,该不等式可以看成是 $p=q=2$ 时的特例。

命题 3.4 (赫尔德不等式)给定 p、q,令 $1 \leqslant p$, $q \leqslant \infty$, $\frac{1}{p}+\frac{1}{q}=1$,记 $\frac{1}{\infty}=0$,则有:

$$|\boldsymbol{x} \cdot \boldsymbol{y}| \leqslant \|\boldsymbol{x}\|_p \|\boldsymbol{y}\|_q \tag{3.16}$$

换言之,如果(p, q)是一对共轭指数,则它们的标准内积的绝对值不大于 l_p—范数和 l_q—范数的乘积。

证明:首先,如果 $p=1$, $q=\infty$ 或相反,则将式(2.7)中的绝对值三角不等式应用到式(3.4)中,有:

$$|\boldsymbol{x} \cdot \boldsymbol{y}| \leqslant \sum_{i=1}^{n} |x_i y_i| \leqslant \max_i |x_i| \sum_{i=1}^{n} |y_i| = \|\boldsymbol{x}\|_\infty \|\boldsymbol{y}\|_1$$

另外,对每一个求和项,令 $a_i \equiv \frac{|x_i|}{\|\boldsymbol{x}\|_p}$, $b_i=\frac{|y_i|}{\|\boldsymbol{y}\|_q}$,应用 n 次杨氏不等式,得出:

$$\sum_{i=1}^{n} \frac{|x_i|}{\|\boldsymbol{x}\|_p} \cdot \frac{|y_i|}{\|\boldsymbol{y}\|_q} \leqslant \frac{1}{p}\sum_{i=1}^{n} \frac{|x_i|^p}{\|\boldsymbol{x}\|_p^p}+\frac{1}{q}\sum_{i=1}^{n} \frac{|y_i|^q}{\|\boldsymbol{y}\|_q^q}=\frac{1}{p}+\frac{1}{q}=1$$

于是得出, $\sum_{i=1}^{n} |x_i||y_i| \leqslant \|\boldsymbol{x}\|_p \|\boldsymbol{y}\|_q$。又因为根据三角不等式, $|\boldsymbol{x} \cdot \boldsymbol{y}| \leqslant \sum_{i=1}^{n} |x_i||y_i|$,结论得证。 ■

最后,上述一系列结果表明,l_p—范数满足三角不等式,表达如下:

命题 3.5 (闵可夫斯基不等式)给定 p, $1 \leqslant p \leqslant \infty$,有:

$$\|\boldsymbol{x}+\boldsymbol{y}\|_p \leqslant \|\boldsymbol{x}\|_p + \|\boldsymbol{y}\|_p \tag{3.17}$$

证明: $p=1$ 以及∞的情形已经证明了,因此假定 $1<p<\infty$,则根据式(2.7)有:

$$\begin{aligned}\|\boldsymbol{x}+\boldsymbol{y}\|_p^p &= \sum_{i=1}^{n} |x_i+y_i|^{p-1}|x_i+y_i| \\ &\leqslant \sum_{i=1}^{n} |x_i+y_i|^{p-1}|x_i| + \sum_{i=1}^{n} |x_i+y_i|^{p-1}|y_i|\end{aligned}$$

现在对后面两个求和项使用赫尔德不等式:

$$\sum_{i=1}^{n} |x_i+y_i|^{p-1}|x_i| \leqslant \|\boldsymbol{x}\|_p \Big(\sum_{i=1}^{n} |x_i+y_i|^{(p-1)q}\Big)^{1/q} = \|\boldsymbol{x}\|_p \|\boldsymbol{x}+\boldsymbol{y}\|_p^{p/q}$$

$$\sum_{i=1}^{n} |x_i+y_i|^{p-1}|y_i| \leqslant \|\boldsymbol{y}\|_p \Big(\sum_{i=1}^{n} |x_i+y_i|^{(p-1)q}\Big)^{1/q} = \|\boldsymbol{y}\|_p \|\boldsymbol{x}+\boldsymbol{y}\|_p^{p/q}$$

由于 $(p-1)q=p$,代入上式,得到:

$$\|\boldsymbol{x}+\boldsymbol{y}\|_p^p \leqslant (\|\boldsymbol{x}+\boldsymbol{y}\|_p^{p/q})(\|\boldsymbol{x}\|_p+\|\boldsymbol{y}\|_p)$$

不等式两边同时除以 $\|\boldsymbol{x}+\boldsymbol{y}\|_p^{p/q}$，且 $p-\dfrac{p}{q}=1$，则得出证明。■

不可否认的是，为了说明 $\|\boldsymbol{x}\|_p$ 是一个真正的范数，还需要做很多工作。然而，在后面的章节中，这些范数将会具有很重要的作用，它们成为一系列重要空间理论以及空间函数的基础。

注释 3.8：注意，尽管 l_∞—范数的形式是 $\|\boldsymbol{x}\|_\infty$，但实质上它是由有限范数 l_p—范数当 $p\to\infty$ 得到的。即：

$$\|\boldsymbol{x}\|_p\to\|\boldsymbol{x}\|_\infty,\ p\to\infty$$

为看清这点一点，假设 $\boldsymbol{x}$ 的 l_∞—范数满足 $\|\boldsymbol{x}\|_\infty=|x_j|$。也就是说，没有其他任何分量的绝对值超过第 j 个元素的绝对值。那么：

$$\frac{\|\boldsymbol{x}\|_p}{\|\boldsymbol{x}\|_\infty}=\left(\sum_{i=1}^{n}\frac{|x_i|^p}{\|\boldsymbol{x}\|_\infty^p}\right)^{1/p}=\left(\sum_{i=1}^{n}\lambda_i^p\right)^{1/p}$$

现在，由于 $\lambda_j=1$ 并且所有其他的 $\lambda_i\leqslant1$，有 $1\leqslant\sum\limits_{i=1}^{n}\lambda_i^p\leqslant n$，因此这个求和的 p 方根当 $p\to\infty$ 时接近 1。

3.2 测度空间

3.2.1 基本定义

范数的一个重要应用是，它给距离函数或测度提供了基础，将会看到距离函数(distance function)或测度(metric)具有很广泛的应用。在 $\mathbb{R}^n$ 上，标准测度(standard metric)的定义是建立在标准范数的感念之上的，即：

$$d(\boldsymbol{x},\ \boldsymbol{y})\equiv|\boldsymbol{x}-\boldsymbol{y}| \tag{3.18}$$

正如广义的范数被用来描述定义在 $\mathbb{R}^n$ 上的标准范数 $|\boldsymbol{x}|$ 的基本性质一样，广义的距离或测度函数也被用来描述定义在 $\mathbb{R}^n$ 上的 $|\boldsymbol{x}-\boldsymbol{y}|$ 的基本性质。范数和度量之间的联系会在下边给以讨论。但是需注意，对于一个集合 X，为了能在其中定义一个范数，这个集合必须具有一个算术结构，使得如 $\boldsymbol{x}+\boldsymbol{y}$ 以及 $a\boldsymbol{x}$ 这样的运算是有意义的。因此，定义在向量空间中的范数应该有这样的算术结构。另一方面，测度还必须能够定义在比向量空间范围更广的其他普通集合上。

定义 3.12 在任意集合 X 上，距离函数或测度是一个定义在空间 $X^2\equiv X\times X$ 上的实值函数，记为 $d(\boldsymbol{x},\ \boldsymbol{y})$ 或 $d(x,\ y)$，它满足如下性质：

(1) $d(\boldsymbol{x},\ \boldsymbol{x})=0$。

(2) 当 $\boldsymbol{x}\neq\boldsymbol{y}$ 时，$d(\boldsymbol{x},\ \boldsymbol{y})>0$。

(3) $d(\boldsymbol{x},\ \boldsymbol{y})=d(\boldsymbol{y},\ \boldsymbol{x})$。

(4) (三角不等式) $d(\boldsymbol{x},\ \boldsymbol{y})\leqslant d(\boldsymbol{x},\ \boldsymbol{z})+d(\boldsymbol{z},\ \boldsymbol{y})$，$\boldsymbol{z}\in X$。

如果 X 是 $\mathcal{F}$ 上的一个向量空间，如果对任意 $\boldsymbol{z}\in X$，距离函数满足下面的性质，则被

称为平移不变量(translation invariant):

(5) $d(\boldsymbol{x}, \boldsymbol{y})=d(\boldsymbol{x}+\boldsymbol{z}, \boldsymbol{y}+\boldsymbol{z})$。

如果距离函数满足对任意 $a \in \mathcal{F}$ 满足下面的性质,则被称为齐次函数(homogeneous):

(6) $d(a\boldsymbol{x}, a\boldsymbol{y})=|a| d(\boldsymbol{x}, \boldsymbol{y})$。

定义 3.13 测度空间是指在任意点集 X 上,定义一个距离函数或测度,记为 $d(\cdot, \cdot)$。为清楚起见,一个测度空间可以写成:(X, d)。

注释 3.9:这里的三角不等式暂时地表明与前面范数的三角不等式有相同的含义。

命题 3.6 如果 $d(x, y)$是一给定测度,则:

(1) $d'(x, y) \equiv \lambda d(x, y)$,对任意实数 $\lambda>0$ 而言是一个测度。

(2) $d'(x, y) \equiv \dfrac{d(x, y)}{1+d(x, y)}$ 是一个测度。

证明:第一个性质很容易由定义推出,在这种情形下,新的测度 d'能被视为用来测量不同的集合中的测度。举个例子,如果 d 测量的是以米为单位的距离,那么当 $\lambda=100$ 时,d'表示的以厘米为单位来测量距离。对第二个性质,只需要检验三角不等式即可。为得到:

$$\frac{d(x, y)}{1+d(x, y)} \leqslant \frac{d(x, z)}{1+d(x, z)}+\frac{d(z, y)}{1+d(z, y)}$$

由于所有的分母都是正的,故只需对不等式进行交叉相乘,并去掉常数项即可。 ■

第二个测度很有意思,因为在这个定义下,X 中任意两点的距离不超过 1。更具体的说,对任意 λ,$0 \leqslant \lambda<1$:

$$d'(x, y)=\lambda, \text{当且仅当 } d(x, y)=\frac{\lambda}{1-\lambda} \tag{3.19a}$$

$$d(x, y)=\lambda, \text{当且仅当 } d'(x, y)=\frac{\lambda}{1+\lambda} \tag{3.19b}$$

3.2.2 比较测度和范数

因为范数与测度的定义看起来相似,自然会想到这两个概念之间是否存在联系。能不能从测度定义出发得出范数,从范数的定义出发得出测度?首先,如前文所述,必须仔细二者的区别。范数通常定义在向量空间中,而测度可以被定义在任意集合中。范数对集合 X 的算术结构有要求,定义中有一项要求 $|\mathbf{0}|=0$,因此集合 X 中必须包括元素 $\mathbf{0} \in X$。给定 $\boldsymbol{x}, \boldsymbol{y} \in X$ 且 $a \in \mathbb{R}$,同时也要求在范数的定义里,$\boldsymbol{x}+\boldsymbol{y} \in X$ 以及 $a\boldsymbol{x} \in X$。故根据定义,一个赋范数空间必须具有这种算术空间结构,并且向量空间结构也成为范数定义里的一个自然要求。

另一方面,测度能被定义在任何集合,只要距离函数 $d(\boldsymbol{x}, \boldsymbol{y})$满足必要的性质。在测度的定义里,并不需要集合 X 满足算术结构。因此问题是,给定一个向量空间 X,是否能由测度的定义推出范数,从范数的定义里推出测度?

接着,在下面的内容可以看到,如果测度满足上面的性质(5)和性质(6),那么范数是可以由测度推导出来的。

命题 3.7　如果 $d(\boldsymbol{x},\boldsymbol{y})$是在向量空间 X 上的测度，并且满足齐次性和传递不变性，那么，$\|\boldsymbol{x}\| \equiv d(\boldsymbol{x},\boldsymbol{0})$ 是一个范数，并且可由测度 d 推出。

证明：范数定义中的性质(1)，即 $|\boldsymbol{x}| \in \mathbb{R}$，由于测度是一个实值函数，故性质(1)成立；性质(2)，即 $|\boldsymbol{0}|=0$，且当 $\boldsymbol{x} \neq \boldsymbol{0}$ 时，$|\boldsymbol{x}|>0$，这可以由测度定义中的第(1)条和第(2)条推出。最后，范数性质(3)，对 $a \in \mathbb{R}$，$|a\boldsymbol{x}|=|a|\,|\boldsymbol{x}|$，这可以由测度 d 的齐次性得出。性质(4)，$|\boldsymbol{x}+\boldsymbol{y}| \leqslant |\boldsymbol{x}|+|\boldsymbol{y}|$，这正是范数传递不变性和齐次性的结果。尤其是，

$$|\boldsymbol{x}+\boldsymbol{y}|=d(\boldsymbol{x}+\boldsymbol{y},\boldsymbol{0})=d(\boldsymbol{x},-\boldsymbol{y}) \leqslant d(\boldsymbol{x},\boldsymbol{0})+d(\boldsymbol{0},-\boldsymbol{y})=|\boldsymbol{x}|+|\boldsymbol{y}| \qquad \blacksquare$$

反过来说更容易：在向量空间里，范数往往可以推出距离函数。

命题 3.8　如果 $\|\boldsymbol{x}\|$ 是向量空间 X 上的一个范数，那么：

$$d(\boldsymbol{x},\boldsymbol{y}) \equiv \|\boldsymbol{x}-\boldsymbol{y}\| \tag{3.20}$$

是一个在 X 上的测度。特别地，(X,d)是一个测度空间。测度 d 可以由范数推导而得到。

证明：只需证明距离函数的性质(4)，即三角不等式(triangle inequality)。改写以下形式：

$$d(\boldsymbol{x},\boldsymbol{y}) \leqslant d(\boldsymbol{x},\boldsymbol{z})+d(\boldsymbol{z},\boldsymbol{y})$$
$$\|\boldsymbol{x}-\boldsymbol{y}\| \leqslant \|\boldsymbol{x}-\boldsymbol{z}\|+\|\boldsymbol{z}-\boldsymbol{y}\|$$

令 $\boldsymbol{x}'=\boldsymbol{x}-\boldsymbol{z}$，$\boldsymbol{y}'=\boldsymbol{z}-\boldsymbol{y}$，于是有 $\boldsymbol{x}'+\boldsymbol{y}'=\boldsymbol{x}-\boldsymbol{y}$，测度 d 的这一不等式等价于在对 $\boldsymbol{x}'$、$\boldsymbol{y}'$和 $\boldsymbol{x}'+\boldsymbol{y}'$ 应用三角不等式。

推论 3.1　定义在式(3.3)中的 $d(\boldsymbol{x},\boldsymbol{y}) \equiv |\boldsymbol{x}-\boldsymbol{y}|$ 是 $\mathbb{R}^n$ 中的一个测度，因此$(\mathbb{R}^n,d)$是一个测度空间。另外，定义在式(2.2)上的 $d(x,y) \equiv |x-y|$ 是 $\mathbb{C}$ 中的一个测度，同样地，$(\mathbb{C},d)$也是一个测度空间。

证明：结论可由上面的命题得出。 $\blacksquare$

上面的推论提出了 $\mathbb{R}^n$ 上"自然"测度，但是还有很多其他的被很好定义的各种 l_p—范数。

推论 3.2　给定任意 l_p—范数 $\|\boldsymbol{x}\|_p$，$P \in \mathbb{R}^n$，则：

$$d_p(\boldsymbol{x},\boldsymbol{y}) \equiv \|\boldsymbol{x}-\boldsymbol{y}\|_p,\ 1 \leqslant p \leqslant \infty \tag{3.21}$$

是一个测度，因此$(\mathbb{R}^n,d_p)$是一个测度空间。

证明：由于 $\mathbb{R}^n$ 是一个向量空间，因此可以根据上面的命题很快得出结论。 $\blacksquare$

注释 3.10：当然，这一推论中的 $d_2(\boldsymbol{x},\boldsymbol{y})$正是定义在式(3.3)中的标准测度 $d(\boldsymbol{x},\boldsymbol{y})$。定义在式(3.21)中的测度可被视为 l_p—测度，或由 l_p—范数推导得来的测度。

为理解 $d_p(\boldsymbol{x},\boldsymbol{y})$这些 l_p—测度测度的结构，可以在二维空间 $\mathbb{R}^2$ 中来研究，因为在 $\mathbb{R}^2$ 中的结论具有可见性，虽然简单但是很有指导意义。特别地，关于 $\boldsymbol{0}$(圆心)的半径为 1 的 l_p—球具有指导性，记为 $\bar{B}_1^p(\boldsymbol{0})$：

$$\bar{B}_1^p(\boldsymbol{0})=\{\boldsymbol{x} \in \mathbb{R}^2 \mid d_p(\boldsymbol{x},\boldsymbol{0}) \equiv \|\boldsymbol{x}\|_p \leqslant 1\} \tag{3.22}$$

对各种 p，$1 \leqslant p \leqslant \infty$。类似地，可以定义关于 $\boldsymbol{y}$ 的半径为 r 的闭球，记为 $\bar{B}_r^p(\boldsymbol{y})$：

$$\bar{B}_r^p(\boldsymbol{y})=\{\boldsymbol{x} \in \mathbb{R}^2 \mid d_p(\boldsymbol{x},\boldsymbol{y}) \equiv \|\boldsymbol{x}-\boldsymbol{y}\|_p \leqslant r\} \tag{3.23}$$

相应的关于 $\boldsymbol{0}$ 的半径为 1 的开 l_p—球被定义为：

$$B_1^p(\mathbf{0})=\{\boldsymbol{x}\in\mathbb{R}^2 \mid d_p(\boldsymbol{x},\mathbf{0})\equiv\|\boldsymbol{x}\|_p<1\} \tag{3.24}$$

关于 $\boldsymbol{y}$ 的半径为 r 的开 l_p—球被定义为:

$$B_r^p(\boldsymbol{y})=\{\boldsymbol{x}\in\mathbb{R}^2 \mid d_p(\boldsymbol{x},\boldsymbol{y})\equiv\|\boldsymbol{x}-\boldsymbol{y}\|_p<r\} \tag{3.25}$$

注意,所有这些 l_p—球的定义在任意 $\mathbb{R}^n$ 上都是有意义的。当然,对 $p=2$ 而言,闭 l_2—球是真正的直径为 1 的"二维球",它代表着为大家所熟悉的半径为 1 的圆,包括其内部。在 $\mathbb{R}^3$ 中,它确实是一个球,半径为 1,包括它的内部。相应的开球就是这些闭球的内部部分。

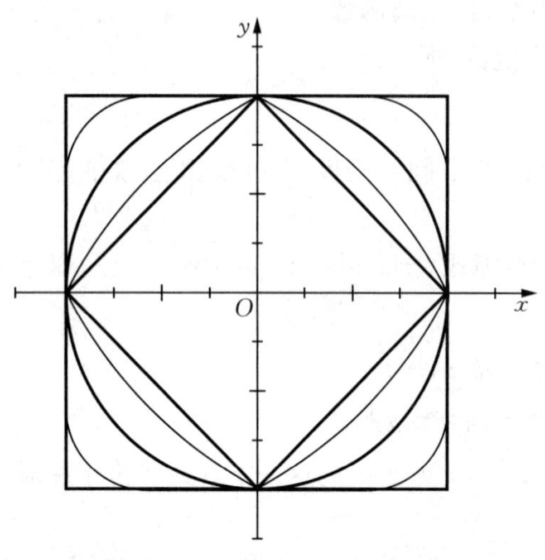

图 3.1 l_p—球: $p=1,\ 1.25,\ 2,\ 5,\ \infty$

对其他 p 值,这些图形不再与要研究的任何"球"相似了,但是数学家们依然沿用这一熟悉的名称。例如,关于 $\mathbf{0}$ 的 l_p—球,$p=1,\ 1.25,\ 2,\ 5,\ \infty$,参见图 3.1。这些被理解为:开的或闭的球取决于这些球是否包含其边界在内。

对 $p=1$,这个最内部的球,在它与坐标轴相交处具有棱角。当 $p>1$,这些棱角变圆滑。随着 $p\to 2$,图形趋近圆。当 $p>2$,这些球再一次沿着平面的对角线 $y=\pm x$,变成方形。很明显,从这个图形中,球很快地向 l_∞—球接近,这个图形是正方形的,四边与坐标轴平行,4 个顶点坐标是 $(\pm 1,\ \pm 1)$。

更为一般地,给定任意测度空间 $(X,\ d)$,或范数空间 $(X,\ \|\boldsymbol{x}\|)$,可以定义关于 $\boldsymbol{y}$ 的半径为 r 的闭球如下:

$$\bar{B}_r(\boldsymbol{y})=\{\boldsymbol{x}\in\boldsymbol{X} \mid d(\boldsymbol{x},\boldsymbol{y})\leqslant r\} \tag{3.26}$$

或

$$\bar{B}_r(\boldsymbol{y})=\{\boldsymbol{x}\in\boldsymbol{X} \mid \|\boldsymbol{x}-\boldsymbol{y}\|\leqslant r\} \tag{3.27}$$

相应地,关于 $\boldsymbol{y}$ 的半径为 r 的开球,记为 $B_r(\boldsymbol{y})$,在上面的定义里使用严格不等号"$<$"而非不等号"$\leqslant$"。

这些球与真正的球的一个共同点是,如果 $1\leqslant p\leqslant\infty$,它们都是凸集(convex set)。这意味着如果 $\boldsymbol{x}_1,\ \boldsymbol{x}_2\in\bar{B}_r^p(\boldsymbol{y})$,则经过这两点的直线同样位于 $\bar{B}_r^p(\boldsymbol{y})$ 中。如果 $\boldsymbol{x}_1,\ \boldsymbol{x}_2\in\bar{B}_r^p(\boldsymbol{y})$,则:

$$t\boldsymbol{x}_1+(1-t)\boldsymbol{x}_2\in\bar{B}_r^p(\boldsymbol{y}),\ 0\leqslant t\leqslant 1 \tag{3.28}$$

在普通的范数空间以及既是测度空间又是向量空间的 X 中,闭球也满足上面的关系,因此在式(3.28)中,$t\boldsymbol{x}_1+(1-t)\boldsymbol{x}_2$ 是有意义的。并且类似的开球也是凸的。如果 $\boldsymbol{x}_1,\ \boldsymbol{x}_2\in B_r^p(\boldsymbol{y})$,则:

$$t\boldsymbol{x}_1+(1-t)\boldsymbol{x}_2\in B_r^p(\boldsymbol{y}),\ 0\leqslant t\leqslant 1 \tag{3.29}$$

使用这一术语以及与定义在式(3.12)中的凸函数相关的"凸"这个词。类似地,上面的

l_p—球与一般范数定义的球都是凸的，这是因为，范数可以被写成函数 $f(\boldsymbol{x})=\|\boldsymbol{x}\|$，是一个凸函数(convexfunction)。即给定 $\boldsymbol{x}_1$，$\boldsymbol{x}_2$，有：

$$\|t\boldsymbol{x}_1+(1-t)\boldsymbol{x}_2\| \leqslant t\|\boldsymbol{x}_1\|+(1-t)\|\boldsymbol{x}_2\|,\ 0\leqslant t\leqslant 1 \tag{3.30}$$

这个不等式直接可以由三角不等式推导得出。更一般地，如果一个函数 $f(\boldsymbol{x})$是一个凸函数，只要满足下面不等式：对 $\boldsymbol{x}_1$，$\boldsymbol{x}_2\in X$，

$$f[t\boldsymbol{x}_1+(1-t)\boldsymbol{x}_2]\leqslant tf(\boldsymbol{x}_1)+(1-t)f(\boldsymbol{x}_2),\ 0\leqslant t\leqslant 1 \tag{3.31}$$

注意，这里的不等式与前面的式(3.15)中的凹函数定义不等式恰好相反。

直观地，当 X 是一条直线且 $x<y$，式(3.31)中的不等式表明在区间$[x, y]$中，函数值绝不会超过连接两点$(x, f(x))$和$(y, f(y))$间的直线段。对凸性的考察给范数的定义中所要求的三角不等式的含义的理解，提供了几何图形的描述。即，三角不等式的成立保证了由范数定义的所有的球都是凸的。同样的原因，之所以不试图对 $0<p<1$ 定义 l_p—范数，是因为在这种情况下，三角不等式成立，而且容易验证，相应的 l_p—球也不是凸的。

例如，当 $p=0.5$ 时，在图 3.2 中的 $\bar{B}_1^{0.5}(\boldsymbol{0})$所示。如果选择 $\boldsymbol{x}_1=(1, 0)$ 以及 $\boldsymbol{x}_2=(0, 1)$，很明显，$\|t\boldsymbol{x}_1+(1-t)\boldsymbol{x}_2\|_{0.5}=\|(t, 1-t)\|_{0.5}>1$，对 $0<t<1$，这一点是在球之外。然而，$t\|\boldsymbol{x}_1\|_{0.5}+(1-t)\|\boldsymbol{x}_2\|_{0.5}=1$。因此根据定义，这个球不是凸的。

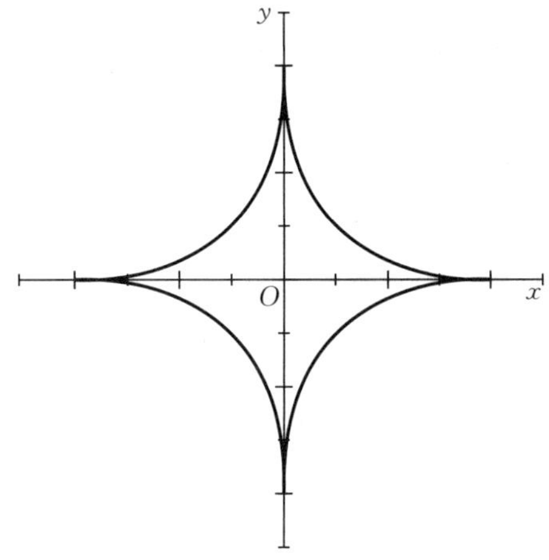

图 3.2 l_p—球：$p=0.5$

*3.2.3 测度的等价性

在测度空间 X 上的两个测度，譬如 d_1 和 d_2，可能在计算 X 中的任意两点 x、y 的距离时，得到不同的值，但基本上从空间中一些观测值得出的结论是“等价的”。举 $\mathbb{R}$ 中的例子。若 $d_1(x, y)=|x-y|$ 是标准测度，并且 $d_2(x, y)=\lambda d_1(x, y)$，这里 λ 是一个正实数。正如上面所提到的，对于任意正实数 λ 而言，d_2 是一个测度。同样，尽管这些测度会产生不同的数值，例如以米和千米为单位得到的结果，它们在某些方面来说是一样的。

对于这个例子而言，如果 $\{x_n, y\}\subset X$ 是一点集，使得当 $n\to\infty$ 时 $d_1(x_n, y)\to 0$。可以看到，对任意正数 λ，在 d_2 中具有同样的性质。相应地，在 $n\to\infty$ 时，$d_2(x_n, y)\to 0$，这与 d_1 的情况相同。注意，$d_2(x_n, y)\to 0$ 的含义，其正式定义将在第 5 章中介绍，但在这里，对这个式子的直观了解于我们现在的目的是有益的。

总而言之，只要两个测度同时收敛，这一性质就能够得到满足，那么它们就是等价的。下面的定义提供了一个简洁的方式来保证这个结论正确。

定义 3.14 在测度空间 X 上的两个测度 d_1、d_2，它们是李普希茨条件等价(Lipschitz equivalent)的，如果存在正实数 λ_1 和 λ_2 使得所有的 $x, y \in X$，有：

$$\lambda_1 d_1(x, y) \leqslant d_2(x, y) \leqslant \lambda_2 d_1(x, y) \tag{3.32}$$

李普希茨条件等价性以鲁道夫・李普希茨(Rudolf Lipschitz，1832—1903)命名，他介绍了一个相关的李普希茨条件连续的概念，这会在第 9 章中得到研究。

从这个定义清楚地看到，建立在现在非正式收敛性概念的理解基础上，上面的结论是正确的。即：

$$d_1(x_n, y) \to 0，当且仅当\ d_2(x_n, y) \to 0$$

但是，从逻辑上来讲，这个结论的严密证明只能在第 5 章中给出，这一结果在式(3.32)的不等式中暂时被使用。

注意，每一个测度都与自身李普希茨条件等价，同样，易见测度的李普希茨条件等价性这个概念是对称的。即，如果式(3.32)成立，那么也有：

$$\frac{1}{\lambda_2} d_2(x_n, y) \leqslant d_1(x_n, y) \leqslant \frac{1}{\lambda_1} d_2(x_n, y) \tag{3.33}$$

这个定义也具有传递性：如果 d_1 和 d_2 是李普希茨条件等价的，并且 d_2、d_3 也是等价的，则 d_1、d_3 也是等价的。

在数学中有一个很重要的概念，就是定义在任意集合上的等价关系(equivalence relation)。大家最为熟悉的等价关系就是相等，用 xRy 代表 $x=y$。

定义 3.15 集合 X 上的等价关系，表示为 xRy 或 $x \sim y$，是"x 与 y 等价"的缩写，这个关系是集合 X 上的双边关系，即：

(1) 反身性(Reflexive)：xRx 对所有的 $x \in X$ 都成立。

(2) 对称性(Symmetric)：xRy 当且仅当 yRx。

(3) 传递性(Transitive)：如果 xRy 且 yRz，则 xRz。

等价关系的重要性在于，可以形成集合 X 中元素的等价类(equivalence classes)。一个等价类是指在 R 中相关的一组元素的集合。从定义中可以看出，在给定一个集合类中的任意两个元素是等价的，而在不同集合类的元素是不等价的。

例如，在一给定空间 X 中，一组具有李普希茨条件等价关系的测度就是一等价类。在很多应用中，使用一个等价类中的哪个元素，这是无关紧要的。举个例子，这里继续不是很规范地使用相关符号，如果给定某一测度 d，由 $d(x_n, y) \to 0$ 出发，定义 $x_n \to y$；同样地，也可以根据等价类中的其他测度来定义 $x_n \to y$。即 $x_n \to y$ 这个概念，与其说依赖于测度 d，不如说依赖 d 所在的等价类。如果对一给定的测度 d，它满足这一性质，那么对它的一个与之李普希茨条件等价的测度 d' 来说，这条性质同样也满足，记为 $d \sim_L d'$；而如果测度 d 不满足这一性质，则相应的 d' 也不满足。然而如果抛开等级集合类来讨论这个性质是正确的还是错误的，则由上述两种方法都不能得出结论。

命题 3.9 如果 $d(x, y)$ 是 X 上的一个测度，那么：

(1) $\lambda d(x, y) \sim_L d(x, y)$，对任意的实数 $\lambda > 0$。

(2) $d'(x, y) \equiv \dfrac{d(x, y)}{1+d(x, y)} \sim_L d(x, y)$，当且仅当，对所有 $x, y \in X$，$d(x, y) \leqslant M$。

证明：定义 $d_2(x, y)=\lambda d(x, y)$，$d_1(x, y)=d(x, y)$。很明显，当 $\lambda_1=\lambda_2=\lambda$ 时，

式(3.32)得到满足,第(1)部分得证;对于第(2)部分,初一看,结论不是很明显,但是,它直接遵循式(3.19)中的 d 和 d' 距离之间的一一对应关系。令 $d_2(x, y)=d'(x, y)$, $d_1(x, y)=d(x, y)$,根据式(3.19b)得出 $d'(x, y)\leqslant d(x, y)$,这与式(3.32)中 $\lambda_2=1$ 的情形相同。至于另一个不等式,从式(3.19b)中可以看出,如果 $d(x, y)\leqslant M$,那么,$d'(x, y)\leqslant\dfrac{M}{M+1}$,等价于 $\dfrac{1}{1-d'(x, y)}\leqslant M+1$。则由式(3.19a)有:

$$d(x, y)=\frac{d'(x, y)}{1-d'(x, y)}\leqslant(M+1)d'(x, y)$$

因此,令 $\lambda_1=\dfrac{1}{M+1}$,则,满足式(3.32)中的第二个不等式。如果 $d(x, y)$无界,由于 $d'(x, y)\leqslant 1$,则不存在 λ_1,使得 $\lambda_1 d(x, y)\leqslant d'(x, y)$ 成立。 ■

除了这些关于等价测度的例子以外,当 $1\leqslant p\leqslant\infty$ 时,在 $\mathbb{R}^n$ 中,各种 l_p—范数也是相互等价,这个结论也许令人吃惊,但这是事实。

命题 3.10 在 $\mathbb{R}^n$ 上,由式(3.21)定义的各种 l_p—范数得出的所有距离,当 $1\leqslant p\leqslant\infty$ 时,它们都是李普希茨条件等价的。

证明:首先证明如果 $1\leqslant p<\infty$ 时,l_p—距离与 l_∞—距离是李普希茨条件等价的。对给定 $\boldsymbol{x}=(x_1, x_2, \cdots, x_n)$, $\boldsymbol{y}=(y_1, y_2, \cdots, y_n)$,有:

$$\max_i |x_i-y_i|^p\leqslant\sum_{i=1}^n |x_i-y_i|^p\leqslant n\max_i |x_i-y_i|^p$$

然后,对不等式开 n 次方根,得:

$$d_\infty(\boldsymbol{x}, \boldsymbol{y})\leqslant d_p(\boldsymbol{x}, \boldsymbol{y})\leqslant n^{1/p}d_\infty(\boldsymbol{x}, \boldsymbol{y})$$

因此,如果 $1\leqslant p<\infty$,每一个 l_p—距离与 l_∞—距离是李普希茨条件等价的。因为李普希茨条件等价具有传递性,由此可以断定,当 $1\leqslant p, p'\leqslant\infty$ 时,$d_p(\boldsymbol{x}, \boldsymbol{y})$与 $d_{p'}(\boldsymbol{x}, \boldsymbol{y})$是等价的。事实上,使用式(3.32)和式(3.33),可以推断 $d_p(\boldsymbol{x}, \boldsymbol{y})$和 $d_{p'}(\boldsymbol{x}, \boldsymbol{y})$间的边界为:

$$n^{-1/p'}d_{p'}(\boldsymbol{x}, \boldsymbol{y})\leqslant d_p(\boldsymbol{x}, \boldsymbol{y})\leqslant n^{1/p}d_{p'}(\boldsymbol{x}, \boldsymbol{y}) \tag{3.34}$$

注释 3.11:

(1) 注意 $d_p(\boldsymbol{x}, \boldsymbol{y})$和 $d_\infty(\boldsymbol{x}, \boldsymbol{y})$之间的边界 λ_1 和 λ_2 是灵敏的,这些边界的求法可以从下面的例子中看出,因此这些方法不可能得到改善。例如,左边边界的求法如下:令 $\boldsymbol{x}=(x, 0, 0, \cdots, 0)$ 以及 $\boldsymbol{y}=(y, 0, 0, \cdots, 0)$,或者把向量 $\boldsymbol{x}$ 和 $\boldsymbol{y}$ 相同地定义在同一个坐标轴上。事实上,可以在图 3.1 中观察到这个不等式,图中的内容是关于 $\boldsymbol{0}$ 的 $p=1, 1.25, 2, 5, \infty$ 这 5 种 l_p—球的情形,可以看到,它们都相交在坐标轴上。另一方面,右边边界可以这样求:令 $\boldsymbol{x}=(x, x, \cdots, x)$ 以及 $\boldsymbol{y}=(y, y, \cdots, y)$,其他点满足 $|x_i-y_i|=c>0$,即它们位于 $\mathbb{R}^n$ 的"对角线"上,这还可以参见图 3.1。然而,满足式(3.34)的关于 $d_p(\boldsymbol{x}, \boldsymbol{y})$和 $d_{p'}(\boldsymbol{x}, \boldsymbol{y})$的不等式并不敏感,这可以很容易用 $p=p'$ 来验证。使用多重微积分可以进行更详尽分析,由此可得当 $1\leqslant p\leqslant p'\leqslant\infty$ 时的边界:

$$d_{p'}(\boldsymbol{x}, \boldsymbol{y})\leqslant d_p(\boldsymbol{x}, \boldsymbol{y})\leqslant \boldsymbol{n}^{(p'-p)/pp'}d_{p'}(\boldsymbol{x}, \boldsymbol{y})$$

再次地,这些边界分别在 $\mathbb{R}^n$ 的坐标轴和对角线上。

(2) 同样注意李普希茨条件等式中的 $d_p(\boldsymbol{x}, \boldsymbol{y})$和 $d_\infty(\boldsymbol{x}, \boldsymbol{y})$,或者更一般地用 d_p

$(\boldsymbol{x}, \boldsymbol{y})$和$d_{p'}(\boldsymbol{x}, \boldsymbol{y})$来表示。在某种程度上，它们都取决于空间的维数$n$，因此这就说明这一等式不会随着$n\to\infty$而保持不变(这一点与第6章中的级数不同)。换句话说，可以非正式的考虑在$\mathbb{R}^\infty$中这一概念，说明在$\mathbb{R}^\infty$上，各种l_p—距离不再是李普希茨条件等价的。

(3) 不是所有的测度都与这个命题中的测度是李普希茨条件等价的。例如，定义：

$$d(\boldsymbol{x}, \boldsymbol{y})=\begin{cases}0, & \boldsymbol{x}=\boldsymbol{y}\\1, & \boldsymbol{x}\neq\boldsymbol{y}\end{cases}$$

很容易证明，这一测度确实是$\mathbb{R}^n$上的一个测度，但与l_p—距离不是李普希茨条件等价的。

(4) 正如上面所说的，在一个向量空间上的每一个范数都能推导出一个测度。因此，可以这样说，如果由两个范数分别推出的测度是等价的，那么这两个范数也是李普希茨条件等价的。

在关于测度的李普希茨条件等价的最终评论中，注意到，这个概念存在一个简单而自然的几何解释。首先，介绍一个更普遍的关于测度等价的概念，有时也被称为拓扑等价。术语"拓扑"以及相关的空间的开集的概念将会在第4章中详细介绍。

定义 3.16 空间X中的两个度量，比如说，d_1和d_2是等价的。有时，这种等价被称为拓扑等价(topologically equivalent)。如果对任意的$\boldsymbol{x}\in X$，并且$r>0$，此时，定义一个与d_2相关的球$B_r^{(2)}(\boldsymbol{x})$，使得它既包含一个开球$d_1$—球，又被开球$d_1$—球包含，这样，$d_1$和$d_2$就是拓扑等价的。也即，存在两个实数，$r_1$和$r_2$，二者是$r$与$\boldsymbol{x}$的正式函数，使得有：

$$B_{r_1}^{(1)}(\boldsymbol{x})\subset B_r^{(2)}(\boldsymbol{x})\subset B_{r_2}^{(1)}(\boldsymbol{x}) \tag{3.35}$$

其中，$B_r^{(j)}(\boldsymbol{x})$代表一个与度量$d_j$相关的开球，$A\subset B$代表"集合包含关系"，意思是每一个在$A$中的点都同时属于$B$。

命题 3.11 在一个度量空间X中，如果d_1和d_2是李普希茨条件等价的，那么它们也是拓扑等价的。

证明：如果给定$\boldsymbol{x}\in X$，$r>0$，且$B_r^{(2)}(\boldsymbol{x})=\{\boldsymbol{y}\mid d_2(\boldsymbol{x}, \boldsymbol{y})<r\}$，由式(3.32)可以推出，对任意$\boldsymbol{y}\in B_r^{(2)}(\boldsymbol{x})$，有：

$$\lambda_1 d_1(\boldsymbol{x}, \boldsymbol{y})\leqslant d_2(\boldsymbol{x}, \boldsymbol{y})\leqslant\lambda_2 d_1(\boldsymbol{x}, \boldsymbol{y})$$

因此，令$r_2=r/\lambda_1$及$r_1=r/\lambda_2$，则式(3.35)可以得到满足。 ■

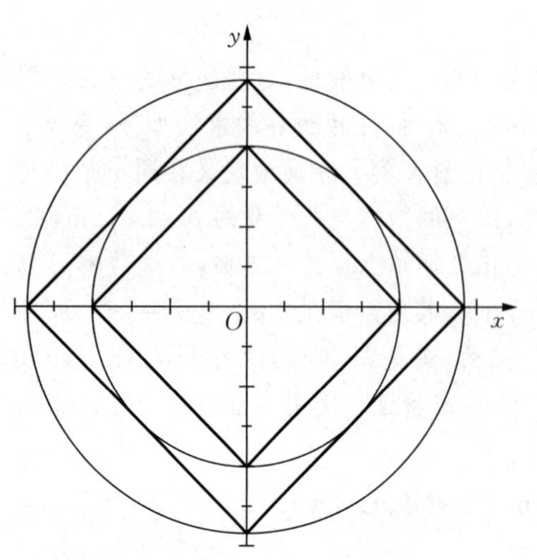

图 3.3 l_1—测度与l_2—测度等价

这个几何描述可以参见图3.1。注意，任意l_p—球能被视为包含和被包含在两个球：对任意p'以及两个球$l_{p'}$—球。一个更详细的例子参见图3.3。这里半径为1的l_2—球包含半径为1的l_1—球，同时被半径为$\sqrt{2}$的l_1—球包含；反过来，这个(半径为$\sqrt{2}$)l_1—球被半径为$\sqrt{2}$的l_2—球所包含。

注释 3.12：度量等价或者说拓扑等价的概念，比李普希茨条件等价的概念更为普遍，这

是因为实数 r_1 和 r_2 取决于 $\boldsymbol{x}$，而度量等价这个概念允许度量间的这些关系随 $\boldsymbol{x} \in X$ 的改变而改变。而对李普希茨条件等价这一概念来说，正如上面证明的那样，这种等价关系对所有的 $\boldsymbol{x}$ 而言是固定的。

3.3 金融中的应用

3.3.1 欧氏空间

欧氏空间给出了一个可以在任何学科中使用的框架，在此框架中，人们试图解决例如多元参数的问题，这样的问题在金融领域中普遍存在。举个例子，在资产配置问题里，考虑将给定的总的投资基金配置到一些可行的资产类别中，不管怎么定义，这一问题的解自然可以看成欧氏空间中的一个点集或配置向量。该空间的维数逻辑上等于可行资产类别的数目。在固定收益市场中，收益曲线这一概念，它被定义在一组增加的到期基准债券的收益上，可以在一个维数合适的欧氏空间中来解释它。这种收益向量能根据需要转化为即期汇率或远期汇率，或者应用在分析价格风险中。最后，一个给定证券或一组证券组合能被加入到模型中来预测现金流，不论是在固定或变化的市场中，这些现金流向量都能应用到各种组合模型上。

1. 资产配置向量

一个资产配置问题(asset allocation problem)包括决定一个资产(以美元计)总量向量:$(x_1, x_2, \cdots, x_n)$，这里 n 代表可行资产的类别数目，x_i 代表以美元计的投资在第 i 项的资产，并且 $\sum x_i = A$，为总的投资数。在某些应用中，所有的 x_i 都满足 $x_i \geqslant 0$，代表多头头寸，但是在卖空中可以允许 $x_i < 0$ 的情形出现。同样，可以把对这一问题的解参数化，用百分比来表示，使得 x_i 代表投资在第 i 项资产上的投资组合的比例，可以是多头头寸或卖空，则有 $\sum x_i = 1$。

或者用 n 元数组$(x_1, x_2, \cdots, x_n)$来代表一个投资组合交易(portfolio trade)，$x_i > 0$ 表示一次买进，$x_i < 0$ 表示售出 $|x_i|$ 单位的第 i 种资产，除非由于净存款或净赎回行为而使得交易趋于上升或下降，导致投资组合不再平衡，否则，$\sum x_i = 0$。在所有的情形中，可以很自然地把 n 元数组视为存在于集合结构中，如 $\mathbb{R}^n$。这在交易模型中尤为有用，由于向量空间 $\mathbb{R}^n$ 的运算性质可以准确的反映出这些交易的数学运算。比如说，进行标量乘法，乘以 2，意味着交易量翻倍，人均交易量也翻倍，也就是说，这样的乘法能反映交易向量中的每一个分量的情况。如果一个交易在执行之后又进行一次，那么净交易量等于交易向量的分量总和。

然而，这看起来似乎是一种极端的情形。不可否认的是，在现实情形中，所有的交易，可行解组成的空间(feasible solution space)都是一个有限点集合，很明显，$\mathbb{R}^n$ 不是这样的。之所以这样是因为在真实世界中，首先，不存在一个任意大的投资组合，也不可能存在一个能执行无限多次的交易。其次，即使是最大程度精确的解也不可能低于某一单位值，如在美国,不能低于0.01 美元;在日本,不会低于 1 日元;在欧盟,不会低于 0.01 欧元。因此只能考虑有限多的投资组合配置或交易。更为现实的是,资产不能以这些单位来获得。举个例子,人们不可能得到额外的 0.01 美元的资产,因此,可行解的集合要远比这个最精确的解集表明的粗略得多。

可笑的是,在金融领域中,如果人们明确意识到问题解的有限性,那么大部分的问题更难以解决。也就是说,如果资产配置或资产组合交易的目标是最大化一个给定函数,不妨称之为目标函数(objective function),很难通过可行解的有限"格"来解决这一问题,除非使用强力搜索来验证。这样,困难就大大增加了,因为尽管解是有限的,但有限解的集合也许是很大的。在大多数情况中,人们比较容易认同这样的观点:可以交易任意量的资产,利用$\mathbb{R}^n$空间的优点使用后面章节介绍的方法来解决现有问题。那么,假设在现实中近似地去执行上述精确解。

也就是说,通过使用一个性质良好的集合$\mathbb{R}^n$来解释我们的问题,这样能简化问题的解,但是,必须假定真实解的近似值与上面提出的在有限可行解集合中得到的真实解相近。在很多情况下,可以检验这一假设,即一旦解决了一个更为详细的问题,我们可以调查到什么程度的近似实现方案是其中可行的替代最优或近似最优解。即使这种分析可能比一开始就在集合中寻找最优方案更简单。

2. 利率期限结构

有三种常见的描述*利率期限结构*(term structures of interest rates)的基本术语,这里的"结构"意思是隐含贷款的年利率函数关系。实际上,在债券市场上容易获得绝大部分的关于贷款的数据。这三种期限结构基本术语是:

(1) *债券收益率*(bond yields):债券收益率使得债券的未来现金流量现值等于每一笔债券购入价格。

(2) *即期利率*(spot rates):在真实或假定的零息债券上获得的债券收益率。

(3) *远期利率*(forward rates):在"远期"零息债券上的收益率,就是说,为未来投资在零息债券上的现在收益率。

可以在债券市场上观察这些结构,但是对期限结构而言是很有意义的,尽可能把握更多债券的特征以便只保留债券期限的独立性。

例如,通过货币和信贷状况来分类债券,这是常见的做法,这样可以避免可能出现的具有特殊价格的不同寻常的现金流量结构,或者是带有隐含期权的债券。在每一个主要货币中都有一类由该国中央政府发行的特殊的无风险的国债券。接着,具有次最高等级信用水平的债券,通常被评级为 AAA 或 Aaa,这是一类;再往下分类,就是评级为 AA 或 Aa,依此类推。如果在一个给定的债券组中有足够多的债券,则能够从上面三种基本术语中推出该债券组的期限结构。在数据有所缺失的情况下,人们通常采用内插法来估计缺失数据。

对一个债券收益率或即期利率而言,有一个暗含的时间参数,这个参数由到期的债券所决定。对远期利率来说,存在两个时间参数:一个估计投资在远期零息利率债券上的时间;另一个则决定了这个债券到期的时间。

为了说明这些期限结构的计算,假定债券有半年期的优惠券并且债券市场能提供从

0.5 年到 n 年的所有到期债券。正如上面所述，内插法在推断没有市场的到期债券的信息是很必要的。我们还完成了在半年期名义利率下的所有计算，但是需要注意的是这些计算能在任何名义基本利率下完成。

(1) 债券收益率(Bond Yields)。使用式(2.15)，每一到期债券的收益率都可以通过解下面的关于$\{i_j\}$的方程计算出来，半年期的债券收益率是：

$$P_j = F_j \frac{r_j}{2} a_{2j;\, i_j/2} + F_j v_{i_j/2}^{2j},\ j = 0.5,\ 1.0,\ \cdots,\ n \tag{3.36}$$

其中，j 代表以年为单位的债券期限；$\{P_j\}$是债券的价格；$\{r_j\}$是半年期息票利率；$\{F_j\}$则是债券的票面价值。一般做法是固定 $F_j = 100$，因此 P_j 代表的是面值为 100 的债券的价格。结论是债券收益率期限结构：$(i_{0.5},\ i_1,\ \cdots,\ i_n)$，可以看作是$\mathbb{R}^{2n}$的一个向量。

解决这些问题的一个数值方法叫做间隔二分法(interval bisection)，这种方法将在第 4 章和第 5 章中介绍。

(2) 即期利率(Spot Rates)。理论上可以由与计算债券收益率期限结构相同的数据来得出即期利率结构，因为一个息票债券就是一组零息债券的组合。使用式(2.19)，价格 P_j 反映即期利率：$(s_{0.5},\ s_1,\ \cdots,\ s_j)$，一个债券的现金流的合适的折扣可以表示如下：

$$P_j = F_j \frac{r_j}{2} \sum_{k=1}^{2j} \left(1 + \frac{s_{k/2}}{2}\right)^{-k} + F_j \left(1 + \frac{s_j}{2}\right)^{-2j} \tag{3.37}$$

记法　在上面的求和中，在第 k 年时现金流的现值可以用下面的因子来计算：

$$\left(1 + \frac{s_k}{2}\right)^{-2k}$$

但是，所要求的和只能以非正式的记法来表示：$\sum_{k=0.5}^{j} \left(1 + \frac{s_k}{2}\right)^{-2k}$，希望读者能理解，指数值必须乘以 0.5。为避免滥用这种记法，我们应该坚持使用自然数索引，并且为了得到正确的结果，需把指数值减半。

(3) 远期利率(Forward Rates)。正如上面所述，远期利率是两个时间参数的函数，这两个参数分别是投资在零息债券的日期和到期日。换句话说，远期可以表示成 $f_{j,k}$，其中 $j,\ k \in \{0,\ 0.5,\ 1.0,\ \cdots,\ n\}$，且 $k > j$。在这种记法下，$f_{j,k}$表示的是当前的 $(k-j)$ 年零息债券的收益率，就是在第 k 年时获得的收益，因此 $f_{0,k} = s_k$。远期利率 $f_{j,k}$ 被描述为 $(k-j)$ 年后在第 k 年的利率。

s_k 是对从第 k 年到第 0 年的现金流的折扣，这是合理的。同样，远期利率 $f_{j,k}$ 也可以作为从第 k 年到第 j 年的现金流的折扣。在这种解释下，必须是在这种情形下，即人们能从第 k 年到第 0 年获得折扣，或者直接使用即期利率 s_k，或者使用一列远期利率：

$$f_{0,\,0.5},\ f_{0.5,\,1.0},\ \cdots,\ f_{k-0.5,\,k}$$

当然，如果 k 是一个整数，还可以使用远期利率：

$$f_{0,\,1.0},\ f_{1.0,\,2.0},\ \cdots,\ f_{k-1,\,k}$$

特别地，在使用第一个序列时，回忆下上面对记法的评论，得到：

$$\left(1 + \frac{s_{k/2}}{2}\right)^{-k} = \prod_{i=1}^{k} \left(1 + \frac{f_{(i-1)/2,\, i/2}}{2}\right)^{-1} \tag{3.38}$$

因此债券的价格可以写成下面复制但清楚的形式:

$$P_j = F_j \frac{r_j}{2} \sum_{k=1}^{2j} \prod_{i=1}^{k} \left(1 + \frac{f_{(i-1)/2,\, i/2}}{2}\right)^{-1} + F \prod_{i=1}^{2j} \left(1 + \frac{f_{(i-1)/2,\, i/2}}{2}\right)^{-1} \tag{3.39}$$

总之,远期利率在应用中可以用上面的序列来计算,因为由这些任意的远期 $f_{j,k}$ 可以以同样的方法来计算即期利率。现在转回到最初的记法,$j,\ k \in \{0.5,\ 1.0,\ \cdots,\ n\}$ 得到:

$$\left(1 + \frac{f_{j,\,k}}{2}\right)^{-2(k-j)} = \prod_{i=2j+1}^{2k} \left(1 + \frac{f_{(i-1)/2,\, i/2}}{2}\right)^{-1} \tag{3.40}$$

(4) 期限结构的等价性(Equivalence of Term Structures)。很明显,从三种债券的定价公式(3.36)、式(3.37)和式(3.39)可以清晰地看出的是,如果一个期限结构在三种基础中的任何一种上被给出,所有的票息债券可以被定价。同样明显的是,这些期限结构必须是一致的,并产生同样的价格,或其他无风险套利是可能的。

例如,零息债券的定价必须与同一发行人发行的债券价格是一致的,因为股息债券是零息债券的组合,因此,从理论上讲,一个人可以买到票息债券和卖出零息债券,或出售息票债券和购买零息债券。第一种交易被称为息票撕离,第二种被称为债券重建。

相似地,远期债券价格必须与零息票定价是一致的,因为由式(3.38)可知,一个零息债券相当于一系列远期债券。例如,一个人可以投资 100 元在一个 3 年期的零息债券,或者投在一个半年期的零息债券里,同时提交一个半年至一年的远期合约和另一个一年至一年半的远期合同等等。就像我们知道的那样,这些对每一笔远期合同的投资额将被计算为最初的 100 元与那个时期赚取的利息的符合。例如,如果半年的即期汇率是 2%,半年的远期汇率为 2.2%,半年的远期合约的投资金额为 101 元,一年期的远期合约的投资金额为 102.11 元(精确到 2 位小数点)。

同样存在一种直接的方式,在长期和短期的零利息股息债券市场中,在零息债券的基础上"复制"一个远期债券。

例 3.2 假设一个 5 年期的零息债券每半年收益率为 4%,一个 2 年期的零息债券每半年收益率为 2%。要创建一个"长时间"的远期合约,从时间为 2—5 年,意味着一个投资的机会,我们进行如下操作:为了能够在两年内投资 100 元,我们"缩短"两年期零利率股票 $100 \times (1.01)^{-4}$,并进入长期等效量的 5 年期零利率债券。因此,在时间为 0 的时候,除了一个保证金账户存款外,现钱是不被要求的,这并不是一种成本。在时间为 2 年的时候,我们用 100 元的投资"覆盖短的"时间。在时间为 5 年的时候,我们使到期的 5 年零利率股息为 $100 \times (1.01)^{-4} \times (1.02)^{10}$,或 117.14(精确到 2 位小数点)。这很容易说明,如果所有小数都被保留,那么在时间为 2 年的时候,从投资到 100 元上获得的利率,恰恰等于 2 年时的 3 年远期利率,或者是 5.344%,这些都在式(3.40)和式(3.38)中得到了证明:

$$\left(1 + \frac{f_{j,\,k}}{2}\right)^{-2(k-j)} = \frac{\left(1 + \dfrac{s_k}{2}\right)^{-2k}}{\left(1 + \dfrac{s_j}{2}\right)^{-2j}} \tag{3.41}$$

因此,即期汇率和远期汇率必须是等效的,因为可以被交易,从远期股票创建零利息股票,从零利息股票创建远期股票。从数学上讲,相关联的利率必须满足式(3.38),从远期汇率创建即期汇率；以及满足式(3.41)，从即期汇率创建远期利率。

从债券收益率和即期汇率之间的转换如下：

(1) 即期利率债券收益率(Spot Rates to Bond Yields)：这是比较容易的方向，因为即期利率提供债券的价格如式(3.37)，然后通过解决式(3.36)中计算相关的债券收益。(参考第 4 章和第 5 章的区间平分)。

(2) 债券收益率对即期汇率(Bond Yields to Spot Rates)：这种方法被称为自举或引导的方法。首先，所有的债券价格可以用式(3.36)的方法从债券的收益率中被计算出来。为了得到即期汇率，这种引导的方法是一个迭代过程，在这个过程中，一个时间段内的即期汇率通过式(3.37)被计算出来。具体而言，以 $j=0.5$ 开始，这将产生：

$$P_{0.5}=F_{0.5}\left(1+\frac{r_{0.5}}{2}\right)\left(1+\frac{s_{0.5}}{2}\right)^{-1}$$

这里的 $s_{0.5}$ 很容易计算。接下来从下面的 P_1 中来计算 s_1：

$$P_1=F_1\frac{r_1}{2}\sum_{k=1}^{2}\left(1+\frac{s_{k/2}}{2}\right)^{-k}+F_1\left(1+\frac{s_1}{2}\right)^{-2}$$

上面的这个式子是能被解出的，因为 $s_{0.5}$ 从第一步开始就是已知。这个过程可以继续进行下去，序列($s_{0.5}$，s_1，…，s_j)都可以计算出来，利用式(3.37)从 $P_{j+0.5}$ 计算出 $s_{j+0.5}$，这是很直接的，因为这是在这个方程中唯一的未知量。

3. 债券收益率向量风险分析

除了组合配置向量或者贸易向量，金融中 n 元组的另一种天然应用就是(x_1，x_2，…，x_n)代表上面所讨论的利率的期限结构中的一种。例如，这些可能是在某一到期期限内的，以递增次序出现的基准债券(benchmark bonds)的一个集合的收益以及用于其他收益的填补，或者债券收益或即期汇率或远期债券一个序列的一个完整的集合。

其他债券的价格可能会被建模为一个函数：

$$P(x_1,\ x_2,\ \cdots,\ x_n)$$

在这个模型中，可以设想时刻不断进行的期限结构的变化，作为对最初收益曲线的矢量递增值。

$$\Delta\boldsymbol{x}=(\Delta x_1,\ \Delta x_2,\ \cdots,\ \Delta x_n)$$

反过来，正如这个收益率曲线随时间不断演变，证券投资组合的价格也是如此。这个价格中的变化可以被模拟为：

$$\begin{aligned}\Delta P(x_1,\ x_2,\ \cdots,\ x_n)\equiv P(x_1+\Delta x_1,\ x_2+\Delta x_2,\ \cdots,\ x_n+\Delta x_n)\\ -P(x_1,\ x_2,\ \cdots,\ x_n)\end{aligned}$$

在实践中，即期汇率的结构有时是最透明的方法。这是因为 $\Delta\boldsymbol{x}$ 和 ΔP 之间的连接对于自由选择的债券是清晰可见的。但嵌入式期权的债券透明度却少很多。此外，虽然即期汇率可以很容易计算，他们通常在市场交易中不可见，因此，一个很好地将 ΔP 与市场观察连接在一起的模型是债券收益率模型，即需要将 $\Delta\boldsymbol{x}$ 在债券收益率的基础上转化为 $\Delta\boldsymbol{y}$ 的数学，需要在即时汇率的基础上定价，这仅仅是计算机模型运算的一部分，进而 ΔP 以 $\Delta\boldsymbol{x}$ 的形式建模。

在这个模型中,价格敏感度和对冲策略都可以进行评估。对这个风险分析的正式方法将在第 9 章和第 10 章中介绍。

同样,使用$\mathbb{R}^n$为基础的模型做这样的收益曲线分析就太过于正式了,因为收益很少用 6 个十进制精度去引用,这相当于"1%的基准点"[1 个*基点*(basis point) = 0.01% = 0.000 1]。然而,正如在投资组合配置和交易的情况下,大多数问题在$\mathbb{R}^n$框架中比在可行的收益曲线和收益曲线变化的离散框架中更容易解决。

4. 现金流矢量和 ALM

作为另一个例子,这个矢量$(x_1, x_2, \cdots, x_n)$可能代表在一个固定收入安全期内,比如债券或抵押贷款支持证券安全(mortgage-backed security, MBS)各个期间段内的现金流量。由于提前偿还选择权使 MBS 中的借款人有能力支付可赎回债券,这里显现着未来现金流量的巨大变化,反映了未来利率在其他各个因素中的发展。同样地,即使是一个简单的一次性偿还债券没有看涨期权,现金流量从理论上来说在发行中拥有确定性的地方可能会遇到由于*信用风险*(credit risk)的存在和潜在失误与错误的存在导致的变异。

在债券组合层面上,人们可能会建模代表一个公司,如人寿保险或财产保险和意外伤害保险公司、商业或投资银行、退休计划,或一份资产和负债的现金流量矢量。这种负债可以明确反映公司的合同义务,或与投资证券或金融衍生工具相关的位置隐性债务。在任何情况下,这些现金流量可能包含嵌入选项或信贷风险,以及由于发行新负债和资产组合管理而产生的变换。

一旦成为模型,该公司将在一个更好的位置上去评估其*资产—负债管理风险*(asset-liability management risk)或者 ALM 风险,这是如果不能自然地补偿那么就得对冲的资产和负债而引起的公司资本的剩余风险。最后一节指出的利率风险往往是在资产负债管理风险的一个重要组成部分。

在每一种情况下,可以将可能的现金流结构嵌入$\mathbb{R}^n$中并开始风险分析和对冲策略的评估,同时伴随着空间提供的结构优势。

3.3.2 度量标准和范数

本质上讲,金融中最常见的范数和度量标准是l_p—型,其中$p=1, 2$和∞。然而,为这三种需要的情况制定必要的理论不比发展一般的l_p—型理论简单。因此,与其花费精力发展三个特殊的情形让读者以为这些是孤立和特殊度量,本书采取以下立场:对于给定的努力,最好这样理解,$p=1, 2$和∞,仅仅是一个度量跨越连续体中的三个特殊点:$1\leqslant p\leqslant\infty$。

也许你发现了一个关于不同的l_p—度量在金融领域里的应用,你也已经准备好了各种必需的工具。

$p=1, 2$和∞范数的一个例外是分析样本数据。

1. 样本统计量

对于三种给定普通l_p—范数,l_2是最常用的,将在第 7 章的统计中继续介绍。金融中最常见的风险测量是以*方差*(variance)、方差的平方根和*标准差*(standard variance)测度方式定义的。这些都是样本时刻(moments)的特殊情况,并且通常样本统计利用了全方位的 l_p—范数的整数 p。

例如,假设 $\boldsymbol{x}=(x_1, x_2, \cdots, x_n)$ 代表一个利率的随机变量的一个观测值的样本。在金融中,一个常见的例子就是观察连续的资产或投资组合的周期回报。例如,给定的普通股票的月回报率或者是基准投资组合,比如标准普尔 500 指数等,是进行分析的很自然的候选项目。这些观察可能同样反映了货币汇率、利率和给定商品的同样间隔的观测。在任何情况下,利率的变量可能是实际的观察,或在观测值以绝对或相对的百分比单位测量的观察价值的变化。所谓的样品时刻的定义方式可以看作是相当于一个 l_p—范数。

(1) 原点矩。

平均数:样本的平均值被定义为:

$$\hat{\mu}=\frac{1}{n}\sum_{j=1}^{n}x_j \tag{3.42}$$

如果所有的观察值 $x_j \geqslant 0$,样本均值就相当于一个 l_1—范数,$\hat{\mu}=\frac{1}{n}\|\boldsymbol{x}\|_1$。

然而,一般这不是真的。x_j"记法"是以均值的定义被保存下来,而不是以 l_1—范数的定义被保存下来。

高阶矩:一个正整数为 r,所谓的样本的 r 阶是这样被定义的:

$$\hat{\mu}'_r=\frac{1}{n}\sum_{j=1}^{n}x_j^r \tag{3.43}$$

因此我们看到 $\hat{\mu}=\hat{\mu}'_1$。同样,当观测是正的,或者一般情况,即 r 是平均整数,这个时刻与 l_r—范数是相关的,并且有 $\hat{\mu}'_1=\frac{1}{n}\|\boldsymbol{x}\|_r^r$。

记法　区分样本时刻和那些数据的未知的理论分布,其中,示例只是一个子集。有时候认为符号 m 或 $\bar{x}$ 为样本均值,m_r'为第 r 阶关于原点的样本矩,把 μ 和 $\hat{\mu}'$记为样本矩的理论分布。在一个变量插入一个符号,例如 $\hat{\mu}$,也是一个标准记法,意味着它的值是基于一个样本估计而不是理论分布。

(2) 平均矩。

方差和标准差:样本的"标准"差被记为 $\hat{\sigma}^2$,标准差是一个正的平方根,记为 $\hat{\sigma}$,这里 $\hat{\sigma}^2$ 为:

$$\hat{\sigma}^2=\frac{1}{n-1}\sum_{j=1}^{n}(x_j-\hat{\mu})^2 \tag{3.44}$$

在一些应用中(见第 7 章),那里的 $\hat{\sigma}^2$ 用一个除数是 n 而不是 $n-1$。如果我们用 $\hat{\boldsymbol{\mu}}$ 来表示向量,用常数作为分量,则有:

$$\hat{\boldsymbol{\mu}}=(\hat{\mu}, \hat{\mu}, \cdots, \hat{\mu})$$

l_2—范数与方程有关,即有:

$$\hat{\sigma}^2=\frac{1}{n-1}\|\boldsymbol{x}-\hat{\boldsymbol{\mu}}\|_2^2$$

一般矩：第 r 个关于均值的矩阵被表示成 $\hat{\mu}_r$ 同时被定义如下：

$$\hat{\mu}_r=\frac{1}{n}\sum_{j=1}^{n}(x_j-\hat{\mu})^r \tag{3.45}$$

因此，$\hat{\sigma}^2=\frac{n-1}{n}\hat{\mu}_2$。当 r 是一个偶数时，有如下等式：

$$\hat{\mu}_r=\frac{1}{n}\|\boldsymbol{x}-\hat{\boldsymbol{\mu}}\|_r^r$$

记法：如上所述，为了区别样本矩和这些未知数据的理论分布，其中样本是一个子集，通常把方差记为 s^2，标准差记为 s。然而没有关于均值的第 r 个矩阵的规范记法，不过，可以类比上面的做法，将之记为 m_r。

2. 有约束优化

事实证明，许多金融中的数学问题，特别是那些在给定某些限制条件下寻求最优化的目标函数相关的问题，更容易在 l_2—型测量框架下得到解决，原因在于可以利用多变量微积分这一工具，事实上，这些约束可能会有其他更规范准确的表达。

(1) l_1—范数的优化。

先说明一个出现在交易模型中的 l_1—范数的例子。假定有一个证券投资组合，人们正在试图通过贸易改变一些投资组合属性。典型地，可以认为存在无限多的交易来提供所需的目标。很清楚的是，由于买卖价差（bid-ask spreads)的存在以及其他直接成本，交易可能是昂贵的，如果用 n 元数组 $\boldsymbol{x}=(x_1, x_2, \cdots, x_n)$ 代表交易后的投资组合的价值，这里，$x_i>0$ 意味着买进，而 $x_i<0$ 表示以美元为单位的总量为 $|x_i|$ 的第 i 项资产的卖出，且 $\sum x_i=0$，交易后的投资组合的价值可以表示为：

$$P(x_1, x_2, \cdots, x_n)=P-e\sum|x_i|$$

这里，e 表示每单位交易的货币平均成本，P 为当前的资产组合市场价值。因此，一个将被解决的问题可被叙述如下：

对所有$(x_1, x_2, \cdots, x_n)$可以实现组合目标的 x_i，

$$\min: \sum|x_i|=\|\boldsymbol{x}\|_1$$

通常，实现组合目标的条件也可以表示为包含组$(x_1, x_2, \cdots, x_n)$的方程中。例如，如果 β 表示目前投资组合的贝塔值，β' 表示想要的值，则加在欲实现目标的被交易的资产上的约束条件可以表示为：

$$\beta+\frac{\sum x_i\beta_i}{P}=\beta' \tag{3.46}$$

这里，β_i 代表第 i 个被交易资产的贝塔值。

综上，可以看出这里的交易问题变成了一个对在最小化 l_1—范数的方程求解问题。因此，重写目标结果为 $\min: \|\boldsymbol{x}\|_1$

给定
$$(\boldsymbol{x}, \boldsymbol{\beta})=P(\beta'-\beta) \tag{3.47}$$

$$\sum x_i=0$$

这里，$\boldsymbol{\beta}$ 代表可交易资产贝塔值的向量，用内积符号记 $(\boldsymbol{x}, \boldsymbol{\beta}) = \sum x_i\beta_i$。这是一个有约束最优化例子，其中，在 l_1—范数的限制下，最优化基础上将之最小化，得到的解满足两个给定方程。

可以设想式(3.47)中的几何问题，在 $\boldsymbol{x}$ 的所有集合中，在满足给定限制条件下，找出最接近 l_1—范数初始值。

(2) l_∞—范数的最优化。

当人们试图控制交易资产的总量时，一个与上面例子同类型但是约束条件变为 l_∞—范数的例子出现了。这种限制之所以可能出现，是由于市场的流动性和为了避免交易的价格波动，又或是由于人们在给定资产上集中了投资政策的限制。在最简单的形式中，所有的交易资产都遵循相同的限定，其目标就是给式(3.46)找到一个解，该方程的 l_∞—范数是有界的，共同的界限是：

$$\|(x_1, x_2, \cdots, x_n)\|\infty \leqslant L$$

更为现实的是，人们不是对限制最大交易而是对交易后的投资组合的最大风险暴露感兴趣。因此，人们寻求带有限制条件的式(3.46)的解，限制条件为：

$$\|(p_1, p_2, \cdots, p_n)+(x_1, x_2, \cdots, x_n)\|\infty \leqslant L$$

这里，x_i 为每一笔交易的总量，p_i 描述最初投资组合风险暴露情况。由于可能会有很多解，故最优化是可行的，那么问题就变成：

$$\min: \|x\|_1$$

$$\text{给定} \quad (\boldsymbol{x}, \boldsymbol{\beta}) = (\beta' - \beta)P \tag{3.48}$$

$$\sum x_i = 0$$

$$\|\boldsymbol{p} + \boldsymbol{x}\|_\infty \leqslant L$$

这里，$\boldsymbol{p} = (p_1, p_2, \cdots, p_n)$。

(3) l_2—范数的最优化。

尽管上面两种类型的问题使用 l_1—范数和 l_∞—范数更为自然，但事实上，可能有人利用 l_2—范数而非上述两种范数，其原因在于多重微积分工具的使用以及 l_2—范数在数学上较为容易处理。也就是说，带有 l_2—范数的问题通常能够得到明确的解析解，而具有其他形式范数的问题，主要采用数值计算方法。显然，考虑到当前电脑的普及性以及运算能力，很难想象，获得一个明确的数学表达式而不是一个数值解是有意义的。然而，l_2—范数方法的普及历史要比计算机时代的时期要长得多，直到现在，该方法依然有其优点。

以明确的数学表达式来作为问题的解，这种解的优点在于，需要解决问题的出现和结果之间的函数关系可以很清晰地以一种形式来表现，这样就能够进一步分析了。例如，可以量化解对各种限制和其他的约束变化的依赖性，并对这种依赖性进行敏感性分析。这些分析同样可能会得到数值解，但是要求形成的解超越投入假设，这个假设可以估计解的敏感性。

3. l_p—范数的易处理性：一个优化的例子

在数学中易处理的 l_2—范数的一个简单例子：假设给定一系列数据点 $\{x_i\}_{i=1}^n$，这里

可以把这些点视为分布在直线上，也可以看作向量 $\boldsymbol{x}=(x_1, x_2, \cdots, x_n)$，分布在 n 维空间 $\mathbb{R}^n$ 中。为的是找出单个数字 a_p，使得其最接近 l_p—范数中的点，这里 $p\geqslant 1$。即找到 a_p，使得 $\|(x_1-a_p, x_2-a_p, \cdots, x_n-a_p)\|_p$ 最小。

假定为了记法上的简便，令数据点以增加的方式排列：$x_1\leqslant x_2\leqslant\cdots\leqslant x_n$。这个问题可以被视为是 $\mathbb{R}$ 中的问题，例如对于 $p<\infty$，

$$\min: f(a)=\left(\sum_{i=1}^{n}|x_i-a|^p\right)^{1/p} \tag{3.49}$$

或者作为 $\mathbb{R}^n$ 中的问题，对任意 p，

$$\min: f(\boldsymbol{a})=\|\boldsymbol{x}-\boldsymbol{a}\|_p \tag{3.50}$$

这里，$\boldsymbol{x}\equiv(x_1, x_2, \cdots, x_n)$，且 $\boldsymbol{a}\equiv(a, a, \cdots, a)$ 是 $\mathbb{R}^n$ 中成“对角的”点集。

从几何图形上来说，在 $\mathbb{R}^n$ 中表述问题，可以看到集中在 $\boldsymbol{x}$ 上的最小的 l_p—球 $\bar{B}_r^p(\boldsymbol{x})$，与上面的对角线相交。交点(一个或多个)就是使 $f(\boldsymbol{a})$ 最小的 $\boldsymbol{a}_p$ 值，这个最小的球的半径就是 $f(\boldsymbol{a}_p)$ 的值。

从任何角度来说，最小化状态函数，或是用 p 次方来消除 p 次方根，是等价的，因为当 $p\geqslant 1$ 时，在区间 $[0, \infty)$ 上，$g(y)=y^p$ 是一个增函数。因此，如果 $y\equiv f(a)$ 且 $y'\equiv f(a')$，当且仅当 $g(y)\leqslant g(y')$ 时，$y\leqslant y'$。

容易证明任何解都必须满足 $x_1\leqslant a\leqslant x_n$。例如，如果 $a>x_n$，

$$f(a)^p=\sum|x_i-a|^p=\sum(a-x_i)^p$$

这个函数在区间 $[x_n, \infty)$ 上是增函数，因此必有 $a\leqslant x_n$。类似地，对 $a<x_1$，函数 $f(a)^p=\sum(x_i-a)^p$ 是区间 $(-\infty, x_1]$ 上的减函数，因此，$a\geqslant x_1$。

这类一般性问题的解析解有些难度，并且根据第 9 章的微积分知识，还有三个例外。事实上，在这一点上看，一般情形下解是否存在，或如果解确实存在，解是否唯一，这些都是不明显的。然而，在 $p=1$, 2 和 ∞ 的特殊情形下，上述问题可以有简单方法来解决，尤其是当 $p=2$ 时最简单。首先给出这种情况下的证明，其他的情形将在第 9 章中得到说明。

(1) l_2—解。

给定点集 $\{x_i\}_{i=1}^n$，用一个与式(3.42)样本均值一致的平均数来定义简单平均：

$$\bar{x}=\frac{1}{n}\sum x_i$$

改写成：

$$x_i-a=(x_i-\bar{x})+(\bar{x}-a)$$

经过简单代数计算可得：

$$f(a)\equiv\sum(x_i-a)^2=\sum(x_i-\bar{x})^2+n(\bar{x}-a)^2$$

这里，$f(a)$ 代表 l_2—范数的平方。很明显，当 $a_2=\bar{x}$ 时，由于 $n(\bar{x}-a)^2=0$，此时 l_2—范数为最小。

换句话说，这些样本点的均值，满足式(3.49)要求下的 l_2—范数最小化。从式(3.44)

可以看出，l_2—范数与样本方差有关，因此上面的结论可以被重新表述。暂时可以考虑把样本方差的定义中 $\hat{\mu}$ 视为没有明确含义的变量，前面分析表明，当 $\hat{\mu}$ 等于样本均值时，样本方差的值确实最小。

（2）l_1—解。

尽管 $p=1$ 的情形比较复杂，依然可以得到解决。因为 $x_1 \leqslant x_2 \leqslant \cdots \leqslant x_n$，可以用其他严格不同的点将这一不等式改写为 $y_1 < y_2 < \cdots < y_m$。现在，令 n_i 代表 y_i 出现的次数，即 $\sum_{i=1}^{m} n_i = n$，有：

$$f(a) \equiv \sum \mid x_i - a \mid = \sum n_i \mid y_i - a \mid$$

如果 $y_j \leqslant a \leqslant y_{j+1}$，那么当 $i \geqslant j+1$ 时，$\mid y_i - a \mid = y_i - a$；当 $i \leqslant j$ 时，$\mid y_i - a \mid = a - y_i$。因此：

$$f(a) = c_j - (n - 2\sum_{i=1}^{j} n_i) a$$

这里，c_j 是一个常数，特别地，$c_j = \sum_{i=j+1}^{n} n_i y_i - \sum_{i=1}^{j} n_i y_i$。因此，$f(a)$的图像是任意连续的不同点上的直线。如果 $n - 2\sum_{i=1}^{j} n_i > 0$，函数是递减的；如果 $n - 2\sum_{i=1}^{j} n_i < 0$，则函数是递增的；如果 $n - 2\sum_{i=1}^{j} n_i = 0$，则函数就是常数。可以得出如下结论：

① 如果 $n = 2m+1$ 是奇数，那么不存在 j 使得 $n - 2\sum_{i=1}^{j} n_i = 0$，因此一定存在一个唯一的值 j，使得 $n - 2\sum_{i=1}^{j} n_i > 0$ 并且 $n - 2\sum_{i=1}^{j+1} n_i < 0$。故 $a_1 = x_{j+1}$ 是使得 l_1—范数最小的点。即当 $a_1 < x_{j+1}$ 时，$f(a)$是递减函数；当 $a_1 > x_{j+1}$ 时，$f(a)$是递增函数。如果所有的 $n_i = 1$，则 $a_1 = x_{m+1}$。

② 如果 $n = 2m$，且不存在 j 使得 $n - 2\sum_{i=1}^{j} n_i = 0$，则解是唯一的，在这种情形下，$a_1$ 的值可以用上面的方法计算出来。然而，如果存在 j 使得 $n - 2\sum_{i=1}^{j} n_i = 0$，那么对任意满足条件 $y_j \leqslant a_1 \leqslant y_{j+1}$ 的 a_1，都可以得到相同的 $f(a_1)$，记为 c_j，因此，解不具有唯一性。当所有的 $n_i = 1$ 时，解也是不唯一的，任意满足条件 $x_m \leqslant a_1 \leqslant x_{m+1}$ 的 a_1 即为一个解。

在偶数的情形下，所有的 $n_i = 1$，令 $x_1 = 5$ 且 $x_2 = -15$，可以使用简单的几何图形来描述非唯一性。作为一维空间 $\mathbb{R}$ 中的函数，其图形见图 3.4。

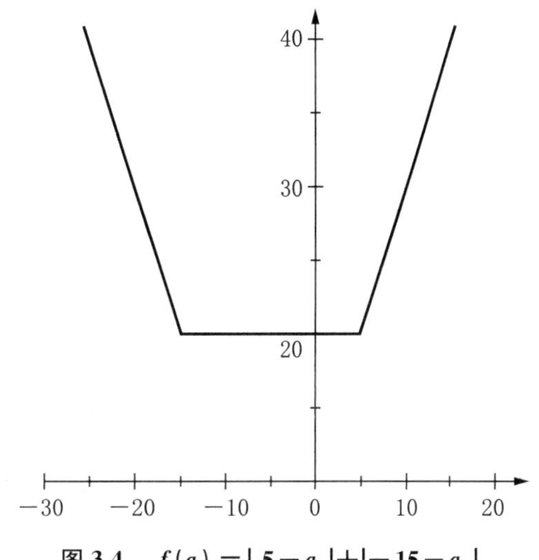

图 3.4　$f(a) = \mid 5 - a \mid + \mid -15 - a \mid$

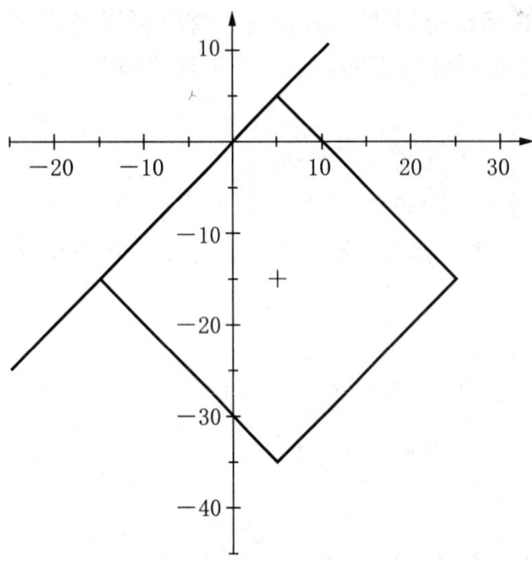

图 3.5　$|x-5|+|y+15|=20$

考虑$\mathbb{R}^2$中的问题,最小的l_1—球的中心在点(5, −15),与对角线相交,如图 3.5 所示。正如所见,这个最小的l_1—球同横跨最小化图 3.4 中的函数的x值的值域的对角线交叉。

注释 3.13: 以前的l_1—范数形式的贸易问题与这个问题类似。然而,除非希望交易所有相同的资产,否则,可被接受的解的集合并没有定义在$\mathbb{R}^n$中的斜线上,这是一个不太可能的情况。相反,可行解是满足式(3.46)中的贝塔限制条件的点的集合。此外,不是寻找可行解中的最接近某些初始点$\mathbf{x}=(x_1, x_2, \cdots, x_n)$的点,而是寻找那些$l_1$—范数中的最接近向量$\mathbf{0}=(0, 0,\cdots, 0)$的点,这些点属于可行解中的交易点。

(3) l_∞—解。

接下来讨论$p=\infty$的情形。在这个特殊的例子中,尽管这个例子不常见,但是其中解却是很直接的。这里的目标是找到一个数a,使得$f(a)=\max\{|x_i-a|\}$最小。$a=(x_n-x_1)/2$是很容易看到的,且a是区间$x_1\leqslant x\leqslant x_n$的中点。这是因为$l_\infty$—范数必须在其中一个端点处可到达,所以为了最小化该距离,取中位点是最优的。

(4) 广义l_p—解。

一般来说,在$\mathbb{R}$或$\mathbb{R}^n$构建这种l_p—范数问题是等价的,但是直觉告诉我们,在两个欧氏空间中,l_p—范数的结构并不相同。可以在一个简单的图形中检验在$\mathbb{R}$中事实与想象中的情况。这里,赋值x_i为 5 和−15 以及$p=3$,如图 3.6 所示。

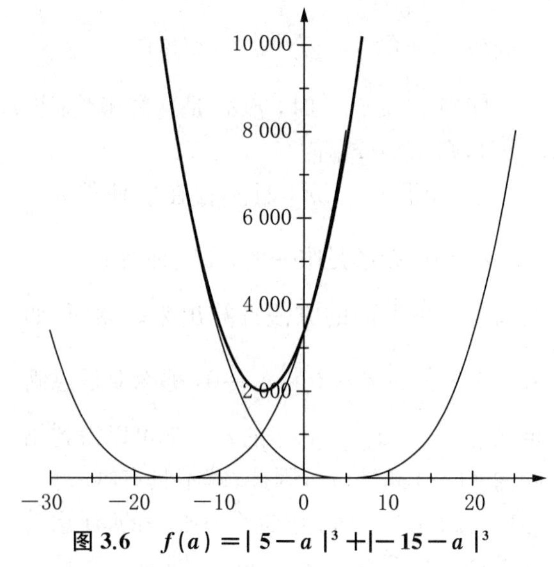

图 3.6　$f(a)=|5-a|^3+|-15-a|^3$

欲最小化的函数在图中用粗线表示,等于l_3—范数的立方。这一函数似乎等于新函数$f_i(a)=|x_i-a|^3$的两部分之和,如图中细线所示。显然,最小值是在$a=-5$处取得,这很容易得到验证。令$a=-5+b$,并假定$b<10$,这样函数中的绝对值符号是明确的,可以得到$f(a)=2\,000+60b^2$,当$b=0$时,函数有最小值。

在$\mathbb{R}^2$中,这一问题可以被改写成在两点(5, −15)和(a, a)之间,最小化l_3—范数的立方:

$$\min: \|(5, -15)-(a, a)\|_3^3$$

从几何上来讲,寻找 $\mathbb{R}^2$ 中的对角线上的一点:$\{(x, y) \mid x = y\}$,使得在 l_3—范数中最接近点(5, −15)。直观地,可以想象 l_3—范数的中心在(5, −15),具有各种半径值,寻找其中最小的一个与直径相交的球。从图形 3.7 中可以看到解。如果这个球的半径小于 $\sqrt[3]{2\,000} \approx 12.6$,则不存在交点,然而大于这个值,就存在两个交点。

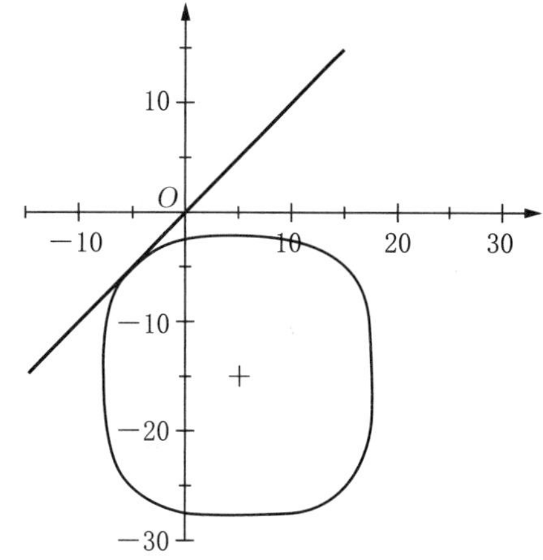

图 3.7　$|x-5|^3+|y+15|^3=2\,000$

然而,在没有更有用的工具时,我们不能够确认对一般的 p 和 n 而言这个问题是否有解。如果这个问题有解,那么解是否具有唯一性。即使已知一个解是唯一的,可能该问题也不存在“闭的形式解”,在此,a_p 的值可以表示成 p 和初始集合$\{x_i\}$的显函数。

在 $p=1$, 2 和 ∞ 的情形中,在式(3.49)和式(3.50)中的问题的解总是唯一和显性可解的,除了当 $p=1$ 以及 n 是偶数,在这里,尽管解是显性解,但是可能具有无穷多个解。

4. 广义最优化框架

最优化问题在金融中随处可见,它们通常以下面的形式出现。

(1) 问题一。

在所有满足方程 $f(\boldsymbol{x})=c$ 的值 $\boldsymbol{x}=(x_1, x_2, \cdots, x_n)$ 中找出最优的值(也就是最小化的或最大化的):

$$\|\boldsymbol{x}-\boldsymbol{a}\|_p$$

这里,c 是一个常数,$\boldsymbol{a}$ 是一个点,也许是 $\mathbf{0}$,并且典型的 $p=1$, 2 和∞。

在更一般的情况下,最小化的形式可以像问题二这样表达。

(2) 问题二。

在所有满足方程 $f(\boldsymbol{x})=c$ 的值 $\boldsymbol{x}=(x_1, x_2, \cdots, x_n)$ 中找出最优的值(也就是最小化的或最大化的):$g(\boldsymbol{x})$

这里 $g(\boldsymbol{x})$是一给定函数。

注意在上面的两种情形下,最优化问题被称为约束下的最优化问题,相应地,它们的定义是:

- 一个或更多约束函数:约束函数是给要求的解施加限制的函数。
- 一个目标函数:该函数就是需要被优化的函数。

上面两种函数的其中一个或者二者可能反映一个或更多的 l_p—范数,以及各种其他关于利率的金融函数,这取决于应用的需要。

练习题

操作练习

1. 在$\mathbb{R}^n$中计算下列向量的l_p—范数,其中$p=1, 2, 5$和∞且a是正实数。

(1) $\boldsymbol{a}=(\pm a, \pm a, \cdots, \pm a)$

(2) $\boldsymbol{a}=(\pm a, 0, 0, \cdots, 0)$

(3) $\boldsymbol{a}=(a_1, a_2, \cdots, a_n)$,这里其中一个$a_j=\pm a$,其他所有的都为0

2. 计算下面两组向量的内积并验证式(3.16)的赫尔德不等式(即$p=2$时的柯西—施瓦茨不等式),其中,$p=1, 2, 5, 10$和∞:

(1) $\boldsymbol{x}=(-5, 3)$且$\boldsymbol{y}=(-2, -8)$

(2) $\boldsymbol{x}=(-1, 2, 3)$且$\boldsymbol{y}=(-1, -1, 20)$

(3) $\boldsymbol{x}=(2, 12, -3, -3)$且$\boldsymbol{y}=(-10, 3, 2, 0)$

(4) $\boldsymbol{x}=(-3, -3, -5, -10, -1)$且$\boldsymbol{y}=(2, 5, 10, 20, 1)$

3. 针对练习2中的向量组,验证式(3.17)中的闵可夫斯基不等式是否成立,其中,$p=1, 2, 5, 10$和∞。

4. 针对练习2中的向量组:

(1) 计算l_p—距离,其中,$p=1, 2, 5, 10$和∞。

(2) 证明对每一组向量而言,随着p无限增加,l_p—距离与l_∞越来越接近。(提示:回忆注释3.8,并参照闵可夫斯基不等式的证明。)

5. 在$\mathbb{R}^2$中画出l_p—球$\bar{B}_r^p(\boldsymbol{0})$,其中,$p=1, 2$和$\infty$,$r=0.10, 0.5$和1。通过比较$l_1$—球和$l_2$—球,然后$l_2$—球和$l_\infty$—球来估计各种不同的$r$的球之间的关系。

(1) 通过展现如何选择相关的r—值来证明式(3.35),并说明l_1—范数与l_2—范数的等价性;

(2) 通过展现如何选择相关的r—值来证明式(3.35),并说明l_2—范数与l_∞—范数的等价性;

6. 证明如果$(\boldsymbol{x}, \boldsymbol{y})$是实向量空间$X$上的一个内积,且范数的所有属性都由式(3.5)定义的$|\boldsymbol{x}|$所满足,因此,术语"与此内积相关的范数"是有道理的。

7. 如果$\boldsymbol{x}$和$\boldsymbol{y}$是$\mathbb{R}^n$中两个向量,$n=2, 3$且$\boldsymbol{z}\equiv\boldsymbol{y}-\boldsymbol{x}$

(1) 证明$\|\boldsymbol{z}\|_2^2=\|\boldsymbol{x}\|_2^2+\|\boldsymbol{y}\|_2^2-2\boldsymbol{x}\cdot\boldsymbol{y}$[提示:使用式(3.5)和内积的性质。]

(2) 证明如果$\theta<\pi$代表向量$\boldsymbol{x}$和$\boldsymbol{y}$的夹角,则

$$\cos\theta=\frac{\boldsymbol{x}\cdot\boldsymbol{y}}{\|\boldsymbol{x}\|_2\|\boldsymbol{y}\|_2} \tag{3.51}$$

(提示:几何中的余弦定理可以写作

$$c^2=a^2+b^2-2ab\cos\theta \tag{3.52}$$

这里的a、b、c是一个三角形的三边,θ是两边a、b之间的弧角度。这里可把$\boldsymbol{x}$、$\boldsymbol{y}$和$\boldsymbol{z}$视为一个三角形的三边。)

(3) 证明如果$\theta<\pi$代表向量$\boldsymbol{x}$和$\boldsymbol{y}$的夹角,则当且仅当$\theta=90^\circ$时,$\boldsymbol{x}\cdot\boldsymbol{y}=0$,因此,$\boldsymbol{x}$

和 $\boldsymbol{y}$ 是"垂直的"。[注意：常见的术语应该表述为 $\boldsymbol{x}$ 和 $\boldsymbol{y}$ 是正交的(orthogonal)，并记为 $\boldsymbol{x} \perp \boldsymbol{y}$。]

注释 3.14：注意到对 $n>3$，式(3.51)被用来定义向量 $\boldsymbol{x}$、$\boldsymbol{y}$ 之间的夹角余弦值，从逻辑上来讲，这个余弦值代表了在 $\mathbb{R}^n$ 中包含二维平面的这些向量之间的真实角度。正如在有关内积知识的部分中看到的那样，在(1)与(2)的推导中，广义的内积和联合范数依然是适用的，因此"正交"的定义可以在上下文中被使用。

8. 证明如果 $\{\boldsymbol{x}_j\}_{j=1}^n$ 是 $\mathbb{R}^n$ 中相互正交的单位向量，即若 $j \neq k$，则 $\boldsymbol{x}_j \cdot \boldsymbol{x}_k = 0$，并且，对所有的 j，有 $|\boldsymbol{x}_j|^2 = \boldsymbol{x}_j \cdot \boldsymbol{x}_j = 1$，那么，$\mathbb{R}^n$ 中的向量 $\boldsymbol{y}$ 可以被表示成上述向量的一个线性组合，即：

$$\boldsymbol{y} = \sum_{j=1}^{n} a_j \boldsymbol{x}_j \tag{3.53}$$

其中，常数 a_j 必须满足 $a_j = \boldsymbol{x} \cdot \boldsymbol{y}$。(提示：考虑每一条边与 $\boldsymbol{x}_j$ 的内积。)

注释 3.15：描述向量组 $\{\boldsymbol{x}_j\}_{j=1}^n$ 间向量的关系常用的术语是标准正交化。在线性代数中，所有的向量 $\boldsymbol{y}$ 都可以被表示为式(3.53)的形式。

9. 给定样本数据向量：$\boldsymbol{x} = (x_1, x_2, \cdots, x_n)$，证明 $\hat{\sigma}^2 = \hat{\mu}'_2 - \hat{\mu}^2$，这里 $\hat{\sigma}^2$ 与 n 有关，而不是与 $n-1$ 有关。

10. 给定半年期息票债券数据，债券价格是每面值 100：

期限	0.5 年	1.0 年	1.5 年	2.0 年
息票	2.0%	2.2%	2.6%	3.0%
价格	99.5	100.0	100.5	101.0

(1) 根据这些数据来计算在 0.5 年期、1.0 年期、1.5 年期以及 2.0 年期中的半年期市场即期利率。

(2) 在 0.5 年到 1.5 年期间的半年前远期利率是多少？

11. 证明上题(2)中的远期汇率可以这样实现：投资者想要在 0.5 年和 1.5 年间，投资 100 万美元，并通过构建一个适当的长期和短期的零债券组合。假设这些零债券组合的即期利率由上题(1)定义的。

12. 给定三支市场价值分别为 350 百万美元、150 百万美元以及 500 百万美元的股票，相应的贝塔值是 1.0、0.9 和 1.1，由这三支股票形成一个资产组合：

(1) 计算组合的贝塔值，这里 $\beta = \sum x_i \beta_i / \sum x_i$，其中 x_i 代表投资于股票 i 的总量。

(2) 在 $\mathbb{R}^3$ 中，获得这样一种交易，即把组合贝塔值变成 1.08，使得这个交易具有最低费用。假定这个费用与以市场价值买进和卖出该组合是成比例的，并且所有的最终头寸必须是长期的。[提示：参考式(3.47)，但是注意尽管有常数 $\sum x_i = 0$ 这个条件，使得在 $\mathbb{R}^2$ 中，可以用解析的方法来考虑这个问题，但是，因为 $x_3 = -x_1 - x_2$，范数最小化却不是普遍成立了。]

(3) 重复(2)，把贝塔值变为 0.935，这里的最终头寸可以是长期的或短期的。

(4) 完成与(3)一样的目标，但是增加一个限制条件，对任何股票而言，不管是长期还是短期,投资的上限均为 600。

实践练习

13. 计算下列几组向量的内积,并检验赫尔德不等式(即柯西—施瓦茨不等式 $p=2$ 时的特例)当 $p=1, 2, 5, 10$ 和 ∞ 时:

(1) $\boldsymbol{x}=(11, -133)$ 和 $\boldsymbol{y}=(12, 28)$;

(2) $\boldsymbol{x}=(10, -2, 13)$ 和 $\boldsymbol{y}=(-10, 101, 30)$

(3) $\boldsymbol{x}=(1, -24, 3, 13)$ 和 $\boldsymbol{y}=(-1, -23, 21, 10)$

(4) $\boldsymbol{x}=(10, 53, -53, 10, 21)$ 和 $\boldsymbol{y}=(1, -15, -10, 25, 11)$

14. 在上题的向量组中,检验闵可夫斯基不等式,其中 $p=1, 2, 5$ 和 ∞。

15. 在练习 13 中的向量组中:

(1) 计算 l_p—距离,其中 $p=1, 2, 5, 10$ 和 ∞。

(2) 证明对每一对向量来说,随着 p 趋于∞,l_p—距离会越来越接近 l_∞—距离。(提示:回忆注释 3.8,参考闵可夫斯基不等式的证明。)

16. $\mathbb{R}^2$画出 l_p—球 $\bar{B}_r^p(\mathbf{0})$的图像,其中 $p=1, 5$ 和 ∞,r—值分别为 0.10, 0.5 和 1。并在不同的 r 值下,通过比较 l_1—球和 l_5—球,以及 l_5—球和 l_∞—球来评估不同球之间的关系。

(1) 证明通过表明如何选择相关 r—值来验证式(3.35)以证明 l_1—范数和 l_5—范数等价性。

(2) 证明通过表明如何选择相关 r—值来验证式(3.35)以证明 l_5—范数和 l_∞—范数等价性。

17. 对固定的 a、$b>0$,比如说 $a=3$, $b=5$,画出当 $1<p<\infty$时,下列函数的图像:

$$f(p)=\frac{a^p}{p}+\frac{b^q}{q}$$

这里 $q=\dfrac{p}{p-1}$ 与 p 互为共轭。验证杨氏不等式对所有的 p 都有 $ab\leqslant f(p)$ 成立。若 $a=b$ 会有什么结论?

18. 并不是所有的测度都与 l_p—测度等价。证明:

$$d(\boldsymbol{x}, \boldsymbol{y})=\begin{cases}0, & \boldsymbol{x}=\boldsymbol{y}\\ 1, & \boldsymbol{x}\neq\boldsymbol{y}\end{cases}$$

是$\mathbb{R}^n$上的一个测度,但是不等价于 l_p—测度。

19. 给定一个投资组合:面值为 100 000 的息票半年期利率是 6%的一个投资组合,年限为 10 年;面值为 250 000 息票半年期,利率为 4.5%的 3 年期债券。令 $(i, j)\in\mathbb{R}^2$,代表市场收益率向量,这里 i 是期限为 3 年债券的半年期收益率,j 是期限为 10 年债券的半年期收益率。

(1) 使用式(2.15)或其一个等价形式,写出组合的价格函数公式,假设 $(i_0, j_0)=(0.04, 0.055)$,计算初始组合的市场值。

(2) 假定初始收益率向量变成 $(i_0, j_0)\to(i, j)$,这里 $(i, j)=(i_0+\Delta i, j_0+\Delta j)$。只考虑增量$(\Delta i, \Delta j)$,当 $p=1, 2, \infty$时,这一增量具有相同的 l_p—范数,例如增量(0.01,

0.01)。举例证明,该组合的获益或损失量 $p(i_0+\Delta i, j_0+\Delta j)-p(i_0, j_0)$ 在任意这些范数下不是一个常量。[提示:考虑 $\mathbb{R}^2$ 中的 l_p—球 $\bar{B}_r^p(0.04, 0.055)$ 上的增量,这里 $r=\|(0.01, 0.01)\|_p$。试着改变向量 $(\Delta i, \Delta j)$,这里的 $\Delta i=\pm\Delta j$,或者一个或另一个是 0,以此开始进行考虑。]

(3) 对每一个 p—值,估计在改变收益率向量后得到最大的组合获益或损失的数值。

20. 在上面练习的组合中,以初始收益率来执行一个市值中性的交易,卖出面值为 75 000的 10 年期的债券,同时买进等额的 3 年期债券。

(1) 在 $\mathbb{R}^{20}$ 中的向量增量来表达这一交易,其中初始向量 $\mathbb{C}_0$ 是开始时的现金流向量,$\mathbb{C}$ 是交易后的向量。

(2) 对交易后的组合重复练习 19 题中的(2)和(3),并比较二者的结果。

21. 给定半年期息票债券数据以及面值为 100 的价格数据如下:

期限	0.5 年	1.0 年	1.5 年	2.0 年
息票	3.0%	2.8%	2.4%	2.0%
价格	100.0	100.5	101.0	101.5

(1) 根据这些数据算出 0.5 年、1.0 年、1.5 年以及 2.0 年的半年期市场的即期利率。

(2) 在 1.0 年到 2.0 年之间的半年期远期利率是多少?

22. 证明在练习 21(2)中的远期利率可以这样来求出,即一个投资者想要在第 1.0 年和 2.0 年间贷款 1 亿美元,他可以通过构造一个合适的长期和短期的零息债券组合。假定这些零息债券以练习 21(1)中的即期利率来交易。

23. 给定一个由 3 支债券构成的组合,它们的市值分别为 2 亿美元、4.5 亿美元以及 3.5 亿美元,其期限分别为 3.5 年、5.0 年以及 8.5 年。

(1) 计算该组合的持续期,其中 $D=\sum x_i D_i / \sum x_i$,$x_i$ 代表投资在债券 i 中的总额。

(2) 找出在 $\mathbb{R}^3$ 中的交易,把组合的持续期变成 4.0 年,并且该交易具有最低的交易费用,假定这一交易费与按市场值买卖的价格成比例,并且所有的头寸一定是多头的。[提示:参见式(3.47),但是注意虽然约束条件 $\sum x_i=0$ 允许在 $\mathbb{R}^2$ 中解析地考虑这一问题,且有 $x_3=-x_1-x_2$,但是范数的最小化在 $\mathbb{R}^2$ 并不一定成立。]

(3) 重复(2)部分但是现在目标持续期变为 6.5 年,其中最终头寸可能是多头的或空头的。

(4) 与(3)部分所求目标一样,不同的是增加了约束条件:不管是多头还是空头,对任意债券来说,其最大的投资策略都是 462。

▶4

集合论与拓扑

4.1 集合理论

4.1.1 历史背景

在这一章中，主要给出集合的概念以及常见的运算性质。有意思的是，集合的定义远比想象中的复杂得多。在 20 世纪初期，集合被普遍定义为：满足给定属性的对象全体，

$$X=\{a \mid a \text{ 满足性质 } P\}$$

围绕着这一基本概念形成了一个公理化结构。也许这种定义方法被称为“天真的”集合理论，但这种说法是有失公允的。事实上，在这个定义基础上，一个公理化的正式构架形成了。

在 1903 年，伯特兰·罗素(Bertrand Russell，1872—1970)出版了一个他在 1901 年发现的悖论，后来被人称为*罗素悖论*(Russell's paradox)，他提出一个“集合”如下：

$$X=\{R \mid R \text{ 是一个集合，且 } R\notin R\}$$

换句话说，X 是所有不包含自身作为元素的集合构成的集合。在回答问题：X 是否属于自身时，悖论出现了。如果 $X\in X$，则根据以上定义的性质，这个集合不包括自身作为一个元素。然而，如果假定 $X\notin X$，那么再一次运用定义，X 应该属于 R 中的一个集合，R 当然也是 X 中的一个集合。于是得出下面的结论：

$$X\in X\text{，当且仅当 } X\notin X$$

正因为这样，这引起了数学家们的忧虑。是什么引起这种没有预料到的结果？还有其他原因吗？这一悖论能否避免？如何避免？把集合定义为“满足统一性质的全体”，这显然能解决大部分的问题，但肯定不适用这个悖论。

那么就需要一个更加谨慎和正式的公理化概念和基本的性质来衔接上面的定义。鉴于此，数学家们应该能够发展一种，与上面的概念“相似”，但不相同，且没有悖论的理论。这种理论被称为*公理化集合理论*(axiomatic set theory)。

一系列公理化方法被提出。最初的方法是恩斯特·策梅洛(Ernst Zermelo，1871—1953)在1908年提出的，叫策梅洛公理，被称为策梅洛集合理论。这一理论被后来的阿道夫·弗兰克尔(Adolf Fraenkel，1891—1965)在1922年改进，并产生了策梅洛—弗兰克尔公理以及策梅洛—弗兰克尔集合理论，或ZF集合理论。这一方法一直到现在还在使用。

本质上来讲，集合可以被定义为那些构建在10个左右的ZF公理的总体上。由于在这个公理结构下，不可能构建罗素集合，所以上面的悖论就可以被解决了。同样地，也不可能建立一个包含所有集合的集合，否则这又构成一个悖论。然而，这些公理已经被证明几乎足够满足数学中所需要的所有类型的集合。对于这些集合，如果能够通过以上“天真的”集合理论，即满足给定条件对象的全体，那么集合运算就能够进行。

*4.1.2 公理化集合的概述

为了给出集合理论的公理化结构，现在介绍策梅洛—弗兰克尔公理，包括所谓的选择公理(axiom of choice)，通过这些公理，可以推出ZFC集合理论。这一结构在下面的内容里被以一种简单的框架表现出来，它忽略很多作为正式陈述所必须的量词，并且用既普通又非正式的英语及近乎正式的象征性语言。

注意，在这种结构中，这种直观化的“集合”和“元素”是相对的而非绝对的术语。一个集合也许是另一个集合的元素，而一个集合元素本身也可能是一个包含元素的集合。此外，表达式$P(x)$表达的是这样的一种情形：对任意给定的集合x，这种表示可能是对的也可能是错的；而$P(X)$，对给定的集合X则是正确的表示。举个例子，如果$P(x)$被表示：x包含一个整数作为其一个元素，那么$P(\mathbb{N})$(表示的是整数集)。同样地，$P(x, y)$代表一个条件表达式，即给定一个集合x，存在一个特定的集合y，使得$P(x, y)$是正确的，并且$P(X, Y)$代表的是对X、Y而言，表达式是正确的。例如，$P(x, y)$表示：y包含集合x的元素以及整数作为其元素。

最后，回忆一下逻辑表示方法：$\forall$(对所有的)、$\exists$(存在)、$\sim$(否定)、$\ni$：(使得)、$\vee$(或者)、$\wedge$(和)、$\Rightarrow$(推出)、$\Leftrightarrow$(当且仅当)。

1. 正式符号

以下公理将用到下列符号：$\varnothing$，$\in$，$\{,\}$，X，Y，Z，…。

2. 公理

(1) ZF1(外延性)：两个集合相等意味着它们包含相同的元素：

$$X = Y \Leftrightarrow (Z \in X \Leftrightarrow Z \in Y)$$

(2) ZF2(空集)：没有元素的集合：

$$\exists \varnothing = \{\quad\}$$

(3) ZF3(配对)：给定任意两个集合，存在一个包含这些元素的集合：

$$X, Y \Rightarrow \exists Z = \{X, Y\}$$

(4) ZF4(并集)：给定两个集合，存在一个集合，该集合包含这两个集合的所有元素：

$$X, Y \Rightarrow \exists Z \ni : W \in Z \Leftrightarrow W \in X \vee W \in Y$$

(5) ZF5(无限性)：存在一个包含无穷多元素的集合，并且空集也是其中的一个元素，对于其中任意一个元素 Y，同时包括 $\{Y, \{Y\}\}$ 作为其中的元素：

$$\exists X \ni : \varnothing \in X \wedge (Y \in X \Rightarrow \{Y, \{Y\}\} \in X)$$

(6) ZF6(子集)：给定任意集合以及条件状态，存在一个包含所有初始集合中的元素的集合，且这个集合的表达形式是正确的：

$$X, P(x) \Rightarrow \exists Y \ni : Z \in Y \Leftrightarrow Z \in X \wedge P(Z)$$

(7) ZF7(替代性)：给定任意集合和条件状态，存在一个集合包含：

$$X, P(x, y) \Rightarrow \exists Y \ni : Z \in Y \Leftrightarrow \exists W \in X \wedge P(W, Z)$$

(8) ZF8(幂集)：对任意集合，存在一个集合包含初始集合的所有元素作为元素的集合，换句话，这个新的集合包含初始集合的所有子集，被叫做幂集(power set)：

$$X \Rightarrow \exists Y \ni : Z \in Y \Leftrightarrow (W \in Z \Rightarrow W \in X)$$

(9) ZF9(正则性)：任意非空集合包含一个元素，这个元素与初始集合中的元素不相同：

$$X \neq \varnothing \Rightarrow \exists Y \ni : Y \in X \wedge \sim \exists W (W \in X \wedge W \in Y)$$

这里"$\sim \exists$"是"不存在"的简称。

(10) ZF10(选择性公理)：对于任意集合，存在一个集合，其包含初始集合的每一个非空元素作为该集合中的元素，用符号表示如下：

$$X \Rightarrow \exists Y \ni : \forall Z \in X (Z \neq \varnothing) \exists W \in Y \wedge W \in Z$$

以上公理可以被分为四类：

(1) 公理 1 介绍了集合平等性概念，并间接提供了一个未被定义的术语$\in$。尽管子集的定义没有被明确定义，但是从公理 8 中能很明显地看出，这表明集合 Z 是一个子集：$Z \subset X \Leftrightarrow (W \in Z \Rightarrow W \in X)$。

(2) 公理 2 和公理 5 是关于存在性的公理。一方面，存在空集，另一方面，还存在包含无限多元素的集合。

(3) 除了公理 9 其他所有公理都说明，如何从原集合出发形成新的集合。例如，公理 3 表述的是，可由其他两个集合作为元素来形成一个新的集合，而公理 4 则说明集合的并集同样也是一个集合。公理 6 和公理 7 表明集合能由集合和状态说明来形成。公理 6 的一个简单应用是，集合 X 和集合 Y 的交集一定是个集合，原因是可以使用状态：$P(Z)$：$(Z \in Y)$。公理 8 介绍了幂集合，或给定集合的所有子集的集合。公理 10 表明存在一个集合，这个集合中包含任意非空集合中的一个元素。换句话说，从集合 X 中每一个元素(集合)中(注意，在公理化结构中，集合中的元素都是集合)"选择"一个元素，可以组成一个新的集合，因此这个公理叫做"选择公理"。

(4) 最后，公理 9 对集合施加了一个限制，使得能够把"所有集合的集合"是一个集合从这个理论中排除。它指出，任何非空子集包含一个元素，该元素(集合)与原来的集合是不相交的。

在下文中，我们将把集合视为满足某些陈述或公式化性质的对象的总体，这个概念一般都可以由公理 6 来证实。更为具体地，ZFC 集合理论表明，把集合定义为满足某些性质的对象的全体，这可以避免矛盾：如果原来对象的总体自身是一个集合或子集合。即如果 A 是一个集合，则：

$$\{x \mid x \in A \text{ 且 } P(x)\}$$

根据公理 6，P 是一个具有任意"状态"的集合。然而，尽管超出介绍的集合理论的范畴，但是还是需要特别准确地理解什么样的"状态"在这一公理是恰当的，因为情况表明一般的性质 P 依然可能导致矛盾的出现。

4.1.3 基本集合运算

作为带有公理化结构的对象的总体，有必要区分几个概念："……的元素"、"……的子集"、"等价于"。

(1) 从属关系："x 是集合 A 的元素"，表示成 $x \in A$，这一关系仅在上述公理中被间接定义了，但是以启发式的方法来理解这一概念：$A \equiv \{x \mid x \in A\}$ 与公理是一致的并且运算起来更有效率。

(2) 子集："B 是 A 的子集"，表示为：$B \subset A$，被定义成：$x \in B \Rightarrow x \in A$。

(3) 等价性："B 等价于 A"，表示为：$B = A$，被定义成：$B \subset A$ 且 $A \subset B$。给定集合 A 和 B，它们间的基本运算规则是：

(1) 并集：$A \cup B = \{x \mid x \in A \text{ 和 / 或 } x \in B\}$

(2) 交集：$A \cap B = \{x \mid x \in A \text{ 且 } x \in B\}$

(3) 补集：$\widetilde{A} = \{x \mid x \notin \widetilde{A}\}$。$A^c$ 是一种替代符号，尤其是当 A 的表达式很复杂时。注意：$\widetilde{\widetilde{A}} = A$。

(4) 差集：$A \sim B = \{x \mid x \in A \text{ 且 } x \notin B\}$。注意：$A \sim B = A \cap \widetilde{B}$。

并集和交集的定义与一组指数化集合相似。一组指数化集合，即 $\{A_\alpha \mid \alpha \in I\}$，这里 I 表示任何一个指数化集合，其元素的个数可以是有限的，也可以是可数的或不可数的无限多(回顾第 2 章)：

$$\bigcup_\alpha A_\alpha = \{x \mid x \in A_\alpha, \text{对某一 } \alpha \in I\}$$

$$\bigcap_\alpha A_\alpha = \{x \mid x \in A_\alpha, \text{对所有的 } \alpha \in I\}$$

可以直接证明所谓的德摩根定理(De Morgan's law)，以奥古斯都·德·摩根(Augustus De Morgan，1806—1871)而命名，他于 1860 年正规化了"关系代数"这一系统理论。例如：

(1) $\widetilde{\bigcup_\alpha A_\alpha} = \bigcap_\alpha \widetilde{A}_\alpha$。

(2) $\widetilde{\bigcap_\alpha A_\alpha} = \bigcup_\alpha \widetilde{A}_\alpha$。

(3) $B \cap [\bigcup_\alpha A_\alpha] = \bigcup_\alpha [A_\alpha \cap B]$。

(4) $B \cup [\bigcap_\alpha A_\alpha] = \bigcap_\alpha [A_\alpha \cup B]$。

对第一个例子的详细证明如下，为了简洁，使用上面定义的符号：

$$\begin{aligned} & x \in \widetilde{\bigcup_{\alpha} A_{\alpha}} \\ \Leftrightarrow & x \notin \bigcup_{\alpha} A_{\alpha} \\ \Leftrightarrow & x \notin A_{\alpha}\text{，对所有的 } \alpha \\ \Leftrightarrow & x \in \widetilde{A_{\alpha}}\text{，对所有的 } \alpha \\ \Leftrightarrow & x \in \bigcap_{\alpha} \widetilde{A}_{\alpha} \end{aligned}$$

4.2 开子集、闭子集以及其他形式集合

4.2.1 $\mathbb{R}$ 的开子集与闭子集

毫无疑问，读者对 $\mathbb{R}$ 中的区间定义很了解，包括各种类型的区间。首先，$\mathbb{R}$ 子集的区间是“无间断点的”。

定义 4.1 $\mathbb{R}$ 中的子集上的区间 I 有如下性质：

如果 x，$y \in I$，则对所有的 z：$x \leqslant z \leqslant y$，都有 $z \in I$

如下所示，共有 4 种类型的区间，区间表示法是通用的。

(1) 开区间：$(a, b)=\{x \mid a<x<b\}$。

(2) 闭区间：$[a, b]=\{x \mid a \leqslant x \leqslant b\}$。

(3) 半开或半闭区间：$(a, b]$和$[a, b)$。

在某些应用中，区间是否包含端点是无关紧要的，“一般区间”可以写成：$\langle a, b\rangle$，意思是可以用上述四种形式的任意一种来表示而不会产生严重后果。

任何这些类型的区间可能是有界的，意即 $-\infty<a, b<\infty$，所有的除了闭区间可能都是无界的，例如：

$$(a, \infty),\ (-\infty, b),\ (-\infty, \infty),\ (-\infty, b],\ [a, \infty)$$

区间的每一个特征在数学中都很重要，如开、闭、有界、无界，这些特性可以被推广，因此，这些内容还将在下面的章节中出现。$\mathbb{R}$ 中的开子集和闭子集的概念在下面的定义中被推广。

定义 4.2 给定 $x \in \mathbb{R}$，以 x 为中心、半径为 r 的一个邻域，或者关于 x 的半径为 r 的开球，记为 $B_r(x)$，被定义为：

$$B_r(x)=\left\{y \in \mathbb{R} \,\middle|\, |x-y|<r\right\} \tag{4.1}$$

子集 $G \subset \mathbb{R}$，如果对给定的 $x \in G$，存在一个 $r>0$，使得 $B_r(x) \subset G$，则 G 是一个开集。子集 $F \subset \mathbb{R}$，如果其补集 $\widetilde{F}$ 是开集，则 F 是一个闭集。

从直觉上看，一个开集只包含“内部”点，开集中的每一个点都被一个完全处于集合中开“球”给包围着。相反，闭集至少包含一个不在其内部的点。换句话说，无论一个开“球”多小，只要它包含集合中的一个点，这个“球”总是包含不在该集合中的点。但是，与此同时，根据定义，这样的一个点的存在是成为一个闭集的必要条件，但不能说明这个集合就

是闭集,因此,有必要利用开集的补集来定义闭集。问题是集合可以是既非开又非闭的。

考虑一个区间,比如说$(-1, 1)$,根据定义是怎么判断是开区间,而区间$[-1, 1]$又如何成为闭区间,这样练习是很有用的。另一方面,对于区间$[-1, 1)$,由于其中有一个例外的点,使之不能成为开集,而该区间的补集$(-\infty, -1)\cup[1, \infty)$非开,故该区间也不是闭区间。

开集合与闭集合的根本不同之处可以通过观察它们在集合运算下的差别看出。

命题 4.1 如果$\{G_\alpha\}$是任意空集的集合,$G_\alpha\subset\mathbb{R}$,且$\alpha\in I$,$I$是任意指数集合,那么$\bigcup G_\alpha$是一个开集。如果这个集合是有限的,那么$\bigcap G_\alpha$是一开集。如果$\{F_\alpha\}$任意闭集的集合,且$F_\alpha\subset\mathbb{R}$,那么$\bigcap F_\alpha$是闭集。如果这个集合是有限的,那么$\bigcup F_\alpha$是闭集。

证明:如果$x\in\bigcup G_\alpha$,那么对某个α,有$x\in G_\alpha$。由于每个G_α是开集,存在一个数$r>0$使得$B_r(x)\subset G_\alpha\subset\bigcup G_\alpha$,这样就证明了第一个结论。如果集合是有限的,且$x\in\bigcap G_n$,那么对每一个$n$都有相应的$r_n$与之对应,使得$B_{r_n}(x)\subset G_n$,因此,$B_r(x)\subset\bigcap G_n$,这里$r=\min r_n$。关于闭集的第二个结论,它服从德摩根定理以及第一个结论。即这样一般性的交集的补集是开集,这是因为$\widetilde{\bigcap F_\alpha}=\bigcup\widetilde{F}_\alpha$,由假设知,只是开集合的组成的并集。类似地,如果集合是有限的,那么并集的补集等同于有限多个开集的交集,当然也是开集。 ■

这个命题不能被推广到一般性的开集的交集上,或者一般性的闭集的并集上。例如:

$$G_n=\left(-\frac{1}{n},\ 1+\frac{1}{n}\right)$$

其交集等价于区间$[0, 1]$,然而,$F_n=\left[\frac{1}{n},\ 1-\frac{1}{n}\right]$有并集$(0, 1)$(见练习 3)。

开集和闭集或半开半闭的集合的例子很容易被创造出来(见练习 15)。换句话说,当一个包含无限数目的开集之间进行交集运算或闭集之间进行并集运算,此时各种情况都可能产生。

事实证明,$\mathbb{R}$中的开集能用简单和直接的方式表达,而闭集则不然。

命题 4.2 $G\subset\mathbb{R}$是一个开集当且仅当存在一个可数且不相交的开区间$\{I_n\}$,使得$G=\bigcup I_n$。

证明:很明显,如果G是可数的开区间的并集,根据上面命题,它是开集。另一方面,对任意$x\in G$,令$\{I_{(a,b)}(x)\}$是开区间集合。根据开集的定义,对某一$r>0$,$I_{(x-r,x+r)}(x)\equiv B_r(x)$属于这个集合,因此这个集合是非空的。定义$I(x)=\bigcup I_{(a,b)}(x)$。根据上面的命题,$I(x)$是一个空集。但是,同样地,$I(x)$一定是一个开区间:$I(x)=I_{(a',b')}(x)$。为说明这一情况,令$y, z\in I(x)$,为明确起见,设$y<z$。必须记住$[y, z]\subset I(x)$。由于对某一组$(a, b)$,$y\in I_{(a,b)}(x)$,$x$和$y$中的所有点都在$I_{(a,b)}(x)$中。类似地,$x$和$z$中的所有点都位于其他区间内,比如说,$I_{(c,d)}(x)$。因此可以断定:

$$[y, z]\subset I_{(a,b)}(x)\cup I_{(c,d)}(x)\subset I(x)$$

最后,证明$\{I(x)\}$能被归纳为一列不相交的区间集合。假定对$x\neq y$,$I(x)\cap I(y)\neq\varnothing$,即假定这样两个开区间有非空的交集。那么,必然存在$I(x)=I(y)$的情形,因为如不然,$I(x)\cup I(y)$对于x和y而言,将是一个更大的区间,这与单个区间的最大

值矛盾。从观察构造的每一个不相交的开区间必须包含一个有理数来看,这个集合是可数的。 ■

从这一结果中,可以通过反向推理重新给出闭集合的定义:$F\subset\mathbb{R}$ 是闭集当且仅当 $\widetilde{F}$ 是一个可数的不相交开区间的集合。

与开集合不同,它总可以表示成一个有限或可数个无限数量的不相交开区间的集,而闭集则极为不同。任一个单元素集合$\{x\}$,是闭的,正如任意有限集一样,$\{x_j\}_{j=1}^{n}$ 也是闭的。在一维欧式空间 $\mathbb{R}$ 中,可数个有限闭集与整数或者聚点一样,独立分布在其中,如 $\left\{m+\dfrac{1}{n}\middle| m,\ n\in\mathbb{Z},\ n>0\right\}\cup\mathbb{Z}$。闭集甚至可以包含很多不可数点,这些点也可以无间断。一个著名的例子是康托尔三分集(Cantor ternary set),以发现这个集合者的名字而命名,乔治·康托尔(Georg Cantor, 1845—1918)。

康托尔集合 K,是区间$[0,\ 1]$的子集,被定义为可数个闭集$\{F_n\}$的交集,因此 $K=\bigcap F_n$ 为闭集。每一个连续闭集的取得都与前面定义的集合一样,即去掉每一个区间中间三分之一的开区间。例如:

$$F_0=[0,\ 1]$$

$$F_1=[0,\ 1]\sim\left(\frac{1}{3},\ \frac{2}{3}\right)$$

$$F_2=F_1\sim\left\{\left(\frac{1}{9},\ \frac{2}{9}\right)\cup\left(\frac{7}{9},\ \frac{9}{9}\right)\right\}$$

$$\vdots$$

有意思的是,被去掉的开区间的总长度是 1,等于原来区间$[0,\ 1]$的长度。可以通过以下步骤看出端倪,首先,去掉区间 $[0,\ 1]$ 中间的长度为$\dfrac{1}{3}$部分,然后 2 个长度为$\dfrac{1}{9}$的区间被除去,接着 4 个长度为$\dfrac{1}{27}$的区间也被去除,以此类推。这些区间的总的长度可以被表示为:

$$\sum_{n=0}^{\infty}\frac{2^n}{3^{n+1}}=\frac{1}{3}\sum_{n=0}^{\infty}\left(\frac{2}{3}\right)^n=1$$

最后一个等式可以非正式地采用第 2 章介绍的对优先股定价的方法来实现。回忆下,如果 $S\equiv\sum_{n=0}^{\infty}\left(\dfrac{2}{3}\right)^n$,那么 $\dfrac{2}{3}S=\sum_{n=1}^{\infty}\left(\dfrac{2}{3}\right)^n$。使用减法,可以得出 $\dfrac{1}{3}S=1$,结论得出。(也可以参见第 6 章中关于几何级数正式运算的讨论。)

因为在区间$[0,\ 1]$中的康托尔三分集的补集长度是 1,故康托尔三分集的长度为 0。从直觉上来看,测度为 0 的集合被包含在或“覆盖于”一列区间中,其总长度可以是任意小的,这一结论将在第 10 章中得到阐述。在这一情形下,闭集 F_n 形成一列集合,每个集合都是一个区间的集合,并且都包含 K,根据上面的分析,F_n 中的区间总长度为 $1-\sum_{j=0}^{n-1}\dfrac{2^j}{3^{j+1}}$,只要 n 的值足够大,就可以得到足够小的任意值。

事实上,康托尔三分集合是不可数的,这一点不是很明显,因为人们很容易认为,被移除的区间的端点留在了集合中,而这些点组成一个可数集合。对康托尔集合的不可数性的说明可以使用在区间[0, 1]中以三进制来表达的数字,这方面的内容可以参见第 2 章。类似于十进制,三进制使用 0、1、2 等三个数字:

$$x_{(3)} = 0.a_1 a_2 a_3 a_4 \cdots$$
$$= \sum_{j=1}^{\infty} \frac{a_j}{3^j}, \ a_j = 0, 1, 2。$$

结果表明,移除"中间三分之一"等价于消去 $a_j = 1$ 这一项,因此,康托尔集由区间[0, 1]中以三进制表示的,只使用 0、2 这些数字来组成。乍一看,这是违反直觉的,因为 $\frac{1}{3} \in K$,然而,$\frac{1}{3}$的三进制扩展是 0.1。同样地,在形成康托尔三分集的每一步,每一个被移除的区间的端点被保留下来,这些端点可以写成$\frac{1}{3^j}$的形式。但同时又可以被改写为:

$$\frac{1}{3^j} = \sum_{n=j+1}^{\infty} \frac{2}{3^n}$$

这一等式可以使用上面的推导来证明。

把每一个 a_j 除以 2,这些不同进制的数被以 1∶1 转化为以二进制表达的数字,所有这些数都在区间[0, 1]中,而由第 2.1.5 节的内容可知,这些数字是不可数的。具体的证明如下:

如果 $\sum_{j=1}^{\infty} \frac{a_j}{3^j} \in K$,那么 $\sum_{j=1}^{\infty} \frac{a_j}{3^j} \leftrightarrow \sum_{j=1}^{\infty} \frac{a_j/2}{2^j}$。

4.2.2 $\mathbb{R}^n$开子集与闭子集

把$\mathbb{R}$中的结论自然地推广到$\mathbb{R}^n$上,可以得出下面的定义:

定义 4.3 给定 $\boldsymbol{x} \in \mathbb{R}^n$,$\boldsymbol{x}$ 的半径为 r 的邻域,或者说关于 $\boldsymbol{x}$ 的半径为 r 的开球,记为 $B_r(\boldsymbol{x})$,定义为:

$$B_r(\boldsymbol{x}) = \{\boldsymbol{y} \in \mathbb{R}^n \mid |\boldsymbol{x} - \boldsymbol{y}| < r\} \tag{4.2}$$

这里,$|\boldsymbol{x}|$代表$\mathbb{R}^n$中的标准范数。如果给定 $\boldsymbol{x} \in G$,存在一个 $r > 0$ 使得 $B_r(\boldsymbol{x}) \subset G$,那么子集 $G \subset \mathbb{R}^n$是开集。如果子集 $F \subset \mathbb{R}^n$的补集 $\widetilde{F}$ 是开集,则 F 是闭集。

式(4.2)在集合以及$\mathbb{R}$的开集和闭集的交集中,在没有任何修改的情况下,在$\mathbb{R}^2$中也是如此。因此,对此式的证明略。

命题 4.3 如果$\{G_\alpha\}$是任意开集的集合,$G_\alpha \subset \mathbb{R}^n$,那么$\bigcup G_\alpha$ 是一个开集。如果这个集合是有限的,那么$\bigcap G_\alpha$ 是一个开集。

如果$\{F_\alpha\}$是任意闭集的集合,$F_\alpha \subset \mathbb{R}^n$,则$\bigcap F_\alpha$ 是闭集。如果这个集合是有限的,则$\bigcup F_\alpha$ 是闭集。

在某种情形下,不能把上述结论推广到任意开集的交集,或者任意开集的并集(见练习 16)。

注释 4.1:注意上面的“开”是以开球来定义的,反过来,根据$\mathbb{R}^n$中的标准测度,在第 3 章也被称为l_2—测度。然而,也许从第 3 章猜测出,应该可以使用任何等价于标准测度的测度,并根据式(3.35),可以获得同样的开集和闭集。

将上面的观察归纳如下:

命题 4.4 令$d'(x, y)$是$\mathbb{R}^n$上的任意测度,等价于标准测度$d(x, y)=|\boldsymbol{x}-\boldsymbol{y}|$,且令开集的定义与开球$d'$—球相关。则相对于$d'$的$G\subset\mathbb{R}^n$是开集,当且仅当该集合相对于$d$也是开集。

证明:只证明这个命题的一个方面,另一方面与之类似。假设相对于d', G是开集,令$\boldsymbol{x}\in G$,则根据定义,存在一个$r'>0$,使得$B'_{r'}(\boldsymbol{x})\subset G$。由式(3.35)可知,存在一个$r>0$使得$B_r(\boldsymbol{x})\subset B'_{r'}(\boldsymbol{x})$。因此,$B_r(\boldsymbol{x})\subset G$并且相对于$d(x, y)$, G是开集。 ■

值得注意的是,这个命题不能随意被推广。如果d和d'是不等价的两个度量,一般情况下,相关的开的和闭的概念也不等价。

注释 4.2:正如命题 3.11 中的证明,测度的李普希茨等价暗示着等价性,任意关于以等价测度为开始的结论最后都自动成为李普希茨等价测度。

*4.2.3 测度空间中的开子集和闭子集

邻域或关于$\boldsymbol{x}$的开球的定义,本质上来说是一个测度概念。也就是说,一个关于$\boldsymbol{x}$的半径为$\boldsymbol{r}$的开球等价于所有与$\boldsymbol{x}$距离不大于$\boldsymbol{r}$的点。因此,对任意测度空间,不管是人们熟悉的,如$\mathbb{C}$(复数空间),还是不熟悉的其他结构,同样都可以定义开球、开集和闭集,以距离函数或测度来定义空间。

定义 4.4 给定$\boldsymbol{x}\in X$,这里(X, d)是一个测度空间,$\boldsymbol{x}$的邻域(neighborhood)或关于$\boldsymbol{x}$的半径为r的开球,表示为$B_r(\boldsymbol{x})$,定义为:

$$B_r(\boldsymbol{x})=\{\boldsymbol{y}\mid d(\boldsymbol{x}, \boldsymbol{y})<r\} \tag{4.3}$$

子集$G\subset X$,如果给定$\boldsymbol{x}\in G$,存在一个$r>0$使得$B_r(\boldsymbol{x})\subset G$,那么$G$是开的,甚至可能相对于$d$是开的。子集$F\subset\mathbb{R}$,如果其补集$\widetilde{F}$是开的,则$F$为闭集。

例如,令$X=\mathbb{C}$,测度中的复数由式(2.2)的形式来给出,并且知道$B_r(\boldsymbol{x})$由式(4.3)给出。那么,如果$x=a+b\iota$, $y=c+d\iota$,当且仅当$|x-y|<r$时有$y\in B_r(\boldsymbol{x})$。

即由式(2.2),有:

$$[(a-c)^2+(b-d)^2]^{1/2}<r 。$$

注意在对应关系$\mathbb{C}\leftrightarrow\mathbb{R}^2$下,有$a+b\iota\leftrightarrow(a, b)$,在这种对应关系下,定义$\mathbb{C}$中$\boldsymbol{y}\in B_r(\boldsymbol{x})$相当于定义在$\mathbb{R}^2$中$\boldsymbol{y}\in B_r(\boldsymbol{x})$。也就是说,在对应关系$\mathbb{C}\leftrightarrow\mathbb{R}^2$下,定义在这些空间中的度量的性质保持不变,这也包括开的和闭的性质。

注意:在一般的关于度量空间的知识中,例如在$\mathbb{R}$、$\mathbb{C}$以及$\mathbb{R}^n$中,开集的概念在一开始作为不依赖于度量而出现。

命题 4.5 令X是一个存在两个相等度量d_1和d_2的度量空间,则集合$G\subset X$在(X, d_1)中是开的,当且仅当G在(X, d_2)中也是开的。

证明:根据式(3.35),该命题的证明与前面在$\mathbb{R}^n$中的证明相同。 ■

*4.2.4 一般空间中的开子集和闭子集

在没有度量的更为一般的空间中，可以通过定义一个所谓的集合 X 上的拓扑来说判断集合 X 是空集。拓扑(topology)定义如下：

定义 4.5 给定一个空间 X，拓扑就是集合 X 的子集族，这些子集都是开集，记为 $\Im$，它们具有如下性质：

(1) $\varnothing$，$X \in \Im$。

(2) 如果 $\{G_\alpha\} \subset \Im$，则 $\bigcup G_\alpha \in \Im$。

(3) 如果 $\{G_n\} \subset \Im$，是一个有限族，则 $G_n \in \Im$

因此，拓扑是一开集合族，它要求这一集合族的并、交集运算与常见的集合 $\mathbb{R}$、$\mathbb{C}$、$\mathbb{R}^n$ 以及更一般的空间 X 中的开集的并、交等运算相同。特别地，在任意这些特殊空间中，如果在定义一个开的度量空间基础上来定义一个开集合族 $\Im$，那么根据上面的定义，集合族 $\Im$ 就是一个拓扑。据悉，这样的拓扑可以由度量 d 推导出来。

闭集被这样定义：

$F \subset X$ 是闭的，当且仅当 $\widetilde{F} \in \Im$

可以看出，根据德摩根定理，这一闭集族的并和交运算都是与一般集合中的运算相同。

等价拓扑(Equivalent topologies)可以定义如下：

定义 4.6 在空间 X 上的两个拓扑，$\Im_1$ 和 $\Im_2$ 是等价的，如果对任意集合 $G_1 \subset \Im_1$，存在一个集合 $G_2 \subset \Im_2$，且 $G_2 \subset G_1$。另一方面，对任意 $G_2 \subset \Im_2$，存在一个集合 $G_1 \subset \Im_1$，且 $G_1 \subset G_2$。

毫无疑问，在使用上面的术语时，可以立即将上面的命题推广到一般度量空间中。

推论 4.1 令 X 是一个度量空间，在空间中存在两个等价度量 d_1 和 d_2。则由 d_1 和 d_2 推导出的拓扑是等价的。

注释 4.3：上述推论推动在第 3 章中介绍的数学语言的使用，即 d_1 和 d_2 是“拓扑等价的”，作为一个可替换术语，d_1 和 d_2 是“等价的”。重点是，这样的度量给出了空间上的等价拓扑。

最后，注意，如果一个空间 X 有一个拓扑 $\Im$，且 $Y \subset X$ 是一个子集，那么存在一个在集合 Y 上的自然拓扑，被称为相关拓扑(relative topology)或诱导拓扑(induced topology)，记为 $\Im_Y$。定义如下：

$$\Im_Y = \{Y \cap G \mid G \in \Im\}$$

例如，如果考虑拓扑空间为 $\mathbb{R}$，且开集定义在标准度量上，且 $Y = [0, 1]$，那么 Y 上的诱导拓扑包含形如 $[0, b)$、(a, b)、$(b, 1]$ 以及 $[0, 1]$ 这样的集合，其中 $0 < a < b < 1$。

4.2.5 度量空间子集的其他性质

在前面的部分中，很清楚的是，定义在任意度量空间中的开和闭的定义几乎都相同，唯一的区别在于特殊空间的距离概念是由该空间的度量给出的。在这一部分中，除了重复先前在$\mathbb{R}$中集合的其他的重要性质外,在$\mathbb{R}^n$中,对一般的度量空间来说,增加了一个新的性质,这里我们直接把这一性质定义在一般度量空间中,至于将这一性质融合进其他特殊空间中,这应该由读者自己完成。

很多这样的性质在一般拓扑空间中也是有意义的,但是在此不做这种推广。

定义 4.7 X 为一个具有测度 d 的测度空间:

(1) 如果 $\boldsymbol{x}\in X$,那么关于 $\boldsymbol{x}$ 的半径为 $r>0$ 的闭球被定义为:

$$\bar{B}_r(\boldsymbol{x})=\{\boldsymbol{y}\mid d(\boldsymbol{x},\ \boldsymbol{y}\leqslant \boldsymbol{r})\} \tag{4.4}$$

(2) 如果 $E\subset X$,则 $\boldsymbol{x}\in X$ 是 E 的一个*极限点*(limit point),E 的一个*聚点*(cluster point),或称为 E 的*积聚点*(accumulation point),如果对任意 $r>0$, $B_r(\boldsymbol{x})\cap \mathrm{E}\neq\varnothing$。因此,每一个 $\boldsymbol{x}\in E$ 是一个极限点,但是如果存在一个 $r>0$ 且 $B_r(\boldsymbol{x})\cap \mathrm{E}\equiv\boldsymbol{x}$,点 $\boldsymbol{x}$ 可以称为 E 的*孤立点*(isolated point)。记 $\bar{E}$ 为 E 中极限点的集合或闭集合,注意,$E\subset\bar{E}$。

(3) 称集合 $E\subset X$ 是稠密的,如果每一个 $\boldsymbol{x}\in X$ 都是 E 的极限点。

(4) 集合 $E\subset X$ 有界,如果对任意 $\boldsymbol{x}\in X$,存在一个数 $r=r(\boldsymbol{x})$使得 $E\subset B_r(\boldsymbol{x})$,否则是无界的。尤为特殊的是当 $X=\mathbb{R}$ 时,集合有的有界概念有两种,一种是上面介绍的,另一种是下面将要给出的。前者,对所有 $x\in E$,存在一个 $x^{\max}$,使得 $x<x^{\max}$ 都成立;而后者,对所有 $x\in E$,存在一个 $x^{\min}$使得 $x>x^{\min}$。

(5) 给定 $E\subset X$,开集族$\{G_\alpha\}$是 E 的一个*开覆盖*(open cover),如果 $E\subset\bigcup\limits_{\alpha}G_\alpha$。

(6) 集合 $E\subset X$ 是紧致的,如果给定 E 的任意开覆盖$\{G_\alpha\}$,这可能为无限不可数,存在一个有限子集,$\{G_j\}_{j=1}^m$ 使得 $E\subset\bigcup\limits_{j\leqslant m}G_j$。

(7) 集合 $E\subset X$ 是连通的,如果给定任意两个开集,G_1 和 G_2,且 $E\subset G_1\cup G_2$,有 $G_1\cap G_2\neq\varnothing$。$E\subset X$ 是不连通的,如果存在开集,G_1 和 G_2,且 $E\subset G_1\cup G_2$,有 $G_1\cap G_2=\varnothing$。

这些概念相关的重要性质被总结在下面的定理中,均表述在测度空间中。然而,从直觉上讲,在开始阅读时,如果这些概念被定义在测度空间为$\mathbb{R}$而不是 X 上,也许更容易被人们理解。

命题 4.6 令 X 为一个测度空间,则:

(1) 如果集合$E\subset X$ 是闭集,且 $\boldsymbol{x}$ 是 E 的一个极限点,则 $\boldsymbol{x}\in E$,并且有 $\bar{E}=E$。相反地,如果 $\bar{E}=E$,那么 E 是闭集。

(2) 如果 $\boldsymbol{x}\in X$ 是集合$E\subset X$ 的极限点,但非孤立点,那么,对任意 $r>0$,存在一个可数个集合族$\{\boldsymbol{x}_n\}\subset B_r(\boldsymbol{x})\cap E$,且 $\boldsymbol{x}_n\neq\boldsymbol{x}$。

(3) 如果集合 $E\subset X$ 是紧致的,那么 E 既是闭的也是有界的。

(4) (海涅-博雷尔定理)集合 $E\subset\mathbb{R}^n$是紧致的,当且仅当 E 是闭的且有界。

(5) 如果$\{\boldsymbol{x}_a\}\subset E$ 是一个可数或不可数的有限集合,并且 E 是紧致的,那么$\{\boldsymbol{x}_a\}$具有一个极限点 $\boldsymbol{x}\in E$。

证明:下面依次来证明各个结论:

(1) 如果集合 $E\subset X$ 是闭的,并且 $\boldsymbol{x}\notin E$,那么 $\boldsymbol{x}\in\widetilde{E}$,其中 $\widetilde{E}$ 是空集,因此,根据定义,存在一个 $r>0$,使得 $B_r(\boldsymbol{x})\subset\widetilde{E}$。故,必存在一种情况即 $B_r(\boldsymbol{x})\cap\mathrm{E}=\varnothing$,并且 $\boldsymbol{x}$ 不是 E 的极限点。因此,如果 $\boldsymbol{x}$ 是 E 的极限点,必有 $\boldsymbol{x}\in E$ 使得 $\bar{E}=E$。相反地,如果 $\bar{E}=E$ 且

$\boldsymbol{x} \in \tilde{E} = \tilde{\tilde{E}}$，则由于 $\boldsymbol{x}$ 不是 E 的极限点，存在 $r>0$ 使得 $B_r(\boldsymbol{x}) \cap \mathrm{E} = \varnothing$。即 $\tilde{E}$ 是开的，因此，E 是闭的。

(2) 选择一个序列 $r_n \to 0$。由假设知，$\boldsymbol{x} \in X$ 是 E 的极限点，但不是孤立点，对所有的 n，$B_{r_n}(\boldsymbol{x}) \cap \mathrm{E} \neq \varnothing$，每一个这样的交集包含至少一个不是 $\boldsymbol{x}$ 的点。选择 $\boldsymbol{x}_n \in B_{r_n}(\boldsymbol{x}) \cap E$ 但 $\boldsymbol{x}_n \neq \boldsymbol{x}$。那么 $\{\boldsymbol{x}_n\}$ 一定是无限可数的，这是因为对任意 n，存在一个 $r_N < \min\limits_{j \leqslant n} d(\boldsymbol{x}, \boldsymbol{x}_j)$，因此，$\boldsymbol{x}_N$ 一定与 $\{\boldsymbol{x}_j\}_{j=1}^n$ 中的元素不同。

(3) 如果集合 $E \subset X$ 是紧致的，则 E 是有界的，这是因为由 $\{B_1(\boldsymbol{x}) \mid \boldsymbol{x} \in E\}$ 而定义的 E 的开覆盖集。那么，根据紧致性，存在一个有限集族 $\{B_1(\boldsymbol{x}_j) \mid j = 1, 2, \cdots, n\}$。令 $D = \max d(\boldsymbol{x}_j, \boldsymbol{x}_k)$。接着，给定任意 $\boldsymbol{x} \in \boldsymbol{X}$，如果 $\boldsymbol{y} \in E$，那么对某一个 k 而言，$\boldsymbol{y} \in B_1(\boldsymbol{x}_k)$，并且可以从三角不等式推出下面的结论：

$$\begin{aligned} d(\boldsymbol{x}, \boldsymbol{y}) &\leqslant d(\boldsymbol{x}, \boldsymbol{x}_1) + d(\boldsymbol{x}_1, \boldsymbol{x}_k) + d(\boldsymbol{x}_k, \boldsymbol{y}) \\ &\leqslant d(\boldsymbol{x}, \boldsymbol{x}_1) + D + 1 \end{aligned}$$

因此 $E \subset B_R(\boldsymbol{x})$，对 $R = d(\boldsymbol{x}, \boldsymbol{x}_1) + D + 1$，故 E 是有界的。为说明 E 是闭集，可以证明 $\tilde{E}$ 是开集。证明如下，令 $\boldsymbol{x} \in \tilde{E}$，那么对任意 $\boldsymbol{y} \in E$，设 $e(\boldsymbol{y}) = d(\boldsymbol{x}, \boldsymbol{y})/2$ 并构造 $B_{e(y)}(\boldsymbol{y})$。很明显，由构造知，$\{B_{e(y_n)}(\boldsymbol{y})\}$ 是 E 的一个开覆盖。因为 E 是紧致的，令 $\{B_{e(y_n)}(\boldsymbol{y}_n)\}$ 是有限子集族，同样也是 E 的一个开覆盖，定义 $e = \dfrac{1}{2}\min e(\boldsymbol{y}_n)$。由构造知，$B_e(\boldsymbol{x}) \cap (\bigcup B_{e(y)}(\boldsymbol{y}_n)) = \varnothing$。故 $E \subset \bigcup B_{e(y)}(\boldsymbol{y}_n)$，进而得到 $B_e(\boldsymbol{x}) \subset \tilde{E}$。因此，综上所述，$\tilde{E}$ 是开集，相应的 E 为闭集。

(4) 接着第三步，只需要证明“必要”部分，即在 $\mathbb{R}^n$ 中，集合 E 是闭的和有界的，意味着集合 E 也是紧致的。假定 $E \subset \mathbb{R}^n$ 是闭的且有界。因为其有界，有某一个 $R>0$，$E \subset B_R(\mathbf{0})$。同样，$B_R(\mathbf{0}) \subset \bar{C}_R(\mathbf{0})$，这里，$\bar{C}_R(\mathbf{0})$ 是封闭立方体（closed cube），关于 $\mathbf{0}$ 的半径为 $2R$ 的封闭立方体被定义为：

$$\bar{C}_R(\mathbf{0}) = \{\boldsymbol{x} \mid -R \leqslant x_j \leqslant R, \text{对所有的 } j\} \tag{4.5}$$

下面将证明封闭立方体 $\bar{C}_R(\mathbf{0})$，对任意的 R 是紧致的。先证明 E 是紧致的。给定 E 的任意开覆盖，则通过增加开集合 $C_{R+1}(\mathbf{0}) \sim E$，$E$ 的任意开覆盖能够扩展变成 $\bar{C}_R(\mathbf{0})$ 的开覆盖。这里，$C_{R+1}(\mathbf{0})$，类比式(4.5)中的定义，是一个开的立方体，但定义里面的不等号是严格的不等号，由于 E 是闭的，$C_{R+1}(\mathbf{0}) \sim E = C_{R+1}(\mathbf{0}) \cap \tilde{E}$ 是开的。现在，一旦 $\bar{C}_R(\mathbf{0})$ 被证明是紧致的，那么这个覆盖将会有一个有限的子覆盖，该子覆盖包含 E 而没有增加的集合 $C_{R+1}(\mathbf{0}) \sim E$，因此 E 是紧致的。接下来使用反证法来证明 $\bar{C}_R(\mathbf{0})$ 是紧致的。假设 $\bar{C}_R(\mathbf{0})$ 不是紧致的，那么存在一个开覆盖 $\{G_j\}$，该开覆盖不存在有限子覆盖。把 $\bar{C}_R(\mathbf{0})$ 细分成 2^n 闭的立方体，$\bar{C}_R(\mathbf{0}) = \bigcup\limits_{j=1}^{2^n} \bar{C}_j$，这里每一个 $\bar{C}_j$ 是由 2^n 个正负坐标组合而定义：

$$\bar{C}_j = \{\boldsymbol{x} \mid 0 \leqslant x_i \leqslant R \text{ 或 } -R \leqslant x_i \leqslant 0\}$$

那么 $\{\bar{C}_j\}$ 至少有一个 $\bar{C}_j$ 不存在无限子覆盖，因为如果全都不存在，那么 $\bar{C}_R(\mathbf{0})$ 将会有一个有限覆盖，因此是紧致的。选择这一 $\bar{C}_j$，再次根据每一个坐标轴，细分成 2^n 个闭的立方体：

$$\bar{C}_j = \bigcup_{k=1}^{2^n} \bar{C}_{jk}$$

并选择其中任意一个没有有限子覆盖的立方体。继续使用这一方法，可以得到一个无限闭的立方体族：$\bar{C}_R(\mathbf{0}) \supset \bar{C}_j \supset \bar{C}_{jk} \supset \bar{C}_{jkl}\cdots$，其中没有$\{C_j\}$中有限子覆盖。由构造知，所有的这些立方体的交集合是一个点$\boldsymbol{x}$，但是，因为对某一个j，$\boldsymbol{x}\in C_j$且C_j是开的，因此存在一个$B_r(\boldsymbol{x})\subset C_j$。除了一个给定点，这个球必须包含上述序列中的所有子立方体，因为在每一步中，立方体均被减半直至到0。这与"没有子立方体存在有限子覆盖"相矛盾，因此所有这些立方体都有一个有限子覆盖，并且$\bar{C}_R(\mathbf{0})$是紧致的。

(5) 假设$\{\boldsymbol{x}_\alpha\}\subset E$，且$E$是紧致的，但是$\{\boldsymbol{x}_\alpha\}$在$E$中没有极限点。那么对任意$\alpha$存在一个开球$B_{r_\alpha}(\boldsymbol{x}_\alpha)$，该球除了$\boldsymbol{x}_\alpha$外，不包含序列中的其他点。事实上，如果存在这样一个点$\boldsymbol{x}_\alpha$使得$B_r(\boldsymbol{x}_\alpha)$，对任意$r\to 0$，总是至少包含一个其他点，那么这一$\boldsymbol{x}_\alpha$根据定义，将成为序列中的一个极限点。现在$\{B_{r_\alpha}(\boldsymbol{x}_\alpha)\}$是一无限开集族，可以给其增加一个开集合$A\equiv X\sim\overline{[\bigcup B_{r_\alpha/2}(\boldsymbol{x}_\alpha)]}$，由于这一集合在$X$中的补集是闭集$\overline{[\bigcup B_{r_n/2}(\boldsymbol{x}_n)]}$，故$A$是开集。因此，根据构造可知，可以得到一个$E$的没有有限子覆盖的开覆盖，这与$E$的紧致性相矛盾。

注意：在证明海涅—博雷尔定理过程中，存在一个构造，这一构造可以很容易被推广。

推论 4.2 如果X是一个测度空间，$E\subset X$是紧致的，且$F\subset E$是闭的，那么F也是紧致的。

证明：如果$\{G_j\}$是F的一个开覆盖，那么$\{G_j\}\cup\widetilde{F}$是E的一个开覆盖，且由于其紧致性还有一个有限的子覆盖。这个有限的子覆盖，不包括集合$\widetilde{F}$，是F的一个有限子覆盖。 ■

推论 4.3 （海涅—博雷尔定理）集合$E\subset\mathbb{C}$是紧致的，当且仅当E是闭的且有界。

证明：在关系$\mathbb{C}\Leftrightarrow\mathbb{R}^2$可以看出，在这些空间中保留着各自的测度，因此，定义在式(4.4)以及式(4.3)中的闭球和开球在两个空间中是完全相同的。在$\mathbb{R}^2$中，已经证明了封闭立方体是紧致的，且由上面的推论知，包含这样的立方体的闭球也是紧致的。因此，$\mathbb{C}$中的每一个闭球都是紧致的，上面的证明还可以被改进。如果闭的有界的集合$E\subset\mathbb{C}$有一个开覆盖，并且该开覆盖没有有限的子覆盖，那么这个覆盖可以被扩展为开集合$B_{R+1}(\mathbf{0})\sim E=B_{R+1}(\mathbf{0})\cap\widetilde{E}$，这里，如上面一样，假定$E\subset B_R(\mathbf{0})$。现在构造一个$\bar{B}_R(\mathbf{0})$的开覆盖，其没有无限的子覆盖，这与闭球的紧致性相矛盾。

海涅—博雷尔定理是根据爱德华·海涅(Eduard Heine, 1821—1881)和埃米尔·博雷尔(E'mile Borel, 1871—1956)的名字来命名的。博雷尔把海涅在1895年早期发表的理论规范化，并且将紧致性定义引入。当时，紧致性被定义在可数个有限开覆盖上。特别的是，紧致性意味着每一个可数的开覆盖都有一个有限的子覆盖。反过来，紧致性又被亨利·勒贝格(Henri Lebesgue, 1875—1941)于1989年推广到任意无限开覆盖上，就是现在人们使用的定义。

注释 4.4：读者在回顾以上的命题时也许注意到一个明显的遗漏：一方面，在每个测度空间中一个紧致集合是闭的有界的；另一方面，海涅—博雷尔定理中说，闭的和有界的性质表明其紧致性，但这一结论只在$\mathbb{R}^n$以及$\mathbb{C}$中是正确的。然而，该定理在$\mathbb{C}^n$也是正确的，这个证明不需要在本书中得到证明。人们自然要问，这个定理是否能被推广到所有的测度空间中。答案是否定的，考虑到在下面的内容里不会使用这些知识，对这一问题举出例子将会使我们偏离正题而显得远不合理。

4.3 在金融中的应用

4.3.1 集合理论

一般情况下，集合理论的公理化结构，或者甚至是公理化结构所需要的知识，都不会直接用在金融领域。除了如在第 1 章讨论的那样，可以作为一个警示故事。虽然人们的直觉在发展一个观点或寻求某一个问题的答案时是一个很有价值的催化剂，但是甚至当讨论手头上看似很低级的话题时，直觉也很少被充分使用，而这一点似乎还没有引起注意。研究金融问题的理想途径是，在直觉的启发下使用正规的数学方法。

正如在所有的数学应用中一样，金融学科有时也会出现强有力的直觉性争论。例如一个问题该如何被解决，然后努力使这个直觉精确化。另一方面，有时人们会发现(偶然发现)一个正规数学关系，然后努力直观化来理解。以上两种方法都是常见的，并且都是有价值的。关键是，除非人们使用两者——严密的数学和直觉，否则是不可能真正解决一个问题的。即真正的“解”既要求采用定量推导问题的解又要通过直觉来理解这个解是如何起作用的。

当然，集合理论这一工具是必要和重要的，因为很多金融问题能在集合理论里得到明确的表达，因此要正式理解和应用集合运算以及它们的性质。

4.3.2 优化约束和紧致性

约束情况下的最优化问题，在第 3 章的欧氏空间中，就集合而言已经提出了讨论。举个例子，在 $\mathbb{R}^n$ 中，在最大化约束下考虑：

$$\max g(\boldsymbol{x})$$

给定 $f(\boldsymbol{x})=c$。

现在定义集合：

$$A=\{\boldsymbol{x}\in\mathbb{R}^n \mid f(\boldsymbol{x})=c\}$$
$$B=\{g(\boldsymbol{x}) \mid \boldsymbol{x}\in A\}$$

则 $A\subset\mathbb{R}^n$很明显是约束集合，并且 $B\subset\mathbb{R}$ 是目标函数的值呈现在这个约束集上的集合。例如，A 代表投资组合配置，这个合适的定义提供一个给定的合适的风险水平，而 B 则是计算从这些配置中得到的“预期”回报。

现在如果 B 是无上界的，那么很明显，约束下的最优化问题无解。因此，在这一框架下，问题的可解性似乎取决于处于约束条件下的 A 和 $g(\boldsymbol{x})$最小化。在这种情况下，假设 B 是有上界的。当然，如果求最小化的解，由下面的内容知，B 必须有下界。

然而,尽管有界性是必要的,但是这还不够。如果 B 是 $\mathbb{R}$ 一个开的子集,则它不会包含自身的最大或最小点。这是由于开集的定义,也就是说,如果 $x \in E$ 是一个开集,则存在一个 $r > 0$ 使得 $B_r(x) \subset E$,而 x 不会成为最小或最大的。因此,在这个框架下,问题的可解性似乎也取决于约束条件下的 A 和 $g(\boldsymbol{x})$ 最小化,这假定 B 是有界和闭的,即由海涅-博雷尔定理,B 是紧致的。在这种情况下,如果 $x^{opt} \in B$ 是最优化值,最大值抑或最小值,那么根据定义,存在 $\boldsymbol{x}^{opt} \in A$ 使得 $g(\boldsymbol{x}^{opt}) = x^{opt}$。因此,如果 B 是紧致的,那么理论上约束最优化问题存在解,其唯一性取决于加在 $g(\boldsymbol{x})$ 上的条件。

从逻辑上讲,A 和 $g(\boldsymbol{x})$ 确保 B 的紧致性条件,事实上也是加在受约束函数 $f(\boldsymbol{x})$ 以及目标函数 $g(\boldsymbol{x})$ 的条件。更一般地,约束集 A 可以定义为:

$$A = \{\boldsymbol{x} \mid f(\boldsymbol{x}) \in C\}$$

这里,C 是一给定约束集,$C \subset \mathbb{R}$。或者,因为集合的交集形式为 $\{\boldsymbol{x} \mid f_i(\boldsymbol{x}) \in C_i\}$,因此 A 可以定义成多重限制条件集合:

$$A = \{\boldsymbol{x} \mid f_i(\boldsymbol{x}) \in C_i, \text{对所有 } i,\ 1 \leqslant i \leqslant m\}$$

可以看出,在这个一般情形中,目标函数 B 的紧致性反映了加在函数 f 和 g 以及约束集 C 上的条件。从符号上来讲,如果 f 是一一映射的,可以把 A、B 分别表示成 $A = f^{-1}(C)$、$B = g(A)$,因此,进一步有,$B = g\big(f^{-1}(C)\big)$。

故寻找加在 C、f 以及 g 上的条件,使得 B 是紧致的。

当 f 不是一一映射时,找出加在 g 和 A 上的条件使得 $g(A)$ 是紧致的;反过来,f 和 C 上的条件确保 A 上的条件得到满足。

为理解这些,需要研究函数的额外性质,这些性质将给这些问题以及相关问题提供答案。第一类步骤使用微积分,主要是在 $\mathbb{R}$ 上的微积分,这会在第 9 章出现,不过尽管集合 B 集合 C 都是 $\mathbb{R}$ 的子集,但微积分这一工具并不足以解决上面所有问题。当然,从集合 C 到集合 B 的过程中,需要借助于集合 $A \subset \mathbb{R}^n$,因此,为得到完整的答案,还需要多重微积分这一工具。

也就是说,依然存在一个决定解决方案的问题。上面的分析可能提出了一个在数学上针对约束条件下最优化问题的定性理论和解决方案。定性在这里意思是说明解的存在性以及这个解是否唯一。由这一问题产生了定性理论和解决方案。即或者是由显式公式或过程来给出解,或者是利用数值算法,再经过无限多次迭代"收敛"问题的解。在后一种方法中,事实上,由于只能做有限次迭代,因此只能在给定某一误差水平要求下来近似精确地求解。

这就产生"收敛"以及收敛程度的问题了。关于这一问题,将在接下来的两章中通过数列和级数来介绍。在第 9 章中,还会进一步讨论在 $\mathbb{R}$ 上的集合和函数之间性质的关系,并且还会强调相关的其他问题。

4.3.3 证券的收益

在第 2 章中,由各种证券的价格推出很多公式,这些函数的变量主要是定义证券的现金流特性以及投资者要求的收益。换句话说,给定现金流结构,价格可以被认为是收益的函数。这些公式的应用之一是考虑投资者的收益要求,他们愿意支付多少,以此来决定证券的价格。然而，通常情况下，在金融市场中，一个投资者会有不同的选择，即在给定一支证券的市场价格的情况下，他的投资收益是多少。

这些问题可以用术语买价(bid price)来描述，就是一个经销商愿意支付多少从投资者那里购买证券；或者叫售价(offer or ask price)，经销商向投资者收取多少来售出证券。在这两种情形中，投资者都只对一个交易的潜在收益感兴趣。

当然，买价总是更高的，因此买价收益比相应的出价收益要少。通常人们对所谓的买卖价差(bid-ask spread, bid-offer spread)很感兴趣，这个概念的意思是，高的出价收益与低的买价收益之间的差值。这种收益差值给投资者对证券的流动性提供了信息。较小的买卖价差通常意味着高的流动性，不断增加的价差往往伴随着较低的流动性。

本书中的流动性可以用来表示人们通常理解的证券销售的难易，因为经销商可以通过投资者满意或不满意的价格来鼓励或者不鼓励这种证券的销售。小的价差往往表明该证券交易活跃，形成了成熟市场，而大的价差则意味着这种证券还没有形成成熟市场。事实上，大的价差是对经销商应对不可预料的延迟抵消交易，以及在此期间所产生的风险或对冲成本的一个补偿。

但是，更重要的是，流动性衡量交易价格的公正性。小的价差表明价格是公平的，因为经销商都愿意在相似的价格下进行交易；然而，大的价差则表明投资者以低于合理价格销售证券，以高于合理价格购入证券。当然，在投资者眼中，公平是美好的。尽管如此，所有的市场参与者都同意这种说法：价差的大小说明交易的难易以及价格公平。

如果 $P(i)$ 代表给定证券的价格函数，P_0 是报价，证券的隐含收益，或者在固定收益证券情况下，表示到期时的隐含收益，是满足方程的解 i_0：

$$P(i)=P_0 \tag{4.6}$$

在这一部分，将非正式的介绍间隔二分法(interval bisection)，这一方法可以解出上述方程的解 i_0，在后面的章节中会对这种方法进行进一步介绍。

首先，可以对这一方程做一个定量分析，判断解是否具有现实意义。几乎所有市场中的人都希望证券的收益为正，即收益介于0%和100%之间，因此，一个简单的对解的存在性的定量评估是：

$$P(1.0)\leqslant P_0\leqslant P(0)$$

这里，$i=0$ 和 1.0，意思是扣除各自函数中的价格因素，由 $v=(1+i)^{-1}$ 可知，$v=1$ 和 $\frac{1}{2}$。从这一评估中，可以假定 $i_0\in[0,\ 1]\equiv F_0$。事实上，这一步可以产生一个较小初始解区间，例如 $[0.05,\ 0.1]$，但是为了简单起见，忽略这一步。

接着，可以估计 $P(0.5)$，或者一般地，评估价格函数在初始区间的中间值。然后得到：$P(1.0)\leqslant P_0\leqslant P(0.5)$ 或 $P(0.5)\leqslant P_0\leqslant P(0)$。

从这可以得出 $i_0\in[0.5,\ 1]$ 或 $[0,\ 0.5]$。选择合适的区间，记为 F_1。当然如果 $P_0=P(0.5)$，则可以停止了。继续这么做，会出现两种情况中的一种：

(1) 构造一个闭区间序列 F_n，其中对所有的 n，有 $i_0\in F_n$，区间长度为 $|F_n|=\frac{1}{2^n}$。

(2) 或在有限步后过程偶尔停止，因为 i_0 是 $|F_n|$ 的一个终点。

假设过程没有停止，通过选择各自区间的中点值，可以确定式(4.6)合适的解。特别地，定义 i_n 是 F_n 的中点，由于 $i_0 \in F_n$ 且 $|F_n| = \frac{1}{2^n}$，则有：

$$|i_n - i_0| < \frac{1}{2^{n+1}}$$

同样，由于$\{F_n\}$是闭集，长度$|F_n|$减小到 0，那么$\bigcap F_n$ 也是闭集并且是一个单点。即，必有 $i_0 = \bigcap F_n$ 。

如果 $F_n = [a_n, b_n]$，对所有的 n 有 $P(b_n) \leqslant P_0 \leqslant P(a_n)$，且 $b_n - a_n = \frac{1}{2^n}$。但是区间中存在的一个唯一值，记为 i_0，是否可以由方程 $P(i) = P_0$ 解出呢？下面总结一下为了得到结论而提出的一些假设：

(1) 在文中隐含假设价格函数是减函数，或更一般地，假设价格函数是单调的(增或减函数)，这是由于在假设的每一步中，按照上面的记法，中点值在两个端点值之间：

$$P(b_n) \leqslant P(i_n) \leqslant P(a_n)$$

那么在接下的一步中，可以选择一个或其他的子区间$[a_n, i_n]$或$[i_n, b_n]$。我们知道，或者至少在直觉上感到，在金融学中，对很多价格函数来说上面的做法是正确的，这可以参见第 9 章介绍的工具。但在更为广泛的应用中，$P(i_n)$也许比端点值大，也可能比端点值小。在这一情形下，可能不只存在一个解，因此，必须选择某个区间来找出这些解。

(2) 在文中隐含的有假设，价格函数以一种平稳和可预测的方式改变着，这个性质在第 9 章被叫做连续性(continuity)。特别地，从$|F_n|$的值知道这些闭集的交集会是一个唯一的点，i_0。同样也知道，通过构造 $P(b_n) \leqslant P_0 \leqslant P(a_n)$，并考虑到单调性的假设，$P(b_n) \leqslant P(i_n) \leqslant P(a_n)$，这里 i_n 是 F_n 的中点。但是从 $i_n \to i_0$ 得出 $P(i_n) \to P(i_0)$，要求假设价格函数 $P(i)$是连续的，幸运的是，价格函数确实是连续的。

对于区间二分法的进一步分析见第 5 章。

练习题

操作练习

1. 罗素悖论可以等价表述成理发师悖论：在一个小镇中，有一个理发师，他给镇上所有不自己理发的男性理发，且只给他们理发。定义集合 A 为理发师为之服务的所有男性。

(1) 这个理发师是不是该集合中的一员？证明由于得出悖论：理发师给自己理发当且仅当他不给自己理发，他的集合关系不能被确定。

(2) 注意，这一悖论之所以能成立是有条件的，即理发师被假定为男性。证明：如果这名理发师是位女性，则不管她是否给自己理发，都可以得出她不是这一集合中的一员。

2. 证明使用操作定义来证明德摩根定律 2 到 4。

3. 使用操作定义证明下面问题：

(1) 如果 $G_n \equiv \left(-\frac{1}{n}, 1+\frac{1}{n}\right)$，那么 $\bigcap G_n = [0, 1]$，因此，开集的交集可以是闭集。

(2) 如果 $F_n \equiv \left[\frac{1}{n}, 1-\frac{1}{n}\right]$，那么 $\bigcup F_n = (0, 1)$，因此，闭集的并集可以是开集。

4. 证明如果一个集合 A 包含 n 个元素，它的幂集定义为它的所有子集的集合，包含 2^n 个元素。(提示：将 A 的元素记为 $x_1, x_2, \cdots, x_n$，在幂集上定义一个选择功能函数，使之产生如下十进制扩展：

$$f(B) = 0.a_1a_2a_3\cdots a_n,\ a_j = \begin{cases} 0, & x_j \notin B \\ 1, & x_j \in B \end{cases}$$

证明 $f(B) = f(B')$ 当且仅当 $B = B'$，而 f 有 2^n 个元素。)

5. 接上题，如果集合 A 包含无限可数个元素，证明在幂集合中有 2^∞ 个元素，这里的符号表示的是在区间 $[0, 1]$ 上的无限不可数个实数。(提示：使用上题中的构造方式，并回忆在区间 $[0, 1]$ 中的实数 x，并将其扩展为二进制数。)

6. 证明康托尔三分集中的点与三进制数 $0.0a_2a_3a_4\cdots$ 或 $0.2a_2a_3a_4\cdots$ 一致，这里 $a_j = 0, 2$。(提示：先证明 F_1 中的点都形如 $0.0a_2a_3a_4\cdots$ 或 $0.2a_2a_3a_4\cdots$，然后证明 F_2 中的点具有 $0.a_1a_2a_3a_4\cdots$，这里 $a_1a_2 = 00, 02, 20, 22$，等等。)

7. 使用如下事实：用 $|F_n|$ 代表 F_n 中所有区间的总长度，通过构造有 $|F_{n+1}| = \frac{2}{3}|F_n|$。利用它重新证明康托尔三分集的测度为 0。(提示：$K = \bigcap_{j=0}^{\infty} F_j$，但是 $\bigcap_{j=0}^{n} F_j = F_n$。)

8. 通过构建一个覆盖有任意小的总长度的间隔，证明下面的集合的测度为 0。(提示：回忆等式 $\sum_{n=1}^{\infty} \frac{1}{2^n} = 1$。)

(1) 整数集 Z；

(2) $\left\{\frac{1}{n} \mid n = 1, 2, 3, \cdots\right\}$；

(3) 有理数集 $\mathbb{Q} \cap (0, 1)$。

9. 对 $1 \leqslant p \leqslant \infty$，定义一个集合，$G \subset \mathbb{R}^2$，如果对任意的 $x \in G$ 存在一个 $r > 0$ 使得 $B_r^{(p)}(x) \subset \boldsymbol{G}$，其中 $B_r^{(p)}(\boldsymbol{x}) = \{\boldsymbol{y} \mid \|\boldsymbol{x} - \boldsymbol{y}\|_p < r\}$，则 G 是 l_p—开集，这里 $\|\boldsymbol{x} - \boldsymbol{y}\|_p$ 代表 l_p—范数。通常开集的定义就指 l_2—开集。

(1) 证明 G 是开的，当且仅当它是 l_1—开集。(提示：回忆第 3 章中的等价空间图像。)

(2) 继续(1)，证明 G 是开的当且仅当对所有 P，它是 l_p—开集。

10. 定义一个集合 $G \subset \mathbb{R}^n$，它是开的，如果对任意 $x \in G$，存在 $r > 0$ 使得 $B_r^{(d)}(\boldsymbol{x}) \subset \boldsymbol{G}$，这里 $B_r^{(d)}(\boldsymbol{x}) = \{\boldsymbol{y} \mid \boldsymbol{d}(\boldsymbol{x}, \boldsymbol{y}) < r\}$。

(1) 第 3 章中练习 18 介绍了一个在 $\mathbb{R}^n$ 的空间，这个空间与 l_p—空间非等价。具体说是：

$$d(\boldsymbol{x}, \boldsymbol{y}) = \begin{cases} 0, & \boldsymbol{x} = \boldsymbol{y} \\ 1, & \boldsymbol{x} \neq \boldsymbol{y} \end{cases}$$

确定 $\mathbb{R}^n$ 中所有的开集合。

(2) 定义:$d(\boldsymbol{x}, \boldsymbol{y})$,证明只存在一个开集,并求出该集合。

11. 海涅—博雷尔定理假定在 $\mathbb{R}^n$ 中集合是紧致的,当且仅当它是闭的且有界。解释对下面给定集合的开覆盖,如何选择有限的子覆盖:

(1) $F=[0, 1]\subset\bigcup B_r(x_j)$,这里,$\{x_j\}$ 是区间中任意列举的有理数,$r>0$ 是任意常数。

(2) $F=[0, 1]\subset\bigcup B_{r_j}(x_j)$,这里 $\{x_j\}$ 是区间中任意列举的有理数,$r_j>0$ 是任意值。如果 $r_j>r>0$,这可以如(1)一样解决,因此,假定 0 是 $\{r_j\}$ 的一个聚点。

(3) $F=\bar{C}_R(\mathbf{0})\subset\bigcup C_r(\boldsymbol{x}_j)$,这里,$\bar{C}_R$ 表示闭立方体的 2 次方或平方,$\bar{C}_R(\mathbf{0})$是关于 $\mathbf{0}$ 直径为 $2R$ 的集合,并且 $C_r(\boldsymbol{x}_j)$代表关于点 x_j 的开立方体,在有理数坐标系中,其直径固定为 $2r>0$。

12. 通过构造一个无限的开覆盖,本身不存在有限的子覆盖。用此来证明区间(0, 1)是非紧致的。(提示:构造一个开覆盖序列满足 $I_j\subset I_{j+1}$。)

13. 使用间隔二分法来计算下面证券的收益率,精确到 4 位小数点后(即与基准点相比)。在每一个适当名义利率下求解:

(1) 10 年期,半年期息票利率为 5%,面值为 100,价格为 98.75。

(2) 一支按年分红的普通股票,昨天支付了去年的红利 10 美元,假定年增长率为 8%,以 115 美元卖出。

(3) 一个 5 年期的月付商业抵押贷款,贷款总额是 5 百万美元,摊销表按每月利率 6% 计算,在二级市场以 5.2 百万美元卖出。

强化练习

14. 应用德摩根定律简化下面的表达式,然后使用运算性质来证明这种表达形式是正确的。

(1) $(A\cap\widetilde{B})^c\cup C$;

(2) $(B\cap[\bigcup_\alpha A_\alpha])^c$;

(3) $(\bigcup_\alpha A_\alpha)^c\cup(\bigcap_\beta\widetilde{B}_\beta)^c$。

回忆 $(C)^c$ 表示为 $\widetilde{C}$。

15. 概括练习 3:

(1) 举出这样一个例子:$\{G_n\}$ 是一无限可数集合族,开集 $G_n\subset\mathbb{R}$ 且 $\bigcap G_n$ 是开的。

(2) 重复(1)部分使得 $\bigcap G_n$ 既不是开的也不是闭的。

(3) 举出这样一个例子:$\{F_n\}$ 是一无限可数集合族,闭集 $F_n\subset\mathbb{R}$ 使得 $\bigcup \mathrm{F_n}$ 是闭的。

(4) 重复(3)部分,使得 $\bigcup F_n$ 既不是开的也不是闭的。

16. 一个例子,其结果如:

(1) 练习 3;

(2) 练习 15。

可以将(1)和(2)中构造的例子应用在 $\mathbb{R}^n$ 上吗?

17. 概括练习 5 并证明,如果 A 是一个任意"基数"的集合,集合 A 的幂集具有更大的基数;也就是说,幂集的元素不能与 A 的元素一一对应。(提示:假定存在一个对应,1∶1

地定义一个函数，该函数联系着集合 A 和它的幂集。换句话说，$f(a)=A_a$，A 的唯一子集与 a 相关。考虑集合 $A'=\{a \mid a \notin A_a\}$，则存在一个 $a'\in A$ 使得这个集合由 $f(a')$ 产生；即 $A'=A_{a'}$。证明 $a'\in A_{a'}$ 当且仅当 $a'\notin A_{a'}$ 即可。）

注释 4.5：在康托尔的无限基数理论中，“基数”被用来作为一个集合中元素的“个数”的集合，符号 $\aleph_0$ 读作“阿列夫零”，表示整数集的基数或“无限可数的”。接着用 $\aleph_1$ 表示下一个更大的基数，再接着是 $\aleph_2$，以此类推。康托尔在这个练习的构建中证明有一个关于基数个数的无穷序列，使得在任意两个不同基数组成的集合之间不存在一一对应关系。例如，我们已经注意基数 $\aleph_0$ 的集合与实数集不能形成一一对应关系，所以实数的基数必须超过 $\aleph_0$。现在，基数 $\aleph_0$ 的一个集合的幂集的基数与从基数 $\aleph_0$ 的集合到二元集合，$\{0, 1\}$ 之间的所有函数族的基数相同。根据练习 5 中的构造可以得出，因为在幂集合族中的每一个集合都意味着：使得函数值为 1 的所有元素都在该集合中，而值为 0 的元素都不在此集合中。这一类函数的基数的记法是 $2^{\aleph_0}$，练习 5 假定 $\aleph_0<2^{\aleph_0}$ 且 $2^{\aleph_0}=c$，实数是无限不可数的，也被称为连续统一体。由练习 17 可以知道，基数 $\aleph_1$ 集合的幂集合有更多的基数，等于 $2^{\aleph_1}$，同样有 $\aleph_1<2^{\aleph_1}$。这一过程可以持续下去；反过来，产生一个无穷序列，该序列是由无限增长的基数而形成，这是因为对所有的 j，有 $\aleph_j<2^{\aleph_j}$。连续统一体假设，这个假设被证明是独立于策梅洛-弗兰克公理（ZFC 集合理论，即 10 条选择公理），在 $\aleph_0$ 与 $c=2^{\aleph_0}$ 之间没有严格的基数，因此在下一个更大的基数 $\aleph_1$ 是 $2^{\aleph_0}$。换句话说就是 $\aleph_1=2^{\aleph_0}$。一般化的连续统一体假设表明在 $\aleph_j$ 和 $2^{\aleph_j}$ 之间也不存在严格的基数，并且 $\aleph_{j+1}=2^{\aleph_0}$。已经证明这个假设同样独立于 ZFC 集合理论，因此在 ZFC 理论中既不能得出证明也不能得出否定证明。换句话，数学家有选择添加这些假设或者他们消极对待这一理论，并在每一种情况下推导出基数理论的一致性。

18. 在本章定义的康托尔三分集，通过 $K_{2/3}$ 来证明在每一步中，从前一步中得到的闭区间被平等地分为三个子区间，去掉第二个开区间。类似地，定义一般康托尔集，记为 $K_{2/3}$，其中 n、m 为整数，$n\geqslant 3$，$m=1, 2, \cdots, n$。即在每一步中，每一个形如 $\left[\frac{k}{n^j}, \frac{k+1}{n^j}\right]$，从上一个步骤而来的闭区间被平均地分成 n 个子区间，同时第 m 个开子区间被消除。

（1）定义 $K_{m/n}$ 是由这些步骤中产生的所有集合的交集，证明 $K_{m/n}$ 是闭的。

（2）使用练习 7 中的方法，证明 $K_{m/n}$ 的度量是 0。注意：通过考虑这些被去掉的区间总长度，注意这个结果的证明复杂性。

（3）通过确定这个集合中的点集，在 n 次基扩展的基础上证明 $K_{m/n}$ 是不可数的，但是不包括数字 $m-1$。［提示：用 $[0, 1]$ 之间的所有实数中的第 $(n-1)$ 次基扩展确定这些扩展。］

19. 证明当 $n=2$ 时，练习 18(3) 中的构造不成立。

（1）证明 $K_{m/2}$ 是一个度量为 0 的闭集。

（2）证明 $K_{m/2}$ 是可数的，并且明确指出这两个集合中的元素，其中 $m=1$ 或 $m=2$。

20. 概括练习 8，证明下面在 $\mathbb{R}^2$ 中的以下几组集合，它们的度量为 0，这意味着该集合可以由一列球的集合所覆盖，而球的总面积可以任意小。

(1) “整数格”: $\{(n, m) \mid n, m \in \mathbb{Z}\}$

(2) $\left\{\left(\frac{1}{n}, \frac{1}{m}\right) \mid n, m \in \mathbb{Z}, n, m \neq 0\right\}$

(3) 通过确定 $\{(q, r) \mid q, r \in \mathbb{Q}\}$

21. 将练习 9 中的空间推广到 $\mathbb{R}^n$。[提示:回忆式(3.34)。]

22. 通过构建一个无限开覆盖,这个开覆盖不存在有限子覆盖,证明以下几组集合是非紧致的。

(1) $\{(x, y) \subset \mathbb{R}^2 \mid |x| + |y| < 1\}$;

(2) $\{(x, y) \subset \mathbb{R}^2 \mid x^2 + y^2 < R\}$,当 $R > 0$;

(3) $\{\boldsymbol{x} \subset \mathbb{R}^n \mid x_1 \neq 0\}$ 这里,$\boldsymbol{x} = (x_1, x_2, \cdots, x_n)$。(提示:首先尝试 $n = 2$。)

23. 证明:

(1) $Q_1 \subset \mathbb{R}^n$ 定义为 $Q_1 = \{\boldsymbol{x} \subset \mathbb{R}^n \mid x_j \in \mathbb{Q}\}$,对所有的 j、n、Q_1 是稠密的。

(2) 对任意的 $k \in \mathbb{N}$,集合 $Q_k \in \mathbb{R}^n$ 定义为 $Q_k = \{\boldsymbol{x} \subset \mathbb{R}^n \mid x_j^k \in \mathbb{Q}\}$,则对任意 n 而言,Q_k 是稠密的。(提示:证明 $Q_1 \subset Q_k$。)

24. 使用间隔二分法来求下面债券的收益率,并精确到小数点后 4 位。在每一个合适的名义利率下求解。

(1) 15 年期的半年期息票利率是 3%,面值为 100,价格是 92.5。

(2) 一支半年期分红的普通股票,昨天支付了去年的红利 6 美元,并假设以 5%的半年利率增加,以 66 美元卖出。

(3) 一个按季度分红的永久优先股,季度股息为 7%,面值为 100,价格为 105.25。

序列及其收敛性

5.1 数列

5.1.1 定义及例子

数列这一数学概念看似很简单，却是我们学习下面几章中大量高难度的重要内容坚实的基础。

定义 5.1 一个被表示为 $\{x_n\}$、$\{z_j\}$ 等形式的数列(numerical sequence)是一个可数且无限的实数或复数集合，其数字序号有如下表示方法：

$$\{x_n\} \equiv x_1, x_2, x_3, \cdots$$

具体来说，序列还可分为实序列(real sequence)和复序列(complex sequence)。如果对所有 n 来说，存在数字 B 使得 $|x_n| \leqslant B$，那么称该数列有界(bounded)。数列的子序列(subsequence)是一个保持原有数字顺序不变的可数且无限的子集合，即如果对所有 m 来说都有 $y_m = x_{n_m}$ 且 $n_{m+1} > n_m$，则 $\{y_m\}$ 是 $\{x_n\}$ 的一个子序列。

注释 5.1：在一些应用中用 $\{x_n\}_{n=0}^{\infty}$ 而不是 $\{x_n\}_{n=1}^{\infty}$ 来表示一个数列。

注意数列的定义不仅要求该数字集合可数且无限，还要求该数字集合遵从一定的排序规则。例如，我们都知道有理数集合是一个可数且无限的实数集合，然而只有当它被赋予一定的排序规则时才是一个数列。在第 2.1.4 节中为了证明可数性问题引入一种类似的有理数的排序规则，尽管这种排序规则将每个有理数都计算无穷多次。然而，其他的排序规则也有无穷多种，且该种数实际上是不可数的。

排序是极为重要的，因为我们一般都会想知道随着 $n \to \infty$，一个数列是否具有"收敛性"。例如，尽管我们还不知道收敛性的确切定义，单凭直觉我们也能知道下面这些序列收敛与否。

例 5.1

(1) $y_m \equiv \dfrac{1}{m}$ 收敛于 0，当 $m \to \infty$。

(2) $x_n \equiv \frac{(-1)^n}{n}$ 收敛于 0,当 $n \to \infty$。

(3) $a_j \equiv \frac{j-1}{j}$ 收敛于 1,当 $j \to \infty$。

(4) $c_j \equiv (-1)^j \frac{j-1}{j}$,当 $j \to \infty$ 时不收敛。

(5) $z_n \equiv \frac{2n-5}{4n+1\,000} + \frac{3n^3}{5n^3+6}$, z 收敛于 $0.5+0.6z$,当 $n \to \infty$。

(6) $b_n \equiv \begin{cases} m, & n=2m \\ -m, & n=2m+1 \end{cases}$,当 $n \to \infty$ 时不收敛。

(7) $w_k \equiv k$ 发散至 ∞,当 $k \to \infty$ 时。

(8) $u_j = -j^2$ 发散至 $-\infty$,当 $j \to \infty$ 时。

凭直觉我们可以猜测例 5.1 中的序列 1 和序列 3 不仅是收敛的,而且是单调收敛(converge monotonically)的。这也就是说,随着各自下标的增大,这两个序列都分别趋近于其极限。序列 2 也是收敛的,但不是单调收敛的,这是因为该序列的符号是正负交替的。序列 4"几乎"是收敛的,因为该序列的"一半"收敛于极限+1,而另一半收敛于极限−1。进一步说,序列 4 有两个收敛子序列:

$$\{y_n\} \equiv \{c_{2n}\} \to 1$$
$$\{y'_n\} \equiv \{c_{2n-1}\} \to -1$$

将序列 5 中的有理数方程改写一下能看得更加直观,例如可改写为如下形式:

$$\frac{2n-5}{4n+1\,000} = \frac{2-\frac{5}{n}}{4+\frac{1\,000}{n}}$$

由此可以看出该序列收敛于 $\frac{1}{2}$。序列 6、序列 7 和序列 8 从某种意义上说都是"激增的",但是将序列 7 和序列 8 定义为收敛于 ∞ 或收敛于 $-\infty$ 似乎更合乎情理,这种情况下我们表述为该序列发散至 $\pm\infty$。

这些例子提供了数列的一些样本行为。下面我们将给出收敛性的正规定义,这一定义囊括了我们对所有收敛性序列的直观判断。在此之后,我们将给出数列的几个属性定义,并进一步将序列 4 一般化。这也就是,任何一个有界的数列都至少有一个收敛子序列。

5.1.2 序列的收敛性

下面我们给出数列收敛性的正式定义,该定义将用于提供其他的直观判断。但是在这一点上,我们应该注意寻找这一正式定义欲捕捉的关键直觉点。收敛性的概念 $x_n \to x$ 并不仅仅是指"随着 n 的增大,x_n 任意地趋近于 x"。这一表述要弱于收敛性的定义,下面将对这一表述进行完善。这里,加强型的属性定义表述为"随着 n 的增大,所有的 x_n 都

任意地趋近于 x”。更加准确的说法是：

定义 5.2 对于一个数列 $\{x_n\}$，如果对任意的 $\epsilon>0$，都存在一个 $N\equiv N(\epsilon)$，使得：

$$\text{对一切的 } n\geqslant N \text{ 有，} |x_n-x|<\epsilon \tag{5.1}$$

那么该数列 $\{x_n\}$ 随 $n\to\infty$ 收敛于极限 x。

在此类情况下我们可以写成：

$$\lim_{n\to\infty} x_n=x \text{ 或 } x_n\to x$$

式(5.1)中的符号 $|x_n-x|$ 是以标准范数来表示式(2.3)和式(2.2)中分别给出的 $\mathbb{R}$ 和 $\mathbb{C}$。对于一个实序列 $\{x_n\}$，如果对任意的 $M>0$，都存在一个 $N\equiv N(M)$，使得对一切的 $n\geqslant N$ 有 $x_n\geqslant M$，那么该实序列 $\{x_n\}$ 随 $n\to\infty$ 发散至 ∞；

如果对任意的 $M>0$，都存在一个 $N\equiv N(M)$，使得对一切的 $n\geqslant N$ 有 $x_n\leqslant -M$，那么该实序列 $\{x_n\}$ 随 $n\to\infty$ 发散至 $-\infty$。

在此类情况下我们可写成：

$$\lim_{n\to\infty} x_n=\pm\infty \text{ 或 } x_n\to\pm\infty$$

而在所有其他情况下我们都称数列 $\{x_n\}$ 随着 $n\to\infty$ 而发散，或者更简单地称之为不收敛。

定义 5.3 如果一个实序列 $\{x_n\}$ 能够满足下面任何一个条件，该序列就是单调的(monotonic)：

对所有 n，有 $x_n<x_{n+1}$：严格递增；

对所有 n，有 $x_n\leqslant x_{n+1}$：递增，或不递减；

对所有 n，有 $x_n>x_{n+1}$：严格递减；

对所有 n，有 $x_n\geqslant x_{n+1}$：递减，或不递增；

如果一个实序列 $\{x_n\}$ 是单调的并且随着 $n\to\infty$ 收敛于极限 x，则称该实序列 $\{x_n\}$ 随着 $n\to\infty$ 单调收敛于极限 x。

这里应注意，尽管复序列的收敛性可以简单地用与实序列相似的形式来定义，如第 2.1.6 节中我们学习复数时已指出的那样，然而 $\mathbb{C}$ 并不像 $\mathbb{R}$ 那样可以排序，因此我们不能定义出一个单调的复序列或者单调收敛的复序列。我们还要注意到除了单调性问题之外，这些定义也没有推广到向量序列 $\boldsymbol{x}_n\in\mathbb{R}^n$，只有向量序列才能使式(2.3)由标准范数式(3.3)所替代。此外，这一收敛性定义仅仅适用于等价的形式。因此，如果标准范数下的 $\boldsymbol{x}_n\to\boldsymbol{x}$，对相应的 $1\leqslant p\leqslant\infty$ 条件下的 l_p—范数或其他任何等价的范数来说也是收敛的。更为一般的定义将在下文给出。

注释 5.2：上文中的定义提到“对任意的 $\epsilon>0$，都存在一个 $N\equiv N(\epsilon)$”，这句话开始接触时会很难理解。然而后面章节中反复多次提到了这一概念，因此在这里我们先将这一概念做扩充理解。一些人会对极限的直观概念有困惑，即“随着 n 的增大，x_n 趋近于 x”这句话很容易理解。但是需要处理的细节是：

- 收敛是否意味着我们能找到一个任意趋近于 x 的 x_n 值？
- 或者说收敛是否意味着所有 x_n 值最终都任意趋近于 x？

在一些情形下，前者较弱的定义或许就足够了，这一定义抓住了第 4.2.5 节介绍过的

聚点(accumulation point)或极限点(limit point)的基本概念。然而在很多应用中，我们需要更强的收敛性定义，即随着 $n \to \infty$ 并不只是一些 x_n 任意趋近于 x 就足够了，而是需要所有的 x_n 都要任意趋近于 x。这就是为什么我们要定义对一切的 $n \geqslant N$ 有 $|x_n - x| < \epsilon$ 的原因。

前面所述的收敛性定义似乎表明只要存在一个带有我们所需特性的与之相关的 N，我们就可以随机地得出任何 ϵ，如此收敛性的证明过程就完成了。而事实并非如此，术语"对任意的 $\epsilon > 0$，都存在一个 $N \equiv N(\epsilon)$"并不能被误认为 ϵ 可以由数学家任意选取。相反，这一概念是指数学家要确保存在一个 epsilons 序列 $\epsilon_j \to 0$，例如 $\epsilon_j = \frac{1}{j}$，使得在这一序列中的每一项都存在一个 $N_j \equiv N(\epsilon_j)$ 与之对应，从而使对任何 $n \geqslant N_j$，都有 $|x_n - x| < \epsilon_j$。换句话说，对任何一个这样的 ϵ_j，都存在一个 N_j，使得来自 x_{N_j} 序列中的所有项比 ϵ_j 更加趋近于 x。逻辑上来讲，随着 $\epsilon_j \to 0$，我们期望有 $N_j \to \infty$。这也就是说，由于我们坚持认为序列值会不断趋近于它的极限值，这就有必要剔除越来越多的序列初始值。因此一种好的对概念"对任意的 $\epsilon > 0$，都存在一个 $N \equiv N(\epsilon)$"的直观理解是"存在一个 epsilons 序列 $\epsilon_j \to 0$，以及相关联的 $N_j \equiv N(\epsilon_j)$，使得……"

这一定义导致的结果是一些人立即错误地认为只要 $n \geqslant N_j$，$-\epsilon_j < x - x_n < \epsilon_j$ 就成立，因此在这种错误取值范围的理解下，任何一个这样的 x_n 都可以当成是 x 的近似值。

例 5.2 让我们证明例 5.1 中序列 3 和序列 5 是否收敛于我们凭直觉判断得出的极限值 1 和 $0.5 + 0.6\iota$。首先证明序列 3：

$$|a_j - 1| = \frac{1}{j}$$

已知 $\epsilon > 0$，为了得出 $|a_j - 1| < \epsilon$，我们需要 $j > \frac{1}{\epsilon}$。因此 N 需要选择大于这个值的任意整数。我们对例 5.1 中的序列 5 使用三角形不等式定理，并且由 $|\iota| = 1$ 我们可以得出：

$$\begin{aligned} |z_n - (0.5 + 0.6\iota)| &= \left| \frac{-555}{4n + 1\,000} - \frac{0.36}{5n^3 + 6}\iota \right| \\ &\leqslant \frac{555}{4n + 1\,000} + \frac{0.36}{5n^3 + 6} \\ &< \frac{556}{4n + 1\,000} \end{aligned}$$

最后一个不等式的得出是由于，比如说 $n > 10$ 时有 $5n^3 + 6 > 4n + 1\,000$，这就足够了。已知 $\epsilon > 0$，为了得出 $|z_n - (0.5 + 0.6\iota)| < \epsilon$，需要 $n > \frac{556 - 1\,000\epsilon}{4\epsilon}$。因此 N 应选择大于这个值的值。

5.1.3 极限的性质

收敛性定义的第一个结论是如果一个数列收敛，那么它的极限必是唯一的。这对聚点的弱定义来说并不成立。

命题 5.1 如果 $\lim_{n\to\infty} x_n = x$ 且 $\lim_{n\to\infty} x_n = x'$，则 $x = x'$。

证明：当 $x = \pm\infty$ 时，这一结论显然可得：根据定义，一个序列不能既存在一个有限极限又发散至 $\pm\infty$，该序列也不能同时有 ∞ 和 $-\infty$ 两个极限。如果 x 和 x' 都是有限的，那么对任何一个 $\epsilon > 0$ 来说，存在一个 $N \equiv N(\epsilon)$，使得对所有 $n \geqslant N$ 有 $|x_n - x| < \epsilon$ 和 $|x_n - x'| < \epsilon$。事实上极限的定义确保了两个极限 N_1 和 N_2 的存在性，因此我们可以简单地定义 $N = \max(N_1, N_2)$。由三角形不等式定理可知：

$$|x - x'| \leqslant |x - x_n| + |x_n - x'| < 2\epsilon$$

由于上式对任何 $\epsilon > 0$ 都成立，因此我们得到结论 $x = x'$。 ■

另一个由收敛性定义得出的结论是收敛性意味着有界性。

命题 5.2 让 $\{x_n\}$ 成为一个收敛数列即 $x_n \to x$；那么 $\{x_n\}$ 是有界的。

证明：给定任意的 $\epsilon > 0$，例如 $\epsilon = 1$，设定 N 为一个相关整数使得对一切的 $n \geqslant N$ 有 $|x_n - x| < 1$。那么由三角形不等式定理可得：

$$|x_n| = |x_n - x + x| < 1 + |x| \text{ 对 } n \geqslant N \text{ 成立。}$$

对 $n < N$ 有 $|x_n| \leqslant \max_{n \leqslant N} |x_n|$，这也是有界的。因此所有的 $|x_n|$ 都以更大的 $1 + |x|$ 和 $\max_{n \leqslant N} |x_n|$ 为界。 ■

注释 5.3：注意前文中例 5.1 中的序列 4 表明有界未必收敛。

在算术运算下引出收敛的概念相对容易理解一些：

命题 5.3 让 $\{x_n\}$ 和 $\{y_n\}$ 成为收敛数列即 $x_n \to x$，$y_n \to y$，设 a 为一个实数或复数，那么：

(1) $ax_n \to ax$；

(2) $x_n + y_n \to x + y$；

(3) $x_n y_n \to xy$；

(4) 对于所有 n，$\dfrac{1}{y_n} \to \dfrac{1}{y}$，$y \neq 0$ 且 $y_n \neq 0$；

(5) 对于所有 n，$\dfrac{x_n}{y_n} \to \dfrac{x}{y}$，$y \neq 0$ 且 $y_n \neq 0$。

证明：我们用初始序列的收敛性来推出每种情况下的收敛性：

(1) 由式(2.3)或式(2.2)可得 $|ax_n - ax| = |a||x_n - x|$，因此假设 $a \neq 0$，如果 $|x_n - x| < \dfrac{\epsilon}{|a|}$，有 $|ax_n - ax| < \epsilon$。如果 $a = 0$，无须证明。

(2) 由式(2.7)中的三角形不等式定理可得 $|(x_n + y_n) - (x + y)| \leqslant |x_n - x| + |y_n - y|$，因此，如果右边每一个绝对值都以 $\dfrac{\epsilon}{2}$ 为界，那么 $|(x_n + y_n) - (x + y)| < \epsilon$。

(3) 再次运用三角形不等式定理得，$|x_n y_n - xy| \leqslant |x_n y_n - x_n y| + |x_n y - xy| = |x_n||y_n - y| + |y||x_n - x|$。因此如果 $y \neq 0$，当 $|y_n - y| < \dfrac{\epsilon}{2B}$ 时，$|x_n y_n - xy| < \epsilon$，这里 B 是 $\{|x_n|\}$ 的上界，且 $|x_n - x| < \dfrac{\epsilon}{2|y|}$。如果 $y = 0$，第二项去掉。

(4) $\left|\frac{1}{y_n}-\frac{1}{y}\right|=\left|\frac{y_n-y}{yy_n}\right|$。现在由于对所有 n 来说有 $y\neq 0$ 和 $y_n\neq 0$,我们可以令 $\epsilon=0.5|y|$。由收敛性我们可以知道 $y_n\to y$,对 $n>N_0$ 来说存在一个 N 使得 $|y_n-y|<0.5|y|$。现在考虑 $n>N_0$,$|y_n|>0.5|y|$ 和由此得到的 $|y_ny|>0.5|y|^2$ 和 $\left|\frac{1}{y_n}-\frac{1}{y}\right|<\frac{2|y_n-y|}{|y|^2}$。已知任意的 $\epsilon>0$,我们可得,如果 N 的取值使得 $|y_n-y|<0.5|y|^2\epsilon$,那么对 $n\geqslant\max(N, N_0)$ 来说有 $\left|\frac{1}{y_n}-\frac{1}{y}\right|<\epsilon$。

(5) 由 $\frac{x_n}{y_n}=x_n\left(\frac{1}{y_n}\right)$,根据以上(3)和(4)可以证明。 ■

尽管我们可以通过例子看出有界并不一定收敛,我们将前文例 5.1 中的序列 4 一般化可知有界是收敛性序列存在的必要条件。

命题 5.4 令 $\{x_n\}$ 是一个有界的收敛序列。那么存在一个子序列 $\{y_n\}\subset\{x_n\}$,并且存在 y 使得 $y_m\to y$。

证明:由于 $\mathbb{R}$ 和 $\mathbb{C}$ 在以式(2.3)和式(2.2)中定义的标准范数表示时都是度量空间,我们通过命题 5.2 可以得出,在 $\mathbb{R}$ 或 $\mathbb{C}$ 中存在一个闭球使得对某个 R 来说有 $\{x_n\}\subset\bar{B}_R(0)$。根据海涅—博雷尔定理可得,闭球在 $\mathbb{R}$ 和 $\mathbb{C}$ 中都是紧的,因此我们可以运用命题 4.6 所说的:在一个紧集中的任何一个无限的点集合必定含有一个聚点。这就是说,$\{x_n\}$ 有一个聚点 $y\in\bar{B}_R(0)$。因此对任何 $r>0$ 来说,$B_r(y)\cap\{x_n\}\neq\varnothing$。下面我们选择 $r_m\to 0$,并且对每一个 m 选择一个任意的 $y_m\in B_{r_m}(y)\cap\{x_n\}$。那么 $y_m\to y$,因为对任何一个 $\epsilon>0$,我们都可以选择任意的 $r_N<\epsilon$,并且这样设定之后,对所有的 $m\geqslant N$ 来说都有 $y_m\in B_{r_N}(y)$。这就是说,对所有 $m\geqslant N$ 都有 $|y_m-y|<\epsilon$。 ■

在上述证明过程中,读者可能会对"选择一个任意的 $y_m\in B_{r_m}(y)\cap\{x_n\}$"中暗含的明显的任意性产生困惑。然而,一是对于一个给定的 y,会有很多个 $\{y_m\}$ 使 $y_m\to y$,二是也有可能还存在很多其他的聚点。除此之外,这些聚点的总数可能是无限且不可数的。

例 5.3 令 $\{x_n\}$ 是 $[0, 1]$ 内的一个任意的有理数数列。那么每一个 $y\in[0, 1]$ 都是一个聚点。这可以通过一个以十进制展开的 $y=0.d_1d_2d_3\cdots$ 很容易地看出。如果 y 是一个以所有的 0 结尾的有理数,我们可以将其重写为一个以所有 9 结尾的等价的小数。例如,$0.5=0.499\,99\cdots$ 那么子序列就通过观察 r 的合理截断而生成:

$$0.d_1,\ 0.d_1d_2,\ 0.d_1d_2d_3,\ 0.d_1d_2d_3d_4,\ \cdots$$

定义 $y_1=0.d_1$。很明显,对某个 n_1 来说有 $0.d_1=x_{n_1}$。子序列的下一项 y_2 是第一个小数截断,$0.d_1d_2d_3\cdots d_m$,使得 $n_2>n_1$ 时有 $0.d_1d_2d_3\cdots d_m=x_{n_2}$。延续这种方法,我们就能获得子序列 $\{y_m\}$ 且 $y_m\to y$。

*5.2 上限和下限

前文的例子表明一个有界的数列不仅存在一个聚点,而且它的子序列收敛于这个聚点,但是它也可能存在很多个这样的聚点。正是由于这一原因,我们引入了序列的上限(limit superior)和下限(limit inferior)的概念。它们分别等价于所有聚点集合的最小上界

(l.u.b.)和最大下界(g.l.b.),但不幸的是这一等价形式并不显而易见。第 6 章将介绍这些概念在序列收敛性比率检验中的一个很小但重要的应用。

除此之外,这些极限的概念还在一些实证分析的前沿课题中有很大用处。然而我们现在就来介绍上限和下限的概念而不是等在之后更深奥的章节再介绍,因为这样会使得我们更为清晰地把握这些概念的本质。

在给出上限和下限的正式定义并进一步对其阐释之前,我们先来定义 l.u.b.和 g.l.b.并介绍其替代符号。

定义 5.4 设 $\{x_\alpha\}$ 是一个实数集合。最小上界或上确界定义为:

$$\text{l.u.b.}\{x_\alpha\}=\sup\{x_\alpha\}\equiv\min\{x \mid x\geqslant x_\alpha,\text{对所有 }\alpha\text{ 成立}\} \tag{5.2}$$

如果由前文得出 $\{x_\alpha\}$ 无界,我们定义 $\text{l.u.b.}\{x_\alpha\}=\sup\{x_\alpha\}\equiv\infty$。最大下界或下确界定义为:

$$\text{g.l.b.}\{x_\alpha\}=\inf\{x_\alpha\}\equiv\max\{x \mid x\leqslant x_\alpha,\text{对所有 }\alpha\text{ 成立}\} \tag{5.3}$$

如果由前文得出 $\{x_\alpha\}$ 无界,我们定义 $\text{g.l.b.}\{x_\alpha\}=\inf\{x_\alpha\}\equiv-\infty$。

注释 5.4:经常将 l.u.b.写为 lub,将 g.l.b.写为 glb。

下面我们给出上限和下限的正式定义,然后努力证明它们能够达到与给定序列的聚点的 g.l.b.和 l.u.b.相关的预期目标。

不幸的是,这个定义又需要我们使用大量细致的语言来给出其相对简单的直观意义。

定义 5.5 令 $\{x_n\}$ 为一个收敛序列。如果 $\sup\{x_n\}=\infty$,那么这意味着对所有 n 来说不存在一个 U 使得 $x_n\leqslant U$,此时我们定义 $\{x_n\}$ 的上限为 ∞,并把它表示为:

$$\limsup_{n\to\infty} x_n=\infty$$

如果对所有 n 来说存在一个 U 使得 $x_n\leqslant U$,令 $U_n=\sup_{m\geqslant n}\{x_m\}$,并且定义:

$$\limsup_{n\to\infty} x_n=\lim_{n\to\infty} U_n \tag{5.4}$$

简单来说,如果 $\inf\{x_n\}=-\infty$,这意味着对所有 n 来说不存在一个 L 使得 $L\leqslant x_n$,此时我们定义 $\{x_n\}$ 的下限为 $-\infty$,并把它表示为:

$$\liminf_{n\to\infty} x_n=-\infty$$

如果对所有 n 来说存在一个 L 使得 $L\leqslant x_n$,令 $L_n=\inf_{m\geqslant n}\{x_m\}$,并且定义:

$$\liminf_{n\to\infty} x_n=\lim_{n\to\infty} L_n \tag{5.5}$$

注释 5.5:在一些数学参考书中,用 $\overline{\lim_{n\to\infty}}\, x_n$ 来表示 $\{x_n\}$ 的上限,用 $\underline{\lim_{n\to\infty}}\, x_n$ 来表示 $\{x_n\}$ 的下限,然而我们在这本书中会使用上文所述的那种更为清楚的表示方法。

这些相当抽象的概念为我们学习序列聚点集合的 l.u.b.和 g.l.b.做了前期准备,但是在介绍这些概念之前,我们先来解决前文中遇到的一些术语。式(5.4)中的"lim sup"和式(5.5)中的"lim inf"都提到了随着 $n\to\infty$ 序列的极限。很自然我们会想问,当仅仅假定原始序列 $\{x_n\}$ 的一边有界时,为什么这些极限都是存在的?

下文的命题弥补了错失的细节信息,因为两个序列 U_n 和 L_n 都是单调的,我们可以通过下述内容来证明:

$$U_n = \sup_{m \geqslant n}\{x_m\} \geqslant \sup_{m \geqslant n+1}\{x_m\} = U_{n+1} \tag{5.6a}$$

$$L_n = \inf_{m \geqslant n}\{x_m\} \leqslant \inf_{m \geqslant n+1}\{x_m\} = L_{n+1} \tag{5.6b}$$

因此 U_n 是单调递减的，L_n 是单调递增的，不过这些单调性都不需要是严格单调。

另一个结论是，一个单调序列是收敛还是发散至 $\pm\infty$ 要取决于其有界还是无界。

命题 5.5 如果 $\{x_n\}$ 是单调递减的，那么若由前文能推出该序列无界，则 $\lim\limits_{n\to\infty} x_n = -\infty$；否则，将存在一个 x 使得 $\lim\limits_{n\to\infty} x_n = x$。同理，如果 $\{x_n\}$ 是单调递增的，我们可以由该序列是无界还是有界分别推知 $\lim\limits_{n\to\infty} x_n = \infty$ 或 $\lim\limits_{n\to\infty} x_n = x$。

证明：无界序列的证明过程很显然。例如，如果由前面推知无界，我们可以得知对任何一个正整数 M 来说，存在一个 N 使得 $x_N \leqslant -M$，但是由单调递减的假设我们可以推知：当 $n \geqslant N$ 时 $x_N \leqslant -M$，并且我们有 $\lim\limits_{n\to\infty} x_n = -\infty$。如果有界，我们由命题 5.4 可知 $\{x_n\}$ 存在一个聚点 x 和一个子序列 $\{y_m\}$ 使得 $y_m \to x$。由收敛性定义我们可知，对任何一个 $\epsilon > 0$，当 $m \geqslant N$ 时存在一个 $N \equiv N(\epsilon)$ 使得 $|y_m - x| < \epsilon$。现在我们知道 x 实际上是原始序列的极限，并有 $\lim\limits_{n\to\infty} x_n = x$。首先，选择一个 N' 定义 $x_{N'} = y_{N+1}$。然后，如果 $\{x_n\}$ 是单调递减的，对任何 $n \geqslant N'$ 选择 $y_{m(n)}$ 和 $y_{m(n)+1}$ 使得 $y_{m(n)+1} \leqslant x_n \leqslant y_{m(n)}$。由假设 $m(n) \geqslant N$ 知 $|x_n - x| \leqslant |y_{m(n)} - x| < \epsilon$，单调递增的例子的证明过程与之类似，不同的只是我们有 $y_{m(n)} \leqslant x_n \leqslant y_{m(n)+1}$ 和 $|x_n - x| \leqslant |y_{m(n)+1} - x| < \epsilon$。 ■

现在我们回到上限和下限的关系以及序列 $\{x_n\}$ 的聚点上去。我们已知正式的定义，然而上限和下限的定义如何实现我们最开始的目标尚不清楚，即运用这一定义如何来定义序列 $\{x_n\}$ 的所有聚点的 g.l.b.和 l.u.b.。下面的命题就要阐释这一联系。

命题 5.6 已知序列 $\{x_n\}$，令 $\{z_k\}$ 表示聚点集合。那么：

$$\limsup_{n\to\infty} x_n = \text{l.u.b.}\{z_k\} \tag{5.7a}$$

$$\liminf_{n\to\infty} x_n = \text{g.l.b.}\{z_k\} \tag{5.7b}$$

证明：首先，如果序列 $\{x_n\}$ 可由前面推知无界，那么由定义可知存在一个子序列 $\{y_n\}$ 使得 $y_n \to \infty$，因此有 $\infty \in \{z_k\}$，以及 $\limsup\limits_{n\to\infty} x_n = \infty$。同理，如果由前面推知无界，那么就存在一个子序列 $\{y_n'\}$ 使得 $y_n' \to -\infty$，因此我们有 $-\infty \in \{z_k\}$，以及 $\liminf\limits_{n\to\infty} x_n = -\infty$。因此在上述例子中我们的聚点集合的预期目标达到了。另一方面，如果由前面推知有界，那么由于序列 $\{U_n\}$ 必定是单调递减的，由上文的命题可知它存在一个有限极限或是发散至 $-\infty$。如果 $U_n \to U'$，即存在一个有限极限，我们可得知 U' 是所有聚点的上确界或 l.u.b.。为了证明这一点，我们由 $U_n \to U'$ 的定义可知，对任何的 $\epsilon > 0$，都存在一个 N 使得当 $n \geqslant N$ 时有 $|U_n - U'| < \epsilon$。现在，由于 $U_n = \sup\limits_{m \geqslant n}\{x_m\}$，我们可以找到一个 $x_{m(n)}$ 值使得 $|U_n - x_{m(n)}| < \frac{1}{n}$。定义 $y_n \equiv x_{m(n)}$，那么由三角形不等式定理可知：

$$|y_n - U'| \leqslant |y_n - U_n| + |U_n - U'| < \epsilon + \frac{1}{n}$$

因此 $U' \in \{z_k\}$，所以我们有 $y_n \to U'$。因为根据 U_n 的定义我们有 $U_n \geqslant \sup\{y_j' \mid y_j' = x_m$ 且 $m \geqslant n\}$，所以不存在子序列 $\{y_n'\}$ 使得 $y_n' \to U''$ 且 $U'' > U'$。因此由 $U_n \to U$ 我们不能

得出 $y'_n \to U''$ 且 $U'' > U'$。

当 $U_n \to -\infty$，$L_n \to L' < \infty$ 以及 $L_n \to \infty$ 的例子同理可证。 ■

例 5.4 定义序列：

$$x_n = \begin{cases} 3-(-1/n)^n & n = 3m \\ (-1)^n((n+1)/n) & n = 3m+1,\ m = 0,\ 1,\ 2,\ \cdots \\ (-3/4)^n & n = 3m+2 \end{cases}$$

该序列有四个聚点。$n=3m$ 的子序列收敛至 3；$n=3m+1$ 的子序列有两个子序列并且分别收敛至 -1 和 $+1$；$n=3m+2$ 的子序列收敛至 0。因此我们由上文命题可以得出，它一定是一个 $\lim\limits_{n\to\infty}\sup x_n = 3$ 和 $\lim\limits_{n\to\infty}\inf x_n = -1$ 的例子。现在有：

$$U_n = \sup_{m\geqslant n}\{x_m\} = 3 + \left(\frac{1}{n'}\right)^{n'}$$

$$L_n = \inf_{m\geqslant n}\{x_m\} = -\frac{n''+1}{n''}$$

其中 $n' = \min\{3m \mid 3m \geqslant n$ 且 $3m$ 是偶数$\}$，且 $n'' = \min\{3m+1 \mid 3m+1 \geqslant n$ 且 $3m+1$ 是奇数$\}$。我们可以得出 $\{U_n\}$ 和 $\{L_n\}$ 都是单调收敛序列，并且有 $U_n \to 3$ 和 $L_n \to -1$。

总之，我们从这一命题得出，上限等价于 $\{x_n\}$ 的所有聚点的上确界，下限等价于 $\{x_n\}$ 的所有聚点的下确界。基于这一结论，下面命题的结论也就不足为奇了。在理论应用中这一结论可以为寻求一个收敛数列的极限提供有用且高效的方法，因为在有些序列中上限和下限比它本身的极限更容易估计，而这些情况下都需要我们了解什么样的序列通常是更易掌控的。

命题 5.7 令 $\{x_n\}$ 为一个数列。那么，对 $-\infty \leqslant x \leqslant \infty$ 来说，当且仅当 $\lim\limits_{n\to\infty}\inf x_n = \lim\limits_{n\to\infty}\sup x_n = x$ 时，$\lim\limits_{n\to\infty} x_n = x$。

证明：我们考虑三个例子。证明过程是“从定义”到得出逻辑结论的一个很好的应用：

(1) 对 $x=\infty$ 来说，如果 $x_n \to \infty$，那么对任意的 M 来说，都存在一个 N，使得对 $n \geqslant N$ 有 $x_n \geqslant M$。因此 $\{x_n\}$ 由前面推知无界且 $\lim\limits_{n\to\infty}\sup x_n = \infty$。并且，对 $n > N$ 有 $L_n = \inf\limits_{m\geqslant n}\{x_m\} \geqslant M$，因此随着 $n \to \infty$ 有 $L_n \to \infty$，即 $\lim\limits_{n\to\infty}\inf x_n = \infty$。反之，如果 $\lim\limits_{n\to\infty}\inf x_n = \lim\limits_{n\to\infty}\sup x_n = \infty$，那么随着 $n \to \infty$ 有 $L_n = \inf\limits_{m\geqslant n}\{x_m\} \to \infty$。也即，对任意的 M 来说，都存在一个 N，使得对 $n \geqslant N$ 有 $L_n \geqslant M$。因此，由 L_n 的定义可知，对 $n \geqslant N$ 有 $x_n \geqslant M$ 且 $x_n \to \infty$。

(2) 对 $x = -\infty$，证明过程完全相同。

(3) 对 $-\infty \leqslant x \leqslant \infty$，如果 $x_n \to x$，那么对任何 ϵ，都存在一个 N，使得对 $n \geqslant N$ 有 $|x_n - x| < \epsilon$。也即，对 $n \geqslant N$ 有 $x-\epsilon < x_n < x+\epsilon$，因此 $x-\epsilon < L_n$，$U_n < x+\epsilon$，并且我们得出 $\lim\limits_{n\to\infty}\inf x_n = \lim\limits_{n\to\infty}\sup x_n = x$。反之，$\lim\limits_{n\to\infty}\inf x_n = \lim\limits_{n\to\infty}\sup x_n = x$ 意味着对任何 ϵ，都存在一个 N，使得 $|L_n - x| < \epsilon$ 并且对 $n \geqslant N$ 有 $|U_n - x| < \epsilon$，因此，又由 U_n 和 L_n 的定义，我们可知，对 $n \geqslant N$ 有 $|x_n - x| < \epsilon$ 且 $x_n \to x$。 ■

下一个结论表明区间端点与上限和下限相等，如果稍微任意地扩大一点，原始序列 $\{x_n\}$ 的所有的但有限多个值将被包括在内。

命题 5.8 如果 $L^S=\limsup\limits_{n\to\infty} x_n$ 并且 $L^I=\liminf\limits_{n\to\infty} x_n$，那么对任何 $\epsilon>0$，都存在一个 N，使得对所有 $n\geqslant N$ 有：

$$L^I-\epsilon\leqslant x_n\leqslant L^S+\epsilon \tag{5.8}$$

证明：我们运用反证法证明上述不等式。假设对任何 $\epsilon>0$，都存在有限多个序列值满足 $x_j>L^S+\epsilon$。那么，对任何 n 都有 $U_n=\sup\limits_{m\geqslant n}\{x_m\}>L^S+\epsilon$，并且有 $\limsup\limits_{n\to\infty} x_n=\lim\limits_{n\to\infty} U_n\geqslant L^S+\epsilon$，这与 L^S 的定义相矛盾。 ■

上文讨论的例 5.3 任意取了 $[0,1]$ 内的一些有理数，这也引入了一个在后面章节中发挥极为重要作用的问题。这个问题是，如果一个序列 $\{x_n\}\subset X$，其中 X 是 $\mathbb{R}$ 和 $\mathbb{C}$ 的一个子集，并且 $x_n\to x$，那么 x 必须是这个子集中的一个元素吗？答案是“不是”，我们给出两个可能发生的例子。

例 5.5 (1) 如果 $X=(0,1)$，那么 $\left\{\dfrac{1}{n}\right\}$ 和 $\left\{1-\dfrac{1}{n}\right\}$ 都收敛，但是并不收敛于 X 内的一点。另一方面，任何一个收敛序列 $\{x_n\}\subset[a,b]\subset(0,1)$ 必定收敛于 X 内的一点。

(2) 如果 $X=\mathbb{Q}$，即有理数，那么正如例 5.3 描述的那样，一些序列收敛于 X 内的一点，而另一些收敛于 X 外的一点。

下一节我们将把序列的概念推广到一个任意的度量空间，此时 $x\in X$ 将成为收敛性判断标准的一部分。

*5.3 一般的度量空间序列

前面的章节主要讲了数列的特性。然而，如果我们回顾各种证明过程，我们会清楚看到大部分情况下都没有用到 $\mathbb{R}$ 或 $\mathbb{C}$ 的特性，只有存在度量或距离函数 $d(x,y)=|x-y|$ 时例外，这一函数是用于度量“贴近程度”的。一个我们用到的 $\mathbb{R}$ 或 $\mathbb{C}$ 的特性是海涅—博雷尔定理，该定理让我们知道一个有界序列存在于一个紧集中，因此该序列是一个收敛序列。

最终我们预计，可以在由式(3.18)定义的标准度量范数下定义一个序列 $\{\boldsymbol{x}_n\}\subset\mathbb{R}^n$ 以及它们的收敛性，或者在由式(3.10)定义的 l_p—范数下定义。这一收敛性概念将适用于下面章节的所有特性，因为在这一节我们又一次用到了海涅—博雷尔定理。此外，在等价度量 d 和 d' 下的收敛性概念也是等价的，即在 d 下的 $\boldsymbol{x}_n\to\boldsymbol{x}$，当且仅当在 d' 下的 $\boldsymbol{x}_n\to\boldsymbol{x}$。

更广义地来讲，如果 $\{x_n\}\subset X$，且此时 (X,d) 是一个一般度量空间，那么我们可以重新定义收敛性，这样就可以将所有的特性包括在内。然而，在这样广义的情境下，收敛性定义必须以明确地规定 $x\in X$ 为前提。这是因为对于一个一般度量空间来说，如果 $\{\boldsymbol{x}_n\}\subset X$ 且 $\boldsymbol{x}\notin X$，那么 $d(\boldsymbol{x}_n,\boldsymbol{x})<\epsilon$ 就无法很好地进行定义。并且，我们发现在这一一般度量空间的情况下，我们有两大难题是在 $\mathbb{R}$、$\mathbb{R}^n$ 或 $\mathbb{C}$ 的情况下从未遇到过的。

(1) 在一般度量空间的情境下，诸如加法这样的数值运算无法定义。如果对它们进行定义，那么上文中提到的有极限序列的算术运算仍是有效的。

(2) 在一般度量空间的情境下，我们不一定能得出海涅—博雷尔定理成立。也就是说，一个有界的闭集合不一定是紧集合(反之也成立，证明见命题4.6)。因此，一个有界的序列不一定包含于一个紧集中，并且它不一定含有收敛的子序列。

下面我们给出定义和特性，其中特性一般没有给出证明过程，读者可以根据上文的论据自己证明一下作为练习。

定义 5.6 设 (X, d) 是一个度量空间。以 $\{\boldsymbol{x}_n\}$、$\{\boldsymbol{z}_n\}$ 等形式表示的序列是一个元素 X 的可数且无限的集合，其排序用如下形式表示：

$$\{\boldsymbol{x}_n\} \equiv \boldsymbol{x}_1, \boldsymbol{x}_2, \boldsymbol{x}_3, \cdots$$

如果存在一个数字 D 和一个元素 $\boldsymbol{y} \in X$，使得对所有 n 来说有 $d(\boldsymbol{y}, \boldsymbol{x}_n) \leqslant D$，则称该序列有界。一个序列的子序列是一个保持原有排序不变的可数且无限的子集合。也即，$\{\boldsymbol{y}_m\}$ 是 $\{\boldsymbol{x}_n\}$ 的一个子序列，如果：$\boldsymbol{y}_m = \boldsymbol{x}_{n_m}$ 且 $n_{m+1} > n_m$ 对所有 m 成立。

我们注意到在有界的定义中并未对已确定的 y 有特殊规定，我们就从这一点出发。

命题 5.9 如果 $\{\boldsymbol{x}_n\} \subset X$，$X$ 是一个度量空间，并且 $\{\boldsymbol{x}_n\}$ 有界，那么对所有的 $\boldsymbol{y}' \in X$ 来说，存在一个 $D(\boldsymbol{y}')$ 使得对所有 n 有 $d(\boldsymbol{y}', \boldsymbol{x}_n) \leqslant D(\boldsymbol{y}')$。

证明：设 $\boldsymbol{y}$ 和 D 按照有界的定义那样给出，并且设 $\boldsymbol{y}' \in X$ 是任意的。那么由三角形不等式定理可知：

$$d(\boldsymbol{y}', \boldsymbol{x}_n) \leqslant d(\boldsymbol{y}', \boldsymbol{y}) + d(\boldsymbol{y}, \boldsymbol{x}_n) \leqslant d(\boldsymbol{y}', \boldsymbol{y}) + D$$

因此 $D(\boldsymbol{y}') = d(\boldsymbol{y}', \boldsymbol{y}) + D$。 ■

下面我们定义收敛性。

定义 5.7 如果对任意的 $\epsilon > 0$，都存在一个 $N \equiv N(\epsilon)$，使得对 $n \geqslant N$ 来说有：

$$d(\boldsymbol{x}_n, \boldsymbol{x}) < \epsilon \tag{5.9}$$

则称该序列 $\{\boldsymbol{x}_n\} \subset (X, d)$ 随着 $n \to \infty$ 收敛于极限 $\boldsymbol{x} \in X$，其中 (X, d) 是一个度量空间。这种情况下我们写为：

$$\lim_{n\to\infty} \boldsymbol{x}_n = \boldsymbol{x} \text{ 或 } \boldsymbol{x}_n \to \boldsymbol{x}$$

如果 $\{\boldsymbol{x}_n\}$ 并不收敛，我们称它随着 $n \to \infty$ 而发散，或者简单地称之为不收敛。

我们注意到在包含了 $\mathbb{R}$、$\mathbb{C}$ 和 $\mathbb{R}^n$ 情形的度量空间的广义情境下，收敛性概念并不再像它第一次出现时那样需要依赖于度量的概念。我们说等价度量的结果也可称之为拓扑等价，然而回忆一下这对李普希茨等价度量(Lipschitz equivalent metrics)同样是成立的，由命题3.11可知李普希茨等价度量也便意味着拓扑等价。

命题 5.10 设 X 是在两个等价度量 d_1 和 d_2 下的一个度量空间。那么序列 $\{\boldsymbol{x}_n\} \subset X$ 在 (X, d_1) 内收敛于 $\boldsymbol{x}$，当且仅当 $\{\boldsymbol{x}_n\}$ 在 (X, d_2) 内收敛于 $\boldsymbol{x}$。

证明：由于在 (X, d_1) 内 $\boldsymbol{x}_n \to \boldsymbol{x}$，我们得到对任意的 $\epsilon' > 0$，存在一个 $N \equiv N(\epsilon')$ 使得对 $n \geqslant N(\epsilon')$ 来说有 $d_1(\boldsymbol{x}_n, \boldsymbol{x}) < \epsilon'$。换句话说即，$\{\boldsymbol{x}_n\}_{n=N(\epsilon')}^{\infty} \subset B_{\epsilon'}^{(1)}(\boldsymbol{x})$，$B_{\epsilon'}^{(1)}(\boldsymbol{x})$ 表示以 d_1 度量的半径 ϵ' 的 $\boldsymbol{x}$ 的开球。为了表明在 (X, d_2) 内的收敛性，令 $\epsilon > 0$ 已知。由式(3.35)可知存在一个 ϵ' 使得 $B_{\epsilon'}^{(1)}(\boldsymbol{x}) \subset B_{\epsilon}^{(2)}(\boldsymbol{x})$。然而由前文可知，对这个 ϵ' 来说有，$\{\boldsymbol{x}_n\}_{n=N(\epsilon')}^{\infty} \subset B_{\epsilon'}^{(1)}(\boldsymbol{x}) \subset B_{\epsilon}^{(2)}(\boldsymbol{x})$，因此对 $n \geqslant N(\epsilon')$ 来说有 $d_2(\boldsymbol{x}_n, \boldsymbol{x}) < \epsilon$。反之，证明过程也是一样的。 ■

现在我们记下在这一广义情境即在已知度量空间 (X, d) 的条件下得出的这些收敛性结论。

命题 5.11 如果 $\{\boldsymbol{x}_n\} \subset X$ 是一个收敛序列,且 $\lim\limits_{n\to\infty} \boldsymbol{x}_n = \boldsymbol{x}$ 和 $\lim\limits_{n\to\infty} \boldsymbol{x}_n = \boldsymbol{x}'$,那么 $\boldsymbol{x} = \boldsymbol{x}'$。

命题 5.12 如果 $\{\boldsymbol{x}_n\} \subset X$ 是一个收敛序列,且 $\{\boldsymbol{x}_n\} \to \boldsymbol{x}$,那么 $\{\boldsymbol{x}_n\}$ 是有界的。

下一个命题需要特别注意,因为一般度量空间不一定存在算术运算。回想一下,由定义可知,X 可以是任何一个已定义度量的点集合。然而,很多我们感兴趣的度量空间都是向量空间,这就需要加法和标量乘法运算,因此我们不加证明地给出这一结论,因为其证明过程与上文相同。这些向量空间被称为(*实数或复数的*)*线性度量空间*(real or complex linear metric spaces),具体要看该向量空间结构是以实数还是复数为基准。当然,$\mathbb{R}^n$ 是实数线性度量空间的一个经典例子,相应地,$\mathbb{C}^n$ 也是复数线性度量空间的一个经典例子。

命题 5.13 令 $\{\boldsymbol{x}_n\}$ 和 $\{\boldsymbol{y}_n\}$ 是收敛序列,且两者都在一个线性度量空间 X 上有 $\{\boldsymbol{x}_n\} \to \boldsymbol{x}$ 和 $\{\boldsymbol{y}_n\} \to \boldsymbol{y}$,设 a 为一个标量。那么我们有:

(1) $a\boldsymbol{x}_n \to a\boldsymbol{x}$;

(2) $\boldsymbol{x}_n + \boldsymbol{y}_n \to \boldsymbol{x} + \boldsymbol{y}$。

前文的注释已提到,一般度量空间内的一个有界序列不一定包含于该度量空间内的一个紧集。该序列包含于一个有界的闭集合中,但一般这一集合并不一定是紧集。因此,如果该序列不包含于一个紧集,那么它也不一定有一个聚点,因此也就不一定有一个收敛的子序列。若想保证每一个有界序列都包含于一个紧集,一种方法是引入*紧度量空间*(compact metric space)的概念。

定义 5.8 如果 X 的每一个开覆盖都包含一个有限的子覆盖,则称一个度量空间 (X, d) 是紧的。

命题 5.14 令 $\{\boldsymbol{x}_n\} \subset \mathbb{R}^n$ 为一个有界序列,或者令 $\{\boldsymbol{x}_n\} \subset X$,即一个一般序列包含于一个紧度量空间。那么存在一个子序列 $\{\boldsymbol{y}_m\} \subset \{\boldsymbol{x}_n\}$ 使得 $\boldsymbol{y}_m \to \boldsymbol{y}$,其中第一种情况下 $\boldsymbol{y} \in \mathbb{R}^n$,第二种情况下 $\boldsymbol{y} \in X$。

证明:在第一种情况下,有界意味着对任何 $\boldsymbol{x} \in \mathbb{R}^n$ 来说有 $\{\boldsymbol{x}_n\} \subset \bar{B}_R(\boldsymbol{x})$,其中 R 一般取决于 $\boldsymbol{x}$。现在,在 $\mathbb{R}^n$ 中,$\bar{B}_R(\boldsymbol{x})$ 是闭球且有界的,因此由海涅—博雷尔定理可知,它也是紧的,由命题 4.6 可知在 $\bar{B}_R(\boldsymbol{x})$ 中存在一个聚点。如同命题 5.4 所说,我们因此可以构造一个收敛的子序列。如果 X 是紧的,我们由矛盾和假设可以得知这样的聚点并不存在。那么对每一个点 $\boldsymbol{x}_n$ 来说,都能构造一个不包含序列中其他点的开球 $B_{r_n}(\boldsymbol{x}_n)$。我们定义集合 A 为 $A \equiv X \sim [\bigcup B_{r_n/2}(\boldsymbol{x}_n)]$,该集合是开集合,因为 X 中 A 的补集是闭集合 $\overline{[\bigcup B_{r_n/2}(\boldsymbol{x}_n)]}$。有了 A 和 $\{B_{r_n}(\boldsymbol{x}_n)\}$ 后,我们现在得到了一个不容许任何有限子覆盖存在的 X 的开覆盖,因为每一个 $B_{r_n}(\boldsymbol{x}_n)$ 仅包含 X 的一个点。这与 X 是紧的相矛盾,因此 $\{\boldsymbol{x}_n\}$ 必定在 X 中含有一个聚点。■

在一个紧度量空间里,序列存在一个围绕某个点并且"意欲"收敛于该点的子序列,至少从直觉上来认识这一点不足为奇。而在这个一般的例子中,我们应当感到惊讶的是这个子序列收敛于一点 $\boldsymbol{y} \in X$。我们的疑惑是,X 为什么不存在一些"漏洞",使得有界序列收敛于该漏洞而不收敛于 X 内的一点?

例 5.6 运用标准度量,假设"显然紧的"度量空间 $X \equiv [0, 1] \cap \mathbb{Q}$ 是由所有满足 $0 \leqslant q \leqslant 1$ 的有理数 q 组成的。我们很容易在 X 中产生一个收敛于其漏洞的序列,该漏洞应当

会是一个无理数 $y \in [0, 1]$，一种简单的方法是以 y 的有理小数近似值来定义该序列。这与命题 5.14 相矛盾，因此这样就可以更细致地检验我们的假设。由于 X 显然是一个标准度量下的度量空间，我们要得出的结论是它必定是紧的。那么 X 是紧的吗？

如果使 X 是紧的，那么 X 的任何一个开覆盖都必须含有一个有限且开的子覆盖。因此必须存在一个不能被这么简化掉的无限的开覆盖。回想一下在第 4 章中的练习 12，怎样建立这样一个覆盖来表明 $(0, 1)$ 不是紧的。我们所用的技巧是，由于 0 并不需要覆盖，因此我们可以建立一个轻微重叠的开区间集合，该集合覆盖了 0 到 1 内的全部实数，但是找不到其他能实现这一功能的有限子覆盖。这种技巧在这里同样适用，因为我们可以用任意的无理数 y 来分离 X，即：

$$X = [[0, y) \cap \mathbb{Q}] \cup [(y, 1] \cap \mathbb{Q}]$$

现在练习 12 中的构造技巧可以用于 $[0, y)$ 和 $(y, 1]$ 中去，因为两者都不是紧集，这样就产生了 $[0, y) \cup (y, 1]$ 的一个开覆盖，并且该开覆盖不存在有限的子覆盖。又因为这也是 X 的一个不存在有限子覆盖的开覆盖，因此我们得出 X 不是紧的。

证明一个紧度量空间没有漏洞的另外一种更简便的方法是运用命题 4.6 的知识，即一个紧集是闭合的，因此它必定包含它所有的极限点。很明显上例中的 X 并不包含所有的极限点，因此它不是闭合的也不是紧的。

5.4 柯西序列

5.4.1 定义及性质

在实际应用中，给定一个序列 $\{x_n\} \subset X$，其中 X 是欧几里得空间或度量空间，而将该定义应用于收敛性的一大主要挑战是该定义需要用到极限值 x 的知识。柯西序列(Cauchy sequence)以奥古斯丁・路易・柯西(Augustin Louis Cauchy，1759—1857)命名，这一概念的提出使我们在很多情况下能够判别一个序列是否收敛而不用事先知道其极限值。该定义的主旨是：如果序列的顺序数被要求超过某一值，那么我们会发现序列中所有的两点都是任意接近的。具体来说即：

定义 5.9 称一个序列 $\{x_n\} \subset X$ 是一个柯西序列，或满足柯西准则，其中 (X, d) 是一个度量空间，如果对任意的 $\epsilon > 0$ 都存在一个 $N = N(\epsilon)$ 使得：

$$d(x_n, x_m) < \epsilon, \text{其中 } n, m \geqslant N \tag{5.10}$$

例 5.7 (1) 考虑例 5.1 中序列 3：$a_j \equiv \dfrac{j-1}{j}$。那么由三角形不等式定理可知：

$$|a_n - a_m| = \left|\frac{n-m}{mn}\right| \leqslant \frac{1}{n} + \frac{1}{m}$$

因此，为了得到 $|a_n - a_m| < \epsilon$，选择 $n, m > \dfrac{2}{\epsilon}$。换句话说即，将 N 定义为大于 $\dfrac{2}{\epsilon}$ 的任意整数。

(2) 考虑一个由调和级数(harmonic series)定义的序列:$x_n = \sum_{j=1}^{n} \frac{1}{j}$。那么给定 m,令 $n = 2m$,有:

$$|x_{2m} - x_m| = \sum_{j=m+1}^{2m} \frac{1}{j} > m\left(\frac{1}{2m}\right) = \frac{1}{2}$$

换句话说即,无论 m 多大,序列中从 m 至 $2m$ 各项的和大于 $\frac{1}{2}$,因此该序列不是一个柯西序列,并且也不收敛。由于该序列很明显是单调递增的,我们可以得出 $x_n \to \infty$。

我们注意到在包含了 $\mathbb{R}$、$\mathbb{C}$、$\mathbb{R}^n$ 和 $\mathbb{C}^n$ 情形的度量空间的一般情形下,柯西序列的概念不再像它第一次出现时那样是取决于度量的。

命题 5.15 设 X 是在两个等价度量 d_1 和 d_2 下的一个度量空间。那么序列 $\{x_n\} \subset X$ 是一个在 (X, d_1) 内的柯西序列,当且仅当 $\{x_n\}$ 是一个在 (X, d_2) 内的柯西序列。

证明:证明过程与命题 5.10 中关于序列收敛性的证明过程相同,并且练习 13(1)中也已给出。 ■

柯西序列的定义比收敛于 x 的定义更为复杂,因为式(5.10)中的条件要应用到序列号大于 N 的所有成对的点 (n, m) 上去,而不是简单地将其应用到序列号大于 N 的单个序列项上去。这一定义可以以一种逻辑上更为简单的说法重述,不过我们几乎从不这么定义。这两种等价定义的证明过程在练习 7 中给出。

定义 5.10 称一个序列 $\{x_n\} \subset X$ 是一个柯西序列,或满足柯西准则,其中 (X, d) 是一个度量空间,如果对任意的 $\epsilon > 0$ 都存在一个 $N = N(\epsilon)$ 使得:

$$d(x_N, x_n) < \epsilon, \ n \geqslant N \tag{5.11}$$

下面我们探究序列收敛性与序列是一个柯西序列之间的关系。首先,如同在收敛性序列中那样,我们证明在一个度量空间内的每一个柯西序列都是有界的。

命题 5.16 如果 (X, d) 是一个度量空间并且 $\{x_n\} \subset X$ 是一个柯西序列,那么 $\{x_n\}$ 是有界的。

证明:任意选择 $\epsilon > 0$。因为 $\{x_n\}$ 是一个柯西序列,那么存在一个 N 使得 $d(x_n, x_m) < \epsilon$,其中 $n, m \geqslant N$。特别地,$d(x_n, x_N) < \epsilon$,其中 $n \geqslant N$。现在,如果 $B = \max_{n<N} d(x_n, x_N)$,那么当 $x = x_N$ 时对所有 n 来说,我们有 $d(x_n, x) < \max(\epsilon, B)$,因此 $\{x_n\}$ 是有界的。■

很容易证明每一个收敛序列实际上都是一个柯西序列。

命题 5.17 如果 $\{x_n\} \subset X$,其中 X 是一个度量空间并且有 $x_n \to x$,那么 $\{x_n\}$ 是一个柯西序列。

证明:由三角形不等式定理可知:

$$d(x_n, x_m) \leqslant d(x_n, x) + d(x, x_m)$$

现在,如果给定 $\epsilon > 0$,选择一个 N 使得对所有 $n \geqslant N$ 来说有 $d(x_n, x) < \frac{\epsilon}{2}$。由上面的不等式我们得出对所有 $n, m \geqslant N$ 有 $d(x_n, x_m) < \epsilon$。 ■

尽管最后这一结论很有趣,但在实际应用中它的逆命题更有价值。比如说,什么时候一个柯西序列是收敛的?答案很容易给出:"不一定"。

例 5.8 (1) 设 $\{x_n\}=\left\{\frac{1}{n}\right\}$ 在以式(3.18)的标准度量表示的度量空间 $X=(0, 1)\subset\mathbb{R}$ 中。这是一个柯西序列,并且我们很容易证明对任意的 $N>\frac{1}{\epsilon}$ 来说有 $d(x_n, x_m)<\epsilon$,其中 $n, m\geqslant N$。然而,该序列显然在 X 内不收敛。并且在这一情况下,X 显然可以在某种程度上加以扩大或完备至它在 $\mathbb{R}$ 内的闭球 $\bar{X}=[0, 1]$,而在这一度量空间内我们可以得出其收敛性。

(2) 在例 5.6 中,以标准度量范数引入了 $X=\mathbb{Q}\cap[0, 1]$,并且证明了对任何一个实数 $y\in[0, 1]$,都存在一个序列 $\{y_n\}\subset X$ 使得 $y_n\to y$。由上文命题可知,所有这样的序列都是柯西序列。然而,当选择 y 为有理数时,这些序列仅仅在 X 内收敛。此外,我们发现这一度量空间可以通过扩大至 $\bar{X}=[0, 1]$ 来加以完备,并且这样之后,所有这些柯西序列都收敛至 X 内一点。

为了发展上述结论,我们注意到之前已经证明如果 $\{x_n\}\subset X$ 是一个在任一度量空间内的柯西序列,那么它就是有界的,因此收敛性问题就与聚点问题密切联系起来了。而我们由前文可知,如果 $X=\mathbb{R}$,$\mathbb{C}$,$\mathbb{R}^n$(还有 $\mathbb{C}^n$,尽管未经证明)或者如果 X 是一个紧度量空间,那么这样的聚点就存在。尽管上文由海涅—博雷尔定理得出的结论在 $\mathbb{C}^n$ 中仍旧成立,但是我们将放弃使用这一结论,因为这一定理在该种情况下并未加以证明,而在这本书中我们不需要这一结论。

命题 5.18 如果 $\{x_n\}\subset X$ 是一个柯西序列,其中 $X=\mathbb{R}$,$\mathbb{C}$,$\mathbb{R}^n$,或 X 是一个紧度量空间,那么存在一个 $x\in X$ 使得 $x_n\to x$。

证明:在所有情况下我们都能得出 $\{x_n\}$ 是有界的,并且对任意的 $\epsilon>0$ 来说,都存在一个 N 使得对 $n, m\geqslant N$ 来说有 $|x_n-x_m|<\epsilon$。也即:

$$\{x_n\}_{n=N}^{\infty}\in\bar{B}_{\epsilon}(x_N)$$

选择 $\epsilon_j=\frac{1}{j}$,并且令 N_j 是一个相关的整数。那么随着 $j\to\infty$,有:

$$\{x_n\}_{n=N_j}^{\infty}\in\bar{B}_{1/j}(x_{N_j})$$

现在我们得出,存在唯一的 $x\in X$ 使得 $\bigcap_j\bar{B}_{1/j}(x_{N_j})=x$,并且 $x_n\to x$。当然,后一个结论要以 x 存在为前提,因为我们可以得知,对任意一个 ϵ_j 有 $x\in\bar{B}_{\epsilon_j}(x_{N_j})$,进而对 $n>N_j$ 有:

$$d(x, x_n)\leqslant d(x, x_{N_j})+d(x_n, x_{N_j})<\frac{2}{j}$$

为了证明交集定理,首先我们需要注意这些闭球的每一个有限的集合都有一个非空交集,因为它们都包含 $\{x_n\}_{n=N}^{\infty}$,其中 $N=\max\{N_j\}$,并且这一最大值对任何一个有限集合来说都是有限的。此外,由于这些球的半径 $\epsilon_j=\frac{1}{j}$ 收敛于 0,因此所有这些球的交集最多只能含有一个点。为了完成证明,我们用反证法表明这一无限交集不可能为空集,因此它仅含有唯一点 x。假设 $\bigcap_j\bar{B}_{1/j}(x_{N_j})=\varnothing$,并且特别地有,$\{\bigcap_{j\geqslant 2}\bar{B}_{1/j}(x_{N_j})\}\cap\bar{B}_1(x_{N_1})=\varnothing$。那么由于 $A^c\equiv\tilde{A}$,由德摩根定律得出 A 的补集表示为,

$$\bar{B}_1(x_{N_1}) \subset \{\bigcap_{j\geqslant 2} \bar{B}_{1/j}(x_{N_j})\}^c = \bigcup_{j\geqslant 2} \tilde{\bar{B}}_{1/j}(x_{N_j})$$

现在,我们可知集合 $\bar{B}_1(x_{N_1})$ 是一个紧集,这一点可以在 $X=\mathbb{R}$, $\mathbb{C}$, $\mathbb{R}^n$ 时由海涅—博雷尔定理推知,或者该集合作为紧度量空间 X 内的一个闭集合而存在,并且它被一组开集 $\{\tilde{\bar{B}}_{1/j}(x_{N_j})\}_{j\geqslant 2}$ 所覆盖。这样它就存在一个有限的子覆盖,因此对某个 M 来说有 $\bar{B}_1(x_{N_1}) \subset \bigcup_{j\leqslant M} \tilde{\bar{B}}_{1/j}(x_{N_j})$。此外,我们运用德摩根定律还可以得到 $\{\bigcap_{2\leqslant j\leqslant M} \bar{B}_{1/j}(x_{N_j})\} \cap \bar{B}_1(x_{N_1}) = \varnothing$,这与上文我们得出的"这些闭球的每一个有限的集合都有一个非空交集"相矛盾。 ■

不幸的是,很多我们感兴趣的一般度量空间并不是紧致的。因此一般来说,我们不能得出"柯西序列收敛于该空间内一点"的结论。当然,$\mathbb{R}$、$\mathbb{C}$ 和 $\mathbb{R}^n$ 也是我们想大力研究的度量空间,它们也不具有紧致性,但是我们已经看到,在这些例子中,柯西序列的确是收敛的。因此,紧致性并不是柯西序列收敛的一个必要条件,但它却是一个充分条件。

*5.4.2 完备度量空间

由于"柯西序列收敛于空间中的一点"这一特性在数学中极为重要,我们引入了一个术语来描述具有这种特性的度量空间。

定义 5.11 设 (X, d) 为一个度量空间。如果 X 内的每一个柯西序列都收敛于 X 内的一点,那么就称 X 在 d 下是完备的。

这里需要注意,完备的概念并不仅仅是空间 X 的特性,在描述时要具体到"在 d 下是完备的"。这是因为由前文中的重要定义式(5.10)和式(5.11)可知,度量 d 决定了哪一个序列是柯西序列,进而决定哪个序列为了满足完备性标准而必须收敛。然而,我们由前文也能看到,对度量 d 的依赖性仅仅取决于度量均衡。这就是说,X 在 d 下是完备的,当且仅当它在任何一个等价于 d 的度量 d' 下是完备的。

例 5.9 (1) 由前文分析我们可知,$\mathbb{R}$、$\mathbb{C}$ 和 $\mathbb{R}^n$ 分别在由式(2.3)、式(2.2)和式(3.3)定义的标准度量下都是完备的。

(2) $\mathbb{R}^n$ 在式(3.10)和式(3.11)中所有的 l_p—范数下也是完备的,因为这些范数都等价于标准度量。

(3) 每一个紧度量空间都在其度量下是完备的。

(4) 度量空间 $\mathbb{Q}$ 在标准度量下不是完备的,$\mathbb{Q} \cap [0, 1]$ 也不是完备的,并且任何一个有界的开区间 (a, b) 也不是完备的。

(5) n 元有理数度量空间 $\mathbb{Q}^n \subset \mathbb{R}^n$ 在标准度量下不是完备的,对任何一个 R 和 x 来说 $\mathbb{Q}^n \cap B_R(x)$ 也不是完备的,并且 $B_R(x)$ 也不是完备的。

由于一个度量空间的完备性在实际应用中极为重要,而我们感兴趣的度量空间经常不是完备的,因此完备度量空间问题能引起人们的高度重视就不足为奇了。在前文的各个例子中,给定空间不完备的原因很显然,而我们如何解决这一问题也很显然,我们可以首先将那些导致空间不完备的"遗漏"点添加到空间中去。

由前文的例子我们可以注意到,非正式完备化这些给定空间的有趣的一点是,这些产生完备空间的原始空间都是稠密的。此外,原始空间中各点之间的距离在生成的完备空间中保持不变。

另外一种方法是,将不完备空间看成是一个更大空间的子空间,这样我们就可以把原始空间的完备化过程看成是包含在更大空间内的该原始空间的闭合过程。完备化的实际操作是加进原始空间的聚点。例如,(a, b) 不是完备的,但是这一区间在度量空间 $\mathbb{R}$ 内的闭球即 $\overline{(a,b)}=[a, b]$ 是完备的。同理,尽管 $\mathbb{Q}$ 和 $\mathbb{Q}\cap[0, 1]$ 不是完备的度量空间,但是我们可以在 $\mathbb{R}$ 中生成它们的闭球,即 $\bar{\mathbb{Q}}=\mathbb{R}$, $\overline{\mathbb{Q}\cap[0, 1]}=[0, 1]$,这两个都是完备的。我们也可以同样的方法在 $\mathbb{R}^n$ 中完备化 $\mathbb{Q}^n$, $\mathbb{Q}^n\cap B_R(x)$ 和 $B_R(x)$。

我们将不加证明地给出下一个命题,该命题表明这些例子论证了一般情况。也即每一个度量空间都能被嵌入一个完备的度量空间中去而保持原有距离不变,在这里其原始空间在更大空间内是稠密的。此外,如果原始空间已经包含在一个完备度量空间中了,那么该完备过程等价于原始空间的闭合过程。

命题 5.19　令 (X, d) 为一个度量空间,那么存在一个完备度量空间 (X', d') 使得 (X, d) 对于 (X', d') 的一个稠密的子集来说是同度量的。这就是说,存在一个稠密的子集 $X''\subset X'$ 和一个一对一的同化 $X''\Leftrightarrow X$,使得对任何一个 x'' 和 $y''\in X''$,以及同化:$x''\Leftrightarrow x$ 和 $y''\Leftrightarrow y$ 来说($x, y\in X$),我们有:

$$d'(x'', y'')=d(x, y)$$

并且,如果在 d 下存在一个完备度量空间 Y 且 $X\subset Y$,那么 X'' 与 $\bar{X}$ 是同度量的,其中 $\bar{X}$ 是 X 在 Y 中的闭球。

这一命题表明任一个我们所感兴趣的度量空间 (X, d) 都能够进行完备而基本保持原始空间不变,这也就是同度量同化的涵义。并且,如果我们知道我们正在研究的空间 (X, d) 是一个更大的完备空间 Y 的一个子空间,那么我们可以在 Y 内生成 X 的闭球来完备该空间,就像上文较简单例子中那样的情况。

5.5　在金融学中的应用

本章的结论在很大程度上可以说是对基本概念的介绍,这为下面各章的数学应用奠定了基础。例如,我们将会发现收敛性的概念是下面各知识点的基础。更为直观地讲,序列的收敛性概念的学习有助于我们理解它在迭代数值运算过程中得出收敛于某一正确值的涵义,其中的每一步计算都为金融问题提供了解决方案。

下面我们回到区间平分的例子上去,在第 4.3.3 节我们分析了在给定价格下如何估计债券或其他有价证券的到期收益率,现在我们要对此加以拓展。这里我们要用一个具体的债券收益率的例子来说明一般的计算过程。

5.5.1　到期收益率

假设我们以 1 050 的价格收到一张票面价值为 1 000、期限为 10 年、票面利率为 8%、半年付息一次的息票债券。首先，我们很容易判断出在半年付息一次基础上的到期收益率(YTM)要低于 8%，因为该债券是以高于票面价值出售的。该债券的现金流是在 10 年内每半年支付 40，并且在第 10 年支付额外的 1 000 元。因此，如果 r 是在半年付息一次基础上的收益率，我们由式(2.16)可得：

$$P(r)=1\,000+1\,000\times[0.5\times(0.08-r)]a_{20};\ 0.5r$$

由这一等式显然可以看出，为了使 $P(r_0)=1\,050$，我们需要使 $r_0<0.08$。

现在我们详细介绍间隔平分的近似方法，并且构造一个序列 $\{r_j\}$，进而证明该序列是一个柯西序列。因此，在不知道该序列收敛于几的前提下，我们仍能够断言该序列收敛，因为 $\mathbb{R}$ 是完备的。此外，鉴于近似法的特性，我们将能够计算出达成收敛的比率，进而计算出在给定准确度下我们需要多少步。所有这些工作都可以在我们不知道该序列收敛于几的情况下进行。

为了达到这一目的，第一步我们需要用到 r 的两个试验值，用 r^+ 和 r^- 来表示，它们使得：

$$P(r^+)<1\,050<P(r^-)$$

换句话说，由于 r^+ 提供的价格太小了，因此有 $r^+>r_0$，其中 r_0 是期望的实际值，同理有 $r^-<r_0$。也即：

$$r^-<r_0<r^+$$

这一步我们可以任意选择，因为这一过程总是收敛的，但也并不能盲从，因为这么做会增加我们为得到较好近似值所需的步骤数。例如一个未经推敲的初始值集为 $r^+=1.00$ (也即，100%)和 $r^-=0$。我们稍微思考一下可以设定为更好的 $r^+=0.08$ 和 $r^-=0.07$，进而生成 $P(r^+)=1\,000$ 和 $P(r^-)=1\,071.0620165$。那么 r_0 的第一个估计值是：

$$r_1=0.5(r^++r^-)$$

这样生成 $r_1=0.075$。

第二步是要估计 $P(r_1)$。如果 $P(r_1)<1\,050$，r_1 变成新的 r^+ 并且保留原来的 r^-。否则，r_1 变成新的 r^- 并且保留原来的 r^+。在任何一种情况下，我们都能计算出 r_0 的第二个估计值：

$$r_2=0.5(r^++r^-)$$

第三步及以后都延续上述过程。如果进行到某一步时，我们发现计算出的 r_n 恰巧等于 r_0 的真实值，那么进程就可以终止了。然而，这种情况实际上并不会发生，因此我们没有必要详述这一结论。

表 5.1 列出了我们运用上述算法解决债券收益率问题的所有计算结果，为了容易观察，收益率都是以百分数形式表示的半年计息一次的名义利率。

现在我们由定义可以得出，在每一步都有 $r_n\in(r^-,\ r^+)$，并且对任何一个 $r'\in(r^-,\ r^+)$ 有：

$$|r'-r_n|\leqslant\frac{r^+-r^-}{2}$$

表 5.1 债券收益率的区间平分

步骤	r^-	$P(r^-)$	r^+	$P(r^+)$	r_j	r^+-r^-
1	7.000 0%	1 071.062 02	8.000 00%	1 000.000 00	7.500 00%	1.000 00%
2	7.000 0%	1 071.062 02	7.500 00%	1 034.740 51	7.250 00%	0.500 00%
3	7.250 0%	1 052.698 70	7.500 00%	1 034.740 51	7.375 00%	0.250 00%
4	7.250 0%	1 052.698 70	7.375 00%	1 043.669 59	7.312 50%	0.125 00%
5	7.250 0%	1 052.698 70	7.312 50%	1 048.171 57	7.281 25%	0.062 50%
6	7.281 3%	1 050.431 98	7.312 50%	1 048.171 57	7.296 88%	0.031 25%
7	7.281 3%	1 050.431 98	7.296 88%	1 049.300 99	7.289 06%	0.015 62%
8	7.281 3%	1 050.431 98	7.289 06%	1 049.866 29	7.285 16%	0.007 81%
9	7.285 2%	1 050.149 08	7.289 06%	1 049.866 29	7.287 11%	0.003 91%
10	7.287 1%	1 050.007 67	7.289 06%	1 049.866 29	7.288 09%	0.001 95%

由于之前构造的这些区间的长度都是均分的，并且当 $n=1$ 时我们有 $r^+-r^-=0.01$，因此我们可以得出，在第 n 步，对任何的 $r'\in(r^-, r^+)$ 都有：

$$|r'-r_n|\leqslant\frac{0.01}{2^n}$$

由上述估计过程我们可以证明序列 $\{r_j\}$ 是一个柯西序列，并且从前文分析可知 $\mathbb{R}$ 是完备的，因此我们得出对所有类似的区间来说都存在一个 $r_0\in(r^-, r^+)$，并且 $r_j\to r_0$。

为此，给定 m 和 $n>m$，那么对 $r'\in I_n\equiv(r^-, r^+)$，其中 I_n 定义为第 n 步生成的区间，由 $I_n\subset I_m$ 我们也能得出 $r'\in I_m\equiv(r^-, r^+)$，其中 I_m 定义为第 m 步生成的区间。当 $r'\in I_n\cap I_m$ 时由三角形不等式定理可知：

$$\begin{aligned}|r_n-r_m|&\leqslant|r_n-r'|+|r'-r_m|\\&\leqslant\frac{0.01}{2^n}+\frac{0.01}{2^m}\end{aligned}$$

由这一估计过程，我们可以对任何一个 ϵ 选择一个 N 使得 $\frac{0.01}{2^N}<\frac{\epsilon}{2}$，并且得出当 $n, m>N$ 时，有 $|r_n-r_m|<\epsilon$。

换句话说，因为 $\{r_j\}$ 是一个柯西序列，所以对所有类似的区间来说都存在一个 $r_0\in(r^-, r^+)$ 并且 $r_j\to r_0$。

由上文这一对所有 $r'\in I_n$ 都成立的误差估计可知，我们可以通过让 $m\to\infty$ 推导出对 r_0 的误差估计值：

$$|r_0-r_n|\leqslant\frac{0.01}{2^n}\tag{5.12}$$

由式(5.12)可知，我们可以选择一个 n 以达到给定的准确度。例如，为了达到 k 位小数的准确度，我们需要使误差小于 $5(10^{-k-1})=\frac{10^{-k}}{2}$，也即：

$$\frac{0.01}{2^n}<\frac{10^{-k}}{2}$$

这里我们可以看出,必须选择一个 n 使得 $2^{n-1} > 10^{k-2}$,而这很容易利用对数来实现。

这一简单却有用的算法就叫做区间平分算法。该算法的特性是,误差以 $\frac{1}{2}$ 的几何级数成倍降低。这里注意,尽管每一步的误差都是均分的,表 5.1 的最后一行表明了这一点,然而这对于单调收敛于 r 的估计值序列 $\{r_j\}$ 来说却并不如此,这在表的倒数第二行也已表明。这一结论是符合逻辑的,因为在每一步,r^- 和 r^+ 估计值中的一个都要被替换,另一个则用到下一步里去。因此,如果 r^- 在给定的一步中被替换了,这一步的估计值将会大于上一步的估计值;反之亦然。

5.5.2 区间平分的假设分析

在第 4.3.3 节中我们已经看到,这种算法的有用性要以我们对目标函数的细致假定为前提,目标函数在这里用 $P(r)$ 表示,但一般我们用 $f(x)$ 来表示,即对某个 c 而言我们要解决的问题是:$f(x)=c$。

区间平分算法生成了一个柯西序列 $\{x_j\}$,该序列有如下特性:对某一 $x \in \mathbb{R}$ 有 $x_j \to x$,这里通过构造可得对每一个序列点都有 $f(x_j) > c$ 或 $f(x_j) < c$。

区间平分法的第一个微妙的应用是:我们假设,由 $\{x_j\}$ 是一个柯西序列可以得出 $\{f(x_j)\}$ 是一个收敛序列。这好像就是表 5.1 中债券收益率的例子,但是事实总是如此吗?下面我们考虑这样一个例子:给定函数的曲线图具体是什么样子我们开始并不能得出。

假设这是一个由迭代过程生成的复杂函数,唯一可以做到的就是在 y 值给定的情况下,通过程序运算可以计算出 $f(y)$ 的值。试图找到一个 x 值使得 $f(x)=c$,通过取样计算,c 值就在目前计算出的 $f(y)$ 样本值的范围之内。运行区间平分算法的程序,并让它继续下去。在每一步都有 $f(x_j) > c$ 或 $f(x_j) < c$,并且很显然对某一个 $x \neq 0$ 来说有 $x_j \to x$。然而,$f(x_j)$ 不收敛也是很显然的。为了查明哪里出了错,需要努力得出该函数的图像描述,这仿佛可以由下式表示:

$$f(y)=\begin{cases}1-2y, & y<x\\ 1+2y, & y\geqslant x\end{cases}$$

在这一条件下,$\{f(x_j)\}$ 的一个子序列趋近于 $1-2x$,而另一个子序列趋近于 $1+2x$,当然 $1-2x<c<1+2x$。

为保证区间平分法的有效性所做出的另一个微妙的假设是,如果 $x_j \to x$,那么当存在某一 c 使得:

$$|f(x_j)-c| \to 0$$

我们就说 $f(x_j)$ 收敛,这样必然有 $f(x)=c$。然而这一结论实际上只是函数 $f(x)$ 的行为的另一假设。这就是说,由假设 $x_j \to x$ 和 $f(x_j) \to c$ 可推知 $f(x)=c$。

因此,对于一种大量存在且常见的重要函数集合来说,上述两个假设是非常有用的,而这种函数被称为连续函数。这些函数满足所需的所有性质。例如,如果 $f(x)$ 在某一区间内是连续的,并且 $\{x_j, x\}$ 包含于该区间内,那么由 $x_j \to x$ 我们可以得出:

(1) $\{f(x_j)\}$ 收敛；

(2) $\{f(x_j)\}$ 收敛于 $f(x)$。

在第 9 章的微积分 Ⅰ 中，我们将进一步具体学习连续函数以及函数的其他重要性质。

练习题

操作练习

1. 判断下列各式是否收敛。若收敛，尽量写出对任意的 $\epsilon>0$ 来说 $N(\epsilon)$ 的公式；若发散至 $\pm\infty$，同样写出 $N(M)$ 的公式。[提示：$N(\epsilon)$ 和 $N(M)$ 的公式不必具有“最佳可能性”，因此估计出其结果。]

(1) $c_n=\sqrt{n+1}-\sqrt{n}$ $\left(提示：乘以\dfrac{\sqrt{n+1}+\sqrt{n}}{\sqrt{n+1}+\sqrt{n}}。\right)$；

(2) $b_m=\dfrac{\sqrt{m+1}-\sqrt{m}}{\sqrt{m+3}}$；

(3) $d_i=\dfrac{a^i}{i!}$，其中 $a>1$ $\left(提示：d_{i+1}=\dfrac{a}{i+1}d_i。\right)$；

(4) $x_k=\dfrac{k^k}{k!}$（提示：考虑 $\ln x_k$。）；

(5) $z_j=\dfrac{4j}{j^2+\sqrt{j}}$；

(6) $y_m=\dfrac{3m^2-5m}{8m^2+5m}$。

2. 令 $\{x_n\}$ 为一个收敛序列，$\{y_n\}$ 为一个任意的有界序列：

(1) 证明：如果 $x_n\to 0$，那么 $y_nx_n\to 0$。

(2) 举例说明如果 $x_n\to x\neq 0$，那么 y_nx_n 不必具有收敛性。（提示：考虑一下 y_n 的交替性。）

(3) 重新做一遍(2)，证明即使所有的 $y_n\geqslant 0$，我们也不需要 y_nx_n 收敛。

3. 取绝对值是怎样影响收敛性的？

(1) 如果 $x_n\to x$ 是收敛的，那么 $|x_n|$ 一定是收敛的吗？答案是否由 $x=0$ 或 $x\neq 0$ 而决定？

(2) 如果 $|x_n|\to x$ 是收敛的，那么 x_n 一定是收敛的吗？答案是否由 $x=0$ 或 $x\neq 0$ 而决定？

4. 对 $n=0, 1, 2, 3, \cdots$ 来说，考虑由下述形式定义的序列：

$$y_m=\begin{cases}\dfrac{1}{(n+1)!}, & m=3n\\[2ex] (-1)^n10+\dfrac{(-1)^{n+1}n}{2(n+1)}, & m=3n+1\\[2ex] (-1)^{n+1}+\dfrac{(-1)^n}{10(n+1)}, & m=3n+2\end{cases}$$

(1) 求出该序列的所有极限点以及相关的收敛子序列。

(2) 根据上极限和下极限的定义求出 U_n 和 L_n 的公式,然后估计出这些单调序列的极限,进而分别计算出 $\limsup y_m$ 和 $\liminf y_m$。

(3) 证明(2)中得出的上极限和下极限与(1)中得出的极限点的 l.u.b. 和 g.l.b. 相符。

5. 设 $\{q_n\}$ 表示 $[0, 1]$ 中所有有理数的顺序。

(1) 用第 2.1.4 节中的康托尔构造法排序,在包含或不包含多重计数的情况下,证明对每个 n 来说有 $U_n = 1$, $L_n = 0$, 因此有 $\limsup q_m = 1$ 以及 $\liminf q_m = 0$。

(2) 推广(1)中的结论,证明对任意的排序来说都能得到同样的结论。

6. 证明练习 4 中的序列不是一个柯西序列,否则很显然能得出该序列不收敛的结论。

7. 证明在式(5.10)和式(5.11)中针对柯西序列的两个定义是等价的。[提示:由定义可知式(5.10) ⇒ 式(5.11)成立。反面证明可用三角形不等式定理来表示 $d(x_n, x_m)$。]

8. 判断下面哪些序列是柯西序列,并且因此一定是收敛的,或许有些序列的极限值无法知道。

(1) $d_n = \dfrac{n}{n+1}$;

(2) $x_n = \dfrac{2n^2 - 4}{4n^2 + 10}$;

(3) $y_n = \sum_{j=1}^{n} (-1)^{j+1}$;

(4) $x_n = \sum_{j=1}^{n} (-1)^{j+1} 2^{-j}$;

(5) $f_n = \sum_{j=1}^{n} (-1)^{j+1} a^{-j}$, $a > 1$;

(6) $c_k = k + \dfrac{1}{k}$。

9. 对下列各债券运用区间平分法生成一个类似表 5.1 的表格,并且计算出为了保证六位小数的收益率准确度,我们需要进行多少步。

(1) 一张 7 年期,票面利率为 3.5%,半年付息一次,面值为 100,价格为 92.50 的息票债券。

(2) 年股息率为 2%,票面价值为 100,价格为 87.25 的永久性优先股。

(3) 以 997 500 美元的价格发放一笔月利率为 8%的一百万美元的按揭贷款。

强化练习

10. 计算下列各式是否具有收敛性。若收敛,尽量写出对任意的 $\epsilon > 0$ 来说 $N(\epsilon)$ 的公式;若发散至 $\pm\infty$, 同样写出 $N(M)$ 的公式。

(1) $c_n = \sqrt[m]{n+1} - \sqrt[m]{n}$, $m \in \mathbb{N}$, $m > 1$。(提示:证明

$$a^m - b^m = (a-b)\left(\sum_{j=0}^{m-1} a^j b^{m-1-j}\right) \tag{5.13}$$

并与练习 1(1)作对比。)

(2) $z_j = \dfrac{j! + j}{(j+1)!}$。

(3) $w_m=(-1)^{m+1}\ln\left(1+\frac{1}{m}\right)$。

(4) $x_n=(n+1)!\ +(-1)^{n+1}n!$。

(5) $a_k=(-1)^{k+1}\ \frac{2^k}{10^k+k}$。

(6) $b_i=(-1)^{i+1}(i^5-i^3+10^i)$。

(7) $u_n=\frac{(-1)^{n+1}n^p}{a^n}$，$p\in\mathbb{R}$，$a>1$（提示：思考$\left|\frac{u_{n+1}}{u_n}\right|$的值。）。

11. 考虑$[0, 1]$中的有理数。在一个任意的排序$\{q_n\}$下，该集合是一个有界序列。证明：

(1) 如命题5.4所述，该序列有一个收敛的子序列。

(2) 该序列有可数且无限个收敛序列。

(3) 该序列有不可数且无限个收敛序列。

(4) 如果我们要求所有序列都单调，那么上述所有结论仍然成立。

12. 对$n=0, 1, 2, 3, \cdots$，考虑如下定义的序列：

$$x_m=\begin{cases}\frac{(-1)^n}{n+1},\ m=5n\\ 1+\frac{(-1)^n n}{2(n+1)},\ m=5n+1\\ -1+\frac{(-1)^n}{n+1},\ m=5n+2\\ -n^2+n,\ m=5n+3\\ 10e^{-n},\ m=5n+4\end{cases}$$

(1) 写出该序列的所有极限点，以及相关的收敛子序列。

(2) 根据上极限和下极限的定义求出U_n和L_n的公式，然后估计出这些单调序列的极限，进而分别计算出$\limsup x_m$和$\liminf x_m$。

(3) 证明(2)中得出的上极限和下极限与(1)中得出的极限点的l.u.b.和g.l.b.相符。

13. 考虑在不同度量下的柯西序列的概念。

(1) 以如下形式证明命题5.10：在两个等价度量d_1和d_2下的一个度量空间X内，序列$\{x_n\}\subset X$在(X, d_1)内是一个柯西序列，当且仅当$\{x_n\}$在(X, d_2)内是一个柯西序列。

(2) 给出在$\mathbb{R}^n$上的度量d的一个例子，使得在d下是柯西序列的序列与在其他度量下是柯西序列的序列不同。（提示：考虑一个非等价的度量，就像在第3章练习18中的d。）

14. 判断下面哪些序列是柯西序列，并且因此一定是收敛的，或许有些序列的极限值无法知道。

(1) $a_j=\sum_{n=1}^{j}\frac{1}{n!}$（提示：证明当$n\geqslant 4$时，$n!>2^n$。）；

(2) $a_j=\sum_{n=1}^{j}\frac{(-1)^{n+1}}{n!}$；

(3) $y_n = \frac{(-1)^{n+1}}{n}$;

(4) $b_k = \sum_{n=1}^{k} \frac{1}{n^2}$(提示:$n^2 > n(n-1)$。);

(5) $b_k = \sum_{n=1}^{k} \frac{(-1)^{n+1}}{n^2}$;

(6) $\{z_n\} \subset \mathbb{R}$,递增且有界。

15. 对下列各债券运用区间平分法生成一个类似表 5.1 的表格,并且计算出为了保证六位小数的收益率准确度,我们需要进行多少步。

(1) 一张 10 年期,面值为 100,以半年一次的收益率定价的价格为 66.75 的零息国债。

(2) 一张息票债券 10 年期,面值为 100,价格为 101,每年付息一次,票面利率为 4%,并用 5 年时间以“偿债基金”支付面值的 50%。

(3) 以 2 552.5 万美元的价格发放一笔月利率为 6%的 2 500 万美元、30 年期的按揭贷款。

级数及其收敛性

6.1 数值级数

6.1.1 定义

尽管我们可以在任意可加空间 X 中定义一个级数，也可以在既可加又有度量标准的空间中定义收敛，但我们将把精力主要集中在定义在 $\mathbb{R}$ 和 $\mathbb{C}$ 上的数量级数。这马上可以衍生出更多一般性的定义，有必要的话我们将在下面的几章中列出。

定义 6.1 给定一个级数$\{x_j\}$，与$\{x_j\}$相关的无穷级数记作：

$$\left\{\sum_{j=1}^{\infty} x_j\right\}$$

对于 $\{x_j\}\subset\mathbb{R}$，如果所有的 $x_j>0$，该级数称为正级数(positive series)，如果所有的 $x_j<0$，该级数称为负级数(negative series)，而如果两个连续值的符号是交替的，最常见的是 $x_1>0$，该级数称为交错级数(alternating series)。一个级数的部分和记作 s_n，定义为：

$$s_n=\sum_{j=1}^{n} x_j$$

如果该部分和收敛于 s，一般称该无穷级数收敛于某一个数值 s。也就是说，当且仅当 $\lim\limits_{n\to\infty} s_n=s$ 时，我们定义：

$$\sum_{j=1}^{n} x_j=s$$

我们将不收敛的无穷级数称为发散级数(diverge series)。

如果级数 $\sum\limits_{j=1}^{\infty}|x_j|$ 收敛，我们认为该级数绝对收敛(converge absolutely)或称之为绝对收敛级数。如果 $\sum\limits_{j=1}^{\infty}x_j$ 收敛，而 $\sum\limits_{j=1}^{\infty}|x_j|$ 不收敛，那么我们认为该级数条件发散(converge conditionally)或称之为条件发散级数。如果一个级数发散 $\lim\limits_{n\to\infty} s_n=\pm\infty$，我们通常

记作 $\sum_{j=1}^{\infty} x_j = \pm\infty$,并称 $\sum_{j=1}^{\infty} x_j$ 向 $\pm\infty$ 发散。

注释 6.1:(1) 在某些情况下,无穷级数会被记作 $\sum_{j=0}^{\infty} x_j$,而不是 $\sum_{j=1}^{\infty} x_j$。

(2) 基于上述定义,任意的收敛正级数或负级数都绝对收敛,但通常来说,收敛并不意味着绝对收敛[见下面例 6.1 和 6.2 中的(3)和(6)]。

这一定义意味着如果收敛一定满足当 $j \to \infty$ 时 $x_j \to 0$(见练习 1)。单靠这一特性不足以保证收敛,后面我们将看到这一点。不过,尽管通常情况下 $j \to \infty$ 时 $x_j \to 0$ 无法保证 $\sum_{j=1}^{\infty} x_j$ 的收敛,但如果级数是交错级数,这一条件便可以确保 $\sum_{j=1}^{\infty} x_j$ 的收敛,我们将在命题 6.6 中表明这一点。

将序列收敛的定义应用于级数,我们可以得到以下定义。

定义 6.2 如果对任意 $\epsilon > 0$ 都存在一个 N,使其满足当 $n \geqslant N$ 时 $|s_n - s| < \epsilon$,那么 $\sum_{j=1}^{\infty} x_j = s$。也就是说:当 $n \geqslant N$ 时,$\left|\sum_{j=n+1}^{\infty} x_j\right| < \epsilon$。

换句话说,如果一个级数在排除有限个数项(这里是前 N 个)之后,剩余的数项之和可以尽可能的小,那么该级数就是收敛的。或者说,由于当且仅当一个级数是柯西序列时,该级数才收敛。我们可以说:

定义 6.3 如果对任意 $\epsilon > 0$ 都存在一个 N,使其满足当 $n, m \geqslant N$ 时 $|s_n - s_m| < \epsilon$,那么 $\sum_{j=1}^{\infty} x_j = s$。也就是说,假设 $n > m$,对任意 $n, m \geqslant N$,都有:

$$\left|\sum_{j=m+1}^{\infty} x_j\right| < \epsilon$$

6.1.2 收敛级数的性质

本节我们将给出三个简单、实用的结论,第 6.1.4 节将对更多具体性质进行深入分析。第一个结论支持了一个符合直觉的判断,绝对收敛是一个比收敛更为严格的条件。在下面的例子中,我们会发现通常两者之间的关系是不可逆的。

命题 6.1 如果 $\sum_{j=1}^{\infty} x_j$ 绝对收敛,那么它一定是收敛的。

证明:我们给定 $s_n = \sum_{j=1}^{n} x_j$ 是一个柯西数列。根据绝对收敛的设定,$s'_n = \sum_{j=1}^{n} |x_j|$ 也是柯西数列,因此对任意 $\epsilon > 0$ 都存在一个 N 使得当 $n, m \geqslant N$ 时,$|s'_n - s'_m| < \epsilon$。现在,我们特别假定 $n > m$,根据三角不等式原则得:

$$|s_n - s_m| = \left|\sum_{j=m+1}^{\infty} x_j\right| \leqslant \sum_{j=m+1}^{n} |x_j| = |s'_n - s'_m|$$

因此,对任意 $n, m \geqslant N$ 都有 $|s_n - s_m| < \epsilon$。 ■

接下来我们发现,收敛级数在相加和相乘之后仍保持收敛。

命题 6.2　令 $\sum_{j=1}^{\infty} x_j$ 和 $\sum_{j=1}^{\infty} y_j$ 为收敛级数，各自加总的和为 s 和 s'。那么对任意常数 $a, b \in \mathbb{R}$，数列 $\{ax_j + by_j\}$ 都是收敛的，而且 $\sum_{j=1}^{\infty}\{ax_j + by_j\} = as + bs'$。

证明：证明可以直接延续前一个结论。假定级数收敛，则意味着 $s_n \equiv \sum_{j=1}^{n} x_j$ 和 $s_n' = \sum_{j=1}^{n} y_j$ 分别收敛于 s 和 s'；因此，由命题 5.3 得到 $as_n + bs_n' \to as + bs'$。■

最后，我们来看一下逐项乘积数列 $\{x_j y_j\}$。

命题 6.3　令 $\sum_{j=1}^{\infty} x_j$ 和 $\sum_{j=1}^{\infty} y_j$ 为绝对收敛级数，那么对任意 a, b（实数或复数）有：

(1) $\sum_{j=1}^{\infty}\{ax_j + by_j\}$ 是绝对收敛的；

(2) $\sum_{j=1}^{\infty} x_j y_j$ 是绝对收敛的。

证明：第一个结论可由三角不等式原则得出，因为：

$$\sum_{j=1}^{\infty}\{ax_j + by_j\} \leqslant |a| \sum_{j=1}^{\infty} |x_j| + |b| \sum_{j=1}^{\infty} |y_j|$$

对于第二个结论，我们知道 $s_n \equiv \sum_{j=1}^{n} |x_j y_j|$ 是一个柯西数列。给定 $\epsilon > 0$，存在一个 N 使得当 $n, m \geqslant N$ 时，$\sum_{j=n}^{m} |x_j| < \epsilon$ 同时 $\sum_{j=n}^{m} |y_j| < \epsilon$。这样一来，当 $n > N$ 时，$\sum_{j=n}^{m} |x_j y_j| < \sum_{j=n}^{m} |x_j| \sum_{j=n}^{m} |y_j| < \epsilon^2$，由此得出结论。■

注释 6.2：如果对 $\sum_{j=1}^{\infty} x_j$ 和 $\sum_{j=1}^{\infty} y_j$ 的假设放宽到收敛，而不是绝对收敛，那么根据命题 6.2，$\sum_{j=1}^{\infty}\{ax_j + by_j\}$ 收敛，但是 $\sum_{j=1}^{\infty} x_j y_j$ 不一定需要收敛。见强化练习 21。

6.1.3　级数实例

例 6.1　(1) 如果 $x_n = a^n$，a^n 是一个几何数列(geometric sequence)，那么当且仅当 $|a| < 1$ 时，相应的几何级数(geometric series)收敛，因为级数的部分和显然是可以计算的。具体来说，如果 $a \neq 1$，由 $s_n = \sum_{j=1}^{n} a^j$ 和 $as_n = \sum_{j=2}^{n+1} a^j$，我们可以相减解出 s_n，得到：

$$s_n = \frac{a^{n+1} - a}{a - 1}$$

显然，如果 $a > 1$，则 $s_n \to \infty$，而 a^{n+1} 可以无限大；而如果 $a < -1$，那么 s_n 的符号在正负号间转换，进而 $|s_n| \to \infty$。类似地，如果 $a = 1$，那么由定义我们可得 $s_n = n$，它是发散的。如果 $a = -1$，s_n 在 -1 和 1 之间转换。因此，只要 $|a| \geqslant 1$，该级数就不收敛。如果 $|a| < 1$，

我们可以得到 $a^{n+1}\to 0$,因此:

$$\sum_{j=1}^{\infty}a^{j}=\frac{a}{1-a} \tag{6.1}$$

相应地,$\sum_{j=0}^{\infty}a^{j}=\frac{1}{1-a}$。当然,这就是我们在第 2.3.2 节中介绍的永续优先股的定价方法,其中 $a=(1+i)^{-1}$。

(2) 如果 $x_j=\frac{1}{j(j+1)}$,那么同样可以由简单的计算得出,级数和 $\sum_{j=1}^{\infty}\frac{1}{j(j+1)}$ 收敛。因为 $\frac{1}{j(j+1)}=\frac{1}{j}-\frac{1}{j+1}$,我们可以得到 $s_n=\sum_{j=1}^{n}\frac{1}{j}-\sum_{j=2}^{n+1}\frac{1}{j}$,化简得:

$$s_n=1-\frac{1}{n+1}$$

由此得,$\sum_{j=1}^{\infty}\frac{1}{j(j+1)}=1$。

(3) 如果 $x_j=\frac{1}{j}$,为调和级数(harmonic series),那么令人惊讶的是,$\sum_{j=1}^{\infty}\frac{1}{j}=\infty$。这个结果无疑是发散数列中最令人惊讶的例子。惊讶源于这样一种思路,考虑一个任意大的整数 N,比如探明宇宙中亚原子微粒的个数。显然,$\sum_{j=1}^{N}\frac{1}{j}$ 是有限的,而下一个遗漏项 $\frac{1}{N+1}$ 则是一个小到无法想象的数值,剩余的数还会更小。然而,调和级数的发散性意味着,尽管这些数小到无法想象,但 $\sum_{j=N+1}^{\infty}\frac{1}{j}$ 仍然不是有限的。关于这个众所周知的事实有很多证明,其中一个在第 5 章的例 5.7 中,但最简洁的还是下面两种证明:

① 对任意整数 $m>1$,令:

$$\sum_{j=1}^{\infty}\frac{1}{j}=\sum_{j=1}^{m}\frac{1}{j}+\sum_{j=m+1}^{2m}\frac{1}{j}+\sum_{j=2m+1}^{3m}\frac{1}{j}+\cdots$$

这样右边的每一个和都包含 m 项。因为调和级数是不断下降的,每一个有限和都严格大于前一项的 m 倍。即:

$$\sum_{j=1}^{\infty}\frac{1}{j}>m\left(\frac{1}{m}\right)+m\left(\frac{1}{2m}\right)+m\left(\frac{1}{3m}\right)+\cdots=\sum_{j=1}^{\infty}\frac{1}{j}$$

所以如果 $\sum_{j=1}^{N}\frac{1}{j}$ 是有限的,我们可以将此不等式分解,得出一个荒谬的结论 $1>1$,或者化简得到 $0>0$。因此,通过反证法,我们可以得出结论:该调和级数是发散的。

② 利用类似的技巧通过另一种方式对此加总值进行处理:

$$\begin{aligned}\sum_{j=1}^{\infty}\frac{1}{j}&=\sum_{j=1}^{m}\frac{1}{j}+\sum_{j=m+1}^{m^2}\frac{1}{j}+\sum_{j=m^2+1}^{m^3}\frac{1}{j}+\cdots\\&>m\left(\frac{1}{m}\right)+(m^2-m)\left(\frac{1}{m^2}\right)+(m^3-m^2)\left(\frac{1}{m^3}\right)+\cdots\\&=1+\left(1-\frac{1}{m}\right)+\left(1-\frac{1}{m}\right)+\left(1-\frac{1}{m}\right)+\cdots\end{aligned}$$

由于第一个等号后的每一项都等于常数 $1-\frac{1}{m}$，所以该级数显然是发散的。

(4) 如果 $x_j=\frac{1}{j^a}$，$a>1$，那么调和幂级数(power harmonic series) $\sum_{j=1}^{\infty}\frac{1}{j^a}$ 收敛。采用上面针对调和级数的第二个技巧，我们可以基于每一组的第一项得到一个上界：

$$\begin{aligned}\sum_{j=1}^{\infty}\frac{1}{j^a}&=\sum_{j=1}^{m}\frac{1}{j^a}+\sum_{j=m+1}^{m^2}\frac{1}{j^a}+\sum_{j=m^2+1}^{m^3}\frac{1}{j^a}+\cdots\\&<m(1)+(m^2-m)\frac{1}{(m+1)^a}+(m^3-m^2)\frac{1}{(m^2+1)^a}+\cdots\\&<m+\frac{m^2-m}{m^a}+\frac{m^3-m^2}{m^{2a}}+\cdots\\&=m+(m-1)\sum_{j=1}^{\infty}m^{j(1-a)}\end{aligned}$$

如果 $m^{1-a}<1$，那么最后一个加总值是一个收敛的几何级数。也就是说，如果 $a>1$，当然，$a\to 1$，最后一个加总值会变得越来越大，而给定的级数会趋向于数个 1 的加总，原始的级数趋向于调和级数。

在上述所有例子中，我们注意到，对调和级数的分析是通过处理各项产生一个更小但更明显发散的级数，然后推断出原级数发散，而前两个例子中采用的方法是直接推导加总值。在很多方面，调和级数分析是一种更为现实的分析实例。原因是尽管有很多可以直接分析的级数的例子，但其中大部分需要后面章节中提到的高级方法。此外，我们经常会遇到用更为高级的技术都无法如此分析的级数。在其中多数情况下，不能找到一个确切值并不是问题，因为主要问题是判断级数是收敛的还是发散的，并不是求级数收敛于哪个确切值。如果我们可以证明收敛性，通常也可以推出级数和的近似数值，或者一个符合当前要求的合理的上下界。

有很多种方式可以在不对级数和进行直接计算的情况下证明级数的收敛性。最直接的方法是对几何调和级数使用的方法，即证明该级数小于某个明显收敛的级数。

例 6.2 (5) 如果 $x_j=\frac{\ln j}{j^3}$，那么 $\sum_{j=1}^{\infty}x_j$ 收敛。为了在不直接计算实际级数和的条件下证明其收敛性，我们证明该级数小于某个更为简单的明显收敛的级数。首先由 $\ln j<j$，得到 $x_j<\frac{1}{j^2}$。因此有：

$$\sum_{j=1}^{\infty}\frac{\ln j}{j^3}<\sum_{j=1}^{\infty}\frac{1}{j^2}<\infty$$

令例 6.1 中的实例(4)中的 $a=2$，可以得出第二个级数和收敛。同理，因为当 $j\geqslant 2$ 时 $\frac{1}{j^2}<\frac{1}{j(j+1)}$，同时根据实例(2)，我们可以得出该级数收敛于一个小于 2 的数值。

(6) 如果 $x_j=\frac{(-1)^{j+1}}{j}$，为交错调和级数(alternating harmonic series)，那么 $\sum_{j=1}^{\infty}x_j$ 收

敛。将该级数两两分组,我们得到,对 $n=1, 3, 5\cdots$ 有 $x_n + x_{n+1} = \frac{1}{n(n+1)}$,这实际上等于实例(2)中奇数项的和。因此:

$$\sum_{j=1}^{n} \frac{(-1)^{j+1}}{j} = \begin{cases} \sum_{j=1}^{m} \frac{1}{2j(2j-1)}, & n=2m \\ \sum_{j=1}^{m} \frac{1}{2j(2j-1)} - \frac{1}{2m+1}, & n=2m+1 \end{cases}$$

因此,该交错级数的偶数项部分和等于实例(2)中收敛级数的子级数的部分和,而奇数项部分和等于同一收敛级数减去一个收敛于 0 的项。因此,该级数偶数项和奇数项的部分和一定收敛于同一数值。不过,该级数仅仅是条件收敛,因为该级数的绝对值是发散的调和级数。正如我们将看到的第 10 章中微积分结果的一种应用,结果是 $\sum_{j=1}^{\infty} \frac{(-1)^{j+1}}{j} = \ln 2$,2 的自然对数,其数值约为 0.69315。

有必要注意的是,收敛级数的子级数不一定收敛。实例 6 中的结论之所以正确是因为实例(2)中原始的收敛级数各项均为正值。从更一般意义上看,原级数绝对收敛才是必要条件。条件收敛的情况下会出现什么差错可以看下面的例子:

例 6.3 (7) 如果 $x_j = \frac{(-1)^{j+1}}{j}$,为(收敛的)交错调和级数,那么 $\sum_{j=1}^{\infty} x_{2j}$ 和 $\sum_{j=1}^{\infty} x_{2j-1}$ 均收敛。首先得到:

$$\sum_{j=1}^{\infty} x_{2j} = -\frac{1}{2} \sum_{j=1}^{\infty} \frac{1}{j}$$

这是调和级数的一个倍数。同理,有:

$$\sum_{j=1}^{\infty} x_{2j-1} = \sum_{j=1}^{\infty} \frac{1}{2j-1} > \sum_{j=1}^{\infty} \frac{1}{2j} > \frac{1}{2} \sum_{j=1}^{\infty} \frac{1}{j}$$

这是调和级数的另一个倍数。

上述例子中的实例(3)、(4)、(5)、(6)和(7)呈现了一种级数比较检验(comparison test)的应用。这种检验和其他一些检验将在下面的第 6.1.5 节的收敛性检验中详述。不过,下一节提供了两个有关绝对和条件收敛级数的重要结论。

*6.1.4 级数的重新排序

为了尝试计算级数和,或者证明收敛性,通常有必要对级数的顺序进行重新排列。对二重级数来说尤其如此,下面我们将看到这一点。但是,尽管对有限级数和的重排可以奏效,但对于无限的级数和来说,通常很难在不改变其数值或者不改变其是否收敛的情况下进行重新排列。本小节分析了原级数和重排之后的级数以及相应的级数和的敛散性之间的关系。

为了正式引入重新排序的概念,我们先引入重排函数(rearrangement function)的概念,$\pi(n)$,定义在指标集 $J \equiv \{j\}_{j=0}^{\infty}$ 或者 $J \equiv \{j\}_{j=1}^{\infty}$ 上,且有以下性质:$\pi: J \to J$ 是一个一一对应的映射函数。这段话中体现的三个概念可以简化为一种直观的认识:π 将对集合

J 进行一次"洗牌"：

(1)"函数" $J \to J$ 意味着对任意 $j \in J$，$\pi(j)=k$ 都是集合 J 中独一无二的一项。

(2)"一一对应"意味着不能存在 $j, k \in J$ 使得 $\pi(j)=\pi(k)$。每一个 j 都映射到不同的点上。

(3)"映射"意味着对任意 $k \in J$，都存在一个 $j \in J$ 使得 $\pi(j)=k$。

给定一个级数 $\{x_j\}$，本节的核心主要关系到任意重排函数 π 下 $\sum_{j=1}^{\infty} x_j$ 和 $\sum_{j=1}^{\infty} x_{\pi(j)}$ 的值。在提出结论之前，先看两个例子，会对我们有所启发。

例 6.4 (1) 回想一下例 6.3 中的交错调和级数，$x_j=\frac{(-1)^{j+1}}{j}$，该级数是收敛的，但并不是绝对收敛。正如我们所证明的，$\sum_{j=1}^{\infty} x_{2j}$ 和 $\sum_{j=1}^{\infty} x_{2j-1}$ 均是发散的，但由于一个子级数趋近于 $+\infty$，另一个子级数趋近于 $-\infty$，两相抵消，便形成了该级数的条件收敛。直觉警告我们，对级数重新排序可能出现问题。的确，如果我们简单的通过将所有正值列在前面、负值列在后面的方式对级数进行重新排序，我们会得到一个毫无疑义的结论，即 $\sum_{j=1}^{\infty} x_j=\infty-\infty$，而且我们必须谨慎地断言这个值是 0。不过，如果稍微使用一些技巧，我们还是有可能通过对级数重新排序使得重排之后的级数条件收敛到任意的实数，甚至是 $\pm\infty$。这看上去不可能，但证明起来并不会太难。令 $r \in \mathbb{R}$ 给定，假设 $r \geqslant 0$。令 N_1 为第一个整数，使得 $\sum_{j=1}^{N} x_{2j}>r$。接下来令 M_1 为第一个整数，使得 $\sum_{j=1}^{N_1} x_{2j}+\sum_{j=1}^{M_1} x_{2j-1}<r$。两个选择都是可行的，因为正负级数均为无限增长。现在令 $N_2>N_1$ 为第一个整数，使得 $\sum_{j=1}^{N_1} x_{2j}+\sum_{j=1}^{M_1} x_{2j-1}+\sum_{j=N_1+1}^{N_2} x_{2j}>r$，同时令 $M_2>M_1$ 为第一个整数，使得 $\sum_{j=1}^{N_1} x_{2j}+\sum_{j=1}^{M_1} x_{2j-1}+\sum_{j=N_1+1}^{N_2} x_{2j}+\sum_{j=M_1+1}^{M_2} x_{2j-1}<r$，以此类推。由此我们可以得出该级数重新排序之后对应的级数：

$$x_2, \cdots, x_{2N_1}, x_1, \cdots, x_{2M_1-1}, x_{2(N_1+1)}, \cdots$$

条件收敛于 r。例如，在上面的最后一步中，因为 M_2 是产生理想性质的第一个整数，所以可以得到：

$$\sum_{j=1}^{N_1} x_{2j}+\sum_{j=1}^{M_1} x_{2j-1}+\sum_{j=N_1+1}^{N_2} x_{2j}+\sum_{j=M_1+1}^{M_2-1} x_{2j-1}>r$$

进而推出：

$$\left|r-\left(\sum_{j=1}^{N_1} x_{2j}+\sum_{j=1}^{M_1} x_{2j-1}+\sum_{j=N_1+1}^{N_2} x_{2j}+\sum_{j=M_1+1}^{M_2} x_{2j-1}\right)\right|<\left|x_{2M_2}\right|$$

换句话说，每一步中，部分和与 r 之间的差值都限制在上一个相加项的绝对值以内。因此，由于这些上一个相加项绝对收敛于 0，条件收敛便可以得证。如果 $r<0$，那么整个过程完全相反。如果 $r=\pm\infty$，思考一下这种构建方法可以如何调整[答案在下面黎曼级数定理(Riemann series theorem)的证明中]。

(2) 考虑一个交错几何级数 $x_j=(-1)^j a^j$，$j\geqslant 0$，而 $0<a<1$。根据上面的例 6.1，该级数是绝对收敛的，因此也是收敛的。令级数和记作 $s=\sum_{j=0}^{\infty}(-1)^j a^j$。然后由 $s_1=\sum_{j=0}^{\infty}a^{2j}=\frac{1}{1-a^2}$ 和 $s_2=\sum_{j=0}^{\infty}a^{2j+1}=as_1=\frac{a}{1-a^2}$ 得，$s=s_1-s_2=\frac{1}{1+a}$。给定重排函数 π，得 $\sum_{j=0}^{\infty}(-1)^{\pi(j)}a^{\pi(j)}$。我们的目标是证明 $\sum_{j=0}^{\infty}(-1)^{\pi(j)}a^{\pi(j)}=s$，而且与初始级数的值完全相同。为此，我们需要证明，对任意给定的 $\epsilon>0$，存在一个 N 使得当 $n\geqslant N$ 时，$\left|s-\sum_{j=0}^{\infty}(-1)^{\pi(j)}a^{\pi(j)}\right|<\epsilon$。因此，我们将正数级数和负数级数分开来看。由于 $s_1=\sum_{j=0}^{\infty}a^{2j}$，选择 N_1 使得当 $n\geqslant N_1$ 时，$\left|s_1-\sum_{j=0}^{n}a^{2j}\right|<\frac{\epsilon}{3}$，选择 N_2 使得当 $n\geqslant N_2$ 时，$\left|s_2-\sum_{j=0}^{n}a^{2j+1}\right|<\frac{\epsilon}{3}$。此外，由于该级数是绝对收敛的，所以我们可以应用柯西准则，同时选择 N_3 使得当 $n, m\geqslant N_3$ 时，$\left|\sum_{j=n}^{m}a^j\right|<\frac{\epsilon}{3}$。注意，对任意 n 来说，$\{\pi(j)\}_{j=0}^{n}$ 都可以被分解成奇数和偶数，我们选择一个足够大的 N 使得 $\{\pi(j)\}_{j=0}^{n}$ 包含 $\{j\}_{j=0}^{\max(N_j)}$。由此当 $n\geqslant N$ 时，我们由三角形不等式定理得：

$$
\begin{aligned}
&\left|s-\sum_{j=0}^{n}(-1)^{\pi(j)}a^{\pi(j)}\right| \\
&=\left|(s_1-s_2)-\left(\sum_{j=0}^{\max(N_j)}a^{2j}-\sum_{j=0}^{\max(N_j)}a^{2j+1}\right)+\sum_{\pi(j)\geqslant\max(N_j)}(-1)^{\pi(j)}a^{\pi(j)}\right| \\
&\leqslant\left|s_1-\sum_{j=0}^{\max(N_j)}a^{2j}\right|+\left|s_2-\sum_{j=0}^{\max(N_j)}a^{2j+1}\right|+\left|\sum_{\pi(j)\geqslant\max(N_j)}a^{\pi(j)}\right| \\
&<\frac{\epsilon}{3}+\frac{\epsilon}{3}+\frac{\epsilon}{3}=\epsilon
\end{aligned}
$$

接下来的命题总结了上述例子中得出的结论。证明比较简洁，因为它们和这些特例中的推导密切相关。第一个结论是为波恩哈德·黎曼(Bernhard Riemann, 1826—1866)而命名。

命题 6.4(黎曼级数定理) 给定 $\{x_j\}_{j=1}^{\infty}$ 是一个条件收敛的级数，而且 $\sum_{j=1}^{\infty}x_j=s$。那么对任意 $r\in\mathbb{R}$，也就是说 $r=\pm\infty$，则存在重排函数 π，使得 $\sum_{j=1}^{\infty}x_{\pi(j)}=r$。

证明：因为 $\{x_j\}_{j=1}^{\infty}$ 不是绝对收敛的，所以级数中的正项和负项一定都有无穷多项。这是因为，如果任一集合的项数是有限的，比如 $\{x_j\}_{j=1}^{n}$ 表示正项，那么由于 $\sum_{j=1}^{\infty}x_j=\sum_{j=1}^{n}x_j+\sum_{j=n+1}^{\infty}x_j$，我们可以推出 $\sum_{j=n+1}^{\infty}x_j=s-\sum_{j=1}^{n}x_j$。现在由于当 $j>n$ 时所有的 $x_j<0$，所以我们可得 $\sum_{j=n+1}^{\infty}|x_j|=\sum_{j=1}^{n}x_j-s$。这就表明 $\sum_{j=n+1}^{\infty}|x_j|=2\sum_{j=1}^{n}x_j-s$，该结论与

“$\{x_j\}_{j=1}^{\infty}$不是绝对收敛”的结论相矛盾。因此正项子级数和负项子级数都具有无穷多项。下面，用 $\{x_j^+\}_{j=1}^{\infty}$ 和 $\{x_j^-\}_{j=1}^{\infty}$ 来表示这些正项和负项的无限集合并且表现出其各自的排序，那么一定能得到 $\sum_{j=1}^{\infty} x_j^+ = \infty$ 和 $\sum_{j=1}^{\infty} x_j^- = -\infty$。此外，如果两者中任何一个是有限的，由 $\{x_j\}_{j=1}^{\infty}$ 的条件收敛性可知它是绝对收敛的，这就构成了矛盾。现在对于这些发散的正项和负项子级数来说，证明过程与上文中出现的 $r \in \mathbb{R}$ 时交错调和级数的证明过程相同。当 $r=\infty$ 时，选择一个 N_1 使得 $\sum_{j=1}^{N_1} x_j^+ \geqslant 10 \mid x_1^- \mid$，然后选择一个 N_2 使得 $\sum_{j=N_1+1}^{N_2} x_j^+ \geqslant 10 \mid x_2^- \mid$，以此类推。重排后即 $x_1^+, \cdots, x_N^+, x_1^-, x_{N_1+1}^+, \cdots, x_{N_2}^+, x_2^-, \cdots$ 通过适当构造可知，每一块正项与一个负项 x_j^- 的和要大于 $9 \mid x_j^- \mid$，因此 $\sum_{j=1}^{n} x_\pi(j)$ 就像 $9\sum_{j=1}^{m} \mid x_j^- \mid$ 那样增长，其中 m 是N_j 的最大值的下标，且 $N_j \leqslant n$。当 $r=-\infty$ 时可以用同样的构造方法来证明结论。

我们会注意到很有意思的一点是，上述命题提到的这种重新组合法具有一个很特别但开始不容易发现的性质。即，在上文这一构造法中，对于从初始值 s 一直移动到任何一个新值 r 的级数和而言，“顺向移动”的集合 $\{\pi(j)-j\}$ 必定是无界的。换句话说，为了得到期望的结果，在用这一构造法进行重排的过程中，我们需要从其初始位置开始标记下标集合$\{j\}$中的各元素，越来越远直至顺向的新位置。

为了研究这一问题，我们需要注意在上文的证明过程中，由构造法生成了一个级数：

$$x_1^+, \cdots, x_{N_1}^+, x_1^-, \cdots, x_{M_1}^-, x_{N_1+1}^+, \cdots, x_{N_2}^+, x_{M_1+1}^-, \cdots, x_{M_2}^-, \cdots$$

在这一级数中，正项的顺向移动是无界的，因为它们的增长与 $\sum M_j$ 有关，这是由成块的负项的插入导致的。同理，负项的顺向移动也是无界的，这是由成块的正项的插入导致的。

但是我们应当对这一观点持怀疑态度。正项和负项最初以某种方式散布，或许会与构造法需要的散布方式相同。因此，这种构造法可能仅仅改变了一小部分的顺序，而并不是所谓的无界限的方式。

下一个结论实际上表明，如果重排函数仅仅移动了一小部分下标，那么重排后的级数就收敛于原始的和，且不会改变。

命题 6.5 设 $\{x_j\}_{j=1}^{\infty}$ 为一个条件收敛的级数，$\sum_{j=1}^{\infty} x_j = s$，并且 π 为一个重排函数，该函数具有如下性质：对某一正整数 P 和所有的 j 来说，$\pi(j) \leqslant j+P$。那么 $\sum_{j=1}^{\infty} x_{\pi(j)} = s$ 成立。

证明：考虑部分和，$\sum_{j=1}^{n} x_j$ 和 $\sum_{j=1}^{n} x_{\pi(j)}$。对 π 的假设为$\pi(j) \leqslant j+P$，那么一定有下式成立：

$$\{x_{\pi(j)}\}_{j=1}^{n-P} \subset \{x_j\}_{j=1}^{n}$$

部分或全部的 $\{x_{\pi(j)}\}_{j=n-P+1}^{n}$ 也有可能包含于 $\{x\}_{j=1}^{n}$，但是这一点对于命题证明来说无关

紧要。因此我们可以得知:

$$\sum_{j=1}^{n} x_j - \sum_{j=1}^{n} x_{\pi(j)} = \sum_{j=n-P+1}^{n} x_j - \sum_{j=n-P+1}^{n} x_{\pi(j)}$$

在这里由假设可知,对 $n-P+1\leqslant j\leqslant n$ 来说有 $n-P+1\leqslant \pi(j)\leqslant n+P$。对 $1\leqslant n_j\leqslant 2P$ 的正整数来说,用 $\{n-P+n_j\}_{j=1}^{P}$ 来表示 $\{\pi(j)\}_{j=n-P+1}^{n}$,由三角形不等式我们可以推知:

$$\left|\sum_{j=1}^{n} x_j - \sum_{j=1}^{n} x_{\pi(j)}\right| \leqslant \sum_{j=1}^{P} |x_{n-P+j}| + \sum_{j=1}^{P} |x_{n-P+n_j}|$$

现在,由于 $\{x\}_{j=1}^{\infty}$ 是一个收敛级数,我们可以得知,随着 $j\to\infty$ 有 $x_j\to 0$,因此在这一上界中的 $2P$ 项和也收敛于 0。更为正式的说法是,对任意的 $\epsilon>0$ 来说,选择一个 N 使得对 $j>N$ 来说有 $|x_j|<\frac{\epsilon}{2P}$。然后选择上面的 n 使得 $n-P+1>N$。

上述结论表明,对某一固定不变的 P 和所有的 j 来说,$\pi(j)\leqslant j+P$,只要将重排限定在以上式为界的下标变化内,条件收敛级数的重排就是可以实现的。

该结论的一个应用是,当对某一固定不变的 P 来说有 $\pi(j)\leqslant j+P$ 时,那么在这一规则下,如果我们要评估一个级数的收敛性,则我们可以得到任何一个重排的数字。如果这一操作随后为收敛性的推导奠定了基础,那么我们可以确定原始级数收敛于同一值。换句话说,这一结论可以反过来用在以下情况中,即如果一个有界的重排生成了一个收敛级数,那么原始级数一定收敛于同一值。然而,正如已证明的命题所说,在无界的重排下,任何事情都有可能发生。

对绝对收敛技术来说,该结论具有很强的广泛性,即这样的级数能够以任何形式重排,同时保持原有的和不变。

命题 6.6 设 $\{x_j\}_{j=1}^{\infty}$ 为一个绝对收敛的级数,$\sum_{j=1}^{\infty} x_j = s$,并且 π 为任意一个重排函数,那么 $\sum_{j=1}^{\infty} x_{\pi(j)} = s$ 成立。

证明:我们的目标是重新使用例 6.4(2)的交错几何级数中的论据,但是首先我们需要证明,该级数可以被分解为一个正项和一个负项子级数,并且它们的收敛值的和为 s。为此,定义 $\{x_j^+\}_{j=1}^{\infty}$ 和 $\{x_j^-\}_{j=1}^{\infty}$ 分别为:

$$x_j^+ = \max\{x_j, 0\},\ x_j^- = \max\{-x_j, 0\}$$

对于上文提到的交错几何级数而言,该定义会使 $x_{2j}^+ = a^{2j}$,$x_{2j-1}^- = a^{2j-1}$,并且对其他下标来说这两个子级数都为 0。现在需注意 $x_j = x_j^+ - x_j^-$ 且 $|x_j| = x_j^+ + x_j^-$。因为该级数是绝对收敛的,并且两个子级数 $x_j^+ = \frac{1}{2}(x_j + |x_j|)$ 和 $x_j^- = \frac{1}{2}(|x_j| - x_j)$ 都分别绝对收敛于 s_1 和 s_2。因此:

$$\left|\sum_{j=1}^{n} x_j - (s_1 - s_2)\right| \leqslant \left|\sum_{j=1}^{n} x_j^+ - s_1\right| + \left|\sum_{j=1}^{n} x_j^- - s_2\right|$$

这表明 $\sum_{j=1}^{\infty} x_j = s_1 - s_2 = s$。在上式的条件下,用于证明交错几何级数结论的论据现在就可以用了，将例 6.4 中 x_j^+ 和 x_j^- 在正项和负项中的作用替换一下即可。

例 6.5　最后这一结论的两个常用并且重要的应用是：

(1) 如果一个给定的级数只含有正项或负项，或者一种符号的项数有限而剩余项都为另一种符号，那么当且仅当该级数绝对收敛时，该级数是收敛的。因此，为了找到收敛性的证据，我们可以对该级数运用任意一种重排方式，而一旦找到了这一证据，我们就能得出其绝对收敛性，并且由上文命题判别出重排方式，进而得知：随着级数按照重排方式展开，原始级数必定有相同的和。

(2) 由于根据上文命题设定的重排函数是非常具有概括性的，因此从理论上讲，我们可以将这一级数分解成为一个偶数项级数和一个奇数项级数，或者分解为三个集合：

$$x_1, x_4, \cdots, x_2, x_5, \cdots, x_3, x_6, \cdots$$

或者分解为任何可数且无限数量的子级数。该结论的一个重要应用是对"多重"级数而言的，例如二重级数：

$$\sum_{j=1}^{\infty} \sum_{i=1}^{n(j)} x_{ij}$$

在这里对所有 j 来说，$n(j)$是 j 的某一个函数，或者简单地有 $n(j)=\infty$。一个常见的例子是 $n(j)=j$。当然，三重、四重或更多重的级数都可以类似地定义出来，只不过在实际应用中并不常见。这些求和公式总是从外向内进行的，因此在该例中有：

$$\sum_{j=1}^{\infty} \sum_{i=1}^{n(j)} x_{ij} = \sum_{i=1}^{n(1)} x_{i1} + \sum_{i=1}^{n(2)} x_{i2} + \sum_{i=1}^{n(3)} x_{i3} + \sum_{i=1}^{n(4)} x_{i4} + \cdots$$

我们可以在 $\mathbb{R}^2$ 内的*正整数点阵*(positive integer lattice)上想象一下这些指标点，其中定义每个点(i, j) 为 x_{ij}，且 $i, j>0$，就像图 6.1 中显示的那样。那么双求和公式就可以想象成顺着行的方向求和，从 $i=1$ 到 $n(2)$，以此类推。而通常将求和顺序倒过来会很方便，即实际上是先按照列的方向进行求和。例如，

$$\sum_{j=1}^{\infty} \sum_{i=1}^{\infty} x_{ij} \text{ 变为 } \sum_{i=1}^{\infty} \sum_{j=1}^{\infty} x_{ij} \qquad \sum_{j=1}^{\infty} \sum_{i=1}^{j} x_{ij} \text{ 变为 } \sum_{i=1}^{\infty} \sum_{j=i}^{\infty} x_{ij}$$

在第二个求和公式中，整数点阵模型对反向求和公式运用可视化的形式表示出来，从而简化了其极限的确定过程。这里需要提出的一个问题是，求和公式是否可以以这种方式转化？直观来讲，如果级数仅仅是条件收敛的，那么得出肯定答案的希望很小，因为这种重排会以任意大的距离移动级数中的各项。另一方面，如果级数各项都是同一符号，或者除了有限个项是另一符号外，其他各项都是同一符号，那么我们能够再次得出：当且仅当该级数绝对收敛时，该级数收敛。在这种情况下，上述结论反之仍是成立的；也即，如果我们将一个级数进行必要的重排并且经证明该级数收敛，那么该级数也是绝对收敛的。因此，我们可以得知，原始的多

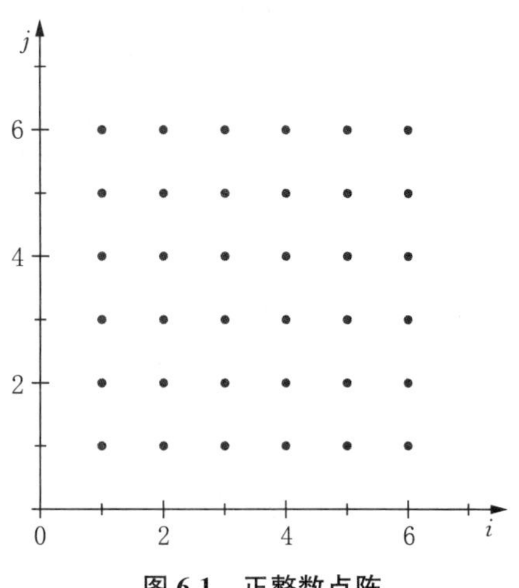

图 6.1　正整数点阵

重级数与重排后的级数具有相同的和。

6.1.5 收敛性检验

有很多检验级数收敛性的方法,并且起初它们的数量之多或许会让人震惊。只是我们需要多少种检验方法呢?而问题其实是,不存在一种能够用清楚的语言表述出来的检验方法:

当且仅当……时,级数 $\sum_{j=1}^{\infty} x_j$ 收敛;

这就是说,只有定义里的检验方法是清楚的,而这需要用到柯西条件即:

……对每一个 $\epsilon > 0$ 来说,$\exists N$ 使得对 n,$m > N$ 来说有 $\left|\sum_{j=1}^{m} x_j - \sum_{j=1}^{n} x_j\right| < \epsilon$ 成立

因此,收敛性的定义提供了一种"当且仅当"的收敛性检验方法,但是在很多情况下,我们很难去证明存在一个 $N \equiv N(\epsilon)$。

而各种各样的收敛性检验方法相对容易实施一些,但是实施这些方法要以不确定性情况的出现为代价。为了更加精确,所有这些检验方法都或隐或现地遵从下面的模式:

(1) 级数 $\sum_{j=1}^{\infty} x_j$ 在满足条件 A 时收敛。

(2) 级数 $\sum_{j=1}^{\infty} x_j$ 在满足条件 B 时发散。

(3) 在其他情况下不能提供有关收敛性的任何信息。

因此每一种检验方法都要依据检验条件将所有级数的集合 $\left\{\sum_{j=1}^{\infty} x_j \mid x_j \in \mathbb{R} \text{ 或 } \mathbb{C}\right\}$ 分为上述三组。一个给定的级数或许在一种检验方法下很难被归为某一组,而在另一种检验方法下却能得出其收敛性或发散性。当然,决不会出现一个级数在一种检验方法下收敛而在另一种检验方法下发散的情况;反之亦然。

之所以需要如此众多种检验方法的原因是,对于一个给定的级数而言,实施每一种检验方法的容易程度是不同的,并且常常出现一些收敛性无法判定的级数。如果一些检验方法能够将不确定性控制在较小范围内,那么我们就可以直观地将其看成是较强的检验方法。但是一般来讲,不存在对这些检验方法强弱的一个公认的排序,除非一种检验方法的不确定性集合包含于另一种检验方法之中。

到现在为止,除了定义本身之外,所有检验方法的不确定性集合都被证实不是 $\varnothing$,即空集。这一节我们将介绍一些最好且最易操作的检验方法。此外,第 10 章将介绍一种非常有用的检验方法,该方法运用了一种与黎曼积分有关的方法。第一种检验方法或许是使用最为广泛的方法,因为该方法在其应用中赋予了分析过程很大的灵活性。

命题 6.7(比较判别法) 如果 $\sum_{j=1}^{\infty} x_j$ 是一个绝对收敛的级数,并且 $\sum_{j=1}^{\infty} y_j$ 是任何一个满足下述条件的级数:对某个 N 来说,当 $j \geqslant N$ 时有 $|y_j| \leqslant |x_j|$ 成立,那么 $\sum_{j=1}^{\infty} y_j$ 也是

绝对收敛的。反之，如果 $\sum_{j=1}^{\infty} x_j$ 和 $\sum_{j=1}^{\infty} y_j$ 是任何满足下述条件的级数：当 $j \geqslant N$ 时有 $|y_j| \leqslant |x_j|$ 成立，并且 $\sum_{j=1}^{\infty} |y_j| = \infty$，那么有 $\sum_{j=1}^{\infty} |x_j| = \infty$ 成立。

证明：对于收敛性条件来说，如果 $s_n = \sum_{j=1}^{n} |y_j|$，那么对 $n \geqslant N$ 来说：

$$s_n \leqslant \sum_{j=1}^{N} |y_j| + \sum_{j=N+1}^{n} |x_j| \leqslant \sum_{j=1}^{N} |y_j| + \sum_{j=1}^{\infty} |x_j|$$

换句话说，级数 $\{y_j\}$ 的绝对部分和既是随 n 而增加的，也是有界的。因为这些部分和有界，所以它们必定存在一个聚点。因此存在这样的一个 s 使得对任意一个 $\epsilon > 0$ 来说，存在一个 $M(\epsilon)$ 使得 $|s_m - s| < \epsilon$。然而，由于序列 $\{s_n\}$ 是递增的，并且对 $n \geqslant M$ 来说有 $|s_n - S| < \epsilon$，所以 s 就是部分和的极限。这就是说，$\sum_{j=1}^{n} |y_j| = s$。对于发散性条件来说，由假设可知，绝对部分和 $s_n = \sum_{j=1}^{n} |y_j|$ 是无界的。因此，所有有限个 $|x_j|$ 大于 $|y_j|$，该级数的部分和也必定是无界的，从而有 $\sum_{j=1}^{\infty} |x_j| = \infty$ 成立。■

注释 6.3：(1) 注意，就比较判别法判别收敛性或发散性的目的而言，我们可以忽略相关序列中的任何有限多个项。换句话说，对 $j \leqslant N$ 和任何一个固定值 N 而言，$|y_j|$ 与 $|x_j|$ 的关系与最终的结论无关。

(2) 还要注意比较判别法关于收敛性的假设是：对某个 N 和 $j \geqslant N$ 来说，$-|x_j| \leqslant y_j \leqslant |x_j|$。

这就是说，$\{y_j\}$ 中的所有有限多个项都以两个收敛级数为界。这一结论可被推广。也即，如果存在两个收敛级数 $\sum_{j=1}^{\infty} x_j$ 和 $\sum_{j=1}^{\infty} z_j$ 使得：对某个 N 和 $j \geqslant N$ 来说有，$x_j \leqslant y_j \leqslant z_j$ 成立，那么 $\sum_{j=1}^{\infty} y_j$ 就是收敛的。这是因为 $0 \leqslant z_j - y_j \leqslant z_j - x_j$，并且由假设可知 $\sum_{j=1}^{\infty} (z_j - x_j)$ 收敛，从而它也是绝对收敛的，因为它的各项都是非负的，我们可以得出 $\sum_{j=1}^{\infty} (z_j - y_j)$ 收敛且实际上是绝对收敛。将其减掉收敛级数 $\sum_{j=1}^{\infty} z_j$ 就得出了最终结论。

例 6.6　考虑 $\sum_{n=1}^{\infty} \frac{1}{n!}$，这里如同平常一样，$n! \equiv n(n-1)(n-2)\cdots 2 \cdot 1$ 被称为 n 的阶乘(factorial)。注意当 $n \geqslant 4$ 时，有：

$$\frac{n(n+1)}{n!} = \frac{n+1}{n-1} \frac{1}{(n-2)!} \leqslant \frac{5}{3} \cdot \frac{1}{2} < 1$$

换句话说，当 $n \geqslant 4$ 时有 $\frac{1}{n!} < \frac{1}{n(n+1)}$ 成立，并且因此由比较判别法知 $\sum_{n=1}^{\infty} \frac{1}{n!}$ 收敛，因为通过例 6.1 中的实例(2)可知 $\sum_{n=1}^{\infty} \frac{1}{n(n+1)}$ 收敛。

下面的检验方法是将例 6.2 中交错调和级数的结论推广之后得到的。

命题 6.8(交错级数收敛性的判别方法) 如果 $\sum_{j=1}^{\infty} x_j$ 是一个交错级数,并且对某一 N 来说我们有:当 $j \geqslant N$ 时 $|x_{j+1}| \leqslant |x_j|$,并且 $x_j \to 0$,那么 $\sum_{j=1}^{\infty} x_j$ 收敛。如果 s 表示级数和,那么当 $s_n = \sum_{j=1}^{n} x_j$ 时我们可以得出部分和的误差估计值:

$$|s_n - s| \leqslant |x_{n+1}|,\text{对 } n \geqslant N \text{ 成立}$$

证明:因为 $\sum_{j=1}^{N-1} x_j = s'$ 是有限的,并且当 $n \geqslant N$ 时,有:

$$s_n = \sum_{j=N}^{n} x_j + s'$$

我们可以忽略掉这些特殊项,假设 $|x_j|$ 对所有的 j 来说单调递减至 0。特别地,假设 $x_1 > 0$。首先,我们证明奇数项部分和形成一个有下界的递减序列。这是由于:

$$s_{2n+1} = s_{2n-1} + x_{2n} + x_{2n+1} \leqslant s_{2n-1}$$

因为由单调性假设可知 $x_{2n} \leqslant 0 \leqslant x_{2n+1}$,并且 $|x_{2n+1}| \leqslant |x_{2n}|$。此外,该序列以 0 为下界,因为我们可以得知:每一个 s_{2n+1} 都可以被表示为非负项的和,即 $s_{2n+1} = x_{2n+1} + \sum (x_{2j} + x_{2j-1})$,在这里求和是从 $j=1$ 到 n 进行的。

同理,偶数项部分和形成一个有上界的递增序列。由命题 5.5 可知,两个序列都是收敛的,假设偶数项部分和收敛于 E,奇数项部分和收敛于 O。但是由于 $|s_{2n+1} - s_{2n}| = |x_{2n+1}| \to 0$,我们可以得出 $E=O=s$ 以及 $s_n \to s$。现在由上述分析可知:$s_{2n} \leqslant s \leqslant s_{2n+1}$ 对所有的 n 都成立,因此 $0 \leqslant s - s_{2n} \leqslant s_{2n+1} - s_n = x_{2n+1}$。同理有 $0 \leqslant s_{2n+1} - s \leqslant s_{2n+1} - s_{2n+2} \leqslant x_{2n+2}$,进而可以得出误差边界。

例 6.7 作为对交错调和级数的一个简单应用,如果我们期望得到一个级数和的估计值,且该估计值在真实值的 ϵ 内,那么我们可以简单地选择一个 N 使得 $\frac{1}{N+1} < \epsilon$。然后我们由上文的命题可知 $s_N = \sum_{j=1}^{N} \frac{(-1)^{j+1}}{j}$ 将在真实值的 ϵ 内。正如上文提到的那样,我们使用微积分的方法推导出 $s = \ln 2$,并且我们可以得出:

$$\left| \ln 2 - \sum_{j=1}^{N} \frac{(-1)^{j+1}}{j} \right| \leqslant \frac{1}{N+1}$$

我们的目的是得到 $\ln 2$ 的第 M 位小数的真实值,这也就是说我们想要使误差低于 $\frac{0.5}{10^{M+1}}$,为此我们需要求和公式中大约有 $N \approx 2(10^{M+1})$ 项。换句话说,虽然这一级数是收敛的,但是它是以很慢的速度收敛的。

下面是两种依据比值做出的收敛性检验方法。第一种检验方法运用的是给定级数的项与一个绝对收敛级数的项的比值;第二种检验方法运用的是给定级数中连续项的比值。

命题 6.9(比较判别法下的比值判别法) 如果 $\sum_{j=1}^{\infty} x_j$ 是一个绝对收敛级数,并且 $\{y_j\}$

是一个使得 $\lim\limits_{j\to\infty}\frac{|y_j|}{|x_j|}$ 存在的序列，那么 $\sum\limits_{j=1}^{\infty}y_j$ 也是绝对收敛的。

证明：上述极限的存在性表明 $\left\{\frac{|y_j|}{|x_j|}\right\}$ 是一个有界序列，并且对所有的 j 有 $|y_j|\leqslant B|x_j|$ 成立。因为由假设可知 $\sum\limits_{j=1}^{\infty}Bx_j$ 是一个绝对收敛的级数，因此运用命题 6.7 中的比较判别法可证得结论。

注释 6.4：这一看上去单纯的结论实际上表明了一个非常有用且直观的收敛性方面的结论。首先，如果 $\sum\limits_{j=1}^{\infty}x_j$ 是一个绝对收敛级数，显然有 $|x_j|\to 0$。因此，对任何一个 $\epsilon>0$ 来说，存在一个 N 使得当 $j\geqslant N$ 时有 $|x_j|<\epsilon$ 成立。比较判别法下的比值判别法表明，如果 $\{y_j\}$ 是任意一个以同样速度或更快速度收敛于 0 的序列，也即：

$$\lim_{j\to\infty}\frac{|y_j|}{|x_j|}=C\geqslant 0$$

那么 $\sum\limits_{j=1}^{\infty}y_j$ 也是一个绝对收敛级数。

换句话说，任何一个绝对收敛的级数都能为收敛速率提供一个“速度基准”，该级数各项的绝对值以这一速度收敛于 0，这是因为每一个以同样速度或更快速度收敛的级数必定也是绝对收敛的。

尽管还有其他很多种收敛性的判别方法，但是我们将在下一节介绍最后一种最有用的方法。

命题 6.10（比值判别法）　如果 $\sum\limits_{j=1}^{\infty}x_j$ 是一个级数并满足：

$$\lim_{n\to\infty}\sup\left\{\frac{|x_{n+1}|}{|x_n|}\right\}=L<1$$

那么 $\sum\limits_{j=1}^{\infty}x_j$ 是绝对收敛的。另一方面，如果：

$$\lim_{n\to\infty}\inf\left\{\frac{|x_{n+1}|}{|x_n|}\right\}=L>1$$

那么 $\sum\limits_{j=1}^{\infty}x_j$ 是发散的。如果在任一种情况下有 $L=1$，那么 $\sum\limits_{j=1}^{\infty}x_j$ 的敛散性则无法确定。

注释 6.5：回顾一下上限和下限的直观定义。也即，考虑序列比值 $\left\{\frac{|x_{n+1}|}{|x_n|}\right\}$ 的所有值以及所有可能的聚点。比值判别法表明，如果这些聚点中的最大值小于 1，该级数必定是绝对收敛的；如果聚点的最小值大于 1，该级数发散。这一检验法非常有用是因为它不要求这些比值的极限存在，它仅仅取决于聚点的最小值和最大值。

当然，如果这些比值的极限存在，那么级数是绝对收敛还是发散要取决于该极限小于还是大于 1。$L=1$ 时不确定的情况很容易证明。由例 6.1 中的实例(3)和实例(4)可知，$\sum\frac{1}{j}$ 发散，并且 $\sum\frac{1}{j^2}$ 收敛，然而如同很容易就能证明的那样，对这两个级数来说都

有 $L=1$。

证明:在第一种情况下 $\limsup_{n\to\infty}\left\{\frac{|x_{n+1}|}{|x_n|}\right\}=L<1$,由命题 5.8 可知,对任意的 ϵ 来说,存在一个 N 使得当 $n\geqslant N$ 时有 $\left\{\frac{|x_{n+1}|}{|x_n|}\right\}<L+\epsilon$ 成立。选择一个 $\epsilon<1-L$;那么对任意的 $m\geqslant 1$ 有:

$$\frac{|x_{N+m}|}{|x_N|}=\frac{|x_{N+m}|}{|x_{N+m-1}|}\frac{|x_{N+m-1}|}{|x_{N+m-2}|}\cdots\frac{|x_{N+1}|}{|x_N|}<(L+\epsilon)^m$$

换句话说,$|x_{N+m}|<(L+\epsilon)^m|x_N|$ 对所有的 $m\geqslant 1$ 都成立,因此 $\{|x_{N+m}|\}$ 以一个几何级数作为其上界。现在,由于通过构造可知 $L+\epsilon<1$,因此该几何级数必定收敛,从而由比较判别法可知原始级数也是收敛的。下限的结论也是类似的,只是我们会得到 $|x_{N+m}|>(L-\epsilon)^m|x_N|$,其中选择一个 ϵ 满足 $\epsilon<L-1$,因此当 $L-\epsilon>1$ 时,该序列比一个发散的几何级数要大。

6.2 l_p—空间

6.2.1 定义及基本性质

介绍 l_p—空间这一概念的主要原因是:它能使我们更容易地理解一种思想,这种思想在 L_p 函数空间的协助下能够更多地应用于实分析中去。除此之外,l_p —空间提出了一个非常有趣并且重要的结论,而这一结论与我们在第 3 章中得出的结论遥相呼应,即所有的 l_p —范数在 $\mathbb{R}^n$ 内都是等价的。现在我们来探究当 $n\to\infty$ 时该结论会发生什么变化。

注释 6.6: 尽管我们很容易从写法上区分 l_p—空间和 L_p—空间,但是在口头上却很难做到这一点,因为两者的发音都是"l_p 空间。"鉴于这一原因,我们有时候会在讨论中听到"小 l_p 空间"和"大 l_p 空间"。

定义 6.4 对于 $1\leqslant p\leqslant\infty$ 来说,空间 l_p 被定义为:

$$l_p=\{\boldsymbol{x}=\{x_j\}_{j=1}^{\infty}\mid\ \|\boldsymbol{x}\|_p<\infty\}$$

这里,与在欧氏空间中定义的 l_p—范数保持一致:

$$\|\boldsymbol{x}\|_p\equiv\left(\sum|x_j|^p\right)^{1/p},\ 1\leqslant p<\infty \tag{6.2a}$$

$$\|\boldsymbol{x}\|_{\infty}\equiv\sup_j\{|x_j|\} \tag{6.2b}$$

根据 $\{x_j\}_{j=1}^{\infty}\subset\mathbb{R}$ 还是 $\{x_j\}_{j=1}^{\infty}\subset\mathbb{C}$ 来定义实数 l_p—空间和复数 l_p—空间。在式(6.2)中的绝对值 $|x_j|$ 是根据 x_j 是实数还是复数来定义的,就像在式(2.3)和式(2.2)中分别呈现的那样。

直观地讲,在之前定义的 l_p—范数下,我们可以将实数 l_p—空间想象成为一个无限的欧氏空间——$\mathbb{R}^{\infty}$。这对我们的直觉来讲是一个好的出发点,因为我们将看到 l_p—空间就像欧氏空间一样是一个向量空间,并且上文定义的 l_p—范数实际上正是第 3 章中的范数。

然而,这里也存在一个巨大的不同。之前我们讲过对于 $1 \leqslant p \leqslant \infty$ 来说,所有的 l_p—范数在$\mathbb{R}^n$内都是等价的。从一个范数转变为另一个范数改变了我们范数测量的数值,但是从每一个真正意义上来说,这些空间都是等价的。由定义可知,在任何一种范数下,$\mathbb{R}^n$中基本的点集合是相同的,还有开和闭的概念、收敛性等都是相同的。

例如,$G \subset \mathbb{R}^n$ 对一种 l_p—范数来说是开的,当且仅当它对所有的 l_p—范数来说都是开的。同理,一个序列 $\{\boldsymbol{x}_n\} \subset \mathbb{R}^n$ 在一种 l_p—范数下收敛于 $\boldsymbol{x} \in \mathbb{R}^n$,当且仅当它在所有的 l_p—范数下收敛。换句话说,$\{\boldsymbol{x}_n\} \subset \mathbb{R}^n$ 在一种 l_p—范数下是柯西序列,当且仅当它在所有的 l_p—范数下都是柯西序列。

另一方面,l_p—范数在$\mathbb{R}^n$内并不是等价的。事实上,对任意一个满足 $1 \leqslant p < \infty$ 的 p,很容易生成一个序列 $\{x_j\}_{j=1}^{\infty}$ 使得当 $p < p' \leqslant \infty$ 时,对所有的 p'来说有 $\{x_j\}_{j=1}^{\infty} \in l_{p'}$ 但是 $\{x_j\}_{j=1}^{\infty} \notin l_p$。最简单的例子就是例 6.1 中的实例(4)。对于给定的 p 来说,定义:

$$\boldsymbol{x} = \{x_j\}_{j=1}^{\infty} \equiv \left\{\left(\frac{1}{j}\right)^{1/p}\right\}_{j=1}^{\infty}$$

那么在 l_p 中,这一点的范数就是调和级数的和的 p 次方根,并且因此它不可能存在有限的 l_p—范数。然而,由实例(4)可知,当 $p' < \infty$ 时,对任何一个 $p' > p$ 来说,这一点都存在有限的 l_p—范数。此外还有 $\|\boldsymbol{x}\|_{\infty} = 1$ 成立。可以将其概括为:

命题 6.11 如果 $1 \leqslant p < p' \leqslant \infty$,那么 $l_p \subset l_{p'}$,并且该包含是严格意义上的。

证明:给定 $\boldsymbol{x} = \{x_j\}_{j=1}^{\infty} \in l_p$。那么 $\|\boldsymbol{x}\|_p$ 的有限性表明所有有限个 x_j 都满足 $|x_j| < 1$。现在,如果 $p' > p$ 并且 $p' < \infty$,那么:

$$\sum |x_j|^{p'} = \sum_{|x_j|<1} |x_j|^{p'} + \sum_{|x_j|\geqslant 1} |x_j|^{p'} < \sum_{|x_j|<1} |x_j|^{p} + C$$

因此 $\|\boldsymbol{x}\|_{p'}$是有限的,并且 $\{x_j\}_{j=1}^{\infty} \in l_{p'}$。当 $p' = \infty$ 时,很显然 $\|\boldsymbol{x}\|_{\infty} = \sup_j\{|x_j|\}$ 是有限的,因为 $\sum |x_j|^p$ 是有限的。因此,在所有情况下都有 $l_p \subset l_{p'}$ 成立。$p' < \infty$ 时的幂调和级数的情况以实例证明了该包含关系的严格性。例子 $\boldsymbol{x} = \{x_j\}_{j=1}^{\infty}$ 能够很容易地证明 $p' = \infty$ 的情况,这里可以取所有的 $x_j = 1$。显然,$x \in l_{\infty}$,但是对 $p < \infty$ 来说,上式在其他所有的 l_p—空间内都是不成立的。 ■

更令人感到惊奇的是,在所有的 l_p—空间内都存在一个无限的序列集合,并且当 $1 \leqslant p < \infty$ 时,该集合实际上在所有的 l_p—空间内都是稠密的。因此这些空间的不同完全是由不同范数下常见序列集合的"完备性"产生的。更为准确一点的说法是,每一个 l_p—空间都可以通过向这一常见序列集合中添加极限值来生成,而这一极限值是通过在不同范数内生成收敛序列得到的。

为了证明这样一种构想,首先我们考虑一种较为熟悉的情况,即$\mathbb{Q}^n \subset \mathbb{R}^n$,它们被定义为有理数的 n 元组。也即:

$$\mathbb{Q}^n = \{\boldsymbol{x} \equiv (x_1, x_2, \cdots, x_n) \mid x_j \in \mathbb{Q} \text{ 对所有的 } j \text{ 都成立}\}$$

这是一个基于有理数的向量空间。下面,定义$\mathbb{R}_p^n$为:

$$\mathbb{R}_p^n = \{\boldsymbol{x} \in \mathbb{R}^n \text{ 使得当 } \|\boldsymbol{x} - \boldsymbol{x}_j\|_p \to 0 \text{ 时},\ \exists \{\boldsymbol{x}_j\} \subset \mathbb{Q}^n \text{成立}, 1 \leqslant p \leqslant \infty\} \quad (6.3)$$

命题 6.12 对任何一个 n 来说,当 $1 \leqslant p \leqslant \infty$ 时对所有 p 有 $\mathbb{R}_p^n = \mathbb{R}^n$ 成立。

证明:由定义可知,$\mathbb{R}_p^n \subset \mathbb{R}^n$,因此我们仅仅需要证明反向的包含关系。给定 $\boldsymbol{x} \in \mathbb{R}^n$。定义 $\boldsymbol{x}_j \in \mathbb{Q}^n$ 使得整数部分,以及 $\boldsymbol{x}_j$ 中的前 j 位小数部分与 $\boldsymbol{x}$ 的保持一致,并且 $\boldsymbol{x}_j$ 的小数过了第 j 位之后的都是 0。显然,$\{\boldsymbol{x}_j\} \subset \mathbb{Q}^n$。并且当 $p < \infty$ 时,运用前面例 6.1 中证明的几何级数和的方法显然可得:

$$\| \boldsymbol{x} - \boldsymbol{x}_j \|_p \leqslant 9\Big(\sum_{k=j+1}^{\infty} 10^{-kp}\Big)^{1/p} = 9\Big(\frac{10^{-(j+1)}}{(1-10^{-p})^{1/p}}\Big)$$

该式随着 $j \to \infty$ 收敛于 0。当 $p = \infty$ 时,$\| \boldsymbol{x} - \boldsymbol{x}_j \|_\infty \leqslant 9(10^{-(j+1)})$,该式也收敛于 0。因此对所有满足 $1 \leqslant p \leqslant \infty$ 的 p 来说,$\mathbb{R}^n \subset \mathbb{R}_p^n$ 和 $\mathbb{R}_p^n = \mathbb{R}^n$ 成立。

换句话说,从这一常见向量空间 $\mathbb{Q}^n$ 出发,如果我们在任何一种 l_p—范数下将这一空间完备化,那么我们就生成了相同的向量空间,也即 $\mathbb{R}^n$。这也就是说,对任何一种 l_p—范数来说,$\mathbb{Q}^n$ 在 $\mathbb{R}^n$ 内是稠密的。下面我们证明还存在一个在所有 l_p—空间内都稠密的常见向量空间,并且证明每一个 l_p—空间都可以通过将对应范数下的这一常见空间完备化来生成。为此,我们引入下列概念。

定义 6.5 从形式上定义 $\mathbb{R}^\infty$ 和 $\mathbb{Q}^\infty$ 为以下序列集合:

$$\mathbb{R}^\infty = \{\boldsymbol{x} \equiv (x_1, x_2, \cdots, x_n, \cdots) \mid \text{对所有 } j \text{ 来说有 } x_j \in \mathbb{R}\} \tag{6.4a}$$

$$\mathbb{C}^\infty = \{\boldsymbol{x} \equiv (x_1, x_2, \cdots, x_n, \cdots) \mid \text{对所有 } j \text{ 来说有 } x_j \in \mathbb{C}\} \tag{6.4b}$$

同理,从形式上定义 $\mathbb{R}_0^\infty$ 和 $\mathbb{C}_0^\infty$ 为以下"截"序列:

$$\mathbb{R}_0^\infty = \{\boldsymbol{x} \in \mathbb{R}^\infty \mid \text{对所有 } j > N \text{ 来说有 } x_j = 0\text{,其中 } N \text{ 为某一值}\} \tag{6.5a}$$

$$\mathbb{C}_0^\infty = \{\boldsymbol{x} \in \mathbb{C}^\infty \mid \text{对所有 } j > N \text{ 来说有 } x_j = 0\text{,其中 } N \text{ 为某一值}\} \tag{6.5b}$$

逐点定义加法和标量乘法为:

$$\boldsymbol{x} + \boldsymbol{y} \equiv (x_1 + y_1, x_2 + y_2, \cdots, x_n + y_n, \cdots)$$

$$a\boldsymbol{x} \equiv (ax_1, ax_2, \cdots, ax_n, \cdots)$$

在这里,对 $\mathbb{R}^\infty$ 和 $\mathbb{R}_0^\infty$ 来说有 $a \in \mathbb{R}$,而对 $\mathbb{C}^\infty$ 和 $\mathbb{C}_0^\infty$ 来说有 $a \in \mathbb{C}$。

注释 6.7: 由第 3 章中的定义 3.3 可以很容易看出 $\mathbb{R}^\infty$ 和 $\mathbb{R}_0^\infty$ 是 $\mathbb{R}$ 上的向量空间,并且 $\mathbb{C}^\infty$ 和 $\mathbb{C}_0^\infty$ 是 $\mathbb{C}$ 上的向量空间。此外,由 l_p—空间的定义可知,对任一个满足 $1 \leqslant p \leqslant \infty$ 的 p 来说,在实数情况下有 $\mathbb{R}_0^\infty \subset l_p \subset \mathbb{R}^\infty$ 成立,而在复数情况下有 $\mathbb{C}_0^\infty \subset l_p \subset \mathbb{C}^\infty$ 成立。下一节我们将学习 l_p—空间的相关知识,但是首先我们需要证明非常有趣的一点。为了更简明些,我们将下述结论限定在实数 l_p—空间内,但该结论在复数空间内同样有效。

命题 6.13 向量空间 $\mathbb{R}_0^\infty$ 在每一个满足 $1 \leqslant p < \infty$ 的 l_p—空间内都是稠密的。也即,给定任意一个 $\boldsymbol{x} \in l_p$,存在一个序列 $\{\boldsymbol{x}_n\} \subset \mathbb{R}_0^\infty$ 使得 $\| \boldsymbol{x} - \boldsymbol{x}_n \|_p \to 0$ 成立。

证明:给定 $\boldsymbol{x} \equiv (x_1, x_2, \cdots, x_n, x_{n+1}, \cdots)$,定义 $\boldsymbol{x}_n = (x_1, x_2, \cdots, x_n, 0, 0, 0, \cdots)$。换句话说,$\boldsymbol{x}_n$ 被定义为存在 n 个非零的分量与 $\boldsymbol{x}$ 中的前 n 个元素相等。现在对 $p < \infty$ 来说,$\boldsymbol{x} \in l_p$ 表明 $\| \boldsymbol{x} \|_p^p = \sum_{j=1}^{\infty} |x_j|^p < \infty$。由定义可知,这就意味着对任何一个 $\epsilon > 0$ 来说,存在一个 N 使得对 $n > N$ 来说有 $\sum_{j=n}^{\infty} |x_j|^p < \epsilon$ 成立。然而,$\| \boldsymbol{x} - \boldsymbol{x}_n \|_p^p$

$=\sum_{j=n+1}^{\infty}|x_j|^p$，因此随着 $n\to\infty$ 有 $\|\boldsymbol{x}-\boldsymbol{x}_n\|_p^p\to 0$。 ■

特别要注意，这一结论并没有推广至 $p=\infty$ 的情况，就像一个简单的例子所证明的那样。如果常数向量 $\boldsymbol{x}=(1, 1, 1, 1, 1, \cdots)$，那么 $\|\boldsymbol{x}-\boldsymbol{x}_n\|_\infty=\sup_{j>n}\{|x_j|\}=1$，因此在 l_∞—范数下不会出现收敛性的情况。

*6.2.2 巴拿赫空间

为了使得 l_p—空间真正有用，我们还需解决两个还未知道答案的问题：

(1) 当 l_p—空间作为一个向量空间时在加法和标量乘法下都是闭合的，那么它作为一个赋范空间时也是闭合的吗？换句话说，如果 $\boldsymbol{x}, \boldsymbol{y}\in l_p$，那么 $\boldsymbol{x}+\boldsymbol{y}\in l_p$ 一定是正确的吗？因此 $\boldsymbol{x}+\boldsymbol{y}$ 存在一个有限的 l_p—范数吗？

(2) l_p—空间是完备的吗？也即，如果 $\{\boldsymbol{x}_n\}\subset l_p$ 是一个柯西序列，那么一定存在一个 $\boldsymbol{x}\in l_p$ 使得：

$$\|\boldsymbol{x}-\boldsymbol{x}_n\|_p\equiv\left[\sum_{j=1}^{\infty}(x_j-x_{nj})^p\right]^{1/p}\to 0$$

本节将致力于解决这些问题，并且这两个问题的答案都是肯定的。我们首先得出在加法下的闭合性的肯定结论。

命题 6.14 实数 l_p—空间是建立在实数 $\mathbb{R}$ 基础上的赋范线性空间，而复数 l_p—空间是建立在复数 $\mathbb{C}$ 基础上的赋范线性空间。此外，在上述两个空间内我们都有闵可夫斯基不等式(Minkowski inequality)成立：

$$\|\boldsymbol{x}+\boldsymbol{y}\|_p\leqslant\|\boldsymbol{x}\|_p+\|\boldsymbol{y}\|_p \tag{6.6}$$

证明：由于这些集合都被定义为向量空间 $\mathbb{R}^\infty$ 和 $\mathbb{C}^\infty$ 的子集，因此我们需要证明的是这些空间在以上文给出的加法和标量乘法的定义下是闭合的，以及式(6.2)中定义的 l_p—范数实际上从某种程度来说正是第 3 章中的范数。当然，在标量乘法下闭合是最显然的，因为对任何一个 p 来说都有 $\|a\boldsymbol{x}\|_p=|a|\|\boldsymbol{x}\|_p$。较为棘手的问题是加法问题，针对这一问题，我们先来证明闵可夫斯基不等式。正如在欧氏空间里那样，闵可夫斯基不等式是在 l_p—范数下对三角形不等式定理的叫法。这一结论对 $p=\infty$ 来说是显然的，因为：

$$\sup_j\{|x_j+y_j|\}\leqslant\sup_j\{|x_j|\}+\sup_j\{|y_j|\}$$

并且当 $p=1$ 时，由三角形不等式定理可得：

$$|x_j+y_j|\leqslant|x_j|+|y_j|$$

这可由 $\|\boldsymbol{x}+\boldsymbol{y}\|_1\leqslant\|\boldsymbol{x}\|_1+\|\boldsymbol{y}\|_1$ 的加总推知。对 $1<p<\infty$ 来说，我们要解决的一个棘手的问题是 $\|\boldsymbol{x}+\boldsymbol{y}\|_p$ 的有限性。如果我们可以证得其有限性，那么式(6.6)中建立在 $\mathbb{R}^n$ 和 $\mathbb{C}^n$ 上的不等式就能逐步得以证明，而由第 3 章中的命题 3.5 可知，其有限性能够得以保证。

为了证明 $\|\boldsymbol{x}+\boldsymbol{y}\|_p$ 的有限性，我们需注意，对 $1<p<\infty$ 来说，函数 $f(x)=x^p$ 是凸函数，这与式(3.31)是一致的，而这就意味着：

$$f(tz_1+(1-t)z_2)\leqslant tf(z_1)+(1-t)f(z_2),\ 0\leqslant t\leqslant 1$$

该函数在 $t\in[0,\infty)$ 时也是递增的。这可以运用第 9 章中微积分的相关知识很容易证明出来，尽管我们从示例图中可以很直观地看出来。我们先假定这一结论成立，并且令 $z_1=|x_j|$，$z_2=|y_j|$，$t=0.5$。因为 $p\geqslant 1$，由三角形不等式定理我们可以得出 $(0.5|x_j+y_j|)^p\leqslant(0.5|x_j|+0.5|y_j|)^p$，并且有：

$$(0.5|x_j|+0.5|y_j|)^p\equiv f(0.5|x_j|+0.5|y_j|)$$

由上文 $f(x)$ 的凸性可知：

$$f(0.5|x_j|+0.5|y_j|)\leqslant 0.5(|x_j|^p+|y_j|^p)$$

这也就是，$(0.5|x_j+y_j|)^p\leqslant 0.5(|x_j|^p+|y_j|^p)$，因此有：

$$\|\boldsymbol{x}+\boldsymbol{y}\|_p\leqslant(0.5)^{(1-p)/p}(\|\boldsymbol{x}\|_p^p+\|\boldsymbol{y}\|_p^p)^{1/p}$$

上式即表明了有限性成立。根据命题 3.5 的证明过程的具体步骤，我们能够求出 $\|\boldsymbol{x}+\boldsymbol{y}\|_p$ 上界的更好的估计值。因此 l_p—空间在加法情况下是闭合的。最后，在证明“l_p—范数实际上从某种程度来说正是第 3 章中的范数”这一命题的过程中，闵可夫斯基不等式也是关键的一步，这也就是说三角形不等式定理得以满足，因为其他的范数很显然是满足要求的。 ■

因为 l_p—空间是一个向量空间，并且“$\|\ \|_p$”是一种范数，我们可以在 l_p 上定义一个距离函数或度量，即 l_p—度量，并且就像在欧氏空间 $\mathbb{R}^n$ 和复数空间 $\mathbb{C}^n$ 中定义的范数一样与该范数保持一致。

定义 6.6 l_p—度量 $d_p(\boldsymbol{x},\boldsymbol{y})$ 是定义在 l_p 上的下述范数：

$$d_p(\boldsymbol{x},\boldsymbol{y})\equiv\|\boldsymbol{x}-\boldsymbol{y}\|_p,\text{对 }1\leqslant p\leqslant\infty\text{ 成立}\tag{6.7}$$

l_p—空间最后一个需要证明的重要性质是，它们具有第 4 章中定义的完备性。这就是说，在 l_p—空间内的任何一个柯西序列都收敛于 l_p—空间内的一个点。上文的命题已证明 l_p—空间在加法情况下是闭合的，但这并没有探究其完备性问题。

举一个简单的例子，有理数空间 $\mathbb{Q}\subset\mathbb{R}$。很明显，$\mathbb{Q}$ 在加法下是闭合的。但是就像我们在例 5.3 中看到的那样，它很显然也是不完备的。这就是说，尽管在 $\mathbb{Q}$ 中的一个柯西序列或许能很好地收敛于一个有理数，但是一个有理数序列也很有可能收敛于一个无理数。实际上，由于 $\mathbb{Q}$ 在 $\mathbb{R}$ 中是稠密的，因此 $\mathbb{R}$ 中的每一个数都可由 $\mathbb{Q}$ 中的柯西序列得到。

因此，对 $1\leqslant p\leqslant\infty$ 来说，l_p—空间是完备的。

命题 6.15 如果 $1\leqslant p\leqslant\infty$，$l_p$ 是一个完备的赋范线性空间。这就是说，如果 $\{\boldsymbol{x}_n\}\subset l_p$ 是一个柯西序列，那么存在 $\boldsymbol{x}\in l_p$ 使得 $d_p(\boldsymbol{x}_n,\boldsymbol{x})\equiv\|\boldsymbol{x}_n-\boldsymbol{x}\|_p\to 0$。

证明：$\{\boldsymbol{x}_n\}$ 是一个柯西序列的假设表明，对任何的 $\epsilon>0$ 来说，存在一个 N 使得对 n，$m\geqslant N$ 有 $\|\boldsymbol{x}_n-\boldsymbol{x}_m\|_p<\epsilon$。现在，如果 $p<\infty$，这就表明 $\sum\limits_{j=1}^{\infty}|x_{nj}-x_{mj}|^p<\epsilon^p$，其中 x_{nj} 表示 $\boldsymbol{x}_n$ 的第 j 个元素。这就说明对每一个 j 来说有 $|x_{nj}-x_{mj}|^p<\epsilon^p$，因此对每一个 j 来说，$\{\boldsymbol{x}_n\}$ 中的第 j 个元素形成了 $\mathbb{R}$ 内的柯西序列。由于 $\mathbb{R}$ 是完备的，因此存在

$x_j \in \mathbb{R}$ 使得对所有的 j 有 $x_{nj} \to x_j$。当 $p=\infty$ 时，一个类似的结论是，柯西序列的性质表明对 $n, m \geqslant N$ 有 $\sup_j |x_{nj}-x_{mj}|<\epsilon$。定义各分量极限的向量 $\boldsymbol{x}=(x_1, x_2, \cdots)$，现在我们必须证明 $\boldsymbol{x} \in l_p$ 以及 $\|\boldsymbol{x}_n-\boldsymbol{x}\|_p \to 0$。由柯西序列的假设可以很容易得出 $\boldsymbol{x}_n \to \boldsymbol{x}$，因为对任何的 $\epsilon>0$ 来说，存在一个 N 使得对 $n, m \geqslant N$ 有 $\|\boldsymbol{x}_n-\boldsymbol{x}_m\|_p<\epsilon$。令 $m \to \infty$，我们得出对任何的 $\epsilon>0$ 来说，存在一个 N 使得对 $n \geqslant N$ 有 $\|\boldsymbol{x}_n-\boldsymbol{x}\|_p<\epsilon$。最后，为了证明 $\boldsymbol{x} \in l_p$，注意由闵可夫斯基不等式可得 $\|\boldsymbol{x}\|_p \leqslant \|\boldsymbol{x}-\boldsymbol{x}_N\|_p+\|\boldsymbol{x}_N\|_p$，由此我们可以得出 $\|\boldsymbol{x}\|_p \leqslant \epsilon+\|\boldsymbol{x}_N\|_p$，并且因此 $\|\boldsymbol{x}\|_p$ 是有限的。也即，$\boldsymbol{x} \in l_p$。

完备赋范线性空间在数学中非常重要，因此它以斯特凡·巴拿赫（Stefan Banach，1892—1945）的名字特别命名，巴拿赫最先发现并研究了这类空间的这一特性：

命题 6.16 如果一个赋范线性空间 $(X, \|\ \|)$ 是完备的，那么就称它为巴拿赫空间。

注释 6.8：到现在为止，为了列出巴拿赫空间的清单，我们列入了当 $1 \leqslant p \leqslant \infty$ 时在任何一种 l_p—范数下的 $\mathbb{R}^n$ 和 $\mathbb{C}^n$，以及当 $1 \leqslant p \leqslant \infty$ 时所有的实数和复数 l_p—空间。在实际应用中，这一清单将被扩展至与该 l_p—空间相对应的函数空间，以 L_p—空间来表示。

*6.2.3 希尔伯特空间

前文的分析主要表明了对 $1 \leqslant p \leqslant \infty$ 而言，所有的 l_p—空间都是巴拿赫空间，也即完备赋范线性空间。因此，存在一个相对其他各空间来说更为特殊的 l_p—空间。具体来讲，l_2 的另一个特性是它的范数由"内积"给出，正是由于这个原因，l_2 才最接近普遍的在欧氏空间 $\mathbb{R}^n$，或对应的复数空间 $\mathbb{C}^n$，因此在"标准范数"下可以给出同一点。回顾第 3 章的内容可知，两个向量的内积可由式(3.4)和式(3.6)定义，并且由式(3.5)和式(3.7)可知，这些内积之间以及在这些空间内的标准范数间存在密切的关系，可以用下式来概括：

$$|\boldsymbol{x}|=(\boldsymbol{x} \cdot \boldsymbol{x})^{1/2}$$

在 l_2—空间的情况下，我们从形式上改写这些内积的定义，即：

$$\boldsymbol{x} \cdot \boldsymbol{y}=\sum_{j=1}^{\infty} x_i y_i, \quad \boldsymbol{x}, \boldsymbol{y} \in l_2(\text{实数}) \tag{6.8}$$

$$\boldsymbol{x} \cdot \boldsymbol{y}=\sum_{j=1}^{\infty} x_i \bar{y}_i, \quad \boldsymbol{x}, \boldsymbol{y} \in l_2(\text{复数}) \tag{6.9}$$

就像在式(3.5)和式(3.7)中在 $\mathbb{R}^n$ 和 $\mathbb{C}^n$ 内的标准 l_2—范数那样，无论在实数还是复数的 l_2—空间内，如果我们能立刻得到：

$$\|\boldsymbol{x}\|_2=(\boldsymbol{x} \cdot \boldsymbol{x})^{1/2} \tag{6.10}$$

那么达到这种程度，上述定义才是成立的。

这些内积的构建可以并且只能在 l_2 内实现。当然巧妙的是对上文中的内积收敛性的证明，因为与 $\mathbb{R}^n$ 和 $\mathbb{C}^n$ 的情况相比较的话，现在的 $n=\infty$。如果我们能证得其收敛，那么我们就能很直观地证明，该内积与第 3 章中的定义 3.6 和定义 3.9 重点强调的 $\mathbb{R}^n$ 和 $\mathbb{C}^n$ 内的内积一样，都满足相同的四个特性。这就是说，式(6.8)与式(3.4)满足同样的特性，而式(6.9)与式(3.6)满足同样的特性。

为此，探究式(6.8)和式(6.9)中的级数收敛性的关键是一个不等式，该不等式在第 3

章中已经出现过，即赫尔德不等式。在第 3 章中对闵可夫斯基不等式的证明中，有一步就是对该不等式的证明。正如前文所说，在 l_p 中的闵可夫斯基不等式的证明过程与在 $\mathbb{R}^n$ 和 $\mathbb{C}^n$ 中的证明过程相同，仅仅需要证明，对 $\boldsymbol{x}, \boldsymbol{y} \in l_p$ 且 $1 \leqslant p \leqslant \infty$ 来说，$\|\boldsymbol{x}+\boldsymbol{y}\|_p$ 实际上是有限的。因此，赫尔德不等式作为该证明过程中的一步来说也是成立的，那我们就不附加证明地给出这一不等式。

命题 6.17（赫尔德不等式） 给定 p, q 使得 $1 \leqslant p, q \leqslant \infty$，并且 $\frac{1}{p}+\frac{1}{q}=1$，在这里需注意，$\frac{1}{\infty} \equiv 0$，那么对 $\boldsymbol{x} \in l_p, \boldsymbol{y} \in l_q$ 来说有：

$$|(\boldsymbol{x}, \boldsymbol{y})| \leqslant \|\boldsymbol{x}\|_p \|\boldsymbol{y}\|_q \tag{6.11}$$

这里按式(6.8)或式(6.9)来定义 $\boldsymbol{x} \cdot \boldsymbol{y}$。

我们很容易能看出该结论强调了 $p=2$ 的特殊情况。这就是说，只有在这种情况下，$\boldsymbol{x}$ 和 $\boldsymbol{y}$ 才都能从相同的 l_p—空间和已定义的内积中选出来。在这种情况下，内积能够很好地得以定义，并且其绝对值以对应的 l_2—范数的乘积为界：

$$|(\boldsymbol{x}, \boldsymbol{y})| \leqslant \|\boldsymbol{x}\|_2 \|\boldsymbol{y}\|_2, \ \boldsymbol{x}, \boldsymbol{y} \in l_2 \tag{6.12}$$

对式(6.11)的另一种解释将在下面有关函数空间的部分有所应用，这就是，l_2 中两个级数按分量逐个做出乘积构成 l_1 中的一个级数。也即，如果我们随即定义出按分量逐个做出的乘积为：

$$\boldsymbol{x} * \boldsymbol{y} \equiv (x_1 y_1, x_2 y_2, x_3 y_3, \cdots) \tag{6.13}$$

那么若 $\boldsymbol{x}, \boldsymbol{y} \in l_2$ 我们有 $\boldsymbol{x} * \boldsymbol{y} \in l_1$，并且由赫尔德不等式可知：

$$\|\boldsymbol{x} * \boldsymbol{y}\|_1 \leqslant \|\boldsymbol{x}\|_2 \|\boldsymbol{y}\|_2 \tag{6.14}$$

在 l_2 中拥有这一内积的作用是，当两点是垂直关系时，或者用空间的语言说即*正交*(orthogonal)时，该内积作为基本概念可以用来定义这种情况。这是对第 3 章中相同概念的一种自然推广（参见第 3 章的练习 7 和练习 8）：

定义 6.7 如果 $\boldsymbol{x}, \boldsymbol{y} \in l_2$，当 $(\boldsymbol{x}, \boldsymbol{y})=0$ 时，我们称 $\boldsymbol{x}$ 和 $\boldsymbol{y}$ 是正交的，用 $\boldsymbol{x} \perp \boldsymbol{y}$ 来表示。

当然，正交的概念是对 $\mathbb{R}^n$ 和 $\mathbb{C}^n$ 中垂直概念的一种拓展，这里 $(\boldsymbol{x}, \boldsymbol{y})=0$ 也是在此类空间中运用标准内积定义的关系。正交向量的经典集合形式是那些以坐标轴定义的形式。例如，在 $\mathbb{R}^n$ 中我们有 n 维向量集合：

$$(1, 0, 0, \cdots, 0), (0, 1, 0, \cdots, 0), (0, 0, 1, 0, \cdots, 0), (0, 0, 0, \cdots, 0, 1)$$

用 $\boldsymbol{e}_j$ 来表示，其中 $j=1, 2, \cdots, n$，并且很显然这些向量是正交的且具有单位长度：

$$(\boldsymbol{e}_j, \boldsymbol{e}_k)=\begin{cases}0, & j \neq k \\ 1, & j=k\end{cases}$$

当然这里有 $(\boldsymbol{e}_j, \boldsymbol{e}_j)=\|\boldsymbol{e}_j\|_2^2$，其中 $\|\boldsymbol{e}_j\|_2^2$ 表示 $\boldsymbol{e}_j$ 的平方。

类似这种的向量被称为*标准正交*(orthonormal)的向量。这里“正交”是“正交化”的缩写，而“标准”是指单位长度。在这种情况下，这种向量实际上是一种*标准正交基*(orthonormal basis)，“基”就意味着在这些向量的基础上，在 $\mathbb{R}^n$ 中的任何一个其他的向量都可以通过它们的线性组合得到。换句话说，对任一个向量 $\boldsymbol{x}=(x_1, x_2, \cdots, x_n)$，我们有：

$$\boldsymbol{x}=\sum_{j=1}^{n} x_j \boldsymbol{e}_j$$

这里，系数$\{x_j\}$是作为一个标量而存在的，它被称为向量的线性组合(linear combination of vectors)。

将这一构想推广至 l_2，即对向量的无限序列来说，$\{\boldsymbol{e}_j\}_{j=1}^{\infty}$ 可相应地得以定义。然而在 l_2 中，上文给出的 $\boldsymbol{x}$ 表示法的含义是当 $\boldsymbol{x}_n=\sum_{j=1}^{n} x_j \boldsymbol{e}_j$ 时：

$$\boldsymbol{x}=\sum_{j=1}^{n} x_j \boldsymbol{e}_j\text{，当且仅当随 } n\to\infty \text{ 有 } \|\boldsymbol{x}-\boldsymbol{x}_n\|_2\to 0 \tag{6.15}$$

在$\mathbb{R}^n$和 l_2 两种情况下，$\boldsymbol{x}$ 的范数可以通过 $\|\boldsymbol{x}\|_2^2=\sum_{j=1}^{\infty} x_j^2$ 由标量系数求得。

你可能会感觉这有点像一种标记法的花招，由于标准正交基 $\{\boldsymbol{e}_j\}_{j=1}^{\infty}$ 相当微小，因此 $\boldsymbol{x}$ 会在这一基准上扩展，相应的也会得出 $\|\boldsymbol{x}\|_2^2$ 等式。但实际上，这仅仅是冰山一角。事实上 l_2—空间拥有无限多个标准正交基，尽管我们还没有证明这一点。下面就是在此基础上得出的重要结论。

命题 6.18 如果 $\{\boldsymbol{e}_j\}_{j=1}^{\infty}$ 是在$\mathbb{R}^n$、$\mathbb{C}^n$或 l_2—空间内的任何一个标准正交基，那么定义任何一个在该空间内的 $\boldsymbol{x}$ 为：

$$\boldsymbol{x}=\sum_{j=1}^{\infty} y_j \boldsymbol{e}_j \tag{6.16}$$

系数由下式给出：

$$y_j=(\boldsymbol{x}, \boldsymbol{e}_j) \tag{6.17}$$

并且：

$$\|\boldsymbol{x}\|_2^2=\sum_{j=1}^{\infty} |y_j|^2 \tag{6.18}$$

证明：我们主要证明 l_2—空间的结论，$\mathbb{R}^n$和$\mathbb{C}^n$情况下的证明作为练习。首先，对 y_j 用式(6.15)来表示，因为由式(6.12)我们得出随着 $n\to\infty$，有：

$$|(\boldsymbol{x}-\boldsymbol{x}_n, \boldsymbol{e}_j)|\leqslant \|\boldsymbol{x}-\boldsymbol{x}_n\|_2\|\boldsymbol{e}_j\|_2\to 0$$

因此有 $(\boldsymbol{x}_n, \boldsymbol{e}_j)\to(\boldsymbol{x}, \boldsymbol{e}_j)$。但是那样就有对 $n\geqslant j$ 来说有 $(\boldsymbol{x}_n, \boldsymbol{e}_j)=y_j$，运用上文的标准正交的特性来证明式(6.17)。并且，对于式(6.18)，首先注意到式(6.15)表明了随着 $n\to\infty$ 有 $\|\boldsymbol{x}_n\|_2\to\|\boldsymbol{x}\|_2$。这就是说，回想一下 $\|\boldsymbol{x}_n\|_2^2=(\boldsymbol{x}_n, \boldsymbol{x}_n)$ 可知：

$$\|\boldsymbol{x}_n\|_2^2-\|\boldsymbol{x}\|_2^2=\|\boldsymbol{x}_n-\boldsymbol{x}\|_2^2+2(\boldsymbol{x}, \boldsymbol{x}_n-\boldsymbol{x})$$

因此由式(6.12)我们可得：

$$\left|\|\boldsymbol{x}_n\|_2^2-\|\boldsymbol{x}\|_2^2\right|\leqslant\|\boldsymbol{x}_n-\boldsymbol{x}\|_2^2+2\|\boldsymbol{x}\|_2\|\boldsymbol{x}_n-\boldsymbol{x}\|_2$$

然后，再次运用上文的标准正交的特性，我们可以推出式(6.18)，因为：

$$\|\boldsymbol{x}_n\|_2^2=(\boldsymbol{x}_n, \boldsymbol{x}_n)=\sum_{j=1}^{n} |y_i|^2$$

■

注释 6.9：(1) 式(6.18)中绝对值的作用是为了表明在复数 l_2—空间内，它是这些用来加总的复数范数的平方。

(2) 式(6.18)中的等式就是著名的帕塞瓦尔等式(Parseval identity)，它以马克-安东尼·帕塞瓦尔(Marc-Antoine Parseval，1755—1836)的名字命名，他在更为一般的 L_2—空间内推出了这一等式。在这种情况下，式(6.16)中的一批标准正交函数生成了用于表示"函数"$\boldsymbol{x}$ 的著名的傅立叶级数(Fourier Series)，该级数是以让·巴普蒂斯·约瑟夫·傅立叶(Jean Baptiste Joseph Fourier，1768—1830)的名字命名的，他研究了这种函数拓展过程。

在实际研究中，这种 l_2 内附加的内积结构在对应的函数空间 L_2 内反复使用，并且该结构也在其中有着重要的影响，就像我们在前文中论证的那样。

带有内积的完备赋范线性空间的概念在数学中极为重要，因此它被以大卫·希尔伯特(David Hilbert，1862—1943)的名字特别命名，他首先发现并研究了无限维欧氏空间的特性。

定义 6.8 一个完备且含有内积的赋范线性空间$(X, \| \ \|)$被称为希尔伯特空间。

注释 6.10：到现在为止，为了列出希尔伯特空间的清单，我们列入了在标准或 l_2—范数下的 $\mathbb{R}^n$ 和 $\mathbb{C}^n$，以及实数和复数 l_2—空间。而在实际应用中还会有其他的空间被列入，届时我们将把这一清单扩展至与该 l_2—空间相对应的函数空间，以 L_2—空间来表示。

6.3 幂级数

我们将在这一节介绍幂级数的相关知识，无疑这将在我们学习第 9 章中微积分部分中的泰勒级数时会用到。这里我们主要学习一个单变量的幂级数，尽管我们知道多变量幂级数也是存在的，并且也是重要的。

定义 6.9 给定一个实数数列 $\{c_n\}_{n=0}^{\infty}$，那么与之相关的幂级数则定义为一个 x 的实函数：

$$f(x)=\sum_{n=0}^{\infty} c_n x^n \tag{6.19}$$

换句话说，幂级数可以看成是定义在 $\mathbb{R}$ 上的 x 的一个无限多项式函数。毫无疑问，这里，我们需要解决的主要问题就是除了当 $x=0$ 即 $f(0)=c_0$ 时这一明显的收敛点之外，式(6.19)给出的表达式的收敛性。在下面有关微积分的章节，我们仍将解决此类问题例如：

(1) 给定一个函数 $f(x)$，那么对某一序列 $\{c_n\}_{n=0}^{\infty}$ 来说，该函数在什么时候可以被表示为式(6.19)的形式？

(2) 给定一个函数 $f(x)$，那么该函数在什么时候可以被近似为该序列的有限形式，并且在这种情况下其误差的本质是什么？

利用上述关于数值级数收敛性的结论，下面各结论就很容易证明了。

命题 6.19 给定幂级数 $f(x)=\sum_{n=0}^{\infty} c_n x^n$，定义：

$$L=\limsup_{n\to\infty}\left\{\frac{|c_{n+1}|}{|c_n|}\right\} \tag{6.20}$$

那么当 $R=\frac{1}{L}$ 时，对 $|x|<R$ 来说，该幂级数绝对收敛；对 $|x|>R$ 来说，该幂级数发散；对 $|x|=R$ 来说，该幂级数的收敛性不确定。

证明：由比值判别法可知，绝对收敛要求：

$$\lim_{n\to\infty}\sup\left\{\frac{|c_{n+1}x^{n+1}|}{|c_n x^n|}\right\}<1$$

这实际上在上文定义的 R 下，当 $|x|<R$ 时才成立。同理，我们可以得到当 $|x|>R$ 时幂级数发散，且 $|x|=R$ 时，幂级数的收敛性不确定。 ■

注释 6.11：R 被称为幂级数的收敛半径(radius of convergence)，区间 $|x|<R$ 被称为收敛区间(interval of convergence)。

例 6.8 (1) 如果 $f(x)=\sum_{n=0}^{\infty}\frac{x^n}{n!}$，那么 $L=\lim_{n\to\infty}\sup\left\{\frac{1}{n+1}\right\}=0$。因此 $R=\infty$，并且对所有 $x\in\mathbb{R}$ 来说，该幂级数收敛。我们将在第 9 章看到 $f(x)=e^x$。

(2) 如果 $f(x)=\sum_{n=0}^{\infty}(-1)^n\frac{x^n}{n+1}$，那么 $L=\lim_{n\to\infty}\sup\left\{\frac{n+1}{n+2}\right\}=1$。因此 $R=1$，并且对所有 $|x|<1$ 来说，该幂级数收敛；当 $x=-1$ 时该级数发散，并生成调和级数；当 $x=1$ 时，由交错级数判别法可知该级数收敛。在第 9 章我们将看到 $f(x)=\ln(1+x)$。

(3) 如果 $f(x)=\sum_{n=0}^{\infty}(-1)^n\frac{3^n x^n}{(n+1)^a}$，$a>1$，那么 $L=\lim_{n\to\infty}\sup\left\{3\left(\frac{n+1}{n+2}\right)^a\right\}=3$。因此 $R=\frac{1}{3}$，并且对 $|x|<\frac{1}{3}$ 来说，该幂级数收敛；当 $x=\frac{1}{3}$ 时，由交错级数判别法可知该级数收敛；当 $x=-\frac{1}{3}$ 时，该级数变成一个幂调和级数。

(4) 如果 $f(x)=\sum_{n=0}^{\infty}x^n$，那么 $L=\lim_{n\to\infty}\sup\{1\}=1$。因此 $R=1$，并且对所有 $|x|<1$ 来说，该幂级数收敛；当 $x=1$ 时很容易看出该级数发散；并且当 $x=-1$ 时该级数不收敛。在第 9 章我们将看到 $f(x)=\frac{1}{1-x}$，尽管这由下文很容易就能推知。由于 $|x|<1$ 时我们得知级数收敛，因此我们可以推断 $xf(x)=\sum_{n=1}^{\infty}x^n$，进而有 $f(x)-xf(x)=1$。

(5) 如果 $f(x)=\sum_{n=0}^{\infty}n!x^n$，那么 $L=\lim_{n\to\infty}\sup\{n+1\}\to\infty$。因此 $R=0$，并且只有当 $x=0$ 时，该级数收敛。

另一种判断幂级数收敛性的方法来源于比较判别法。

命题 6.20 给定幂级数 $f(x)=\sum_{n=0}^{\infty}c_n x^n$，如果当 $x=a$ 时 $f(x)$ 绝对收敛，那么对所有满足 $|x|\leqslant|a|$ 的 x 来说，该幂级数都是绝对收敛的。

证明：如果 $|x|\leqslant|a|$，那么很显然对所有 n 有 $|c_n x^n|\leqslant|c_n a^n|$，并且由于 $\sum_{n=0}^{\infty}|c_n a^n|$ 收敛，因此由比较判别法可知 $\sum_{n=0}^{\infty}|c_n x^n|$ 收敛。这就是说，$f(x)$ 是绝对收敛的。 ■

最后一个结论的简单应用是,每一个绝对收敛的数值级数都能生成一个对 $|x| \leqslant 1$ 来说都是绝对收敛的幂级数。为了证明这一点,假设 $\sum_{n=0}^{\infty} c_n$ 是一个绝对收敛的数列。定义幂级数为 $f(x)=\sum_{n=0}^{\infty} c_n x^n$。由假设知,$f(1)$是绝对收敛的,因此结论成立。

例 6.9 在例 6.1 的实例(4)中已经证明,如果当 $a>1$ 时,$x_j=\frac{1}{j^a}$,那么幂调和级数 $\sum_{j=1}^{\infty} \frac{1}{j^a}$ 收敛,并且由于所有项都是正的,因此它是绝对收敛的。所以我们立刻能得出幂级数:

$$f(x)=\sum_{j=1}^{\infty} \frac{x^j}{j^a}$$

至少在 $|x| \leqslant 1$ 时是绝对收敛的。我们可以由先前的命题求得收敛半径,即得到 $L=\lim_{n \to \infty} \sup\left\{\left(\frac{n}{n+1}\right)^a\right\}=1$,并且 $R=\frac{1}{L}=1$。因此如果是这样,在 $|x|=R$ 这一不确定条件下级数竟然是收敛的,尽管由比值判别法并不能得出这一结论。

总之,幂级数的定义在第 9 章微积分中的应用中常常需要一定的微小调整。

定义 6.10 给定一个实数数列 $\{c_n\}_{n=0}^{\infty}$ 和一个常数 a,那么以该序列为中心的幂级数则定义为一个 x 的实函数:

$$f(x)=\sum_{n=0}^{\infty} c_n (x-a)^n \tag{6.21}$$

上文对幂级数收敛性的分析经过下述调整之后可被应用于这部分内容。

命题 6.21 给定幂级数 $f(x)=\sum_{n=0}^{\infty} c_n (x-a)^n$,定义:

$$L=\lim_{n \to \infty} \sup\left\{\frac{|c_{n+1}|}{|c_n|}\right\}$$

那么当 $|x-a|<R$ 时,$f(x)$绝对收敛;当 $|x-a|>R$ 时,$f(x)$发散;当 $|x-a|=R$ 时,$f(x)$收敛性无法判定,其中 $R=\frac{1}{L}$。

证明:证明过程是对上文的命题 6.19 的直接应用,或者也可以由比较判别法直接推出。 ■

换句话说,这些幂级数的收敛半径不受 a 的限制,但是收敛区间却会在 $|x|<R$ 的条件下"以 0 为中心",而在 $|x-a|<R$ 的条件下就变为"以 a 为中心",要区别这两个概念。

*6.3.1 幂级数的积

这一节我们将讨论由幂级数给出的两个函数的乘积问题。显然,如果 $f(x)$和 $g(x)$是任意的两个函数,那么我们就能很好地定义函数 $h(x) \equiv f(x)g(x)$。这里一个问题是,如果给定的 $f(x)$和 $g(x)$都是以 a 为中心的收敛幂级数,各自的收敛半径分别为 R 和

R',那么 $h(x)$的幂级数展开式是什么样子?其收敛半径又是什么?下面的命题将回答这些问题。

命题 6.22 给定 $f(x)$和 $g(x)$都是以 a 为中心的收敛幂级数:

$$f(x)=\sum_{n=0}^{\infty}b_n\,(x-a)^n$$

$$g(x)=\sum_{n=0}^{\infty}c_n\,(x-a)^n$$

各自的收敛半径分别为 R 和 R'。那么 $h(x)\equiv f(x)g(x)$ 就由下述幂级数给出:

$$h(x)=\sum_{n=0}^{\infty}d_n\,(x-a)^n \tag{6.22}$$

其中:

$$d_n=\sum_{j=0}^{n}b_jc_{n-j} \tag{6.23}$$

进而 $h(x)$的收敛半径为 $R''=\min(R, R')$。

证明:式(6.23)中的系数公式是通过如下观察后直接求得的:当把这些级数相乘时,若想让来自 $f(x)$展开式的 $b_j\,(x-a)^j$ 项与来自 $g(x)$展开式的 $c_k\,(x-a)^k$ 项的乘积能够形成 $(x-a)^n$ 的系数,唯一的办法就是使 $j+k=n$。因此我们看到 d_n 的公式就是简单地由上述所有乘积构成的。至于式(6.22)的收敛性问题则是我们下面将要解决的更为复杂的问题。为了简化公式,我们令 $f_m(x)$ 表示部分和,即:

$$f_m(x)=\sum_{n=0}^{m}b_n\,(x-a)^n$$

且$\widetilde{f}_m(x)=f(x)-f_m(x)$,该式是由下列求和公式得出的:

$$\widetilde{f}_m(x)=\sum_{n=m+1}^{\infty}b_n\,(x-a)^n$$

对 $g(x)$和 $h(x)$运用相同的写法,并且注意到诸如 $\sum\limits_{n=0}^{m}\sum\limits_{j=0}^{n}$ 这样的有限的双求和公式可以改写为 $\sum\limits_{j=0}^{m}\ \sum\limits_{n=j}^{m}$,还有考虑到 $f(x)$和 $g(x)$都具有收敛性,我们得知对 $|x-a|<R''$ 来说有:

$$\begin{aligned}h_m(x)&=\sum_{n=0}^{m}\Big[\sum_{j=0}^{n}\big(b_j(x-a)^j\big)\big(c_{n-j}(x-a)^{n-j}\big)\Big]\\&=\sum_{j=0}^{m}b_j(x-a)^j\ \sum_{n=j}^{m}c_{n-j}(x-a)^{n-j}\\&=\sum_{j=0}^{m}b_j(x-a)^jg_{m-j}(x)\\&=g(x)\ \sum_{j=0}^{m}b_j(x-a)^j-\sum_{j=0}^{m}\big(b_j(x-a)^j\big)\widetilde{g}_{m-j}(x)\end{aligned}$$

现在,随着 $m\to\infty$ 有 $\sum\limits_{j=0}^{m}b_j\,(x-a)^j\to f(x)$。如果能够证明 $\sum\limits_{j=0}^{m}b_j\,(x-a)^j\widetilde{g}_{m-j}(x)\to$

0，那么证明过程就完成了，那么：

$$\left|h_m(x)-g(x)\sum_{j=0}^{m}b_j(x-a)^j\right|\to 0$$

现在由于$\tilde{g}_n(x)\to 0$，因此对任何$\epsilon>0$来说，都存在一个N使得对$n>N$来说有$|\tilde{g}_n(x)|<\epsilon$成立。要想使$|\tilde{g}_{m-j}(x)|<\epsilon$，就必须要有$j<m-N$，因此对足够大的$m$来说有：

$$\begin{aligned}\left|\sum_{j=0}^{m}b_j(x-a)^j\tilde{g}_{m-j}(x)\right| &\leqslant \sum_{j=0}^{m-N-1}|b_j(x-a)^j\tilde{g}_{m-j}(x)|+\sum_{j=m-N}^{m}|b_j(x-a)^j\tilde{g}_{m-j}(x)|\\ &<\epsilon\sum_{j=0}^{\infty}|b_j(x-a)^j|+\sum_{j=m-N}^{m}|b_j(x-a)^j\tilde{g}_{m-j}(x)|\\ &=K(x)\epsilon+\sum_{j=0}^{N}|b_{m-j}(x-a)^{m-j}\tilde{g}_j(x)|\\ &\leqslant K(x)\epsilon+\max_{0\leqslant j\leqslant N}|\tilde{g}_j(x)|\max_{0\leqslant j\leqslant N}|b_{m-j}(x-a)^{m-j}|\end{aligned}$$

注意，由于$f(x)$的幂级数是绝对收敛的，所以第一个求和公式收敛于一个有限值，假如设为$K(x)$，其中x为任意的。并且因为有限集合$\{\tilde{g}_j(x)\}_{j=0}^{N}$对任何$x$来说都是有界的，且随着$m\to\infty$，有限集合$\{|b_{m-j}(x-a)^{m-j}|\}_{j=0}^{N}$的最大值收敛于0，加之$f(x)$的幂级数是绝对收敛的，所以第二项随着$m\to\infty$收敛于0。■

*6.3.2 幂级数的商

上述命题的一个重要应用就是形成一个幂级数倒数的系数，或者称两个幂级数的商。具体来看，上述命题是指如果：

$$f(x)g(x)=h(x)$$

$$\sum_{n=0}^{\infty}b_n(x-a)^n\sum_{n=0}^{\infty}c_n(x-a)^n=\sum_{n=0}^{\infty}d_n(x-a)^n$$

那么系数$\{d_n\}$就满足式(6.23)。因此，如果给定$f(x)$和$h(x)$，并且如果能够找到一个满足式(6.23)且能生成一个收敛幂级数的系数$\{c_n\}$，那么我们就能得出：

$$\sum_{n=0}^{\infty}c_n(x-a)^n=\frac{h(x)}{f(x)}$$

并且在$h(x)\equiv 1$的特殊情况下，$f(x)$的倒数就产生了。

当然，为了使最终的扩展式在a的一个区间内收敛有望，我们需要$f(a)\neq 0$，这与$b_0\neq 0$等价。在这种情况下，式(6.23)可以反复被用来处理$\{c_n\}$，并且为了视觉上好看，我们将其重新编序号之后可得：

$$c_0=\frac{d_0}{b_0}\quad c_n=\frac{1}{b_0}\left(d_n-\sum_{j=0}^{n-1}b_{n-j}c_j\right),\ n\geqslant 1 \tag{6.24}$$

现在我们证明：条件$b_0\neq 0$是幂级数$\sum_{n=0}^{\infty}c_n(x-a)^n$绝对收敛的充分条件。

命题 6.23 给定$f(x)$和$h(x)$是以a为中心的收敛幂级数：

$$f(x)=\sum_{n=0}^{\infty} b_n (x-a)^n$$

$$h(x)=\sum_{n=0}^{\infty} d_n (x-a)^n$$

并且 R 为收敛半径,其中 $f(a)=b_0 \neq 0$。那么由幂级数:

$$g(x)=\sum_{n=0}^{\infty} c_n (x-a)^n$$

可知 $g(x)\equiv\frac{h(x)}{f(x)}$,其中 $\{c_n\}$ 满足式(6.24),且对某一 $R'>0$ 来说,该级数在 $|x-a|<R'$ 上是绝对收敛的。

证明:我们分两步来证明该命题。

(1) 假设对 $h(x)\equiv 1$ 来说,我们能证得该结论,其中 $\{c'_n\}$ 满足式(6.24)且对所有的 $n\geqslant 1$ 来说有 $d_0=1$ 和 $d_n=0$。换句话说,即:

$$\frac{1}{f(x)}=\sum_{n=0}^{\infty} c'_n (x-a)^n$$

是绝对收敛的,其中:

$$c'_n=\begin{cases}\frac{1}{b_0},\ n=0\\ \frac{-1}{b_0}\sum_{j=0}^{n-1} b_{n-j}c'_j,\ n\geqslant 1\end{cases}\tag{6.25}$$

那么由上文的命题可知,$g(x)=h(x)\frac{1}{f(x)}$ 可以被很好地定义为:

$$g(x)=\sum_{n=0}^{\infty} c_n (x-a)^n$$

这里根据式(6.23),规定 $\{c'_n\}$ 和 $\{d_n\}$ 为:

$$c_n=\sum_{j=0}^{n} d_j c'_{n-j}=\begin{cases}\frac{d_0}{b_0},\ n=0\\ \frac{1}{b_0}\left(d_n-\sum_{j=0}^{n-1} d_j\sum_{k=0}^{n-j-1} b_{n-j-k}c'_k\right),\ n\geqslant 1\end{cases}$$

现在我们必须证明 c_n 的这一定义与式(6.24)等价。在这一求和公式中,对 $n\geqslant 1$ 来说,我们定义一个新的下标变量 $l=j+k$,并且观察给定的 j 可知 $j\leqslant l\leqslant n-1$。因此:

$$\begin{aligned}\sum_{j=0}^{n-1}\sum_{k=0}^{n-j-1} d_j b_{n-j-k}c'_k&=\sum_{j=0}^{n-1}\sum_{l=j}^{n-1} b_{n-l}d_j c'_{l-j}\\&=\sum_{l=0}^{n-1} b_{n-l}\sum_{j=0}^{l} d_j c'_{l-j}\\&=\sum_{l=0}^{n-1} b_{n-l}c_l\end{aligned}$$

在这里,我们改写第二行的双求和公式 $\sum_{j=0}^{n-1}\sum_{l=j}^{n-1}=\sum_{l=0}^{n-1}\sum_{j=0}^{l}$。将这一最终结果代入上文对 c_n

的定义中即生成了式(6.24)。

(2) 为了在 $h(x)\equiv 1$ 的特殊情况下证明式(6.24),首先要注意,我们可以假设 $b_0=1$,由于我们可以在不改变收敛性的前提下将这一项从级数中剔除,而将倒数 $\frac{1}{b_0}$ 重新装进去。由于对 $|x-a|=r<R$ 来说,$f(x)$的幂级数收敛,它的各项必然收敛于0。因此它的各项都是有界的,$|b_n|r^n\leqslant M$。这样有:

$$|b_n|\leqslant\frac{M}{r^n}$$

下面为了方便起见我们取 $M>1$。而 c'_n 被定义为 $b_0=1$ 下 $\frac{1}{f(x)}$ 的系数,现在我们运用归纳法证明:

$$|c'_n|\leqslant 2^n\frac{M^n}{r^n}$$

由于 $c'_0=1$,我们假设上述结论对 n 是成立的并且估计出 c'_{n+1}。那么由式(6.25)可知:

$$\begin{aligned}|c'_{n+1}|&=\left|\sum_{j=0}^{n}b_{n+1-j}c'_j\right|\\&\leqslant\sum_{j=0}^{n}\frac{M}{r^{n+1-j}}2^j\frac{M^j}{r^j}\\&<\frac{M^{n+1}}{r^{n+1}}\sum_{j=0}^{n}2^j\\&<2^{n+1}\frac{M^{n+1}}{r^{n+1}}\end{aligned}$$

由几何级数可知,绝对值下的 $\frac{1}{f(x)}$ 的幂级数系数是有界的,因此我们得出该级数收敛,如果满足:

$$2^n\frac{M^n}{r^n}|x-a|^n<1$$

因此绝对收敛区间包含:

$$|x-a|<\frac{r}{2M}$$

6.4 在金融学中的应用

6.4.1 永久性债券定价:优先股

数值级数在金融学中的最直接应用是对普通股或不可赎回的优先股的价格评估,这两种股票都是永久性债券。一张面值为1 000、股息率为5%、每年付息一次的优先股将永久性地每年回馈给投资者50。一般来说,如果投资者拥有面值为 F、股息率为 d、每年付息一次的优先股，那么他将永久性地每年收到 Fd。如果一个投资者期望每年的收益率固定为 r，并且假设下次分红在一年后，那么合理的价格函数应为：

$$P(r)=Fd\sum_{j=1}^{\infty}(1+r)^{-j} \tag{6.26}$$

由上文判断数值级数收敛性的方法可知，对任意的 $r>0$ 来说，就像在第 2.3.2 节中所说，该价格函数绝对收敛于：

$$P(r)=\frac{Fd}{r}$$

该模型很容易推广至不同股利支付频率和/或不同名义收益率的情况中去。

而对于每年收益率都有变化的情况来说，我们也很容易在形式上将该模型进一步推广。现在价格是一个收益率序列$\{r_j\}$的函数，并且：

$$P(\{r_j\})=Fd\sum_{j=1}^{\infty}(1+r_j)^{-j} \tag{6.27}$$

但是收敛性问题更加复杂了。显然，如果存在一个 $r>0$，使得对所有 j 来说有 $r_j \geqslant r$，那么由比较判别法可知，$P(\{r_j\})$收敛且 $P(\{r_j\}) \leqslant P(r)$。

因此唯一的问题就是，如果对所有 j 来说有 $r_j>0$，但是 $r_j \to 0$，那么这个价格函数收敛吗？然而，这个问题与加强的收敛性条件 $r_j \to 0$ 实际上并没有关系；它只与“0 可能是$\{r_j\}$的一个聚点”这一弱条件有关。这一结论或许是有问题的，因为如果该结论成立，那么求和公式中无穷多项足够导致级数发散了。就像在第 5.2 节中看到的那样，这一聚点条件可被表述为 $\liminf\limits_{j\to\infty} r_j=0$。

为了探究这一收敛性问题，我们对这一级数运用比值判别法。收敛性标准是：

$$\lim_{n\to\infty}\sup\left\{\frac{(1+r_{j+1})^{-j-1}}{(1+r_j)^{-j}}\right\}=L<1$$

由命题 5.8 可知，该条件能够满足当且仅当对任意的 $\epsilon>0$ 来说，存在一个 N 使得对 $j \geqslant N$ 有：

$$(1+r_{j+1})^{j+1} \geqslant \frac{(1+r_j)^j}{L+\epsilon}$$

选取一个 ϵ 使得 $L+\epsilon<1$ 并且重复此过程，我们得到当 $j=N+k$ 且 $k \geqslant 1$ 时有：

$$(1+r_{N+k})^{N+k} \geqslant \frac{(1+r_N)^N}{(L+\epsilon)^k}$$

这即：

$$r_{N+k} \geqslant \frac{(1+r_N)^{N/(N+k)}}{(L+\epsilon)^{k/(N+k)}}-1$$

这好像是在 $r_j \to 0$ 的比值上产生的一个界限。

不过进一步研究一下我们会发现更多。随着 $k\to\infty$，显然有 $\frac{k}{N+k}\to 1$，并且 $(L+\epsilon)^{K/(N+K)} \to L+\epsilon$。此外，$\frac{N}{N+k}\to 0$，并且假定 $r_N>0$，我们就可以得到

$(1+r_N)^{N/(N+K)} \to 1$。因此 r_{N+k} 的下界收敛于 $\frac{1}{L+\epsilon}-1=\frac{1-L-\epsilon}{L+\epsilon}$，当 $L+\epsilon<1$ 时该值大于 0。

因此我们得出，只有在对某个 $L'=L+\epsilon<1$ 时有：

$$\liminf_{j\to\infty} r_j \geqslant \frac{1-L'}{L'}$$

那么随着 $k\to\infty$，我们才能运用比较检验法得出优先股价格收敛。因此我们回到序列有界并且远离 0 的情况上去。也即，这一条件就表明对任何的 $\epsilon>0$，都存在一个 N 使得对所有 $j\geqslant N$ 来说有 $r_j>\frac{1-L'}{L'}-\epsilon$。

当然，这并不能证明使得优先股价格收敛的 $\liminf_{j\to\infty} r_j=0$ 的序列 $\{r_j\}$ 不存在，这只是证明了由比值判别法不能判定该序列使价格的收敛性成立。

运用同样的分析方法，我们还能够预期股利非均等的价格函数的收敛性。并且，如果由前面分析可得这些股利是有界的，即对所有 j 来说有 $d_j\leqslant d$，那么由比较判别法很容易得知价格函数 $P(r)=F\sum_{j=1}^{\infty} d_j(1+r)^{-j}$ 是收敛的。而对于无界股利而言，答案相对更复杂一些，但是运用比值判别法我们常常能够得出一些观点。

6.4.2 永久性债券定价:普通股

我们可以在第 2.3.2 节介绍的贴现股利模型中运用类似的分析方法对普通股进行定价。由式(2.22)我们可知，价格可以写成如下函数形式：

$$V(D,g,r)=D\sum_{j=1}^{\infty}(1+r)^{-j}(1+g)^{j}=D\sum_{j=1}^{\infty}\left(1+\frac{r-g}{1+g}\right)^{-j}$$

其中，假设 D 为最后一年已经支付的股利，g 为每年的股利增长率，r 为投资者要求的收益率。对于固定的 r 和 g 而言，上文对优先股的分析表明：只要 $r>g$，该价格就收敛，那么在这种情况下我们就能得到如同式(2.22)的结论：

$$V(D,g,r)=D\frac{1+g}{r-g},\ r>g$$

在考虑增长率序列 $\{g_j\}$ 和收益率序列 $\{r_j\}$ 的情况下，我们运用对优先股同样的方法来得到上述等式。如果有效折现率有界并且远离 0，即 $\frac{r_j-g_j}{1+g_j}\geqslant r>0$，那么我们由比值判别法可推知价格收敛。但是如果这些比值收敛于 0，那么该方法就不一定适用了。

6.4.3 增长型永续年金的价格

上文讨论了股利固定和股利呈几何增长的永续年金的价格公式，除此之外，我们还可以运用双求和方法去评估年利率固定的、股利呈线性增长的现金流。下面我们就来讨论这种股利模型的一般情况。

首先，如果该永续年金在时点 j 支付 $D_j = aj + b$，其中 a 和 b 是常数，那么由线性关系知：

$$V(D_j, r) = a\sum_{j=1}^{\infty} j(1+r)^{-j} + b\sum_{j=1}^{\infty}(1+r)^{-j}$$

并且只有第一个求和公式没有估计出来。记 $j = \sum_{i=1}^{j} 1$，我们可得：

$$\sum_{j=1}^{\infty} j(1+r)^{-j} = \sum_{j=1}^{\infty}\sum_{i=1}^{j}(1+r)^{-j} = \sum_{i=1}^{\infty}\sum_{j=i}^{\infty}(1+r)^{-j}$$

一旦我们证明出了收敛性，上述改写过程就能得以证明了，并且它将表明绝对收敛性。

现在：

$$\sum_{j=i}^{\infty}(1+r)^{-j} = (1+r)^{-i+1}\sum_{j=1}^{\infty}(1+r)^{-j} = \frac{(1+r)^{-i+1}}{r}$$

将其代入双求和公式可得：

$$\sum_{j=1}^{\infty} j(1+r)^{-j} = \frac{1+r}{r^2} \tag{6.28}$$

最后一步答案很重要，因为 $\frac{1}{r}$ 表示从 $t=1$ 期开始每年付 1 的年金数额，因此 $\frac{1}{r^2}$ 表示该永续年金的一个年金值，该年金是以从 $t=1$ 期开始每年得到 $\frac{1}{r}$ 为基础。第一个这样的年金是从 $t=2$ 期开始每年付 1 所得的数额，第二个年金是从 $t=3$ 期开始每年付 1 所得的数额，因此总支付额很显然是线性增长的。然而，$\frac{1}{r^2}$ 开始支付的时间比预期要晚一年，因此乘数因子 $1+r$ 就是用来调整这一情况的。综合结论，我们可得：

$$V(D_j, r) = \frac{a(1+r)}{r^2} + \frac{b}{r},\ D_j = aj + b \tag{6.29}$$

双求和方法可被推广至求解公式 $P_n \equiv \sum_{j=1}^{\infty} j^n(1+r)^{-j}$ 的现值上去。然而，不像在 $n=0, 1$ 的情况下得出显示公式那样，我们通过在 $\{P_0, P_1, \cdots, P_{n-1}\}$ 的情况下给出 P_n 而得出的是一个迭代公式。当然，在这里 $P_0 = \frac{1}{r}$ 且 $P_1 = \frac{1+r}{r^2}$。

有两种方法来展开这一迭代公式。首先，我们可以像上文那样展开并写成多重级数的形式：

$$\sum_{j=1}^{\infty} j^n(1+r)^{-j} = \sum_{j=1}^{\infty}\sum_{i=1}^{j^n}(1+r)^{-j} = \sum_{i=1}^{\infty}\sum_{j=n(i)}^{\infty}(1+r)^{-j}$$

在这里对 $k^n + 1 \leqslant i \leqslant (k+1)^n$ 和 $k \geqslant 0$ 来说有 $n(i) = k+1$。换句话说，我们有：

$$n(i) = \begin{cases} 1, & i = 1 \\ 2, & 2 \leqslant i \leqslant 2^n \\ 3, & 2^n + 1 \leqslant i \leqslant 3^n \\ \vdots & \vdots \\ k+1, & k^n + 1 \leqslant i \leqslant (k+1)^n \end{cases}$$

那么对固定的 $n(i)$ 来说，内部求和公式可被集合成为一组，而外部求和公式可转换成指标 $k \geqslant 0$，这就生成了：

$$\begin{aligned}\sum_{j=1}^{\infty} j^n (1+r)^{-j} &= \sum_{k=0}^{\infty} [(k+1)^n - k^n] \sum_{j=k+1}^{\infty} (1+r)^{-j} \\ &= \sum_{k=1}^{\infty} \left[\sum_{i=0}^{n-1} \binom{n}{i} k^i\right] \frac{(1+r)^{-k}}{r} + \frac{1}{r} \\ &= \frac{1}{r}\left[\sum_{i=0}^{n-1} \binom{n}{i} \sum_{k=1}^{\infty} k^i (1+r)^{-k} + 1\right]\end{aligned}$$

因为 $\sum_{j=k+1}^{\infty}(1+r)^{-j} = (1+r)^{-k}\sum_{j=1}^{\infty}(1+r)^{-j} = \frac{(1+r)^{-k}}{r}$。

这里注意 k-求和公式的变化是必要的，我们将其分裂开来即 $\sum_{k=0}^{\infty} = \sum_{k=1}^{\infty} + \sum_{k=0}$，这是为了在第二步运用二项式定理(binomial theorem)(具体可参见第 8 章)时避免出现 0^0 的情况。该定理表明，在以 $n! = n(n-1)(n-2)\cdots(2)(1)$ 定义的 $n!$(“n 的阶乘”)和 $0! \equiv 1$ 的条件下：

$$(k+1)^n = \sum_{i=0}^{n} \binom{n}{i} k^i$$

$$\binom{n}{i} \equiv \frac{n!}{i!(n-i)!}$$

因此重写后，我们可得：

$$P_n = \frac{1}{r}\left[\sum_{i=0}^{n-1} \binom{n}{i} P_i + 1\right], \ n=2, 3, \cdots \tag{6.30}$$

在这里：$P_0 = \frac{1}{r}$，$P_1 = \frac{1+r}{r^2}$。

该公式对 $n=1$ 来说也是有效的，但是仅在初始值 $P_0 = \frac{1}{r}$ 的情况下成立。

另一种推导方法参见练习 15。

6.4.4 收益增长型有价证券的价格

我们现在已经能够容易地求得诸如债券、抵押贷款或是收益线性增长的定期领取年金等有价证券的价格。具体来看，当 $j=1, 2, \cdots, n$ 时，在 $D_j = aj + b$ 的条件下：

$$V(D_j, r) = a\sum_{j=1}^{n} j\,(1+r)^{-j} + b\sum_{j=1}^{n}(1+r)^{-j}$$

现在由式(2.11)知，第二个求和公式等于 $a_{n;r}$，同时有：

$$\sum_{j=1}^{n} j\,(1+r)^{-j} = \sum_{j=1}^{\infty} j(1+r)^{-j} - \sum_{j=n+1}^{\infty} j\,(1+r)^{-j}$$

这里第一个求和公式就是上文中式(6.28)的永续年金公式，而第二个求和公式可以分解为：

$$\sum_{j=n+1}^{\infty} j(1+r)^{-j} = \sum_{j=1}^{\infty}(j+n)(1+r)^{-j-n}$$

$$=(1+r)^{-n}\left[n\sum_{j=1}^{\infty}(1+r)^{-j}+\sum_{j=1}^{\infty}j(1+r)^{-j}\right]$$

联立并简化后运用第 2 章中的记法，对第一个求和公式我们得到：

$$\sum_{j=1}^{n} j(1+r)^{-j} = (1+r)\frac{a_{n;r}}{r} - \frac{n(1+r)^{-n}}{r} \tag{6.31}$$

我们通过分析各组成部分也能由直觉得出该公式。$\frac{a_{n;r}}{r}$ 表示的是一个永续年金，该年金在每一个时点 1，2，3，…，上都支付给投资者 $a_{n;r}$，而这每一期的支付都等价于一年后开始的 n 个 1 的一列数字。因此总体来说，该永续年金就提供了一个支付现金流，这一现金流在时点 2 到 $n+1$ 的期间内由 1 增长到 n，然后从时点 $n+2$ 开始保持在 n 的水平。从时点 1 到 n 的过程中，因子 $1+r$ 推动着支付金额的增加，而从时点 $n+1$ 开始一直保持在 n 的支付水平上。第二项消除了从时点 $n+1$ 开始的 n 的支付水平，因为$\frac{n}{r}$是一个从时点 1 开始每年支付 n 的永续年金，并且因子 $(1+r)^{-n}$ 从时点 $n+1$ 开始推动着这些支付水平。

通过定义 $A_m = \sum_{j=1}^{n} j^m (1+r)^{-j}$，我们可以将这一递增年金进一步分解为：

$$A_m = \sum_{j=1}^{\infty} j^m(1+r)^{-j} - \sum_{j=n+1}^{\infty} j^m(1+r)^{-j}$$

$$=P_m-(1+r)^{-n}\sum_{j=1}^{\infty}(j+n)^m(1+r)^{-j} \tag{6.32}$$

我们可以对第二个求和公式运用二项式定理，从而生成一个含有 $\{P_j\}_{j=0}^{m}$（参见练习 28）。

6.4.5 价格函数的近似：资产配置

幂级数在金融学中的主要应用是模拟和理解一个复杂函数 $f(x)$在某一固定点 $a \in \mathbb{R}$ 附近的表现，或者更为广义地讲，一个多元函数 $f(x)$在 $\boldsymbol{a} \in \mathbb{R}^n$ 附近的表现。例如，当 x 表示债券的到期收益率(YTM)，并且 a 表示今天的收益率时，$f(x)$或许表示债券价格。当然，由于该函数形式并不十分复杂，有的人可以说，为了理解当 YTM 由 a 变至 x 时该函数的表现，我们可以很容易地构造一个额外价格。然而，如果将这些债券形成一个资产组合，或者价格的计算过程由于引入了诸如买入期权(即对发行者来说是提前支付的权利)等的内嵌期权而变得更加复杂时，上述构想就变得难以付诸实践了。

在更为广义的多变量情况下，$f(x)$可能会作为一个给定收益率曲线的函数来反映给定债券或是债券组合的价格，并且就像在第 3.3.1 节中提到的那样，用由 $\boldsymbol{x} \in \mathbb{R}^n$ 的值构成的向量来参数化 $f(x)$，而向量 $\boldsymbol{a}$ 就参数化了现在的收益率曲线上的值 $f(\boldsymbol{a})$。上文提到的优先股或普通股的价格公式也能够被构造成单变量或多变量函数形式。在每一种情况下，向量 $\boldsymbol{a}$ 都表示决定今天价格的参数组合，并且我们所关心的是，当这些参数由 $\boldsymbol{a}$ 变为 $\boldsymbol{x}$ 时，价格的大致变化情况是怎样的。

在资产配置的情况下我们可能会遇到另一个不同的问题。例如，设给定配置向量 $\boldsymbol{a}$ 用于表示配置不同资产种类的比例，那么在给定了现在的配置向量的情况下，我们或许可以构建一个函数 $f(\boldsymbol{a})$ 用于量化期望收益，而另一个函数 $g(\boldsymbol{a})$ 则用于量化期望风险。为了探究通过资产配置是否能够同时提高收益和风险，或者至少能够量化风险和收益之间的权衡关系，我们需要分析出这些函数在 $\boldsymbol{a}$ 附近的表现。

在所有上述情况下，随着计算过程越来越复杂，寻找一种价格函数的合理近似形式就越来越具有实用性和吸引力了。为此，在第 9 章中讨论的微积分方法将为我们得到一个系数序列 $\{c_j\}$ 提供理论基础，无论该序列是有限还是无限的。在无限的情况下，我们将得到：

$$f(x)=\sum_{n=0}^{\infty}c_n\,(x-a)^n$$

而在有限的情况下，有：

$$f(x)\approx\sum_{n=0}^{N}c_n\,(x-a)^n$$

当 x"趋近于"a 时，这两个公式都能提供一种近似形式。

例如，假设上文的扩展式成立，那么当 $N>2$ 时，我们可以得出线性近似式：

$$f(x)\approx c_0+c_1(x-a)$$

那么在每一种情况下，运用三角形不等式定理我们都能得到，这些近似式的绝对误差以下式为界：

$$|f(x)-[c_0+c_1(x-a)]|\leqslant|c_2|(x-a)^2\sum_{n=2}^{N}\left|\frac{c_n}{c_2}(x-a)^{n-2}\right|$$

这就是说，随着 $x\to a$，相对误差满足：

$$\frac{|f(x)-[c_0+c_1(x-a)]|}{|c_2|(x-a)^2}\to 1 \tag{6.33}$$

这就表明对 $x\sim a$ 来说，绝对误差在 $|c_2|(x-a)^2$ 的数量级上。

同理，我们可以证明近似式 $f(x)\approx c_0$ 的绝对误差在 $|c_1||x-a|$ 的数量级上，并且对 $(x-a)$ 的更高数量级的多项式也运用同样的方法推知。最后，能否近似 $f(x)$ 要取决于给定函数允许级数展开式中含有多少项。当仅仅含有有限多项时，近似的准确度就受到限制了，但在实际应用中仍是足够的。否则，只要分析人员愿意计算近似多项式中额外的那些项，那么给定任何准确度都是可以的。

6.4.6 l_p—空间：巴拿赫空间和希尔伯特

这些级数空间在金融学中的重要性在于，它们能够使人单凭直觉就很容易理解高等数学里的一些复杂且重要的概念。这些概念将仅仅适用于下面学习内容中的实分析和随机过程，在这些情况下，上述空间将被再次引用，一般情况下是用 L_p 函数空间，但在随机过程中，希尔伯特空间 L_2 是最重要的。因此，这些空间及其特性，还有欧氏空间 $\mathbb{R}^n$ 和复数空间$\mathbb{C}^n$尽管并未被立即付诸实践，但它们将为我们理解在这些空间中出现的更为抽象的情况打下坚实基础。

换句话说，本章介绍这些内容的目的是使读者更好地认识到：虽然L_p—空间很重要但感觉有些遥远，它其实是一种易于理解且比较常见的理论，而不是一种孤立且抽象的构想。

练习题

操作练习

1. 证明：如果$\sum_{n=1}^{\infty} b_n$是一个收敛级数，那么b_n作为一个序列有$b_n \to 0$。（提示：考虑柯西准则。）

2. 运用比较判别法将下面各级数与本章中出现的收敛级数相比较，从而判别下面级数的绝对收敛性：

(1) $\sum_{n=1}^{\infty} \frac{(\ln n)^2}{n^4}$；

(2) $\sum_{n=1}^{\infty} \frac{\ln n}{n^p}$，其中$p > 2$；

(3) $\sum_{n=1}^{\infty} (-1)^{n+1} \frac{\sin(n)}{n^p}$，其中$p > 1$，在这里对$\sin(n)$来说，$n$是以弧度表示的（即，$\pi$弧度$=180°$）；

(4) $\sum_{n=1}^{\infty} (-1)^{n+1} a^n$，其中$0 < a < 1$。

3. 运用交错级数判别法或其他方法判别下列各级数的收敛性，并说出哪些是绝对收敛的：

(1) $\sum_{n=1}^{\infty} \frac{(-1)^{n+1}}{\ln(n+1)}$；

(2) $\sum_{n=1}^{\infty} \frac{(-1)^{n+1}\ln(n!)}{n!}$；

(3) $\sum_{n=1}^{\infty} \frac{(-1)^{n+1}\ln(n)}{n^p}$，其中$p \geqslant 1$；

(4) $\sum_{n=1}^{\infty} (-1)^{n+1} \ln\left(\frac{n+1}{n}\right)$。

4. 运用比较判别法下的比值判别法判别练习2中的每个级数是否是绝对收敛的。换句话说，在每一个例子中都找出一个绝对收敛级数$\sum_{i=1}^{\infty} c_n$，使得当a_n表示原始级数时，$\frac{|a_n|}{|c_n|}$随着$n \to \infty$而收敛。

5. 运用比值判别法判别练习 2 和练习 3 中的级数中哪些是绝对收敛的,哪些是不收敛的,哪些收敛性无法判定。

6. 给定一个实数 $x \in [0, 1]$,用十进制展开即 $x=0.a_1a_2a_3\cdots$,这里每个 $a_j \in \{0, 1, 2, \cdots, 9\}$,在序列 $\boldsymbol{x} \in \mathbb{R}^\infty$ 的情况下鉴别 x,这里 $\boldsymbol{x}$ 定义为 $\boldsymbol{x}=(x_1, x_2, \cdots, x_j, \cdots)$,其中 $x_j=\dfrac{a_j}{10^j}$。

(1) 证明在这样的定义下,对所有 $1 \leqslant p \leqslant \infty$ 的 p 有 $\boldsymbol{x} \in l_p$。

(2) 证明截断点序列 $\boldsymbol{x}_n \in \mathbb{R}_0^\infty$ 且 $\boldsymbol{x}_n=(x_1, x_2, \cdots, x_n, 0, 0, 0, \cdots)$ 在 l_1—范数下收敛于 $\boldsymbol{x}$。

(3) 推广(2)部分的情况,证明对所有 $1 \leqslant p \leqslant \infty$ 的 p 来说有 $\|\boldsymbol{x}-\boldsymbol{x}_n\|_p \to 0$。

(4) 证明:如果实数 x 等价于序列 $\boldsymbol{y} \in \mathbb{R}^\infty$,其中定义 $\boldsymbol{y}=(a_1, a_2, \cdots, a_j, \cdots)$,只有当 $p=\infty$ 时 $\boldsymbol{y} \in l_p$,然而即使在这一条件下也不能得到 $\|\boldsymbol{y}-\boldsymbol{y}_n\|_\infty \not\to 0$,除非 $\boldsymbol{y} \in \mathbb{R}_0^\infty$,在这里 $\boldsymbol{y}_n=(a_1, a_2, \cdots, a_n, 0, 0, 0, \cdots)$。

7. 运用闵可夫斯基不等式证明下列各级数是否是绝对收敛的:

(1) $\displaystyle\sum_{n=1}^{\infty}\left|\frac{n^{1.5}}{(n+2)^2}-\frac{(-1)^{n+1}}{\sqrt{n}}\right|^p$,其中 $p>2$;

(2) $\displaystyle\sum_{k=1}^{\infty}\left|\frac{(-1)^{k+1}(k+1)}{k(k+10)}-\frac{\ln k}{k^2}-(0.5)^k\right|^p$,其中 $p>1$。

8. 写出下列各幂级数的收敛半径和收敛区间:

(1) $u(z)=\displaystyle\sum_{n=1}^{\infty}\frac{z^n}{n}$;

(2) $f(x)=\displaystyle\sum_{m=0}^{\infty}(-1)^m(x-1)^m$;

(3) $g(y)=\displaystyle\sum_{n=1}^{\infty}(-1)^{n+1}n^p(y+2)^n$,其中 $p>0$;

(4) $h(z)=\displaystyle\sum_{k=1}^{\infty}\frac{(z-4)^k}{k}$;

(5) $w(x)=\displaystyle\sum_{j=1}^{\infty}a^j(x+1)^j,\ a>0$;

(6) $v(y)=\displaystyle\sum_{m=0}^{\infty}\frac{(y-10)^m}{(m+1)(m+2)}$;

(7) $k(y)=\displaystyle\sum_{n=1}^{\infty}n^n(y+4)^n$;

(8) $m(u)=\displaystyle\sum_{n=1}^{\infty}\frac{2^nu^n}{n}$。

9. 定义 $f(x)=\displaystyle\sum_{n=0}^{\infty}\frac{x^n}{n!}$,运用式(6.23)写出 $\big(f(x)\big)^2$ 的级数展开式,并证明 $\big(f(x)\big)^2=f(2x)$。[提示:运用二项式定理可知 $2^n=\displaystyle\sum_{j=0}^{n}\frac{n!}{j!(n-j)!}$,这一结论在第 7 章中的式(7.14)将给出证明。]

10. 推广练习 9 的结论，证明对所有的 $n \in \mathbb{N}$ 来说，$\left(f(x)\right)^n = f(nx)$ 成立。（提示：运用归纳法证明。）

11. 证明：对一个具有非固定股利$\{d_j\}$的优先股或普通股而言，当 $r > 0$ 时，价格函数 $P(r) = \sum_{j=1}^{\infty} d_j (1+r)^{-j}$ 是绝对收敛的，在这里 $d_j = a_1 j + a_0$，a_1，$a_0 \geqslant 0$。（提示：考虑用比值判别法。）

12. 考虑将优先股或普通股的定价函数应用到一般的非固定股利的情形中，$P(r) = \sum_{j=1}^{\infty} d_j (1+r)^{-j}$。运用比值判别法求出鼓励增长率的最大值边界，该值能保证对 $r > 0$ 来说函数收敛。

13. 在半年度收益率 $r = 0.10$ 的条件下：

(1) 评估一个半年支付一次的永续年金，该年金在时点 $j = 0.5$，1.0，1.5，…，支付 $10j + 15$。

(2) 一笔一千万美元的抵押贷款期限为 20 年，半年偿还一次。如果借款者想要使每一次的还款额和第一次的还款额都增加至 25 万美元，那么半年度还款额增加了多少？

14. 在 15%的年利率下：

(1) 如果明天到期的下期股利预计是 5 美元，那么给一个年股利增长率为 10%的普通股定价。

(2) 如果股利预计只在 5 年内以 10%的比率增长，而之后则以 5%的比率减少，那么(1)中的股票价格是多少？

15. 设 P_n 按照本章中的定义即 $P_n \equiv \sum_{j=1}^{\infty} j^n (1+r)^{-j}$：

(1) 由式(6.30)可知：$P_n = \frac{1}{r}\left[\sum_{i=0}^{n-1} \binom{n}{i} P_i + 1\right]$（提示：注意：

$$\sum_{j=1}^{\infty} j^n (1+r)^{-j} = (1+r)^{-1} + (1+r)^{-1} \sum_{j=1}^{\infty} (j+1)^n (1+r)^{-j}$$

并且按照本章中的方法将 $(j+1)^n$ 按照式(7.15)的二项式定理展开。）

(2) 利用 $P_0 = \frac{1}{r}$ 和 $P_1 = \frac{1+r}{r^2}$ 写出 P_n，$n=2, 3, 4, 5$ 的显式公式。

16. 由幂级数 $f(x) = \sum_{n=0}^{\infty} \frac{x^n}{n!}$ 出发，考虑线性近似式 $f_1(x) = 1 + x$。正如在式(6.33)中显示的那样，随着 $x \to 0$ 有：

$$\frac{f(x) - (1+x)}{\frac{x^2}{2}} \to 1$$

推导该比值函数的幂级数并证明其收敛性，以此来证明上述结论成立，并进而证明 $x = 0$ 时的情况。

强化练习

17. 运用比较判别法将下面各级数与本章中出现的收敛级数相比较，从而判别下面级

数的绝对收敛性:

(1) 当 $0<a<1$ 时的 $\sum_{n=1}^{\infty} c_n a^n$ 和任何一个有界序列 $\{c_n\}$;

(2) $\sum_{j=1}^{\infty}(-1)^{j+1}\left(\frac{1}{j}\right)^q \ln j$,其中 $q>2$;

(3) $\sum_{k=1}^{\infty}\frac{(k+2)^2}{k(k+1)(k+10)^2}$;

(4) $\sum_{k=1}^{\infty}\frac{(-1)^k(k+2)^3}{k!}$。

18. 运用交错级数判别法判别下列各级数的收敛性,并说出哪些是绝对收敛的:

(1) $\sum_{n=1}^{\infty}\frac{(-1)^{n+1}\ln(n+1)}{n^4}$;

(2) $\sum_{n=1}^{\infty}\frac{(-1)^{n+1}n^p}{a^n}$, $p\in\mathbb{R}$, $a>1$;

(3) $\sum_{n=1}^{\infty}\frac{(-1)^{n+1}n^2}{n^3+1}$;

(4) $\sum_{n=1}^{\infty}\frac{(-1)^{n+1}n}{\ln[(n+1)^n]}$。

19. 运用比较判别法下的比值判别法判别练习 17 中的每个级数是否是绝对收敛的。换句话说,在每一个例子中都找出一个绝对收敛级数 $\sum_{i=1}^{\infty}c_n$,使得当 a_n 表示原始级数时,$\frac{|a_n|}{|c_n|}$ 随着 $n\to\infty$ 而收敛。

20. 运用比值判别法判别练习 17 和练习 18 中的级数中哪些是绝对收敛的,哪些是不收敛的,哪些的收敛性无法判定。

21. 命题 6.3 表明:如果 $\sum_{j=1}^{\infty}x_j$ 和 $\sum_{j=1}^{\infty}y_j$ 都是绝对收敛的,那么 $\sum_{j=1}^{\infty}x_j y_j$ 也是绝对收敛的。

(1) 证明:如果 $\sum_{j=1}^{\infty}x_j$ 是绝对收敛的,且 $\sum_{j=1}^{\infty}y_j$ 是条件收敛的,那么 $\sum_{j=1}^{\infty}x_j y_j$ 也是绝对收敛的。

(2) 给出一个例子表明:当 $\sum_{j=1}^{\infty}x_j$ 和 $\sum_{j=1}^{\infty}y_j$ 都是条件收敛时,$\sum_{j=1}^{\infty}x_j y_j$ 不是收敛的。(提示:当 $x_j y_j=\frac{1}{j}$ 时,能否定义出满足假设的 x_j 和 y_j?)

22. 证明练习 6 中的(3)和(4)与十进制展开中的基础-10假设毫无关系。换句话说,如果 b 是任意的一个正整数,且 $b\geqslant 2$,而每一个这样的 $x\in[0,1]$ 都能在基础$-b$上进行扩展,即 $x=0.a_1a_2a_3\cdots$,在这里每一个 $a_j\in\{0,1,2,\cdots,b-1\}$,那么再次有:

(1) 定义 $\boldsymbol{x}=(x_1,x_2,\cdots,x_j,\cdots)$,其中 $\boldsymbol{x}_j=\frac{a_j}{b^j}$,且与上文一样定义 $\boldsymbol{x}_n\in\mathbb{R}_0^{\infty}$,那么

在 $\boldsymbol{x} \in \mathbb{R}^{\infty}$ 的条件下,我们可以得到:对所有 $1 \leqslant p \leqslant \infty$ 的 p 来说有 $\| \boldsymbol{x} - \boldsymbol{x}_n \|_p \to 0$ 成立。

(2) 定义 $\boldsymbol{y} = (a_1, a_2, \cdots, a_j, \cdots)$,其中 $\boldsymbol{x}_j = \boldsymbol{a}_j$,在 $\boldsymbol{y} \in \mathbb{R}^{\infty}$ 的条件下,我们可以得到:只有当 $p = \infty$ 时 $\boldsymbol{y} \in l_p$,然而即使在这一条件下也不能得到 $\| \boldsymbol{y} - \boldsymbol{y}_n \|_{\infty} \not\to 0$,除非 $\boldsymbol{y} \in \mathbb{R}_0^{\infty}$,在这里 $\boldsymbol{y}_n = (a_1, a_2, \cdots, a_n, 0, 0, 0, \cdots)$。

23. 考虑两个序列:$\boldsymbol{x} = (x_1, x_2, \cdots, x_j, \cdots)$,其中 $x_j = a^{-j}$,以及由 $y_j = b^{-j}$ 定义的 $\boldsymbol{y}$,其中 $a, b > 1$:

(1) 证明对所有 $1 \leqslant p \leqslant \infty$ 的 p 来说有 $\boldsymbol{x}, \boldsymbol{y} \in l_p$ 成立,并且计算出相关的 l_p—范数。

(2) 计算出存在良好定义的内积$(\boldsymbol{x}, \boldsymbol{y})$。

(3) 推广赫尔德不等式的含义,即:如果 $1 \leqslant p, q \leqslant \infty$,且 $\frac{1}{p} + \frac{1}{q} = 1$,这里要注意 $\frac{1}{\infty} \equiv 0$,那么我们有 $|(\boldsymbol{x}, \boldsymbol{y})| \leqslant \| \boldsymbol{x} \|_p \| \boldsymbol{y} \|_q$ 成立。用一个参数来表示这一不等式,例如令 $q = \frac{p}{p-1}$。

(4) 在特殊情况 $p = q = 2$ 下表示(3)中的不等式。

24. 写出下列各幂级数的收敛半径和收敛区间:

(1) $f(x) = \sum_{m=1}^{\infty} \frac{(-1)^m (x-5)^m}{m}$;

(2) $g(y) = \sum_{n=1}^{\infty} n^p (y-6)^n$,其中 $p > 0$;

(3) $h(z) = \sum_{k=1}^{\infty} \frac{(z-4)^k}{k!}$;

(4) $t(z) = \sum_{k=1}^{\infty} (-1)^k \frac{(z+1)^k}{k!}$;

(5) $w(x) = \sum_{j=1}^{\infty} a^{-j} (x-2)^j$, $a > 0$;

(6) $v(y) = \sum_{m=0}^{\infty} \frac{(y+2)^m}{(m+1)^2}$;

(7) $k(z) = \sum_{n=1}^{\infty} n!(z + 1\,000)^n$;

(8) $n(u) = \sum_{n=1}^{\infty} \frac{c^n u^n}{n}$, $c > 0$。

25. 将练习 11 推广至一个任意多项式的股利增长模型 $d_j = \sum_{k=0}^{n} a_k j^k$,其中 a_k 满足对所有 k 来说有 $a_k \geqslant 0$。

26. 在月利率 $r = 0.06$ 的条件下:

(1) 评估一个按月支付的永续年金,该年金在时点 j 支付 $12j + 3$。

(2) 一笔 500 万美元的抵押贷款期限为 30 年,每月偿还一次。如果借款者想要使每一次的还款额和第一次的还款额都增加至 1 万美元,那么每月的还款额增加了多少?

27. 在 18%的年利率下:

(1) 如果明天到期的下期股利预计是 15 美元,那么给一个半年分红一次的、名义股利增长率为 8%的普通股定价。

(2) 如果股利预计只在 3 年内以 8%的比率增长,而之后则以 12%的比率增长,那么(1)中的股票价格是多少?

28. 定义一个分 n 期支付的增长型年金,$A_m = \sum_{j=1}^{n} j^m (1+r)^{-j}$,利用式(6.32)中的公式证明:

$$A_m = P_m - (1+r)^{-n} \sum_{k=0}^{m} \binom{m}{k} n^{m-k} p_k$$

在这里 $\{P_k\}$ 按练习 15 给出。

离散概率论

7.1 随机的概念

这一章将介绍概率论中的一些基本概念，这些概念将被运用在离散分布的情况中。并且在第 10 章中，这些概念将被推广到连续的情况中，即所谓的混合分布。在“可测度的”分布的进行过程中，我们将推迟其最后一步，因为这需要实分析工具。

概率论是一门数学，它可以为我们进行建模以及认识实验的**随机结果**(random outcomes)提供一个框架。这些随机结果有的是在实验室中或一个场景设置中得出，有的是作为一种自然的、至少是未经安排的现象被我们观察到。**随机**(random)就意味着结果并不是完全可预测的，即使是在事件中的许多特征保持固定不变或是被控制不变时也是如此。**离散概率论**(discrete probability theory)是指，这一理论被运用到只有有限个或无限但可数个可能结果的情况中。然后，我们将这些模型和方法广义化，使得它们能够运用于不可数种结果的情况当中。

这似乎有点不可思议，上述“随机”的定义是指结果不完全可预测，而非不可预测。这种表述基于这样一种事实，在很多种情景中，一项实验或者观测的结果在逻辑上被认为是随机的，但如果我们定义随机性是指我们完全不知道结果将是什么，那么在这一更强的定义下这种情况便是不完全随机的；而如果定义随机性是指我们对于结果将是什么具有不完全信息，那么在这一较弱的定义下，这种情况才是随机的。

例如，假设观测的对象是美国一种主要的证券市场指数的变化情况，如标准普尔 500 指数，但将其简化并减少为一个二进制变量：-1 表示市场低迷，$+1$ 表示市场上扬。大多数观察者都会同意，在给定的一天，这一观测的结果将会是一个随机变量，至少在开始的那一天如此。然而，就在美国市场开市前，日本和亚洲其他的证券市场刚刚闭市、欧洲的交易日已经过去一半，基于它们的二进制结果，可以对接下来的美国二进制结果进行更好的预测。当然，这并不是一个完美的预测，美国的结果仍将被认为是随机的，但将不会被视为完全随机。

更重要的一点是，在美国市场闭市前一个小时，这个市场的二进制结果仍是随机的。但实际上，由于交易时段信息的出现，使得这一结果比开盘时的随机性低了。以此类推，相较于在亚洲市场交易前的那个晚上,在闭市前一小时的这一结果的随机性也显然有所降低。

所以,此处给出的随机性定义允许将所有此类观测建模为随机的,直至结果完全可预测的时候,而这一时刻在该例子中就是指最后的交易被处理完之后的"收盘"时刻。随机性程度的概念在概率论中是可以进行量化的。随机性的概念被公认是非正式的,并且其仅仅在作为一种数学创造时才能在很大程度上得以正式化。但在真实世界中,事件常常呈现随机化,这种不正式性并不是致命缺点,概率论的数学理论经证明是非常有用的。

例如,抛一枚"正常的硬币",这意味着其有相同的可能得到正面 H,或者背面 T。这便被视为一个随机性的标准模型。假设该问题中的硬币是完全公平的,概率论可以解决实际的或者想象出来的实验,例子如:

(1) 抛 100 次,正好出现 80 次 H 的可能性有多大?

(2) 抛 10 000 次,出现 H 超过 5 800 次的可能性有多大?

(3) 在每种情况中,"可能"意味着什么?

在不了解硬币的公平性的完全知识时,概率论可以解决如下观测问题:

(1) 抛 10 次,出现 7 次 H 就提供了"肯定"的证据表明硬币是"有偏的"且是不公正的吗?

(2) 抛 10 000 次,H 出现的次数必须为多大(小)时便能"肯定"这枚硬币是不公平的?

(3) 在每一种情况中,"肯定"意味着什么?

在现实生活中,我们可能会认为车祸的发生或未预料到的生命结束,是个人群组内的随机结果,尽管在一个给定的例子中往往不是一个完全随机的结果。对这些事件进行建模无论是对财产保险公司还是人寿保险公司都是至关重要的。在金融领域,几乎所有观察到的市场变量都被认为是随机的,但一般并不是完全随机的。股票价格和债券市场指数、个别股票和债券、利率水平、实现的价格或工资的通胀指数、货币汇率、商品价格等都是随机的例子,而债券发行人违约、破产或自然灾害等也是随机事件。

一旦为这些变量构建了数学模型,概率论便能提供一个框架,使我们了解可能的结果,并在给定的情境下回答诸如上述的问题。

7.2 样本空间

7.2.1 未经定义的概念

如同每一个数学理论一样,概率论中也必然有一些概念被认为是"原始的",因此没有正式的定义就留了下来。但是,大多人可以在不知道点、线、面的正规定义的情况下有效地进行几何学研究,同理,大多人也可以在不知道"样本空间"或"样本点"的正规定义的情况下有效地进行概率论研究。在这两种情况下,由于在主题上能够衍生出直观的框架,因此缺乏正式的定义是可以接受的。

例如,当一个人在几何中遇到点、线或面时,一幅图立刻浮现在脑海中。在这些图片的背景下，他便能够领悟或至少可以理解所有关于这些术语的表述，尽管并不能完全领悟。事实上，一个人对于这些术语的精神图像随着时间的推移而更加敏锐，并在新兴理论的背景下发展。这种情况也同样适用于样本空间和样本点，它们为概率论提供了一个“集合理论”的框架。在这一情景下，样本空间被视为一个给定的实验或者自然现象中可能结果的“宇宙”，样本点被视为样本空间分解出的最小的可能单位，也被称为单个结果或事件。在这种情况下，样本空间被视为样本点的集合，并且根据给定的情境进行相应的定义。离散样本空间(discrete sample space)是指，一个拥有有限个或者无限但可数个样本点集合的样本空间。

例 7.1 （1）回到上面抛硬币的例子中，如果我们对抛 10 次的实验可能出现的结果感兴趣，样本空间可以被设想为所有抛 10 次的结果以及 10 个 H 和 T 的单个序列样本点的集合。同样，可以考虑抛 100 次和抛 10 000 次问题的样本空间。

（2）在玩扑克牌的不同环境中，我们可以设想从一副牌中抽出所有的 5 张牌构成一个样本空间，这种事情通常在一个扑克玩家身上发生。同样，从多副牌中抽出所有的 n 张牌构成一个样本空间，这些牌的总点数要小于 21 点，这种情况常在电影《黑杰克》中发生。特别是当第 $(n+1)$ 张牌的点数超过 21 时，这种情况更有可能发生。单副牌和多副牌模型的显著差别是，后者允许单手持有重复的牌，而前者不允许。

（3）很多概率问题的一个相关模型是“瓮”问题，该问题假设瓮中有多种颜色的球，每一种颜色的球数量不同。例如，瓮中有 25 个球，2 个红色的，11 个蓝色的以及 12 个绿色的。然后，我们可以想象一个实验，“随机”选择 3 个球，形成 3 个球的样本空间。这一样本空间的变化取决于我们如何假设 3 个球的选择方式：

（1）可以替换：3 次抽取中，每次选中的球再被放回瓮中，所以对每一次抽取的球，瓮中都包含相同的 25 个球。

（2）不可以替换：被选定的球不能再放回，所以第二次抽取的瓮中的球有赖于第一次抽取的球，对第三次抽取以此类推。

例如，3 个红球是一个可以替换的样本空间中的样本点，但不是不可以替换的样本空间中的样本点，因为瓮中仅含有 2 个红球。

7.2.2 事件

我们继续集合理论的推导。一个事件(event)被定义为一个样本空间的子集。这里要使用的离散模型中，我们可以方便地列出有限情况下的所有可能样本点，或者求出一个公式以列出无限但可数的情况中的所有结果，那么事件集合可以被定义为样本空间的所有子集。换句话说，样本空间的每一个子集都可以被定义为一个事件。在随后的应用中，第 10 章将开始推广样本空间的概念，将样本空间的所有子集都认定为事件是不可能的。因此，我们在此环境下引入这些概念，其在严格意义上被公认为并不是必须的，这样我们就得以在第 10 章中运用更尖端的方法将这些概念推广。对于能被称为事件的样本空间的子集而言，我们需要解决的具体问题是：如果被定义的事件集合并不等于样本空间所有子集的集合，那么这个集合至少应满足哪些特征才能在应用中有所用处呢？

答案如下:

定义 7.1 给定一个样本空间 S,一个事件集合 $\mathcal{E}=\{A \mid A \subset S\}$,其被称为一个全集(complete collection),如果其满足以下特征:

(1) ϕ, $S \in \mathcal{E}$;

(2) 如果 $A \in \mathcal{E}$,那么$\widetilde{A} \in \mathcal{E}$;

(3) $A_j \in \mathcal{E}$,对于 $j=1, 2, 3\cdots$,那么 $\bigcup_j A_j \in \mathcal{E}$。

换句话说,我们要求事件的全集包含"空事件"ϕ 和"必然事件"S,即任意事件的补集,且其在可数单位下闭合。然而,尽管第三条仅针对可数单位,但由第 2 条和德摩根定理(见练习 1)可知,其对于可数交集也是成立的。所以,对于 $\bigcap_j A_j \in \mathcal{E}$ 也是如此。同理,如果A, $B \in \mathcal{E}$,那么$A \sim B \in \mathcal{E}$,而$A \sim B \equiv \{x \in S \mid x \in A \text{ 且 } x \notin B\}$,这是因为$A \sim B = A \cap \widetilde{B}$。

注释 7.1:(1) 在一个离散样本空间中,$\mathcal{E}$始终包含每一个样本点,从而包含 S 的所有子集,因此始终是一个完整集合。换句话说,$\mathcal{E}$是 S 的幂集(power set);

(2)"完备集合"这一个词的使用并不是很标准,但却是为了简化定义而引入的。上述定义中的三个条件是$\mathcal{E}$成为所谓 σ 代数(algebra)的一般要求,在第 10 章和更先进的算法中我们将看到这些。

在离散概率论中,这一个多余的正式概念似乎看上去很荒谬,因为我们可以如此简单地列出所有可能的事件,并在应用中对整个集合进行运算。例如,在一枚公平硬币抛 10 次的样本空间中,样本点就是 10 个 H 和 T 的排列,这些我们可以列出,尽管有2^{10}个这样的样本点。同样我们可以至少想象出这个样本空间的幂集,即 $2^{2^{10}}$ 个样本点所有子集的集合(第 4 章练习 4)。

如果样本空间被定义为抛 n 次硬币中 H 和 T 的集合,或者定义为第一次出现 H 前或者第m 个 H 前所有抛掷的次序,那么这些样本空间便有可数多个样本点。尽管这显得更加复杂,但我们仍可以将所有子集的集合视为事件。

然而,如果样本空间定义为可数无限次抛掷中 H 和 T 的集合,那么这个空间便和实数有相同的基数(回忆第 4 章练习 5)。将空间每一个子集定义为事件不太现实,这可以使用实分析工具进行论证。因此,在上述情境中需要这一定义,该定义能够在下一步识别出事件空间的最小化性质,这就引入了事件概率论。

7.2.3 概率测度

一个事件其"概率"概念背后的直观知识是非常简单的。一种方法有时被视为"频率论者"解释法。也即,重复观测一个实验,其中事件的概率就是事件在长期发生次数的比重,这个实验预期能得出两种结果:

(1) 事件 A 被观察到;

(2) 事件 A 未被观察到。

在这种解释中,每一项实验被假定与其他实验"相独立",这就是说,其结果既不影响其他实验,也不被其他实验结果所影响。

例 7.2 在硬币抛掷 10 次的样本空间 S 中，定义事件 A 为一样本空间的子集，该样本空间含有 HH，即最初两次抛掷的结果。直观上看，一枚公平的硬币能使得每一个序列都具有相同的可能，很容易知道 S 中有 25%的序列以 HH 开头。所以，如果我们进行一项抛掷硬币 10 次的实验，并在多次试验之后记录结果，A 被观察到的期望将是实验中的 25%。"频率论"的概率来源于，在一长串这样的试验中，事件 A 的相对频率为 25%，其实是指在长期能够被观测到的相对频率。

另一个解释与机会博弈或赌博有关，这是亚伯拉罕・棣莫弗（Abraham de Moivre，1667—1754）最初研究概率论的首要驱动因子，他于 1718 年发表了一篇早期的论文《机会论》（*The Doctrine of Chances*）。这个例子的赌博视角可以阐述为：对于 1 美元的赌注，当事件 A 发生时，一个赌徒的财富在长期预期不变，此时回报应该是多少？这样的赌注便被称为"公平的赌注"。当然这种解释有一种频率论的味道，因为含有"重复试验"和"长期"这些概念。

所以，如果 p 表示事件 A 发生的概率，N 是一个大整数，那么在 N 次下注中，赌徒将会下注 1 美元，并输掉 $(1-p)N$ 次，也就是 $(1-p)N$ 美元；赌徒也会赢 Np 次，赢到 Npw 美元，其中 w 是每 1 美元赌注的相关回报或"胜利品"。如果赢和输的赌注是相当的，这个赌注将是公平的赌注，当下式成立时该情况将发生：

$$w=\frac{1-p}{p} \tag{7.1}$$

例 7.3 在上面的抛硬币例子中，为确保其是一个公平的赌注，赌博者每一美元下注的胜利品必须为 $w=3$。即，如果硬币次序为 $HH\cdots$，那么赌徒将赢得 3 美元，否则他将输掉 1 美元。

对于式(7.1)中 w 的公式，只有在 $0<p<1$ 时才有意义。否则，这个赌注将产生一个肯定的赢或肯定的输，那么其将不"公平"。在这个定义域内，$w=\frac{1}{p}-1$ 随着 p 增加而降低，$p\to 0$ 则其趋于无穷，$p\to 1$ 则其降低为 0，这与直观认识相一致。

注意式(7.1)也包含了我们寻找的"概率论"的信息，可以被改写为：

$$p=\frac{1}{w+1} \tag{7.2}$$

例 7.4 再次使用抛硬币的例子，如果参与者同意正确的回报是 $w=3$，那么我们可以得出结论，序列 $HH\cdots$的概率是 0.25 或 25%。

这种直观的框架为我们规范概率的概念提供了一个起点。概率在逻辑上与事件相关联，可以在事件集合中利用公式来确定，记做 $\Pr(A)$，其中 $A\in\mathcal{E}$。进一步讲，这个方程的值对任何事件来说都必须处于 0 和 1 之间，而这些极值应分别在零事件$\varnothing$和全部样本空间 S 上得到。最后，我们预期这个方程在事件集合上合乎逻辑。例如，如果 $A\subset B$ 是一个事件，我们认为 $\Pr(A)\leqslant\Pr(B)$；而如果 $A\cap B=\varnothing$，那么 $\Pr(A\cup B)=\Pr(A)+\Pr(B)$，等等。

我们接下来整理必要的特征，并提前注意到，在一个离散样本空间中，$\Pr(s)$ 定义于所有 $s\in S$，因为 $\mathcal{E}$ 包含单个的样本点。

定义 7.2 给定一个样本空间 S 和一个事件的全集 $\mathcal{E}=\{A \mid A \subset S\}$，一个概率测度(probability measure)是这样一个方程 $\Pr:\mathcal{E} \to [0, 1]$，满足以下特征：

(1) $\Pr(S)=1$；

(2) 如果 $A \in \mathcal{E}$，那么 $\Pr(A) \geqslant 0$ 且 $\Pr(\widetilde{A})=1-\Pr(A)$；

(3) 如果对于 $j=1, 2, 3, \cdots$, $A_j \in \mathcal{E}$ 是互斥事件(mutually exclusive events)，即对于所有 $j \neq k$，$A_j \cap A_k=\varnothing$，那么 $\Pr(\bigcup_j A_j)=\sum \Pr(A_j)$。

这种情况下，$(S, \mathcal{E}, \Pr)$ 被称为一个概率空间(probability space)。

定义 7.3 如果 $\Pr(A)=0$，那么事件 $A \in \mathcal{E}$ 在 $\Pr$ 下是一个零事件(null event)。如果 A 是一个零事件，且每一个 $A' \subset A$ 满足 $A' \in \mathcal{E}$，那么 $(S, \mathcal{E}, \Pr)$ 被称为一个完全概率空间(complete probability space)。

这个概率测度的一些特征总结如下：

命题 7.1 如果 $\Pr$ 是一个定义在完全事件集合 $\mathcal{E}$ 上的概率测度，那么：

(1) $\Pr(\phi)=0$；

(2) 如果 $A, B \in \mathcal{E}$, $A \subset B$，那么 $\Pr(A) \leqslant \Pr(B)$；

(3) 如果对于 $j=1, 2, 3, \cdots$, $A_j \in \mathcal{E}$，那么 $\max\limits_j\{\Pr(A_j)\} \leqslant \Pr(\bigcup\limits_j A_j) \leqslant \sum\limits_j \Pr(A_j)$；

(4) 如果对于 $j=1, 2, 3, \cdots$, $A_j \in \mathcal{E}$，那么 $\Pr(\bigcap\limits_j A_j) \leqslant \min\limits_j\{\Pr(A_j)\}$。

证明：见练习 26。 ■

注释 7.2：注意上述命题中的特征(2)，其可能被预期为，如果 $B \in \mathcal{E}$ 且 $A \subset B$，那么自然有 $A \in \mathcal{E}$。在本章的离散概率空间的特殊例子中，这在应用中几乎总是正确的，因为 $\mathcal{E}$ 包含所有的样本点，因此包含 S 的所有可能子集。在所谓的“完全”事件集合的一般例子中，或通常的代数中，事件的子集不需要为事件。

7.2.4 条件概率

给定一个样本空间 S，一个完全事件集合 $\mathcal{E}=\{A \mid A \subset S\}$，以及一个概率测度 $\Pr: \mathcal{E} \to [0, 1]$，在很多我们对概率感兴趣的情景中都反映到了条件信息。例如，如果样本空间是一枚公平硬币抛 10 次序列的集合，我们知道，这 2^{10} 个样本点中每一个的概率都是 $\left(\frac{1}{2}\right)^{10}$。类似地，如果我们定义一个事件 B 作为含有 1 个 H 和 9 个 T 的样本点集合，那么 $\Pr(B)=10\left(\frac{1}{2}\right)^{10}$，因为我们知道正好有 10 个这种次序。

现在设想，我们知道事件 B 是真的。这个信息将会如何改变我们对于 $\mathcal{E}$ 中所有事件概率的计算呢？或者更简单地说，这一知识将如何改变我们对于 S 中所有样本点概率的计算呢？换句话说，当 A 代表任意样本点或事件时，在知道 B 是真的条件下，A 的概率是多少？在概率论中，这被称为条件概率(conditional probability)，其被写作 $\Pr(A \mid B)$，读作“给定 B 时 A 的概率”或“在条件 B 下 A 的概率”。

例 7.5 最先解决样本点是相对容易的。由于我们希望 $\Pr(\cdot \mid B)$ 成为 $\mathcal{E}$ 上的一个真正的概率测度,我们需要 $\Pr(S \mid B)=1$。由于 S 是样本点的不相交并集,我们必须使得样本点的所有条件概率之和也为1。现在,如果 A 是大于或小于1个 H 的任意事件,那么必然有 $\Pr(A \mid B)=0$。那么对于每一个都有1个 H 的10个样本点又如何呢?由于每一个在 $\mathcal{E}$ 中都具有相同可能性,为每一个这样的样本点定义 $\Pr(A \mid B)=\frac{1}{10}$ 是合乎逻辑的。类似地,如果 A 是不包含这些 $1-H$ 样本点的一般事件,我们定义 $\Pr(A \mid B)=0$,其中如果 A 包含这些样本点中的 j 个,我们定义 $\Pr(A \mid B)=\frac{j}{10}$。

在这个简单的背景下,条件概率的概念是比较易懂的。一般定义试图将这一观念规范化,以在更复杂的情境中更加具有实用性,并提供一种算法,明确地指出在 Pr 下事件的初始概率。

定义 7.4 给定一个样本空间 S,一个完全事件集合 $\mathcal{E}=\{A \mid A \subset S\}$,一个概率测度 $\Pr:\mathcal{E} \to [0, 1]$,事件 $B \in \mathcal{E}$,并且 $\Pr(B)>0$,那么对于任意 $A \in \mathcal{E}$,给定 B 时 A 的条件概率,记做 $\Pr(A|B)$,定义为:

$$\Pr(A \mid B)=\frac{\Pr(A \cap B)}{\Pr(B)}, \Pr(B) \neq 0 \tag{7.3}$$

对于任意这样的事件 B,正如上述定义,$\Pr(\cdot|B)$定义了一个 S 上的真实概率测度,这是一个很简单的练习(见练习5)。我们也可以复习式(7.3)规范化背景中提到的例子,并观察相应的直观结果再次发生。

1. 全概率公式

这些概念的另一个重要应用如下所示:

例 7.6 假设一个瓮中有10个球,5个红色(R),5个蓝色(B),从中选择两个。令 C_1 表示第一球的颜色,C_2 表示第二球的颜色。然后构建两个抽取的球的样本空间($C_2|C_1$):一个空间定义在抽取进行放回的假设下,另一个不进行放回。在有放回的样本空间中,很容易得到 $\Pr(C_2 \mid C_1)=\Pr(C_2)$。例如,$\Pr(R_2) \equiv \Pr(C_2=R)=0.5$,且 $\Pr(R_2 \mid C_1)=0.5$,$C_1=R$ 或 $C_1=B$。

在无放回的样本空间中,$\Pr(C_2 \mid C_1)=\Pr(C_2)$ 并不成立。例如,$\Pr(R_2 \mid R_1)=\frac{4}{9}$ 且 $\Pr(R_2 \mid B_1)=\frac{5}{9}$,我们得到 $\Pr(R_2)=0.5$。为此,首先注意 $\Pr(R_1 \mid R_2) \neq \frac{1}{2}$,当每种颜色有5个球时,给定 R_1"首先"发生,那么可能就被这样预期。但这并不是 $\Pr(R_1|R_2)$的含义。问题是,看一下 $C_2=R$ 的结果,$C_1=R$ 的概率是什么?有两种结果:$\Pr(R_1 \cap R_2)=\frac{4}{18}$ 且 $\Pr(B_1 \cap R_2)=\frac{5}{18}$,从中我们得出 $\Pr(R_1 \mid R_2)=\frac{4}{9}$。运用式(7.3)可知 $\Pr(R_2)=\frac{\Pr(R_1 \cap R_2)}{\Pr(R_1 \mid R_2)}=0.5$。这个概率也可以更简单地使用下面讨论的方法从各自的概率中计算得出。

令$\{B_j\}$为 $\bigcup B_j=S$ 的互斥事件的集合。那么对于任意事件 A,$\{A \cap B_j\}$ 也是互斥的,并包含并集 A。根据概率测度的第三个特性,我们可得 $\Pr(A)=\Pr(\bigcup[A \cap B_j])=$

$\sum \Pr(A \cap B_j)$。同时,根据式(7.3),可得 $\Pr(A \cap B_j) = \Pr(A \mid B_j)\Pr(B_j)$。结合起来,可以得到全概率公式(law of total probability):

$$\Pr(A) = \sum \Pr(A \mid B_j)\Pr(B_j) \tag{7.4}$$

该公式运用广泛。直接概率中,每种“条件”都对样本点提供了一个需要考虑的限制。相对于此,该公式在计算事件的条件概率时更简单。

例 7.7 在例 7.6 中,对于无放回的瓮问题,使用全概率公式可以更简单地得出 $\Pr(R_2)=0.5$。互斥事件 $\{B_j\}$ 是事件 $C_1=R$ 和 $C_1=B$,这些事件的概率都等于 0.5。因此,使用各自的条件概率,我们可得:

$$\Pr(R_2) = \Pr(R_2 \mid R_1)\Pr(R_1) + \Pr(R_2 \mid B_1)\Pr(B_1)$$

从而 $\Pr(R_2)=0.5$。

7.2.5 独立事件

随机独立(stochastic independence)的概念是在给定概率测度 Pr 下成对事件的一个特性。直观地说,如果它们以对方为条件时概率并不改变,那么我们就说 A 和 B 是随机独立的。这个概念很简单,但定义的不同条件概率的形式除外,每个事件具有非零概率是必要条件。

从学术上解决这个问题,我们观察期望的条件: $\Pr(A \mid B) = \Pr(A)$,这要求定义 $\Pr(B) \neq 0$。据式(7.3)其等价于 $\Pr(A \cap B) = \Pr(A)\Pr(B)$,而这不要求定义在 $\Pr(B)$ 或 $\Pr(A)$ 上的条件。独立概念的后一种公式也具有反身性的直接优点;即,A 独立于 B 当且仅当 B 独立于 A。正式地,我们表述如下:

定义 7.5 在概率测度 Pr 下,事件 $A_1, A_2 \in \mathcal{E}$ 是随机独立的,或仅独立,如果

$$\Pr(A_1 \cap A_2) = \Pr(A_1)\Pr(A_2) \tag{7.5}$$

更一般地,一个事件集合 $(A_j)_{j=1}^{n}$,其中 n 可以为∞,其是相互独立的,如果对于任意整数子集 $J \subset \{1, 2, \cdots, n\}$ 都有

$$\Pr\left(\bigcap_j A_j\right) = \prod_j \Pr(A_j) \tag{7.6}$$

即使 A_k 是一个空事件,对于一些 k, $\Pr(A_k)=0$,这个定义也是有意义的。在任何一个集合中,根据概率测度命题中的性质(2),可得若 $k \in J$,那么 $\Pr(\bigcap_j A_j)=0$。所以正式地,空集独立于所有集合。

在 A 或 B 中的一个或两个都具有非零概率时,独立的概念可以使用条件概率表示。例子如,如果 A 和 B 是独立的,且 $\Pr(B) \neq 0$,那么 $\Pr(A) = \Pr(A \mid B)$。

换句话说,如果 A 和 B 是独立的,它们的概率不会被另一事件的出现而改变。在上面的瓮的例子中,C_1 表示第一球的颜色,C_2 表示第二球的颜色,可见,在有放回的样本空间中,这些事件时独立的,但在无放回的样本空间中,这些事件是不独立的。

7.2.6 独立试验：一个样本空间

独立概念最重要的应用之一是对离散样本空间中随机样本概念进行规范，也即，一个离散空间中的一系列独立试验（independent trials）。给定一个样本空间 S，概率测度为 Pr，一个大小为 n 的随机样本，或 n 次试验的序列，在另一个样本空间 S^n 中被定义为一个样本点，正式的说法为：

定义 7.6 给定一个离散样本空间 S，一个包含样本点的事件全集 $\mathcal{E}=\{A \mid A \subset S\}$，以及一个概率测度 $\Pr:\mathcal{E} \to [0, 1]$，相关的 n 次试验样本空间记做 S^n，定义为：

$$S^n=\{(s_1, s_2, \cdots, s_n) \mid s_j \in S\}$$

事件集合，记做 $\mathcal{E}^n$，被定义为：

$$\mathcal{E}^n=\{(A_1, A_2, \cdots, A_n) \mid A_j \in \mathcal{E} \text{ 且根据事件集合}\}$$

相关的概率测度 P_n 定义在 $\mathcal{E}^n$ 上，定义为：

$$P_n[(s_1, s_2, \cdots, s_n)]=\prod_{j=1}^{n} \Pr(s_j) \tag{7.7}$$

延伸到事件中，对于 $A \in \mathcal{E}^n$，有：

$$P_n(A)=\sum_{(s_1, s_2, \cdots, s_n)\in A} P_n[(s_1, s_2, \cdots, s_n)] \tag{7.8}$$

下一个命题的目标是证明 n 次试验样本空间的集合是一个全集，P_n 的确是 S^n 上的概率测度。最重要的，我们确定 $\mathcal{E}^n$ 中 $\mathcal{E}$ 的任何事件都可以以自然但并不唯一的方式得以识别。在这个等式中，$\mathcal{E}$ 中的 n 个事件与 $\mathcal{E}^n$ 中的事件相互独立。给定一个样本空间，这个等式和相关的独立结果为独立实验或独立抽取提供了一个正规的含义。

在进行这个命题前，我们注意将式(7.7)中的乘法规则推广到 $\mathcal{E}^n$ 的事件中。即，对于 $A \equiv (A_1, A_2, \cdots, A_n)$，$A_j \in \mathcal{E}$，有：

$$\begin{aligned} P_n[A] &= \sum_{(s_1, s_2, \cdots, s_n)\in A} \prod_{j=1}^{n} \Pr(s_j) \\ &= \prod_{j=1}^{n} \Big[\sum_{s_j \in A_j} \Pr(s_j)\Big] \\ &= \prod_{j=1}^{n} \Pr(A_j) \end{aligned}$$

也就是，对于 $\{A_j\}_{j=1}^{n} \subset \mathcal{E}$，有：

$$P_n[(A_1, A_2, \cdots, A_n)]=\prod_{j=1}^{n} \Pr(A_j) \tag{7.9}$$

注释 7.3：在 n 次试验样本空间的定义中，假定事件空间 $\mathcal{E}$ 包含所有的样本点。实际上，尽管这个假设在离散概率论中几乎总为真，但它更多的是一种便利而不是一种必需。在这种假设中，$\mathcal{E}^n$ 包含所有的 n 元组样本点 $(s_1, s_2, \cdots, s_n)$，其概率根据式(7.7)定义，那么根据式(7.8)，概率测度 P_n 很容易地推广到 $\mathcal{E}^n$ 中的所有事件中去。在更一般的情况下，

$\mathcal{E}$不包含所有样本点,是一个上述定义的事件全集,相似的解释是可能的但更困难。在这个情形中,$\mathcal{E}^n$如同上述定义是包含所有n元组事件$(A_1, A_2, \cdots, A_n)$,且可被扩展到包含这些n元组的所有并集和补集,这样$\mathcal{E}^n$便成为了全集。概率测度P_n定义在事件的n元组$(A_1, A_2, \cdots, A_n)$上,使用式(7.9)可以扩展到$\mathcal{E}^n$的全部事件中。因为我们便利的假设避免了一个学术问题,所以将式(7.8)广义化来定义这种拓展是不可能的。这个学术问题便是,如果事件$A \subset \mathcal{E}^n$是事件n元组的一个并集$\{(A_{k1}, A_{k2}, \cdots, A_{kn})\}_{k=1}^{N}$,其中$N$可能为$\infty$,那么这些事件不必是不相交的,那么直接运用式(7.8)这样的公式可能导致多重计数。当$\mathcal{E}^n$包含样本点的所有n元组$(s_1, s_2, \cdots, s_n)$时,这个问题能够被避免。这种广义的构造是精细的,并在高级研究中使用实分析而得以发展。

命题 7.2 给定一个离散样本空间S,包含样本点的事件全集$\mathcal{E}=\{A \mid A \subset S\}$,$\mathcal{E}$上的概率测度Pr,那么:

(1) 每一个事件$A \subset \mathcal{E}$可以在$\mathcal{E}^n$中等同于n—事件,如果记做$\bar{A}$,那么任何一个都满足$P_n[\bar{A}]=\Pr(A)$。

(2) 在(1)的等式中,$\mathcal{E}$中最大为n—事件的每一个集合均可等同于S^n中的相互独立事件。也就是,对于$\mathcal{E}$中任意事件集合$\{A_k\}_{k=1}^n$,都有相关的$\{\bar{A}_k\}_{k=1}^n \subset \mathcal{E}^n$,那么对于任意$K \subset \{1, 2, \cdots, n\}$:

$$P_n[\bigcap_{k\in K} \bar{A}_k]=\prod_{k\in K} P_n[\bar{A}_k]=\prod_{k\in K} P_n[A_k]$$

(3) $\mathcal{E}^n$是一个事件全集。

(4) 式(7.7)和式(7.8)中定义的P_n是$\mathcal{E}^n$上的一个概率测度。

证明:(1) 上述n仅是$A \leftrightarrow (A, S, \cdots, S), (S, A, S, \cdots, S) \cdots (S, \cdots, S, A)$,且对于式(7.9)中的每一个等式,都有$P_n[\bar{A}]=\Pr(A)$,由于$\Pr(S)=1$。

(2) 给定$\{A_k\}_{k=1}^n$,我们将每一个都与$\bar{A}_k$相联系,其中事件A_k指的是$\bar{A}_k$中的第k个元素,S指上述(1)中的其他元素。现在,如果$K \subset \{1, 2, \cdots, n\}$,$\bigcap_{k=K} \bar{A}_k$等于$\mathcal{E}^n$中的事件$(A_1', A_2', \cdots, A_n')$,其中每一个$A_j'$等于$A_j$或$S$,据式(7.9)可得结果。

(3) 根据定义,$S^n=(S, S, \cdots, S)$和$\varnothing \equiv (\varnothing, \varnothing, \cdots, \varnothing)$都是$\mathcal{E}^n$中的元素。同样,由于$\mathcal{E}^n$包含样本点$(s_1, s_2, \cdots, s_n)$中的所有$n$元组,如果$A \in \mathcal{E}^n$,那么同样$\widetilde{A} \in \mathcal{E}^n$。类似地,如果$A_j \in \mathcal{E}^n$,那么$\bigcup A_k \in \mathcal{E}^n$。

(4) 根据P_n的定义,我们得到$P_n[\varnothing]=0$,以及:

$$P_n[S^n]=\sum_{(s_1, s_2, \cdots, s_n)\in S^n}\left[\prod_{j=1}^{n}\Pr(s_j)\right]=\left[\sum_{s_j\in S}\Pr(s_j)\right]^n=1$$

现在,如果$A=\bigcup_{k=1}^{M}(s_{k1}, s_{k2}, \cdots, s_{kn})$,那么$A \cup \widetilde{A}=S^n$,我们可以将上述$P_n[S^n]$的恒等式重新改写为:

$$\begin{aligned}
1 &= \sum_{(s_1, s_2, \cdots, s_n)\in S^n}\left[\prod_{j=1}^{n}\Pr(s_j)\right] \\
&= \sum_{(s_1, s_2, \cdots, s_n)\in A}\left[\prod_{j=1}^{n}\Pr(s_j)\right]+\sum_{(s_1, s_2, \cdots, s_n)\in \widetilde{A}}\left[\prod_{j=1}^{n}\Pr(s_j)\right] \\
&= P_n(A)+P_n(\widetilde{A})
\end{aligned}$$

因此，$P_n(\widetilde{A})=1-P_n(A)$。最后，如果 $\{B_k\}_{k=1}^m$ 是互斥事件，意味着对于任意 $K\subset\{1,2,\cdots,m\}$ 有下式成立：

$$\bigcap_{k\in K}B_k=\varnothing$$

那么根据式(7.8)，有：

$$\begin{aligned}P_n(\bigcup B_k)&=\sum_{(s_1,s_2,\cdots,s_n)\in\bigcup B_k}\prod_{j=1}^{n}\Pr(s_j)\\&=\sum_k\sum_{(s_1,s_2,\cdots,s_n)\in B_k}\prod_{j=1}^{n}\Pr(s_j)\\&=\sum_k P_n(B_k)\end{aligned}$$

其中第二个等式是由于互斥性：$\sum_{(s_1,s_2,\cdots,s_n)\in\bigcup B_k}=\sum_k\sum_{(s_1,s_2,\cdots,s_n)\in B_k}$。 ■

*7.2.7 独立试验：多重样本空间

n 次样本空间 S^n 的构造反映了给定样本空间 S 的独立样本。S^n 很容易被推广为一个 n 次试验样本空间，其反映不同样本空间集合中的独立样本。为此我们首先进行定义。

定义 7.7 给定一个离散样本空间 $\{S_j\}_{j=1}^n$，事件全集 $\{\mathcal{E}_j\}_{j=1}^n$，其中每一个 $\mathcal{E}_j=\{A\mid A\subset S_j\}$ 包含 S_j 中的所有样本点，以及相关的概率测度 $\Pr_j:\mathcal{E}_j\to[0,1]$，相关的广义 n 次试验样本空间，记做 $S^{(n)}$，被定义为：

$$S^{(n)}=\{(s_1,s_2,\cdots,s_n)\mid s_j\in S_j\}$$

事件集合，记做 $\mathcal{E}^{(n)}$，被定义为：

$$\mathcal{E}^{(n)}=\{(A_1,A_2,\cdots,A_n)\mid s_j\in S_j\text{ 和事件并集}\}$$

相关概率测度 $P_{(n)}$ 由下式定义在 $\mathcal{E}^{(n)}$ 上：

$$P_{(n)}[(s_1,s_2,\cdots,s_n)]=\prod_{j=1}^{n}\Pr_j(s_j)\tag{7.10}$$

扩展到事件中，对于 $A\in\mathcal{E}^{(n)}$，有：

$$P_{(n)}(A)=\sum_{(s_1,s_2,\cdots,s_n)\in A}P_{(n)}[(s_1,s_2,\cdots,s_n)]\tag{7.11}$$

命题 7.2 中结论的证明是基于 $S_j=S$ 且对于所有的 j 均有 $\mathcal{E}_j=\mathcal{E}$ 这种特殊情况。该证明除了计数的变化外无需实质性变化便可运用到这种更一般的情形中。这是由于除了一个例子外，上述推导没有必要使用这样一个事实，即在 n—试验样本点的不同元素下，不同样本空间、事件集合和概率测度是相同的。这一个例子与 S 和 S^n 中的事件等式相关。在上述更简单的情形中，$A\subset S$ 中的每一个事件都可以与 S^n 中的 n 事件相等，其中 S^n 中所有事件在 P_n 下都有相同的概率，这个相同的概率等于 S 中的概率 $\Pr(A)$。在一般情形中，很自然地假设给定样本空间是有序的。因此，每一个事件 $A\subset S_j$ 等于一个唯一的元素 $\bar{A}\subset S^{(n)}$，而这被用 A 在第 j 个元素和在其他元素上作为事件的不同 S_k 空间上依次定义。当然，这个次序是为了方便而不是一种必须，不同的次序并不会产生完全不同的空间。

一个例子能够解释上述结论如何广义化到这种情况中,我们注意到式(7.10)广义化的方式与式(7.7)广义化到式(7.9)的方式相同。特别地,在相同的推导下,对于 $A_j \in \mathcal{E}_j$,

$$P_{(n)}[(A_1, A_2, \cdots, A_n)] = \prod_{j=1}^{n} \Pr_j(A_j) \tag{7.12}$$

最后,我们不加证明地给出将上述命题推广到这种情况中的基本结论,并注意到,与"每一个 $\mathcal{E}_j$ 都包含样本点"的假设相关的注释 7.3 在此也同样适用。

命题 7.3 给定离散样本空间 $\{S_j\}_{j=1}^{n}$ 的一个集合,包含样本点的事件全集 $\{\mathcal{E}_j\}_{j=1}^{n}$,以及相关概率测度 $\Pr_j: \mathcal{E}_j \to [0, 1]$,那么:

(1) 每一个事件 $A \subset \mathcal{E}_j$ 可以等同于 $\bar{A} \subset \mathcal{E}^{(n)}$ 中的一个满足 $P_{(n)}[\bar{A}] = \Pr_j(A)$ 的唯一事件。

(2) 在(1)的等式下,每一个事件集合 $A_k \subset \mathcal{E}_k$, $1 \leqslant k \leqslant n$,可以等同于 $S^{(n)}$ 中的相互独立事件。即,对于 $\{A_k\}_{k=1}^{n}$ 中的任意事件集合,都有相应的 $\{\bar{A}_k\}_{k=1}^{n} \subset \mathcal{E}^{(n)}$,那么对于任意 $K \subset \{1, 2, \cdots, n\}$,有:

$$P_{(n)}[\bigcap_{k \in K} \bar{A}_k] = \prod_{k \in K} P_{(n)}[\bar{A}_k] = \prod_{k \in K} P_k[A_k]$$

(3) $\mathcal{E}^n$ 是一个事件全集。

(4) 式(7.10)和式(7.11)中定义的 $P_{(n)}$ 是 $S^{(n)}$ 上的一个概率测度。

7.3 组合论

为确定不同样本空间应用中的 Pr(A)的值,通常有必要有效计算事件 A 中和样本空间 S 中的样本点数量,但是这些计算既繁琐也困难。组合论(combinatorics)或者组合分析(combinatorial analysis)的数学概念为解决这类问题提供了解决框架。我们在此只对这一概念的最普遍应用进行简单阐述。

7.3.1 简单有序样本

在很多应用中,我们需要得到从 $n \geqslant m$ 个不同物品的集合中取得 m 个物品的方法种数。例如,一个瓮可能包含通过颜色或其他标志区分的 n 个球,我们试图确定有多少不同的 m 个球可以从这个瓮中被抽取。正如我们从上例子看到的,我们需要区分这是一个有放回还是无放回的瓮问题。

1. 有放回

在第一次抽取时,有 n 个可能结果,由于需要放回,每一个随后的抽取都有相同数量的可能结果。所以我们得出结论,共有 n^m 个可能性。通过观察 $m=2$ 时我们可以显然列举出结果,然后通过推导,可以将其公式化。即,我们假设对于 m 的公式的正确性,并基于每一个 m 多元组最后一次抽取的明确配对,对 $m+1$ 的正确性进行验证。

2. 无放回

在第一次抽取时,有 n 个可能结果,但由于第一次抽取不再放回翁中,第二次抽取具有更少的结果，即 $n-1$。这个过程继续到第 m 次，其具有 $n-(m-1)=n-m+1$ 种可能结果。使用上述相同的逻辑和证明，我们可以知道有 $n(n-1)\cdots(n-m+1)$ 种可能结果。这种连续结果在组合论中很普遍，值得注意的是，其可以很简单地使用阶乘函数(factorial function)表示。回忆下，n 次阶乘定义为 $n!=n(n-1)\cdots 2\cdot 1$，所以：

$$n(n-1)\cdots(n-m+1)=\frac{n!}{(n-m)!}$$

在一些包含 m 阶的部分阶乘的文本中，其记做 $(n)_m\equiv n(n-1)\cdots(n-m+1)$。当然，在这种写法下，$(n)_n=n!$。

7.3.2 一般序列

在此，我们寻找一种方法，以确定一个含有 n 个对象的给定集合有多少种不同的排序方式。这个答案依赖于 n 个对象代表了多少个子集类型，其中每一个子集中的所有对象都是相同的。例如，如果有一个子集类型，所有的 n 个对象都是相同的，那么只有一个可识别的次序。如果每一个对象都是不同的，那么就有 n 个子集类型，这等同于无放回模型，且 $m=n$，我们从上可知其有 $n!$个不同的次序。

1. 两个子集类型

下面假设有两种不同对象的子集，一种类型为 n_1，另一种 $n_2=n-n_1$。设想 n_1 个 1 和 n_2 个 0 进行排序，或者 n_1 个红球和 n_2 个蓝球。这个例子区别于所有对象都不同之处就在于，所有序列的集合将包含多重计数。例如，如果我们从{1，2，3，4}开始，那么有 $4!=24$ 种可能的次序，但如果我们从{1，1，1，4}开始，那么仅有 4 种次序。这是由于我们只需选择 4 的位置，其他的字节均将为 1。这也可以这样推导，观察在第二个设定中 4 字节的 $4!$种次序，每一个不同的结果将被观察到 $3!$次，这反映了三个 1 的不同次序。

类似地，在更普遍的情形中，次序的数目为：

$$\frac{(n_1+n_2)!}{n_1!n_2!}=\frac{n!}{n_1!n_2!}$$

我们将在接下来更加详细地分析这个公式的逻辑。其分子反映了 n 个对象的次序数量，暂时将其视为全部不同。那么分母调整了多重计数，因为将有 $n_1!$个次序中含有第一种类型的 n_1 个对象处于相同位置，但这些实际对象次序不同。同样地，对于每一个这些次序，将有第二种类型中的 n_2 个对象处于相同位置，但其实际对象的次序不同。

2. 二项式系数

上面的式子在数学中应用广泛，尤其是对于抛硬币和相关的二项式模型而言，其中“二项”是指两种结果。这两种结果代表上面讨论的两种子集类型。由于其普遍性，这个公式已经被赋予了特定的符号。

作为一个传统的二项式例子，假设将一枚硬币抛掷 n 次。对于 $m=0, 1, 2, \cdots, n$，在正好含有 m 次正面的样本空间中，样本点的总数量是多少？这个问题与 n 个物品的一般次序问题是相同的。n 个物品的例子中，一种类型 H 含有 m 个，另一类型 T 含有 $n-m$

个。上面的分析表明，将有 $\frac{n!}{(n-m)!m!}$ 个这样的样本点，一般表示为：

$$\binom{n}{m}=\frac{n!}{(n-m)!m!} \tag{7.13}$$

这个系数有时表示为${}_nC_m$，并读作"从 n 中选择 m 个"，约定俗成的是 $0!=1$。

对于任意 n 这些常数，$\left\{\binom{n}{m}\right\}_{m=0}^{n}$ 被称为二项分布系数(binomial coefficients)，原因下面将得以阐述。术语"从 n 中选择 m 个"是"从 n 个位置中选择 m 个位置的方法种数"的简称。在上述例子中，选择的 m 个位置当然等于 m 个 H 的位置，其他位置均为 T。

例 7.8 作为"n 中选择 m 个"的另一个应用实例，考虑 n 个不同物品集合中选择的所有可能子集。对于任意的 $m=0, 1, 2, \cdots, n$，均有$\binom{n}{m}$种可能子集可以被选择。这只是一个早期模型的再次阐述，我们可以将这 n 个物品视为 n 个位置，而 m 个物品的子集视为这些位置中 m 个位置的选择。当 $m=0$ 时，我们正在选择空集$\varnothing$，仅有一种方式实现这种选择。如果我们寻找所有规格的子集的总数量，也就是幂集中的集合的数量，答案因此必然等于 $\sum_{m=0}^{n}\binom{n}{m}$。但我们也从第 4 章的练习 4 中得知，$n$ 个元素集合的幂集中集合数为 2^n。因此必然有：

$$\sum_{m=0}^{n}\binom{n}{m}=2^n \tag{7.14}$$

3. 二项式定理

式(7.14)是所谓的二项式定理(binomial theorem)的特殊情况，二项式定理是"n 中选 m 个"的另一种应用。这个定理阐述了二项式整数幂的扩展形式，例子如 $(a+b)^n$。这其中的问题是一个"选择"问题，因为在这个乘法运算中，我们必须选择从 n 个 $(a+b)$ 中选择一个 a 或者 b 并将选出的因子相乘。因此，其乘积的一般形式是 $a^m b^{n-m}$，其中 $m=0, 1, 2, \cdots, n$。问题是，每一个因子会出现多少次？当然，答案是$\binom{n}{m}$次，因为对于每一个 m 都有$\binom{n}{m}$个方式从这 n 个二项因子中选择 m 个 a 因子。因此，二项式定理阐述为：

$$(a+b)^n=\sum_{m=0}^{n}\binom{n}{m}a^m b^{n-m} \tag{7.15}$$

在式(7.15)中，设定 $a=b=1$，式(7.14)的特例子可以简单的得出。

同样，对于 $a=-1$，$b=1$，变化的二项式系数总和等于 0：

$$\sum_{m=0}^{n}\binom{n}{m}(-1)^m=0$$

最后，如果 $a+b=1$，这个定理使得：

$$\sum_{m=0}^{n}\binom{n}{m}a^m b^{n-m}=1$$

这在下面的二项分布(binomial distribution)中非常重要,其也假设 $0 \leqslant a, b \leqslant 1$。

使用布莱士·帕斯卡(Blaise Pascal, 1623—1662)研究的方法可以很容易得到这些表达式中的因子系数,这种方法被称为*帕斯卡三角形*(Pascal triangle)。其建立在迭代公式之上(见练习 33):

$$\binom{n}{m} = \binom{n-1}{m-1} + \binom{n-1}{m} \tag{7.16}$$

相关的"三角"是一排一排推进的,包括 n 排 $(a+b)^n$ 扩展式系数。$(a+b)^6$ 的系数见式(7.17),这可能与初等代数相似:

$$\begin{array}{ccccccccccccc} & & & & & & 1 & & & & & & \\ & & & & & 1 & & 1 & & & & & \\ & & & & 1 & & 2 & & 1 & & & & \\ & & & 1 & & 3 & & 3 & & 1 & & & \\ & & 1 & & 4 & & 6 & & 4 & & 1 & & \\ & 1 & & 5 & & 10 & & 10 & & 5 & & 1 & \\ 1 & & 6 & & 15 & & 20 & & 15 & & 6 & & 1 \\ & & & & & & \cdots & & & & & & \end{array} \tag{7.17}$$

注意,对于任意 n,$\binom{n}{0} = \binom{n}{n} = 1$,并且如何通过智能的空间排序使得每一排的因子等于其上面两个因子之和,这是由式(7.16)中的迭代公式实现的。

4. r 子集类型

现在假设有 r 个含有不同对象的子集,其中含有类型 j 的 n_j,$n_j \geqslant 0$ 且 $\sum n_j = n$。那么将上述逻辑向前推进,可得这些序列的数量为:

$$_{\bar{n}}C_n = \frac{n!}{n_1!n_2!\cdots n_r!} \tag{7.18}$$

其中,非标准记法 $_{\bar{n}}C_n$ 意味着 n 个对象做出的选择是一个向量 $\bar{n} = (n_1, n_2, \cdots, n_r)$。对于给定的 n,这些序列 $\{_{\bar{n}}C_n \mid \bar{n} = (n_1, n_2, \cdots, n_r); \sum n_j = n\}$ 的数量被称为*多项式系数*(multinomial coefficients)。

这个公式背后的逻辑是,n 个对象有 $n!$ 种次序,暂且视为不同。例如,暂用数字 1, 2, …, n_1 标志物品类型 1,依此类推。现在从这 $n!$ 种次序中选择任意一个,并观察类型 1 物品的位置。当得到这种特殊的次序时,类型 1 物品可以被选择并放置在给定位置共有 $n_1!$ 种可能次序。类似地,对于任意类型 j,这些物品被选择并放置在给定位置共有 $n_j!$ 种可能次序。换句话说,$n!$ 种次序包含每一个不同次序的 $n_1!n_2!\cdots n_r!$ 个副本,因此需要使用这个因子去除,以减少冗余。

例 7.9 假设给定 10 字节集合,{1, 1, 2, 2, 2, 5, 5, 5, 5, 7}。使用这些字节,可以形成多少种不同的 10 个数字?如前所述,共有 10!种可能次序,但是有一些是多重计数。为调整这种情况,形成的不同整数的集合共为 $\frac{10!}{2!3!4!1!} = 12\,600$。

5. 多项式定理

与二项式 $(a+b)^n$ 的一般扩展得出二项式系数的方式相同,同样可以从多项式 $(\sum_{i=1}^{r} a_i)^n$ 的一般扩展中得出式(7.18)中的多项式系数。具体而言,有:

$$(\sum_{i=1}^{r} a_i)^n = \sum_{n_1, n_2, \cdots, n_r} \frac{n!}{n_1! n_2! \cdots n_r!} a_1^{n_1} a_2^{n_2} \cdots a_r^{n_r} \tag{7.19}$$

其中这个加总包括所有不同的 r 元组$(n_1, n_2, \cdots, n_r)$,从而 $n_j \geqslant 0$ 且 $\sum_{j=1}^{r} n_j = n$。

对于上述二项式定理,在 $\sum_{i=1}^{r} a_i = 0$ 或 $\sum_{i=1}^{r} a_i = 1$ 的特殊情况下,式(7.19)的简单应用产生了一些特殊等式。第二种情况在下面的多项分布(multinomial distribution)中具有重要的运用,其同样假设对于所有的 i 均有 $0 \leqslant a_i \leqslant 1$。

7.4 随机变量

7.4.1 量化随机

从一副或多副洗好的扑克牌中抽取多色的直观图像,从包含不同颜色球的瓮中有放回或无放回地抽取彩色球的集合,一枚公平或无偏硬币抛掷的次序,这些情况中经常引入样本空间、事件和概率测度的概念。尽管有趣,但这些模型自身并不能进行数学分析,因为这些情况能掩盖相似性或导致错误的联系。如果瓮的例子中一个问题得以解决,那么同样的程序能被运用到抽牌的情况中并得到相同的结果,这显然成立吗?或者如果一个问题在抛掷公平硬币的情况中得以解决,那么同样的程序能被运用到离散时间阶段的普通股股价模型中并得到相同结果,这显然成立吗?

随机变量概念的引入是为了去除这些问题背景,以解释这些问题背后的普遍数学结果。实际上,一个随机变量将与彩色事件有关的概率转变为与 $\mathbb{R}$ 中的数值有关的概率。一些简单的例子将说明这一点。

例 7.10 (1) 让我们回到一枚公平硬币抛掷 10 次的次序样本空间 S 中,正如我们看到的,其包含 2^{10} 个样本点和 $2^{2^{10}}$ 个可能事件,这些均与相关概率联系。我们现在在原始样本空间上定义一个方式如下:

$$X(s) = n$$

其中 n 是 $s \in S$ 中 H 的数量。所以,X 是一个方程,$X: S \to \{0, 1, 2, \cdots, 10\}$。注意对于任意 $n \in \{0, 1, 2, \cdots, 10\}$,逆函数 $X^{-1}(n) \equiv A_n \in \mathcal{E}$ 是含有 n 个 H 样本点上的完整定义事件,因此我们可以定义这些整数隐含的概率 $P(n) = \Pr[A_n]$。

当然,这个特殊的随机变量仅提供了对于这个样本空间、事件和相关概率结构的一个数量视角,还有很多隐含的其他视角。然而,还有更多的随机变量可以被定义,每一个都提供了某一个视角同时遮盖了其他视角。使用的这一个随机变量的特殊定义被以这样一种方式决定，其中 S 的特征与分析师的兴趣相关。

(2) 正如其他例子，可以设想抛掷 10 次公平硬币产生样本点 s 后的一个游戏，参与者得到回报 $Y(s)=\sum_{j=0}^{n}10^j$，其中 n 是 s 中 H 的数量。现在：

$$Y:S\rightarrow\{1,\ 11,\ 111,\ \cdots,\ 11111111111\}$$

Y 的范围与上面随机变量 X 显著不同，但是范围值的概率对于任意 n 的意义都是相同的，有：

$$\Pr\left[Y^{-1}\left(\sum_{j=0}^{n}10^j\right)\right]=\Pr[X^{-1}(n)]$$

因为在这两种情况中隐含的概率都是由 $\Pr[A_n]$来定义，S 中事件的概率由 n 个 H 来定义。

(3) 我们可以通过定义来改变概率结构，如 $Z(s)=\sum_{j=1}^{10}s_j10^j$，其中 s_j 表示第 j 次抛掷，对于一个 T 有 $s_j=0$，对于一个 H 有 $s_j=1$。现在 Z 的范围显著不同于 Y，其包含 10 个字节可以组成的每一个整数，其中每一个或是 0 或是 1。在 Z 的范围内，因此有 2^{10} 个样本点，相比之下，在 X 和 Y 中有 11 个点。同样，Z 的范围上的概率不仅依赖于给定样本点的正面的数量，也依赖于这些正面依次的顺序。所以每一个事件 A_n 都被 Z 分到 $\binom{10}{n}$ 个事件中。本质上，Z 将 S 中的每一个样本点影射为一个独特的整数，并为这个整数配置一个等于相关样本点概率的概率值。

7.4.2 随机变量和概率函数

由于这章阐述的是离散概率论，其是运用到有限和可数无限样本空间的理论，所以一个随机变量的范围可以是诸如 $\mathbb{N}$、$\mathbb{Z}$ 或 $\mathbb{Q}$ 这样的 $\mathbb{R}$ 的任意可数子集，所以我们引入一个更方便的方法，要求对于在随机变量 X 区间内的每一个 r 均有 $X^{-1}(r)\in\mathcal{E}$。这个概念用来使用开区间$(a,\ b)$，其或是有界，或是无界。然后，在每一个情况下，$X^{-1}[(a,\ b)]$ 必须是一个事件，因为对于 $r\in(a,\ b)$，$X^{-1}(r)$的有限或可数事件集合，或者是因为其是空集 $\varnothing$，如果这个区间与 X 的区间不相交。

当然，在这个概念中开区间的使用只是一个惯例，因为当且仅当对于所有的闭区间均有 $X^{-1}[(a,\ b)]\in\mathcal{E}$ 时，对于所有的开区间才有 $X^{-1}[(a,\ b)]\in\mathcal{E}$。为证明此，首先注意对于所有的有界或无界区间均有 $X^{-1}[(a,\ b)]\in\mathcal{E}$，这意味着 $X^{-1}[(-\infty,\ b)]\in\mathcal{E}$，进而 S 的补集 $X^{-1}[(b,\ \infty)]\in\mathcal{E}$。类似地，$X^{-1}[(a,\ \infty)]\in\mathcal{E}$。同样，如果 $X^{-1}[(b,\ \infty)]\in\mathcal{E}$ 且 $X^{-1}[(a,\ \infty)]\in\mathcal{E}$，那么其交集 $X^{-1}[(b,\ \infty)]\in\mathcal{E}\cap X^{-1}[(a,\ \infty)]\in\mathcal{E}\equiv X^{-1}[[(a,\ b)]]\in\mathcal{E}$。逆函数可以类似推导。

现在我们将这个公式在开集惯例下正式阐述：

定义 7.8 给定一个离散样本空间 S，一个事件全集 $\mathcal{E}=\{A\mid A\subset S\}$，一个离散随机变量($r.v.$)是一个函数：

$$X: S \to \mathbb{R}$$

其中当 $n=\infty$ 时，$X[S]=\{x_j\}_{j=1}^n$，那么对于任意有界或无界区间 $(a, b) \subset \mathbb{R}$：

$$X^{-1}[(a, b)] \in \mathcal{E}$$

X 的概率密度函数(p.d.f.)或概率函数，记做 f 或 f_x，在 X 范围内被定义为：

$$f(x_j)=\Pr[X^{-1}(x_j)] \tag{7.20}$$

X 的分布函数(d.f.)或累积分布函数(c.d.f.)，记做 F 或 F_x，在 $\mathbb{R}$ 上定义为：

$$F(x)=\Pr[X^{-1}(-\infty, x)] \tag{7.21}$$

注意 c.d.f.是 p.d.f.值的综合，由于 $\Pr[X^{-1}(-\infty, x)]=\sum_{x_j \leqslant x} \Pr[X^{-1}(x_j)]$，所以：

$$F(x)=\sum_{x_j \leqslant x} f(x_j) \tag{7.22}$$

在图上表示，当样本空间有限时，c.d.f.在 X 区间中每一个 x_j 的值上有一次"跳跃"，否则 $F(x)$的图像便是水平的。这样一个函数通常被称为阶梯函数(step function)。当样本空间可数无限时，在零散分布区间$\{x_j\}$中，例如正整数，c.d.f.将再次看上去像阶梯函数。对于连续区间$\{x_j\}$，如[0, 1]中的有理数，c.d.f.将在每一个有理数处跳跃，但本质上并没有平行点或阶梯。

注释 7.4：给定 S 上的任意离散随机变量，当 $n=\infty$ 时，$X[S]=\{x_j\}_{j=1}^n$，那么 $\{X^{-1}[x_j]\}_{j=1}^n$ 的事件集互斥，进而对于任意样本点集合，有：

$$\Pr\left[\bigcup X^{-1}[x_j]\right]=\sum \Pr\left[X^{-1}[x_j]\right]$$

例 7.11 令 S 定义为一枚公平硬币抛掷 3 次的样本空间，$X(s)$定义的 $X: S \to \mathbb{R}$ 等于 s 中 H 的数量。所以，正如定义 2.8 中，X 的区间 $\text{Rng}[X]=\{0, 1, 2, 3\}$。样本空间 S 包含 $2^3=8$ 个样本点，1 个中有 0 或 3 个 H，3 个中有 1 或 2 个 H。这可以直接从$\binom{3}{j}$的值中得出。每一个样本点的概率为$\frac{1}{8}$。因此相关的概率密度函数定义为：

n:	0	1	2	3
$f(n)$:	$\frac{1}{8}$	$\frac{3}{8}$	$\frac{3}{8}$	$\frac{1}{8}$

累计分布函数 $F(x)$的图形可见图 7.1。

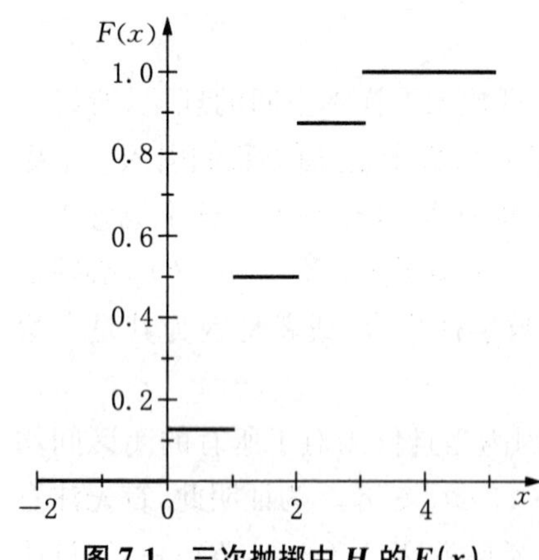

图 7.1 三次抛掷中 H 的 $F(x)$

7.4.3 随机向量和联合概率函数

我们先从最简单的例子和定义开始，随后进行推广。假设有两个定义在给定样本空间 $X, Y: S \to \mathbb{R}$ 上的随机变量，我们将其合并为一个随机向量(random vector)或一个向量随机变量(vector-valued random)：

$$(X, Y): S \to \mathbb{R}^2$$

在此，对于一个给定的样本点 $s \in S$，我们定义 $(X, Y): s \to (X(s), Y(s))$。

将随机变量的定义在开区间中推广，有界或无界开矩形(open rectangle)，记做$(\bar{a}, \bar{b})$，其中 $\bar{a} = (a_1, a_2)$，$\bar{b} = (b_1, b_2)$，$a_1 < b_1$ 且 $a_2 < b_2$，其定义为：

$$(\bar{a}, \bar{b}) = \{(x, y) \mid a_1 < x < a_2, b_1 < y < b_2\} \tag{7.23}$$

一个闭矩形$[\bar{a}, \bar{b}]$，或一个半闭(半开)矩形$[\bar{a}, \bar{b})$或$(\bar{a}, \bar{b}]$，定义相类似。

量化一个随机向量的要求是，对于任意点(x, y)，所有开矩形的逆象是事件。在(X, Y)下任意点(x, y)的逆象被定义为：

$$(X, Y)^{-1}[(x, y)] = X^{-1}(x) \cap Y^{-1}(y)$$

有了这个设定，我们可以将联合概率密度函数或联合概率函数 $f(x_j, y_j)$定义为事件 $X^{-1}(x_j) \cap Y^{-1}(y_j)$ 的概率，相应地，将联合累计分布函数或联合分布函数 $F(x, y)$定义为当 $\bar{b} = (x, y)$ 时，$(-\bar{\infty}, \bar{b}]$的逆象。那么：

$$F(x, y) = \sum_{(x_j, y_j) \leqslant (x, y)} f(x_j, y_j)$$

其中 $(x_j, y_j) \leqslant (x, y)$ 简略表示 $x_j \leqslant x$ 和 $y_j \leqslant y$。这个设定可以简单地推广到 3 个或更多随机变量的集合中，我们将这种推广规范的定义表述为：

定义 7.9 给定一个离散样本空间 S，一个事件全集 $\mathcal{E} = \{A \mid A \subset S\}$，以及一个 S 上的随机变量集合 $\{X_k\}_{k=1}^{n}$，一个离散随机向量是这样一个函数：

$$\bar{X}: S \to \mathbb{R}^n$$

当 $\bar{X}(s) = (X_1(s), X_2(s), \cdots, X_n(s))$，有 $X_k[S] = \{x_{kj}\}_{k=1}^{n_k}$，对于一些或所有 k，有可能 $n_k = \infty$。对于任意有限或无限开矩形 $(\bar{a}, \bar{b}) \subset \mathbb{R}^n$，我们要求：

$$\bar{X}^{-1}((\bar{a}, \bar{b})) \equiv \bigcup_{\bar{x} \in (\bar{a}, \bar{b})} \bar{X}^{-1}(\bar{x}) \in \mathcal{E}$$

其中对于 $\bar{x} = (x_1, x_2, \cdots, x_n)$，$\bar{X}^{-1}(\bar{x})$定义为：

$$\bar{X}^{-1}(\bar{x}) = X_1^{-1}(x_1) \cap X_2^{-1}(x_2) \cap \cdots \cap X_n^{-1}(x_n)$$

$\bar{X}$的联合概率密度函数(p.d.f.)或联合概率函数，记做 f 或 f_x，在$\bar{X}$区间上的定义为：

$$f(x_1, x_2, \cdots, x_n) = \Pr[X_1^{-1}(x_1) \cap X_2^{-1}(x_2) \cap \cdots \cap X_n^{-1}(x_n)] \tag{7.24}$$

$\bar{X}$的联合累计分布函数(c.d.f.)或联合分布函数(d.f.)，记做 F 或 F_x，在$\mathbb{R}^n$上的定义为：

$$F(\bar{x}) = \Pr[\bar{X}^{-1}(-\bar{\infty}, \bar{x}]] \tag{7.25}$$

对于上述随机变量的情况，由于 $\Pr[\bar{X}^{-1}(-\bar{\infty}, \bar{x}]] = \sum_{\bar{x}' \leqslant \bar{x}} \Pr[\bar{X}^{-1}(\bar{x}')]$，其中 $\bar{x}' \leqslant \bar{x}$ 简略表示对于所有 j 均有 $x_j' \leqslant x_j$，$\bar{x}'$在$\bar{X}$的区间内，式(7.22)变形为：

$$F(\bar{x}) = \sum_{\bar{x}' \leqslant \bar{x}} f(\bar{x}') \tag{7.26}$$

例 7.12 (1) 在一枚公平硬币 10 次抛掷的序列样本空间汇总，我们可以定义在 $s \in S$

上的随机变量 $\{X_j\}_{j=1}^{10}$ 为:

$$X_j(s)=\begin{cases}1, & s_{j=H}\\ -1, & s_{j=T}\end{cases}$$

换句话说,每一个 X_j 都被完全定义为第 j 次抛掷的值。$\bar{X}$ 的区间成为 $\mathbb{R}^{10}$ 上定义为 $\mathrm{Rng}(\bar{X})=\{\bar{x}\in\mathbb{R}^{10}\mid x_j=\pm1$,对于所有 $j\}$ 的 2^{10} 个向量。在这个简单的例子中,事件 $X_1^{-1}(x_1)$ 包含对于第一次抛掷 $x_1=1$ 时为 H 的所有序列,以及对于第一次抛掷 $x_1=-1$ 时为 T 的所有序列,对于其他因素以此类推。此外,$\bar{X}^{-1}(\bar{x})=X_1^{-1}(\bar{x}_1)\cap X_2^{-1}(\bar{x}_2)\cap\cdots\cap X_{10}^{-1}(\bar{x}_{10})$ 对于每一个 $\bar{x}\in\mathrm{Rng}(\bar{X})$ 的独特样本点都成立,相应地,对于每一个样本点 $f(\bar{x})=2^{-10}$。

(2) 定义 $Y_1(s)=\sum_{j=1}^{5}X_j(s)$ 和 $Y_2(s)=\sum_{j=6}^{10}X_j(s)$,其中 $X_j(s)$ 如上述(1)所定义。现在对于 $\bar{Y}\equiv(Y_1, Y_2)$,有 $\mathrm{Rng}(\bar{Y})=\{\bar{y}\in\mathbb{R}^2\mid y_1, y_2=\pm5, \pm3, \pm1\}$。$Y_j^{-1}(y_j)$ 中的样本点数量随着 y_j 值的变化而变化。例如,$Y_1^{-1}(5)$ 指的是以 $HHHHH$ 开头的所有 2^5 抛掷序列事件,而 $Y_1^{-1}(1)$ 表示在前 5 次抛掷中有 3 次 H 和 2 次 T 的所有抛掷序列事件,其包含 $\binom{5}{3}2^5=5\cdot2^6$ 个样本点。相应地,$f(\bar{y})=\Pr[Y_1^{-1}(y_1)\cap Y_2^{-1}(y_2)]$ 的值也随着 $\bar{Y}$ 的区间而变化。

7.4.4 边际和条件概率函数

一旦联合概率密度函数被定义在样本空间上,很自然就要考虑其他概率函数。为进行这一步骤,我们从一个例子开始。

例 7.13 给定定义在一枚公平硬币 6 次抛掷序列的样本空间上的随机变量 $Y_1(s)=\sum_{j=1}^{3}X_j(s)$ 和 $Y_2(s)=\sum_{j=4}^{6}X_j(s)$。正如上面例 7.12 中的实例(1),对于 $s\in S$,$X_j(s)$ 被定义为:

$$X_j(s)=\begin{cases}1, & s_{j=H}\\ -1, & s_{j=T}\end{cases}$$

$\bar{Y}\equiv(Y_1, Y_2)$ 的联合 p.d.f.被定义在 $\mathrm{Rng}(\bar{Y})=\{\bar{y}\in\mathbb{R}^2\mid y_1, y_2=\pm1, \pm3\}$ 上,包含 16 个样本点。相关的概率为:

(y_1, y_2):	$(\pm1, \pm1)$	$(\pm1, \pm3)$	$(\pm3, \pm1)$	$(\pm3, \pm3)$
$f(y_1, y_2)$:	$\frac{9}{2^6}$	$\frac{3}{2^6}$	$\frac{3}{2^6}$	$\frac{1}{2^6}$

其中,每一个数字栏中包含 4 个样本点。很容易看出,每一栏样本点的概率由于对称而都相同。例如,交换所有的 $H\leftrightarrow T$,在(1, 1)和(−1, −1)间给予相同的交换,同时交换 $H\leftrightarrow T$ 仅前 3 次抛掷值为(1, 1)和(−1, −1)。交换前 3 次和后 3 次抛掷值(1, 3)和(3, 1),等等。

由于 Y_1 和 Y_2 都是各自完美的随机变量,我们也可以定义 p.d.f. $f(y_1)$和 $f(y_2)$,由于对称性，其将在同样的 4 个点上具有相同值：

$$y_j: \quad \pm 1 \quad \pm 3$$
$$f(y_j): \quad \frac{3}{2^3} \quad \frac{1}{2^3}$$

当计算 $f(y_j)$时，直觉说明，原始的样本空间是不必要的，而考虑一枚公平硬币的 3 次抛掷序列样本空间将会更简单。另一方面，如果计算是在原始样本空间 S 中进行的，那么对于给定的 y_1，每个 3 次抛掷结果将有 2^3 次，这是由于在 S 中，这个结果将与 y_2 下所有的 2^3 个 3 次可能抛掷次序有关。换句话说，对于给定每一个 y_1，3 次抛掷结果将与 y_2 的所有可能结果有关。因此，我们必然可得：

$$f(y_1)=\sum_{y2} f(y_1, y_2)$$
$$f(y_2)=\sum_{y1} f(y_1, y_2)$$

将这些值与定义在 S 上的概率测度 Pr 相联系的简单计算表明，正是如此。在这种情况下，$f(y_1)$和 $f(y_2)$被称为联合 p.d.f. $f(y_1, y_2)$的边际概率密度函数。

我们感兴趣的另一种计算是所谓的联合 p.d.f. $f(y_1, y_2)$条件概率函数，记做 $f(y_1|y_2)$和 $f(y_2|y_1)$。具体来看 $f(y_1|y_2)$，这个 p.d.f.定义为条件事件 $A|B$ 的概率，当 $A=\{s \mid Y_1(s)=y_1\}$ 和 $B=\{s \mid Y_2(s)=y_2\}$ 时。换句话说，条件 p.d.f. $f(y_1|y_2)$是定义为条件事件 $A|B$ 的概率：

$$f(y_1 \mid y_2)=\Pr[A \mid B]=\Pr[Y_1^{-1}(y_1) \mid Y_2^{-1}(y_2)]$$

再次，这个条件 p.d.f.必须与联合 p.d.f. $f(y_1|y_2)$相联系，联合 p.d.f.对每一个事件 $\Pr[Y_1^{-1}(y_1) \cap Y_2^{-1}(y_2)]=\Pr[A \cap B]$ 提供了概率。现在，在条件时间的前述部分中，我们从式(7.3)可得，如果 $\Pr[B] \neq 0$，那么 $\Pr[A \mid B]=\frac{\Pr[A \cap B]}{\Pr[B]}$。使用相应的 p.d.f.符号替代这个事件符号，总结得出：

$$f(y_1 \mid y_2)=\frac{f(y_1, y_2)}{f(y_2)}, \; f(y_2) \neq 0$$

同样可得 $f(y_2|y_1)$的公式。

在用定义规范化这些概念之前，注意对于更普遍的联合 p.d.f. $f(y_1, y_2, \cdots, y_n)$，实际上有 2^n-2 个可能的边际 p.d.f.。具体来看，$f(y_j)$形式的有$\binom{n}{1}$个，对于 $j \neq k$ 时，$f(y_j, y_k)$形式的有$\binom{n}{2}$个，等等。我们得到一个-2 的数值调整，这是由于如果没有 y_j 被选到，$\sum_{(y1, y2, \cdots, yn)} f(y_1, y_2, \cdots, y_n)=1$，这不是一个概率函数，而如果所有的 y_j 被选中，那么原始的联合 p.d.f.便产生了。

此外，对于每一个这样的边际 p.d.f.，我们可以定义一个相关的条件 p.d.f.，如 $f(y_1, y_2|y_3, y_4, \cdots, y_n)$。然而，这个概念很快变得难以处理，所以接下来的定义将在两个随机变量更有限普遍性的情况中得以表示，这是应用的普遍框架，也将在更普遍情况中得以

表示。

定义 7.10 给定一个离散样本空间 S 上的随机向量 $\overline{Y}=(Y_1, Y_2)$，以及相关的联合概率分布函数 $f(y_1, y_2)$，边际概率密度函数(marginal probability density functions)，记做 $f(y_1)$和 $f(y_2)$，被定义为：

$$f(y_1)=\sum_{y2} f(y_1, y_2) \tag{7.27a}$$

$$f(y_2)=\sum_{y1} f(y_1, y_2) \tag{7.27b}$$

相关的条件概率密度函数，记做 $f(y_1|y_2)$和 $f(y_2|y_1)$，被定义为：

$$f(y_1 \mid y_2)=\frac{f(y_1, y_2)}{f(y_2)}, \ f(y_2) \neq 0 \tag{7.28a}$$

$$f(y_2 \mid y_1)=\frac{f(y_1, y_2)}{f(y_1)}, \ f(y_1) \neq 0 \tag{7.28b}$$

注意式(7.4)事件背景下的全概率定理(law of total probability)，也可以以联合、边际和条件 p.d.f.的形式进行表述。具体来看，我们从式(7.28a)可得 $f(y_1, y_2)=f(y_1 \mid y_2)f(y_2)$，也可从式(7.27a)中得到 $f(y_1)=\sum_{y2} f(y_1, y_2)$。总结起来，可以得到全概率定理：

$$f(y_1)=\sum_{y2} f(y_1 \mid y_2)f(y_2) \tag{7.29}$$

对于 $f(y_2)$的推导类似。

对于更普遍的定义，我们引入随机向量分拆的概念将 $\overline{Y}=(Y_1, Y_2, \cdots, Y_n)$ 分为两个随机变量的非空子集 $\overline{Y}_1=(Y_{j1}, Y_{j2}, \cdots, Y_{jm})$ 和 $\overline{Y}_2=(Y_{i1}, Y_{i2}, \cdots, Y_{in-m})$，其中这一复杂的记法意在表示每一个 Y_k 都是$\overline{Y}_1$ 和$\overline{Y}_2$ 中的一个，但并非全部。

定义 7.11 给定一个离散样本空间 S 上的随机向量 $\overline{Y}=(Y_1, Y_2, \cdots, Y_n)$，相关的联合概率分布函数 $f(y_1, y_2, \cdots, y_n)$以及一个分拆 $\overline{Y}=(\overline{Y}_1, \overline{Y}_2)$，边际概率密度函数记做 $f(\overline{y}_1)$，被定义为：

$$f(\overline{y}_1)=\sum_{\overline{y}2} f(y_1, y_2, \cdots, y_n) \tag{7.30}$$

相关的条件概率密度函数，记做 $f(\overline{y}_2|\overline{y}_1)$，被定义为：

$$f(\overline{y}_2 \mid \overline{y}_1)=\frac{f(y_1, y_2, \cdots, y_n)}{f(\overline{y}_1)}, \ f(\overline{y}_1) \neq 0 \tag{7.31}$$

我们注意到，这些普遍的公式也提供了全概率定理的普遍版本，这些公式留给读者去推导。

7.4.5 独立随机变量

由于随机变量 X 被定义，那么开区间 $X^{-1}[(a, b)]$的逆象是在概率测度 Pr 下具有相关概率的 $\mathcal{E}$ 上的事件。很自然的可以说，两个随机变量是独立的，如果它们所有区间的逆象是 $\mathcal{E}$ 上的随机独立事件。

定义 7.12 离散样本空间 S 上的随机变量 X_1 和 X_2 是独立随机变量,如果对于任意有界或无界区间 $(a_j, b_j) \subset \mathbb{R}$,$X_1^{-1}[(a_1, b_1)]$ 和 $X_2^{-1}[(a_2, b_2)]$ 是式(7.5)中的 $\mathcal{E}$ 上随机独立事件。相同地,如果 $X_1: S \to \{x_{1j}\}$,$X_2: S \to \{x_{2k}\}$,那么 X_1 和 X_2 是独立的,如果对于所有的 x_{1j} 和 x_{2k},$X_1^{-1}[x_{1j}]$和 $X_2^{-1}[x_{2k}]$是随机独立事件。

更普遍地,随机变量 $\{X_j\}_{j=1}^n$ 的集合是相互独立随机变量,其中 n 可能为∞,如果该形式 $\{X_j^{-1}[(a_j, b_j)]\}_{j=1}^n$ 的每一个事件集合都是式(7.6)中的那种相互独立事件,或者说,对于任意 $x_{jk} \in \mathrm{Rng}[X_j]$,$\{X_j^{-1}[x_{jk}]\}_{j=1}^n$ 是相互独立的。

例 7.14 (1) 定义 S 为两次掷一枚公平骰子得到所有结果的样本空间。具体而言,$S = \{(d_1, d_2) \mid 1 \leqslant d_j \leqslant 6\}$,当 d_1 表示第一次投掷的结果,d_2 表示第二次投掷的结果。在公平的假设下,每一个数值都是相等的,出现的概率都为$\frac{1}{6}$,因此 S 的概率函数对于每一个样本点定义为 $\Pr[(d_1, d_2)] = \frac{1}{36}$。注意这个概率测度的值受到骰子连续投掷的影响,因此依次计数。在这个有序样本空间中,首先定义随机变量 $X, Y: S \to \mathbb{N}$ 为:

$$X[(d_1, d_2)] = d_1, \quad Y[(d_1, d_2)] = d_2$$

直观上看,X 和 Y 是独立随机变量。为证明此,注意对于任意 $d_1, d_2 \in \{1, 2, \cdots, 6\}$,$X^{-1}(d_1)$和 $Y^{-1}(d_2)$都是 S 中的事件,S 中有 6 个在 Pr 下概率测度为$\frac{1}{6}$的样本点。同样,$X^{-1}(d_1) \cap Y^{-1}(d_2)$ 包含一个独特的样本点,具体来说即(d_1, d_2),其在 Pr 下测度为$\frac{1}{36}$。换句话说,对于所有的(d_1, d_2),有:

$$\Pr[X^{-1}(d_1) \cap Y^{-1}(d_2)] = \Pr[X^{-1}(d_1)]\Pr[Y^{-1}(d_2)]$$

(2) 现在在 S 上定义一个新的随机变量 Z:

$$Z[(d_1, d_2)] = d_1 + d_2$$

直观上看,我们认为 X 和 Z 不独立。这是由于,如果 $Z[(d_1, d_2)] = 12$(或 2),那么一定有 $X[(d_1, d_2)] = 6$(或 1)。更规范的说,Z 假定所有的整数值 $2 \leqslant k \leqslant 12$,$Z^{-1}(k)$定义的事件概率为:

k:	2	3	4	5	6	7	8	9	10	11	12
$\Pr[Z^{-1}(k)]$:	$\frac{1}{36}$	$\frac{2}{36}$	$\frac{3}{36}$	$\frac{4}{36}$	$\frac{5}{36}$	$\frac{6}{36}$	$\frac{5}{36}$	$\frac{4}{36}$	$\frac{3}{36}$	$\frac{2}{36}$	$\frac{1}{36}$

很明显的是,$\Pr[Z^{-1}(k)]$的分子在相关事件中也表示样本点的数量。正如上所述,对于每一个 $1 \leqslant j \leqslant 6$,$X^{-1}(j)$包含 6 个样本点,而对于所有 j,$\Pr[X^{-1}(j)] = \frac{1}{6}$。现在直观的可以证明,$X^{-1}(j) \cap Z^{-1}(k)$ 包含一个样本点或没有样本点。例如,$X^{-1}(1) \cap Z^{-1}(12) = \phi$,而 $X^{-1}(4) \cap Z^{-1}(7) = (4, 3)$。更普遍地,如果 $d_1 = j$ 且 $d_1 + d_2 = k$,那么假如 $1 \leqslant k - j \leqslant 6$,那么就有一个样本点,否则没有样本点。因此,$\Pr[X^{-1}(j) \cap Z^{-1}(k)]$ 等于 0 或 $\frac{1}{36}$,只有当 $k = 7$ 时,其才等于各个事件的概率乘积。因此,X 和 Z 不独立。

(3) 如果与实例(1)中不同,一对骰子没有次序被投掷,那么样本空间 S'将仅包含 21 个而非 36 个样本点。这个空间的一种表达方法是 $S'=\{(d_1, d_2) \mid 1 \leqslant d_1 \leqslant d_2 \leqslant 6\}$,其中 d_1 表示更小的结果,d_2 表示更大的结果。相关的概率测度为:

$$\Pr[(d_1, d_2)] = \begin{cases} \frac{1}{36}, & d_1 = d_2 \\ \frac{1}{18}, & d_1 < d_2 \end{cases}$$

定义随机变量 $U, W: S' \to \mathbb{N}$ 为:

$$U[(d_1, d_2)] = \min(d_1, d_2), \; W[(d_1, d_2)] = \max(d_1, d_2)$$

现在 U 和 W 不独立。例如,$\Pr[U^{-1}(1)] = \frac{11}{36}$,由于该事件包含样本点 $U^{-1}(1) = \{(1, d) \mid 1 \leqslant d \leqslant 6\}$,根据上述 S'上给定的概率测度,其概率为$\frac{11}{36}$。另一方面,$\Pr[W^{-1}(1)] = \frac{1}{36}$,由于 $W^{-1}(1) = (1, 1)$。同样,$U^{-1}(1) \cap W^{-1}(1) = W^{-1}(1)$。因此:

$$\Pr[U^{-1}(1) \cap W^{-1}(1)] \neq \Pr[U^{-1}(1)]\Pr[W^{-1}(1)]$$

独立随机变量的概念也可以使用联合、条件和边际概率分布函数进行定义。

定义 7.13 给定离散样本空间 S 上的一个随机向量 $\bar{Y} = (Y_1, Y_2)$,以及相关的联合概率密度函数 $f(y_1, y_2)$,随机变量 Y_1 和 Y_2 是独立随机变量,如果:

$$f(y_1, y_2) = f(y_1) f(y_2) \tag{7.32a}$$

或者等价于,如果 $f(y_2) \neq 0$,有:

$$f(y_1 \mid y_2) = f(y_1) \tag{7.32b}$$

更普遍地,给定离散样本空间 S 上的一个随机向量 $\bar{Y} = (Y_1, Y_2, \cdots, Y_n)$,以及相关的联合概率密度函数 $f(y_1, y_2, \cdots, y_n)$,随机变量$\{Y_j\}$是相互独立随机变量,如果给定拆分 $\bar{Y} = (\bar{Y}_1, \bar{Y}_2)$ 有:

$$f(y_1, y_2, \cdots, y_n) = f(\bar{Y}_1) f(\bar{Y}_2) \tag{7.33a}$$

或等价于,如果 $f(\bar{Y}_2) \neq 0$,有:

$$f(\bar{Y}_1 \mid \bar{Y}_2) = f(\bar{Y}_1) \tag{7.33b}$$

特别地,可得:

$$f(y_1, y_2, \cdots, y_n) = f(y_1) f(y_2) \cdots f(y_n) \tag{7.34}$$

7.5 离散分布的期望

7.5.1 矩论

这里,对矩的定理和概念基本类似于第 3.2.2 节中给出的样本数据矩。这并不是巧合,这将在下面得以讨论。

1. 期望值

下面公式的一般结构在概率论中被反复看到。这些计算表示的是众所周知的期望值计算,有时也指的是取期望。这种普通情况将首先被定义,而后具体的例子将被呈现。

定义 7.14 给定一个随机变量 $X:S\to\mathbb{R}$,函数 $g(x)$被定义在 X 的区间 $\mathrm{Rng}[X]\subset\mathbb{R}$ 上,$g(X)$的期望值,记做 $E[g(X)]$,被定义为:

$$E[g(X)]=\sum_{s_j\in S}g\big(X(s_j)\big)\Pr(s_j) \tag{7.35}$$

如果 $\{x_j\}\subset\mathbb{R}$ 表示 X 的区间,X 的 p.d.f.由 $f(x)$表示,那么 $x_j\equiv X(s_j)$ 时,$f(x_j)\equiv\Pr(s_j)$。其期望值可以被定义为:

$$E[g(x)]=\sum_j g(x_j)f(x_j) \tag{7.36}$$

在每一种情况中,该期望有定义,只有当总和绝对收敛,那么在式(7.36)的表达式中,由于 $f(x_j)\geqslant 0$,要求:

$$\sum_j |g(x_j)|f(x_j)<\infty \tag{7.37}$$

如果式(7.37)未被满足,我们称 $E[g(x)]$不存在。

注释 7.5:(1) 式(7.37)中的条件将被自动满足,如果$\{x_j\}$是有限的。在可数无限情况下这个限制条件的意图是避免第 6.1.4 节中讨论的问题,即只有条件收敛时,总和的值并不能被良好地定义,其依赖于进行加总的次序。

(2) 所有的期望公式都可以使用随机变量 X、样本空间 S 和概率测度 Pr 来表示,或直接使用 X 相关的 p.d.f.。总之,我们将只提供式(7.36)中 p.d.f.的版本,并将式(7.35)中的样本空间形式留给读者作为练习。

(3) 可以很明白地理解,无须赘述,如式(7.37)所示,只有当各自的绝对收敛条件被满足时,期望的定义才是有效的。

(4) 当需要清晰时,一个下角标将被放置在期望符号上,以识别期望中所涉及的变量。例如,给定 p.d.f. $f(x)$,$E[X]$的概念是清楚的,所以将其表示为 $E_X[X]$是多余的。另一方面,$E[XY]$是含糊不清的,因为涉及哪一个变量并不清楚。所以在这个情况下,我们可以将其清晰地表达为 $E_X[XY]$或 $E_Y[XY]$或 $E_{XY}[XY]$。

当然,当 $g(x)$时有限的,从而在 X 的区间上有限时,有限样本空间中的所有随机变量的期望都是存在的。然而,对于可数无限样本空间中的随机变量,期望值可能不存在,即使 $g(x)$被定义在 X 的区间上。

例 7.15 如果 S 是可数无限的,$X:S\to\mathbb{N}$ 被定义为 $X(s_j)=j$,其区间等于正整数,$f(j)=\frac{c}{j^2}$,当 c 被选定使得 $\sum_j f(j)=1$ 时,那么 $E[X]$不存在,因为 $E[X]=\sum_j j\frac{c}{j^2}=\sum_j\frac{c}{j^2}$ 是一个多重调和级数,因此并非有限。如果相反,X 被定义为 $X(s_j)=(-1)^j j$,那么同样的,$E[X]$并不存在。这是由于,尽管 $E[X]$是条件收敛的,但它并不绝对收敛。类似地,很容易发现 p.d.f.取决于指数时,具有有限期望值:$g(x)=x^n$,但是使用式(6.9)中的幂调和级数来定义 $f(j)$时,p.d.f.含有更大的指数,其期望值并非有限。

在期望值存在的假设下，其很容易在加法和纯乘法下进行运算。

命题 7.4 如果 $g(x)$和 $h(x)$是 $E[g(x)]$和 $E[h(x)]$存在时的函数，a、b、c 是实数，那么 $E[ag(x)+bh(x)+c]$ 存在，且：

$$E[ag(x)+bh(x)+c]=aE[g(x)]+bE[h(x)]+c \tag{7.38}$$

证明：从定义上看这个结果很直观，但我们必须首先证明 $ag(x)+bh(x)+c$ 满足式(7.37)。当然，这来源于三角不等性，即：

$$|ag(x)+bh(x)+c| \leqslant |a||g(x)|+|b||h(x)|+|c|$$

以及假设 $E[g(x)]$和 $E[h(x)]$存在。■

另一方面，期望值在乘法和除法中并不能很好计算，且可以预期：

$$E[f(x)g(x)] \neq E[f(x)]E[g(x)]$$

$$E\left[\frac{f(x)}{g(x)}\right] \neq \frac{E[f(x)]}{E[g(x)]}$$

2. 条件和联合期望

期望值计算可以被定义为与联合概率密度函数以及条件概率密度函数相关。例如，如果随机向量 $\bar{X}=(X_1, X_2)$，其联合 p.d.f. $f(x_1, x_2)$和 $g(x_1, x_2)$定义为 $\text{Rng}[X] \subset \mathbb{R}^2$，我们定义 $g(x_1, x_2)$的联合期望为：

$$E[g(x_1, x_2)]=\sum_{(x1, x2)} g(x_1, x_2)f(x_1, x_2) \tag{7.39}$$

很多这种计算在 $g(x_1, x_2)$取不同值时是可能的。该类型公式的一种重要应用是$\{X_j\}$为来自一给定概率密度函数下的独立试验的情况。另一种情况是对两个随机变量求协方差时会用到的。这两种情况都将在下文中进行说明。

如果 $f(x_1|x_2)$是相应的条件概率密度函数中的一个，并且给定 $g(x)$，那么条件期望值或条件期望可以定义为：

$$E[g(X_1) \mid X_2=x_2]=\sum_{x1} g(x_1)f(x_1 \mid x_2) \tag{7.40}$$

有时，为了清晰，尽管比较繁琐，条件期望的符号可以加上 $X_1|X_2$ 下角标，记做 $E_{X_1, X_2}[g(X_1)|X_2]$或 $E[g(X_1)|X_2]$。

注释 7.6：与大多期望值提供数值结果有所不同，一个条件期望可以被视为在原始样本空间 S 上的一个函数，定义为 $s \to E[g(X_1) \mid X_2(s)]$。其实，这是一个 S 上的随机变量，因为开区间 $(a, b) \subset \mathbb{R}$ 的逆象仅为可数事件的集合，这个集合是 $\mathcal{E}$ 上的一个事件。那么在 p.d.f. $f(x_2)$下的这个随机变量的期望等于给定 $f(x_1)$时 $g(x)$的期望。换句话说：

$$E_{X_2}\left[E_{X_1|X_2}[g(X_1) \mid X_2]\right]=E[g(X_1)] \tag{7.41}$$

这个有些繁琐的公式的证明实际上很简单。由于绝对收敛，我们可以将两次相加次序变换，并使用全概率定理：

$$\begin{aligned}
E_{X_2}\left[E_{X_1|X_2}[g(X_1) \mid X_2]\right] &= \sum_{x2}\left[\sum_{x1} g(x_1)f(x_1 \mid x_2)\right]f(x_2) \\
&= \sum_{x1} g(x_1)\left[\sum_{x2} f(x_1 \mid x_2)f(x_2)\right] \\
&= \sum_{x1} g(x_1)f(x_1)
\end{aligned}$$

将 $E[g(X_1)|X_2]$ 作为 S 上的一个随机变量的演绎在高级概率论中是严格的。

3. 均值

X 的均值(mean)，记做 μ，并定义为 $\mu = E[X]$，

$$\mu = \sum_i x_i f(x_i) \tag{7.42}$$

在一些应用中，随机变量 X 可能定义得很复杂，可能依赖于另一个随机变量 Y，对于其条件期望 $E[X|Y]$，则更容易去计算。式(7.41) $g(X)=X$ 的一个直接的应用导致 $E[X]$ 和不同条件期望 $E[X|Y]$ 两者的相同。这被称为全期望定理(law of total expactation)：

$$E[X] = E\Big[E[X \mid Y]\Big] \tag{7.43}$$

这个公式初一看可能很含糊，但反应片刻后，就可以明白即使没有式(7.41)中混乱的下角标，这个概念也是定义完整的。内部的期望只能被定义为与条件 p.d.f. $f(x|y)$ 相关，如 $E[X \mid Y] = \sum_i x_i f(x_i \mid Y)$。一旦算出这一期望，那么剩下的术语都是关于 Y 的函数，因此外部的期望必须计算为与边际 p.d.f. $f(y)$ 相关。换句话说：

$$E\Big[E[X \mid Y]\Big] = \sum_j \sum_i x_i f(x_i \mid y_j) f(y_j)$$

4. 方差

X 的方差(variance)，记做 σ^2，被定义为 $E[(X-\mu)^2]$：

$$\sigma^2 = \sum_i (x_i - \mu)^2 f(x_i) \tag{7.44}$$

而标准差(standard variance)，记做 σ，是方差的正平方根。将方差记做 $Var[X]$ 通常更加方便，而标准差也记做 s.d.$[X]$。这种表达将随机变量表达的更清楚。此外，我们可以使用符号 σ_X^2 和 σ_X。

计算方差时，更简单的是，先扩展为 $(x_i-\mu)^2 = x_i^2 - 2\mu x_i + \mu^2$，再使用式(7.38)，得到：

$$\sigma^2 = E[X^2] - E[X]^2 \tag{7.45}$$

正如上面均值中所讨论的，可能随机变量 X 以一种复杂的方式进行定义，可能依赖于另一个随机变量 Y，直接计算 $Var[X]$ 比较困难，而条件方差 $Var[X|Y]$ 更加简单。当然，这种条件方差可以使用条件 p.d.f. $f(x|y)$ 完整定义为 X 的方差。换句话说：

$$Var[X \mid Y] = \sum_i (x_i - \mu_{X|Y})^2 f(x_i \mid Y)$$

其中条件均值被定义为 $\mu_{X|Y} = E[X \mid Y]$。

那么问题便成为，与均值通过式(7.43)从条件均值复原的方式相同，$Var[X]$ 可以从条件方差 $Var[X|Y]$ 中得出吗？答案是"是"，但是需要用一个更为复杂的公式，被称为全方差定理(law of total variance)：

$$Var[X] = E\Big[Var[X \mid Y]\Big] + Var\Big[E[X \mid Y]\Big] \tag{7.46}$$

在阐述这个定理之前，注意上述公式仍是完整定义的。由于 $Var[X|Y]$ 和 $E[X|Y]$ 都仅是 Y 的函数，$E\Big[Var[X|Y]\Big]$ 和 $Var\Big[E[X|Y]\Big]$ 必然可以使用边际 p.d.f. $f(y)$ 计算得

出，而方差可如式(7.44)定义所示，$\mu=E\left[E[X\mid Y]\right]=E[X]$。总结起来，可得：

$$E\left[Var[X\mid Y]\right]=\sum_i Var[X\mid y_i]f(y_i)$$
$$Var\left[E[X\mid Y]\right]=\sum_i\left(E[X\mid y_i]-\mu\right)^2 f(y_i)$$

为推导式(7.46)，我们使用式(7.45)中的方差公式，并替代式(7.41)中的全期望定理：

$$\begin{aligned}Var[X]&=E[X^2]-\left(E[X]\right)^2\\&=E\left[E[X^2\mid Y]\right]-\left(E\left[E[X\mid Y]\right]\right)^2\end{aligned}$$

现在式(7.45)的另一个应用是：

$$E[X^2\mid Y]=Var[X\mid Y]+E[X\mid Y]^2$$

将其带入上述公式中，可得：

$$Var[X]=E\left[Var[X\mid Y]\right]+E\left[E[X\mid Y]^2\right]-\left(E\left[E[X\mid Y]\right]\right)^2$$

最后，应用式(7.45)，后面的两项等于中 $Var\left[E[X|Y]\right]$，从而完成推导。

由于全概率、期望和方差定理如此重要，下面的命题将这些结果总结在一起：

命题 7.5 令 X 和 Y 为离散样本空间 S 上的随机变量，联合 p.d.f 为 $f(x,\ y)$，边际 p.d.f 为 $f(x)$和 $f(y)$，条件 p.d.f 为 $f(x|y)$。那么：

(1) 全概率定理：

$$f(x)=\sum_y f(x\mid y)f(y) \tag{7.47}$$

(2) 全期望定理：

$$E[X]=E\left[E[X\mid Y]\right] \tag{7.48}$$

(3) 全方差定理：

$$Var[X]=E\left[Var[X\mid Y]\right]+Var\left[E[X\mid Y]\right] \tag{7.49}$$

例 7.16 令 X 表示一枚公平硬币抛掷 Y 次得到的正面次数，其中 Y 是掷一枚公平骰子得到的点数。目标是计算 $E[X]$和 $Var[X]$。为规范样本空间，定义 S 为一枚公平硬币抛掷 n 次的空间，$n=1,\ 2,\ 3,\ \cdots,\ 6$。所以，$S=\{(F_1,\ F_2,\ \cdots,\ F_n)\mid 1\leqslant n\leqslant 6\}$。在此，对于第 j 次抛掷得出 H，则 $F_j=1$，否则为 0，那么 S 包含 $\sum_{n=1}^{6}2^n=2^7-1$ 个样本点。定义在每一个点上的概率测度为：

$$\Pr[(F_1,\ F_2,\ \cdots,\ F_n)]=\frac{1}{6}\frac{1}{2^n}$$

现在，X 和 Y 定义在 S 上，为：

$$Y[(F_1,\ F_2,\ \cdots,\ F_n)]=n$$
$$X[(F_1,\ F_2,\ \cdots,\ F_n)]=\sum_{j=1}^{n}F_j$$

那么 $\mathrm{Rng}[Y]=\{1\leqslant n\leqslant 6\}$ 且 $\mathrm{Rng}[X]=\{0\leqslant m\leqslant 6\}$。同样，对于所有 n，$f(n)=\dfrac{1}{6}$。

对于 $E[X \mid Y=n]$ 和 $Var[X \mid Y=n]$，我们使用第 7.6.2 节中的关于二项分布的式(7.99)。那么 $E[X \mid Y=n]=\frac{n}{2}$，从式(7.48)知 $E[X]=E\left[\frac{n}{2}\right]$，所以：

$$E[X]=\frac{1}{12}\sum_{n=1}^{6} n=\frac{21}{12}$$

下面，$Var[X \mid Y=n]=\frac{n}{4}$，所以 $E\Big[Var[X \mid Y]\Big]=\frac{21}{24}$。同样 $E[X \mid Y=n]=\frac{n}{2}$，我们得到：

$$\begin{aligned} Var\Big[E[X \mid Y]\Big] &= E\left[\frac{n^2}{4}\right]-\left(E\left[\frac{n}{2}\right]\right)^2 \\ &= \frac{1}{24}\sum_{n=1}^{6} n^2-\left(\frac{21}{24}\right)^2 \\ &= \frac{105}{144} \end{aligned}$$

最后，使用式(7.49)得到：

$$Var[X]=\frac{21}{24}+\frac{105}{144}=\frac{231}{144}$$

5. 协方差和相关系数

如上所述，一个联合 p.d.f 可以定义很多期望值。给定 $f(x_1, x_2, \cdots, x_n)$，期望的一个常见集合用来计算这些随机变量中任意两个的协方差。在相关的边际密度 $f(x_j)$ 下，每一个 X_j 各自的均值 μ_j 和方差 σ_j^2 都可以如上述讨论的进行计算。为计算 X_i 和 X_j 之间的协方差，需要联合 p.d.f $f(x_i, x_j)$。尽管这个概念并未标准化，我们将该期望记做 σ_{ij}，有时记做 $Cov(X_i, X_j)$，协方差被定义为 $E[(X_i-\mu_i)(Y_j-\mu_j)]$：

$$\sigma_{ij}=\sum_{k, l}(x_k-\mu_i)(x_l-\mu_j)f(x_k, x_l) \tag{7.50}$$

对该概念稍微进行使用，可以定义 $\sigma_{jj}=\sigma_j^2=Var[X_j]$。

注意，计算产生了类似于式(7.45)的结果：

$$\sigma_{ij}=E[X_iY_j]-E[X_i]E[Y_j] \tag{7.51}$$

同样，如果 X_i 和 X_j 是相互独立的，那么 $f(x_i, x_j)=f(x_i)f(x_j)$，显然 $\sigma_{ij}=0$，因为：

$$\sum_{kl}(x_k-\mu_i)(x_l-\mu_j)f(x_k, x_l)=\sum_{k}(x_k-\mu_i)f(x_k)\sum_{l}(x_l-\mu_j)f(x_l)$$

x_i 和 x_j 之间的相关系数(correlation)记做 ρ_{ij}，有时记做 $Corr(X_i, X_j)$，被定义为：

$$\rho_{ij}=\frac{\sigma_{ij}}{\sigma_i\sigma_j} \tag{7.52}$$

其等同于计算 $\rho_{ij}=\sum_{k, l}\left(\frac{x_k-\mu_i}{\sigma_i}\right)\left(\frac{x_l-\mu_j}{\sigma_j}\right)f(x_k, x_l)$。如果 $\rho_{ij}=0$，随机变量被称为无关；如果 $\rho_{ij}>0$，它们正相关；如果 $\rho_{ij}<0$，它们被称为负相关。如上所述，独立随机变量是不相关的，因此有 $\rho_{ij}=0$。

然而，两个随机变量不相关相对于独立更弱。

例 7.17 定义 $f(x, y)$为:

$$f(x, y)=\begin{cases}\frac{1}{3}, (x, y)=(-1, 1)\\ \frac{1}{3}, (x, y)=(0, 0)\\ \frac{1}{3}, (x, y)=(1, 1)\end{cases}$$

那么对于 $x=-1, 0, 1$, $f(x)=\frac{1}{3}$;对于 $y=1$, $f(y)=\frac{2}{3}$;对于 $y=0$, $f(y)=\frac{1}{3}$。因此,X 和 Y 是不独立的,因为 $f(x, y)\neq f(x)f(y)$。另一方面,X 和 Y 是不相关的,因为$E[XY]=0$, $E[X]=0$ 且 $E[Y]=\frac{2}{3}$,这意味着$\sigma_{XY}=E[XY]-E[X]E[Y]=0$,所以 $\rho_{xy}=0$。

柯西—施瓦茨不等式的一个重要的应用如下:

命题 7.6 给定随机变量 X、Y,其联合 p.d.f $f(x, y)$:

$$|\sigma_{XY}|\leqslant\sigma_X\sigma_Y \tag{7.53}$$

换句话说:

$$-1\leqslant\rho_{XY}\leqslant 1 \tag{7.54}$$

证明:由于 $f(x, y)\geqslant 0$,有:

$$\begin{aligned}\sigma_{XY}&=\sum_{i, j}(x_i-\mu_X)(y_j-\mu_Y)f(x_i, y_j)\\ &=\sum_{i, j}\left[(x_i-\mu_X)\sqrt{f(x_i, y_j)}\right]\left[(y_j-\mu_Y)\sqrt{f(x_i, y_j)}\right]\end{aligned}$$

第二个求和公式被视为一个内部集,在柯西—施瓦茨不等式下,这个内部乘积的平方被平方加总的乘积所约束:

$$\begin{aligned}\sigma_{XY}^2&\leqslant\sum_{i, j}\left[(x_i-\mu_X)\sqrt{f(x_i, y_j)}\right]^2\sum_{i, j}\left[(y_j-\mu_Y)\sqrt{f(x_i, y_j)}\right]^2\\ &=\sum_{i, j}(x_i-\mu_X)^2 f(x_i, y_j)\sum_{i, j}(y_j-\mu_Y)^2 f(x_i, y_j)\\ &=\sum_{i}(x_i-\mu_X)^2 f(x_i)\sum_{j}(y_j-\mu_Y)^2 f(y_j)=\sigma_X^2\sigma_Y^2\end{aligned}$$

■

协方差也出现在随机变量加总的方差计算中,即对于常数$\{a_j\}$, $X=\sum_{j=1}^{n}a_jX_j$。期望值计算中使用的相关 p.d.f.是联合 p.d.f. $f(x_1, x_2, \cdots, x_n)$。据此,可见:

$$E\left[\sum_{j=1}^{n}a_jX_j\right]=\sum_{j=1}^{n}a_jE[X_j] \tag{7.55}$$

同样:

$$\begin{aligned}(X-E[X])^2&=\left(\sum_{j=1}^{n}a_j\left[X_j-E[X_j]\right]\right)^2\\ &=\sum_{i=1}^{n}\sum_{j=1}^{n}a_ia_j\left[X_i-E[X_i]\right]\left[X_j-E[X_j]\right]\end{aligned}$$

取期望后，这将带来：

$$Var\left[\sum_{j=1}^{n} a_j X_j\right] = \sum_{i=1}^{n} \sum_{j=1}^{n} a_i a_j \sigma_{ij} \tag{7.56a}$$

$$= \sum_{j=1}^{n} a_j^2 \sigma_j^2 + 2\sum_{i<j} a_i a_j \rho_{ij} \sigma_i \sigma_j \tag{7.56b}$$

注意，当各个随机变量独立时，或仅不相关时：

$$Var\left[\sum_{j=1}^{n} a_j X_j\right] = \sum_{j=1}^{n} a_j^2 \sigma_j^2 \tag{7.57}$$

6. 广义矩

将随机变量的均值概念推广，n 阶矩阵，记做 μ'_n，定义为 $n \geqslant 0$ 时的 $E[X^n]$：

$$\mu'_n = \sum_i x_i^n f(x_i) \tag{7.58}$$

所以特别地，如式(7.45)中所述，$\mu'_0 = 1$，$\mu'_1 = \mu$，$\mu'_2 = \sigma^2 + \mu^2$。

注意 $g(X) = X^n$ 直接运用式(7.41)，可得：

$$E[X^n] = E\big[E[X^n \mid Y]\big]$$

正如全方差定理的推导中使用得那样。

7. 广义中心矩

将随机变量的方差定义推广，n 阶中心矩，记做 μ^n，定义为对 $n \geqslant 0$ 的 $E[(X-\mu)^n]$：

$$\mu_n = \sum_i (x_i - \mu)^n f(x_i) \tag{7.59}$$

特别地，$\mu_0 = 1$，$\mu_1 = 0$，以及 $\mu_2 = \sigma^2$。

8. 绝对矩

当 n 是奇数时，矩 $E[X^n]$和/或 $E[(X-\mu)^n]$ 可以反映正和负的项数的抵消。绝对矩的概念被用于衡量相关绝对收敛序列。n 阶绝对矩(absolute moment)，记做 $\mu'_{|n|}$，被定义为当 $n \geqslant 0$ 时的 $E[|X|^n]$：

$$\mu'_{|n|} = \sum_i |x_i|^n f(x_i) \tag{7.60}$$

而 n 阶绝对中心矩(absolute central moment)，记做 $\mu_{|n|}$，被定义为当 $n \geqslant 0$ 时的 $E[|X-\mu|^n]$：

$$\mu_{|n|} = \sum_i |x_i - \mu|^n f(x_i) \tag{7.61}$$

这个概念生动但并不标准。

由于式(7.37)中的条件，当相应的矩存在时，绝对矩通常存在。当然，对于 n 为偶数时，绝对矩与上述定义的对应矩相一致。对于 n 为奇数时，矩可能与绝对矩相一致。例如，如果 X 的区间是正的，但中心矩和绝对中心矩将不一致，因为 $\{x_i - \mu\}$ 将始终同时含有正项和负项。

9. 矩母函数

矩母函数(moment-generating function，m.g.f.)，正如名称的含义，反映的是产生一个函数而不是一个常数的期望值计算。记做 $M(t)$或 $M_X(t)$，被定义为 $E[e^{Xt}]$：

$$M_X(t)=\sum_i e^{x_i t}f(x_i) \tag{7.62}$$

当然,$M_X(0)=1$,所以 m.g.f.的存在问题与一些区间 $|t|<T$ 的存在相关。重要的是首先注意 $M(t)$并不始终存在。

正如我们之前看到的,并在第 9 章得到证明,指数函数将被扩展为两个幂序列:

$$e^x=\sum_{n=0}^{\infty}\frac{x^n}{n!} \tag{7.63}$$

对于所有的 x 进行比率测试,这个序列绝对收敛:

$$\left|\frac{\dfrac{x^{n+1}}{(n+1)!}}{\dfrac{x^n}{n!}}\right|=\left|\frac{x}{n+1}\right|\to 0,\ n\to\infty$$

所以在第 9 章需要说明的是,这个序列定义的 x 的函数确实等于 e^x 。

将 $e^{x_i t}$ 的相应表达式带入式(7.62)中,使用上面提到的期望值的算术性质,以及由于 $M_X(t)$的存在证明的绝对收敛假设,我们得到:

$$M_X(t)=\sum_i\sum_{n=0}^{\infty}\frac{(x_i t)^n}{n!}f(x_i)=\sum_{n=0}^{\infty}\frac{t^n}{n!}\sum_i x_i^n f(x_i)$$

因此:

$$M_X(t)=\sum_{n=0}^{\infty}\frac{\mu'_n t^n}{n!} \tag{7.64}$$

当然,由于该项加总中所有项都是正的,那么所有这些操作都需要这样的假设,即 $M_X(t)$实质存在,从而式(7.62)中的序列收敛以及绝对收敛。这对于有限样本空间通常成立,但是当样本空间可数无限时并不一定成立。正如第 6.1.4 节中所见,这个序列绝对收敛证实了两个序列中的操作和加总序列的逆序。

在第 9 章中,我们看到如果它在包含 0 的区间内收敛,矩$\{\mu'_n\}$可以反过来从矩母函数中复原,或者说,“产生于”m.g.f.中。具体地,$M_X^{(n)}(t)$表示函数 $M_X(t)$关于 t 的第 n 个衍生,我们将看到:

$$\mu'_n=M_X^{(n)}(0) \tag{7.65}$$

可以对 m.g.f.定义进行一个简单的修改,从而可以产生中心矩。具体地,由于 $X-\mu$ 和 X 有相同的 p.d.f.,其矩母函数被定义为 $M_{X-\mu}(t)=\sum_i e^{(x_i-\mu)t}f(x_i)$。 应用式(7.63)得到:

$$M_{X-\mu}(t)=\sum_{n=0}^{\infty}\frac{\mu_n t^n}{n!} \tag{7.66}$$

从中可知:

$$\mu_n=M_{X-\mu}^{(n)}(0) \tag{7.67}$$

对于一个联合概率密度函数 $f(x_1, x_2, \cdots, x_n)$,矩母函数被类似定义。当 $M_X(t)\equiv E[e^{Xt}]$ 时,上述定义被推广,从而 m.g.f.现在成为$(t_1, t_2, \cdots, t_n)$的一个函数,并被粗体向量符号定义为 $M_{\boldsymbol{X}}(\boldsymbol{t})\equiv E[e^{\boldsymbol{X}\boldsymbol{t}}]$, 其中 $\boldsymbol{X}\cdot\boldsymbol{t}$ 表示内部乘积。换句话说:

$$M_{\boldsymbol{X}}(\boldsymbol{t})=\sum_{(x_1,x_2,\cdots,x_n)}\mathrm{e}^{\sum x_i t_i}f(x_1, x_2, \cdots, x_n) \tag{7.68}$$

如果 $f(x_1, x_2, \cdots, x_n)$的定义中的随机变量是独立的，那么式(7.34)被满足，所以：

$$M_{\boldsymbol{X}}(\boldsymbol{t})=\prod_{i=1}^{n}M_{X_i}(t_i)$$

如果随机变量独立且同分布，那么由于从式(7.34)中得到的 $Y=\sum_{i=1}^{n}X_i$，直接使用 $M_Y(t)=E\left[\mathrm{e}^{t\sum X_i}\right]$，可得：

$$M_Y(t)=[M_X(t)]^n \tag{7.69}$$

10. 特征函数

特征函数(characteristic function, c.f.)被类似定义为 m.g.f.，从中产生矩将是可能的，但它的优点是始终存在。不利之处是，尽管 $M_X(t)$是一个函数 $M_X(t):\mathbb{R}\rightarrow\mathbb{R}$，但特征函数记做 $C_X(t)$，其是函数 $C_X(t):\mathbb{R}\rightarrow\mathbb{C}$。具体而言，$C_X(t)=E[\mathrm{e}^{iXt}]$，其中，$i$ 表示“虚数单位”，$i=\sqrt{-1}$，从而：

$$C_X(t)=\sum_j \mathrm{e}^{ix_jt}f(x_j) \tag{7.70}$$

很直观的可以证明，对于所有的 $t\in\mathbb{R}$，$C_X(t)$存在，因为加和绝对收敛。使用三角不等式和欧拉定理的推论可以证明：对于所有 t 和 x_j，$|\mathrm{e}^{ix_jt}|=1$。具体而言：

$$|C_X(t)|\leqslant\sum_j|\mathrm{e}^{ix_jt}f(x_j)|=\sum_j f(x_j)=1$$

m.g.f.的情况下，其可能不存在，但当其存在时则是可微的。与这种情况不同，特征函数始终存在，但它不存在可微。然而，如果所有的矩都存在，那么进行上面相同的操作，在绝对收敛的情况下，有：

$$C_X(t)=\sum_{n=0}^{\infty}\frac{\mu'_n(it)^n}{n!} \tag{7.71}$$

再次，正如式(7.65)所示，矩可以从这个函数中得到。使用类似记号：

$$\mu'_n=\frac{1}{i^n}C_X^{(n)}(0) \tag{7.72}$$

如果使用 $C_{X-\mu}(t)=\sum_j \mathrm{e}^{i(x_j-\mu)t}f(x_j)$，它们是存在的，那么中心矩再次可以被产生，即：

$$C_{X-\mu}(t)=\sum_{n=0}^{\infty}\frac{\mu_n(it)^n}{n!} \tag{7.73}$$

$$\mu_n=\frac{1}{i^n}C_{X-\mu}^{(n)}(0) \tag{7.74}$$

对于联合概率密度函数 $f(x_1, x_2, \cdots, x_n)$，那么特征函数被类似定义。当 $C_X(t)=E[\mathrm{e}^{iXt}]$时，上述定义被推广，从而 c.f.是$(t_1, t_2, \cdots, t_n)$的一个函数，且被使用加粗向量符号定义为 $C_{\boldsymbol{X}}(\boldsymbol{t})\equiv E[\mathrm{e}^{i\boldsymbol{X}\boldsymbol{t}}]$。换句话说：

$$C_{\boldsymbol{X}}(t)=\sum_{(x_1, x_2, \cdots, x_n)} \mathrm{e}^{i\sum x_j t_j} f(x_1, x_2, \cdots, x_n) \tag{7.75}$$

注释 7.7:矩母函数和特征函数的一个重要特征是,它们"特征化"了离散概率密度函数(这个特征我们将在第 8 章中证明,但仅在有限离散随机变量的情形中)。更普遍的情况中的证明需要实分析和复杂分析的工具。"特征化"指的是,如果对于随机变量 X 和 Y,对 $t \in I$,其中 I 为包含 0 在内的任意开区间,$C_X(t)=C_Y(t)$ 或 $M_X(t)=M_Y(t)$,那么离散概率密度函数是相等的:$f(x)=g(y)$。在有限离散情况下,这意味着如果 $\{x_i\}_{i=1}^n$ 和 $\{y_i\}_{j=1}^m$ 是这些概率函数的各自域,其以递增排列,那么 $n=m$,对于所有的 i,均有 $x_i=y_i$ 以及 $f(x_i)=g(y_i)$。m.g.f.和 c.f.也特征化了更普遍情况下随机变量的 p.d.f.,这将在随后进一步研究。因为特征函数通常存在,这个结果可以被运用到任意 p.d.f.和任意情景下。

*7.5.2 样本矩

普遍的随机向量期望方程式(7.39)的一项重要应用是所谓的样本数据期望(sample data expectation)。在这一节,我们将为第 3.3.2 节引入的样本统计提供一个理论框架。

给定一个样本空间 S,我们有对第 7.2.6 节引入的随机样本或独立试验的理论框架。具体地,回忆样本大小为 n 的随机样本,其余记作 S^n 的 n 次试验样本空间中的样本点相同,S^n 的概率结构如式(7.7)所定义。在该节中,我们将这种结构运用到给定随机变量的随机样本中,并演化出于这样样本矩相同的重要公式。

在空间 S 中,我们界定有一个给定随机变量 X,定义一个 S^n 上的随机向量 $\bar{X}=(X_1, X_2, \cdots, X_n)$。对于 $\bar{s}=(s_1, s_2, \cdots, s_n) \in S^n$,我们定义 $X_j(\bar{s})=X(s_j)$。与$(s_1, s_2, \cdots, s_n)$表示一个含有 n 个可能样本点的随机样本相同,定义 S^n 上的概率,从而 $P_n(\bar{s})=\prod_{j=1}^n \Pr(s_j)$,值的随机向量 $\bar{X}(\bar{s})=\big(X_1(\bar{s}), X_2(\bar{s}), \cdots, X_n(\bar{s})\big) \in \mathbb{R}^n$ 是一个 X 在 S 上的数值随机样本。换句话说,在式(7.34)给出的正式定义中,这个随机向量的因子是独立的。

为证明此,令 $f(x_1, x_2, \cdots, x_n)$为定义在 $\mathrm{Rng}[\bar{X}]$上的联合 p.d.f.。即:

$$f(x_1, x_2, \cdots, x_n)=P_n\big(X_1^{-1}(x_1), X_2^{-1}(x_2), \cdots, X_n^{-1}(x_n)\big)$$

那么根据式(7.7):

$$\begin{aligned} f(x_1, x_2, \cdots, x_n) &= \prod_{j=1}^n \Pr\big(X_j^{-1}(x_j)\big) \\ &= \prod_{j=1}^n f(x_j) \end{aligned}$$

其中,$f(x)$是随机变量 X 的 p.d.f.。

总之,我们可知,如果 S 上的随机变量 X 被如上推广为 n 次试验样本空间 S^n 上的随机向量$\bar{X}$,那么随机样本$\{X_j(\bar{s})\}$的因子集组成了定义在 S 上的随机变量且:

$$f(x_1, x_2, \cdots, x_n)=\prod_{j=1}^n f(x_j) \tag{7.76}$$

起初,随机样本的构成可能似乎过于正式且没必要。在运用中,随机变量 X 经常被定义为一项实验的结果或作为一个观测报告,独立试验的概念被理解为实验或观测被多次重复。在这种情形下,式(7.76)中的等式的正确性对任何人抛掷硬币或掷骰子等都变得很显然。在很多应用中,对于任意样本是什么,这是一个非常合理的直观框架,也是独立样本含义的最佳合法证明。

但是直觉并不总能保证一个严格的推导是可能的,所以上述解释是一个离散样本空间情况下严格解释,说明一个样本空间中的随机样本代表什么,以及一个随机变量的 n 个试验意味着什么。比我们的直觉更好的是,这种规范化将在缺乏直观框架的情况下引导我们得到相似的观点。

定义 7.15 (1) 给定一个离散样本空间 S 和一个随机变量 $X:S\to\mathbb{R}$,$\{X_j\}_{j=1}^n$ 是 n 个独立同分布(i.i.d.)随机变量,这意味着 $\bar{X}\equiv(X_1, X_2, \cdots, X_n)$ 是一个 S^n 上的随机向量,其中,对于 $\bar{s}=(s_1, s_2, \cdots, s_n)\in S^n$,随机变量因子被定义为 $X_j(\bar{s})=X(s_j)$。换句话说,集合 $\{X_j\}_{j=1}^n$ 由联合 p.d.f. $f(x_1, x_2, \cdots, x_n)$中的独立随机变量组成,其中 $f(x_1, x_2, \cdots, x_n)$满足式(7.76),每一个随机变量因子都有与 X 相同的概率密度函数。当 $n=\infty$ 时,$\{X_j\}_{j=1}^\infty$ 是独立同分布(i.i.d.)变量,这意味着,对于任意 n,$\{x_j\}_{j=1}^n$ 都成立。

(2) $\{x_j\}_{j=1}^n$ 是 X 中大小为 n 的随机样本,该术语意味着存在一个根据 S^n 上概率测度 P_n 选出的 $\bar{s}=(s_1, s_2, \cdots, s_n)\in S^n$,使得 $(x_1, x_2, \cdots, x_n)=\big(X(s_1), X(s_2), \cdots, X(s_n)\big)$。实际上,这个样本可以迭代生成,首先选择独立的 $\{s_j\}_{j=1}^n\subset S$(见第 7.7 节生成随机样本),并如上定义$(x_1, x_2, \cdots, x_n)$。

注释 7.8:在概率论中,标准的符号写法是,一个大写字母被用于表示一个随机变量,如 X;而小写字母,如 x,则被用于表示根据 X 的概率密度函数表示的概率选出的随机变量的实际值或样本点。同样注意,定义 7.15(2)中取得随机样本方法的等价性是由于概率测度 P_n 满足式(7.7)。

1. 样本均值

如果 $\{X_j\}_{j=1}^n$ 是 S 上的 n 个独立同分布(i.i.d.)随机变量,样本均值记做$\hat{X}$,是一个随机变量 $\hat{X}:S^n\to\mathbb{R}$,可定义为:

$$\hat{X}\equiv\frac{1}{n}\sum_{j=1}^{n}X_j \tag{7.77}$$

其中,概率密度函数为 $f(x_1, x_2, \cdots, x_n)=\prod_{j=1}^{n}f(x_j)$,而 $f(x)$是 X 的 p.d.f.。

当观测或抽取一个具体样本时,即当 $\{X_j\}_{j=1}^n=\{x_j\}_{j=1}^n$ 时,将式(7.77)运用到这些数据上,可以得到第 3.3.2 节中记做$\hat{\mu}$或 m 的数值。

此处的不同点在于,明确认为这样的观测 $\{x_j\}_{j=1}^n$ 仅基于样本空间 S^n 中的一个样本点,而在更普遍的情况下,这项计算不仅产生了一个单一独特的数值,也产生了该样本空间上随机变量$\hat{X}$的很多可能值之一。其被视为一个随机变量,很自然就要研究其矩,正如我们下面要做的。

(1) 样本均值的均值。根据定义,我们有:

$$E[\hat{X}]=\sum_{(x_1,x_2,\cdots,x_n)}\left(\frac{1}{n}\sum_{j=1}^{n}x_j\right)f(x_1,x_2,\cdots,x_n)$$

该公式简化使用式(7.76)，而对于任意 x_j 的观测为：

$$\sum_{(x_1,x_2,\cdots,x_n)}x_j\prod_{k=1}^{n}f(x_k)=\sum_{x_j}x_jf(x_j)=E[X]$$

由于对于 $k\neq j$，$\sum_{x_k}f(x_k)=1$。总之，可得：

$$E[\hat{X}]=E[X] \tag{7.78}$$

如果 $E[X]$存在。换句话说，样本均值的期望值是原是随机变量 X 的期望值。

(2) 样本均值的方差。将 $E[X]$记做 μ，可得：

$$\begin{aligned}Var[\hat{X}]&=E\left[(\hat{X}-\mu)\right]^2\\&=\sum_{(x_1,x_2,\cdots,x_n)}\left(\frac{1}{n}\sum_{j=1}^{n}(x_j-\mu)\right)^2f(x_1,x_2,\cdots,x_n)\end{aligned}$$

再次使用式(7.76)，我们得到：

$$Var[\hat{X}]=\frac{1}{n^2}\left[\sum_{j=1}^{n}(x_j-\mu)^2f(x_j)\right]=\frac{\sigma^2}{n}$$

这个结果基于这样的事实，混合项具有 0 期望，如 $(x_j-\mu)(x_k-\mu)f(x_j)f(x_k)$，其中 $j\neq k$，由于这项加总可以被依次计算得出。

总结起来，我们得到：

$$Var[\hat{X}]=\frac{\sigma_X^2}{n} \tag{7.79}$$

如果 σ_X^2 存在，相应地：

$$\text{s.d.}[\hat{X}]=\frac{\sigma_X}{\sqrt{n}} \tag{7.80}$$

(3) 样本均值的 m.g.f.。注意 $e^{t\hat{X}}=\prod_{j=1}^{n}e^{tX_j/n}$，运用上面相同的方法，我们可以得到：

$$M_{\hat{X}}(t)=\left[M_X\left(\frac{t}{n}\right)\right]^n \tag{7.81}$$

如果 $M_X\left(\frac{t}{n}\right)$存在。

2. 样本方差

如果 $\{X_j\}_{j=1}^n$ 是 S 上的 n 个独立同分布(i.i.d.)随机变量，无偏样本方差被定义为：

$$\hat{V}=\frac{1}{n-1}\sum_{j=1}^{n}(X_j-\hat{X})^2 \tag{7.82}$$

其中，$\hat{X}=\frac{1}{n}\sum_{j=1}^{n}X_j$。$\hat{V}$是一个随机变量 $\hat{V}:S^n\to\mathbb{R}$，其概率密度函数为 $f(x_1,x_2,\cdots,x_n)=\prod_{j=1}^{n}f(x_j)$，其中 $f(x)$是 X 的 p.d.f.。注意样本方差使用样本均值$\hat{X}$定义，而非理论

均值 μ。正如我们将看到的，这导致在公式中需要使用 $\frac{1}{n-1}$，而不是自然值$\frac{1}{n}$。

与样本均值$\hat{X}$的情况相同，当一个特定样本被抽取或被观测到时——即，当 $\{X_j\}_{j=1}^n=\{x_j\}_{j=1}^n$ ——式(7.82)应用到这些数据上产生了第 3.3.2 节中记做$\hat{\sigma}^2$ 或 s^2 的数值，其中定义的是 $n-1$ 而非 n。然而，此处的观点是，这样的观测 $\{x_j\}_{j=1}^n$ 仅是样本空间 S^n 中的一个样本点。在更普遍的情况中，这项计算将不会产生一个单一独特的数值，而是该样本空间上随机变量$\hat{X}$的很多可能值之一。其被视为一个随机变量，很自然就要研究其矩，正如我们下面要做的。

(1) 样本方差均值。$E[\hat{V}]$的计算变得复杂，因为随机变量在方差中出现在两个地方，显然出现在 X_j 中，不显然的是出现在$\hat{X}$中。一个简单的方法是写出 $X_j-\hat{X}=(X_j-\mu)-(\hat{X}-\mu)$ 和 $\hat{X}-\mu=\frac{1}{n}\sum_{k=1}^{n}(X_k-\mu)$，从中我们得到：

$$
\begin{aligned}
(X_j-\hat{X})^2&=(X_j-\mu)^2-2(X_j-\mu)(\hat{X}-\mu)+(\hat{X}-\mu)^2\\
&=(X_j-\mu)^2-\frac{2}{n}\sum_{k=1}^{n}[(X_j-\mu)(X_k-\mu)]+\frac{1}{n^2}\sum_{i=1}^{n}\sum_{k=1}^{n}[(X_j-\mu)(X_k-\mu)]
\end{aligned}
$$

对 j 进行加总，第二项和第三项合并，得到：

$$
\sum_{j=1}^{n}(X_j-\hat{X})^2=\sum_{j=1}^{n}(X_j-\mu)^2-\frac{1}{n}\sum_{i=1}^{n}\sum_{k=1}^{n}[(X_i-\mu)(X_k-\mu)]
$$

假设 σ^2 存在，取期望，我们可得：

$$
E\Big[\sum_{j=1}^{n}(X_j-\hat{X})^2\Big]=(n-1)\sigma^2
$$

由于在两次加总中，当 $i\neq k$ 时，由于独立，混合项的期望为 0。该等式等价于：

$$
E[\hat{V}]=\sigma^2 \tag{7.83}
$$

正是这个等式促使我们对上述给出的样本方差公式使用“无偏”这个术语。其无偏的意义在于这个统计的期望值是被估计的理论值。在这种意义上，式(7.78)中$\hat{X}$是理论均值 $\mu\equiv E[X]$ 的无偏估计量，但这个公式从未被称为无偏样本均值。

很容易可以检查出，如果理论均值 μ 已知，式(7.82)中使用 μ 而非$\hat{X}$定义样本方差，那么式(7.82)中正确的系数将为$\frac{1}{n}$，有了这一系数式(7.83)便可被推导出。但是在最常见的应用中，这是无用的，因为取样意味着对理论分布和理论矩缺乏了解，所以假设 μ 已知可能是不合逻辑的。

注释 7.9：结果证明是，存在计算样本方差的另一种方式，即在公式中使用$\frac{1}{n}$，而非$\frac{1}{n-1}$，同时使用$\hat{X}$。这个特殊的公式被称为样本方差的最大可能估计值，由于这个概念并未被标准化，我们使用：

$$
\hat{\sigma}^2_{MLE}=\frac{1}{n}\sum_{j=1}^{n}(x_j-\hat{X})^2 \tag{7.84}
$$

其中 $\hat{X}=\frac{1}{n}\sum_{j=1}^{n}x_j$。通过上述分析,如果样本方差的形式被定义为 S^n 上的类似于 $\hat{V}$ 的随机变量,在更小的一方面,有:

$$E[\hat{\sigma}^2_{MLE}]=\frac{n-1}{n}\sigma^2 \tag{7.85}$$

MLE 计算背后的观点领先于我们的数学发展,但其可以用直观的方式表示。假设一个样本 $\{x_j\}_{j=1}^n$ 被抽取或观测,且由于一些原因,我们认定对于观测样本变量 $f(x)$ p.d.f.的一种特殊形式。正如很多这样的情况,假设的 p.d.f.正是正态分布,这在第 8 章中正式引入,并在第 10 章分析。这个分布的特征是有两个矩 μ 和 σ^2。问题便成为,给定假设分布,μ 和 σ^2 的哪些估计将使得被观测样本最大化?换句话说,μ 和 σ^2 的哪些估计将最大化观测给定样本的可能性?

由于样本 p.d.f.是 $f(x_1, x_2, \cdots, x_n)=\prod_{j=1}^{n}f(x_j)$,正如式(7.76)所见,$f(x)$ 只依赖于 μ 和 σ^2,问题简化为确定最大化 $\prod_{j=1}^{n}f(x_j)$ 时这些参数的值,$\prod_{j=1}^{n}f(x_j)$ 是样本点$(x_1, x_2, \cdots, x_n)$在分布假设下的概率。最大化方程实际上是参数 μ 和 σ^2 的一个方程,由于样本点$(x_1, x_2, \cdots, x_n)$是混合且已知的。确定方程最大值是微积分的一个应用,对于单变量方程这将在第 9 章看到,而两个变量的特殊应用则需要多元微积分。这便成为,μ 和 σ^2 的 MLE 估计值是 $\hat{X}$ 和 $\hat{\sigma}^2_{MLE}$。

(2) 样本方差的方差。由于式(7.83),需要计算的是 $Var[\hat{V}]=E[(\hat{\sigma}^2-\sigma^2)^2]$,这涉及一些复杂的代数和分析者的一些测定。为使得这项计算可以合理执行,我们使用式(7.45)中的方法,方差等于第二个矩减去均值方差,这就变为 $Var[\hat{V}]=E[\hat{V}^2]-(E[\hat{V}])^2=E[\hat{V}^2]-\sigma^4$。从样本方差均值的推导代数中,回忆:

$$(n-1)\hat{V}=\sum_{j=1}^{n}(X_j-\hat{X})^2=\sum_{j=1}^{n}Y_j^2-\frac{1}{n}\sum_{i=1}^{n}\sum_{k=1}^{n}Y_iY_k$$

其中我们使用 $Y_j=X_j-\mu$ 简化。关键是 $E[Y_j]=0$,在这种表述中,一次幂中至少有一个 Y_j,期望将为 0,可以被忽略。

这个表达式取平方,等于 $(n-1)^2\hat{V}^2$,那么:

$$\left[\sum_{j=1}^{n}(X_j-\hat{X})^2\right]^2=\left(\sum_{j=1}^{n}Y_j^2\right)^2-\frac{2}{n}\sum_{j=1}^{n}Y_j^2\sum_{i=1}^{n}\sum_{k=1}^{n}Y_iY_k+\frac{1}{n^2}\left(\sum_{i=1}^{n}\sum_{k=1}^{n}Y_iY_k\right)^2$$

尽管最初看上去很复杂,但我们只对确定每一种“类型”有多少项感兴趣。例如,第一个表达式的平方得出了 $Y_j^2Y_k^2$ 项的加总,其可以被分为两种类型:$j=k$ 和 $j\neq k$。第一种类型的任意项都有期望 μ_4,X 的第四个中心矩以及第二种类型任意项都有期望 $\mu_2^2=\sigma^4$。

使用上述讨论的组合,我们有 n 项第一种类型和 $n(n-1)$ 项第二种类型,由于每一个 j 可以被 $(n-1)-ks$ 配对。那么,第一个表达式成为:

$$E\left(\sum_{j=1}^{n}Y_j^2\right)^2=n\mu_4+n(n-1)\sigma^4$$

第二个表达式产生了四种类型的项:Y_j^4、$Y_j^3Y_i$、$Y_j^2Y_k^2$、$Y_j^2Y_iY_k$,其中下标用来区分。

由于 $E[Y_k]=0$，这些项的期望分别为 μ_4、0、σ^4 和 0。挑战从而变为数出类型，我们关心的是第一种类型和第三种类型。再次，我们使用组合论，确定有 n 个第一种类型和 $n(n-1)$ 个第三种类型。总之，第二个表达式成为

$$E\left(-\frac{2}{n}\sum_{j=1}^{n}Y_j^2\sum_{i=1}^{n}\sum_{k=1}^{n}Y_iY_k\right)=-2\mu_4-2(n-1)\sigma^4$$

第三个表达式产生了五个不同类型的项数，四种上述类型和 $Y_iY_jY_kY_l$。在这五种类型中，我们只需要估计出第一种类型和第三种类型，因为所有其他的类型都有期望 0。再次，第一种类型有 n 个，但是对于第三种类型，这个表达式的组合是不同的。首先，$(\sum_{i=1}^{n}\sum_{k=1}^{n}Y_iY_k)^2=(\sum_{i=1}^{n}Y_i)^4$，在式(7.19)的多项式中，每一个 $Y_j^2Y_k^2$ 项的系数是 $\frac{4!}{2!2!}=6$，对于 $j\neq k$，由于存在 $\frac{n(n-1)}{2}$ 个不同的这种项，这个总和为 $3n(n-1)$。总结起来产生了第三个表达式：

$$E\left[\frac{1}{n^2}(\sum_{i=1}^{n}\sum_{k=1}^{n}Y_iY_k)^2\right]=\frac{1}{n}\mu_4+\frac{3(n-1)}{n}\sigma^4$$

最后，三个表达式可以合并为：

$$\begin{aligned}E\left[\left[\sum_{j=1}^{n}(X_j-\hat{X})^2\right]^2\right]&=n\mu_4+n(n-1)\sigma^4-2\mu_4-2(n-1)\sigma^4+\frac{1}{n}\mu_4+\frac{3(n-1)}{n}\sigma^4\\&=\left(n-2+\frac{1}{n}\right)\mu_4+\left[(n-2)(n-1)+\frac{3(n-1)}{n}\right]\sigma^4\end{aligned}$$

除以 $(n-1)^2$ 得到 $E[\hat{V}^2]$，减去 $(E[\hat{V}])^2=\sigma^4$，得到最终结果：

$$Var[\hat{V}]=\frac{1}{n}\mu_4-\frac{n-3}{n(n-1)}\sigma^4 \tag{7.86}$$

以及随机变量 $\hat{\sigma}^2_{MLE}$ 的相应结果，用 $\frac{(n-1)^2}{n^2}$ 乘以式(7.86)，有：

$$Var[\hat{\sigma}^2_{MLE}]=\frac{(n-1)^2}{n^3}\mu_4-\frac{(n-1)(n-3)}{n^3}\sigma^4 \tag{7.87}$$

3. 其他样本矩

(1) 高阶矩。由于估计中心矩的复杂，如同上面观测到的样本方差相关的估计值，我们关注矩估计值 μ'_k。给定一个独立同分布样本 $\{X_j\}_{j=1}^n$，一般高阶矩估计公式为：

$$\hat{\mu}'_k=\frac{1}{n}\sum_{j=1}^{n}X_j^k \tag{7.88}$$

接下来的推导被布置在练习 13 中：

$$E[\hat{\mu}'_k]=\mu'_k \tag{7.89a}$$

$$Var[\hat{\mu}'_k]=\frac{1}{n}\left[\mu'_{2k}-(\mu'_k)^2\right] \tag{7.89b}$$

假设 μ'_k 和 μ'_{2k} 存在。

注释 7.10：练习 12 中关于理论矩 $\{\mu'_k\}$ 和 $\{\mu_k\}$ 的等式并不运用在样本矩的情况中，因

为在此情况下,μ_k 典型地被定义为与样本均值$\hat{X}$相关,而非与理论均值 μ 相关。如果中心矩被定义为与理论均值 μ 相关,这些公式确实可以运用,如上所述,但这在普遍情形中并不可行。

(2) 矩生成函数。给定一个独立同分布样本 $\{X_j\}_{j=1}^n$,样本矩生成函数估计公式为:

$$\hat{M}_X(t)=\frac{1}{n}\sum_{j=1}^{n}e^{tX_j} \tag{7.90}$$

对于每一个 t,函数$\hat{M}_X(t)$均可以被视为 S^n 上的随机变量。

在练习 34 中,被布置如下:

$$E[\hat{M}_X(t)]=M_X(t) \tag{7.91a}$$

$$Var[M_X(t)]=\frac{1}{n}[M_{2X}(2t)-M_X^2(t)] \tag{7.91b}$$

如果 $M_X(t)$和 $M_X(2t)$存在,这些函数对于每一个 t 均有效。

7.6 离散概率的密度函数

显然,一个随机变量 X 传递了一个样本空间 S、其事件的完备集合 ξ 以及相关的伴随概率测度 Pr 的一部分而不是全部的信息,而且它将这些信息传递到随机变量值域里的一个实数$\{x_j\}$的集合。特别地,一个随机变量可以使我们将随机变量值域中的值看成会以一定概率“发生”。这是一个寻求用数学方法解决问题的好途径,这是因为这样我们就可以客观的去研究概率密度函数和它们的性质,而不用去提及原来上下文中样本空间或者定义随机变量。实际上,有时为了对研究 $f(x)$的性质提供一个客观的语言,我们经常用一类随机变量去定义一个给定的概率密度函数,而不去提及它的样本空间、事件或者 X 的函数形式。

但是,值得注意的一点是,数值 x_j 并不孤立地以 $f(x_j)$的概率发生,同时由 $X^{-1}(x_j)\in\mathcal{E}$ 定义的事件还在给定的样本空间 S 中以 $\Pr[X^{-1}(x_j)]$ 的概率发生。

在这一部分里,我们将举几个概率密度函数的最常见的例子。当然,这里有无数多个可能的概率函数。在有限维的情况下,如果 $\{x_j\}_{j=1}^n\subset R$ 而且 $\{f_j\}_{j=1}^n$ 是一个实数集合,那么我们可以定义一个概率密度函数如下:

$$f(x_j)=\frac{|f_j|}{\sum_{k=1}^n|f_k|}$$

在无限维但是可数的情况下,如果 $\{x_j\}_{j=1}^{\infty}\subset R$ 而且 $\{f_j\}_{j=1}^{\infty}\in l_1$,就像第 6 章里一样,那么类似地,我们可以定义概率密度函数如下:

$$f(x_j)=\frac{|f_j|}{\sum_{k=1}^{\infty}|f_k|}$$

相应地,在无限维但是可数的情况下,任意 l_1 序列可以被用来定义一个概率密度函数。当然,我们用$|f_j|$来确保 $f(x_j)\geqslant 0$,对于任意的 j 都成立。不论是在有限维或者可数的情

况下，相关的 c.d.f.都由式(7.22)来定义。

值得注意的是，尽管这些平凡的构造在给出潜在的概率密度函数的例子和它们相关的性质时很有用，但是在实践中，只有很有限的实际例子。

7.6.1 离散的均匀分布

最简单的一种概率密度函数是一种在每个样本点上取相同值的函数。这种分布的取值是任意的，但是一般被取作 $\left\{\frac{j}{n}\right\}_{j=1}^{n}$ 或者 $\left\{\frac{j}{n+1}\right\}_{j=0}^{n}$，因此在这两种情况下，都有 $\mathrm{Dmn}[f(x)]\subset[0,1]$，这里"Dmn"指的是函数的定义域，参照定义 2.8。我们主要研究前一种形式并且把对于后者的相关结果的推导作为练习，而不都给出两种形式的相关表示。

对给定的 n，定义在 $\left\{\frac{j}{n}\right\}_{j=1}^{n}$ 上的离散均匀分布(discrete rectangular distribution)的概率密度函数由下式给出：

$$f^{R}\left(\frac{j}{n}\right)=\frac{1}{n},\ j=1,2,\cdots,n \tag{7.92}$$

用下边的式子经过简单的计算，就可以得出这个分布的均值和方差：

$$\sum_{j=1}^{n}j=\frac{n(n+1)}{2}$$

$$\sum_{j=1}^{n}j^{2}=\frac{n(n+1)(2n+1)}{6}$$

这两个式子可以由简单的数学推导得出。经过计算我们得出：

$$\mu_{R}=\frac{n+1}{2n} \tag{7.93a}$$

$$\sigma_{R}^{2}=\frac{n^{2}-1}{12n^{2}} \tag{7.93b}$$

相似地，由等式 $\frac{1}{n}\sum_{j=1}^{n}\mathrm{e}^{jt/n}=\frac{1}{n}\sum_{j=1}^{n}(\mathrm{e}^{t/n})^{j}$，矩生成函数可以被看成一列几何序列的和来计算，得到结果如下：

$$M_{R}(t)=\frac{\mathrm{e}^{[1+(1/n)]t}-\mathrm{e}^{t/n}}{n(\mathrm{e}^{t/n}-1)} \tag{7.94}$$

显然，由式(7.93)可知，当 $n\to\infty$ 时，$\mu_{R}\to\frac{1}{2}$ 且 $\sigma_{R}^{2}\to\frac{1}{12}$。而由于分母的原因，正如分子趋向于 $\mathrm{e}^{t}-1$，我们并不知道矩生成函数的极限是什么形式。对于分母的研究，我们再次用到将在第 9 章给出证明的指数展开表达式，$\mathrm{e}^{t/n}=\sum_{j=0}^{\infty}\left(\frac{t}{n}\right)^{j}\frac{1}{j!}$。由此，分母可以被看做和 $t+\frac{h_{n}(t)}{n}$ 相等，其中 $h_{n}(t)$ 在 $n\to\infty$ 时是有界的，所以，我们发现分母是趋向于 t 的。所以，当 $n\to\infty$，$M_{R}(t)\to\frac{e^{t}-1}{t}$。在第 10 章里我们会看到，这些极限值和定义在

[0, 1]上的连续的均匀分布的表达式是一样的。

这种分布的一个最重要的应用是研究从别的分布产生随机样本的问题，这个问题将在之后的第7.7节中被详细讨论和解决。

这种分布可以被定义在任意的闭区间$[a, b]$上，这种情况是对[0, 1]上的模型的推广。如果这样，概率密度函数被定义在$\left\{a+(b-a)\dfrac{j}{n}\right\}_{j=1}^{n}$上，取值和式(7.92)一样。进一步，由式(7.55)和式(7.56)或者直接计算我们可以得出：

$$\mu_{R_{a,b}}=\frac{n-1}{2n}a+\frac{n+1}{2n}b \tag{7.95a}$$

$$\sigma^2_{R_{a,b}}=(b-a)^2\frac{n^2-1}{12n^2} \tag{7.95b}$$

当$n\to\infty$的时候取极限，得到的值为$\mu_{R_{a,b}}=\dfrac{a+b}{2}$和$\sigma^2_{R_{a,b}}=\dfrac{(b-a)^2}{12}$。

7.6.2 二项分布

对任意给定的p，满足$0<p<1$，标准二项随机变量是这样定义的：$X_1^B: S\to\{0, 1\}$，这时相关的概率密度函数定义在$\{0, 1\}$上，取值为$f(1)=p$，$f(0)=p'\equiv 1-p$。这经常表示成如下的形式：

$$X_1^B=\begin{cases}1, & \Pr=p\\ 0, & \Pr=p'\end{cases}$$

或者以相关的概率密度函数的形式：

$$f(X_1^B)=\begin{cases}p, & X_1^B=1\\ p', & X_1^B=0\end{cases} \tag{7.96}$$

对这种随机变量的一个简单的应用是单次掷硬币，所以$S=\{H, T\}$，这里S上的概率定义为$\Pr(H)=p$和$\Pr(T)=p'$，由此$X_1^B(H)\equiv 1$和$X_1^B(T)\equiv 0$。这个随机变量经常被称作伯努利试验(Bernoulli trial)，相关的c. d. f.为伯努利分布(Bernoulli distribution)，这是以雅各布·伯努利(Jakob Bernoulli, 1654—1705)命名的。

标准的公式可以很简单地被变成标准平移二项分布随机变量：$Y_1^B=b+(a-b)X_1^B$，定义如下：

$$Y_1^B=\begin{cases}a, & \Pr=p\\ b, & \Pr=p'\end{cases}$$

当参数取成$a=1$, $b=-1$时，这种分布在离散的股票定价模型中应用得非常广泛。

相似地，这个模型还可以被推广到n次的掷硬币试验的样本空间情形，这样就得到广义二项分布随机变量，此时我们有两个参数，p和$n\in\mathbb{N}$。这时$S=\{(F_1F_2\cdots F_n)\mid$所有的$F_j=H$或者$T\}$，而且$X_n^B$被定义成(硬币)正面次数的随机变量：

$$X_n^B(F_1F_2\cdots F_n)=\sum_{j=1}^{n}X_1^B(F_j)$$

显然 X_n^B 取值为 0, 1, 2, …, n,由上述分析可得,相关的概率如下定义:

$$X_n^B = \{j\,;\ \Pr = \binom{n}{j} p^j (1-p)^{n-j},\ j = 0,\ 1,\ 2,\ \cdots,\ n$$

或者以概率密度函数的形式:

$$f^B(j) = \binom{n}{j} p^j (1-p)^{n-j},\ j = 0,\ 1,\ 2,\ \cdots,\ n \tag{7.97}$$

为了得到这些概率的值,我们观察到如果 $(F_1F_2\cdots F_n) \in S$ 是任意有 j 个 H 的样本点,那么, $\Pr(F_1F_2\cdots F_n) = p^j(1-p)^{n-j}$。而且,对于任意的 j,这里有 $\binom{n}{j}$ 个这样的样本点。相应的,$\mathcal{E}$ 里的事件 $|X_n^B|^{-1}(j)$ 的概率可以由式(7.97)给出。当然,由式(7.15),且参数取值为 $a = p$ 和 $b = p'$ 且 $a + b = 1$,我们得到 $\sum\limits_{j=0}^{n} f^B(j) = 1$。

最后,$f^B(j)$ 的均值、方程还有矩生成函数都可以由上述的 $X_n^B = \sum\limits_{j=1}^{n} X_{1j}^B$ 计算出,这里 X_{1j}^B 是 n 个独立同分布的标准二项分布的随机变量。对标准二项分布,我们已经有结果:

$$\mu_B = p,\ \sigma_B^2 = pq,\ M_B(t) = pe^t + q \tag{7.98}$$

应用在第 7.5.1 节中关于矩的独立和的方法,同时也由式(7.38)、式(7.57)和式(7.69),我们可以得到对任意 n 的广义二项分布的矩的结果:

$$\mu_B = np,\ \sigma_B^2 = npq,\ M_B(t) = (pe^t + q)^n \tag{7.99}$$

注意到式(7.99)和前边的样本均值的形式不一致。这是由于我们研究的是一个简单的加和,而前边的分析却是对加和的均值。

有时候能够确定这种分布的模(mode)是必要的,模被定义为使 $f^B(j)$ 取最大值的 j,我们通常记为 $\hat{j}$。现在我们要说明模可以是满足下列式子的任意整数:

$$p(n+1) - 1 \leqslant \hat{j} \leqslant p(n+1) \tag{7.100}$$

所以通常的有可能会有两个模,这仅发生在 $p(n+1)$ 是一个整数的情况。否则,$\hat{j}$ 是唯一的。

这个结果由下边的式子得出:

$$f_B(j+1) = \frac{p(n-j)}{(1-p)(j+1)} f_B(j)$$

由此式,显然在当且仅当 $\dfrac{p(n-j)}{(1-p)(j+1)} \geqslant 1$ 时,有 $f_B(j+1) \geqslant f_B(j)$。经过一些简单的计算,我们可以发现,这只需 $j \leqslant p(n+1) - 1$ 成立。换句话说,使得 $f_B(j+1) \geqslant f_B(j)$ 成立的最后的 j,和满足 $j \leqslant p(n+1) - 1$ 并使 $f_B(j+1)$ 取最大值的 j。从这一点开始向前,概率开始递减。所以模一定要满足 $\hat{j} = j + 1$,而且由此我们得到结论 $\hat{j} \leqslant p(n+1)$。

现在,如果 $\hat{j} - 1 = p(n+1) - 1$ 是一个整数,那么这个系数的比正好为 1。所以,$f_B(\hat{j} - 1) = f_B(\hat{j})$,而且这个二项分布有两个模:一个在 $p(n+1) - 1$,另一个在

$p(n+1)$。

7.6.3 几何分布

对任意给定的 p, $0<p<1$, 几何分布被定义在非负的整数上,而且它的概率密度函数由下式定义:

$$f^G(j)=p(1-p)^j,\ j=0,\ 1,\ 2,\ \cdots \tag{7.101}$$

这个分布和标准的二项分布有一种自然的联系。下边的样本空间可以被看成所有在第一次出现 H 就结束的掷硬币试验序列的全体。所以:

$$S=\{H,\ TH,\ TTH,\ TTTH,\ \cdots\}$$

且随机变量 X 被定义为首次出现 H 之前的投掷次数。相应地,上述 $f^G(j)$ 是 S 中出现 j 个 T 然后 1 个 H 的序列的概率,就是在 j 个 T 后首次出现 H 的概率。

注释 7.11: 几何分布有时候以如下的形式表示:

$$f^{G'}(j)=p(1-p)^{j-1},\ j=1,\ 2,\ \cdots$$

这样函数表示的是在第 j 次投掷时第一次得到 H 的投掷序列的概率。这样的表示在意义上是等价的,但是在数学形式上由于定义域的平移而不同。这样的结果就是,当 $m\geqslant 1$ 时 $f^{G'}(j)$ 和 $f^G(j)$ 相关的矩的结果不同,即:

$$\mu'_m(f^G)=(1-p)\mu'_m(f^{G'})$$

尽管非常巧合的,它们的方差还是一样的。

注意到 $\sum_{j=0}^{\infty}f^G(j)=1$, 这个几何序列的和可以用第 6 章中的方法来计算。即:

$$\sum_{j=0}^{\infty}(1-p)^j=\frac{1}{p}$$

几何分布的均值、方差还有矩生成函数可以有很多种方法计算,但是令人惊奇的是,其中最简单的方法是 m.g.f.仅仅是看成另外一个几何序列。特别地:

$$M_G(t)=p\sum_{j=0}^{\infty}(1-p)^j\mathrm{e}^{jt}=p\sum_{j=0}^{\infty}[(1-p)\mathrm{e}^t]^j$$

这个式子在 $(1-p)\mathrm{e}^t<1$ 的时候是收敛的。用最平常的几何序列的方法,我们可以得到:

$$M_G(t)=\frac{p}{1-(1-p)\mathrm{e}^t} \tag{7.102}$$

均值和方差可以由这个表达式和第 9 章中的方法并参照式(7.65)得到,或者直接参照练习 15。这样可以得到,令 $p'\equiv 1-p$ 时:

$$\mu_G=\frac{p'}{p},\ \sigma_G^2=\frac{p'}{p^2} \tag{7.103}$$

7.6.4 多项式分布

多项式分布反映的是第 7.3.2 节中组合分析且有 r 子集的类型。对任意给定的

$\{p_j\}_{j=1}^r$，$0 < p_j < 1$，且有 $\sum_{j=1}^r p_j = 1$，固定正整数 $n \in \mathbb{N}$，对 r 重的 $(n_1, n_2, \cdots, n_r)$，$0 \leqslant n_j$，$\sum n_j = n$ 多项式分布的概率密度函数由下式定义：

$$f^M(n_1, n_2, \cdots, n_r) = \frac{n!\,p_1^{n1}\,p_2^{n2}\cdots p_r^{nr}}{n_1!\,n_2!\cdots n_r!} \tag{7.104}$$

对于这个分布，这里有几个直观的模型。我们可以假设在射击练习中，一个女生发射了 n 支箭，命中了 $r-1$ 个不同型号的靶子，命中第 j 个靶子的概率是 p_j，同时 $p_r = 1 - \sum_{j=1}^{r-1} p_j$ 是一箭也没有射中的概率。这时的样本空间是所有的 r 维结果的集合，n_j 表示的是箭命中到不同靶子上的次数($j = r$ 意味着脱靶)。

另一个模型可以从二项分布式(7.97)得到。现在我们假设生成了 N 个 n 次投掷硬币试验的序列。问题是，这些序列里有多少会在 $r \equiv n+1$ 为 H 的时候停止？也就是说，对任意的 $n+1$ 维的非负序列：$N_0, N_1, N_2, \cdots, N_n$，且有 $\sum N_j = N$，对每个 j，一个序列上有 j 个 H 的概率是多少？这种情况下，在有 j 个 H 的时候序列就停止的概率由此式给出：

$$p_j = \binom{n}{j} p^j (1-p)^{n-j},\ j = 0, 1, 2, \cdots, n$$

在这两种样本空间的理解中，我们都采用和二项分布相似的方法由式(7.104)给出概率密度函数的定义。对 r 维的情况，$n_1, n_2, \cdots, n_r$，任意序列的概率是 $p_1^{n1}\,p_2^{n2}\cdots p_r^{nr}$。我们现在只需数出在这样本空间里有多少样本点有这样类似的性质。对第 7.3.2 节的情况，对于有 r 个子集类型的排序，这个数值是 $\frac{n!}{n_1!\,n_2!\cdots n_r!}$，所以这种类型的序列的概率就是由上述概率的乘积因子相乘得到，这就是式(7.104)。

注意到 $\sum_{n1, n2, \cdots, nr} f^M(n_1, n_2, \cdots, n_r) = 1$，由多项式定理式(7.19)和 $\sum_{j=1}^r p_j = 1$ 可得结果 $\left[\sum_{j=1}^r p_j\right]^n = 1$。

由此我们不难得到，如果$(N_1, N_2, \cdots, N_r)$是有系数为 p_j 的多项式的话，每个随机变量 N_j 都有一个二项分布。比如说，当计算 N_1 的边际密度的时候，我们有：

$$\begin{aligned} f(n_1) &= \sum_{n2, \cdots, nr} \frac{n!\,p_1^{n1}\,p_2^{n2}\cdots p_r^{nr}}{n_1!\,n_2!\cdots n_r!} \\ &= \frac{n!\,p_1^{n1}}{(n-n_1)!\,n_1!} \sum_{n2, \cdots, nr} \frac{(n-n_1)!\,p_2^{n2}\cdots p_r^{nr}}{n_2!\cdots n_r!} \end{aligned}$$

这里是对所有的 $r-1$ 维 $n_2, n_3, \cdots, n_r$ 求和，其中 $\sum_{j=2}^r n_j = n - n_1$。现在这个和有多项式分布的结构了，参数是 $\{p_j\}_{j=2}^r$，且 $\sum_{j=2}^r n_j = n - n_1$，但是由于多项式定理，这个和不能加到 1，这是由于 $\sum_{j=2}^r p_j = 1 - p_1 \neq 1$。这种情况可以被修正，即每个 p_j 都除以 $1 - p_1$，此时和

就为 1 了。像下边这样计算:

$$f(n_1)=\frac{n!p_1^{n1}(1-p_1)^{n-n1}}{(n-n_1)!n_1!}\sum_{n2,\cdots,nr}\frac{(n-n_1)!\left(\frac{p_2}{1-p_1}\right)^{n2}\cdots\left(\frac{p_r}{1-p_1}\right)^{nr}}{n_2!\cdots n_r!}$$
$$=\binom{n}{n_1}p_1^{n1}(1-p_1)^{n-n1}$$

得到的式子是有参数 n 和 p_1 的二项分布的密度函数。由此我们知道,每个随机变量都是相似的二项分布,而且,由式(7.99),有:

$$E[N_j]=n_jp_j,\ Var[N_j]=n_jp_j(1-p_j) \tag{7.105}$$

用相同的方法,任意不同的随机变量的集合的边际密度函数都可以表示成多项式的形式。比方说,有两个随机变量的情况:

$$f(n_1,n_2)=\sum_{n3,\cdots,nr}\frac{n!p_1^{n1}p_2^{n2}\cdots p_r^{nr}}{n_1!n_2!\cdots n_r!}$$
$$=\frac{n!p_1^{n1}p_2^{n2}(1-p_1-p_2)^{n-n1-n2}}{n_1!n_2!}$$
$$\times\sum_{n2,\cdots,nr}\frac{(n-n_1-n_2)!\left(\frac{p_3}{1-p_1-p_2}\right)^{n3}\cdots\left(\frac{p_r}{1-p_1-p_2}\right)^{nr}}{n_3!\cdots n_r!}$$
$$=\frac{n!p_1^{n1}p_2^{n2}(1-p_1-p_2)^{n-n1-n2}}{n_1!n_2!(n-n_1-n_2)!}$$

这是一个参数为 $\{p_1,p_2,1-p_1-p_2\}$ 和 n 的多项式。如果 $f(n_i,n_j)$,$i\neq j$,我们也可以得到相似的式子。这种联合概率密度函数在练习 35 中出现,由它可以经过计算可以得出:

$$Cov[N_i,N_j]=-np_ip_j \tag{7.106}$$

最后,由式(7.19)中的多项式定理,多项式分布的矩生成函数也可以通过简单的计算得出。由式(7.68)中的定义,求和是对所有的非负的 r 维序列,且 $(n_1,n_2,\cdots,n_r)$,$\sum n_j=n$,由此可得:

$$M_M(t)=\sum_{(n1,n2,\cdots,nr)}e^{\sum n1t1}\frac{n!p_1^{n1}p_2^{n2}\cdots p_r^{nr}}{n_1!n_2!\cdots n_r!}$$
$$=\sum_{(n1,n2,\cdots,nr)}\frac{n!(p_1e^{t1})^{n1}\cdots(p_re^{tr})^{nr}}{n_1!n_2!\cdots n_r!}$$

最终,应用多项式的定理,我们可以得到:

$$M_M(t)=\left(\sum_{j=1}^{r}p_je^{tj}\right)^n \tag{7.107}$$

特征函数也可由式(7.75)类似地得出。

7.6.5 负二项分布

这个分布的名字表示这又是一个与二项分布有关的分布,我们要进一步推广几何分布。$f^G(j)$被定义成有 j 个 T 之后才有第一个 H 的概率。而负的二项分布，$f^{NB}(j)$引入了另一个参数 k，这被定义成在第 k 次出现 H 之前有 j 个 T 的概率。所以，当 $k=1$ 的时候，负的二项分布和几何分布是一样的。概率密度函数有参数 p，且 $0<p<1$，$k\in N$，由如下定义：

$$f^{NB}(j)=\binom{j+k-1}{k-1}p^k(1-p)^j,\ j=0,\ 1,\ 2,\ \cdots \tag{7.108}$$

这个式子可以相似地类比到几何分布的情形，即只考虑由所有在第 k 次 H 时停止的序列构成的硬币投掷试验的样本空间。当然，序列有 j 个 T 和 k 个 H 的概率是 $p^k(1-p)^j$。下边我们要做的是找出样本空间里这种序列的个数。首先，既然每个序列结束时都发生的是 H，那么这里只有 $j+k-1$ 个位置需要被确定。每个这种序列只需要排列前边的 $k-1$ 个 H，所以这种序列的总个数为 $\binom{j+k-1}{k-1}$。把这些概率相乘然后计算，我们就得到了式(7.108)。

如同上一部分所述，负的二项分布推广了几何分布，并且在 $k=1$ 时退化成几何分布。这很容易被证实，由于 $\binom{j}{0}=1$ 对所有的 $j\geqslant 0$ 都成立，而且 $0!\equiv 1$，那么我们只需使 $k=1$ 然后比较式(7.108)和式(7.101)就可得到结果。

最后，为了证明 $\sum_{j=0}^{\infty}f^{NB}(j)=1$，也就是 $\sum_{j=0}^{\infty}\binom{j+k-1}{k-1}(1-p)^j=p^{-k}$，我们有下述命题。为了简化，我们令 $q=1-p$。

命题 7.7 对 $0<q<1$ 和整数 $k\geqslant 1$，有：

$$(1-q)^{-k}=\sum_{j=0}^{\infty}\binom{j+k-1}{k-1}q^j \tag{7.109}$$

证明：我们首先说明式(7.109)的右边的级数确实收敛。定义 $a_j=\binom{j+k-1}{k-1}q^j$，我们可以得出连续两项比值的绝对值：

$$\left|\frac{a_{j+1}}{a_j}\right|=\frac{j+k}{j+1}\mid q\mid$$

由级数的比值判别法，这个级数是绝对收敛的。对于一个绝对收敛的级数，我们可以任意处理其中的项。

我们用数学归纳法来给出证明。首先注意到，对于 $k=1$，式(7.109)减化成 $(1-q)^{-1}=\sum_{j=0}^{\infty}q^j$，由第 6 章可知，这是一个几何求和的结果。下边我们假设对一个给定的 k，当然包含 $k=1$ 的情况，这个上述式子都是成立的。那么我们有，对 $k+1$ 时：

$$\begin{aligned}(1-q)^{-k-1}&=(1-q)^{-1}(1-q)^{-k}\\&=\sum_{i=0}^{\infty}q^i\sum_{j=0}^{\infty}\binom{j+k-1}{k-1}q^j\end{aligned}$$

$$= \sum_{i=0}^{\infty} \sum_{j=0}^{\infty} \binom{j+k-1}{k-1} q^{j+i}$$

$$= \sum_{l=0}^{\infty} a_l q^l$$

这里,系数 a_l 是满足 $i+j=l$ 的系数的和。所以,对任意给定的 $l \geqslant 0$, $a_l = \sum_{j=0}^{l} \binom{j+k-1}{k-1}$,这是由于,对每个 j,这里有一个关系 $i=l-j$。最后我们只需要表明,$a_l = \binom{l+k}{k}$,而这正好是式(7.109)里的第 $k+1$ 的展开项的系数。为了证明这一点,我们对每一项应用式(7.16),最后我们得出:

$$\sum_{j=0}^{l} \binom{j+k-1}{k-1} = 1 + \sum_{j=1}^{l} \left[\binom{j+k}{k} - \binom{j+k-1}{k} \right]$$

$$= 1 + \sum_{j=1}^{l} \binom{j+k}{k} - \sum_{j=0}^{l-1} \binom{j+k}{k}$$

$$= \binom{l+k}{k}$$

证明完成。 ■

负的二项分布的矩很难直接算出,我们只能通过 $\sum_{j=0}^{\infty} f^{NB}(j) = 1$ 预测它们的信息。但是,像几何分布一样,负二项分布的矩生成函数可以较简单地由式(7.109)算出,我们现在就来说明这一点。

由定义:

$$M^{NB}(t) = \sum_{j=0}^{\infty} \binom{j+k-1}{k-1} p^k (1-p)^j e^{jt}$$

$$= p^k \sum_{j=0}^{\infty} \binom{j+k-1}{k-1} [(1-p)e^t]^j$$

比较这个与式(7.109)中的求和,我们发现,只要 $q \equiv (1-p)e^t < 1$,就一定有 $(1-q)^{-k} = \sum_{j=0}^{\infty} \binom{j+k-1}{k-1} [(1-p)e^t]^j$。将上述式子组合,就可以得出:

$$M_{NB}(t) = \left(\frac{p}{1-(1-p)e^t} \right)^k \tag{7.110}$$

运用这个式子还有式(7.65),采用第 9 章的工具,我们会得到如下结果:

$$\mu_{NB} = \frac{kq}{p}, \ \sigma_{NB}^2 = \frac{kq}{p^2} \tag{7.111}$$

7.6.6 泊松分布

泊松分布由西莫恩·德尼·泊松(Simeon-Denis Poisson, 1781—1840)命名,它发现

了泊松分布的概率密度函数还有它的很多性质。这个分布由一个参数刻画，$\lambda > 0$，它的概率密度函数定义在非负整数上：

$$f^P(j) = e^{-\lambda}\frac{\lambda^j}{j!},\ J = 0,\ 1,\ 2,\ \cdots \tag{7.112}$$

由式(7.63)我们有一个直接的结论，$\sum_{j=0}^{\infty} f^P(j) = 1$。不幸的是，为了研究泊松分布的其他性质，我们不得不假设很多结果成立，这些结果直到第 9 章才会被证明。

泊松分布一个非常重要的应用就是在 p 很小的时候提供一个对二项分布的逼近。特别地，式(7.97)中的二项分布的概率可以由泊松分布概率来逼近，这需要假设 $\lambda = np$。当对 p 很小，而 n 很大的时候，我们有：

$$\binom{n}{j} p^j (1-p)^{n-j} \simeq e^{-np}\frac{(np)^j}{j!} \tag{7.113}$$

这个近似法在没有计算机之前曾被广泛的应用，它由如下的结果导出。

命题 7.8 对任意给定给的 $\lambda = np$，当 $n \to \infty$ 时，二项分布的概率服从：

$$\binom{n}{j} p^j (1-p)^{n-j} \to e^{-\lambda}\frac{\lambda^j}{j!} \tag{7.114}$$

换句话说，当 n 上升，p 下降但乘积保持为 λ 时，每个二项分布的概率都收敛到相应的泊松分布的概率。

证明：首先，

$$\begin{aligned}\binom{n}{j} p^j (1-p)^{n-j} &= \frac{n(n-1)\cdots(n-j+1)}{j!}\left(\frac{\lambda}{n}\right)^j\left(1-\frac{\lambda}{n}\right)^n\left(1-\frac{\lambda}{n}\right)^{-j} \\ &= \frac{n(n-1)\cdots(n-j+1)}{n^j}\frac{\lambda^j}{j!}\left(1-\frac{\lambda}{n}\right)^n\left(1-\frac{\lambda}{n}\right)^{-j}\end{aligned}$$

现在，第二项是固定的而且和 n 相互独立，而最后一项由于 $-j$ 是固定的，当 $n \to \infty$ 的时候，是收敛到 1 的。第一项等于 j 项的固定的乘积 $\prod_{k=0}^{j-1}\left(1-\frac{k}{n}\right)$，而且这个乘积总是收敛到 1 的。这里主要引用的结论，将在第 9 章里边给出证明，就是当 $n \to \infty$ 的时候，有 $\left(1-\frac{\lambda}{n}\right)^n \to e^{-\lambda}$。由此结论，此命题得证。 ■

注释 7.12：p 很小的要求通常指的是 $p < 0.1$ 或者对称的，$p > 0.9$；而 n 很大则意味着 n 大于等于 100。

泊松分布另外一个非常重要的性质是它是唯一一个在合理的假设下能够用来描述在一定时间之内事件到达的概率密度函数。我们举几个例子，这个分布可以用来描述停车信号灯亮时经过的车辆数，或者经过收费站的车辆数、到达电话交换机的电话数量、对一个网络服务器的搜索数量、盖革计数器接受到的放射粒子的数量、一大群人里边发生保险索赔事件(比如受伤、死亡、交通事故，等等)的数量、一堆债券或者贷款的证券组合中发生违约的数量等等。

对于到达所要求的假设我们列举如下：

(1) 一个时间段里的到达数量和另外一个不相交的时间段里的到达数量是独立的。

(2) 对给定的常数λ 和k_1,当$n\to\infty$ 的时候,任意长度为$1/n$ 的时间段里的产生一个到达的概率是$\dfrac{\lambda}{n}+\dfrac{k_1}{n^2}$。

(3) 当$n\to\infty$ 的时候,在n 个长度为$1/n$ 的时间段中任意一个时间段里产生两个或者更多到达的概率可以被忽略。

我们现在来表明,在这些假设下,如果$f(j)$表示在一个单位时间段里产生j 个到达数的概率,那么依照假设(2)里对λ 的定义,可以得到:

$$f(j)=f^p(j)$$

下边我们将会发现,在泊松分布的概率密度函数中的参数λ 就等于μ_P,因此在这里研究的是在单位时间里到达数的平均数。

我们首先将单位时间段分成n 个部分。然后有$f(j)=f_1(j)$,这里$f_1(j)$表示在最多一个子时间段里有j 个到达的概率,这是由于在假设(3)中,我们可以忽略每一个子时间段里两个或者更多到达的原因。由于第一条关于区间独立性的假设,我们可以说$f_1(j)$是一个广义的二项分布的概率,它等于在j 个子时间段里发生一个到达,在另外的$n-j$ 个子时间段里一个到达都没有的概率。这个二项分布的概率在假设(2)里已经给出。由二项分布的系数,我们可以得到

$$f_1(j)=\binom{n}{j}\left(\frac{\lambda}{n}+\frac{k_1}{n^2}\right)^j\left(1-\frac{\lambda}{n}-\frac{k_1}{n^2}\right)^{n-j}$$

用第 7.5.1 式里的相似的方法,当$n\to\infty$ 的时候,我们可以得到$f_1(j)\to f^p(j)$。但是,在这里,我们令$p=\dfrac{\lambda}{n}+\dfrac{k_1}{n^2}$,所以$np=\lambda+\dfrac{k_1}{n}$,我们需要一个广义的版本来说明上述未证明的结论$\left(1-\dfrac{\lambda}{n}-\dfrac{k_1}{n^2}\right)^n\to e^{-\lambda}$。换句话说,$\dfrac{k_1}{n^2}$在这个极限中是不起作用的,这一点我们将在第 9 章中证明。

注释 7.13:在很多应用中,依照实际情况,λ 被定义成一个单位时间里到达的平均数,比如说一分钟、一个月或者一年,而对于一个有T 个单位时间段的事情,恰当的参数应该是$\lambda'=\lambda T$,对任给的T。

下面考虑期望的问题,我们注意到矩生成函数比均值和方差都容易计算。特别的$M_P(t)=e^{-\lambda}\sum_{j=0}^{\infty}e^{jt}\dfrac{\lambda^j}{j!}=e^{-\lambda}\sum_{j=0}^{\infty}\dfrac{(\lambda e^t)^j}{j!}$,由式(7.63)这个求和应该等于$e^{\lambda e^t}$。此时我们得到:

$$M_P(t)=e^{\lambda(e^t-1)} \tag{7.115}$$

泊松分布的均值和方差此时可以由矩生成函数得出,或者由练习 16 里边的一个方法直接算出:

$$\mu_P=\lambda,\ \sigma_P^2=\lambda \tag{7.116}$$

7.7 随机样本生成

在某些情况下,随机样本空间是可以被观测到的,比如每天市场结束时的价格,一个证券或者投资指数的定期回报,一片森林每周的降雨量,女孩子在 14 岁生日时的身高数据或者 30 秒内盖革计数器得到的撞击总数,或者一年之内债券违约的次数,又或者是 65 岁男性再坚持活一年的比率。实际上,世界到处都是一些未知的随机变量分布产生的观测结果。数学里的统计就是来研究这些观测结果,同时给出这些数据的分析和理解。

另一方面,过去的一些观测,往往由于为了直观理解或者数学上的方便,而被假设成是由已知的概率密度函数随机生成的。比如,一个偶然的债券的违约或者伤亡可以被假设成服从一个标准的二项分布,而债券违约或者意外伤亡的总数可以被假设成服从一个广义的二项分布或者泊松逼近,当然,有时候很多随机变量的观测值的均值也会被假设成服从正态分布(第 8 章)。当采用了合适的参数时,这样分布的假设可以用来计算或逼近已经观测到的数据,也可以用来预测将来会发生的情况。

一旦从观测一个随机变量到假设给定随机变量服从某种概率密度函数的映射成立,那么在理论上我们就可以用这个随机变量分布产生其他更多的样本点用来继续我们的研究。生成的样本点通常用来研究某些不依赖于以往观测到的样本的性质,或者由于观测到的样本点过于稀疏而无法详细描绘的性质。

比如,将在下一章里讨论的切比雪夫不等式说明研究用标准差来度量时与均值相差很远的随机变量往往是不太可行的,但是,在很多金融应用中,正是这些特殊的事件才会引起人们的重大兴趣。另外的一个例子是,对熊市的市场模型有时候需要经过修正来符合牛市的市场模型。

所以尽管我们假设的概率密度函数或许可以提供所有这种能或者不能观测到的特殊事件的详细情况,它毕竟也是一种假设。现实几乎从来不会真正地暗示下边要描述的任一种概率密度函数,也不会在任意一种概率密度函数中使参数为一个永远不变的常量。现实社会甚至于从不会真正地符合某一个概率密度函数,但是,在实际操作中,我们为了方便,需要用概率密度函数来描述现实,但是我们也要时刻注意这些模型里边隐含的与现实差别的内在风险。

而我们这一部分的主要目的就是提供一种在给定某种概率密度函数的前提下,能够迅速生成服从这个概率密度函数的随机变量的随机样本。首先我们给出一个定义。

定义 7.16 一个序列 $\{r_j\}_{j=1}^n \subset [0,\ 1]$ 是一个均匀分布的随机样本,如果满足:

(1) 对任意子区间 $\langle a,\ b\rangle \subset [0,\ 1]$,这里“$\langle\,\rangle$”表示开的、闭的或者混合的集合。$\Pr[r_j \in \langle a,\ b\rangle] = b - a$。

(2) 对任意区间的集合 $\{\langle a_j,\ b_j\rangle\}_{j=1}^n$,$\langle a_j,\ b_j\rangle \subset [0,\ 1]$,对任意的 j,有:

$$\Pr[r_j \in \langle a_j,\ b_j\rangle,\text{对任意的 } j] = \prod_{j=1}^{n}(b_j - a_j) \tag{7.117}$$

值得注意的是,定义 7.16 的第一条意味着对于$[0,\ 1]$中的任意 a,都有 $\Pr[r = a] = 0$。“均匀”的意思表示每个 r_j 的分布概率为整个区间的长度的一定比例子。除此之外,

“随机”的意思和式(7.9)中的一样,而且这里两个事件相交的概率为两个事件概率的乘积。这就是式(7.117)的本质。

注释 7.14:这个模型可以被看成是离散均匀概率密度函数 $n \to \infty$ 的极限情况。这是由于,当 $n \to \infty$ 时,尽管离散均匀概率密度函数单个点的概率下降到 0,总体的 $r \in \langle a, b \rangle$ 的概率趋向于 $b-a$。但是,在理论研究中,均匀分布往往就意味着连续的概率密度函数,就像前边提到的正态分布一样。但是,在实际中,在 n 很大的时候,均匀分布和离散的均匀分布基本上没有区别。实际上,所有的计算机都以有限的十进制或二进制的点来显示精确度,所以在给定的情况下,计算机不能区分 x 和 $x+10^{-m}$。当 $m \geqslant M$,一般地,M 为 16。所以,当 $n \geqslant 10^M$ 时,离散的均匀分布和连续的均匀分布对于你的电脑是一样的。

这一部分的结果是比较简单的,即如果 $\{r_j\}_{j=1}^n \subset [0, 1]$ 是一个均匀分布的随机样本,那么 $\{F^{-1}(r_j)\}_{j=1}^n = \{X_j\}_{j=1}^n$ 就是随机变量 X 的一个随机样本。换句话说,$\{X_j\}_{j=1}^n$ 式在(7.34)的意义下是相互独立的、同分布的随机变量。所以生成任意离散随机变量的一个随机样本的问题就退化成生成[0, 1]区间里的均匀分布的随机样本的问题,这个问题实际上已经被数学方法或者计算机软件解决了。

离散随机变量的逆分布函数 $F^{-1}(r)$,有如下定义:

定义 7.17 令 X 为离散样本空间 S 上的一个随机变量,有值域 $\{x_j\}$ 和经验分布函数 $F(x)$,那么对于 $r \in \mathbb{R}$,我们有:

$$F^{-1}(r) = \min\{x_j \mid r \leqslant F(x_j)\} \tag{7.118}$$

例 7.18 简单地考虑 X 为服从二项分布的随机变量:

$$f(x) = \begin{cases} 0.25, & x = 0 \\ 0.75, & x = 1 \end{cases}$$

有分布函数为:

$$F(x) = \begin{cases} 0, & x < 0 \\ 0.25, & 0 \leqslant x < 1 \\ 1.0, & 1 \leqslant x \end{cases}$$

$F(x)$的图片可参考图 7.2。

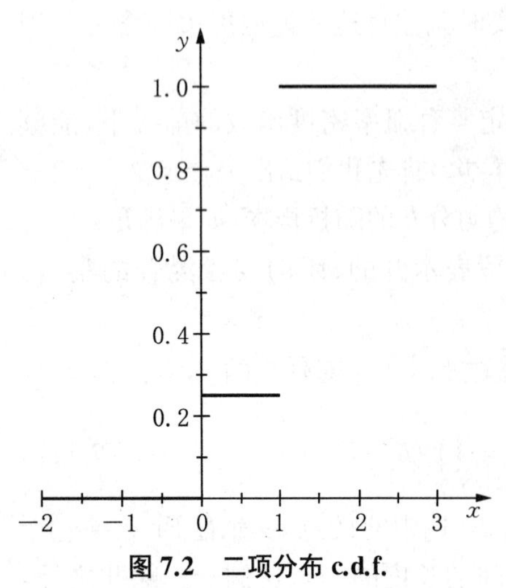

图 7.2 二项分布 c.d.f.

从式(7.118)可以得到分布函数的逆函数定义成:

$$F^{-1}\begin{cases} 0, & 0 \leqslant r \leqslant 0.25 \\ 1, & 0.25 < r \leqslant 1.0 \end{cases}$$

所以,如果 $\{r_j\}_{j=1}^n \subset [0, 1]$ 为一个均匀分布的随机样本,那么对于任意的 r_j,都有 $\Pr[r_j \in [0, 0.25]] = 0.25$,于是 $\Pr[F^{-1}(r_j) = 0] = 0.25$。相似地,$\Pr[r_j \in (0.25, 1.0]] = \Pr[r_j \in [0.25, 1.0]] = 0.75$,所以有 $\Pr[F^{-1}(r_j) = 1] = 0.75$。

对于这种情况的广义形式,有一个较简单版本的证明,基本上和这个例子一样。“较简单”是说我们假设这个随机变量的值域和概率密度函数的定义域是一样的，都是稀疏的，这意味着都没有聚点。这个广义的形式和证明如下。

命题 7.9 令 X 为一个样本空间 S 上的离散的随机变量，有稀疏的值域$\{x_j\}$和分布函数 $F(x)$，那么如果 $\{r_j\}_{j=1}^n \subset [0, 1]$ 是一个均匀的随机样本，$\{F^{-1}(r_j)\}_{j=1}^n$ 在式(7.34)的意义下是 X 的一个随机样本。

证明：如果$\{x_j\}$是稀疏的，那么就没有聚点。于是在任意 $r_j \neq 0$ 时，这里有一个唯一的 x_k 使得 $r_j \in (F(x_k), F(x_{k+1})]$。由于 $\Pr[r_j=0]=0$，我们忽略这种情况。现在，既然 $F^{-1}(r_j)=x_{k+1}$，由均匀分布样本的定义：

$$\Pr[F^{-1}(r_j)=x_{k+1}]=\Pr[r_j \in (F(x_k), F(x_{k+1})]]=F(x_{k+1})-F(x_k)=f(x_{k+1})$$

换句话说，通过 F^{-1}，均匀分布的样本点被转换成 X 的值的集合。为了说明 $\{F^{-1}(r_j)\}_{j=1}^n$ 的独立性，固定任意序列 $\{x_{k_j}\}_{j=1}^n$，那么：

$$\begin{aligned} f(x_{k1}, x_{k2}, \cdots, x_{kn}) &= \Pr[F^{-1}(r_1)=x_{k1}, F^{-1}(r_2)=x_{k2}, \cdots, F^{-1}(r_n)=x_{kn}] \\ &= \Pr[r_1 \in (F(x_{k1}-1), F(x_{k1})], \cdots, r_n \in (F(x_{kn}-1), F(x_{kn})] \\ &= \prod_{j=1}^n [F(x_{k_j})-F(x_{k_j}-1)] \\ &= \prod_{j=1}^n f(x_{k_j}) \end{aligned}$$

其中第三个等式是来自于 $\{r_j\}_{j=1}^n$ 是一个均匀分布的随机样本。 ■

例 7.19 为了生成参数为 2 的泊松分布的随机样本，我们先计算 r 个值的半开区间。令 $F(n)=\sum_{j=0}^n e^{-2}\frac{2^j}{j!}$，对于任意 $n=0, 1, 2, \cdots$ 定义相关的半开区间：$I_n=(F(n-1), F(n)]$，对于任意的 $n=0, 1, 2, \cdots$，我们注意到由定义 $F(-1)=0$。那么 I_n 区间的长度为 $|I_n|=F(n)-F(n-1)=f(n)=e^{-2}\frac{2^n}{n!}$，而显然有 $\sum_{j=0}^{\infty}|I_j|=\sum_{j=0}^{\infty}f(n)=1$。对任意 $\{r_j\}_{j=1}^n \subset [0, 1]$ 均匀的随机样本，泊松分布的随机样本 $\{F^{-1}(r_j)\}_{j=1}^n$ 由下式给出：

$$F^{-1}(r_j)=n, \ r_j \in I_n$$

注意到如果随机变量的值域$\{x_j\}$里有聚点，上面的证明则需要改变。比如，假设一个离散的随机变量，值域是$[0, 1]$中的所有的有理数按照某种方式排列起来。这时候 $F(x)$ 由式(7.22)中定义，但是现在$\{x_j\}$现在不再是递增可数的，也不再满足在任意 $r_j \neq 0$ 时，这里有一个唯一的 x_k 使得 $r_j \in (F(x_k), F(x_{k+1})]$。这并不是说上述命题的结论在这种情况下是错误的，却意味着需要更精细的推导来证明这是正确的。

命题 7.10 令 X 为一个样本空间 S 上的离散的随机变量，有值域$\{x_k\}$和分布函数 $F(x)$，那么如果 $\{r_j\}_{j=1}^n \subset [0, 1]$ 是一个均匀的随机样本，$\{F^{-1}(r_j)\}_{j=1}^n$ 在式(7.34)的意义下是 X 的一个随机样本。

证明：令 x_k 是给定的。如同上述证明，我们第一个目标是要证明 $\Pr[F^{-1}(r_j)=x_k]=f(x_k)$。考虑 x_k 的半开区间，定义为 $I_n=\left(x_k-\frac{1}{n}, x_k+\frac{1}{n}\right]$。现在由式(7.118)，对任

意的 $r \in [0, 1]$, $F^{-1}(r) \in I_n$ 当且仅当 $x_k - \frac{1}{n} < \min\{x_j \mid r \leqslant F(x_j)\} \leqslant x_k + \frac{1}{n}$。这意味着, $F^{-1}(r) \in I_n$ 当且仅当 $r \in \left[F\left(x_k - \frac{1}{n}\right), F\left(x_k + \frac{1}{n}\right)\right]$。所以由均匀分布样本的定义有:

$$\begin{aligned}\Pr[F^{-1}(r) \in I_n] &= F\left(x_k + \frac{1}{n}\right) - F\left(x_k - \frac{1}{n}\right) \\ &= \sum_{x_k - 1/n < x_j \leqslant x_k + 1/n} f(x_j)\end{aligned}$$

最后,当 $n \to \infty$, $\Pr[F^{-1}(r) \in I_n] \to \Pr[F^{-1}(r) \in x_k]$,而且这时候上述求和退化成 $f(x_k)$,这证明了 $\Pr[F^{-1}(r_j) = x_k] = f(x_k)$。为了证明 $\{F^{-1}(r_j)\}_{j=1}^m$ 的独立性,固定任意序列 $\{x_{kj}\}_{j=1}^m$,那么由上边定义对每个 x_{kj} 的 I_{nj}。然后有:

$$\begin{aligned}f(x_{k1}, x_{k2}, \cdots, x_{km}) &= \Pr[F^{-1}(r_j) \in I_{nj}, \text{对所有 } j] \\ &= \Pr\left[r_j \in \left(F\left(x_{kj} - \frac{1}{n}\right), F\left(x_{kj} + \frac{1}{n}\right)\right], \text{对所有 } j\right] \\ &= \prod_{j=1}^m \left[F\left(x_{kj} + \frac{1}{n}\right) - F\left(x_{kj} - \frac{1}{n}\right)\right] \\ &= \prod_{j=1}^m \left[\sum_{x_{kj} - 1/n < x_l \leqslant x_{kj} + 1/n} f(x_l)\right]\end{aligned}$$

其中第二个等式是来自于 $\{r_j\}_{j=1}^n$ 是一个均匀分布的随机样本。最终,令 $n \to \infty$,我们得到:

$$f(x_{k1}, x_{k2}, \cdots, x_{km}) = \prod_{j=1}^m f(x_{kj})$$

■

7.8 在金融学中的应用

7.8.1 借贷组合违约和损失

金融中一个组合了硬币投掷和暗箱问题的应用是债券或者借贷违约和损失的模型。考虑一个有 n 个债券的组合,所有的债券有相同的信用评级,都是 Baa/BBB。假设在一年里发生违约的事件由一个有偏差的硬币投掷试验描述,即 1 000 次里边有 75 次 H。我们投掷这个硬币 n 次,然后记下是 H 的次数,记为 n_H。然后我们转向债券组合的暗箱,不做交换地选择 n_H 个债券。这些是这次试验里的违约债券,总的违约票面价值我们记为 F_H。由这些违约的组合,损失可以被计算出来,即 λF_H,其中 $0 \leqslant \lambda \leqslant 1$ 表示一个固定的损失率。或者当损失随着某些概率密度函数的变换而变换的时候,违约的损失可以由一个违约损失率(loss given default, LGD)模型来描述。

一个能说明怎样产生不同损失的非常简单的例子是,对每个违约的债券,模型是变换的。所以一个点表示六分之一的损失,也就是总损失的 16.6%,那么如果有 6 点的损失,那就是百分之百的损失。现实中,我们可以用很多概率密度函数来模拟历史数据,或者直接由过去的违约的参数来生成一个损失的样本空间。在前一种情况下,随机损失是由于

[0, 1]上的均匀样本点产生的,我们可以采用上一节的处理方法。在后一种情况下,这些历史损失有可能是另外一个包含 LGD 的暗箱。于是对于每个从原始暗箱里选出的债券,有一个从第二个暗箱里选出的 LGD 来描述相关的损失。

1. 单个损失模型

更正式的形式,令 f_{jk} 表示在 k 级风险里的第 j 个债券的额度。风险等级一般由债券的信用比率或者内在的风险资产标准定义。对一个给定的风险等级,定义对于这个债券的二项分布型的违约随机变量 D_{jk} 如下:

$$D_{jk}=\begin{cases}1, \ \Pr=q_k \\ 0, \ \Pr=1-q_k\end{cases}$$

这里在这个时间段里发生违约的概率用 q_k 来表示。相应地,在这一时间段里偿还债券的概率为 $p_k=1-q_k$。

注意到随机变量 D_{jk} 一般只依赖于风险等级,而不是债券,下标 j 只是为了表明在同一个风险等级里的债券也会参照独立的硬币投掷模型。如果仅用 D_k 则会产生在一个风险等级里的债券同时违约或同时不违约的歧义,这种假设是不现实的。

最终,对每个债券的损失率(loss natio),被表示成 L_{jk},这种定义和 D_{jk} 的下标含义一样,也是只由风险等级确定,它的值域是[0, 1]。有时候贷款回收(loan recovery)被记为 R_{jk},表示违约时从违约者手里要回的贷款的相对数量,当然,这些变量满足 $L_{jk}=1-R_{jk}$。总损失现在可以由个人损失模型(individual loss model)来给出:

$$L=\sum_{j,k} f_{jk}D_{jk}L_{jk} \tag{7.119}$$

对每个债券,随机变量 D_{jk} 是被生成的,而对 $D_{jk}=1$ 的债券,随机变量 L_{jk} 是被生成的。这两个随机变量都可以采用第 7.7 节中生成均匀分布随机样本的方法来生成,这是由于我们希望 D_{jk} 是一列相互独立的随机变量,$\{L_{jk} \mid D_{jk}=1\}$ 集合也是相互独立的。当然,L_{jk} 和 D_{jk} 是不相互独立的,这是由于 $D_{jk}=0$ 意味着 $L_{jk}=0$。但为了节省时间,我们还是在生成 L_{jk} 和 D_{jk} 的时候将他们处理成独立的。

特别地,对固定的 k,我们生成 $\{r_{jk}\}\subset[0, 1]$。如果令 B_k 表示参数为 q_k 的二项分布的 c.d.f.,我们有:

$$D_{jk}\equiv B_k^{-1}(r_{jk})=\begin{cases}1, \ r_{jk}\leqslant q_k \\ 0, \ r_{jk}>q_k\end{cases}$$

相似地,利用另一组 $\{r'_{jk}\}\subset[0, 1]$,可由对每个风险等级的损失 c.d.f.生成损失值。换句话说,$L_{jk}=F_{jk}^{-1}(r'_{jk})$,这里 F 是对 k 等级的损失的经验分布函数。当然,这些值只需要对满足 $B_k^{-1}(r_{jk})=1$ 的 jk 组合生成就可以了。

根据式(7.43)和式(7.46),利用这个模型,我们可以计算出这个损失的均值和方差。举例子来说,以随机变量 D_{jk} 为条件的时候,我们有:

$$\begin{aligned}E[L]&=\sum_{j,k}E[f_{jk}D_{jk}L_{jk}] \\ &=\sum_{j,k}E[E[f_{jk}D_{jk}L_{jk} \mid D_{jk}]]\end{aligned}$$

现在由于 f_{jk} 是一个常数,而且损失的分布只与风险等级有关,我们有 $E[f_{jk}D_{jk}L_{jk} \mid D_{jk}=$

$0]=0$，$E[f_{jk}D_{jk}L_{jk} \mid D_{jk}=1]=f_{jk}E[L_{jk}]=f_{jk}E[L_k]$。换种说法，对每个风险等级，$\{L_{jk}\}$ 和 c.d.f.函数 F_k 是相互独立又同分布的。这些条件期望可以表示为：

$$E[f_{jk}D_{jk}L_{jk} \mid D_{jk}]=f_{jk}E[L_k]D_{jk}$$

因此，由 $E[D_{jk}]=q_k$ 可知：

$$E[L]=\sum_{j,\,k}q_k f_{jk}E[L_k] \tag{7.120a}$$

$$=\sum_{k}q_k f_k E[L_k] \tag{7.120b}$$

其中 $f_k=\sum_j f_{jk}$，表示在此风险等级里的总借贷额。

方差也可以用相同的方法来计算。在对生成 $\{L_{jk}\}$ 和 $\{D_{jk}\}$ 要满足的假设条件下，债券的损失是相互独立的随机变量。所以和的方差就是方差的和，而每个方差都可以被单独计算。这就是：

$$Var[L]=\sum_{j,\,k}Var[E[f_{jk}D_{jk}L_{jk} \mid D_{jk}]]+\sum_{j,\,k}E[Var[f_{jk}D_{jk}L_{jk} \mid D_{jk}]]$$

现在由上文的条件期望 $E[f_{jk}D_{jk}L_{jk} \mid D_{jk}]$ 和方差 $Var[D_{jk}]=q_k(1-q_k)$ 我们可以得到：

$$Var[E[f_{jk}D_{jk}L_{jk} \mid D_{jk}]]=q_k(1-q_k)f_{jk}^2E[L_k]^2$$

然后由 $Var[f_{jk}D_{jk}L_{jk} \mid D_{jk}=0]=0$ 和 $Var[f_{jk}D_{jk}L_{jk} \mid D_{jk}=1]=f_{jk}^2Var[L_k]$，我们得出结论 $Var[f_{jk}D_{jk}L_{jk} \mid D_{jk}]=f_{jk}^2Var[L_k]D_{jk}$。于是：

$$E[Var[f_{jk}D_{jk}L_{jk} \mid D_{jk}]]=q_k f_{jk}^2Var[L_k]$$

结合后可得：

$$Var[L]=\sum_{j,\,k}q_k(1-q_k)f_{jk}^2E[L_k]^2+\sum_{j,\,k}q_k f_{jk}^2Var[L_k] \tag{7.121a}$$

$$=\sum_{k}q_k(1-q_k)f_k^{(2)}E[L_k]^2+\sum_{k}q_k f_k^{(2)}Var[L_k] \tag{7.121b}$$

这里我们定义了 $f_k^{(2)}=\sum_j f_{jk}^2$。当然这与 f_k^2 并不相同，其中用上文中的式(7.120b)来定义 f_k。如果需要 $Var[L_k]=E[L_k^2]-E[L_k]^2$，上述公式也可以重新表述。

2. 累计损失模型

如果在每个风险等级里的贷款总数是相似的而且满足窄分布，贷款的损失也可以被描述成一种累计损失模型(aggregate loss model)。在任意一个风险等级里，我们假定是 k，$\{f_{jk}\}$ 为借贷的数额，这里包含着 n_k 个相同数额的债券，通常用均值来描述，也就是：

$$\bar{f}_k\equiv\frac{1}{n_k}\sum_j f_{jk}$$

总损失额可以被表示成：

$$L=\sum_{j,\,k}\bar{f}_k D_{jk}L_{jk}=\sum_k\bar{f}_k\sum_j D_{jk}L_{jk}$$

注意到对每个 k，都有 $N_k\equiv\sum_j D_{jk}$ 一个二项分布的随机变量，其中参数为 n_k 和 q_k。

由式(7.99)我们有 $E[N_k]=n_kq_k$ 而且 $Var[N_k]=n_kq_k(1-q_k)$。而且 $\sum_j D_{jk}L_{jk}$ 可以被重新写成：

$$\sum_j D_{jk}L_{jk}=\sum_{D_{jk}\neq 0} L_{jk}=N_kL'_k$$

这里，随机变量 L'_k 由下式定义：

$$L'_k=\frac{1}{N_k}\sum_{j=1}^{N_k}L_{jk},\ 1\leqslant N_k\leqslant n_k$$

并且将其定义为在 $N_k\geqslant 1$ 的条件下 k 级风险等级的平均损失率。换句话说，L'_k 为已经有一个损失的条件下的条件平均损失率。这和 L_{jk} 的定义是一致的，L_{jk} 是给定 $D_{jk}=1$ 时 k 风险等级里 j 债券的损失率。

综合上述结果我们可以看出，在贷款数量按照风险等级严谨配置的情况下，单个损失模型可以被重新描述成一个累计损失模型：

$$L=\sum_k \bar{f}_kN_kL'_k \tag{7.122}$$

N_k 是一个二项分布的随机变量，其中参数为 n_k 和 q_k。$\bar{f}_k$ 是 k 风险等级里的平均借贷数额，L'_k是一个在 $N_k\geqslant 1$ 的条件下与 k 风险等级的平均损失率相等的随机变量。

我们不难发现，L'_k 和上文单个损失模型中的 k 级单个损失率随机变量 L_k 有一样的预期值。另一方面，L'_k 有比 L_k 更小的方差，直观来说，这是由于 L'_k 是以原始序列$\{L_{jk}\}$的均值定义的，而 L_k 没有反映均值的信息。

首先，$E[L'_k]$ 可以用式(7.43)的条件论据来估计，这里为了更加清晰，下标放在了期望算子上：

$$\begin{aligned}E[L'_k]&=E_N\left[E_L\left[\frac{1}{N_k}\sum_{j=1}^{N_k}L_{jk}\,\middle|\,N_k=n\geqslant 1\right]\right]\\&=E_N\left[\frac{1}{n}\sum_{j=1}^{n}E[L_k]\,\middle|\,n\geqslant 1\right]\\&=E[L_k]E_N[1\mid n\geqslant 1]\\&=E[L_k]\sum_{n=1}^{nk}\Pr[N_k=n\mid n\geqslant 1]\end{aligned}$$

在最后一步，要记住 N_k 是一个二项分布变量，但却受条件 $N_k\geqslant 1$ 的限制。所以在这里 $\Pr[N_k=n\mid n\geqslant 1]=\dfrac{\Pr[N_k=n]}{1-\Pr[N_k=0]}$，进而 $\sum_{n=1}^{nk}\Pr[N_k=n\mid n\geqslant 1]=1$。因此：

$$E[L'_k]=E[L_k] \tag{7.123}$$

下面，尽管对给定的 k，L'_k 是一个和 L_k 有一样均值的随机变量，它有一个更小的方差。这可以由式(7.46)推出。经过计算我们可以得出 $E[L_k]$ 是一个常数。另外我们有：

$$\begin{aligned}Var\left[\frac{1}{N_k}\sum_{j=1}^{N_k}L_{jk}\,\middle|\,N_k=n\geqslant 1\right]&=Var\left[\frac{1}{n}\sum_{j=1}^{n}L_{jk}\right]\\&=\frac{1}{n^2}\sum_{j=1}^{n}Var[L_{jk}]\\&=\frac{1}{n}Var[L_k]\end{aligned}$$

结合上边的计算我们得到：

$$Var[L'_k]=Var[L_k]E_N\left[\frac{1}{N_k}\middle|N_k\geqslant 1\right] \tag{7.124}$$

这里 N_k 是一个二项分布的随机变量,其中参数为 n_k 和 q_k，但条件是 $N_k\geqslant 1$。显然 $E\left[\frac{1}{N_k}\middle|N_k\geqslant 1\right]<1$，因为由条件二项分布概率可知：

$$\Pr[N_k=n\mid n\geqslant 1]=\frac{\Pr[N_k=n]}{1-\Pr[N_k=0]}$$

$$E\left[\frac{1}{N_k}\middle|N_k\geqslant 1\right]=\sum_{n=1}^{nk}\frac{1}{n}\binom{n_k}{n}\frac{q_k^n(1-q_k)^{nk-n}}{1-(1-q_k)^{nk}}$$

所以 $Var[L'_k]<Var[L_k]$，因为求和公式是一个加权平均值 $\sum_{n=1}^{nk}\frac{1}{n}w_n$，其中 $\sum_{n=1}^{nk}w_n=1$。

实际上,随机变量 N_k 也可以被看成是泊松分布,因为一般来说,除了最极端的情况之外,相应的 q_k 很小且满足 $q_k\leqslant 0.1$。这时候 k 风险等级的泊松分布的参数是 $\lambda_k=n_kq_k$，并且 $E\left[\frac{1}{N_k}\middle|N_k\geqslant 1\right]$ 也可以相应的计算出来。

累计损失模型里 L 的均值和方差可以利用条件分布的方法来重新计算。在练习 17 里，$E[L'_k]$ 是为了符号的一致性。从上边的计算可知 $E[L'_k]=E[L_k]$：

$$E[L]=\sum_k\bar{f}_kE[N_k]E[L'_k] \tag{7.125}$$

$$Var[L]=\sum_k\bar{f}_k^2E[L'_k]^2Var[N_k]+\sum_k\bar{f}_k^2E[N_k^2]Var[L'_k] \tag{7.126}$$

在这些公式里，$E[N_k]$ 和 $Var[N_k]$ 反映了 N_k 的所有分布的信息。特别地，当 N_k 被看成二项或者泊松分布的时候，都有 $E[N_k]=n_kq_k$。但是，$Var[N_k]$ 在二项分布时等于 $Var[N_k]=n_kq_k(1-q_k)$，在泊松分布的时候是 n_kq_k。当 k 固定时，$E[L'_k]$ 可以被直接计算。同时由于乘积因子 $E\left[\frac{1}{N_k}\middle|N_k\geqslant 1\right]$ 的存在，$Var[L'_k]$ 的值比 $Var[L_k]$ 小。

在研究单个损失模型的时候,随机变量 L 可以由式(7.122)计算,而且可以用第 7.7 节中介绍的方法来生成随机样本点。例如在该公式中,如果 N_k 是二项分布,参数是 n_k 和 q_k 时,或者如果是泊松分布,参数是 $\lambda_k=n_kq_k$。在这两种情况下,对等级 k 进行模拟的第一步都要生成一个均匀分布的随机变量 $r\in[0,1]$，其中 $N_k\equiv F_N^{-1}(r)$，并且对于 N_k 来说，$F_N(x)$ 代表累积分布。那么,如果 $N_k>0$，则需要生成另外的均匀分布随机变量，$\{r_j\}_{j=1}^{Nk}$，其中损失率可以定义为 $\{L_{jk}\}_{j=1}^{Nk}=\{F_{Lk}^{-1}(r_j)\}_{j=1}^{Nk}$，并且对于 L_k 来说，$F_{Lk}(x)$ 代表累积分布函数。这时候平均损失率是 $L'_k=\frac{1}{N_k}\sum_{j=1}^{Nk}L_{jk}$。每一个求和公式则都可以相同方式得出。

7.8.2 保险损失模型

如果对随机变量的定义做一点改变的话,单个损失模型和累计损失模型可以在保险业中得到广泛的应用。比方说，在人寿保险中，风险等级可以由不同的性别和年龄定义。人寿保险率和债券的信用率是一样的，只是前者的目标是描述个体死亡的风险，而后者是为了描述违约的风险。所以在这种情况下，q_k 是在一定时间内，一般是一年里个体死亡的概率；而 f_{jk} 表示的是寿险政策的面值，这是基于净风险金额的。

所谓的净风险金额，是对政策面量的调整，这反映出一个事实：对于很多保险合同，尤其是对那些带有由投保人支付的均衡保费的合同而言，承保人会以累计超额保费来保持财力储备。在很多政策里，尽管净风险敞口金额每年都在变化，但是它们不是随机变量。换句话说，既然死亡的损失是提前预知的，在一个传统的寿险模型里，不需要 L_{jk} 随机变量。当 $D_{jk}=1$ 时，$L_{jk}=1$。

而对这些模型，在把它们应用到不同年份的时候，需要每年都变换它们的参数。这时候我们面对的是一列随机变量，这就是一种特殊的随机过程。在一个多年的模型里，所有损失的现值可以被看成是一个随机变量，当然这需要假定一个恰当的折现因子。这些利率或者折现因子有时候是固定的，有时候需要依据情况假设成随机变量。

对于死亡赔偿不固定的保险政策，正如变动人寿保险里一样，L_{jk} 又重新被看成一个随机变量。但是在这种情况下，L_{jk} 是一个政策面值的乘积因子，它通常反映的是金融市场的表现。在模型里假设 $L_{jk}>1$ 是用来表现良好市场环境的一个很自然的方法。

这些损失模型也可以被应用到很多赔偿不固定的保险政策。比如说，在一个残疾的保险政策里，q_k 表示在一定时期，一般是一年里残疾的概率。保险赔偿，被记作 $f_{jk}L_{jk}$，通常表示了保险政策里反映过去和将来信息的概率模型。在现实中，把一个保险的价值用预期时间段里的预期赔偿额的现值来表示是很常见的处理方式。特别地，f_{jk} 表示政策里最大赔偿的现值，而 L_{jk}，满足 $0<L_{jk}\leqslant 1$，意味着赔偿率。

很多类型保险的赔偿都可以进行相似的处理，就像在财产和灾害保险政策下的各种抚恤金，如说汽车保险、房屋保险和租赁保险。

7.8.3 净保费的计算

1. 广义的几何分布和相关分布

回顾式(7.101)给定了 $\Pr[H]=p$，在第一个 H 之前出现 j 个 T 的概率由几何分布的密度函数 $f^{G}(j)=p(1-p)^{j}$，$j=0, 1, 2, \cdots$ 给出。在引进一个新的参数 k 之后，负的二项分布推广了这个定义，给定 $\Pr[H]=p$，$f^{NB}(j)$ 表示了在第 k 个 H 之前有 j 个 T 的概率。

另一种推广几何分布的方法是使每次投掷硬币得到 H 的概率发生变化。特别地，将第 j 次得到 H 的概率定义为 p_j，则一个推广的几何分布可以由以下概率密度函数给出定义：

$$f^{GG}(j)=p_j\prod_{k=1}^{j-1}(1-p_k),\ j=1, 2, 3, \cdots \tag{7.127}$$

其中，$f^{GG}(j)$ 表示在第 j 次投掷出现第一个 H 的概率。为了方便起见，我们定义 $j=1$ 的时候，$\prod_{k=1}^{0}(1-p_k)=1$。

当然,如果对所有 k,有 $p_k = p > 0$,则 $f^G(j)$ 确实是一个概率密度函数,而且 $\sum_{j=0}^{\infty} p(1-p)^j = 1$。在概率不为常数的情况下,这个结论是对的,但是并不显然。注意到,如果对所有的 j, $0 < a \leqslant p_k \leqslant b < 1$,那么这个和是有限的。

此外,如果令 $c_0 = 1$ 和 $c_j = \prod_{k=1}^{j}(1-p_k)$,我们有 $f^{GG}(j) = c_{j-1} - c_j$,而且 $\sum_{j=0}^{\infty} c_j \leqslant \sum_{j=0}^{\infty}(1-a)^j = \frac{1}{a}$。因此我们可以将这一绝对收敛级数整理为交错级数的形式,即:

$$
\begin{aligned}
\sum_{j=1}^{\infty} f^{GG}(j) &= \sum_{j=1}^{\infty}(c_{j-1} - c_j) \\
&= c_0 + \sum_{j=1}^{\infty}(c_j - c_j) \\
&= 1
\end{aligned}
$$

这个概率密度函数是生存模型(survival model)的关键所在,尽管我们将: $p_k = \Pr$[在第 k 次得到 H | k 次之前都是 T],变换成 $q_k = \Pr$[在第 k 年死亡 | 在前 $k-1$ 年里存活]。

其中正如我们所想的那样,第 1 年是从时点 $t=0$ 至 $t=1$,以此类推。因此这个条件概率也可以被表示成 $q_k = \Pr$[在第 k 个时刻死亡 | 在前 $k-1$ 个时刻里存活]。在实践中,对于被模型化的数组 $\{q_k\} \equiv \{q_{x+k-1}\}$,其中 x =现在的年龄,标准精算符号 $q_{x+k-1} = \Pr$\{年龄为 $x+k-1$ 的人将在一年内死亡\}。然而,为了简化符号,我们一般避免用年龄当记号,除非迫不得已。

q_k 的这一定义似乎显得有些奇怪,因为我们对条件"在时点 $k-1$ 是活着的"的本能反应或许是"当然,他们在最开始是活着的,因为这样才意味着他们将在第 j 年死亡!"但是这种理解并不是该条件的目的所在。

人口普查模型或者退休金计划数据经常呈现出基于 q_k 模型定义之上的死亡概率问题。也就是说,对于有着共同死亡风险并且在某一时点存活的一群人来说,比如按照年龄 x 来分组,那么即将在该时间段内死亡的人所占比例是多少?因此,基于上述样本,$\hat{q}_x$ 通常代表在这段时间里死亡人数和在这段时间开始时年龄为 x 并且还活着的人数的比率。在这种情况下,很多统计的模型被用来研究在一个风险等级下、在这个时间段里潜在死亡比例的估计值。

现在我们感兴趣的问题也即幸存者的概率密度函数所试图回答的问题是,对于年龄是 x 且在 0 时刻存活的人,在第 k 年($k=1, 2, 3, \cdots$)死亡的概率是多少?这个问题的答案并不是 q_{x+k-1},因为在给定"最开始是活着的"这一条件时,该值仅仅是第 k 年的死亡概率。而对于 q_{x+k-1} 的必要修正应当是将其乘以 $\prod_{j=1}^{k-1}(1-q_{x+j-1})$,因为该式将最初第 $k-1$ 年存活的概率与第 k 年死亡的概率结合了起来。

比方说,这个模型意味着两个年龄分别是 25 岁和 30 岁的人,在 30 岁和 31 岁生日之间死亡的概率是不一样的,这就意味着在 30 岁和 31 岁生日之间,较年轻的人死亡的概率较小。这不是因为在整个时期内死亡概率 $\{q_x\}$ 有任何潜在的有利趋向,而仅仅是因为较年轻的人有在 30 岁之前结束生命的可能性。因此运用上述基于年龄的符号表示这两个概率分别是 $\prod_{k=0}^{4}(1-q_{25+k})q_{30}$ 和 q_{30}。所以较年轻的人在该年龄有更低的死亡率,因为他们或许在该年份开始时就已经死亡了。

死亡概率密度 $f^M(j)$, $j=1, 2, 3, \cdots$,表示一个人现在活着并且将活 $j-1$ 年然后在第 j 年死亡的概率,这个值为:

$$f^M(j)=q_j\prod_{k=1}^{j-1}(1-q_k),\ j=1,\ 2,\ 3,\ \cdots \tag{7.128}$$

此外,在统计概念下,这一概率可以表示为:

$$(j-1)\mid q_x=q_{x+j-1}\prod_{k=1}^{j-1}(1-q_{x+k-1}),\text{其中 } j\geqslant 1$$

其中 $(j-1)\mid q_x$ 表示现在年龄为 x 的人活到第 $(j-1)$ 年并于第 j 年死亡的概率,且因此有 $0\mid q_x=q_x$。

对应死亡概率密度 $f^M(j)$ 的死亡分布函数是 $F^M(j)=\sum_{k=1}^{j}f^M(k)$,而生存函数 $S^M(j)=1-F^M(j)$,它给出了这个个体将继续存活 j 年的概率。

2. 人寿保险单个净保费

生存模型的一个简单的应用是决定一个人付了 1 美元保费,然后在这一年的年末死亡的预期现值。这是一个完整人寿保险合约,意味着覆盖范围不会在像区间人寿保险一样在某个特殊的点停止。让 I 表示保险赔偿的现值的随机变量。在死亡发生在 j 年的条件下,I 的条件期望 $E[I\mid j]$,如果给定一个年利率 i,该期望值等于 $v^j\equiv(1+i)^{-j}$。I 的预期值和式(7.43)中在 $f^S(j)$ 条件下的条件期望的预期值是一样的,因此:

$$E[I]=\sum_{j=1}^{\infty}v^jq_j\prod_{k=1}^{j-1}(1-q_k)$$

这里使用∞仅仅为了符号方便。

$E[I]$的计算值是利率为 i 的完整人寿保险单位现值的预期值。为了表示和年龄 x 的关系,通常被记为 A_x。这是一个单个保费,它反映的是为了应对预期赔付,在 $t=0$ 且利率为 i 时应该收到的钱。换句话说,如果该笔钱是由具有相同死亡风险的一群人得到的,并进行投资,那么所有收益将得以完全支付而最后不会留下任何剩余。

此外,$E[I]$是一个"净"保费是因为它只反映预期赔付;它既不能用以反映在假定上述条件(死亡率、利率等)时的不同风险,也不能反映出售或维持该条件时所需的不同级别的费用,同时还无法反映保险人进行风险资本投资时要求得到的收益。

为了使用条件及式(7.46)计算 I 的方差,我们令 $Q_j=q_j\prod_{k=1}^{j-1}(1-q_k)$。由计算可以得到 $E[I\mid j]=v^j\equiv(1+i)^{-j}$,我们有:

$$\begin{aligned}Var\left[E[I\mid j]\right]&=E\left[(E[I\mid j])^2\right]=\left(E\left[E[I\mid j]\right]\right)^2\\&=\sum_{j=1}^{\infty}v^{2j}Q_j-\left[\sum_{j=1}^{\infty}v^jQ_j\right]^2\end{aligned}$$

此外,条件方差由 $Var[I \mid j]=0$ 给出,并且因此得到 $E[Var[I \mid j]]=0$。联立可得:

$$Var[I]=\sum_{j=1}^{\infty} v^{2j} Q_j - \left[\sum_{j=1}^{\infty} v^j Q_j\right]^2$$

这个基础的人寿保险可以被不同的方法修正来处理不同但相似的一些问题(参见练习 37)。

3. 退休金单个净保费

生存函数也可以在单个净保费的基础上估算欲支付一个人的年退休金所需花费的成本,只要被保险人存活,该退休金就在每年年初进行支付。这是一个终身年金(life annuity)的例子。令 B 表示等于该退休金或年金现值的随机变量。然后令 $E[B|j]$表示在第 j 年死亡的该随机变量的期望值。用第 2 章中式(2.11)的符号,我们可以得到 $E[B \mid j]=\sum_{k=1}^{j} v^{k-1}=(1+i)a_{j;\,i}$。换句话说 $a_{j;\,i}=\dfrac{1-(1+i)^{-j}}{i}$。用式(7.43),我们得到:

$$E[B]=(1+i)\sum_{j=1}^{\infty} a_{j;\,i} q_j \prod_{k-1}^{j-1}(1-q_k)$$

这个值就是单个净保费,与上文中的 $E[I]$是相同的意思,既不反映风险、费用,也不反映收益。在练习 19 中要求证明 $E[B]$也可以用生存函数 $S^M(j)$ 表示。用与保险收益相似的方法,我们可以得到:

$$Var[B]=(1+i)^2\sum_{j=1}^{\infty} a_{j;\,i}^2 Q_j - \left[(1+i)\sum_{j=1}^{\infty} a_{j;\,i} Q_j\right]^2$$

生存年金有时候会保证最少赔付 m 年,这种情况被称为 m 年确定生存年金。此时,以概率为 $1-\sum_{j=1}^{m+1} Q_j$ 赔付 a_m,且此后只要生命延续赔付方式不变。另外一种叫做 n 年临时生存年金,这时候最多赔付 n 年。或者保证赔付最少 m 年,最多 n 年,这种叫做 m 年确定 n 年临时生存年金,其中需要 $m<n$。这些年金都可以被推迟 k 年执行,这种的被称作 k 年延迟……参见练习 20 和练习 21。

4. 人寿保险的分期净保费

通常来说,完整人寿保险被看成分期保费情况而不是单个保费的情况,因此我们按照年度支付来建模,尽管其他支付频率也是较为常见的。用 π 表示只要被保险人存活就在每年年初支付给他的净保费,我们得到 $\pi E[B]=E[I]$,而且:

$$\pi=\frac{\sum_{j=1}^{\infty} v^j Q_j}{(1+i)\sum_{j=1}^{\infty} a_{j;\,i} Q_j}$$

这些分期支付款也可以被构建为仅在几年内支付。

只要赔付周期比延迟周期短或相等,那么当年金延迟的时候,退休金和年金合约也可以被看成是分期赔付的情况,并且给予在延期期间死亡的人一定比例的赔付回报。

7.8.4 资产配置框架

资产配置的基础问题如下：

(1) 给定一个风险资产的组合，怎样评价将一定量的资金配置到这些资产和一个无风险资产的不同方法？

(2) 当某种配置在某些理性的投资人看来更好的时候，我们可以说它比其他配置更优吗？给定两个配置 **W** 和 **V**，如果我们非正式地定义风险为投资者没有达到预期收益，那么 **W** 由于 **V** 的偏好的例子有可能是以下情况：

- 不论市场里发生了什么，**W** 的回报比 **V** 的高。
- **W** 和 **V** 有同样的风险，但是 **W** 有更多的预期回报。
- **W** 和 **V** 有同样的预期回报，但是 **W** 有更低的风险。

(3) 我们是否可以说某项配置 **W**，是相对于其他所有配置是最优的？比如说在同样的风险情况下，**W** 比其他的所有配置都有更好的收益。

在有同样的预期收益的情况下，**W** 比其他的所有配置有更小的风险。

(4) 如果在所有的相对最优配置里，**W** 对于每个理性的投资人来说都是最优的，我们是否可以说，对任何一个理性投资者，**W** 为最优偏好的？

在这一部分，我们将通过建立一个研究框架来着手分析资产配置问题，这也是问题(1)的基本内容。在以后的章节里，我们在开发了新工具后会得到其他的结论，因此还会回归到这个话题。对于这个问题的大多数研究需要用到多元微积分和线性代数的知识。

为了研究这个问题，我们假定有有限个风险资产组合 $\{A_j\}_{j=1}^{n}$ 和一个无风险资产 T。风险是指投资者的收益在投资期间内不确定，而无风险是指投资收益在投资期间内是确定的，因此无风险资产取决于投资者和投资期间。尽管在美国，期限为一个月的 T-bill 对于投资期限为一个月的美元投资者来说是无风险的，但是它对于使用美元的当日交易者和投资期限为一个月的欧元投资者来说都是有风险的。

基于上述设想，在有着相同投资期限的任意投资群体中，一定存在一个无风险的投资工具，也就是说，任意两种上述的工具将具有相同且唯一的收益。这是因为，如果他们有不同的收益，投资人可以卖掉收益低的投资项目，同时买入收益高的投资项目，从而产生无风险套利，或简称为套利(arbitrage)。对于收益低的资产，将其抛售的压力会使它的价格降低进而收益提高，而对于收益高的资产，将其买入的压力会使它价格升高而收益降低，直到达到某种平衡。

一个资产配置就是一个向量 $\mathbf{W}=(w_0, w_1, \cdots, w_n)$，这里 w_0 指的是对资产 T 的投资，而 w_j 指的是对资产 A_j 的投资。这个向量可以由相对项正规化，即所有的项加起来等于 1。此时 w_j 代表着对总资产的投资比例。或者用绝对项来表示，即所有的项加起来等于 W_0，这里 w_j 代表着投资到 j 个资产上的实际资金，而 W_0 表示初始投资的总额。在处理这两种情况的时候，数学方法是相似的，只是在预测的时候会有不同。为了简化记号，我们一般都假定 **W** 用相对项来表示，而不是只在必要的时候提及 W_0 并给出注明。

符号设定为：令 R_j 表示对资产 A_j 投资期满时得到的随机回报，如果对于投资报告中长串小数的解释除了投资者的有限欲望之外再无任何理由，那么通常可以假设 R_j 为离散的。令 r_F 表示在这个投资期里固定的无风险回报。为了简化起见，我们假定投资的期限是一年，所有的利率都指的是年收益率。除了 $w_j=0, j\geqslant 1$ 的情况之外，我们很容易发现对这个组合配置的收益 R 是有风险的，R 被表示成如下形式：

$$R=w_0 r_F+\sum_{j=1}^{n} w_j R_j \tag{7.129}$$

收益 R 是一个离散的随机变量，概率函数为 $f(R)$，其定义域由给定的资产组合及不同 R_j 的概率密度函数决定。

给定一个资产的配置，则 $f(R)$ 和 $\{f(R_j)\}$ 在理论上的联系一般来说，即使在后者是知道的情况下也很复杂。但是这里有一个反例，就是当 R_j 是连续正态分布时，即不离散时，那么 R 将是正态分布的。但是要证明这一点还需要开发出新的工具。

在没有额外的数学工具的情况下，单纯从经验的角度研究 R 的概率密度函数也是很困难的，因为这需要每个风险资产回报 R_j 的相关信息。尽管对任意一个风险资产 A_j 的收益的随机样本都可以运用第 7.7 节的方法从它的条件密度函数模拟出来，但是由于各个资产之间不一定是独立，或者弱一点讲不一定是不相关的，因此在研究他们的联合收益时就会很复杂。换句话说，事实上对于任何两个能够模拟出来的两个风险资产来说，其收益的相关系数 ρ 往往不是零，在大部分非正常的情况下，它是正的，即 $\rho>0$。正常的情况是指，在一个组合中一个资产是长头寸而另一个是短头寸，那么我们将会人为地构造一个 $\rho<0$ 的例子，而实际上 $\rho=-1$。但是在很多实际例子里，长头寸是正相关的，并且更一般的情况是非零相关的，所以对一个风险资产收益的经验模拟要反映这些相关性的信息。

一个很常用的模拟方法是历史数据模拟，据此我们可以掌握研究中的每个资产的同期收益序列：$\{(R_1^{(k)}, R_2^{(k)}, \cdots, R_n^{(k)}) \mid k=1, 2, \cdots, N\}$。这意味着对每个时期 k 要和投资区间长度一样，$(R_1^{(k)}, R_2^{(k)}, \cdots, R_n^{(k)})$ 表示在这一时期内各自的收益。在相同的历史时期(长度为 k)内，我们可以假设无风险资产的回报都为 $r_F^{(k)}$。由这些序列我们可以得到两个可能的模拟：

(1) 给定配置下历史收益的模拟：

$$R^{(k)}=\omega_0 r_F^{(k)}+\sum_{j=1}^{n} \omega_j R_j^{(k)}$$

(2) 在 r_f 已知情况下，下一期潜在收益的模拟：

$$R^{(k)}=\omega_0 r_F+\sum_{j=1}^{n} \omega_j R_j^{(k)}$$

这实际上就是式(7.129)中的模型。

根据任一模型和一个给定的配置组合 $\{w_j\}_{j=0}^{n}$，便可以模拟出一个收益数据级数 $\{R^{(k)}\}$，由此可以计算 R 的所有矩，并估算出 $f(r)$。然而，如果要估计这些矩对配置参数的依赖关系，我们还需要一种替代方法。

具体来说，历史收益数据的样本矩可以用于预测随机变量 R 的不同阶数的矩，而不需要设定配置参数或者直接计算 $f(R)$。例如，将式(7.38)应用到式(7.129)，我们可以得到：

$$E[R]=\omega_0 r_F+\sum_{j=1}^{n}\omega_j\mu_j,\ \mu_j\equiv E[R_j] \tag{7.130}$$

再应用式(7.56)，有：

$$Var[R]=\sum_{i=1}^{n}\sum_{j=1}^{n}\omega_i\omega_j\sigma_i\sigma_j\rho_{ij} \tag{7.131a}$$

$$\sigma_j^2\equiv Var[R_j],\ \rho_{ij}\equiv Corr[R_i,\ R_j] \tag{7.131b}$$

当然，如果目的是计算期末财富的均值和方差，定义为 $W_1=W_0(1+R)$，可以按如下方法计算得出：

$$E[W_1]=W_0(1+\mu),\ Var[W_1]=W_0^2\sigma^2 \tag{7.132}$$

$E[R]$ 和 $Var[R]$ 通常分别记作 μ 和 σ^2。

类似地，高阶矩可以由历史数据的高阶联合样本矩计算得出。例如，三阶中心距 $\mu_3\equiv E[(R-\mu^3)]$ 可以由 $R-\mu=\sum_{j=1}^{n}\omega_j(R_j-\mu_j)$ 得出，因此：

$$(R-\mu)^3=\sum_{i=1}^{n}\sum_{j=1}^{n}\sum_{k=1}^{n}w_iw_jw_k(R_i-\mu_i)(R_j-\mu_j)(R_k-\mu_k)。$$

该式需要进行一些整合处理，但期望显然需要如下各项，其中下标有意做了区分：

$$E[(R_i-\mu_i)(R_j-\mu_j)(R_k-\mu_k)],\ E[(R_i-\mu_i)(R_j-\mu_j)^2],\ E[(R_i-\mu_i)^3]$$

由于方程 $\{\omega_0,\ \omega_1,\ \cdots,\ \omega_n\}$ 可以看做 $\mathbb{R}^{n+1}$ 上的一个点，上述风险和收益统计的分析——尤其是在不同配置向量 $\boldsymbol{W}$ 下的表现——成了一个计算矩的问题。完成这种分析需要更加有力的多变量计算和线性代数工具。在这一点上，我们仍然可以参考上面问题(2)中提出的对该问题的非正式分析。

给定配置参数 $\boldsymbol{W}$ 和 $\boldsymbol{V}$，我们有很多种方法来定义 $\boldsymbol{W}$"优于"$\boldsymbol{V}$。例如，给定配置向量 $\boldsymbol{W}=(\omega_0,\ \omega_1,\ \cdots,\ \omega_n)$，定义一个 epsilon 转换配置向量 $\boldsymbol{W}_\epsilon^{ij}$，除了 ω_i 随 ϵ 增大和 ω_j 随 ϵ 减小以外，等同于 $\boldsymbol{W}$。令 R 表示 $\boldsymbol{W}$ 下的随机收益，R_ϵ^{ij} 表示 $\boldsymbol{W}_\epsilon^{ij}$ 下的收益。通过一个简单的计算可得：

$$E[R_\epsilon^{ij}]-E[R]=\epsilon(\mu_i-\mu_j)$$

为了方便，我们将 r_F 记作 μ_0。显然，当 $\epsilon>0$ 时，根据 $\mu_i>\mu_j$ 或 $\mu_i<\mu_j$，期望收益递增或递减。

对于方差分析，可以进行简化，因为式(7.131a)可以表示为：

$$Var[R]=\sum_{i=0}^{n}\sum_{j=0}^{n}w_iw_j\sigma_{ij},\ \sigma_{ij}\equiv Cov[R_i,\ R_j],\ \sigma_{jj}\equiv Var[R_j] \tag{7.133}$$

因为对任意 $j\neq 0$，$\sigma_{0j}=\sigma_{j0}$ 而且 $\sigma_0^2=0$。根据该式可以计算方差的变化，不过方法更为复杂。技巧在于将和分成包含 i 或 j 的项，即：

$$2w_i\sum_{k\neq i,\ j}w_k\sigma_k+2w_j\sum_{k\neq i,\ j}w_k\sigma_{kj}+2w_iw_j\sigma_{ij}+w_i^2\sigma_i^2+w_j^2\sigma_j^2$$

以及不包含 i 和 j 的项：

$$\sum_{k\neq i,\ j}\sum_{l\neq i,\ j}\omega_k\omega_l\sigma_{kl}$$

分解之后，由于只有 ω_i 和 ω_j 发生了变化，所以我们可以推导出：

$$\begin{aligned}Var[R_\epsilon^{ij}]-Var[R]&=2\epsilon\sum_{k\neq i,\ j}w_k(\sigma_{ik}-\sigma_{kj})+2[\epsilon(w_i-w_j)-\epsilon^2]\sigma_{ij}\\&\quad+\epsilon^2(\sigma_i^2+\sigma_j^2)+2\epsilon(w_i\sigma_i^2-w_j\sigma_j^2)\\&=\epsilon^2[\sigma_i^2+\sigma_j^2-2\sigma_{ij}]+2\epsilon\left[\sum_{k=0}^{n}w_k(\sigma_{ik}-\sigma_{kj})+2(w_i-w_j)\sigma_{ij}\right]\end{aligned}$$

换句话说，给定任意 i 和 j，$Var[R_\epsilon^{ij}]-Var[R]$ 是一个 ϵ 的经过原点的二次函数。因此对取决于 i 和 j 的固定常数 A 和 B 有：

$$Var[R_\epsilon^{ij}]-Var[R]=A\epsilon^2+2B\epsilon$$

在式(7.54)的证明中，我们利用柯西—施瓦茨不等式证明 $\sigma_{ij}^2\leqslant\sigma_i^2\sigma_j^2$。由此我们得出结论，$-\sigma_i\sigma_j\leqslant\sigma_{ij}\leqslant\sigma_i\sigma_j$，因此 $A\geqslant0$。具体来说：

$$0\leqslant(\sigma_i-\sigma_j)^2\leqslant A\leqslant(\sigma_i+\sigma_j)^2$$

如果 $B=0$，那么对任意 ϵ 都有 $Var[R_\epsilon^{ij}]-Var[R]\geqslant0$，$\epsilon$ 转换产生了相同或更高的风险。如果 $B\neq0$，关于 A 的不等式意味着对 ϵ 存在一个区间使得 $Var[R_\epsilon^{ij}]-Var[R]<0$，换句话说，方差减小了。具体来说，如果 $B>0$，方差减小的区间是 $\epsilon\in\left(-\dfrac{2B}{A},\ 0\right)$，而如果 $B<0$，方差减小的区间是 $\epsilon\in\left(0,\ \dfrac{2B}{A}\right)$。在两种情况下，最大降幅点都是区间的中点。

这一简单分析为问题(2)中的"优先"配置提供了答案。也就是说，如果存在一个 i 和 j 使得期望收益可以增大，$E[R_\epsilon^{ij}]>E[R]$，而且收益的方差减小，$Var[R_\epsilon^{ij}]<Var[R]$，那么我们有理由据此判断 $\mathbf{W}_\epsilon^{ij}$ 优于 $\mathbf{W}$。当然，这仅仅是一种合理的依据，因为它忽视了上述随机变量在两种配置下的更高阶矩的情况。

7.8.5 离散时间下的股票定价模型

1. 股价数据分析

令 S_0 表示股票在 0 时期的价格。很多金融问题关系到概率密度函数的建模以及未来某一时点上价格的相关特性或者该价格随时间演变的趋势。这类模型的基础在于，从根本上说，未来的股价以及期货合约价格、货币、利率等在 0 时期都是随机变量，即便他们的走势可能完全或者至少部分在事后可以解释。有时候我们这样描述，未来的价格在事前是随机的，但在事后是确定性的并且可能是可以解释的。这些观点并不矛盾。

事后(ex post)意味着我们可以找到确定的原因和使价格效应更容易理解甚至引人关注的观点，而事前(ex ante)随机则意味着我们不可能预测未来引起价格变动的原因。总体来说，原因伴随着市场信息的消化而变化，这是信息出现和进入市场的一般模式。价格波动的随机性反映了市场相关信息的发现、公布和传播的随机性。

历史分析也强化了随机性的观点。如果 $\{S_j\}$ 表示一个给定股票在相当长一段时期(比如说 10 年)每日、每周或其他固定时间间隔的收盘价的级数，期内收益 $\{R_j\}\equiv\left\{\dfrac{S_{j+1}-S_j}{S_j}\right\}$ 的集合构成一个级数，叫做时间级数(time series)，该级数通常拥有很多抛硬币序列的性质。具体来说，正负数的比例子大概为 50∶50，其中正负数的时间间隔不尽相同。

此外，当我们观测到数值的时候，计算连续收益 R_j 和 R_{j+1} 的相关性便可以得到所谓的自相关系数，其值通常接近 0。自相关的含义是一个随机变量与自身的相关性。自相关系数接近 0 意味着 R_j 基本上对 R_{j+1} 的值甚至符号没有任何的预测价值，这也类似于抛硬币序列的特点。如果按收益的范围分组，把相应的近似概率密度函数画在一个直方图中，可以得到一个熟悉的钟形曲线，看上去接近正态分布。但是进一步分析表明，这个分布通常具有肥尾特征，这说明标准化收益远大于零的概率大于正态分布下的相应概率。

增长率级数或者收益对数比级数 $\{r_j\} \equiv \left\{\ln\left(\frac{S_{j+1}}{S_j}\right)\right\} \equiv \{\ln(1+R_j)\}$ 通常可以观察到同样的特点。收益对数比可能在建模时更受欢迎，因为在这种形式下，$S_{j+1}=S_j e^{r_j}$，阶段收益 $S_{j+1}=S_j(1+R_j)$。尽管这可能看上去没有什么数学意义，但在给 n 期的远期合约定价时就有区别了：

$$\text{收益模型：} S_n = S_0 \prod_{j=0}^{n-1}(1+R_j) \tag{7.134}$$

$$\text{增长模型：} S_n = S_0 e^{\sum_{j=0}^{n-1} r_j} \tag{7.135}$$

从上述式子显然可以看出，用 $\{r_j\}$ 作为收益变量的集合需要对随机变量的和进行建模，再加上 $\{R_j\}$，我们就需要处理乘积。我们更青睐于采用收益对数比的参数化，因为数学分析相对更容易处理。

2. 二项点阵模型

用 μ 和 σ^2 代表收益对数比级数的均值和方差，这些参数必然反映了一定的时期，比如 $\Delta t=1$，数据点由此分成很多部分。根据历史来看，$\{r_j\}$ 在很小的时间间隔内服从钟形分布，我们可以用二项收益和第 8 章中结果的期望来近似得到收益对数比：

$$S_{j+1} = S_j e^{B_j}$$

这里 $\{B_j\}$ 是独立同分布的二项数列的随机组合，定义为：

$$B = \begin{cases} u, & \Pr[u] = p \\ d, & \Pr[d] = p' \end{cases}$$

其中 $p' \equiv 1-p$、p、u 和 d 按如下方法经过“校准”来得到想要的历史数据的矩。

为了从历史数据中推出上述三个模型参数，我们需要三个约束条件。实际上，我们经常会通过引入一个合理的约束条件来对分析进行简化。例如，令 $p=\frac{1}{2}$，则 $E[B]=\frac{1}{2}(u+d)$，$E[B^2]=\frac{1}{2}(u^2+d^2)$，$Var[B]=\frac{1}{4}(u-d)^2$。因此，为了得到两个历史矩，需要令：

$$\frac{1}{2}(u+d)=\mu$$

$$\frac{1}{4}(u-d)^2=\sigma^2$$

由此很容易得到股价模型：

$$S_{j+1}=\begin{cases}S_j e^{\mu+\sigma}, & p=\dfrac{1}{2}\\ S_j e^{\mu-\sigma}, & p'=\dfrac{1}{2}\end{cases} \tag{7.136}$$

另一种校准方法是令 $d=\frac{1}{u}$;然后再利用均值和方差,决定参数 p 和 u。

根据 $p=\frac{1}{2}$ 的模型,n 时期的股价服从参数为 n 和 p 的二项分布。这是因为式(7.135),其中 $r_j=\mu+b_j\sigma$ 以及:

$$b_j=\begin{cases}1, & \Pr=\dfrac{1}{2}\\ -1, & \Pr=\dfrac{1}{2}\end{cases}$$

得到:

$$S_n=S_0 e^{n\mu+\sigma\sum_{j=0}^{n-1}b_j} \tag{7.137}$$

其中 $\sum_{j=0}^{n-1}b_j$ 假定 $\{-n+2k\}_{k=0}^{n}$ 的概率为 $\left\{\binom{n}{k}\frac{1}{2^n}\right\}_{k=0}^{n}$。

这使得股价参数可以简记如下:

$$S_n=S_0 e^{n(\mu-\sigma)+2\sigma B_n}=S_0 e^{nd+(u-d)B_n} \tag{7.138a}$$

$$\Pr[B_n=j]=\binom{n}{j}\frac{1}{2^n}=\binom{n}{j}p^j(1-p)^{n-j},\ j=0,1,\cdots,n \tag{7.138b}$$

这个公式是股价二项点阵模型的基础,其初始价格为 S_0,$t=1$ 时有两种可能的价格,$t=2$ 时有三种可能,……,以此类推,n 时期有 $n+1$ 种可能的价格。并不罕见的是,上述价格用正整数点阵代表,时间为横轴,"状态"或者随机股价为纵轴,见图 7.3。

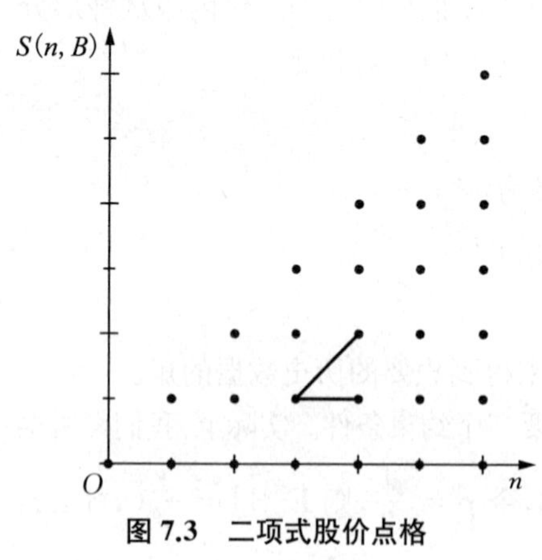

图 7.3 二项式股价点格

图 7.3 中所示的图像通常按照逻辑方式来定位,最低股价落在底部,相应地,$B_n=0$。对于任意时间状态下的价格,下一期都存在两种可能的价格,一种是直接向代表 d 的右方波动,另一种是向代表 u 的东北方向波动,概率均为 $\frac{1}{2}$。在练习 23 指定的刻度下,价格直接向右波动的概率为 $1-p$,而价格向东北方向波动的概率为 p。换一种方式,n 时期 $n+1$ 种价格的集合如式(7.138)所示,服从参数为 n 和 $\frac{1}{2}$ 的二项分布,或者更普遍的练习 23 的情况,服从参数为 n 和 p 的二项分布。由此得到一个钟形分布的收益,定义为 $\ln(S_n/S_0)$,这与历史数据是一致的。我们将在第 8 章中将此正规化。

3. 二项场景模型

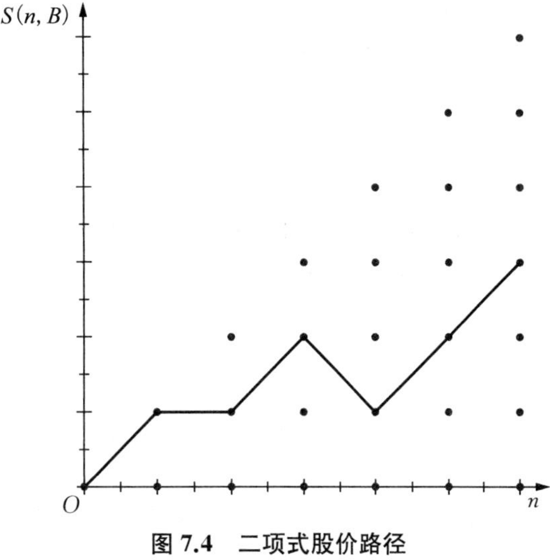

图 7.4 二项式股价路径

若要将股价的变化概念化同时进行很多类型的运算，有一种同样有用的替代方法，就是生成股价路径，或者股价场景。与在模型中生成 n 时期前所有可能价格的二项点阵方法截然不同的是，场景方法在一个时点上只生成一个可能的价格路径。图 7.4 中给出了一个单一价格路径的例子。

由于 S_0 给定，每一个路径都需要生成 n 个价格。相比之下，生成点阵总共需要 $\sum_{j=2}^{n+1} j = \frac{(n+1)(n+2)-2}{2}$ 个价格。基于场景的方法的出发点通常不是组合。既然存在 2^n 种可能的路径，生成它们总共需要 $2^n n$ 次系统计算，总共实际上需要超过 $\frac{(n+1)(n+2)-2}{2}$ 次。一般情况下，场景的出发点可能是既有的问题无法在点阵框架下解决，而只能通过生成价格路径的方式解决。

例如，一个简单的关于给定普通股的欧式期权或美式期权可以用股价的点阵来计算。另一方面，如果不管之前的价格路径如何，欧式期权到期时的价值都反映了股票价格的价值，那么基于点阵的方法就不会奏效，该计算就必须通过基于场景的方法来完成。

在某些非重组点阵模型中，场景方法也是必要的。上面的点阵模型是重组的，在这种情况下，给定任意价格，如果介于中间的收益为$\{u,\ d\}$或$\{d,\ u\}$，两期生成同一价格。并非所有的点阵都有这种性质。重组点阵指的是 $S^{(u,d)} \neq S^{(d,u)}$。在这种情况下，生成全部点阵是不可能的，因为这种价格的数量达到了 $\sum_{j=1}^{n+1} 2^j = 2^{n+2} - 1$。对于非重组模型来说，即便基于点阵的方法在理论上是可能的，就像欧式期权的定价一样，在 n 特别大时也是不可行的，仍然需要基于场景的方法。

7.8.6 离散时间的欧式期权定价：基于点阵

1. 一期定价

注释 7.15：在关于期权定价或者更广泛的衍生品定价的本部分和其他部分，标的资产将被称为普通股，记作 S。不过，所有的理论都适用于投资者可以做空的任一资产的衍生品。当然，所有资产都允许投资者通过购买该资产进入其多头，因此允许卖空是相对限制性的。一般将可卖空资产称之为**投资资产**(investment assets)，因为投资者通常出于其升值潜力才持有该类资产。普通股和股票指数、固定收益投资和指数、货币、黄金和铂金等贵金属以及所有的期货合约都是投资资产的例子。这里形成的一般框架在应用于衍生品时可以进行调整。其他资产叫作**消费资产**(consumption assets)，因为投资者很少出于投资目的持有该类资产，主要是消费目的，因此它们不能用于借贷和做空。具体的例子包括除了贵金属以外的大宗商品。

假设给定股票的现值为 S_0，无股利支付，我们尝试对欧式期权或者其他在一期内到期的衍生证券定价，其支付由当时价格的任意函数给出，记作 $\Lambda(S_1)$。回想一下欧式期权的定义，它不能提前执行，只能在到期日执行。

例如，如果这个期权是欧式看涨期权或者看跌期权，执行价格为 K，那么期权持有者的支付函数可以给出：

$$\text{看涨期权：} \Lambda(S_1) = \max(S_1 - K,\ 0) \tag{7.139a}$$

$$\text{看跌期权：} \Lambda(S_1) = \max(K - S_1,\ 0) \tag{7.139b}$$

其中"max"函数是一种常见的速记方法，期权持有者或者"多头"，获得的支付或为正或为零。

就此处的目的来说，支付函数 $\Lambda(S_1)$ 可以是任意的，不影响数学推导，但通常在市场上将 $\Lambda(S_1) \geqslant 0$ 用于多头，$\Lambda(S_1) \leqslant 0$ 用于空头。同样，数学上并不需要这样，但这样可以简化术语。市场上既有正支付又有负支付的衍生证券的一个例子是期货合约，其多头相当于买进一个看涨期权同时卖出一个看跌期权。反过来，期货的多空双方可以在到期时支付或要求支付。下面为了简化，我们将假设我们站在多头一方。

假设一期内的股价对于合适的 p、u、d 建模：

$$S_1 = \begin{cases} S_0 e^u, & \Pr = p \\ S_0 e^d, & \Pr = 1 - p \end{cases}$$

那么期权的支付为 $\Lambda(S_0 e^u)$ 或 $\Lambda(S_0 e^d)$，我们分别记为 Λ^u 和 Λ^d。该期权在时期 0 的价格为 Λ_0，这个价格自然既不能等于或大于较大支付的现值，也不能等于或小于较小支付的现值。在前一情况下，投资者会试图卖出这些期权，后一情况下，会买进这些期权，由此产生了一个无风险获利的机会(可能是确定的机会)，这是一种套利，或者无风险套利。理论上，购买期权的资金来自于卖出短期国债，期权卖出之后得到的资金投资于短期国债，因此交易员可以杜绝所有的风险。

令 r 代表期内的连续无风险利率，如短期国债。注意将 r 记为年之外的单位是不标准的，我们在第 8 章中纠正了这个问题，设定了适当的时间背景。Λ_0 的边界可以表示为：

$$e^{-r}\min[\Lambda^u,\ \Lambda^d] < \Lambda_0 < e^{-r}\max[\Lambda^u,\ \Lambda^d]$$

因此，一定存在一个独一无二的实数 q，由于 $0<q<1$，可以称之为概率，对 $q'=1-q$，同样如此：

$$\Lambda_0\{S_0\} = e^{-r}[q\Lambda^u + q'\Lambda^d] \tag{7.140}$$

换句话说，市场价格必定等于支付在未确定的"概率"q 下的期望现值。

q 是可以推出的，因为期权可以复制。复制的概念是指，我们可以构建一个可交易资产的投资组合，使其与该期权的支付完全一致。因此，期权的价格必定等于这个投资组合，否则就会存在套利机会。如果期权的价格高于复制组合，聪明的交易员就会马上卖出期权同时买入投资组合来获利，到期结算时不会赔钱。类似地，如果期权的价格低于复制组合，交易员就会实施完全反向的交易。

复制组合中混合了股票和无风险资产(一般是指短期国债)。为了更加直观,我们构建一个资产组合,其中包括一支股票和投资于短期国债的 b 美元,由此该组合 $\prod_0$ 表示为:

$$\prod_0 = \{aS_0, bT\}$$

其中 T 代表投资在短期国债的 1 美元。该组合在 0 期需要支出 $aS_0 + b$, 1 期的价值为:

$$\prod_1 = \begin{cases} aS_0 e^u + b e^r, & P_r = p \\ aS_0 e^d + b e^r, & P_r = p' \end{cases}$$

由此不难算出满足 $aS_0 e^u + b e^r = \Lambda^u$ 和 $aS_0 e^d + b e^r = \Lambda^d$ 的 a 和 b 的准确值。具体来说,我们可以推出:

$$a = \frac{\Lambda^u - \Lambda^d}{S_0(e^u - e^d)}, \quad b = e^{-r} \frac{e^u \Lambda^d - e^d \Lambda^u}{e^u - e^d} \tag{7.141}$$

在这些系数的基础上,可以用公式表达该投资组合在 0 时期的价格,即:

$$\Lambda_0\{S_0\} = aS_0 + b \tag{7.142}$$

可以表示为式(7.140)中的形式,其中:

$$q = \frac{e^r - e^d}{e^u - e^d} \tag{7.143}$$

这一定符合 $0 < q < 1$,因为股票是风险资产。因此,$e^d < e^r < e^u$,否则会产生额外的套利机会。

我们将上述结果总结为命题。

命题 7.11 令 $\Lambda(S_1)$代表一个单期欧式衍生品合约的支付函数,标的资产的现价为 S_0,期末价格服从式(7.138)给出的二项分布,其中 $n=1$。衍生品合约的价格 $\Lambda_0(S_0)$等于式(7.142)中给出的复制组合的价格,系数由式(7.141)给出。或者,该价格可以表述为式(7.140)的形式,其中概率 q 由式(7.143)定义。

注释 7.16: 这个"概率"q 叫做上行的风险中性概率,因为这表示在风险中性世界里使股价为 S_0 的合理上行概率。为了更好地理解这一点,首先要注意 q 是一个独一无二的概率,它使得普通股的现值 S_0 等于其未来期望价格的无风险现值:

$$S_0 = e^{-r}(qS_0 e^u + q' S_0 e^d) \tag{7.144}$$

为什么这很重要呢?我们将在第 9 章中看到更多的风险偏好模型,但结论将是风险中性投资者不会为风险收取溢价,如这个名词所表达的意思一样。因此,他们对所有的投资都要求同样的收益。按道理讲,这意味着他们对所有资产要求同等收益,即无风险收益。如果资产是有风险的,那么"要求同等收益"意味着什么呢?答案是各投资者会通过他们各自的"效用函数"概括风险,一般来说,他们对资产的定价会最大限度提高其财富效用的期望值。这通常叫做最大化期望效用。对于一个风险中性的投资者,效用最大化等同于根据期望支付来对资产进行定价。改写上述股票定价方程,我们得到:

$$S_0 e^r = (q e^u + q' e^d] S_0$$

由此看出,S_0 在 q 下的期望支付就是无风险收益。

当然,没有人相信投资者是风险中性的,但这对于描述 q 的解释过程来说是一个不错的框架。事实上,该模型表明,如果投资者期望收益对数比为 μ,他们可能会认为价格上升到 S_0e^u 的概率是 p,而不是 q。通过举例子容易证明 $q\neq p$,这可以用第 9 章的方法证明。

2. 跨期定价

支付函数为 $\Lambda(S_2)$ 的两期欧式期权可以用相同的方法定价。如果我们知道该期权在 1 期"两种状态"下的价格,$\Lambda(S_1^u)$ 和 $\Lambda(S_1^d)$,那么 0 期的价格由式(7.140)给出,风险中性概率 q 由式(7.143)给出:

$$\Lambda_0(S_0)=e^{-r}[q\Lambda(S_1^u)+q'\Lambda(S_1^d)] \tag{7.145}$$

逻辑是相同的。这是合理的价格,因为可以购买这个数量的复制组合,无论股价上升还是下降都能给出正确的未来价值。

另一方面,$\Lambda(S_1^u)$可以用这个公式在 2 期支付的基础上计算得出:

$$\Lambda(S_1^u)=e^{-r}[q\Lambda(S_2^{2u})+q'\Lambda(S_2^{u+d})]$$

同理对 $\Lambda(S_1^d)$ 可得:

$$\Lambda(S_1^d)=e^{-r}[q\Lambda(S_2^{d+u})+q'\Lambda(S_2^{2d})]$$

由于这分别是复制组合的价格,因此上述公式再次成立。注意,公式中的下标代表时间,上标代表股票的状态。例如,$S_2^{2u}=S_0e^{2u}$,依此类推。

将后两个式子带入第一个式子中,我们看到 $\Lambda_0(S_0)$ 仍然等于 $t=2$ 期支付的期望现值,其中期望由二项概率 q 和无风险利率 r 下的现值计算得出。得到:

$$\Lambda_0(S_0)=e^{-2r}[q^2\Lambda(S_2^{2u})+2qq'\Lambda(S_2^{d+u})+(q')^2\Lambda(S_2^{2d})] \tag{7.146}$$

练习 39 要求针对欧式期权用 n 期方法证明该公式的一般形式。公式变成:

$$\Lambda_0(S_0)=e^{-nr}\sum_{j=0}^{n}\binom{n}{j}q^j(1-q)^{n-j}\Lambda(S_n^j),\ S_n^j=S_0e^{ju+(n-j)d} \tag{7.147}$$

该价格还可以表示为能够复制 1 期期权价格的复制组合的价格,其中期权价格反过来可以通过将同一公式推广到 $n-1$ 期到期得出。

$$\Lambda(S_1^u)=e^{-(n-1)y}\sum_{j=0}^{n-1}\binom{n-1}{j}q^j(1-q)^{n-1-j}\Lambda(S_{n-1}^{uj}) \tag{7.148a}$$

$$\Lambda(S_1^d)=e^{-(n-1)y}\sum_{j=0}^{n-1}\binom{n-1}{j}q^j(1-q)^{n-1-j}\Lambda(S_{n-1}^{dj}) \tag{7.148b}$$

其中:

$$S_{n-1}^{uj}=S_1^u e^{ju+(n-1-j)d},\ S_{n-1}^{dj}=S_1^d e^{ju+(n-1-j)d}$$

换句话说,在上述 $\Lambda(S_1^u)$ 和 $\Lambda(S_1^d)$ 的取值下,式(7.147)中的 $\Lambda_0(S_0)$ 满足式(7.145)。根据之前的章节,我们知道,这和能够复制上述期权价值的复制组合的价格是一样的。这一结果可以直接应用式(7.16)来表示。

根据式(7.147),期权的价格可以表示期望现值,前提假设是式(7.143)中计算的 q 值是上升收益 e^r 的准确二项概率。这不同于开始的二项概率 p,由此得到股票收益对数比的均值和方差。

当然,式(7.147)中的价格理论上是在此点阵假设条件下的合理价格。如果两个分析师根据不同的股价运动假设对点阵进行校准,或者甚至是在同样假设条件下按照不同的时间分步 Δt,不同的价格可能会产生完全不同的结果。

在金融领域,p 模型被称为真实世界模型,因为人们观察到或认为由其产生的统计性质在真实世界中是可靠的。q 模型被称为风险中性模型,因为这些概率在投资者均为风险中性的假设下对股票进行定价。

我们将上述结论总结为命题。

命题 7.12 令 $\Lambda(S)$代表一个 n 期欧式衍生品合约的支付函数,标的资产的现价为 S_0,期末价格服从式(7.138)给出的二项分布。由此,该衍生品合约的价格 $\Lambda_0(S_0)$由式(7.147)给出,概率 q 为式(7.143)中的值。这一价格还等于式(7.142)给出的复制组合的价格,其中系数由式(7.141)给出,1 期的衍生品价格由式(7.148)给出。

注释 7.17:需要注意的是,尽管式(7.147)中的定价公式可以理解为计算期权支付的风险中性现值,但对于为什么这个数值就是理论上的合理市场价格,这个解释的确无法给出令人信服的理由。可以有力支持这一结论的逻辑是,公式中给出的 $\Lambda_0(S_0)$还满足式(7.145)中的等式:

$$\Lambda_0(S_0)=e^{-r}[q\Lambda(S_1^u)+q'\Lambda(S_1^d)]$$

因此,根据单期模型的分析,这是一个可以复制该期权第一期末价值的投资组合的价格。每个价格反过来等于要构建投资组合复制下一期期权价格所需的金额,依此类推。换句话说,通过"重新平衡"第一期之后每期的复制组合,由于可以不耗费任何额外成本的实现,这些复制组合的价格将沿着期权价值的轨迹运动,直到最后一期,到时最后一个复制组合将复制实际的期权支付。也就是说,这个逻辑忽略了所有现实世界中由交易成本和税收引发的市场"摩擦",因此现实世界价格需要就此进行一定的调整。

当然,这种复制的逻辑依赖于一种假设,即期权的标的是一种如上所述的投资资产。原因包括两个方面:首先,当 $\Lambda^u<\Lambda^d$ 时式(7.141)中的 $a<0$,这时实际的复制组合涉及卖空 S。比如,看跌期权就是这种情况。其次,这种逻辑并不能自动得出期权一定会按此价格出售的结论,它只能表明期权价格可能会接近这一水平,因为卖方可以用复制组合对冲风险。换句话说,卖出期权为卖方创造了一个空头头寸,这个空头可以用复制组合的多头头寸来对冲。"接近这一水平"意思是还要根据交易费用和买方便利性进行调整。现在,如果卖方试图以完全不同于复制组合成本的价格卖出关于某个投资资产的期权,其中一种情况就会发生。一些投资者会买进"低价期权",用复制组合的空头头寸来进行对冲。其他一些投资者会卖出"高价期权",用复制组合的多头头寸来进行对冲。任一种情况下,买压都会使价格上升,卖压都会导致价格下降。两种情况下,投资者都会向复制组合的价格靠拢,同时根据交易费用进行调整。

7.8.7 离散时间下的欧式期权定价:基于场景

如果随机生成 N 种路径,用 $\{S_n^j\}_{j=0}^n$ 代表 n 时期在上述重组点阵下可能出现 $n+1$ 种价格,那么分析每种最终状态下的路径数是很有意思的。理论上,我们根据上面的点阵分析得出,n 时期的股价一般服从参数为 n 和 p 的二项分布,因此 $\Pr[S_n=S_n^j]=\binom{n}{j}p^j(1-$

$p)^{n-j}$。其中 p 代表出现 u-收益的概率,股价模型的参数设定满足 $j=0$ 时对应最低价 $S_n^0=e^{nd}S_0$,$j=n$ 时对应最高价 $S_n^n=e^{nu}S_0$。此外,我们已经阐明了期权定价的目的,我们继续采用 e^u 和 e^d 的股价收益,但是将假定的上升状态的概率从 q 变成式(7.143)中的 q。

在基于点阵的模型中,上述概率 q 表示期权价格各种最终状态的可能性。因此,如果选一个 N 种路径的样本,N_j 代表最终收于 S_n^j 价格的次数,进而 $\sum N_j=N$,那么 $(n+1)$ 组整数 $(N_0, N_1, \cdots, N_j)$ 服从参数为 N 和 $\{Q_j\}_{j=0}^n$ 的多项分布,其中 $Q_j=\binom{n}{j}q^j(1-q)^{n-j}$。换句话说,根据式(7.105)和式(7.106),我们得出结论:

$$E[N_j]=NQ_j \tag{7.149a}$$

$$Var[N_j]=NQ_j(1-Q_j) \tag{7.149b}$$

$$Cov[Q_j, Q_k]=-NQ_jQ_k \tag{7.149c}$$

在非重组点阵中,继续将 Q_j 定义为最终收于 S_n^j 价格的风险中性概率,只有在这种情况下才有 2^n 种股价,而不是 $n+1$ 种。和上面矩的公式一样,多项分布同样适用。

作为应用,我们推出一种用基于场景方法计算 n 期欧式期权价格的方法。为了简化,我们集中处理重组点阵模型,不过这种推导在更广泛的范围内同样适用。鉴于此,我们用 $\Lambda(S_n^j)$ 代表期权在 n 时期的履约价值,此时相应的股价为 S_n^j。给定 N 种路径,定义一个随机变量 O_N,样本期权价格为:

$$O_N=\frac{e^{-nr}}{N}\sum_{j=0}^{n}N_j\Lambda(S_n^j) \tag{7.150}$$

直观感觉,随机变量 O_N 是根据 N 个样本的价格场景得出的实际期权价格的预测值。尽管这个公式最初看上去完全不同于式(7.147)中给出的精确公式,但它们是非常相近的。根据式(7.149a),显然可以推出:

$$E\left[\frac{N_j}{N}\right]=Q_j\equiv\binom{n}{j}q^j(1-q)^{n-j}$$

因此,式(7.147)中的期权价格可以改写为:

$$\Lambda_0(S_0)=e^{-nr}\sum_{j=0}^{n}E\left[\frac{N_j}{N}\right]\Lambda(S_n^j)$$

根据这一公式,显然可以看出 $\Lambda_0(S_0)$ 和 O_N 之间的区别,对前者来说,期权的执行价格 $\Lambda(S_n^j)$ 被赋予理论上的正确权重 $E\left[\frac{N_j}{N}\right]$,而对于后者,这个权重换成了基于样本的估计值 $\frac{N_j}{N}$。我们应该预期到,既然路径生成的方式可以使股价按准确概率达到各种股价状态,那么随机变量的期望值应该等于 $\Lambda_0(S_0)$,事实理应如此。

更重要的是,随着 N 的增大,出现任何固定的数值偏差的概率都趋近于 0。上述结论将在第 8 章中说明。此外,第 8 章还将分析该定价方法与前面基于复制的定价方法之间的关系。

练习题

操作练习

1. 证明：如果 $\mathcal{E}$ 是一个完全的事件集合，且对 $j=1, 2, 3, \cdots$ 有 $A_j \in \mathcal{E}$，那么 $\bigcap_j A_j \in \mathcal{E}$。

2. 在 10 次公平硬币投掷序列构成的样本空间 S 里，事件 $A=\{x \mid x=HH\cdots\}$ 包含了序列总数 25% 的情况，这意味着仅在最开始的两次结果是固定的。如果在证明过程中你忽略了在两次以后的投掷结果，那么请你证明这是可行的。

3. 对于 10 次公平硬币投掷序列构成的样本空间 S：

(1) 定义三个不同的随机变量，$X:S\rightarrow\mathbb{R}$。（提示：简化起见，令 $H=1$，$T=0$。）

(2) 确定这些函数的相关值域。

(3) 计算每个 X 的一个 $\Pr(a)$，其中 a 在 X 的值域中。

4. 用下述方法推广式(7.2)和式(7.1)：

(1) 如果一个赌徒为赢得 n 需要押 m，那么使这个赌局为公平赌局的赢的概率应该是多少？证明在有式(7.2)的情况下 $m=1$。

(2) 如果这个赌徒知道赢得赌局的概率为 p，那么使这个赌局为公平赌局的抵押和赢得金额比 m/n 应该是多少？证明在有式(7.1)的情况下 $m=1$。

(3) 证明如果在(2)中 p 是无理数，那么一个公平的抵押需要押无理数值 m/n。证明既然抵押和赔付都是有理数，那么一个赢得赌局的概率为无理数的赌局永远不可能是公平的。

5. 证明如果一个事件 $B\in\mathcal{E}$ 满足 $\Pr(B)\neq 0$，那么 $\Pr(\cdot \mid B)$ 符合样本空间 S 上概率测度的所有属性。

6. 考虑 5 次公平硬币投掷的样本空间，定义 H 为 1，T 为 0，定义事件 A 和 B 如下：

$$A=\{s\in S \mid \sum_{i=1}^{3} s_i=2\} \text{ 和 } B=\{s\in S \mid \sum_{i=3}^{5} s_i=1\}$$

(1) 列出每个事件里的样本点。

(2) 给出这两个事件的概率。

(3) 事件 $A\cap B$ 的样本点有哪些？

(4) 验证 $\Pr(A\cap B)=\Pr(A\mid B)\Pr(B)$。

7. 定义事件 C_k，$B_j\subset S$ 为 $C_k=\left\{s\in S \mid \sum_{i=1}^{2} s_i=k\right\}$ 和 $B_j=\left\{s\in S \mid \sum_{i=3}^{5} s_i=j\right\}$，其中 S 为练习 6 中的样本空间。证明对任意的 j，k 来说，C_k 和 B_j 是相互独立事件。

8. 一个暗箱里边有 20 个白球和 30 个红球。

(1) 如果每次抽样后放回，那么在 10 次抽样中得到 8 个或者更少的红球的概率是多少？（提示：$\Pr(A)=1-\Pr(\widetilde{A})$。）

(2) 如果每次抽样后不放回，那么在 10 次抽样中得到 8 个或者更少的红球的概率是多少？［提示：除了(1)部分的提示之外，需注意，尽管得到 9 个红球和一个白球的个别概率会反映出次序，但这些概率的乘积却并不反映次序。］

9. 考虑同时投掷两个骰子的结果，一个的投掷的样本空间的定义为 $S=\{(n_1, n_2, \cdots, n_6)\}$，这里 n_j 指的是得到 j 点的骰子的个数。

(1) 令 $X=\sum_{j=1}^{6} jn_j$，即每次投掷所得点数的总和，那么计算 X 的值域和相关的概率密度函数 $f(x_j)$。

(2) 画出 $X:F(x)$ 的 c.d.f.图像。

10. 在练习 9 的样本空间里，令 $Y=\sum_{j=1}^{3} jn_j$，考虑(X, Y)这一对随机变量。

(1) 写出(X, Y)的值域和相应的概率密度函数 $f(x, y)$。

(2) 计算 X 和 Y 的边际概率密度函数 $f(x)$ 和 $f(y)$。

(3) 计算条件概率密度函数 $f(x \mid y)$ 和 $f(y \mid x)$，并证明全概率法则，即 $f(x)=\sum_y f(x \mid y) f(y)$ 和 $f(y)=\sum_x f(y \mid x) f(x)$。

11. 证明定义 7.12 和定义 7.13 中关于随机变量集合的独立性定义是等价的，定义7.12是就 S 中的预映射事件的独立性而言的，而定义 7.13 是就联合和边际概率分布函数而言的。

12. 给定一个随机变量，以及它的 1 至 N 阶矩结果。证明矩的集合和中心矩是可以相互推导的。特别地，利用期望的性质，证明对 $n \leqslant N$ 来说有：

(1) $\mu_n=\sum_{j=0}^{n}(-1)^{n-j}\binom{n}{j}\mu'_j\mu^{n-j}$。（提示：运用二项式定理。）

(2) $\mu'_n=\sum_{j=0}^{n}\binom{n}{j}\mu_j\mu^{n-j}$。［提示：$X=(X-\mu)+\mu$。］

13. 给定一个样本 $\{x_j\}_{j=1}^{n}$，而$\hat{\mu}'_k$ 由式(7.88)中定义，假设规定的矩是存在的，证明：

(1) $\mathrm{E}[\hat{\mu}'_k]=\mu'_k$；

(2) $\mathrm{Var}[\hat{\mu}'_k]=\frac{1}{n}[\mu'_{2k}-(\mu'_k)^2]$。

14. 写出在式(7.99)中对于标准二项分布 X_n^B 的公式证明过程。推广该证明过程至类似定义下的广义二项分布 $Y_n^B=\sum_{j=1}^{n} Y_{1j}^B$，其中：

$$Y_1^B\begin{cases}a, \ \Pr=p\\ b, \ \Pr=p'\end{cases}$$

15. 对几何分布，令 $\mu'_m \equiv E[j^m]=p\sum_{j=0}^{\infty} j^m(1-p)^j$，其中 $m \in \mathbb{N}$ 且 $m \geqslant 1$，并且类似地，$\mu'_0=1$。

(1) 证明这些矩条件可以由 $\mu'_m=\frac{1-p}{p}\sum_{j=0}^{m-1}\binom{m}{j}\mu'_j$ 迭代计算得出。（提示：证明对 $m \geqslant 1$ 有 $\sum_{j=1}^{\infty} j^m(1-p)^j=(1-p)[1+\sum_{j=1}^{\infty}(j+1)^m(1-p)^j]$，然后运用二项式定理。）

(2) 由(1)计算出式(7.103)中的均值和方差公式。

16. 对参数为 λ 的泊松分布，证明：

(1) $\mu_P = \lambda$。$\left[\text{提示}: j\dfrac{\lambda^j}{j!} = \lambda\dfrac{\lambda^{j-1}}{(j-1)!}\text{。}\right]$

(2) $\sigma_P^2 = \lambda$。$\left[\text{提示}: j^2\dfrac{\lambda^j}{j!} = \lambda(j-1)\dfrac{\lambda^{j-1}}{(j-1)!} + \lambda\dfrac{\lambda^{j-1}}{(j-1)!}\text{。}\right]$

17. 运用调节参数推导式(7.125)和式(7.126)的累计损失模型中的均值和方差的公式。(提示:级别是独立的,因此以 N_k 为条件来推导出级别 k。此时再回想一下,N_k 是二项分布或是泊松分布的,但是它并不以 $N_k \geqslant 1$ 为条件。)

18. 一个汽车保险公司想为 10 000 辆投过保险的车辆模拟损失的模型,其中有 2 000 辆属于豪华车,而 8 000 辆是一般的情况。经过估计,每年一般车辆发生碰撞的概率为 0.1,而豪华车辆发生碰撞的概率为 0.06。而豪华车辆的价格均值为 25 000 美元,一般车辆的价格均值为 10 000 美元。经验告诉我们一旦发生事故,对于车辆的维修费用是车辆价格百分比的一个均匀分布,对于豪华车来说,是 25%—75%,而对于一般车辆来说,是 50%—100%。这两类车的维修费总额我们假设是相互独立的。

(1) 为这个保险公司建立一个单独损失模型,并用它来计算维修费用的均值和方差。

(2) 用泊松分布为这个保险公司建立一个积累的损失模型,并用它来计算维修费用的均值和方差。(提示:均匀分布的均值和方差等于 $n\to\infty$ 时满足离散矩形分布的这些矩的极限。参见式(7.95)以及第 10 章。)

19. 证明生存年金的预期值可以用生存函数表示成:

$$\mathrm{E}[B] = \sum_{j=0}^{\infty} v^j S^M(j)$$

20. 运用调节参数计算下列情况下的 E[B] 和 Var[B]:

(1) 令 B 表示一年金现值的随机变量,该年金在每年末为活着的人发放,并且保证至少发放 m 年,无论其是否还活着。这就是"m 年确定性生存年金"。

(2) 令 B 表示一年金现值的随机变量,该年金只为活着的人发放至第 n 年末。这就是"n 年临时性生存年金"。

(3) 令 B 表示一年金现值的随机变量,该年金只为活着的人发放至第 n 年末,但保证至少发放 m 年,无论其是否还活着,其中 $m < n$。这就是"m 年确定性、n 年临时性生存年金"。

21. 令 B 表示练习 20 中(1)部分至(3)部分中的随机变量,但是收益都有 k 年的延迟。因此每一年金都是上述年金的"k 年延迟"的版本。考虑下述的三种延迟情况:

(1) 如果在前 k 年里死亡,则没有赔付;

(2) 如果在前 k 年里死亡,则在死亡当年的年底赔付 1 美金;

(3) 证明(2)的赔付等于(1)的赔付加上一个 k 年定期寿险保单,如练习 37(1)。

22. 假设:$r_F = 0.05$,$\mu_1 = 0.065$,$\mu_2 = 0.09$,$\mu_3 = 0.15$,$\sigma_1^2 = (0.07)^2$,$\sigma_2^2 = (0.12)^2$,$\sigma_3^2 = (0.18)^2$,$\rho_{12} = 0.35$,$\rho_{23} = 0.4$,$\rho_{13} = 0.25$。

(1) 求出对于任意三个风险资产和一个无风险资产配置的回报均值和方差;

(2) 定义 $\boldsymbol{W} = (0.25, 0.25, 0.25, 0.25)$,计算无风险资产和第三个风险资产的 epsilon 平移。画出 ϵ 的函数 $\mathrm{E}[R_\epsilon^{03}] - \mathrm{E}[R]$ 和 $\mathrm{Var}[R_\epsilon^{03}] - \mathrm{Var}[R]$ 的图像,其中 $-0.25 \leqslant \epsilon \leqslant 0.25$。

23. 在已知式(7.138)中决定价格配置的二项分布概率的情况下,把式(7.136)的股价增长模型的计算推广到对任意 u 和 d 的公式,其中对任意的 p 有 $0<p<1$,且 $p=\Pr[u]$。[提示:像以前证明的那样,证明当二项分布的 B 按照第 7.8.5 节那样定义,且 $p'\equiv 1-p$ 时,有 $\mathrm{E}[B]=pu+p'd$ 和 $\mathrm{Var}[B]=pu^2+p'd^2-(pu+p'd)^2$。]

24. 用下述的方法对一个执行价格为 100 的两年欧式看涨期权定价。股票的初始价格 $S_0=100$,每个时间段 $\Delta t=0.25$ 年,季度的对数比率被估计出具有 $\mu_Q=0.02$ 和 $\sigma_Q^2=(0.07)^2$,每年连续的无风险利率 $r=0.048$,所以当 $\Delta t=0.25$ 年时,你可以假设 $r_Q=0.012$。

(1) 当 $p=\frac{1}{2}$ 的时候,建立一个季度股票价格的真实世界晶格,用式(7.147)对这个期权定价;

(2) 计算(1)中的期权在 $t=0.25$ 时刻的两个价格,并在这些价格之下建立一个 $t=0$ 时刻的复制组合。证明这个复制组合的价格与(1)中得到的价格相等;

(3) 应用练习 23,基于 $p=0.25$ 时的晶格,在适当的 q 值下用式(7.147)对这个期权进行定价;

(4) 用(1)中的模型生成 100 个风险中性世界下的两年路径,其中每一个都以季度为时间间隔。然后计算在第 2 年每一种股价会以多少种情景结束,并且用式(7.150)对这个股票期权定价。

25. 证明式(7.143)后的结论,即,$0<q<1$ 是由 $e^d<e^r<e^u$ 得出的,并且套利理论需要用到该结论。(提示:证明如果 $e^r\leqslant e^d$ 或 $e^r\geqslant e^u$,那么将会存在如下一种交易:在时点 0 无需任何成本,且没有遭受损失的可能,而在整个期间内却可能得到一个正的收益。)

强化练习

26. 基于定义 7.2 里的性质证明下述概率测度的性质:

(1) $\Pr(\varnothing)=0$。

(2) 如果 $A,\ B\in\mathcal{E},\ A\subset B$,那么 $\Pr(A)\leqslant\Pr(B)$。(提示:将 B 分理成两个互斥集。)

(3) 如果对 $j=1,\ 2,\ 3,\ \cdots$,有 $A_j\in\mathcal{E}$,那么 $\Pr(\bigcup_j A_j)\leqslant\sum\Pr(A_j)$。(提示:将 $\bigcup_j A_j$ 分离成互斥集。)

(4) 如果对 $j=1,\ 2,\ 3,\ \cdots$,有 $A_j\in\mathcal{E}$,那么 $\Pr(\bigcap_j A_j)\leqslant\min_j\{P_r(A_j)\}$。(提示:对所有的 k 有 $\bigcap_j A_j\subset A_k$。)

27. 推广练习 2 的结论,并且证明在 n 次公平的硬币投掷的样本空间 S 里,被定义为任意的 $m\leqslant n$ 个投掷结果的事件 A 正好包含占序列总数 $\frac{100}{2^m}\%$ 的元素。像以前一样,如果你忽略这 m 次以外的投掷,证明这样是合理的。

28. 在彩票而不是赌博的情况下回答练习 4 的问题。(提示:彩票是具有不同支付的赌博。)

(1) 如果一个赌徒花 m 买了一个彩票,将会得到 0 或者 n 的回报,那么使得该彩票公平且赢得彩票的概率应该是多少?

(2) 如果赌徒知道赢的概率为 p,那么为了使这个彩票是公平的,需要假设(1)中的成

本回报比例 m/n 为多少?

(3) 证明:如果在(2)里 p 是无理数,那么一个公平的彩票需要满足一个无理数值 m/n。证明既然彩票价格和支付都是有理数,那么"赢得彩票的概率"是无理数的彩票永远不可能是公平的。

29. 推广练习 6 中的事件 B 到 $B_j=\left\{s\in S \mid \sum_{i=3}^{5}s_i=j\right\}$。

(1) 对任意 j, $A\cap B_j$ 里的点是什么?

(2) 证明 $\bigcup B_j=S$。

(3) 证明全概率公式 $\Pr[A]=\sum_j \Pr[A \mid B_j]\Pr[B_j]$。

30. 考虑一个同时投掷 21 个骰子的实验,投掷的样本空间的定义为 $S=\{(n_1, n_2, \cdots, n_6)\}$,这里 n_j 指的是得到 j 点的骰子的个数。回答下述问题:

(1) 样本点为 $s=(1, 2, 3, 4, 5, 6)$的概率是多少?

(2) 事件 $A=\{s \mid n_6=12$ 且 $n_3=2)\}$ 的概率是多少?(提示:该事件是否可以对 $(n_3, n_6, n_{其他})$ 用调整概率加以定义?)

31. 考虑同时投掷 5 个不公平骰子的实验, $\Pr[H]=0.3$,并且将样本空间定义为 $S=\{(n_1, n_2) \mid n_1$ 表示 H 的数量, n_2 表示 T 的数量$\}$。

(1) 令 $X=0.01\sum_{j=1}^{2}10^j n_j$,那么计算 X 的值域和相关的概率密度函数 $f(x_j)$。

(2) 画出 X:$F(x)$ 的 c.d.f.的图像。

32. 在练习 31 的样本空间中,令 $Y=n_1$,考虑(X, Y)这一对随机变量。

(1) 写出(X, Y)的值域和相应的概率密度函数 $f(x, y)$。

(2) 计算边际概率密度函数 $f(x)$ 和 $f(y)$。

(3) 计算条件概率密度函数 $f(x \mid y)$ 和 $f(y \mid x)$,并证明全概率法则,即 $f(x)=\sum_y f(x \mid y)f(y)$ 和 $f(y)=\sum_x f(y \mid x)f(x)$。

33. 以帕斯卡三角形为基础用代数方法证明式(7.16)中的迭代公式: $\binom{n}{m}=\binom{n-1}{m-1}+\binom{n-1}{m}$

34. 给定一个样本 $\{x_j\}_{j=1}^{n}$,而$\hat{M}_X(t)$ 由式(7.90)中定义,在以下矩存在的假定下证明以下公式成立:

(1) $E[\hat{M}_X(t)]=M_X(t)$;

(2) $\mathrm{Var}[\hat{M}_X(t)]=\frac{1}{n}[M_X(2t)-(M_X^2(t))]$。

35. 用式(7.50)和多项分布下的两变量联合概率密度函数证明:对于任意满足条件 $i\neq j$ 的两项有 $\mathrm{Cov}[N_i, N_j]=-np_ip_j$ 成立。(提示:首先证明:

$$E[N_1N_2]=\sum_{n_1=1}^{n-1}\sum_{n_2=1}^{n-n_1}n_1n_2\frac{n!p_1^{n_1}p_2^{n_2}(1-p_1-p_2)^{n-n_1-n_2}}{n_1!n_2!(n-n_1-n_2)!}$$

然后将求和公式分解为如下乘积的形式:

$$\sum_{n_1=1}^{n-1} n_1 \frac{n!p_1^{n_1}(1-p_1)^{n-n_1}}{n_1!(n-n_1)!} \times \sum_{n_2=1}^{n-n_1} n_2 \frac{(n-n_1)!}{n_2!(n-n_1-n_2)!}\left(\frac{p_2}{1-p_1}\right)^{n_2}\left(\frac{1-p_1-p_2}{1-p_1}\right)^{n-n_1-n_2}$$

这时应注意到第二个求和公式在二项分布下等于 $E[n_2]$。或者可以由上面的双求和公式入手，化简 $\frac{n_1 n_2}{n_1!n_2!}$，并找出二项式定理。）

36. 一个债券组合分析家想对一个包含三种类型信用风险的价值 7.5 亿美元的组合建立它的风险损失模型，这三种信用风险是 2.5 亿美元的低风险，3.5 亿美元的中风险，1.5 亿美元的高风险，在每个等级里管理者每个信用有 500 万美元的平均票面投资暴露。年违约概率为 0.002、0.009 和 0.025。经验表明如果违约发生的时候，损失是票面价值的百分比的一个均匀分布。对低风险等级为 25%—50%，对中等风险等级为 25%—75%，对高风险等级为 50%—100%。三种风险等级的总的信用损失被假设成相互独立的。

(1) 为分析家构造一个单独损失模型，并用这个模型确定信用损失的均值和方差。

(2) 用泊松分布为分析家建造一个累计损失模型，并用这个模型确定信用损失的均值和方差。[提示：均匀分布的均值和方差等于 $n\to\infty$ 时离散矩形分布下这些矩的极限。参见式(7.95)和第 10 章。]

37. 运用调节参数计算下列情况下的 $E[I_n]$ 和 $Var[I_n]$：

(1) 令 I_n 等于一种人寿保险赔付现值的随机变量，该人寿保险在死亡年份的年末支付，但是该死亡只有在前 n 年里发生的时候才会有赔付。这就是“n 年定期保险”合同；

(2) 令 I_n 等于一种人寿保险赔付现值的随机变量，如果死亡发生于前 n 年内，则该人寿保险在死亡年份的年末支付；或者是当被保险人存活 n 年，则在时点 $t=n$ 赔付 1 美元。这就是“n 年储蓄保险”合同。

38. 假设 $r_F=0.03$，$\mu_1=0.095$，$\mu_2=0.19$，$\mu_3=0.15$，$\sigma_1^2=(0.12)^2$，$\sigma_2^2=(0.25)^2$，$\sigma_3^2=(0.18)^2$，$\rho_{12}=0.55$，$\rho_{23}=0.4$，$\rho_{13}=0.20$。

(1) 求出对于任意三个风险资产和一个无风险资产配置的回报均值和方差；

(2) 定义 $\mathbf{W}=(0.25, 0.25, 0.25, 0.25)$，计算第二个和第三个风险资产的 epsilon 平移。画出 ϵ 的函数 $\mathrm{E}[R_\epsilon^{23}]-\mathrm{E}[R]$ 和 $\mathrm{Var}[R_\epsilon^{23}]-\mathrm{Var}[R]$ 的图像，其中 $-0.25\leqslant\epsilon\leqslant 0.25$。

39. 用数学归纳法证明式(7.147)。[提示：当 $n=1, 2$ 时，公式已得到证明。假设对 n 来说该公式成立，然后将这一假设公式运用到期权在时点 1 时的两个值 $\Lambda(S_1^u)$ 和 $\Lambda(S_1^d)$ 上，从而证明对 $n+1$ 来说该公式也成立。回顾练习 33。]

40. 用下述的方法对一个执行价格为 100 的两年期欧式看跌期权定价。股票的初始价格 $S_0=100$，每个时间段 $\Delta t=0.25$ 年，季度的对数比率被估计出具有 $\mu_Q=0.025$ 和 $\sigma_Q^2=(0.09)^2$，每年连续的无风险利率 $r=0.06$，所以当 $\Delta t=0.25$ 年时，你可以假设 $r_Q=0.015$。

(1) 当 $p=\frac{1}{2}$ 时，建立一个股票价格的现实的季度晶格，用式(7.147)对这个期权定价。

(2) 计算(1)中的期权在 $t=0.25$ 时刻的两个价格，并在这些价格之下建立一个 $t=0$ 时刻的复制组合。证明这个复制组合的价格与(1)中得到的价格相等。

(3) 应用练习 23，基于 $p=0.35$ 时的晶格，在适当的 q 值下用式(7.147)对这个期权进行定价。

(4) 用(1)中的模型生成 100 个风险中性世界下的两年路径，其中每一个都以季度为时间间隔。然后计算在第 2 年每一种股价会以多少种情景结束，并且用式(7.150)对这个股票期权定价。

41. 如果 Λ_0^C 和 Λ_0^P 分别代表 $t=0$ 时刻的欧式看涨期权和看跌期权的价格，并且两者具有相同的执行价格 K 和期限 T，利用式(7.147)证明这些价格满足下面的买卖权平价关系：

$$\Lambda_0^C + K\mathrm{e}^{-rT} = \Lambda_0^P + S_0 \tag{7.151}$$

这里 r 代表着期限为 T 的无风险利率。

▶8

基本概率论

在这一章将会引入几个非常重要的概率论的定理，虽然其中一些结果的证明颇具挑战性，但是都有许多经典的应用。这要归结于这些的结论的普适性和证明这些结论所需的相对最小的假设。

8.1 矩母函数和特征函数的唯一性

在这个部分，我们将证明一个引自第 7 章有限制条件的结果，即如果对于离散随机变量 X 和 Y 来说有 $C_X(t)=C_Y(t)$ 或者 $M_X(t)=M_Y(t)$，并且有包含 0 的开区间 I，那么其概率密度函数是相等的：$f_X(x)=g_Y(x)$。这个结果的狭义版本假定这些随机变量有有限值域，而且在比有限离散概率密度函数甚至离散概率密度函数更一般的背景下这个结果能被证明也是正确的，只是需要实分析和复分析的工具。

命题 8.1 假定 X 和 Y 是有限离散随机变量，其概率函数分别是 $f(x)$ 和 $g(y)$，相应的定义域分别为递增序列 $\{x_i\}_{i=1}^{n}$ 和 $\{y_j\}_{j=1}^{m}$。如果任一对于 $t\in I$，有 $C_X(t)=C_Y(t)$ 或者 $M_X(t)=M_Y(t)$，在这里 I 代表一个包含 0 的开区间，那么可得对于所有的 i 而言，都有 $m=n$，$x_i=y_i$ 和 $f(x_i)=g(y_i)$。

证明：如果对于 $t\in I$ 而言，都有 $M_X(t)=M_Y(t)$，那么则有 $\sum e^{tx_i}f(x_i)=\sum e^{ty_j}f(y_j)$。因此存在实数集族 $\{a_k\}$ 和 $\{b_k\}$，其中 $\{b_k\}$ 中的实数都是不等的。所以：

$$\sum_{k=1}^{N} a_k e^{tb_k}=0,\ t\in I \tag{8.1}$$

换句话说，在某些情况下对于某些 i 和 j 来说，$x_i=y_i$，并且 $a_k=f(x_i)-g(y_j)$ 以及 $b_k=x_i=y_j$。在其他情况下，a_k 既可能是 $f(x_i)$ 也可能是 $g(y_j)$，相应的 b_k 既可能是 x_i 也可能是 y_j。如果式(8.1)成立，那么对于所有的 k 而言，$a_k=0$。这就提供了结果，因为这就意味着对于任意 $x_i=y_j$，$f(x_i)=g(y_j)$ 必须成立，在这里对于任意 x_i 或者 y_j 而言都没有相互匹配，即存在相应的 $f(x_i)=0$ 或者 $g(y_j)=0$。这个证明可以通过归纳法递推到 N。这个结果显然对于 $N=2$ 也是正确的，因为从中可以推断出 $a_2e^{t(b_2-b_1)}=a_1$，但是

除非 $a_1=a_2=0$，因为 $b_2-b_1\neq 0$。假定对于 N 而言这个结果是成立的，那么我们寻求去证明 $N+1$ 时结果也是成立的。现在 $\sum_{k=1}^{N+1} a_k e^{tb_k}=0$ 暗示着对于 $t\in I$，$\sum_{k=1}^{N} a_k e^{tc_k}=-a_{N+1}$，其中 $c_k=b_k-b_{N+1}$，而且因为 $\{b_k\}$ 中的实数都是不等的，所以 $\{c_k\}$ 中的实数都是不等的，且非零。存在如果 $s, t\in I$，上述等式暗示 $\sum_{k=1}^{N} a_k e^{tc_k}=\sum_{k=1}^{N} a_k e^{sc_k}$，这个结果可以表述成：如果 $s\neq t$，有：

$$\sum_{k=1}^{N} a_k e^{sc_k}\left[\frac{e^{(t-s)c_k}-1}{t-s}\right]=0$$

从式(7.63)中可得，$\frac{e(t-s)c_k-1}{t-s}=c_k+(t-s)\left(\frac{c_k^2}{2}+X_k\right)$，其中 X_k 是收敛的包含 $t-s$ 幂项的总和。因此，运用这个恒等式，我们可以得到：

$$\sum_{k=1}^{N} a_k c_k e^{sc_k}=\sum_{k=1}^{N} a_k\left[c_k-\frac{e^{(t-s)c_k}-1}{t-s}\right]e^{sc_k}=-(t-s)\sum_{k=1}^{N} a_k\left(\frac{c_k^2}{2}+X_k\right)$$

现在假定由于 $X_k\to 0$，则有 $t\to s$，我们可以推论出：

$$\sum_{k=1}^{N} a_k c_k e^{sc_k}=0$$

通过从 N 开始的归纳，我们可以得出当 $1\leqslant k\leqslant N$，都有 $a_k c_k=0$。当 $c_k\neq 0$ 时，必有对于 $1\leqslant k\leqslant N$，$a_k=0$。最后，这就暗示着通过置换可得 $a_{N+1}=0$。可以立即将这个证明扩展到特征函数上，同时有一点很微妙之处就是，对于 $i=\sqrt{-1}$ 和 $x\in\mathbb{R}$，式(7.63)中的 e^{ix} 也是适用于上述证明。在这个例子中，作为结果的幂级数在比值审敛法中也被视作绝对收敛的，而且这个级数等同于 e^{ix}，而 e^{ix} 正是这样定义的。■

注释 8.1：以上证明并不适用于可数无限离散概率函数，对于可数无限离散概率函数而言需要一整套完全不同的方法，这套方法需要一系列新的高级工具。这些方法在非离散条件下依然能得出上述结果。问题在于当 $N=\infty$ 并且采用上述的各种假定，我们仅仅能够得出：

$$\sum_{k=2}^{\infty} a_k c_k e^{sc_k}=0$$

这事实上并没有真正简化问题。

8.2 切比雪夫不等式

切比雪夫不等式(Chebyshev inequality)适用于任何有均值和方差的概率密度函数，因此它是相当普适的。这是由它的发现者，帕努第·切比雪夫(Pafnuty Chebyshev, 1821—1894)的名字命名。切比雪夫是俄罗斯数学家，因此他有很多英文翻译的名字。

这个不等式可以用多种方式表述，而切比雪夫不等式实际上只是下面将要被看到这一族不等式的统称。但是，这个不等式经常如下面的命题所表述的那样被应用，然而我们感兴趣的是远离其均值的随机变量概率的上界，这个"远离"的程度通过两种常用的方法来衡量。虽然这里所说的切比雪夫不等式只是对于离散 $f(x)$，但是它是通过一个简单的运算扩展到连续的 $f(x)$，这将使用到第 10 章中工具。

命题 8.2(切比雪夫不等式) 如果 $f(x)$是一个离散的概率函数，其中均值为 μ，方差为 σ^2，那么对于任意实数 $t>0$，都有：

$$\Pr[|X-\mu|\geqslant t\sigma]\leqslant\frac{1}{t^2} \tag{8.2}$$

相当于：

$$\Pr[|X-\mu|\geqslant s]\leqslant\frac{\sigma^2}{s^2} \tag{8.3}$$

证明：根据定义，$\sigma^2=\sum_{x_i}(x_i-\mu)^2f(x_i)\geqslant\sum_{|x_i-\mu|\geqslant t\sigma}(x_i-\mu)^2f(x_i)$，换句话说，在最后一个加总式中，我们仅仅能够得出 x_i 项满足 $|x_i-\mu|\geqslant t\sigma$，则第二个加总式满足 $\sum_{|x_i-\mu|\geqslant t\sigma}(x_i-\mu)^2f(x_i)\geqslant(t\sigma)^2\sum_{|x_i-\mu|\geqslant t\sigma}f(x_i)$，则最后一个加总式中 $\sum_{|x_i-\mu|\geqslant t\sigma}(x_i-\mu)^2f(x_i)$ 被视为与 $\Pr[|X-\mu|\geqslant t\sigma]$ 相等。综合以上不等式以及代入 σ^2，可得第一个式子，而通过 $t=\frac{s}{\sigma}$ 代入第一个式子就得到第二个结果。■

对于任何 $t\leqslant1$ 的 t，这个不等式在相关概率上并没有实际限制，因为在这种情况下，$\frac{1}{t^2}\geqslant1$。然而，代入标准差的整数倍，我们可以得到：

$$\Pr[|X-\mu|\geqslant2\sigma]\leqslant\frac{1}{4}=0.25$$

$$\Pr[|X-\mu|\geqslant3\sigma]\leqslant\frac{1}{9}\approx0.11$$

$$\Pr[|X-\mu|\geqslant4\sigma]\leqslant\frac{1}{16}\approx0.06$$

例如，如果 X^B 有一个参数是 n 和 p 的二项分布，那么：

$$\Pr[|X^B-np|\geqslant s]\leqslant\frac{np(1-p)}{s^2}$$

同样地，对于参数是 p 和 k 的负二项分布来说，我们可以得出：

$$\Pr\left[\left|X^P-\frac{k(1-p)}{p}\right|\geqslant s\right]\leqslant\frac{k(1-p)}{s^2p^2}$$

这个不等式是很普适的，例如在估计 $\Pr[|X|\geqslant s]$ 时就可以应用这个不等式，μ_2'替代 $\sigma^2=\mu_2$ 的情况除外。以上的证明也很容易适用于对于任意的 n 而言 μ_{2n} 的情况，这时就和高阶中心矩的相关概率关联上了。在奇中心矩中，这个证明只能当绝对值被引入是才成立。我们在表述这个不等式的一般形式时都采用绝对值形式，尽管这个绝对值形式对偶矩来说是多余的。

命题 8.3 如果 $f(x)$是一个离散概率函数，其中均值为 μ，对于 $n\geqslant1$ 的绝对中心矩 $\mu_{|n|}\equiv E[|X-\mu|^n]$，那么对于任意实数 $t>0$，有：

$$\Pr[|X-\mu|\geqslant t]\leqslant\frac{\mu_{|n|}}{t^n} \tag{8.4}$$

证明:根据定义:

$$\mu_{|n|}=\sum_{x_i}|x_i-\mu|^n f(x_i)\geqslant\sum_{|x_i-\mu|\geqslant t}|x_i-\mu|^n f(x_i)\geqslant t^n\Pr[|X-\mu|\geqslant t]$$

通过相除即得到结果。 ■

而在此,$\Pr[|X|\geqslant t]$ 通过 $\mu'_{|n|}\equiv E[|X|^n]$ 与上式对应起来。在这种情况下,如果随机变量的值域是非负实数,那么这些概率估计就不用绝对值形式直接用 μ_n'就可以。

在练习 1 中要求利用矩母函数 $M_X(t)$展开一个概率估计。

注释 8.2:(1) 记住当 $n=1$ 时,式(8.4)的不等式要按照 $\mu'_{|1|}\equiv E[|X|]$ 的形式重新表述,也就是所知的马尔可夫不等式,这是以安德雷・马尔可夫(Andrey Markov, 1856—1922)命名的不等式,他是切比雪夫的学生。换句话说,也就是:

$$\Pr[|X|\geqslant t]\leqslant\frac{E[|X|]}{t} \tag{8.5}$$

(2) 记住如果 $f(x)$是一个概率密度函数,且对于某些 $n\geqslant 1$ 有 $\mu_{|n|}=0$,那么 $\Pr[X=\mu]=1$ 必成立。换句话说,也就是随机变量 X 假定为仅被赋值为 μ。这是因为在式(8.4)中的不等式表述的是对于任意 $t>0$ 都有 $\Pr[|X-\mu|\geqslant t]\leqslant 0$,但是因为概率是非负的,所以我们得出结论就是对于任意 $t>0$ 的情况下都有 $\Pr[|X-\mu|\geqslant t]=0$,因此 $\Pr[X=\mu]=1$。这样一个随机变量被称为退化随机变量,相应的概率密度函数被称为退化概率密度。

同时还存在一个单边版本的切比雪夫不等式,当研究的焦点是单边分布以及非双尾分布时,就十分有用。例如,如果我们在信用组合损失建模中,我们所考虑的损失概率相对于期望损失是大且正相关的,而不是那种相对于期望值或可大或可小的损失概率。下面这个结果比式(8.3)更能联系到上面所述的例子,而且随 σ^2 而改善。

命题 8.4(切比雪夫单边不等式) 如果 $f(x)$是一个离散概率函数,且均值为 μ 和方差为 σ^2,那么对于任意实数 $s>0$,都有:

$$\Pr[X-\mu\geqslant s]\leqslant\frac{\sigma^2}{s^2+\sigma^2} \tag{8.6}$$

证明:对于任意值的 t,都有:

$$\Pr[X-\mu\geqslant s]=\Pr[X-\mu+t\geqslant s+t]\leqslant\Pr[(X-\mu+t)^2\geqslant(s+t)^2]$$

这是因为 $\Pr[(X-\mu+t)^2\geqslant(s+t)^2]$ 同时可以包含 $\Pr[-(X-\mu+t)\leqslant-(s+t)]$。现在利用式(8.5)中的马尔可夫不等式和一点代数知识,就可得:

$$\Pr[(X-\mu+t)^2\geqslant(s+t)^2]\leqslant\frac{E[(X-\mu+t)^2]}{(s+t)^2}=\frac{\sigma^2+t^2}{(s+t)^2}$$

综上可得:

$$\Pr[X-\mu\geqslant s]\leqslant\frac{\sigma^2+t^2}{(s+t)^2},\ t>0$$

因为 t 可能被任意选择,那么我们将约束 $\frac{\sigma^2+t^2}{(s+t)^2}$ 设定的尽量小。运用第 9 章中的微积分的方法,我们发现如果要最小化约束可以将 t 的值设定为$\frac{\sigma^2}{s}$,代入式中就可得式(8.6)中的约束。 ■

这个单边不等式也可表述如下:

$$\Pr[X-\mu \geqslant t\sigma] \leqslant \frac{1}{t^2+1} \tag{8.7}$$

8.3 弱大数定律

所谓的弱大数定律(weak law of large numbers)实际上是一个非常强大的、具有广泛的普适性的结果,不过还有一个相对更一般的被称为强大数定律的法则。像切比雪夫不等式,它适用于几乎所有的概率分布。不过不似切比雪夫不等式要求这些分布有均值和方差,弱大数定律仅仅要求存在一阶矩,不过当方差也存在的时候,它更容易证明。

在给出表述形式之前,回想一下,如果随机变量 X 被定义在离散样本空间 S 上,那么这个样本容量为 n 的随机变量的随机样本就同 n 次试验样本空间中的一个样本点有关,在式(7.7)中被定义的概率构造中被记为 S^n。这个样本点的组成部分被称为独立同分布(independent and identically, i.i.d.)的随机变量。

命题 8.5(弱大数定律) 对于任意 n,假定 $\{X_i\}_{i=1}^n$ 是独立同分布的随机变量,均值为 μ,定义随机变量$\hat{X}$为平均值即 $\hat{X}=\frac{1}{n}\sum_{i=1}^{n}X_i$,那么对于任意 $\epsilon>0$ 有:

$$\Pr[\,|\hat{X}-\mu|>\epsilon] \to 0,\ n\to\infty \tag{8.8}$$

注释 8.3: 如果$\{X_i\}_{i=1}^n$被定义在离散样本空间 S 上,那么则$\hat{X}$是定义在 n 次试验样本空间S^n。那么式(8.8)的正式涵义就是任何固定的 $\epsilon>0$,在 n 次试验样本空间 S^n 中事件 $V_\epsilon^n\subset S^n$ 被定义为:

$$V_\epsilon^n=\{(X_1,X_2,\cdots,X_n)\mid |\hat{X}-\mu|>\epsilon\}$$

满足当 $n\to\infty$ 时,$\Pr[V_\epsilon^n]\to 0$。

式(8.8)的直观涵义可表述如下:假定对于任意的 n,我们都能轻易地生成许多期望的样本 $\{X_i\}_{i=1}^n$,和样本下的样本平均值$\hat{X}$。在实数轴上,我们可以画出平均值的集族以及判定在区间 $[\mu-\epsilon,\mu+\epsilon]$ 外的比例。弱大数定律断定对于任意 $\epsilon>0$,样本平均值在这个区间外的比例当 $n\to\infty$ 时将收敛到 0。一般来说,弱大数定律只有当 X 有有限方差时才能得到收敛速度的信息。

证明:我们将在两种情况下证明结果,其中第一种情况在应用中通常是被满足的。

(1) 如果随机变量 X 也有方差 σ^2,那么弱大数定律就是切比雪夫不等式和上述的关于样本矩的公式的直观结果。如在式(7.78)和式(7.79)中所展开的那样,我们有 $E[\hat{X}]=\mu$ 和 $Var[\hat{X}]=\frac{\sigma^2}{n}$,他们将代入式(8.3),得出:

$$\Pr[|\hat{X}-\mu|>\epsilon]\leqslant\frac{\sigma^2}{n\epsilon^2} \tag{8.9}$$

这比式(8.8)中涵义更丰富,而且可以断定这个以当 $c=\frac{\sigma^2}{\epsilon^2}$ 时至少以 $\frac{c}{n}$ 的速率收敛到 0。

(2) 在一般情况下,我们引入截尾法,对于任意 n 和任意但固定的 $\lambda>0$,集族 $\{X_i\}_{i=1}^n$ 将被截尾并分割成如下:

$$Y_i=\begin{cases}X_i-\mu, & |X_i-\mu|\leqslant\lambda n\\0, & |X_i-\mu|>\lambda n\end{cases}$$

$$Z_i=\begin{cases}0, & |X_i-\mu|\leqslant\lambda n\\X_i-\mu, & |X_i-\mu|>\lambda n\end{cases}$$

所以 $X_i-\mu=Y_i+Z_i$。现在定义 $\hat{Y}$ 和 $\hat{Z}$ 为样本平均值,得(参见练习 15):

$$\Pr[|\hat{X}-\mu|>\epsilon]\leqslant\Pr\left[|\hat{Y}|>\frac{\epsilon}{2}\right]+\Pr\left[|\hat{Z}|>\frac{\epsilon}{2}\right]$$

如果对于某些 $\lambda>0$ 成立,则弱大数定律适用,那么这两个右边的概率能如期望一般尽可能的小。对于第一个概率而言,因为 $|Y_1|\leqslant\lambda n$, $E[(Y_1)^2]\leqslant\lambda nE[|Y_1|]<\lambda n\mu_{|1|}$,其中 $\mu_{|1|}\equiv E[|X_1-\mu|]$。由于 $\{X_i\}_{i=1}^n$ 独立所以 $\{Y_i\}_{i=1}^n$ 而且 $Var[\hat{Y}]=\frac{1}{n}Var[Y_1]\leqslant\frac{1}{n}E[(Y_1)^2]<\lambda\mu_{|1|}$。

那么根据切比雪夫不等式,有:

$$\Pr\left[|\hat{Y}-E[\hat{Y}]|>\frac{\epsilon}{2}\right]\leqslant\frac{4\lambda\mu_{|1|}}{\epsilon^2}$$

但是因为当 $n\to\infty$ 时 $E[\hat{Y}]\to E[\hat{X}-\mu]=0$。所以当选择的 λ 愈小,在 $n\to\infty$ 时 $\Pr\left[|\hat{Y}|>\frac{\epsilon}{2}\right]$ 可以如期望尽量小。

对于第二个概率来说,当 $n\to\infty$ 对于任意 λ 来说都有 $\Pr[|\hat{Z}|>0]\to 0$。根据相关事件以及 $\{Z_i\}_{i=1}^n$ 独立性,我们可以得出:

$$\Pr[|\hat{Z}|>0]\leqslant\sum\Pr[|Z_i|>0]=n\Pr[|Z_1|>0]$$

但是,根据定义:

$$\begin{aligned}\Pr[|Z_1|>0]&=\Pr[|X_i-\mu|>\lambda n]\\&=\sum_{|x_i-\mu|>\lambda n}f(x_i)\\&\leqslant\frac{1}{\lambda n}\sum_{|x_i-\mu|>\lambda n}|x_i-\mu|f(x_i)\end{aligned}$$

然后,将其合并,得到:

$$\Pr[|\hat{Z}|>0]\leqslant\frac{1}{\lambda}\sum_{|x_i-\mu|>\lambda n}|x_i-\mu|f(x_i)$$

其中,当 $n\to\infty$ 时对于任意 λ 来说 $\Pr[|\hat{Z}|>0]$ 收敛到 0。

在对于有均值和方差的随机变量的一般应用中,这个定律也提供了一个关于估计值临近期望值的概率的下界。换句话说,如果 μ 和 σ^2 存在,那么:

$$\Pr[\mid \hat{X}-\mu \mid \leqslant \epsilon] > 1-\frac{\sigma^2}{n\epsilon^2} \tag{8.10}$$

不过仅当 $\frac{\sigma^2}{n\epsilon^2} \leqslant 1$ 或者 $\epsilon \geqslant \frac{\sigma}{\sqrt{n}}$ 时,上式才有用。一般情况下,都被表述如下:

$$\Pr[\mid \hat{X}-\mu \mid \leqslant \epsilon] \to 1,\ n \to \infty \tag{8.11}$$

式(8.10)有助于理解在理论均值 μ 下的广义置信区间,而通过这个公式我们利用样本均值 $\hat{X}$ 进行估计。特别的是,定义闭区间 I_ϵ:

$$I_\epsilon \equiv [\hat{X}-\epsilon,\ \hat{X}+\epsilon] \tag{8.12}$$

那么弱大数定律说的就是如果 $\{X_i\}_{i=1}^n$ 是独立同分布的随机向量并且又有均值 μ 和方差 σ^2,那么:

$$\Pr[\mu \in I_\epsilon] > 1-\frac{\sigma^2}{n\epsilon^2} \tag{8.13}$$

需要澄清的是,在任何带有样本统计量 $\hat{X}$ 的既定应用中,一定会是要么 $\mu \in I_\epsilon$ 或者 $\mu \notin I_\epsilon$。式(8.13)的概率表述需要在 n 次试验样本空间 S^n 解释。特别的是,对于 $(X_1,\ X_2,\ \cdots,\ X_n) \in S^n$,$\hat{X}=\frac{1}{n}\sum_{i=1}^n X_i$,并且定义事件 $\widetilde{V_\epsilon^n} \in E$,事件中 S^n 的补集就是:

$$\widetilde{V_\epsilon^n} \equiv \{(X_1,\ X_2,\ \cdots,\ X_n) \in S^n \mid \mu \in [\hat{X}-\epsilon,\ \hat{X}+\epsilon]\}$$

在这里 μ 是随机变量 X 的均值。那么式(8.13)所表述就是对于任意 $\epsilon > 0$,都有:

$$\Pr[\widetilde{V_\epsilon^n}] > 1-\frac{\sigma^2}{n\epsilon^2} \tag{8.14}$$

其中,σ^2 是 X 的方差。

基于相同的证明和解释,弱大数定律能应用到所有更早展开的样本矩估计,因为所有这些都是能在 $\hat{X}$ 被定义在 n 次试验样本空间 S^n 以及相对应的随机变量的均值 μ 和方差 σ^2 下的情况能够得到证明。

例 8.1 有 $\hat{\sigma}^2=\frac{1}{n-1}\sum_{j=1}^n (X_j-\hat{X})^2$,这个非偏方差估计量,因为 $E[\hat{\sigma}^2]=\sigma^2$,所以对于任意随机样本容量 n 来说,有:

$$\Pr[\mid \hat{\sigma}^2-\sigma^2 \mid > \epsilon] \leqslant \frac{(n-1)\mu_4-(n-3)\sigma^4}{n(n-1)\epsilon^2}$$

其中这个概率的上界反映了 $Var[\hat{\sigma}^2]$的情况。对于更高阶的矩来说,通过 $\hat{\mu}'_k=\frac{1}{n}\sum_{j=1}^n X_j^k$ 定义了更高阶矩的估计量,那么对于任意随机样本容量 n 来说,有:

$$\Pr[\mid \hat{\mu}'_k-\mu'_k \mid > \epsilon] \leqslant \frac{\mu'_{2k}-(\mu'_k)^2}{n\epsilon^2}$$

在这里再次用到 $E[\hat{\mu}'_k]=\hat{\mu}'_k$,且这个概率的上界反映了 $Var[\hat{\mu}'_k]$。

在所有这些概率估计中的决定性观察就是每一个概率都是与$\frac{1}{n}$成比例的，然而这些对于分析都是有利的，因为我们可以选择$n\to\infty$，但是也是同$\frac{1}{\epsilon^2}$成比例的，然而这对于分析确实不太有利，因为我们总是期望有$\epsilon\to 0$。但是对于任意期望的误差范围，我们可以运用这些公式来决定样本容量n需要是多大，以便样本估计量在误差范围之内。

例 8.2 为了估计泊松分布中参数$\lambda=E[X_P]$，可得：

$$\Pr[\,|\hat{X}-\lambda|<\epsilon]\leqslant\frac{\lambda}{n\epsilon^2}$$

这个估计在一开始还是存在一点点问题的，因为在概率上界中$\lambda=Var[X_P]$是未知的。然而，一般情况下我们使用一个粗略的上界就能达到目的。例如，假定一个样本存在$\hat{X}=3$，我们可能假定$\lambda\leqslant 5$是恰当的，因此概率表述就变成了：

$$\Pr[\,|\hat{X}-\lambda|>\epsilon]\leqslant\frac{5}{n\epsilon^2}$$

对于λ来说为了有一个小数点的精度，我们选择$\epsilon=0.05$，引申出：

$$\Pr[\,|\hat{X}-\lambda|>0.05]\leqslant\frac{2\,000}{n}$$

那么对于$n=200\,000$，随机样本在第一小数位上会有小于1%的误差，当然对于λ有更小的假定上界或者更低的置信水平，更小的样本将会满足要求。

注释 8.4：这个例子反映了在实证估计中使用弱大数定律所产生的实际约束。尽管这个定律提供了一个在$n=200\,000$能够达到预期效果的算法，但是大多数统计学家会认为，这是一个巨大的样本，而且几乎可以肯定的是这个样本量远远大于真正所需要的样本量。问题是，这个定律在实证上的弱点是由其理论适用度所决定的。具体而言，此定律适用于每一个具有有限平均值的随机变量，或在上述应用中，每一个随机变量有有限均值和方差。正因为如此，这个公式将不可能十分便利地应用到适用于任何给定的随机变量的实证中，在许多情况下，随机变量可能有比定律中要求更多的有限矩。因此，弱大数定律往往更经常被应用在理论估算值而不是实证估计。

8.4 强大数定律

弱大数定律阐述了在每一种n次试验样本空间S^n的有均值μ的随机变量X的状态。具体地说，就是这个定律认为存在任意$\epsilon>0$，在独立同分布$\{X_i\}_{i=1}^n$中有随机变量$\hat{X}=\frac{1}{n}\sum_{i=1}^n X_i$将整个样本空间中远离$|\hat{X}-\mu|>\epsilon$中均值的一些样本点分割到事件$V_\epsilon^n$中，把一些靠近$|\hat{X}-\mu|\leqslant\epsilon$中的均值的样本点分割到事件$\widetilde{V_\epsilon^n}$中。

如果我们固定ϵ并且假定X有方差σ^2，那么在$n\to\infty$的情况下，事件V_ϵ^n将会有不超过$\frac{\sigma^2}{n\epsilon^2}$的概率，甚至会收敛到0。而在事件$\widetilde{V_\epsilon^n}$中将会有超过$1-\frac{\sigma^2}{n\epsilon^2}$的概率，并且会收敛到1，如果没有$\sigma^2$的存在假设，同样的结论也成立，只是没有关于收敛速率的信息。

从另一方面说，对于固定的 n，并赋值 $\epsilon \to 0$，在有限方差的情况下会导致非有效概率边界，这样的话，事件 V_ϵ^n 将有一个从数学上来说会到∞的概率边界，但是从逻辑上只会到1的概率边界。同样地，对于事件$\widetilde{V_\epsilon^n}$ 来说将有一个从数学上来说到$-\infty$的概率边界，但是逻辑上只会到0的概率边界。

也就是说，如果我们选择 $\epsilon \to 0$，也就是对于 $0 < a < \frac{1}{2}$ 来说 $\epsilon_n = n^{\left(a-\frac{1}{2}\right)}$，那么我们同时也就得到在 $n \to \infty$ 情况下$\widetilde{V_{\epsilon_n}^n}$ 的概率将会趋向0，而误差容忍度 ϵ_n 也将趋向于0。在$\hat{X}_n$ 表示在 S^n 中随机变量的样本均值，μ 表示相对应的理论均值，在 $n \to \infty$ 情况下，可得：

$$\Pr[\mid \hat{X}_n - \mu \mid > n^{[a-(1/2)]}] \leqslant \frac{\sigma^2}{n^{2a}} \to 0$$

我们将规范化上列等式。

命题 8.6 让 S 为样本空间 $\{X_i\}_{i=1}^n$ 是独立同分布且均值为 μ、方差为 σ^2，如果 $\hat{X}_n = \frac{1}{n}\sum_{i=1}^{n} X_i$ 表示在样本空间 S^n 中随机变量的平均值，且有：$V_\epsilon^n \subset S^n$ 被定义如下：

$$V_\epsilon^n = \{(X_1, X_2, \cdots, X_n) \mid \mid \hat{X}_n - \mu \mid > \epsilon\}$$

那么会有一个序 列 $\epsilon_n \to 0$，使得：

$$\Pr[V_{\epsilon_n}^n] \to 0, \ n \to \infty$$

相对应地，会有：

$$\Pr[\widetilde{V_{\epsilon_n}^n}] \to 1, \ n \to \infty$$

证明：选择 $\epsilon_n = n^{\left(a-\frac{1}{2}\right)}$，其中 $0 < a < \frac{1}{2}$，应用弱大数定律。 ■

因为这个结果给出了当 $n \to \infty$ 时，$\Pr[\widetilde{V_\epsilon^n}] \to 1$，所以它给出了一个大胆的论断，即当 $n \to \infty$ 时，$\Pr[\hat{X}_n \to \mu] = 1$。但是这个命题并不能建立任意序列$\{\hat{X}_n\}$之间的联系。对于每一个序列项$\hat{X}_n$ 可以通过至少两种方式来生成。

(1) 模型1。每一个序列项$\hat{X}_n$ 通过被选择为$\hat{X}_j$ 且 $j < n$ 而被生成，同时独立于样本点，这意味着对于每一个 n 来说，都会有新的独立的样本 $(X_1, X_2, \cdots, \hat{X}_n) \in S^n$ 被生成。

(2) 模型2。每一个序列项$\hat{X}_n$ 通过被选择为$\hat{X}_j$ 且 $j < n$ 而被生成，但是依赖于样本点，这意味着 $\hat{X}_{n+1}$ 被定义为同$\hat{X}_n$ 有同样的样本点，只不过会产生一个新的独立的样本点 X_{n+1}。

如果任一个模型都能得出当 $n \to \infty$ 时，都有 $\Pr[\hat{X}_n \to \mu] = 1$，那么上面关于事件 V_ϵ^n 的命题并没有给明确的表述。这个命题只是简单地提供了关于定义在序列样本空间 S^n 事件概率的情况并且确认了这些连续的概率收敛到1。在任意一个生成 $\{\hat{X}_n\}_{n=1}^\infty$ 的模型中，并不存在一个带有相关概率构造的且集族 $\{\hat{X}_n\}_{n=1}^\infty$ 能被测度的样本空间。

为了更好理解这一点，我们将会发掘更多这些模型的细节。我们将要看到模型2是一个潜藏这强大数定律的模型，同时这个结果也能很好地拟合当 $n \to \infty$ 时，$\Pr[\hat{X}_n \to \mu] = 1$ 这个结论，而不必要求存在 $\{\hat{X}_n\}_{n=1}^{\infty}$ 能被测度的明显的概率空间构造。

8.4.1 模型 1：独立的$\{\hat{X}_n\}$

从模型 1 直观上看去，我们需要一个无限乘积样本空间：

$$S^{(\infty)} \equiv S \times S^2 \times S^3 \times S^4 \times \cdots$$

其中每一个 S^n 表示 n 次试验样本空间，$\boldsymbol{X}_n \equiv (X_1, X_2, \cdots, X_n)$ 表示样本点，对于随机变量 $\hat{X}_n = \dfrac{1}{n}\sum X_j$ 表示相关概率构造。S^n 的概率构造需要通过某种方法和无限乘积空间上的概率测度进行结合，而这种方法类似于如何将 $S^n \equiv S \times S \times S \times S \times \cdots \times S$($n$ 次)的概率构造被定义与 S 空间上的概率测度 Pr 相关。对于有限乘积 $S^{(M)} \equiv S \times S^2 \times S^3 \times S^4 \times \cdots \times S^M$，这个样本空间就是在第 7.2.7 节中被介绍的广义 M 维样本空间，但是对于这个模型而言，这个更早的构造一定可以被推广到 $M = \infty$。

序列 $\{\hat{X}_n\}_{n=1}^{\infty}$ 在积空间 $(\boldsymbol{X}_1, \boldsymbol{X}_2, \cdots, \boldsymbol{X}_n \cdots)$ 中被定义为一个样本点，同时 $\Pr[\hat{X}_n \to \mu] = 1$ 的判别也将有意义。名义上 $\Pr[\hat{X}_n \to \mu] = 1$ 意味着 $\Pr[A] = 1$，在这里事件 $A \subset S^{(\infty)}$ 被定义为所有序列的集族，所以是收敛的：

$$A \equiv \{(\boldsymbol{X}_1, \boldsymbol{X}_2, \cdots, \boldsymbol{X}_n \cdots) \mid \hat{X}_n \to \mu\}$$

在这里每一个$\hat{X}_n$ 被定义于 $\boldsymbol{X}_n$ 相关。

另外，为了避开这个样本空间的构造，回顾一下极限的定义。$\hat{X}_n \to \mu$ 意味在任意$\epsilon > 0$ 都有整数 N 使得在 $n \geqslant N$ 情况下都有 $|\hat{X}_n - \mu| < \epsilon$。从这个模型中我们可以得出 $\Pr[\hat{X}_n \to \mu]$ 可以定义这样一个概率即对于任意 $\epsilon > 0$，都有整数 N 使得在 $n \geqslant N$ 都有 $|\hat{X}_n - \mu| < \epsilon$。

现在根据弱大数定律，当 X 有一个有限方差时，我们可以从式(8.10)得知对于给定的 n，概率会大于或者等于 $1 - \dfrac{\sigma^2}{n\epsilon^2}$，也就是说：

$$\Pr[|\hat{X}_n - \mu| < \epsilon] \geqslant \left(1 - \frac{\sigma^2}{n\epsilon^2}\right)$$

在独立的情况下：

$$\begin{aligned}\Pr[|\hat{X}_n - \mu| < \epsilon,\ n \geqslant N] &= \prod_{n=N}^{\infty}[\Pr |\hat{X}_n - \mu| < \epsilon] \\ &\geqslant \prod_{n=N}^{\infty}\left(1 - \frac{\sigma^2}{n\epsilon^2}\right)\end{aligned}$$

不幸的是，这会是个死胡同。尽管上述的分析已经超越了我们所展开的工具，不过到目前为止无限乘积理论在数学上已经很完备了。其实这个收敛到大于 0 值的无限乘积的收敛性与序列 $\left\{\dfrac{\sigma^2}{n\epsilon^2}\right\}$ 的绝对收敛性是相关。具体地将在第 9 章详细讲解。

$$\prod_{n=1}^{\infty}(1 - x_n) = \begin{cases} 0, \text{如果} \sum x_n \text{ 发散} \\ c > 0, \text{如果} \sum x_n \text{ 收敛} \end{cases}$$

当然，这里 x_n 是调和序列的倍数，而且我们从第 6 章得知$\sum x_n$ 是发散的。这就暗示着这个无限乘积有独立于 N 的数值 0。换句话说，我们仅仅能得出在模型 1 中对于任意 $\epsilon>0$ 和 N 有：

$$\Pr[\mid \hat{X}_n-\mu \mid<\epsilon,\ n\geqslant N]\geqslant 0$$

相当于，所有的结论都可以从弱大数定律中得出，即：

$$\Pr[\hat{X}_n\to\mu]\geqslant 0$$

这并不是一个深刻的见解。

8.4.2 模型 2 相关联的$\{\hat{X}_n\}$

在第二个如何生成 $\{\hat{X}_n\}_{n=1}^{\infty}$ 模型中，我们需要一个不同的样本空间，一个实际上可数的无限的带有合适概率构造的 S^n，即：

$$S^{\infty}\equiv S\times S\times S\times S\times\cdots$$

这样就可以从$(X_1,\ X_2,\ \cdots,\ X_n,\ \cdots)$中选出一个样本点并定义样本均值序列 $\{\hat{X}_n\}_{n=1}^{\infty}\equiv\left\{\frac{1}{n}\sum_{j=1}^{n}X_j\right\}_{n=1}^{\infty}$。在这样的空间中，我们就定义事件 $A\subset S^{\infty}$ 作为所有序列$(X_1,\ X_2,\ \cdots,\ X_n,\ \cdots)\in S^{\infty}$ 作为集族，同时定义均值序列满足 $\hat{X}_n\to\mu$。那么 $\Pr[\hat{X}_n\to\mu]=1$ 意味着 $\Pr[A]=1$，其中

$$A\equiv\{(X_1,\ X_2,\ \cdots,\ X_n,\ \cdots)\in S^{\infty}\mid \hat{X}_n\to\mu\}$$

这个样本空间的构造看上去很容易，我们断定对于所有的 j 有：

$$S^{\infty}\equiv\{(X_1,\ X_2,\ \cdots,\ X_n,\ \cdots)\mid X_j\in S\}$$

然而困难的部分在于概率测度，任何想一般化式(7.8)的尝试都是无望的。通过 $P_{\infty}[(s_1,\ s_2,\ \cdots)]=\prod_{j=1}^{\infty}\Pr(s_j)$ 定义在S^{∞}上的概率函数，我们可知对于所有$(s_1,\ s_2,\ \cdots)\in S^{\infty}$都有 $P_{\infty}[(s_1,\ s_2,\ \cdots)]=0$。具体地说，如果$(s_1,\ s_2,\ \cdots)$是任意一个样本点，那么在任意非退化空间 S 中，存在这样的情况即对于所有的 j 而言都有 $\Pr(s_j)\leqslant p<1$，所以也可得 $\prod_{j=1}^{N}\Pr(s_j)<p^N$。唯一的反例就是对于一个退化概率空间 $S=\{s\}$ 存在 $\Pr(s)=1$ 的点，所以需要另外的定义方法。

但是，任何这样的方法，将不得不放弃这样一个想法，即样本点具有非零的概率，因为在这种的情况下，S^{∞}不可能是可数的。事实上，即便对于最简单的暗含着标准二项式的非退化空间 $S\equiv\{0,\ 1\}$，如此定义的S^{∞}等价于在区间$[0,\ 1]$上所有实数的二项扩展。赋非零概率给非可数样本点集族，使得这些概率总和起来应该是 1 的希望在一开始就应该被撇弃，为什么？

因为从第 2 章的康托尔对角论证法，我们就晓得每一个样本点概率的总和必须忽略掉许多点，因此任何这样的和都是无限的。唯一的可能解决办法就是在S^{∞}识别出一个可数的点的子集族，赋给非零概率，同时宣称所有其他的样本点的概率都是 0。但是因为 S^{∞}

确实是不可数的，所以很清楚的就是用这样一种构造去得出 $\Pr[\hat{X}_n \to \mu]=1$ 并没有回答最初始的那个问题。

所以就需要另一个宏大的构想了，但是在这章对于这样一个乘积空间我们并没有必需的工具和办法。我们将会在第 10 章开始实施这个构想，在第 10 章将会讲解连续概率理论，但是完整的理论需要实分析的工具。事实上强大数定律也能获得期望的结果，生成一个有利的论断，同时避免无限维空间的构造。序列 $\{\hat{X}_n\}_{n=1}^{\infty}$ 被定义在依据给定独立变量 X 以及样本点 $\{\hat{X}_j\}_{j=1}^{\infty} \subset S$ 所构成的给定序列中，而不必构建样本空间 S^{∞}。但是如果强大数定律断定 $\Pr[\hat{X}_n \to \mu]=1$，且不存在空间 S^{∞}，那这个结论到底意味着什么？

8.4.3 强定律方法

应用在强大数定律的方法可以强化上述的结论，在这里当 σ^2 存在，那么 $\epsilon_n \to 0$ 也存在，所以下列事件：

$$V_{\epsilon_n}^n \equiv \{(X_1, X_2, \cdots, X_n) \mid |\hat{X}_n-\mu| > \epsilon_n\} \subset S^n$$

满足当 $n \to \infty$ 时，$p_n \equiv \Pr[V_{\epsilon_n}^n] \to 0$。选择 $\epsilon_n = n^{\left(a-\frac{1}{2}\right)}$，$0 < a < \frac{1}{2}$。

如果这个结果是有意义的，那么这些概率并不会很快收敛到 0。事实上对于 $\sum_{n=N}^{\infty} p_n < \infty$ 不存在 N，因为 $p_n = \frac{\sigma^2}{n^{2a}}$，其中 $0 < 2a < 1$。换句话说，概率 $p_n \to 0$ 的速度要慢于调和序列中的项。这是很重要的，因为 $\sum_{n=N}^{\infty} p_n = \sum_{n=N}^{\infty} \Pr[V_{\epsilon_n}^n]$，所以如果这个总和能够是收敛的，那么这就意味着我们可能使得这个概率总和尽可能小，而 N 尽可能大，下面我们将会看到这足以在逻辑上提供一个期望的结论。

慢收敛的问题在于当 n 增加时，误差容忍度的目标 $\epsilon_n = n^{\left(a-\frac{1}{2}\right)}$ 也可能收敛到 0。即便对于固定的 $\epsilon > 0$，我们可以从弱大数定律的式(8.9)中得出 $p_n \equiv \Pr[V_{\epsilon}^n] = \frac{\sigma^2}{n\epsilon^2}$。当 $n \to \infty$，$p_n \to 0$，不存在 N，所以 $\sum_{n=N}^{\infty} p_n < \infty$。换句话说，我们基于弱大数定律能断定的最好的结果就是对于固定的 $\epsilon > 0$，这些概率对于随机集族 $\{\hat{X}_n\}$ 衰减到 0 的速率并不比 $\frac{1}{n}$ 快。

强大数定律可以应用到定义于 S 和相关样本均值序列 $\hat{X}_n \equiv \frac{1}{n}\sum_{j=1}^{n} X_j$ 的随机变量 $\{X_n\}_{n=1}^{\infty}$ 集族。

它将从两个方面改进上述的结果：

(1) 集族 $\{X_n\}_{n=1}^{\infty}$ 必须是独立的但不是不必是同分布。然而，如果不是独立同分布，$\{\sigma_i^2\}$ 一定不会增长太快。

(2) 在 $\hat{\mu}_k \equiv \frac{1}{k}\sum_{j=1}^{k} \mu_j$ 下，对于任意 $\epsilon > 0$，有：

$$\sum_{n=1}^{\infty} p_n < \infty$$

其中 $p_n = p_n(\epsilon)$ 在至少存在 1 个 k 使得 $2^{n-1} < k \leqslant 2^n$ 情况下被定义为：

$$p_n = \Pr[|\hat{X}_k - \hat{\mu}_k|] > \epsilon$$

因此对于任意 $\delta > 0$，存在一个 N 使得 $\sum_{n=N}^{\infty} p_n < \delta$。

强大数定律很好地拟合了 $\Pr[\hat{X}_n \to \mu] = 1$ 而不必有 S^{∞}，因为在结果(2)中的关键性表述并不能从弱大数定律中得到。首先，根据定义当存在至少其中一个 k，满足：

$$\sum_{n=N}^{\infty} p_n = \Pr[|\hat{X}_k - \hat{\mu}_k| > \varepsilon,\ k > 2^{N-1}]$$

所以，从结果(2)中我们可以得出对于任意 $\delta > 0$ 存在 $N = N(\epsilon)$ 使得对于至少一个 k，满足：

$$\Pr[|\hat{X}_k - \hat{\mu}_k| > \epsilon,\ k > 2^{N-1}] < \delta$$

也就是说，对于任意 $\delta > 0$，有 N 存在使得至少一个 k 满足：

$$\Pr[|\hat{X}_k - \hat{\mu}_k| \leqslant \epsilon,\ k > 2^{N-1}] \geqslant 1 - \delta$$

*8.4.4 柯尔莫哥洛夫不等式

为了证明强大数定律，我们需要一个比切比雪夫不等式更强的不等式称为柯尔莫哥洛夫不等式，这个不等式是以安德雷·柯尔莫哥洛夫(Andrey Kolomogorov, 1903—1987)命名的，他也为概率论引入公理性框架做出杰出贡献。柯尔莫哥洛夫不等式扩展了切比雪夫不等式，它要求一个随机变量 $\{\hat{X}_i\}_{i=1}^n$ 集族同时对这个集族提供一个关于最大概率加总的概率陈述。

当假定对于所有 j 而言，$E[X_j] = 0$，柯尔莫哥洛夫不等式表述就很简单。然而这并不是一个正确的约束。如果我们给定 $\{Y^j\}_{j=1}^n$ 且 $E[Y_j] = u_j$，我们可以将这个结果应用到 $X_j \equiv Y_j - \mu_j$，因为很清楚地知道 $Var[X_j] = Var[Y_j]$。同时当这个结果要求 $\{X_j\}_{j=1}^n$ 是独立随机变量时，并不要求它是同分布的，所以它允许不同的方差。

命题 8.7(柯尔莫哥洛夫不等式) 假定 $\{X_i\}_{i=1}^n$ 是独立随机变量同时有 $E[X_j] = 0$ 和 $Var[X_j] = \sigma_j^2$，那么对于 $t > 0$，有：

$$\Pr\left\{\max_{1 \leqslant i \leqslant n}\left|\sum_{j=1}^{i} X_j\right| > t\right\} \leqslant \sum_{j=1}^{n} \frac{\sigma_j^2}{t^2} \tag{8.15}$$

注释 8.5：注意到(8.15)中定义的事件是 S^n 中的一个事件，其中 S 是一个定义在 $\{X_i\}_{i=1}^n$ 上且独立的常见的样本空间。也注意到柯尔莫哥洛夫不等式被认为比切比雪夫不等式更能适合这个概率陈述。切比雪夫不等式对任意的 i，且 $1 \leqslant i \leqslant n$ 成立，

$$\Pr\left\{\left|\sum_{j=1}^{i} X_j\right| > t\right\} \leqslant \sum_{j=1}^{i} \frac{\sigma_j^2}{t^2}。$$

因为对于独立随机变量而言，$Var(\sum_{j=1}^{i} X_j)=\sum_{j=1}^{i}\sigma_j^2$。当然 $\sum_{j=1}^{i}\frac{\sigma_j^2}{t^2}\leqslant\sum_{j=1}^{n}\frac{\sigma_j^2}{t^2}$，所以一开始这些不等式看上去一样。然而，切比雪夫不等式提供的概率陈述是在 n 个分离事件中，不适用于 n 个同时发生的事件。柯尔莫哥洛夫不等式表明在 n 个切比雪夫概率边界的最大的那个足以约束这 n 个事件中最糟糕的情况的概率边界。另外，柯尔莫哥洛夫不等式表明在 n 个切比雪夫概率边界的最大的那个足以约束概率保证所有不等式被同时满足。

证明：这个证明是通过引入一个新的随机变量来剔除掉最大函数，而这个变量能确定出当 $\left|\sum_{j=1}^{i} X_j\right|>t$ 的第一个总和，然后利用关于这个随机变量的一个条件参数。考虑数列 $(\sum_{j=1}^{i} X_j)^2$，$i=1, 2, \cdots, n$。对于任意随机变量 $\{X_i\}_{i=1}^{n}$ 的集族，定义一个新的随机变量 $N=\min\left\{i\,\middle|\,(\sum_{i=1}^{i} X_j)^2>t^2\right\}$，但是如果对于所有 $i\leqslant n$，$(\sum_{j=1}^{i} X_j)^2\leqslant t^2$，则定义 $N=n$。那么在 S^n 中的事件就被定义为有相同概率的同一事件，即：

$$\{\max_{1\leqslant i\leqslant n}(\sum_{j=1}^{i} X_j)^2>t^2\}$$

$$\{(\sum_{j=1}^{N} X_j)^2>t^2\}$$

现在通过应用在第二个事件中的马尔可夫不等式，得到

$$\Pr\{(\sum_{j=1}^{N} X_j)^2>t^2\}\leqslant\frac{E\left[(\sum_{j=1}^{N} X_j)^2\right]}{t^2}$$

因为有 $E[X_j]=0$ 的假设，我们得到 $E\left[(\sum_{j=1}^{N} X_j)^2\right]=Var\left[\sum_{j=1}^{N} X_j\right]$，所以如果有 $Var\left[\sum_{j=1}^{N} X_j\right]\leqslant\sum_{j=1}^{n}\sigma_j^2$ 则证明完成。

值得注意的是这里有一个微妙之处，因为当 $\{X_i\}_{i=1}^{N}\subset\{X_i\}_{i=1}^{n}$，$N$ 是个随机变量，所以我们不能简单断定 $Var\left[\sum_{j=1}^{N} X_j\right]\leqslant\sum_{j=1}^{n}\sigma_j^2$。为了证明这个上界，我们利用总方差定律。首先对于条件方差来说，有：

$$Var\left[\sum_{j=1}^{N} X_j \mid N=k\right]=Var\left[\sum_{j=1}^{k} X_j\right]=\sum_{j=1}^{k}\sigma_j^2$$

接下来对于条件均值，有：

$$E\left[\sum_{j=1}^{N} X_j \mid N=k\right]=E\left[\sum_{j=1}^{k} X_j\right]=0$$

通过式(7.49)，可得：

$$Var\left[\sum_{j=1}^{N} X_j\right]=E\left[\sum_{j=1}^{k}\sigma_j^2\right]+Var[0]$$

对于最后这个期望,如果 $a_k = \Pr[N = k]$,那么因为 $\sum_{j=1}^{n} a_k = 1$,则有:

$$E\Big[\sum_{j=1}^{k}\sigma_j^2\Big] = \sum_{k=1}^{n} a_k\Big[\sum_{j=1}^{k}\sigma_j^2\Big] \leqslant \sum_{j=1}^{n}\sigma_j^2$$

这些都遵循交换的二重求和法:$\sum_{k=1}^{n}\sum_{j=1}^{k} = \sum_{j=1}^{n}\sum_{k=j}^{n}$。 ■

*8.4.5 强大数定律

接下来转到强大数定律的表述上。先前的要求是当方差$\{\sigma_i^2\}$的集族不必有边界,如果无边界,他们也不能增长得太快。我们提供一种独立同分布的情况来表述这个定律,因为在更一般情况下这个表述通常也是满足的。

命题 8.8(强大数定律 1) 设$\{X_j\}_{j=1}^{\infty}$是独立同分布的随机变量,且均值为μ、方差为σ^2,对于任意$\epsilon > 0$定义$\hat{X}_k = \frac{1}{k}\sum_{j=1}^{k} X_j$。对任意$\epsilon > 0$,至少存在一个 k 满足:事件 $A_n \subset S^{2n}$,

$$A_n = \{\bar{X} \mid |\hat{X}_k - \mu_k| > \epsilon,\ 2^{n-1} < k \leqslant 2^n\}$$

其中 $\bar{X} \equiv (X_1, X_2, \cdots, X_{2n}) \in S^{2n}$,那么:

$$\sum_{n=1}^{\infty}\Pr[A_n] < \infty$$

所以对于任意 $\delta > 0$ 都存在一个 N 使得 $\sum_{n=N}^{\infty}\Pr[A_n] < \delta$。

命题 8.9(强大数定律 2) 设 $\{\hat{X}_j\}_{j=1}^{\infty}$ 是独立同分布的随机变量,且均值为 $\{\mu_j\}_{j=1}^{\infty}$、方差为 $\{\sigma_j\}_{j=1}^{\infty}$,其中 $\sum_{j=1}^{\infty}\frac{\sigma_j^2}{j^2} < \infty$。定义 $\hat{X}_k = \frac{1}{k}\sum_{j=1}^{k} X_j$ 和 $\hat{\mu}_k = \frac{1}{k}\sum_{j=1}^{k}\mu_j$,对于任意$\epsilon > 0$ 定义事件 $A_n \subset S^{2n}$ 有,至少存在一个 k 满足:

$$A_n = \{\bar{X} \mid |\hat{X}_k - \mu_k| > \epsilon,\ 2^{n-1} < k \leqslant 2^n\} \tag{8.16}$$

其中 $\bar{X} \equiv (X_1, X_2, \cdots, X_{2n}) \in S^{2n}$,那么:

$$\sum_{n=1}^{\infty}\Pr[A_n] < \infty \tag{8.17}$$

所以对于任意 $\delta > 0$ 都存在一个 N 使得 $\sum_{n=N}^{\infty}\Pr[A_n] < \delta$。

证明:事件 A_n 能相等地被定义为如下事件:

$$A_n = \Big[\max_{2^{n-1} < k \leqslant 2^n}\Big|\sum_{j=1}^{k} Y_j\Big| > k\epsilon\Big]$$

其中 $Y_j = X_j - \mu_j$。也就是说当且仅当 $\max_{(2^{n-1} < k \leqslant 2^n)}\Big|\sum_{j=1}^{k} Y_j\Big| > k\epsilon$ 且当至少 1 个 k 满足 $2^{n-1} < k \leqslant 2^n$ 时有 $|\hat{X}_k - \hat{\mu}_k| > \epsilon$。存在 $\Pr[A_n] < \Pr[A_n']$,在这里 A_n'按照 $2^{n-1}\epsilon$ 的项而不是 $k\epsilon$ 被定义。通过柯尔莫哥洛夫不等式,后面这个事件的概率被假定为:

$$\Pr[A'_n] < \frac{1}{2^{2n-2}} \sum_{j=1}^{2^n} \frac{\sigma_j^2}{\epsilon^2}$$

因此有：

$$\sum_{n=1}^{\infty} \Pr[A_n] < \frac{4}{\epsilon^2} \sum_{n=1}^{\infty} \frac{1}{2^{2n}} \sum_{j=1}^{2^n} \sigma_j^2$$

在二重求和法中，每一个 σ_j^2 被计两次。尤其是：

$$\sum_{n=1}^{\infty} \frac{1}{2^{2n}} \sum_{j=1}^{2n} \sigma_j^2 = \sum_{j=1}^{\infty} \sigma_j^2 \sum_{2n \geqslant j} \frac{1}{2^{2n}}$$
$$\leqslant 2 \sum_{j=1}^{\infty} \frac{\sigma_j^2}{j^2}$$

因为当 $j > 4$ 时，$\sum_{2n \geqslant j}^{\infty} \frac{1}{2^{2n}} \leqslant \sum_{n=j}^{\infty} \frac{1}{2^n} = \frac{1}{2^{j-1}} \leqslant \frac{2}{j^2}$，所以 $\sum_{n=1}^{\infty} \Pr[A_n] < \infty$。■

注释 8.6：在强大数定律的一般版本中的假设，即 $\sum_{j=1}^{\infty} \frac{\sigma_j^2}{j^2} < \infty$ 是一个关于当 $j \to \infty$ 时 σ_j^2 增长速度的假设。例如，如果 $\sigma_j^2 = \sigma^2$，那么这就是一个无增长的假设，因为从第 6 章可知 $\sum_{j=1}^{\infty} \frac{1}{j^2} < \infty$。从另一方面，如果 $\sigma_j^2 = j\sigma^2$，那么标准差的增长就会以$\sqrt{j}$，而强大数定律不会采用，因为也是从第 6 章可得 $\sum_{j=1}^{\infty} \frac{1}{j} \to 0$。因此线性方差增长或者同等的标准差的平方根增长对于强大数定律来说有些太快而不会被采用。然而，如果对于任意 $a < 1$，$\sigma_j^2 = j^a \sigma^2$ 那么强大数定律适用，因为当 $2 - a > 1$ 时 $\sum_{j=1}^{\infty} \frac{\sigma_j^2}{j^2} = \sigma^2 \sum_{j=1}^{\infty} \frac{1}{j^{2-a}} < \infty$。

推论 8.1　设 $\{X_j\}_{j=1}^{\infty}$ 是独立同分布的随机变量，且均值为 $\{\mu_j\}_{j=1}^{\infty}$、方差为 σ_j^2，其中 $\sum_{j=1}^{\infty} \frac{\sigma_j^2}{j^2} < \infty$。对于任意 k，定义 $\hat{X}_k = \frac{1}{k} \sum_{j=1}^{k} X_j$ 和 $\hat{\mu}_k = \frac{1}{k} \sum_{j=1}^{k} \mu_j$，那么对于任意 $\epsilon > 0$ 和 $\delta > 0$，存在一个 N，有：

$$\Pr[\,|\hat{X}_k - \mu_k| > \epsilon,\ k > 2^N] < \delta$$

同等地，对于任意 $\epsilon > 0$ 和 $\delta > 0$，存在一个 N，使得：

$$\Pr[\,|\hat{X}_k - \hat{\mu}_k| \leqslant \epsilon,\ k > 2^N] > 1 - \delta \tag{8.18}$$

证明：已知对于任意 k 有：

$$[\,|\hat{X}_k - \hat{\mu}_k| > \epsilon,\ k > 2^N] = \bigcup_{n \geqslant N+1} A_n$$

以及结论 $\sum_{n=1}^{\infty} \Pr[A_n] < \infty$。因此对于任意 $\delta > 0$ 都存在一个 N 使得 $\sum_{n=N+1}^{\infty} \Pr[A_n] < \delta$。

注释 8.7：在推论中 $[\hat{X}_k - \hat{\mu}_k > \epsilon,\ k > 2^N]$ 到目前为止并不是任意 n 次试验样本空间所定义的事件。事实上，因为这个事件和整个随机变量集族有关，所以它有可能存在于 S^{∞}，只是我们没有定义。本质上说，通过强大数定律，我们可以避免 S^{∞} 下事件构造同时通过将这个事件定义在 $n \geqslant N+1$ 的 S^{2^n} 空间的并集，又拟合了这个结果。同时这个推论估计在所有这些样本空间中的所有这些事件的概率测度可以被设定得尽可能小。

在强大数定律的指引下，可得 $\Pr[\hat{X}_n-\hat{\mu}_n\to 0]=1$，或者在同分布情况下 $\Pr[\hat{X}_n\to\hat{\mu}_n]=1$。

8.5 棣莫弗—拉普拉斯定理

棣莫弗—拉普拉斯定理是被称为中心极限定理的一个特殊例子。这部分定理说明了当 $n\to\infty$ 时二项分布的极限分布问题。特别地，如果 $X^{(n)}\equiv\sum_{j=1}^{n}X_j^B$ 是一个参数为 n 和 p 的二项随机分布变量，其中 X_j^B 是独立同分布的标准二项分布，我们可以从式(7.97)中得到，对于整数 a 和 b 有：

$$\Pr[a\leqslant X^{(n)}\leqslant b]=\sum_{j=a'}^{b'}\binom{n}{j}p^j(1-p)^{n-j}$$

其中，$a'=\max(a,0)$ 和 $b'=\min(b,n)$。

在这个形式中很难确定当 $n\to\infty$ 时这个分布发生了什么，因为这个随机变量的值域是$[0,n]$。从另一方面说，我们可以从式(7.99)中得到 $E[X^{(n)}]=np$ 和 $Var[X^{(n)}]=np(1-p)$，所以 $X^{(n)}$ 当 $n\to\infty$ 时其均值和方差的增长没有边界。为了从数量探寻当 $n\to\infty$ 时这个分布的概率，对于结果的稳定必须利用某些换算形式。

这个方法被亚伯拉罕·棣莫弗(Abraham de Moivre)使用在 $p=\dfrac{1}{2}$ 的特殊例子中，许多年后被皮埃尔·西蒙·拉普拉斯(Pierre-Simon Laplace)推广到所有的 p，$0<p<1$ 中，这种方法用来度量现在称之为标准随机变量 $Y^{(n)}$，定义如下：

$$Y^{(n)}=\frac{X^{(n)}-E[X^{(n)}]}{\sqrt{Var[X^{(n)}]}}\tag{8.19}$$

随机变量 $Y^{(n)}$ 和 $X^{(n)}$ 有一样的二项概率，当然因此对于任意 n，$E[X^{(n)}]$和$\sqrt{Var[X^{(n)}]}$是固定的。然而，它的值域是 $\left\{\dfrac{j-E[X^{(n)}]}{\sqrt{Var[X^{(n)}]}}\middle|\,0\leqslant j\leqslant n\right\}$，同时用式(7.38)的简单的估算得出：

$$E[Y^{(n)}]=0,\ Var[Y^{(n)}]=1$$

因此，当均值和方差对于 n 都固定和独立时，能更好地探究和潜在确定当 $n\to\infty$ 时 $Y^{(n)}$ 是极限分布，并且对于这个问题的探究也更有吸引力。

最后，我们首先得出两个关于 $Y^{(n)}$ 的基本但是很重要的结果：

命题 8.10 假定 $Y^{(n)}$ 如式(8.19)所定义那样，其中二项概率 p 满足 $0<p<1$：

(1) $Y^{(n)}$ 的值域当 $n\to\infty$ 正负无界。

(2) 如果 $y\in\mathbb{R}$，存在序列 $\{y_n\}$，$y_n\to y$，并且每一个 y_n 在 $Y^{(n)}$ 中。

证明：(1) 因为 $0\leqslant j\leqslant n$，简单地计算显示当 $q\equiv 1-p$，有：

$$-\sqrt{n}\sqrt{\frac{p}{q}}\leqslant\frac{j-E[X^{(n)}]}{\sqrt{Var[X^{(n)}]}}\leqslant\sqrt{n}\sqrt{\frac{q}{p}}$$

这个结果当 $p=\frac{1}{2}$ 时可推广到无边界对称区间$[-n, n]$，并且当 $n\to\infty$ 这个结果是无限的且非对称的。

2. 让 N 表示最小的整数，所以 $y\in\left(-\sqrt{N}\sqrt{\frac{p}{q}}, \sqrt{N}\sqrt{\frac{q}{p}}\right)$，其中 $q\equiv 1-p$。这个结果总是可能的，因为这些区间无约束地随着 N 增长。现在这种情况存在一个 j，也可能是两个这样的值，所以 $y\in\left[\frac{j-Np}{\sqrt{Npq}}, \frac{j+1-Np}{\sqrt{Npq}}\right]$，因为这些区间的集族包含 $\left[-\sqrt{N}\sqrt{\frac{p}{q}}, \sqrt{N}\sqrt{\frac{q}{p}}\right]$，那么我们定义 y_0 作为这个区间的左端点。对于任意 $N+n$ 的任意值，其中 $n\geqslant 1$，现在当 $y\in\left[\frac{j-(N+n)p}{\sqrt{(N+n)pq}},\frac{j+1-(N+n)p}{\sqrt{(N+n)pq}}\right]$ 时，定义 y_n 作为这个区间的左端点。再次存在至少一个这样的区间，因为这些区间共同包含 $\left[-\sqrt{N+n}\sqrt{\frac{p}{q}}, \sqrt{N+n}\sqrt{\frac{q}{p}}\right]$。因为在第 n 步中这个区间的长度是 $\frac{1}{\sqrt{(N+n)pq}}$，这个长度当 $n\to\infty$ 将收敛到 0，所以根据这个构造很明显得出 $|y-y_n|\leqslant\frac{1}{\sqrt{(N+n)pq}}$，所以我们可得 $y_n\to y$。

注释 8.8: 在证明中的第(2)部分的构造中，只要每个区间的两个端点是随机选择，那么右端点的运算也如上述。换句话说，存在无限的这样的序列。

因此对于任意 $y\in\mathbb{R}$，我们可以得出 $g(y)$的概率密度函数的存在，$g(y)$定义如下：

$$g(y)\equiv\lim_{n\to\infty}\Pr\{Y^{(n)}=y_n\}$$

其中$\{y_n\}$被构造成 $y_n\to y$。为了证明这样一个结论能被证明是合适的，需要确定这个极限是有意义的，并回答这个初始的问题：当 $n\to\infty$ 时，对于 $Y^{(n)}$ 来说 $g(y)$是不是二项概率密度函数的极限密度？

这个映射矩表明这个极限并没有回答这个问题，因为存在这种情况，即对于任意序列 $\{y_n\}$，$\Pr[Y^{(n)}=y_n]=\Pr[X^{(n)}=j_n]$，其中 $j_n=y_n\sqrt{npq}+np$。所以当 $y_n\to y$，我们假定 $j_n\to\infty$，因此有可能从逻辑上就会出现对于任意 y，有 $\lim\limits_{n\to\infty}\Pr[Y^{(n)}=y_n]=0$。换句话说，如上定义，有可能出现对于所有 y，有 $g(y)=0$。

在更深层次探究时，注意当 $g(y)$对于任意 $y\in\mathbb{R}$ 如上定义，这个结论可能是被迫的，所以对于任意一个或多个 $\mathbb{R}$ 内的可数子集 $g(y)>0$ 是没有意义的。这是因为如果对于任意一个不可数集 $g(y)>0$，那么遍历所有这样值的 $\sum g(y)$ 将是无限且永不等于 1。这可由类似于康托尔对角论证法的论证得出，任何试图枚举并加总出 $g(y)$必然忽略所有可数子集。因此这样的加总必然是无界的。

规范化证明对于所有 y 都有 $g(y)=0$ 有时候是困难的，但是这个结论是对于棣莫弗—拉普拉斯定理的最接近的证明。正如所见，为了得到一个相关 $Y^{(n)}$ 随机变量的概率密度函数的极限得出一个正确的概率密度分布，在上述 $g(y)$定义中就需要一个调整因子。特别地，对于每一个 $\Pr\{Y^{(n)}=y_n\}$ 都乘上$\sqrt{npq}$，这个乘积将收敛到合意概率密度函数$h(y)$。另外，这个证明的成立基于 $\Pr\{Y^{(n)}=y_n\}\to 0$ 这个推论上，因为 $\sqrt{npq}\to\infty$ 和 $\sqrt{npq}\Pr\{Y^n=y_n\}\to h(y)$ 都暗示了这个结论。

这部分的证明依赖于著名的被称之为近似的 $n!$ 时的斯特林公式或者斯特林近似公式，这是以它的发现者詹姆斯·斯特林(James Stirling)所命名的。

8.5.1 斯特林公式

为了构建这个近似公式，我们需要另一个第 9 章中关于自然对数函数 $\ln(1+x)$ 的幂级数展开式。这个证明依赖于相同的数学工具，这个数学工具可以用来证明在式(7.63)中所记录的 e^x 的幂级数展开。所需的展开如下：

$$\ln(1+x)=\sum_{n=1}^{\infty}(-1)^{n+1}\left(\frac{1}{n}\right)x^n,\ |x|<1 \tag{8.20}$$

对于 e^x 的级数展开下的情况，比率检定法确认这个级数是绝对收敛的，因为当 $n\to\infty$ 时，有：

$$\left|\frac{(-1)^{n+2}\left(\frac{1}{n+1}\right)x^{n+1}}{(-1)^{n+1}\left(\frac{1}{n}\right)x^n}\right|=\left|\frac{x}{\frac{n+1}{n}}\right|\to|x|$$

因此 $|x|<1$ 确保了绝对收敛。当 $x\to -1$ 时，这个级数近似于收敛到负无穷的调和级数 $-\sum_{n=1}^{\infty}\frac{1}{n}$。另一方面，可以参照第 10 章，当 $x\to 1$ 时，这个级数可被定义。

也可得，这个公式可用$-x$ 表达，当 $\ln(1-x)=-\ln\left(\frac{1}{1-x}\right)$，有：

$$\ln\left(\frac{1}{1-x}\right)=\sum_{n=1}^{\infty}\left(\frac{1}{n}\right)x^n,\ |x|<1 \tag{8.21}$$

结合式(8.20)可得：

$$\frac{1}{2}\ln\left(\frac{1+x}{1-x}\right)=\sum_{n=1}^{\infty}\left(\frac{1}{2n-1}\right)x^{2n-1},\ |x|<1 \tag{8.22}$$

因为 $\ln\left(\frac{1+x}{1-x}\right)=\ln(1+x)-\ln(1-x)$，绝对收敛也证明了这两个级数项能够重排到一个单独的级数中。

命题 8.11(斯特林公式) 当 $n\to\infty$ 时，有相关近似公式 $n!\sim\sqrt{2\pi}\,n^{\left(n+\frac{1}{2}\right)}e^{-n}$，即：

$$\frac{n!}{\sqrt{2\pi}\,n^{\left(n+\frac{1}{2}\right)}e^{-n}}\to 1,\ n\to\infty \tag{8.23}$$

此外这个近似的相对误差如下：

$$e^{\frac{1}{12n+1}}<\frac{n!}{\sqrt{2\pi}\,n^{\left(n+\frac{1}{2}\right)}e^{-n}}<e^{\frac{1}{12n}} \tag{8.24}$$

证明：首先存在一个常数 C 使得 $n! \sim e^{C} n^{\left(n+\frac{1}{2}\right)} e^{-n}$。有鉴于此，定义 $f_n = \ln\left(\frac{n!}{n^{\left(n+\frac{1}{2}\right)} e^{-n}}\right)$，根据对数的性质，可以重新表述如下

$$f_n = \ln n! - \left(n+\frac{1}{2}\right)\ln n + n。$$

存在一个常数 C，使得 $f_n \to C$。根据幂运算法则，用 e^C 替代$\sqrt{2\pi}$构造式(8.23)。考虑 $f_n - f_{n+1}$，经过简单运算可得：

$$f_n - f_{n+1} = \left(n+\frac{1}{2}\right)\left(\ln\frac{n+1}{n}\right) - 1$$

设 $\frac{n+1}{n} = \frac{1+x}{1-x}$，其中 $x = \frac{1}{2n+1}$，运用式(8.22)和指数 m 得：

$$f_n - f_{n+1} = \sum_{m=1}^{\infty}\left(\frac{1}{2m+1}\right)x^{2m}$$

其中得出 $f_n - f_{n+1} > 0$。因此序列$\{f_n\}$是递减的。进一步说，因为排除 $m=1$ 的情况下有 $\left(\frac{1}{2m+1}\right) < \frac{1}{3}$，那么我们可得如下不等式：

$$\begin{aligned} f_n - f_{n+1} &< \frac{1}{3}\sum_{m=1}^{\infty} x^{2m} \\ &= \frac{1}{3[(2n+1)^2 - 1]} \\ &= \frac{1}{12n} - \frac{1}{12(n+1)} \end{aligned}$$

最后一个不等式表示 $f_n - \frac{1}{12n} < f_{n+1} - \frac{1}{12(n+1)}$，所以 $f_n - \frac{1}{12n}$ 是递增的。因为 $\frac{1}{12n} \to 0$，所以暗示存在常数 C 使得 $f_n \to C$。式(8.24)的上界误差范围也是来自于此分析。因为有着极限 C 的 $f_n - \frac{1}{12n}$ 是递增的，所以有 $f_n < C + \frac{1}{12n}$，并且这也能被指数化成合意的结果。对于下界而言，这个对于上面的 $f_n - f_{n+1}$ 级数展开，用一阶项表示就是 $f_n - f_{n+1} > \frac{1}{3}\left(\frac{1}{2n+1}\right)^2 > \frac{1}{12n+1} - \frac{1}{12(n+1)+1}$。结果，$f_n - \frac{1}{12n+1}$ 是递增且 $f_n > C + \frac{1}{12n+1}$。最后一步就是论证 $e^C = \sqrt{2\pi}$。在这里我们只是大概描述并回避细节，具体可见第 10 章。这个结论就是众所周知的对于$\frac{\pi}{2}$的沃利斯乘积公式，该公式被表述如下：

$$\frac{\pi}{2} = \prod_{n=1}^{\infty}\frac{(2n)^2}{(2n-1)(2n+1)} \tag{8.25}$$

经过各种抵消，得到：

$$\prod_{n=1}^{m}\frac{(2n)^2}{(2n-1)(2n+1)}=\frac{2^{4m}(m!)^4}{(2m)!(2m+1)!}$$

所以这个结果可以被写成如下：

$$\frac{\pi}{2}=\lim_{m\to\infty}\frac{2^{4m}(m!)^4}{(2m)!(2m+1)!}$$

将近似公式替换为上述所得的阶乘函数,其中这个阶乘公式通过 $n!\sim e^C n^{\left(n+\frac{1}{2}\right)}e^{-n}$ 得出 $e^C=\sqrt{2\pi}$。这个沃利斯公式的证明用到第 10 章的数学工具以及部分积分法的应用。 ■

注释 8.9:(1) 在斯特林公式中的近似法仅仅在相对误差条件下收敛,而不是在绝对误差下收敛。根据式(8.24)我们仅仅可以计算出:

$$[e^{1/(12n+1)}-1]\sqrt{2\pi}n^{\left(n+\frac{1}{2}\right)}e^{-n}<n!-\sqrt{2\pi}n^{\left(n+\frac{1}{2}\right)}e^{-n}<(e^{1/12n}-1)\sqrt{2\pi}n^{\left(n+\frac{1}{2}\right)}e^{-n}$$

上式是增长无边界的误差区间。

(2) 同时 $\frac{\pi}{2}$ 的沃利斯乘积公式的收敛性是相当慢的。事实上,定义 $a_N=\prod_{n=1}^{N}\frac{(2n)^2}{(2n-1)(2n+1)}$,我们可得 $a_N=\frac{(2N)^2}{(2N-1)(2N+1)}a_{N-1}$,并且连续乘积因子 $\frac{(2N)^2}{(2N-1)(2N+1)}=\frac{1}{1-\frac{1}{4N^2}}$ 会非常快地收敛到 1。

8.5.2 棣莫弗—拉普拉斯定理

在 $n!$ 的近似公式的帮助下,我们可以得出如下初步结论:

命题 8.12(棣莫弗—拉普拉斯定理) 让 $X^{(n)}$ 为参数为 p 和 n 的二项随机变量,其中 $0<p<1$,让 $Y^{(n)}$ 定义为式(8.19)中标准随机变量。对于任意 $y\in\mathbb{R}$,且 $\{y_n\}$ 被构造成当 $n\to\infty$ 有 $y_n\in\text{Rng}[Y^{(n)}]$, $y_n\to y$,以及:

$$\sqrt{npq}\Pr\{Y^{(n)}=y_n\}\to\frac{1}{\sqrt{2\pi}}e^{-y^2/2}\tag{8.26}$$

证明:如上所记,有 $j_n=y_n\sqrt{Var[X^{(n)}]}+E[X^{(n)}]$ 可得:

$$\Pr\{Y^{(n)}=y_n\}=\Pr\{X^{(n)}=j_n\}$$

所以:

$$\sqrt{npq}\Pr\{Y^{(n)}=y_n\}=\sqrt{npq}\binom{n}{j_n}p^{j_n}(1-p)^{n-j_n}$$

根据应用于 $\binom{n}{j}$ 的斯特林公式,我们可以写出:

$$\frac{n!}{j!(n-j)!}\sim\frac{\sqrt{2\pi}n^{\left(n+\frac{1}{2}\right)}e^{-n}}{\sqrt{2\pi}j^{\left(j+\frac{1}{2}\right)}e^{-j}\sqrt{2\pi}(n-j)^{\left(n-j+\frac{1}{2}\right)}e^{-(n-j)}}$$
$$=\frac{1}{\sqrt{2\pi}}\sqrt{\frac{n}{j(n-j)}}\left(\frac{n}{n-j}\right)^{n-j}\left(\frac{n}{j}\right)^{j}$$

在这个分析中，我们取捷径使用“$\sim$”，而不是在技术上更精确的“$<$”和在每一个斯特林近似公式中必要的误差项的插入。我们从式(8.24)中了解到这些近似公式都是有上下界的，当 $n\to\infty$ 时其中的指数项都收敛到 0，所以 $j_n\to\infty$。

根据上述组合项的重新表述，证明分为两部分，因为$\dfrac{1}{\sqrt{2\pi}}$可以很明显的解释为：

(1) 第一步：

$$\sqrt{npq}\sqrt{\frac{n}{j_n(n-j_n)}}\to 1$$

为此，则有 $\sqrt{\dfrac{j_n(n-j_n)}{n}}=\sqrt{n\left(\dfrac{j_n}{n}\right)\left(1-\dfrac{j_n}{n}\right)}$，但是 $\dfrac{j_n}{n}=p+y_n\sqrt{\dfrac{pq}{n}}$ 且 $1-\dfrac{j_n}{n}=q-y_n\sqrt{\dfrac{pq}{n}}$，所以：

$$\sqrt{n\left(\frac{j_n}{n}\right)\left(1-\frac{j_n}{n}\right)}=\sqrt{npq+(q-p)y_n\sqrt{pqn}-y_n^2pq}$$

参数$\sqrt{npq}$因为 $y_n\to y$，当 $n\to\infty$ 时，其收敛到 1，第一步证明完毕。

(2) 第二步：当 $n\to\infty$ 时，有：

$$\left(\frac{n}{n-j_n}\right)^{n-j_n}\left(\frac{n}{j_n}\right)^{j_n}p^{j_n}(1-p)^{n-j_n}=\left(\frac{n-j_n}{nq}\right)^{-(n-j_n)}\left(\frac{j_n}{np}\right)^{-j_n}\to \mathrm{e}^{-y^2/2}$$

为了做到这一点，我们首先取上式对数的-1倍，然后可得这个式子将会收敛到$\dfrac{y^2}{2}$。由第一步 $\dfrac{j_n}{np}=1+y_n\sqrt{\dfrac{q}{np}}$ 和 $\dfrac{n-j_n}{nq}=1-y_n\sqrt{\dfrac{p}{nq}}$ 可知$j_n=np+y_n\sqrt{pqn}$ 和$n-j_n=nq-y_n\sqrt{pqn}$，所以：

$$\begin{aligned}-\ln\left[\left(\frac{nq}{n-j_n}\right)^{n-j_n}\left(\frac{np}{j_n}\right)^{j_n}\right]=&(nq-y_n\sqrt{pqn})\ln\left(1-y_n\sqrt{\frac{p}{nq}}\right)\\&+(np+y_n\sqrt{pqn})\ln\left(1+y_n\sqrt{\frac{q}{np}}\right)\end{aligned}$$

下一步我们将把式(8.20)中对数式的幂级数展开的前三项应用到上述表述中。在这样的计算中有一个小诀窍，就是不用担心最终含有 $n^{-1/2}$ 或者 n^{-1} 的项，因为这些项当 $n\to\infty$ 时极限都会收敛到 0。因为这个对数幂级数展开的前面几项都有 n，所以这个对数级数展开需要用到第三项，第三项的收敛性取决于 $n^{-3/2}$，且这一项和 n 的乘积将会趋于 0，在这个级数中更高的幂也都会如此。

插入上述凌乱的代数式，回顾一下 $y_n\to y$，得出：

$$-\ln\left[\left(\frac{nq}{n-j_n}\right)^{n-j_n}\left(\frac{np}{j_n}\right)^{j_n}\right]=\frac{1}{2}y_n^2+n^{-1/2}E(n)\to\frac{1}{2}y^2$$

E 代表级数项的余项。通过对于有这固定一阶项的绝对收敛级数的 $E(n)$和对于某些 $a_j>0$ 所有其他带有 $c_jn^{-a_j}$ 项的观察，可以证实当 $n\to\infty$ 时上述式子的这个极限。 ■

8.5.3 二项概率近似 I

棣莫弗—拉普拉斯定理提供了另外一种求二项概率近似的便捷方法,除此之外也可应用到第 7 章所讨论的泊松分布。重写式(8.26)所提供的近似公式:

$$\Pr\{Y^{(n)}=y_n\}\simeq\frac{1}{\sqrt{2\pi}\sqrt{npq}}\mathrm{e}^{-y_n^2/2} \tag{8.27}$$

在给定二项应用中,通常所需的计算就是 $\Pr[a\leqslant X^{(n)}\leqslant a+b]$,在这里 a 和 b 是整数,同时 $X^{(n)}$ 是参数为 n 和 p 的二项分布。明确的是:

$$\Pr[a\leqslant X^{(n)}\leqslant a+b]=\sum_{j=a}^{a+b}\frac{n!}{j!(n-j)!}p^j q^{n-j}$$

这个表述反映出这样一个假设:$0\leqslant a<a+b\leqslant n$;另外一方面,这个假设起始于 $j=0$ 并终止于 $j=n$。当这是唯一的一种算法计算时,对于足够大的 n 以及 $[a, a+b]$ 范围的幅度,这个计算可能是相当困难甚至需要高超计算能力。

为了近似计算出在足够大的 n 时的概率,可以使用泊松分布的概率密度函数,前提是 p 足够小,一般 $p<0.1$。一般来说,这种近似方法也可以通过改变将某种概率表述式改为用正规化变量 $Y^{(n)}=\dfrac{X^{(n)}-np}{\sqrt{npq}}$ 的表述来实现,也就是:

$$\Pr[a\leqslant X^{(n)}\leqslant a+b]=\Pr\left[\frac{a-np}{\sqrt{npq}}\leqslant Y^{(n)}\leqslant\frac{a+b-np}{\sqrt{npq}}\right]$$

使用上述式(8.27)的近似式,同时 $y_0=\dfrac{a-np}{\sqrt{npq}}$ 和 $y_k=y_{k-1}+\dfrac{1}{\sqrt{npq}}$,可得:

$$\Pr[a\leqslant X^{(n)}\leqslant a+b]\simeq\frac{1}{\sqrt{2\pi}\sqrt{npq}}\sum_{k=0}^{b}\mathrm{e}^{-y_k^2/2} \tag{8.28}$$

这是一个更易应用的算法。如上所得,这个公式如果 $a<0$ 抑或 $a+b>n$,那么就需要调整。

注释 8.10:棣莫弗—拉普拉斯定理可以依据标准二项式的和 $X^{(n)}\equiv\sum_{j=1}^{n}X_j^B$,其中 $\{X_j^B\}$ 是独立同分布且 $\Pr[X_j^B=1]=p$ 和 $\Pr[X_j^B=0]=1-p$,同样也可以用偏移二项随机变量的和来表示,其中 $\Pr[X_j^{B\prime}=c]=p$ 和 $\Pr[X_j^{B\prime}=d]=1-p$。这是因为偏移二项随机变量可以表述如下:

$$X_j^{B\prime}=(c-d)X_j^B+d$$

因此 $E[X_i^{B\prime}]=(c-d)E[X_i^B]+d$ 和 $Var[X_j^{B\prime}]=(c-d)^2Var[X_j^B]$,将此应用到正规化的和中,可得:

$$\frac{\sum_{j=1}^{n}X_j^{B\prime}-E\left[\sum_{j=1}^{n}X_j^{B\prime}\right]}{\sqrt{Var\left[\sum_{j=1}^{n}X_j^{B\prime}\right]}}=\frac{\sum_{j=1}^{n}X_j^{B}-E\left[\sum_{j=1}^{n}X_j^{B}\right]}{\sqrt{Var\left[\sum_{j=1}^{n}X_j^{B}\right]}}=Y^{(n)}$$

也就是说，偏移二项变量的正规化的和等于标准二项随机变量的正规化和。所以棣莫弗—拉普拉斯定理可以做相应调整应用到式(8.28)中。

8.6 正态分布

8.6.1 定义和性质

函数：

$$f(x)=\frac{1}{\sqrt{2\pi}}e^{-x^2/2} \tag{8.29}$$

事实上是个连续概率密度函数，尽管我们现在还没有数学工具去证实，而所需的工具直到第10章才有。

这个函数被称为正态密度函数，有时候成为单位或者标准正态密度函数。正态密度函数存在一个联合分布函数，不过其标准表述需要第10章的数学工具。不论是密度函数抑或分布函数，都统称为正态分布，具体见图8.1。

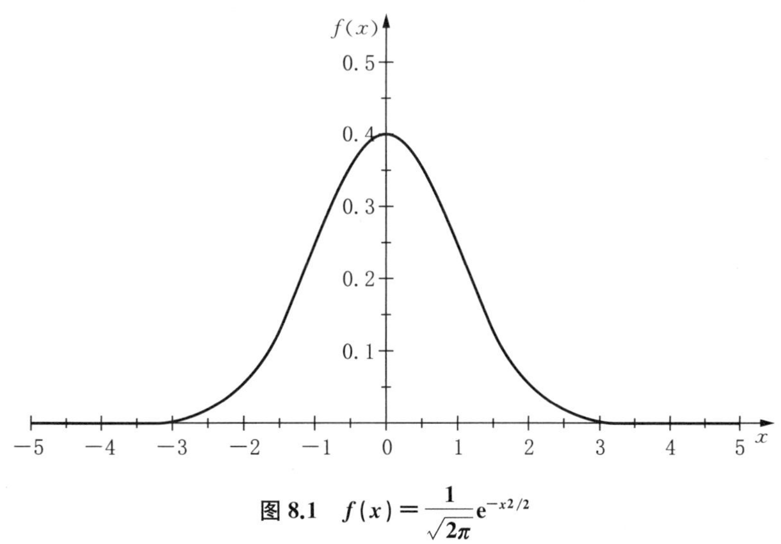

图8.1 $f(x)=\frac{1}{\sqrt{2\pi}}e^{-x2/2}$

正态分布亦被称为高斯分布，这个分布是以卡尔·弗里德里希·高斯(Johann Carl Fredrich Gauss, 1777—1855)的名字命名的，通常被用作测度误差模型。这就暗示着，比如有个正态随机变量 Z 明显就不是离散型的，因为它假定可以是所有实数值。换句话说，$Z=\mathbb{R}$。这个分布是连续型的，而且它有可能是连续型分布中最有名的。对于连续型分布和更多的一些分布所需的数学我们将在第9章和第10章中展开。

在第10章中，我们可以看到：

$$E[Z]=0,\ Var[Z]=1,\ M_Z(t)=e^{t^2/2},\ C_Z(t)=e^{-t^2/2} \tag{8.30}$$

同时我们表述这个概率密度函数为 $Z \sim N(0,\ 1)$，如果 X 是一个随机变量，那么 $\frac{X-\mu}{\sigma}=Z$，那么 X 被认为有一个一般正态分布，记为 $X \sim N(\mu,\ \sigma^2)$，应用期望的性质，可得：

$$E[X]=\mu,\ Var[X]=\sigma^2,\ M_X(t)=\mathrm{e}^{\mu t+\sigma^2 t^2/2},\ C_Z(t)=\mathrm{e}^{i\mu t-\sigma^2 t^2/2} \tag{8.31}$$

这个密度函数的图像就如图 8.1 中所示的大家所熟悉的钟形曲线。

正如所见，联合正态概率密度函数是正态分布函数 $F(x)$：

$$\begin{aligned}F(x)&=\Pr\left[Z^{-1}(-\infty,\ x]\right]\\&=\Pr[Z\leqslant x]\end{aligned}$$

在式(7.22)中关于从 $f(x)$ 到 $F(x)$ 的计算在这里需要进行推广，在这里 $f(x)$ 值的和被 $f(x)$ 的积分所替代。

然而，即便有相应的数学视野和所需工具，正态分布函数 $F(x)$ 也不能精确地从 $f(x)=\frac{1}{\sqrt{2\pi}}\mathrm{e}^{-x^2/2}$ 计算得出，一定是数值上的近似。因此一般来说许多数学软件包所提供的这类分布函数都是一个内置的公式，同时也是强制的，因为每一本关于概率论抑或统计学的书都会提供一个在至少 $x>0$ 的 $N(0,\ 1)$ 的值的表抑或称为标准正态表。

这类表很容易使用，因为这类函数明显是关于点 $x=0$ 对称的。换句话说，很明显可得 $\Pr[Z\leqslant -a]=\Pr[Z\geqslant a]$，同时 $\Pr[Z\leqslant -a]=1-\Pr[Z<a]=1-\Pr[Z\leqslant a]$，因为 $\Pr[Z=a]=0$。也就是说 $F(-a)=1-F(a)$。因此我们可以通过标准正态表来计算：

$$\Pr[a\leqslant Z\leqslant b]=\begin{cases}F(b)-F(a),\ 0<a<b\\F(b)-[1-F(-a)],\ a<0<b\\F(-a)-F(-b),\ a<b<0\end{cases} \tag{8.32}$$

当然，如果我们有一个正负 x 值的表，或者内嵌函数的电脑，那么总可以得出当 $a<b$ 时，有 $\Pr[a\leqslant Z\leqslant b]=F(b)-F(a)$。

8.6.2 二项概率的近似Ⅱ

正态分布表可以如式(8.28)中所示被用来近似二项概率，但是需要一个小的调整。从这个公式中，很自然地可以假定：

$$\Pr\left[\frac{a-np}{\sqrt{npq}}\leqslant Y^{(n)}\leqslant\frac{a+b-np}{\sqrt{npq}}\right]\simeq F\left(\frac{a+b-np}{\sqrt{npq}}\right)-F\left(\frac{a-np}{\sqrt{npq}}\right)$$

“$\simeq$”表示上述式子是成立的。然而，这种近似是“尽可能的精确”的这种说法是不正确的。这个近似的问题可以通过让 $b\to 0$ 得到最好的观察，在这种情况下左侧变成 $\Pr\left[Y^{(n)}=\frac{a-np}{\sqrt{npq}}\right]$，右侧变成 $F\left(\frac{a-np}{\sqrt{npq}}\right)-F\left(\frac{a-np}{\sqrt{npq}}\right)=0$。这个简单的例子强调了误差并阐述了这个问题。

$X^{(n)}$ 的二项分布将总概率 1 分配到 $n+1$ 个实数值项中。同样的 $Y^{(n)}$ 的二项分布也是将总概率和 1 分配到 $n+1$ 项实数值项中：

$$\frac{-np}{\sqrt{npq}},\ \frac{1-np}{\sqrt{npq}},\ \frac{2-np}{\sqrt{npq}},\ \cdots,\ \frac{nq}{\sqrt{npq}}$$

从式(8.27)我们可知 $\Pr\left\{Y^{(n)}=\frac{a-np}{\sqrt{npq}}\right\}\simeq\frac{1}{\sqrt{2\pi}\sqrt{npq}}\mathrm{e}^{-\left((a-np)/\sqrt{npq}\right)^{2}/2}$，其中我们注意到乘数项$\frac{1}{\sqrt{npq}}$几乎等于 $Y^{(n)}$ 中任意两个顺序项的值之间的距离。换句话说，这个二项概率可以通过正态分布进行近似，这不是在点 $\frac{a-np}{\sqrt{npq}}$ 进行近似，而是在围绕一个长度为$\frac{1}{\sqrt{npq}}$的区间进行近似。因此，当存在某些 $0\leqslant\lambda\leqslant1$ 时，有：

$$\Pr\left[Y^{(n)}=\frac{a-np}{\sqrt{npq}}\right]\simeq\Pr\left[\frac{a-np-(1-\lambda)}{\sqrt{npq}}\leqslant Z\leqslant\frac{a-np+\lambda}{\sqrt{npq}}\right]$$

一般惯例是取对称值 $\lambda=\frac{1}{2}$，因此：

$$\Pr\left[Y^{(n)}=\frac{a-np}{\sqrt{npq}}\right]\simeq F\left(\frac{a-np+\frac{1}{2}}{\sqrt{npq}}\right)-F\left(\frac{a-np-\frac{1}{2}}{\sqrt{npq}}\right)$$

上式通常被认为是半区间调整或者半整数调整。

将单概率的常规近似法进行扩展，可得一般二项概率表述，在原始二项随机变量 $X^{(n)}$ 的条件下，就变成了：

$$\Pr\left[a\leqslant X^{(n)}\leqslant a+b\right]\simeq F\left(\frac{a+b-np+\frac{1}{2}}{\sqrt{npq}}\right)-F\left(\frac{a-np-\frac{1}{2}}{\sqrt{npq}}\right)\tag{8.33}$$

注释 8.11：因为正态分布在概率论中是相当重要的，所以它继承了一些特殊的符号而被广泛公认。如上所记，标准正态随机变量通常被记做 Z，而概率密度函数通常记做希腊字母 phi，$\varphi(z)\equiv\frac{1}{\sqrt{2\pi}}\mathrm{e}^{-z^2/2}$，而分布函数通常被记做希腊大写字母 phi，$\varphi(z)$或者 $N(z)$。

*8.7 中心极限定理

有许多版本的中心极限定理，所有这些版本都将棣莫弗—拉普拉斯定理以这样或那样更显著的方式进行了推广。从本质上讲，任何版本的表述，以及使得任何版本被称为中心极限定理的原因，都是很宽泛的。在各种各样的假设下，n 个独立变量的总和的概率密度函数，按照式(8.19)正规化后，当 $n\to\infty$ 时收敛到正态分布。

值得注意的是，这些随机变量不必是独立同分布，但需要满足规范化的要求，使得这些随机变量至少有两个矩：均值和方差。当分布不相同，这就要求方差序列不能增长太快以排除后进项在随机变量序列中日益成为主导，同时也要求他们不能相当快地收敛到 0 以至于方差的均值也收敛到 0。

这些定理在随机变量和的条件下的表述是等同的。这是因为我们可以从式(7.38)中得到:

$$\frac{\sum_{j=1}^{n} X_j - E\left[\sum_{j=1}^{n} X_j\right]}{\sqrt{Var\left[\sum_{j=1}^{n} X_j\right]}} = \frac{\frac{1}{n}\sum_{j=1}^{n} X_j - E\left[\frac{1}{n}\sum_{j=1}^{n} X_j\right]}{\sqrt{Var\left[\frac{1}{n}\sum_{j=1}^{n} X_j\right]}}$$

因为 $E\left[\frac{1}{n}\sum_{j=1}^{n} X_j\right]=\frac{1}{n}E\left[\sum_{j=1}^{n} X_j\right]$ 和 $Var\left[\frac{1}{n}\sum_{j=1}^{n} X_j\right]=\frac{1}{n^2}Var\left[\sum_{j=1}^{n} X_j\right]$,所以这些和的值域和随机变量的平均值是有差异的,而相关的正规化的随机变量是没有差异的。

因此,中心极限定理是一般化的表述,而棣莫弗—拉普拉斯定理是特殊化表述,前者可以应用到一般随机变量和中,而后者只能应用到随机变量的平均值中。同时同上面所得到的一般二项随机变量的和的结果类似,中心极限定理也可应用到独立同分布 $\{X_j\}$ 的 $\sum_{j=1}^{n} X_j$ 中以及对于常数 a 和 b 时的 $Y_j = aX_j + b$ 的 $\sum_{j=1}^{n} Y_j$ 中。

中心极限定理可以应用到任何满足既定要求的概率分布中,不论其是离散的、连续的抑或是混合的。因为一般来说这么个结果的证明并不能沿着棣莫弗—拉普拉斯定理的证明思路,而棣莫弗—拉普拉斯定理的证明严重依赖于二项概率密度函数的精确形式。而这些一般化的证明所使用的工具需要矩母函数或者更一般的特征函数的性质的一些复杂应用。

作为铺垫,我们提供一个简化的中心极限定理的证明,这个证明仅仅需要独立同分布的离散随机变量,而这个随机变量有各阶矩以及一个收敛的矩母函数。从机制上来说,这个证明在非离散情况下也成立,但是它需要一个可操控性质的矩母函数,而这种矩母函数只能在离散情境下被证明,不过在更一般条件下也存在这种矩母函数不过现在还不能得到证明。这个证明也可以一般化到离散分布,但是这个离散分布只能有少数几个矩,这个下面将会讨论到。

这个定理的结论与正态分布下的结论是一致的,只是正态分布下的定理证明需要一个在第 10 章能被证明的事实,即标准正态分布的矩母函数必须满足 $M_Z(t)=e^{t^2/2}$。另外前面已经很多次提及,部分已经在第 8.1 节中证明过,那就是矩母函数能够真实刻画存在的每一个分布,所以矩母函数 $M_Z(t)=e^{t^2/2}$ 只表示标准正态分布。

命题 8.13(中心极限定理) 假定 X 为离散随机变量,且有各阶矩和一个收敛的矩母函数,同时让 $\{X_j\}_{j=1}^{n}$ 是独立同分布的随机变量。记 $X^{(n)}=\frac{1}{n}\sum_{j=1}^{n} X_j$ 以及 $Y^{(n)}$ 的正规化版本 $Y^{(n)}=\dfrac{X^{(n)}-\mu}{\frac{\sigma}{\sqrt{n}}}$。如果,$M_{Y^{(n)}}(t)$ 记为 $Y^{(n)}$ 的矩母函数,那么:

$$M_{Y^{(n)}}(t) \to e^{t^2/2},\ n \to \infty \tag{8.34}$$

证明:首先根据矩母函数的定义以及期望的定义,有矩母函数的两个性质:

(1) $M_{X/b}(t)=M_X\left(\frac{t}{b}\right)$;

(2) $M_{\sum X_i}(t)=\prod M_{X_i}(t)$,如果 $\{X_j\}$ 是独立的。

根据上式以及 $Y^{(n)}=\sum_{j=1}^{n}\left(\frac{X_j-\mu}{\sqrt{n}\sigma}\right)$，可得：

$$M_{Y^{(n)}}(t)=\prod_{j=1}^{n}M_{(X_j-\mu)}\left(\frac{t}{\sqrt{n}\sigma}\right)$$
$$=\left(M_{(X-\mu)}\left(\frac{t}{\sqrt{n}\sigma}\right)\right)^n$$

最后一步依赖于 $\{X_j\}_{j=1}^n$ 是独立同分布的。

现在，根据式(7.66)，有：

$$M_{(X-\mu)}\left(\frac{t}{\sqrt{n}\sigma}\right)=\sum_{j=0}^{\infty}\frac{1}{j\,!}\mu_j\left(\frac{t}{\sqrt{n}\sigma}\right)^j$$

回想 $\mu_0=1$，$\mu_1=0$ 以及 $\mu_2=\sigma^2$，可得：

$$M_{(X-\mu)}\left(\frac{t}{\sqrt{n}\sigma}\right)=1+\frac{\sigma^2}{2}\left(\frac{t}{\sqrt{n}\sigma}\right)^2+n^{-3/2}E(n)$$
$$=1+\frac{t^2}{2n}+n^{-3/2}E(n)$$

其中 $E(n)=\sum_{j=3}^{\infty}\frac{1}{j\,!}\mu_j\left(\frac{t}{\sigma}\right)^j n^{(3-j)/2}$。现在，因为 $M_X(t)$ 被假定当 $|t|<T$ 时是收敛的，而 $M_{X-\mu}(t)=e^{-\mu t}M_X(t)$ 有同样的收敛区间，因此 $E(n)$ 对于 $|t|<\sigma T$ 是收敛的。如果上述条件对于 $M_X(t)$ 是成立的，那么 $E(n)$ 就是对于 t 可微的函数，同时也是在任意闭区间 $|t|\leqslant\sigma T-\epsilon$ 有最大值和最小值的连续函数(见命题 9.10)。假定 K 被定义为满足对于在任一区间所有 n 来说都有 $|E(n)|\leqslant K$。

这种表述可以扩展到 n 阶幂和的对数形式。在这里有一个在棣莫弗—拉普拉斯定理证明中同样的一个窍门，那就是我们仅仅记下最后极限所需的第 n 次幂，有时就调用一个简单的样本去计算决定需要多少项。这就得到了：

$$\ln M_{Y^{(n)}}(t)=n\ln\left[1+\frac{t^2}{2n}+n^{-3/2}E(n)\right]$$
$$=n\left[\left(\frac{t^2}{2n}+n^{-3/2}E(n)\right)-\frac{1}{2}\left(\frac{t^2}{2n}+n^{-3/2}E(n)\right)^2+\cdots\right]$$

其中在第二步中就调用了式(8.20)中关于 $\ln(1+x)$ 的幂级数展开式，在这里 $x=\frac{t^2}{2n}+n^{-3/2}E(n)$。现在因为 $|E(n)|\leqslant K$，我们可得当 n 足够大时有 $|x|\leqslant\frac{t^2}{2n}+n^{-3/2}K<1$，且有 $\ln(1+x)$ 是绝对收敛的。下一步上面的级数能被展开然后重新排列得到 $\ln M_{Y^{(n)}}(t)=\frac{1}{2}t^2+F(n)$。

现在已知 $F(n)=n^{-1/2}E(n)+n^{-1}\widetilde{E}(n)$ 对于在同一范围内的 t 是绝对收敛，连续且在闭子区间内有界。从最后一步中我们可以得出当 $n\to\infty$ 时有 $\ln M_{Y^{(n)}}(t)\to\frac{1}{2}t^2$，因此有 $M_{Y^{(n)}}(t)\to e^{t^2/2}$。

■

事实上这个定理允许各种一般化的表述。例如，假定 X 有各阶矩事实上并不是必需的。所需的只是 $M_{(X-\mu)}\left(\frac{t}{\sqrt{n}\sigma}\right)$ 能被下式近似，即：

$$M_{(X-\mu)}\left(\frac{t}{\sqrt{n}\sigma}\right)=1+\frac{t^2}{2n}+n^{-3/2}E(n)$$

其中，$E(n)$是个当 $n\to\infty$ 时，在区间 $|t|\leqslant C$ 关于 t 的有界函数。

为了实现在有限个矩的情况下得到一个可比较的结论，我们需要利用特征函数。特征函数总是存在的，而且在这个函数中总是满足 X 有三个矩这个假设，这样就能适用于复值函数的第 9 章的工具，如 $C_X(t)$。

此外，看一下上述计算，我们并不一定真正需要得出误差项，$E'(n)=n^{-3/2}E(n)$，带有 $n^{-3/2}$。如果这个系数是对于任意 $a>0$ 的 n^{-1-a}，那么这将再次强化这个结论，那么 $F(n)$中的首项系数将是 $nE'(n)=n^{-a}E(n)$。这说明如果 X 仅有两个矩我们几乎也可以得出这样的结论。这个结论如果可以实现，又要用到第 9 章的工具，也就是 $F(n)$的首项系数满足当 $n\to\infty$ 时有 $nE'(n)\to 0$，这也能再次实现这个结论。

作为另一个方向上一般化的例子，假定 $\{X_j\}_{j=1}^{n}$ 是相互独立，有各阶矩且矩母函数收敛，但是不是同分布。正规化的随机变量 $Y^{(n)}$ 被定义为：

$$Y^{(n)}\ \frac{X^{(n)}-\mu^{(n)}}{\frac{\sigma^{(n)}}{\sqrt{n}}}$$

其中，$\mu^{(n)}=\frac{1}{n}\sum_{j=1}^{n}\mu_j$ 和 $[\sigma^{(n)}]^2=\frac{1}{n}\sum_{j=1}^{n}\sigma_j^2$。那么对于所有的步骤来说都依据：

$$M_{Y^{(n)}}(t)=\prod_{j=1}^{n}M_{(X_j-\mu_j)}\left(\frac{t}{\sqrt{n}\sigma^{(n)}}\right)$$

在式(7.66)的协助下并采取对数形式，这种方法可得：

$$\begin{aligned}\ln M_{Y^{(n)}}(t)&=\sum_{j=1}^{n}\ln\left[1+\frac{\sigma_j^2}{2}\left(\frac{t}{\sqrt{n}\sigma^{(n)}}\right)^2+n^{-3/2}E_j(n)\right]\\&=\sum_{j=1}^{n}\ln\left[1+\frac{t^2}{2n}\left(\frac{\sigma^j}{\sigma^{(n)}}\right)^2+n^{-3/2}E_j(n)\right]\\&=\frac{t^2}{2}\left[\frac{1}{n}\sum_{j=1}^{n}\left(\frac{\sigma_j}{\sigma^{(n)}}\right)^2\right]+F(n)\\&=\frac{t^2}{2}+F(n)\end{aligned}$$

其中，最后一步根据 $\sigma^{(n)}$ 的定义来证实。

尽管在最后的表述中一切都是意义不大的，但是关于新 $F(n)$表达式的进一步检验揭示了新 $F(n)$来自加总和 $E_j(n)=\sum_{k=3}^{\infty}\frac{1}{k!}\mu_{jk}\left(\frac{t}{\sigma^{(n)}}\right)^k n^{(3-k)/2}$ 形式的项的乘积，其中 μ_{jk}记做 X_j 的 k 阶中心矩。如上所述，$F(n)$可以被简化为 $\frac{1}{3!}\mu_{j3}\left(\frac{t}{\sigma^{(n)}}\right)^3+n^{-1/2}\widetilde{E}_j(n)$，这就意味

着$F(n)$中的第一项是：

$$n^{-3/2}\sum_{j=1}^{n}\frac{1}{3!}\mu_{j3}\left(\frac{t}{\sigma^{(n)}}\right)^3=\frac{1}{3!}t^3\frac{n^{-3/2}\sum_{j=1}^{n}\mu_{j3}}{\left(\frac{1}{n}\sum_{j=1}^{n}\sigma_j^2\right)^{3/2}}$$

$$=\frac{1}{3!}t^3\frac{\sum_{j=1}^{n}\mu_{j3}}{\left(\sum_{j=1}^{n}\sigma_j^2\right)^{3/2}}$$

为了确保 $F(n)$能简化，有必要假设上式的绝对值能收敛到 0。现在应用三角不等式两次，得：

$$\left|\sum_{j=1}^{n}\mu_{j3}\right|\leqslant\sum_{j=1}^{n}|\mu_{j3}|\leqslant\sum_{j=1}^{n}\mu_{|j3|}$$

其中 $\mu_{|j3|}$ 记为 X_j 三阶绝对中心矩，而且 $\mu_{|j3|}\equiv E[|X_j-\mu_j|^3]$。

为了确保这个必需的绝对收敛，通常定义在这样一个条件：

$$\left(\frac{\sum_{j=1}^{n}\mu_{|j3|}}{\left(\sum_{j=1}^{n}\sigma_j^2\right)^{3/2}}\right)^{1/3}=\frac{\left(\sum_{j=1}^{n}\mu_{|j3|}\right)^{1/3}}{\left(\sum_{j=1}^{n}\mu_{j2}\right)^{1/2}}\to 0,\ n\to\infty$$

这个假定是一种特殊情况，通常被称为李雅普诺夫条件，以亚历山大·李雅普诺夫（Aleksandr Lyaponov，1857—1918）名字命名的。

在这种情况下 $\{X_j\}_{j=1}^n$ 是独立同分布的，

$$\frac{\sum_{j=1}^{n}\mu_{|j3|}}{\left(\sum_{j=1}^{n}\sigma_j^2\right)^{3/2}}=\frac{n\mu_{|3|}}{(n\sigma^2)^{3/2}}=\frac{\mu_{|3|}}{\sqrt{n}\sigma^3}$$

那么李雅普诺夫条件是自动满足的。

8.8 在金融学中的应用

8.8.1 保险索赔和贷款损失尾部事件

对于第 7 章的贷款损失模型和索赔模型，分布的均值和方差都被估计好了，同时在评估严重损失事件概率时有一个自然利率，而这个自然利率在这两种情况下就是对于资产 A 或者资本 C 的各种价值的概率 $\Pr[L\geqslant A]$ 或者 $\Pr[L-E[L]\geqslant C]$。在这里可以想象 A 就是被配置去承保在给定期间内所有损失和保险索赔，抑或如果 $E[L]$作为一种具体表现为期望损失和索赔的准备金的责任已经被置于这个资产负债表中，那么 C 就表示配置去承保额外损失的资金。在这个简单的资产负债表框架内，对于每一个风险来说，

$A = E[L] + C$。

当然在一期模型中，我们主要研究随机损失变量 L，而随机损失变量一般说来有两个方面：

(1) 保险责任偿付；

(2) 资产信用损失。

所以，如果 A 记做时间点 0 上的资产组合，且 L^A 和 L^I 分别记做资产损失和保险偿付，那么 $\Pr[L \geqslant A]$ 是 $\Pr[L \geqslant A] \equiv \Pr[L^I + L^A > A]$ 的简写。

还有 $\Pr[L - E[L] \geqslant C]$ 是 $\Pr[L - E[L] \geqslant C] \equiv \Pr[L^I - E[L^I] + L^A - E[L^A] > C]$ 的简写，其中 $C \equiv A - E[L^2] - E[L^A]$。

如果资产是无风险的，那么给 A 增加更多资产意味着给 C 增加同样多的资产，同时这种变化对于损失的波动性没有效应。

但是，当资产是有风险的，那么 $E[L^A]$ 依赖于 A。那么给 A 增加资产意味着 C 的资产增加要小于 A 的资产增加，也就是影响了损失波动。在这种情况下认为 $E[L^A]$ 是某种赔损率随机变量 R^A 就更简单些，其中 $L^A = AR^A$。因此我们可以定义：

$$\Pr[L \geqslant A] \equiv \Pr[L^I + AR^A > A] \tag{8.35}$$

令 $C \equiv A(1 - E[R^A]) - E[L^I]$，有：

$$\Pr[L - E[L] \geqslant C] \equiv \Pr[L^I - E[L^I] + A(R^A - E[R^A]) > C]$$

当这些模型被应用到一个单独企业时，整体可以被建模为：

$$\mathbf{A} = \mathbf{L} + \mathbf{C}$$

其中 $\mathbf{A}$ 记做公司的整体资产，$\mathbf{L}$ 记作对于所有期望索赔和损失所表示的准备金的总负债，而 $\mathbf{C}$ 是总资本。直观上 $\mathbf{A} = \sum A_j$，并且同对于 $\mathbf{L}$ 和 $\mathbf{C}$ 而言也是相同的，但是公司资本或者资产的适用性不能分别以各个单位的资产或者资本来评估。

事实上，如果 C_j 记做有第 j 种风险的资产，那么一般来说，有 $\mathbf{C} < \sum C_j$，因为风险并不是完全相关的。因此稀少事件总体上一般说来并不存在。为了评估整个实体，在所有风险的联合分布上需要一些明确的假设。在这里我们忽略那些更宽泛的问题而聚焦于第 7 章资产或者资本风险模型的适用性，这个适用性与在固定期限内的保险索赔或者贷款损失有关。

我们考虑了三种方法并且将这三种方法引入无风险资产模型中，所以 $L^A = 0$。下面我们转入更一般的资产情况下。

1. 无风险资产组合

(1) 切比雪夫 Ⅰ。如果保险索赔如第 7 章那样建模，那么 $E[L]$ 和 $Var[L]$ 如式(7.120)和式(7.121)中个人损失模型所计算那样，或者如式(7.125)和式(7.126)中总和损失模型，可以用式(8.6)中单边切比雪夫不等式去推论出当 $A \geqslant E[L]$ 时，有：

$$\Pr[L \geqslant A] \leqslant \frac{Var[L]}{(A - E[L])^2 + Var[L]} \tag{8.36}$$

因为 $A = E[L] + C$ 这个概率的上界在 $C \geqslant 0$ 时能被表述如下：

$$\Pr[L-E[L]\geqslant C]\leqslant\frac{Var[L]}{C^2+Var[L]} \tag{8.37}$$

这个估计还是相当粗糙的，因为它是一个应用到所有分布的估计，并没有明确是现有的哪一种分布。另外这种估计仅仅能反映所假定损失分布的两个矩，而没有这个模型中特定的关于尾部概率的信息。

(2) 损失模拟。如第 7 章所记，不管在个人损失模型还是总和损失模型中保险索赔都能应用第 7.7 节关于一般化随机样本的方法被模拟出来。这些模型都相当地普适，所以需要根据具体索赔背景使用，但是我们只讨论一般情况。

明确的是，对于式(7.119)的个人模型，损失被假定为 $L=\sum_{j,k}f_{jk}D_{jk}L_{jk}$，其中 k 记作风险等级，j 记作在这个等级下的个人风险承受能力的一个列举，f_{jk} 记做在风险 k 下第 j 种风险承受能力。

为了实施 L 的一个模拟，需要为每一个风险承受能力 f_{jk} 生成一个均匀随机变量去确定是否损失发生。如果 $r_{jk}<q_k$，其中 q_k 表示损失的概率，那么 $D_{jk}=1$，那么就存在损失；否则，$D_{jk}=0$。这个步骤等同于定义 $D_{jk}=F_{Bk}^{-1}(r_{jk})$，其中 $F_{Bk}(x)$ 是这个二项式的分布函数。

另外，对于每一个 $D_{jk}=1$ 的风险承受能力，需要生成一个新的均匀分布随机变量 $r'_{jk}\in[0,1]$，用风险等级 k 的赔付率累积概率函数变量 $F_k(x)$，我们定义用 $L_{jk}=F_k^{-1}(r'_{jk})$ 作为试样赔付率。这个生成随机变量 L 的模拟的步骤能按照合意的次数重复进行。

同样地，从式(7.122)关于总和损失模型，有：

$$L=\sum_k\bar{f}_kN_kL'_k$$

需要生成每一个随机变量 N_k 和 L'_k。在这里 $\bar{f}_k$ 记作在风险等级 k 中 n_k 种风险承受能力的平均值。因为 N_k 记作这个风险等级下索赔的总体数目，那就可以被按照参数为 n_k 和 q_k 的二项分布或者作为参数为 $\lambda_k=n_kq_k$ 的泊松分布进行建模。在任意一种情况下对于风险等级 k 的模拟要求首先生成一个均匀分布的随机变量 $r\in[0,1]$，在这里我们定义 $N_k\equiv F_N^{-1}(r)$，$F_N(x)$ 记作对于 N_k 的假定累积分布。如果 $N_k>0$，那么均匀分布 $\{r_j\}_{j=1}^{N_k}$ 从赔付率 $\{L_{jk}\}_{j=1}^{N_k}=\{F_k^{-1}(r_j)\}_{j=1}^{N_k}$ 中生成，其中 $F_k(x)$ 是对于 L_k 的累积分布函数。平均赔付率就是 $L'_k=\frac{1}{N_k}\sum_{j=1}^{N_k}L_{jk}$。每一个额外模拟都以同一种方式发生，同时可以重复合意的次数。

从这些模拟中可以看出，其实现在可以直接从生成数据中估计 $\Pr[L\geqslant A]$。名义上，如果 M 记作模拟的总体数，M^A 记作当 $L\geqslant A$ 的总数，那么：

$$\Pr[L\geqslant A]\approx\frac{M^A}{M} \tag{8.38}$$

如果说在这个步骤中有一个缺陷，那就是当 A 足够大时，当 $L\geqslant A$ 可能生成的点非常少。例如，如果 $\Pr[L\geqslant A]=p^A$，那么给定一个来自 L 的样本点的 M 的模拟，有：

$$E[M^A]=Mp^A$$

$$Var[M^A]=Mp^A(1-p^A)$$

因此,这个概率的均值和标准差的估计就是:

$$E\left[\frac{M^A}{M}\right]=p^A$$

$$\text{s.d.}\left[\frac{M^A}{M}\right]=\sqrt{\frac{p^A(1-p^A)}{M}}$$

所以,根据棣莫弗定理,对于$\frac{M^A}{M}$的 $100(1-\alpha)\%$ 的置信区间近似为:

$$p^A\left[1-z_{\alpha/2}\sqrt{\frac{(1-p^A)}{Mp^A}}\right]\leqslant\frac{M^A}{M}\leqslant p^A\left[1+z_{1-(\alpha/2)}\sqrt{\frac{(1-p^A)}{Mp^A}}\right]$$

其中,$z_{\alpha/2}$和 $z_{1-(\alpha/2)}$ 分别记作在 $N(0, 1)$上的百分位数。这个结果在估计的相对误差下可以更好地表述为:

$$1-z_{\alpha/2}\sqrt{\frac{(1-p^A)}{Mp^A}}\leqslant\frac{\frac{M^A}{M}}{Mp^A}\leqslant 1+z_{1-(\alpha/2)}\sqrt{\frac{(1-p^A)}{Mp^A}}$$

例 8.3 如果 $p^A=0.001$ 和 $\alpha=0.05$,那么相对于真实值 p^A,比率估计值$\frac{M^A}{M}$的在 95% 置信区间上的范围是 $2z_{0.975}\sqrt{\frac{(1-p^A)}{Mp^A}}\simeq\frac{123.9}{\sqrt{M}}$。因为 $z_{0.975}\simeq 1.96$,所以相对于 50%的相对估计误差以及这个范围等于 p^A, $M\simeq 1.5\times 10^{10}$ 种模拟情况。如果 $p^A\simeq 0.01$,可得 $2z_{0.975}\sqrt{\frac{(1-p^A)}{Mp^A}}\simeq\frac{39.0}{\sqrt{M}}$,那么对于 50%的相对误差要求以及这个范围等于 p^A,可得 $M\simeq 15\,200\,000$。最后,如果 $p^A\simeq 0.1$,得到$M\simeq 13\,830$,如果是 $p^A\simeq 0.2$,这个模拟的数目就推演到 $M\simeq 1\,537$。

(3) 模拟和切比雪夫Ⅱ。当 $\Pr[L\geqslant A]$ 比较小,在预期情况下会出现相当多关于评估资产或者资本充足率时的利率问题,我们用上述的模拟去校准一个新的切比雪夫估计。为此,我们首先选择一个初始资产水平——A',使得 $p^{A'}\equiv\Pr[L\geqslant A']$ 是相对比较大,假设其范围是: $0.10\leqslant p^A\leqslant 0.20$。那么大约 10%—20% 的模拟能使得损失超越初始水平。

定义 L'为临界值以上的生成损失。尤其 L'是一个条件随机变量:

$$L'=L\mid(L>A')$$

从公式上来说,L'的分布函数假定按照 L 的分布函数得出:

$$F_{L'}(x)=\frac{F_L(x)-F_L(A')}{1-F_L(A')},\ x\geqslant A'$$

从模拟数据,$E[L']$和 $Var[L']$都能被估计,从单边切比雪夫不等式可知,当 $A>E[L']$ 时,有:

$$\Pr[L'>A]\leqslant\frac{Var[L']}{(A-E[L'])^2+Var[L']}\tag{8.39}$$

$\Pr[L \geqslant A']$ 也可通过例如$\frac{M^{A'}}{M}$这样的估计量估计得出，下面我们将会应用。

根据全概率公式，对于任意 A 和 A' 的值有：

$\Pr[L > A] = \Pr[L > A \mid L < A']\Pr[L < A'] + \Pr[L > A \mid L > A']\Pr[L > A']$.

对于 $A > A'$，可得 $\Pr[L > A \mid L < A'] = 0$，同时 $\Pr[L > A \mid L > A'] = \Pr[L' > A]$，因此可得：

$$\Pr[L > A] = \Pr[L' > A]\Pr[L > A']$$

最后对于 $A > E[L']$，从式(8.39)和式(8.38)中可得：

$$\Pr[L > A] \leqslant \frac{M^{A'}}{M}\frac{Var[L']}{(A - E[L'])^2 + Var[L']} \tag{8.40}$$

因为 $A = E[L] + C$，这个概率的上界也可按照 C 来表述：

$$\Pr[L - E[L] \geqslant C] \leqslant \frac{M^{A'}}{M}\frac{Var[L']}{(C + E[L] - E[L'])^2 + Var[L']} \tag{8.41}$$

2. 风险资产

运用式(8.35)，可得：

$$\Pr[L \geqslant A] \equiv \Pr[L^I + AR^A > A]$$

新的挑战在于分别来自两个模型的随机变量 $L \equiv L^I + AR^A$ 的矩估计量。当然 L^I 可以如上述无风险资产情况下那样建模。对于 R^A，同样的模型可以应用在总量为 A_0 的有代表性风险资产组合中，那么我们定义随机变量 R^A 为：

$$R^A = \frac{L^{A_0}}{A_0}$$

我们可以根据 L^{A_0} 的均值和方差得出 R^A 的均值和方差，同时可以从 L^{A_0} 的模拟中模拟出 R^A。

在这个背景下的关键问题在于随机变量 L^I 和 R^A 的相关性。在一些应用中，诸如人寿险和信用损失，独立性假设是有道理的。在其他领域，如残疾险和信用损失，或者变额人寿险索赔和股票投资组合损失，需要相关性不为零的相关假设。残疾索赔和经济体的信用损失可能是负相关的，所以 L^I 和 R^A 之间有正向相关关系。例如当产权市场下滑时，变额人寿险最低偿付会更加昂贵，所以 L^I 和 R^A 又有可能是正向相关关系。

我们仅仅研究了 L^I 和 R^A 不相关的情况并且留下更多的一般化扩展作为练习。在这个例子中：

$$E[L] = E[L^I] + AE[R^A]$$

$$Var[L] = Var[L^I] + A^2Var[R^A]$$

因此直接应用式(8.36)中的切比雪夫不等式就是当 $A(1 - E[R^A]) > E[L^I]$ 或者 $A > E[L^I]/(1 - E[R^A])$：

$$\Pr[L \geqslant A] \leqslant \frac{Var[L^I] + A^2Var[R^A]}{\left(A(1 - E[R^A]) - E[L^I]\right)^2 + Var[L^I] + A^2Var[R^A]} \tag{8.42}$$

对于模拟,随机变量 L^I 和 R^A 配对生成,并且现在式(8.38)被直接应用,其中 M^A 也是当 $L \geqslant A$ 时,等同于 $L^I \geqslant A(1-R^A)$ 时配对情景的数目。

最后,组合的模拟和切比雪夫估计的运算如上所述。首先,A'被定义,所以 $p^{A'} \equiv \Pr[L \geqslant A']$ 的范围是 $0.1 \leqslant p^{A'} \leqslant 0.2$,其中:

$$\Pr[L \geqslant A'] = \Pr[L^I \geqslant A'(1-R^A)]$$

那么 L'被定为当 $L > A'$ 时的总损失随机变量:

$$L' = L \mid (L > A')$$

其中 $L = L^I + AR^A$。

矩 $E[L']$和 $Var[L']$可以从配对模拟中被估计,因为 $Pr[L > A'] = \dfrac{M^{A'}}{M}$。然而,一般来说,如果 L'的条件均值和方差损失 L^I 和 AR^A 的条件均值和方差之间没有公式化关系。

最后,对于 $A > E[L']$,式(8.40)就派上用场了。

8.8.2 当 $\Delta t \to 0$ 时二项点阵股权价格模型

让 μ 和 σ^2 记为收益级数对数比的均值和方差,其中不可避免地,这些参数反映了数据点间被分割的时限。一般来说,时限的独立性反映在数据中,这些收益统计资料总是以年为单位。也就是说,

$$\mu = E\left[\ln\left(\frac{S_{t+1}}{S_t}\right)\right],\ \sigma^2 = Var\left[\ln\left(\frac{S_{t+1}}{S_t}\right)\right]$$

其中 t 表示这些观测到的股权价格的时间参数,以年为单位。当然,如果原始数据被其他单位隔开,比如以周或者月,这里就可能存在一个问题,那就是如果选择不忽略大部分数据,那么这些估计应该如何定义。这个问题下面将展开讨论。

假定一个年度收益对数比序列历史数据,我们现在以自然数作为索引:

$$R_j = \ln\left(\frac{S_{j+1}}{S_j}\right)$$

密度函数通常呈现钟形,而检验确认这个序列表现出合理的不相关。所以对于远期的近似模型,我们假定独立正态分布收益。如果$\{z_j\}$记为一个标准正态变量的随机集族,其中 $E[z_j]=0$, $Var[z_j]=1$,那么 $\{R_j\} \equiv \{\mu + z_j\sigma\}$ 将是正态分布并且有合适的均值和方差,同时这个投影模型变成:

$$S_{j+1} = S_j \mathrm{e}^{\mu + z_j\sigma}$$

虽然我们现在还不能证明(见第 10 章),但是这些标准正态变量可以同离散变量一样被生成。从假定一个均匀分布集族 $\{x_j\} \subset [0, 1]$ 开始,然后定义 $z_j = N^{-1}(x_j)$,其中 $N(x)$ 是标准正态分布函数,这样就生成了正规随机变量。

另外,如果投影目标是在远期建模价格,那么我们可以在这个带有二项收益的正态模型中近似收益对数比,$R_j \simeq B_j$,定义:

$$S_{j+1}=S_j\,\mathrm{e}^{B_j}$$

在$\{B_j\}$是二项随机变量集族的情况下，如同在第 7 章中：

$$B_j=\begin{cases}u, & \Pr[u]=p\\ d, & \Pr[d]=1-p\end{cases}$$

这里，u 和 d 被校准得到 μ 和 σ^2 的合意的矩。

这些模型的证明可以用另外一种方法，就是在远期某时间点，只要 n 足够长，$\sum_{j=1}^{n}B_j$ 根据棣莫弗—拉普拉斯定理将是近似正态分布。另外，如果这些模型能够被转化成小时间步长的模型，只要 Δt 足够小，这个二项到正态的近似在短期也能被证实。

但是对于依赖于 Δt 的 μ 和 σ^2 怎么近似？

1. 依赖于 Δt 的参数

因为这个建模周期总是被固定在$[0,\ T]$，假定 n 足够大，也就等同于 $\Delta t\equiv\dfrac{T}{n}$ 足够小。但是，如果 Δt 取得够小，有可能比数据点中原始时间分割时限还要小。因此在这部分我们首先研究一个对于 $\mu(\Delta t)$ 和 $\sigma^2(\Delta t)$ 的合理模型或者关于收益对数比的均值及方差和时间区间长度之间的合理关系。例如，可以假设一个直觉上的模型，在这个模型中，μ 和 σ^2 被定义为年化数据，这样 Δt 的单位就是年，但是对于统计资料 μ 和 σ^2 符合 $\Delta t=1$，这些都是数学上的需要。

假定 μ 和 σ^2 记为对于 $\Delta t=1$ 收益序列$\{R_j\}$对数比的均值和方差，并且 B_j 被用于校准二项模型。如本章练习 27 所引申的，对于 u 和 d 的一般化公式等于：

$$u=\mu+\left[\sqrt{\frac{p'}{p}}\right]\sigma,\ d=\mu-\left[\sqrt{\frac{p}{p'}}\right]\sigma \tag{8.43}$$

其中定义 B_j 为一般化的 p，$0<p<1$。

现在有 $\Delta t=\dfrac{1}{m}$，所以在给定期限内，有 m 个时间步长，$\{B_k(\Delta t)\}_{k=1}^{m}$ 记为相关子区间随机变量，定义如下：

$$S_{j+k/m}=S_{j+(k-1)/m}\,\mathrm{e}^{B_k(\Delta t)},\ k=1,\ 2,\ \cdots,\ m$$

如果递归这个模型可得 $S_{j+1}=S_j\,\mathrm{e}\sum B_k(\Delta t)$，那么很明显同原始模型对比得：

$$\sum_{k=1}^{m}B_k(\Delta t)=B_j$$

同样的方式，集族$\{B_j\}$在模型中被假定是独立同分布，把这个假设扩展到$\{B_k(\Delta t)\}$也是符合逻辑。名义上，我们假定对于任意 Δt，子期限下收益对数比的集族是独立同分布的。

我们知道随机变量和的均值是均值的和，并且随机变量的独立和的方差是方差的和。因此对于二项模型来说我们可得 $m\mu(\Delta t)=\mu$ 和 $m\sigma^2(\Delta t)=\sigma^2$，而且因为 $\Delta t=\dfrac{1}{m}$，所以可以表述如下：

$$\mu(\Delta t)=\mu\Delta t \tag{8.44a}$$

$$\sigma^2(\Delta t)=\sigma^2\Delta t \tag{8.44b}$$

例如,时间步长 $\Delta t\leqslant 1$ 且 $p=1/2$ 时二项股票价格模型就是:

$$S_{t+\Delta t}=\begin{cases}S_t e^{\mu\Delta t+\sigma\sqrt{\Delta t}}, & \Pr=\dfrac{1}{2}\\ S_t e^{\mu\Delta t-\sigma\sqrt{\Delta t}}, & \Pr=\dfrac{1}{2}\end{cases} \tag{8.45}$$

这里利用式(8.43)中关于一般化 p 的类似公式。

正态分布的收益对数比模型也可以用基于同样算法的同样的结果去重新校准到一个新的时间区间,其中 $\sum_{k=1}^{m}R_k(\Delta t)=R_j$。

2. 基于 Δt 的分布依赖

如果$\{R_j\}$被假定为独立正态分布,那么对于子期限内收益$\{R_k(\Delta t)\}$也将是独立正态分布的。也就是说,$S_{t+\Delta t}=S_t e^{R_t(\Delta t)}$,其中$\{R_j(\Delta t)\}$以及 $N(\mu\Delta t,\sigma^2\Delta t)$是独立同分布。也就是说,对任意时刻 t,$R_t(\Delta t)=\mu\Delta t+E_t\sigma\sqrt{\Delta t}$,其中$\{zt\}$以及 $N(0,1)$是独立同分布的。这可以通过矩母函数和特征函数的唯一性来证明。例如,如果$\{R_j\}$是正态分布,$R\equiv R_j\sim N(\mu,\sigma^2)$,那么从式(8.31)我们可得 $M_{R(S)}=e^{\mu s+\sigma^2 s^2/2}$。另一方面,因为独立性,一定存在这种情况就是 $M_{\sum RK(\Delta t)}(s)=[M_{R_k(\Delta t)}(s)]^m$。因为$\sum_{k=1}^{m}R_k(\Delta t)=R$ 并且 $\Delta t=\dfrac{1}{m}$,我们可以得出:

$$\begin{aligned}M_{R_k(\Delta t)}(s)&=[e^{\mu s+\sigma^2 s^2/2}]^{1/m}\\&=e^{\mu\Delta ts+\sigma^2\Delta ts^2/2}\end{aligned}$$

这就证实了从式(8.44)中得出的均值和方差结果,正如 $R_{K(\Delta t)}\sim N(\mu\Delta t,\sigma^2\Delta t)$。

在练习 9 中安排了一个证明,就是尽管我们能从式(8.44)中得出矩的估计,但是上述结果并不支持二项分布的 B_j。换句话说,对于收益对数比是独立且二项分布的每一个 Δt,在假设上存在一个理论上的不一致性。然而,我们可以看出当 $\Delta t\to 0$ 时,这种不一致的二项模型收敛且给出同正态分布的收益对数比假设下同样的股票价格的概率分布,在这一点上,它又是一致的。

3. 当 $\Delta t\to 0$ 时真实世界二项分布

在这部分我们阐释了在真实世界二项模型下股权价格有限分布的问题。在后面我们应用第 9 章的工具就能够将在风险中性的二项模型下的股权价格的有限分布的算法一般化。这种推导必然更加困难,因此需要额外的工具。尽管假定对于远期股权价格有相同的价值,u 和 d 收益率的概率从数值固定的 p 和 p'到依赖于 Δt 风险中立概率 q 和 q'之间变动。

对于固定的 $T>0$,其中 T 是与 μ 和 σ^2 关联的以时间区间单位标称的数值,现在我们研究当 $\Delta t\to 0$ 时的有限概率密度函数 S_T。对于任意给定的整数 n,定义 $\Delta t=\dfrac{T}{n}$,同时校准从 $t=0$ 到 $t=T$ 的 n 步二项点阵。因为 $T=n\Delta t$,对于一般的 p,如式(8.43)中的情况,有:

$$S_T^{(n)} = S_0 e^{\sum B_j} \tag{8.46a}$$

$$B_j = \begin{cases} \mu\Delta t + a\sigma\sqrt{\Delta t}\,, & \Pr = p \\ \mu\Delta t - \dfrac{1}{a}\sigma\sqrt{\Delta t}\,, & \Pr = p' \quad j = 1,\ 2,\ \cdots,\ n \end{cases} \tag{8.46b}$$

$$a = \sqrt{\frac{p'}{p}} \tag{8.46c}$$

也就是说，$\ln\left(\dfrac{S_T^{(n)}}{S_0}\right) = \sum_{j=1}^{n} B_j$ 是 n 个独立二项随机变量的一个和。即，因为 $E[B_j] = \mu\Delta t$ 和 $Var[B_j] = \sigma^2\Delta t$，我们得到如下关于构造的 n 个独立变量的结果：

$$E\left[\sum_{j=1}^{n} B_j\right] = \mu T,\ Var\left[\sum_{j=1}^{n} B_j\right] = \sigma^2 T$$

现在，注释 8.10 紧随在棣莫弗—拉普拉斯定理的证明之后，其中在注释 8.10 中，$c = \mu\Delta t + a\sigma\sqrt{\Delta t}$ 和 $d = \mu\Delta t - \dfrac{1}{a}\sigma\sqrt{\Delta t}$ 以及一般的 p，然而从注释 8.9 中并不能一目了然地看出当 $n \to \infty$ 时，$\{B_j\}$ 的正规化的加总有一个能收敛到单位正态分布的分布。原因就是 c 和 d 在这里并不是常数，而是随着 n 变动的，因为 $\Delta t = \dfrac{1}{n}$，也就是说，在这里我们有 $c = \dfrac{\mu T}{n} + \dfrac{a\sigma\sqrt{T}}{\sqrt{n}}$ 和 $d = \dfrac{\mu T}{n} - \dfrac{\sigma\sqrt{T}}{a\sqrt{n}}$。

所以，这个随机变量的加总和完全不同于棣莫弗—拉普拉斯定理抑或中心极限定理中的情况，因为在这里，加总和中的基础随机变量对于每一个 n 而言是有差异的，即 $B_j \equiv B_j^{(n)}$。同时也没有方法去“冻结”这些随机变量使之相对于 n 是独立的。在现实应用中对于这些随机变量来说当 $n \to \infty$ 时变动是很重要的，所以当超越时间区间 $[0,\ T]$ 时，总和的期望价值固定在 μT，同时和的方差固定在 $\sigma^2 T$。

我们仍然可以构建出如注释 8.10 中那样的正规化随机变量 $Y^{(n)}$ 并且可以证明出单位正态也能在极限中生成。

命题 8.14 对于 B_j 定义如式(8.46)，令：

$$Y^{(n)} = \frac{\sum_{j=1}^{n} B_j - \mu T}{\sigma\sqrt{T}} \tag{8.47}$$

那么当 $n \to \infty$ 时，有：

$$M_{Y(n)}(s) \to e^{s^2/2} \tag{8.48}$$

也就是说，根据式(8.30)，$Y^{(n)} \to N(0,\ 1)$。

证明：已知 $Y_j = \dfrac{B_j - \mu\Delta t}{\sigma\sqrt{T}}$，我们有 $Y^{(n)} = \sum_{j=1}^{n} Y_j$。也就是，因为：

$$Y_j = \begin{cases} \dfrac{a}{\sqrt{n}}, & \Pr = p \\ -\dfrac{1}{a\sqrt{n}}, & \Pr = p' \end{cases}$$

其中，$a=\sqrt{\frac{p'}{p}}$，我们得到在 $\exp A\equiv e^A$ 下，有：

$$M_{Y_j}(s)=p\exp\left(\frac{as}{\sqrt{n}}\right)+p'\exp\left(-\frac{s}{a\sqrt{n}}\right)$$

运用式(7.63)和简化符号 $m_j\equiv pa^j+\frac{(-1)^j p'}{a^j}$ 得出：

$$\begin{aligned}M_{Y_j}(s)&=\sum_{j=0}^{\infty}m_j\frac{s^j}{j\,!}n^{-j/2}\\&=1+\frac{s^2n^{-1}}{2}+n^{-3/2}E(n)\end{aligned}$$

因为 $m_0=1$、$m_1=0$ 和 $m_2=1$，这些序列的重新排列可以通过他们的绝对收敛来论证。误差项 $E(n)$ 对于所有 n 来说也是绝对收敛的序列，同时当 $n\to\infty$ 时，可得 $E(n)\to m_3\frac{s^3}{6}$。

因此，因为 $\{Y_j\}$ 是独立的，$Y^{(n)}=\sum_{j=1}^{n}Y_j$ 的矩母函数就是最高到 n 阶幂的表达式。现在取对数，可得：

$$\ln M_{Y(n)}(s)=n\ln\left[1+\frac{s^2n^{-1}}{2}+n^{-3/2}E(n)\right]$$

下一步，我们利用式(8.20)以及 $x=\frac{s^2n^{-1}}{2}+n^{-3/2}E(n)$。这个序列是对于 $x<1$ 绝对收敛的，对于 n 足够大时也是绝对收敛的。那么重置并关注一阶项，而当 $n\to\infty$ 时其余项收敛到 0，我们可得：

$$\begin{aligned}\ln M_{Y(n)}(s)&=n\sum_{j=1}^{\infty}(-1)^{j+1}\left(\frac{1}{j}\right)x^j\\&=n\left[\frac{s^2n^{-1}}{2}+n^{-3/2}E(n)\right]+n^{-1}E'(n)\\&=\frac{s^2}{2}+n^{-1/2}[E(n)+n^{-1/2}E'(n)]\end{aligned}$$

其中 $E'(n)$ 也是绝对收敛的，且当 $n\to\infty$ 时有 $E'(n)\to\left(\frac{s^2}{2}\right)^2$。最后，我们可以从这个表达式中看出当 $n\to\infty$ 时，有：

$$\ln M_{Y(n)}(s)\to\frac{s^2}{2}$$

并且从式中以及指数函数的连续性我们可以得出式(8.48)的结论。所以 $Y^{(n)}\to N(0,1)$，根据式(8.30)，就是标准正态变量。

当然，因为：

$$Y^{(n)}=\frac{\ln[S_T^{(n)}/S_0]-\mu T}{\sigma\sqrt{T}}$$

我们可以利用练习 8 中的矩母函数的性质到 $\ln[S_T^{(n)}/S_0]=\sigma\sqrt{T}Y^{(n)}+\mu T$ 中，得到

$$M_{\ln[S_T^{(n)}/S_0]}(s)=e^{\mu Ts}M_{Y^{(n)}}(s\sigma\sqrt{T}) \tag{8.49}$$

上面这个命题断定当 $n\to\infty$ 时，$M_{\ln[S_T^{(n)}/S_0]}(s)\to e^{\mu Ts+\sigma^2Ts^2/2}$，同时 $\ln[S_T^{(n)}/S_0]\to N(\mu T,\sigma^2T)$。

这个公式能被写成当 $n\to\infty$ 时，有 $\ln S_T^{(n)}\to\ln S_T$，其中：

$$\ln S_T\sim N(\ln S_0+\mu T,\sigma^2T) \tag{8.50}$$

换句话说，在当 $n\to\infty$ 时或者当 $\Delta t\to0$ 时，真实世界的二项点阵模型的极限中，$\ln S_T$ 将是有着均值 $\ln S_0+\mu T$ 和方差 σ^2T 的正态分布。这等同于如下表述：

推论 8.2 如式(8.46)所定义的 $S_T^{(n)}$，那么当 $n\to\infty$ 时有 $S_T^{(n)}\to S_T$，且有：

$$S_T=S_0e^X \tag{8.51}$$

其中 $X\sim N(\mu T,\sigma^2T)$

在这种形式中 S_T 被认为是对数正态分布，具体可见第 10 章。

注释 8.12：(1) 对于任意 $0<p<1$ 的 p，有着单位步长的二项点阵模型可以用可用状态与不可用状态下的收益率 u 和 d 进行调整，所以对于任意的 μ 和 σ^2，$E[S_{t+1}/S_t]=\mu$ 和 $Var[S_{t+1}/S_t]=\sigma^2$。在第 8.8.2 节中，这一点已经推广到有着步长为 Δt 的二项点阵，所以存在 $\mu(\Delta t)$ 和 $d(\Delta t)$，我们可得 $E[S_{t+\Delta t}/S_t]=\mu\Delta t$ 和 $Var[S_{t+\Delta t}/S_t]=\sigma^2\Delta t$。而且对于任何 p 的选择以及相对应的校准，命题 8.14 已经证明了，当 $n\equiv\dfrac{T}{\Delta t}\to\infty$ 时，在时间点 T 上二项价格的分布记为 $S_T^{(n)}$，满足：

$$\ln S_T^{(n)}\to N(\ln S_0+\mu T,\sigma^2T)$$

很自然我们会想 p 的选择是否会影响这个收敛速度。对命题 8.14 证明的进一步探究给这个问题的认识提供了一个角度。根据那个证明，可得：

$$\ln M_{Y^{(n)}}(s)=\frac{s^2}{2}+n^{-1/2}E(n)+n^{-1}E'(n)$$

其中 $E(n)$ 序列等于 $m_3\dfrac{s^3}{6}+O(n^{-1/2})$，同时 $E'(n)$ 序列等于 $(s^2/2)^2+O(n^{-1/2})$。因此如果选择一个 p 使得 $m_3=0$，那么收敛速度可能从 $O(n^{-1/2})$ 改进到 $O(n^{-1})$，而当 $p=1/2$ 时，收敛速度确实得到改进。在注释 9.37 中，我们将再次讨论这个问题，同时在那里可以看到在风险中性概率 $q(\Delta t)$ 下，$p=1/2$ 在改进价格分布的收敛速度上也起着部分作用。

(2) 如果收益率被假定在每一期都是正态分布，其中 $R_j=\mu\Delta t+z_j\sigma\sqrt{\Delta t}$，$\Delta t=\dfrac{T}{m}$，那么很容易看出在 T 时，独立于 m：

$$\begin{aligned}S_T&=S_0e\sum_{j=1}^{m}R_j\\&=S_0e\sum_{j=1}^{m}[\mu\Delta t+z_j\sigma\sqrt{\Delta t}]\\&=S_0e^{\mu T}+z\sigma\sqrt{T}\end{aligned}$$

$$=S_0 e^X$$

其中，$X \sim N(\mu T, \sigma^2 T)$。在这个计算的第三行，用到 $\sum_{j=1}^{m} z_j \sim N(0, m)$，因此 $\sum_{j=1}^{m} z_j \sim \sqrt{m}z$，其中 $z \sim N(0, 1)$，这可以通过矩母函数来证明。所以当 $\Delta t \to 0$ 时真实世界的二项点阵模型能收敛到近似和股票价格模型一样，如同正态收益模型一样。有意思的是，尽管在子期限上对于所有的 Δt 收益率是独立的二项分布这个假设并不是一个一致性分布的假设，但是这个收敛依然发生。

尽管有同样的在极限下的股权价格模型，但是二叉树模型的优势在于提供了一个更简单的涵盖期权定价的框架，这一点我们以后再阐述。

8.8.3 当 $\Delta t \to 0$ 时基于二项点阵的欧式期权价格

1. 模型

在式(7.147)中我们得出基于二项点阵的欧式期权价格，或者说是带有 $\Lambda(S_T)$ 支付函数的欧式衍生品的价格，根据上述关于投资组合的反复讨论，可知：

$$\Lambda_0(S_0) = e^{-nr} \sum_{j=0}^{n} \binom{n}{j} q^j (1-q)^{n-j} \Lambda(S_n^j)$$

$$S_n^j = S_0 e^{ju+(n-j)d}$$

其中，n 表示到行权日 T 所需的时间步长数，q 表示风险中性概率，且是二项股票收益 u 和 d 的函数，同时也是期间内无风险折旧率 r 的函数。回想式(7.143)有如下假定关系：

$$q = \frac{e^r - e^d}{e^u - e^d}$$

进一步回想式(8.43)中被校准的二项股票收益率等于：

$$u = \mu + \left(\sqrt{\frac{p'}{p}}\right)\sigma,\ d = \mu - \left(\sqrt{\frac{p}{p'}}\right)\sigma$$

其中 $0 < p < 1$，$p' \equiv 1 - p$，μ 和 σ^2 表示对于一个时间步长来说的对数比序列的均值和方差。这些对于 μ 和 σ^2 的公式将式(7.136)一般化，其中当 $p = p' = \frac{1}{2}$ 时，有 $u = \mu + \sigma$，$d = \mu - \sigma$。

很自然地，在这个修订过的设置中，T 是固定的且步长被 $\Delta t = \frac{T}{n}$ 所定义，所有这些公式连同如同式(8.44)一样调整过的股票收益率和调整过的无风险折现率都是可适用的。换句话说，对于 q 的定义，我们可得：

$$q(\Delta t) = \frac{e^{r(\Delta t)} - e^{d(\Delta t)}}{e^{u(\Delta t)} - e^{d(\Delta t)}} \tag{8.52}$$

其中：

$$u(\Delta t) = \mu \Delta t + \left(\sqrt{\frac{p'}{p}}\right)\sigma\sqrt{\Delta t} \tag{8.53a}$$

$$d(\Delta t)=\mu\Delta t-\left(\sqrt{\frac{p}{p'}}\right)\sigma\sqrt{\Delta t} \tag{8.53b}$$

当然也不是完全无懈可击，对于无风险折旧率的一般模型来说，r 记作对于 $\Delta t=1$ 时的折旧率，在实际中 1 就代表一年：

$$r(\Delta t)=r\Delta t \tag{8.54}$$

这个模型反映出这样一种观点，那就是可用连续的无风险折旧率 r 事实上是固定的，也就是说对于 $\Delta t\leqslant 1$ 的时期来说任何投资收益率都相等。这事实上忽略了无风险投资的期限结构，而从历史上这种期限结构能被观察到，有时对于 $r(\Delta t)<r\Delta t$ 被观察到是正常期限结构，有的时候 $r(\Delta t)>r\Delta t$ 被观察到是反转期限结构，还有的时候当 $r(\Delta t)=r\Delta t$ 观察到是平凡期限结构。也就是说，对于式(8.54)的假设的精炼在实践中并无效果，至少对于几个月内到期的普通期权而言是这样。

2. 欧式看涨期权说明

为了阐释当 $\Delta t\to 0$ 时欧式期权的定价行为，我们假定 $\Lambda(S_n^j)$是一个看涨期权的行权价格：$\Lambda(S_n^j)=\max(S_n^j-K,\ 0)$。将这个行权函数插入上述对于 $\Lambda_0(S_0)$的公式中，并且有 $S_n^j=S_0\mathrm{e}^{ju+(n-j)d}$ 和 $n\Delta t=T$，我们可得：

$$\begin{aligned}\Lambda_0^C(S_0)&=\mathrm{e}^{-nr\Delta t}\sum_{j=0}^{n}\binom{n}{j}q^j(1-q)^{n-j}\max(S_n^j-K,\ 0)\\&=\mathrm{e}^{-rT}\left[\sum_{j=a}^{n}\binom{n}{j}q^j(1-q)^{n-j}S_n^j-K\sum_{j=a}^{n}\binom{n}{j}q^j(1-q)^{n-j}\right]\\&=S_0\sum_{j=a}^{n}\binom{n}{j}(q\mathrm{e}^u\mathrm{e}^{-r\Delta t})^j[(1-q)\mathrm{e}^d\mathrm{e}^{-r\Delta t}]^{n-j}-\mathrm{e}^{-rT}K\sum_{j=a}^{n}\binom{n}{j}q^j(1-q)^{n-j}\end{aligned}$$

在这里 a 被定义为：

$$a=\min\{j\mid S_n^j\geqslant K\}。$$

如果我们定义：

$$\bar{q}=q\mathrm{e}^u\mathrm{e}^{-r\Delta t} \tag{8.55}$$

那么经过计算可得 $1-\bar{q}=(1-q)\mathrm{e}^d\mathrm{e}^{-r\Delta t}$。换句话说：

$$\begin{aligned}\Lambda_0^C(S_0)&=S_0\sum_{j=a}^{n}\binom{n}{j}\bar{q}^j(1-\bar{q})^{n-j}-\mathrm{e}^{-rT}K\sum_{j=a}^{n}\binom{n}{j}q^j(1-q)^{n-j}\\&=S_0\Pr[S_n\geqslant K\mid \mathrm{Bin}(\bar{q},\ n)]-\mathrm{e}^{-rT}K\Pr[S_n\geqslant K\mid \mathrm{Bin}(q,\ n)]\end{aligned}$$

其中 $\mathrm{Bin}(\bar{q},\ n)$是有着参数 $\bar{q}$ 和 n 的二项分布的简写，对于 $\mathrm{Bin}(\bar{q},\ n)$也是如此。对于这两个二项式，子期间上的股票收益率被假定为 $u(\Delta t)$和 $d(\Delta t)$，而 $\bar{q}$ 和 q 分别被记为收益率概率 $\mu(\Delta t)$。

而且，随机变量 S_n 在当 $\exp(A)\equiv\mathrm{e}^A$ 时能被表述成 $S_n=S_0\exp[\sum_{i=1}^{n}B_i]$，在这里$\{B_i\}$是假定其值是 $u(\Delta t)$和 $d(\Delta t)$的独立同分布的二项变量。$\mathrm{Bin}(q,\ n)$模型中，$\Pr[u(\Delta t)]=q$。在 $\mathrm{Bin}(\bar{q},\ n)$中将 $\sum_{i=1}^{n}B_i$ 记做 $\bar{B}_{(n)}$，上述结果可以表述如下：

$$\Lambda_0^C(S_0)=S_0\Pr\left[\bar{B}_{(n)}\geqslant\ln\left[\frac{K}{S_0}\right]\right]-\mathrm{e}^{-rT}K\Pr\left[B_{(n)}\geqslant\ln\left[\frac{K}{S_0}\right]\right]$$

最后,我们正规化上述表达式中的二项随机变量,对于 $\Lambda_0(S_0)$来说,就是分别减去均值 $\bar{\mu}_n$ 和 μ_n,然后分别除以标准差 $\bar{\sigma}_n$ 和 σ_n。利用这些正规化二项变量 $\bar{B}'_{(n)}$ 和 $B'_{(n)}$,得出:

$$\Lambda_0^C(S_0)=S_0\Pr\left[\bar{B}'_{(n)}\geqslant\frac{\ln\left(\frac{K}{S_0}\right)-\bar{\mu}_n}{\bar{\sigma}_n}\right]$$

$$-\mathrm{e}^{-rT}K\Pr\left[B'_n\geqslant\frac{\ln\left(\frac{K}{S_0}\right)-\mu_n}{\sigma_n}\right]\tag{8.56}$$

注释 8.13:如第 7 章所记,q 被称为风险中性概率,在第 9 章我们将讨论效用函数,但是在这里我们看到 $\bar{q}$ 是风险规避概率。不似风险中性概率,它是唯一的,而任何 $\hat{q}>q$ 的概率是风险规避概率。所以 $\bar{q}$ 只是个简单例子,因为 $u(\Delta t)>r\Delta t$ 暗示 $\hat{q}>q$,所以我们视其为特殊风险规避概率。然而,尽管在这个期权定价中出现了风险规避概率,但是仍然有必要了解到期权定价与风险偏好是完全独立的,而且 $\bar{q}$ 在上式中的出现仅仅是个简化了最终结果的数学上的技巧而已。

为了了解这一点,上面关于 $\Lambda_0(S_0)$的公式可被表述为:

$$\begin{aligned}\Lambda_0^C(S_0)&=\mathrm{e}^{-rT}\sum_{j=0}^{n}\binom{n}{j}q^j(1-q)^{n-j}\max(S_n^j-K,\ 0)\\&=\mathrm{e}^{-rT}E[\max(S_n-K,\ 0)\mid\mathrm{Bin}(q,\ n)]\end{aligned}$$

很清楚的是,在这个公式中对于期权定价仅仅需要风险中性概率。用 q 和 $\bar{q}$ 来重新表述这个公式只是便利于我们下一步的讨论。

3. 布莱克—斯科尔斯—莫顿期权定价公式 I

因为这些暗藏于 B'_n和$\bar{B}'_n$的参数u、d、q 和$\bar{q}$ 都是关于 $\Delta t=\frac{T}{n}$ 的函数,所以当 $\Delta t\to 0$ 时前面的一些工作能够确定在式(8.56)中两个复杂概率表达式的极限。然而,除非我们从第 9 章中获得一些额外的工具,否则我们并不能得出上述分析,以至于这个结论的推论被视为非常精巧甚至是有些有挑战性的。我们也将扩展第 10 章中的另一个工具,这个工具与其说避免了将 u、d、q 和$\bar{q}$ 作为 Δt 的函数的直白分析,不如说是用全新的一套工具研究从不同角度下的这些变量的依赖性。这个分析同样被视为是精巧甚至有挑战性的。这两个推导都将作为布莱克—斯科尔斯—莫顿结果的深度和广度的明确证明。

然而,给定第 8.8.2 节中关于真实世界二项点阵模型中股权价格的极限分布,在式(8.56)中的两个二项随机变量都将收敛到正态变量上,对于这一点,读者一定不会感到惊奇。当 $n\to\infty$或 $\Delta t\to 0$ 时:

$$\bar{B}_{(n)}\to N\left(\left[r+\frac{1}{2}\sigma^2\right]T,\ \sigma^2T\right)$$

$$B_{(n)}\to N\left(\left[r-\frac{1}{2}\sigma^2\right]T,\ \sigma^2T\right)$$

注释 8.14：很有意思的是，在真实世界二项点阵分析中，被正规化的随机变量 $\sum_{j=1}^{n} B_j$ 是二项式的和，其中 u 的概率 p 是固定且独立于 n，但是每一个 B_j 所假定的那两个值 u 和 d，都随着 n 变化而变化。在期权定价中所需的二项模型中，被正规化的随机变量是以 $\sum_{j=1}^{n} B_j$ 的形式出现，其中每一个 B_j 如前面所述的二项变量一样，但是在这里概率 $B_j = u(\Delta t)$，是 q 和 $\bar{q}$，它们同样随着 n 变动而变动。

假定现在存在关于变量 $\bar{B}_{(n)}$ 和 $B_{(n)}$ 的极限分布，那么 $\bar{B}_{(n)}$ 和 $B_{(n)}$ 收敛到标准正态分布上，也就是说：

$$\Pr\left[\bar{B}'_{(n)} \geqslant \frac{\ln\left[\frac{K}{S_0}\right] - \bar{\mu}_n}{\bar{\sigma}_n}\right] \to \Pr\left[Z \geqslant \frac{\ln\left[\frac{K}{S_0}\right] - \left(r + \frac{1}{2}\sigma^2\right)T}{\sigma\sqrt{T}}\right]$$

因为标准正态分布的对称性，我们从式(8.32)中可得 $\Pr[Z \geqslant -d_1] = \Pr[Z \leqslant d_1] = \Phi(d_1)$，其中 Φ 记做标准正态分布函数。同样地，第二个概率表达式可被表述如下：$\Pr[Z \geqslant -d_2] = \Pr[Z \leqslant d_2] = \Phi(d_2)$。

把所有这些放在一起，我们得到了对于欧式看涨期权定价的著名的布莱克—斯科尔斯—莫顿公式。这是根据费希尔·布莱克(Fisher Black，1938—1995)、迈伦·斯科尔斯(Myron S.Scholes，1941—)和罗伯特·C.莫顿(Robert C.Merton，1944—)所命名的，其研究结果由布莱克和斯科尔斯，以及莫顿在 20 世纪 70 年代早期出版，莫顿和斯科尔斯获得 1997 年诺贝尔经济学奖(很遗憾，这个奖项并不颁给过世人士)。

欧式看涨期权的最后结果是：

$$\Lambda_0^C(S_0) = S_0\Phi(d_1) - e^{-rT}K\Phi(d_2) \tag{8.57a}$$

$$d_1 = \frac{\ln\frac{S_0}{K} + \left(r + \frac{1}{2}\sigma^2\right)T}{\sigma\sqrt{T}} \tag{8.57b}$$

$$d_2 = \frac{\ln\frac{S_0}{K} + \left(r - \frac{1}{2}\sigma^2\right)T}{\sigma\sqrt{T}} \tag{8.57c}$$

相应的对于欧式看跌期权的结果就是：

$$\Lambda_0^P(S_0) = e^{-rT}K\Phi(-d_2) - S_0\Phi(-d_1) \tag{8.58}$$

布莱克—斯科尔斯和莫顿所使用的方法在本质上和上述方法很接近，就这个意义而言，他们都能够模拟出包含股票和短期国债的投资组合。他们因此得出结论，即期权一定有一个价格等于这个模拟投资组合的价格。然而他们使用了随机微分的高级工具进行展开。在这里所使用的工具在第 7 章，这个方法使用了一个二项点阵去近似股票价格变动，同时模拟期权并估算出当 $\Delta t \to 0$ 时的极限，这种方法被称为考克斯—罗斯—鲁宾斯坦二项点阵期权定价模型。它是在 1970 年晚期由约翰·C.考克斯(John C.Cox)，斯蒂芬·A.罗斯(Stephen A.Ross)和马克·鲁宾斯坦(Mark Rubinstein)在一篇文献中所发展出来的。

注释 8.15: 使用时间步长为 Δt 的二项点阵去估算一个欧式期权或者其他衍生品时，都将使用式(7.147)的一个应用，同时产生一个价格 $\Lambda_0(S_0) \equiv \Lambda_0(S_0, \Delta t)$。这个价格反映出了被称之为离散化误差的情况。也就是说，理论上的正确答案只有当 $\Delta t \to 0$ 时可以获得，而这个二项点阵产生出一种误差 $\varepsilon^D(\Delta t) = \Lambda_0(S_0, 0) - \Lambda_0(S_0, \Delta t)$，这种误差是有离散时间以及股票价格变动的概率密度函数所产生的。这种离散化的一个结果就是对于任意 Δt，根据关于 q、u 和 d 的公式，被计算出的 $\Lambda_0(S_0, \Delta t)$ 很明显地反映出股票收益率均值的对数比以及在校准中所使用的真实世界概率 p。对于任意 Δt，对于衍生品价格的所计算出的价值将会随着这些参数的变动而变动。然而，在布莱克—斯科尔斯—莫顿公式中我们很明确地领会到这一点，而且看到当 $\Delta t \to 0$ 时一般来说上述所论也是正确的，然而关于 μ 和 p 的期权价格的相关性却消失了。事实上在上面的公式中并没有任何参数的退化，在第 9 章我们将重返这一点并观察这个转变。相反的是，股票收益率的对数比的方差 σ^2 在最后公式中相当显著，无风险折旧率 r 也是如此。

8.8.4 当$N \to \infty$时基于场景的欧式期权定价

1. 模型

如果 N 个路径被随机生成，$\{S_n^j\}_{j=0}^n$ 记做 $n+1$ 种可能的股票价格，分析到达最终状态的路径的个数是很有意思的。理论上说，从第 8.8.2 节中的二项点阵分析中我们可知股票价格在时间点 n 的分布在真实世界中是一个有着参数 n 和 p 的二项分布，因此 $\Pr[S_n = S_n^j] = \binom{n}{j} p^j (1-p)^{n-j}$。正如第 7 章，$p$ 记做收益率 u 的概率，$p' = 1-p$ 代表收益率 d 的概率，而且股票价格被参数化，所以 $j=0$ 对应着最低价格，$S_n^0 = e^{nd}S_0$；$j=n$ 对应着最高价格，$S_n^n = e^{nu}S_0$。

从另一方面说，从期权定价的目的来说，我们可以继续应用股票价格收益率 e^u 和 e^d，但是要将来自真实世界的概率 p 的一个上界收益率的假定概率转换到式(8.52)中所假定的风险中性概率 q。

在二项点阵模型中这些概率 q 决定了每一个最终股权价格状态的可能性，而这个状态和期权定价有很大关系。因此，如果 N_j 记做在 N 个路径样本中终止在价格 S_n^j 的路径的数目，所以 $\sum N_j = N$，因此整数$(N_0, N_1, \cdots, N_n)$的 $n+1$ 种组合变量有着参数为 N 和 $\{Q_j\}_{j=0}^n$ 的多项分布，其中 $Q_j = \binom{n}{j} p^j (1-p)^{n-j}$。从式(7.105)和式(7.106)可得：

$$E[N_j] = NQ_j,\ Var[N_j] = NQ_j(1-Q_j),\ Cov[Q_j, Q_k] = -NQ_jQ_k$$

在非重组点阵中，Q_j 也被定义为终止于价格 S_n^j 上的风险中性概率，只是这里有 2^n 种股票价格而不是 $n+1$ 种。多项分布也应用到这种情况中，如同上面的矩公式。

我们现在应用在第 7.8.7 节中所介绍的基于场景的方法论去公式化 n 期欧式期权定价。为了简单起见，我们聚焦于重组的二项点阵模型，尽管这个展开也可以应用到更一般的情况下。为了实现这个目的，让 $\Lambda(S_n^j)$ 记做在时间点 n，超过股票价格 S_n^j 时期权或者其他衍生品的行权价格，也如第 8.8.3 节中所假定那样，时间步长为 $\Delta t \equiv \frac{T}{n}$，同时二项点阵按照式(8.52)、式(8.53)和式(8.54)中进行校准。

假定有 N 个路径，定义一个随机变量 O_N，作为样本期权价格，如式(7.150)所述：

$$O_N = \frac{e^{-rT}}{N}\sum_{j=0}^{n} N_j \Lambda(S_n^j) \tag{8.59}$$

随机变量 O_N 是基于样本容量 N 的真实期权价格的一个估计。正如第 7.8.7 节所记，实际的二项点阵模型价格可表述如下：

$$\Lambda_0(S_0) = e^{-rT}\sum_{j=0}^{n} E\left[\frac{N_j}{N}\right]\Lambda(S_n^j)$$

所以，这个样本期权价格用$\frac{N_j}{N}$的基于样本的估计来替换 $E\left[\frac{N_j}{N}\right]=Q_j$ 的正确概率权重。

2. 当 $N\to\infty$时的期权价格估计

因为生成的路径是在合适的概率下基于上述的方式而到达每一个最终的股票价格，那么这个随机变量的期望值应该等于 $\Lambda_0(S_0)$，而 $\Lambda_0(S_0)$是根据式(7.147)所生成的。更重要的是，当 N 增加的时候，我们可以证明误差的概率会趋向 0。主要结果如下：

命题 8.15 如在式(8.59)中所定义的 O_N：

(1) O_N 的期望概率等于二项点阵期权价格：

$$E[O_N] = \Lambda_0(S_0) \tag{8.60}$$

(2) 如果 $Var[\Lambda(S_n^j)] < \infty$，其中这个方差在$\{Q_j\}$下定义，那么对于任意 $\epsilon > 0$，

$$\Pr[|O_N - \Lambda_0(S_0)| > \epsilon] \to 0,\ N\to\infty \tag{8.61}$$

证明：对于性质(1)，有：

$$E[O_N] = e^{-rT}\sum_{j=0}^{n} E\left[\frac{N_j}{N}\right]\Lambda(S_n^j) = \Lambda_0(S_0)$$

因为根据式(7.105) $E\left[\frac{N_j}{N}\right]=Q_j$。为了证明性质(2)，我们利用切比雪夫不等式，其中要求存在 O_N。为了实现这个目的，首先根据式(7.56)得到：

$$\begin{aligned}
Var[O_N] &= \frac{e^{-2rT}}{N^2}\sum_{j=0}^{n} Var[N_j]\Lambda^2(S_n^j) + \frac{2e^{-2rT}}{N^2}\sum_{j<k} Cov[N_j,\ N_k]\Lambda(S_n^j)\Lambda(S_n^k) \\
&= \frac{e^{-2rT}}{N^2}\left[\sum_{j=0}^{n} NQ_j(1-Q_j)\Lambda^2(S_n^j) - 2\sum_{j<k} NQ_jQ_k\Lambda(S_n^j)\Lambda(S_n^k)\right] \\
&= \frac{e^{-2rT}}{N}\left[\sum_{j=0}^{n} Q_j\Lambda^2(S_n^j) - \left(\sum_{j=0}^{n} Q_j\Lambda(S_n^j)\right)^2\right] \\
&= \frac{e^{-2rT}}{N} Var[\Lambda(S_n^j)]
\end{aligned}$$

在最后一步我们使用恒等式，即在$\{Q_j\}$下有，$Var[\Lambda(S_n^j)] = E[\Lambda^2(S_n^j)] - [E[\Lambda(S_n^j)]]^2$。从这个推导式中，可得当 $N\to\infty$时，我们有 $Var[O_N]\to 0$。现在根据切比雪夫不等式，因为 $E[O_N] = \Lambda_0(S_0)$，得到：

$$\Pr[|O_N - \Lambda_0(S_0)| > \epsilon] < \frac{Var[O_N]}{\epsilon^2}$$

证明完毕。 ■

注释 8.16:(1)基于场景模型的欧式衍生品价格相对于理论上正确的价格包含两类误差。根据以 $O_N(\Delta t)$表示 N 种路径下和时间步长为 Δt 的价格,这两类误差分别是:

- 离散化误差,这种误差和那种由潜在的二项点阵算法生成且与 Δt 相关的误差是相同的。这类误差在注释 8.15 中被定义如下:

$$\varepsilon^D(\Delta t) = \Lambda_0(S_0,\ 0) - \Lambda_0(S_0,\ \Delta t)$$

- 估计误差,被定义如下:

$$\varepsilon^E(\Delta t) = \Lambda_0(S_0,\ \Delta t) - O_N(\Delta t)$$

这种误差介于基于场景期权价格估计值和二项点阵价格估计值之间。

(2) 如上面证明中所述,估计误差在以下情况下随着$\frac{1}{N}$式的变化而递减:

$$\Pr[|\Lambda_0(S_0,\ \Delta t) - O_N(\Delta t)| > \epsilon] < \frac{e^{-2rT} Var[\Lambda(S_n^j)]}{N\epsilon^2}$$

因此,正如在命题 8.6 中所观察到的,我们可以选择在 $N_{\epsilon N}^2 \to \infty$下选择 $\epsilon_N \to 0$,因此确定当 $N \to \infty$时,所有估计误差在理论上都被消除。然而事实上,这种误差消除是个缓慢而痛苦的过程,因为为了 $N\epsilon_N^2 \to \infty$有必要慢慢实现 $\epsilon_N \to 0$ 并且慢慢实现 $N\epsilon_N^2 \to \infty$。例如如果 $\epsilon = \frac{1}{N^a}$ 对于 $0 < a < \frac{1}{2}$,两个目标都可以实现,如果 $a \sim \frac{1}{2}$会使得 $\epsilon_N \to 0$ 更快,而使得 $N\epsilon_N^2 \to \infty$;当 $a \sim 0$ 时,正相反。

3. 基于场景的定价和模拟

最后一个问题就是关于基于场景的期权定价,我们来探究一下基于样本场景的期权定价和基于模拟的期权定价之间的联系。首先。根据式(7.145),可知基于模拟的价格是各期间的价格的重新平衡。重写那个公式以反映期长为 Δt 区间,得出:

$$\Lambda_0(S_0) = e^{-r\Delta t}[q\Lambda(S_1^u) + q'\Lambda(S_1^d)]$$

因此,从上面命题的第一个结论中,运用相似的符号,可得

$$E[O_N] = e^{-r\Delta t}[qE[O_N^u] + q'E[O_N^d]]$$

基于场景的价格的期望值也能被重新调整平衡。

为了探究一期时 O_N 重新调整到O_N^u 和O_N^d 的情况,需要一个用于后面计算的场景集族的假设。首先我们假定 O_N^u 被定义在始于 u 的 N 个初始路径的子集上,同时在这个子集上有 N^u。同样地,假定 O_N^d 被定义在始于 d 的 N 个初始路径的子集上,同时在这个子集上存在 N^d,所以可得 $N^u + N^d = N$。

下一步重写式(8.59),可得:

$$O_N = \frac{e^{-rT}}{N}\left[\sum_{j=1}^{n} N_j^u \Lambda(S_n^j) + \sum_{j=0}^{n-1} N_j^d \Lambda(S_n^j)\right]$$

其中$\{N_j^u\}$被定义为在 N^μ 子集中最终价格定为 S_n^j 的路径的个数,对于$\{N_j^d\}$也是同样的,

很明显可得 $N_0^u + N_0^d = 0$。

现在对于基于路径的这些子集的价格 O_N^u 和 O_N^d，推导出：

$$O_{Nu}^u = \frac{e^{-r(T-\Delta t)}}{N^u} \sum_{j=1}^{n} N_j^u \Lambda(S_n^j)$$

$$O_{Nd}^d = \frac{e^{-r(T-\Delta t)}}{N^d} \sum_{j=0}^{n-1} N_j^d \Lambda(S_n^j)$$

最后，运用一点代数知识，得到：

$$O_N = e^{-r\Delta t} [q[a^u O_{Nu}^u] + q'[a^d O_{Nd}^d]] \tag{8.62}$$

其中 $a^u = \frac{N^u}{Nq}$，$a^d = \frac{N^d}{Nq'}$。

概括起来说，对于基于初始路径子集的 O_N^u 和 O_N^d，O_N 是一个模拟投资组合的价格，这个组合重新把下一期的组合的价格调整到 $a^u O_N^u$ 和 $a^d O_N^d$，而不是 O_N^u 和 O_N^d。所以在这个调整过程中存在一个额外误差，这个误差同 a^u 和 a^d 项的距离与 1 的距离相关。当然，

$$E[a^u] = E[a^d] = 1$$

$$Var[a^u] = \frac{q'}{Nq},\ Var[a^d] = \frac{q}{Nq'}$$

所以对于足够大的 N，超过一期的重新调整的误差是很小的。然而，这个过程不能重复直到到期，因为在每一步中这个估计价格都是基于越来越少的路径。

另外，如果 O_N^u 和 O_N^d 是基于每一个 N 个路径下新集族来定价，那么将会有额外的重新调整误差。特别地，我们可得：

$$O_N = e^{-r\Delta t} [q[b^u O_N^u] + q'[b^d O_N^d]]$$

其中，$b^u = \frac{a^u O_{Nu}^u}{O_N^u}$，$b^d = \frac{a^d O_{Nd}^d}{O_N^d}$。

换句话说，O_N 将模拟值等于 $b^u O_N^u$ 和 $b^d O_N^d$ 的组合的价格。

练习题

操作练习

1. 如果 $f(x)$ 是一个离散概率函数，其中有矩母函数 $M(t)$，那么对于任意实数 $t > 0$，证明：

$$Pr[X \geqslant t] \leqslant \frac{M(t)}{e^{t^2}}$$

（提示：$M(t) \geqslant \sum_{|x_i| \geqslant t} e^{tx_i} f(x_i)$。）

2. 市场观察者有时论及 5 个 sigma 或者 10 个 sigma 的事件，其中 sigma 表示标准差。这样的一个表述通常被用于如下背景下：“谁能有可能预测这个时间”，如果所有的随机变

量都被认为是正态分布，同时这些事件的概率确实是极小的。

(1) 用切比雪夫不等式，算出对于 5 个标准差或者更坏事件的上界概率。同时计算 10 个标准差或者更坏事件的上界概率。

(2) 利用单边切比雪夫不等式，重复(1)部分。

3. 利用弱大数定律去测定在 95%置信区间下，下列情况中的必要的样本量：

(1) 对于标准二项分布，如果已知 $0.1 \leqslant p \leqslant 0.5$，估计 p 并精确到三位小数点($\epsilon=0.000\,5$)。

(2) 对于 $k=10$ 的负二项分布，如果已知 $p \leqslant 0.1$，估计 μ 到两位小数点。

4. 利用棣莫弗—拉普拉斯定理(提示：回想一下半区间调整)：

(1) 抛掷一个有偏硬币 100 万次，其中正面朝上的概率 $\Pr[H]=0.65$，也就是正面朝上的概率在 649 500 到 65 000 之间的概率是多少。

(2) 粗略估计一下背面朝上的次数为 700 000 或者更多时的概率。

5. 利用中心极限定理(提示：回想半区间调整)：

(1) 粗略估计当 $\lambda=75$ 时的泊松分布中 $\hat{X} \geqslant 79$ 的概率，其中 $\hat{X}$ 是一个 50 次独立试验的样本均值。

(2) 粗略估计 $76 \leqslant \hat{X} \leqslant 78$，其中 $\hat{X}$ 是基于 100 次独立试验的样本均值。

6. 概括在式(8.45)中的对于股票价格的增长模型的校准以展开对于 u 和 d，以及任意 p，$0<P<1$ 和 Δt 的公式。

7. 利用练习 6 的结果，按照 S_0 的方式用两种途径来表述 $S_{m\Delta t}$，同时将结果同在式(7.137)和式(7.138)中的对于一般 p 和 Δt 的公式进行对比，这样就能对影响相关价格点阵的二项概率有明确的认识。

8. 证明下列矩母函数的两个性质，其中 X 和 X_i 是离散随机变量，且证明需利用期望的定义和性质：

(1) $M_{a+bX}(t)=e^{at}M_x(bt)$；

(2) $M_{\sum X_i}(t)=\prod M_{X_i}(t)$，如果 $\{X_i\}$ 是独立的。

9. 利用矩母函数的性质，证明如果在二项点阵模型中 $\{B_j\}$ 被假定是独立且二项分布的，那么并不意味着 $\{B_k(\Delta t)\}$ 是二项分布的。[提示：见练习 8(2)。]

10. 回想第 7 章中练习 18 的索赔模型：

(1) 根据个人风险模型以及总体风险模型中的索赔的均值和方差的估计，应用式(8.36)中的切比雪夫不等式来估计索赔超过 800 万美金、950 万美金以及 1 100 万美金的概率。

(2) 利用式(8.38)直接根据一种模拟方法，经过 1 000 次模拟，估计在(1)部分条件下的概率。

(3) 利用(2)部分的模拟同时有 $C_0=7.5$ 美元，估计这两个模型中的条件均值和方差，同时在这些结果下利用式(8.40)估计(1)部分的概率。

11. (结合第 7 章的练习 24)给一个两年的欧式看涨期权定价，其中行权价格为 100，股票价格为 $S_0=100$ 且时间步长为 $\Delta t=0.25$ 年，季度比率对数被估计有均值 $\mu_Q=0.02$，以及方差 $\sigma_Q^2=(0.07)^2$。年度连续无风险利率为 $r=0.048$。

(1) 展开一个真实世界股票价格的点阵，其中 $p=1/2$ 以及时间步长为 $\Delta t=0.05$，同时利用有着适当值 q 的式(7.147)对这个期权进行定价。

(2) 估算来自(1)部分的在时点 $t=0.05$ 时的这个期权的两种价格，同时构造一个对于这些价格在 $t=0$ 时刻的一个复制组合。证明这个复制组合的成本等于在(1)所得到的价格。

(3) 利用式(7.147)对这个期权进行定价，且在式(7.147)中有着基于 $p=0.75$ 的点阵的 q 适当值。

(4) 利用在(1)部分中同样的模型生成在风险中性世界中 500 条两年期的路径，同时通过计算出在这两年年末中每一个股票价格有多少种场景，并利用式(7.150)来估计这个期权的价格。

12. 通过生成 500 个两年期的路径中另外 99 个批次，生成在上面练习 11(4)中另外的 99 个价格：

(1) 利用所有 $N=50\,000$ 计算出被估计的价格 O_N，同时证明这个价格等于 100 批次价格的简单平均。

(2) 计算出 100 批次价格的方差，$Var[O_{500}]$，同时利用这个价格去估计在(1)部分中所估计的价格的方差 $Var[O_N]$。(提示：回想一下随机变量 O_N 是 100 个价格的平均。)

(3) $\Lambda_0(S_0)$ 被定义为在练习 11(1)中所得到的点阵价格，同时利用(2)部分中的 $Var[O_{500}]$，将 100 个价格中满足 $|O_{500}-\Lambda_0(S_0)|>\epsilon$ 的比例同事件 $\frac{Var[O_{500}]}{\epsilon^2}$ 发生的概率进行比较。

强化练习

13. 假定 X 是一个离散随机变量。

(1) 证明如果对于所有 n 有 $\mu_{|n|}\leqslant C$，那么对于任意 $t>1$ 有 $\Pr[|X-\mu|\geqslant t]=0$。也就是说，一定存在这种情况即 $\Pr[|X-\mu|\leqslant 1]=1$。

(2) 概括(1)部分。证明如果对于所有 n 有 $\mu_{|n|}\leqslant C^n$，那么对于任意 $t>C$ 有 $\Pr[|X-\mu|\geqslant t]=0$。

(3) 推断如果 X 有无界值域，那么不可能存在对于任意 C 有 $\mu_{|n|}\leqslant C^n$。

14. 利用弱大数定律去推断在 95%置信区间下下列情况的必要样本量：

(1) 对于几何分布，将无偏方差估计到小数点一位，其中已知 $p>0.25$。$\left[\text{提示：对于几何分布，}\mu_4=\frac{q}{p^2}\left(1+\frac{9q}{p^2}\right)\right]$

(2) 对于泊松分布，将 λ 估计到小数点两位，其中已知 $\lambda>2$。

15. 证明在弱大数定律的证明中有：

$$\Pr[|\hat{X}-\mu|>\epsilon]\leqslant\Pr\left[|\hat{Y}|>\frac{\epsilon}{2}\right]+\Pr\left[|\hat{Z}|>\frac{\epsilon}{2}\right]$$

(提示：根据三角不等式，$|\hat{X}-\mu|\leqslant|\hat{Y}|+|\hat{Z}|$，因此如果 $|\hat{Y}|\leqslant\frac{\epsilon}{2}$ 和 $|\hat{Z}|\leqslant\frac{\epsilon}{2}$，那么 $|\hat{X}-\mu|\leqslant\epsilon$。根据 $A=\{(X_1,X_2,\cdots,X_n)\mid|\hat{X}-\mu|\leqslant\epsilon\}$，$B=\{(X_1,\cdots,X_n)\mid$

$|\hat{Y}| \leqslant \epsilon/2\}$ 以及 $C=\{(X_1, \cdots, X_n) \mid |\hat{Z}| \leqslant \epsilon/2\}$ 定义事件 A、B、$C \subset S$，那么可以证实 $B \cap C \subset A$，并利用德摩根法则。)

16. 利用棣莫弗—拉普拉斯定理:(回想一下半区间调整。)

(1) 在对一个有偏硬币进行 100 万次抛掷中，近似计算 $\Pr[H]=0.15$ 的概率，也就是正面朝上的次数在 0 到 145 000 之间或者在 149 500 到 150 000 之间的概率;

(2) 近似计算正面朝上的次数的期望值在 100 以内的概率。

17. 假定对于所有离散随机变量的期望性质能扩展到连续随机变量上，那么从式(8.30)中推导出式(8.31)。

18. 利用中心极限定理:(提示:回想半区间调整。)

(1) 近似计算 $p=0.15$ 的一个几何分布下 $\hat{X} \geqslant 10$ 的概率，其中 $\hat{X}$ 代表 40 次试验样本的平均。

(2) 近似计算 $4 \leqslant \hat{X} \leqslant 8$ 的概率，其中 $\hat{X}$ 是一个基于样本量为 60 的同上面的几何分布一样样本平均。

19. 证明特征函数的下列两个性质，其中 X 和 X_i 是离散随机变量，利用期望的定义和性质:

(1) $C_{a+bX}(t)=e^{iat}C_X(bt)$;

(2) $C_{\sum X_i}(t)=\prod C_{X_i}(t)$ if $\{X_i\}$ 是独立的。

20. 回想一下第 7 章练习 36 中的信用模型:

(1) 对于个人风险模型以及总体风险模型中的损失的均值和方差的估计，应用在式(8.36)中的切比雪夫不等式去估计当损失超过 800 万美元、1 100 万美元以及 1 400 万美元时的概率。

(2) 利用式(8.36)，直接通过利用有这 1 000 次模拟的模拟方法估计出(1)部分中的概率。

(3) 利用(2)部分的模拟，同时 $C_0=6$ 百万美元，估计这两个模型的条件均值和方差同时在这些结果下利用式(8.40)估计(1)部分的概率。

21. (同第 7 章中的练习 40 相比较)给两年期的欧式看跌期权，其中行权价格为 100，股票价格为 $S_0=100$ 同时基于时间步长为 $\Delta t=0.05$ 年，季度比率对数被估计为: $\mu_Q=0.025$ 和 $\sigma_Q^2=(0.09)^2$。年度连续无风险利率为 $r=0.06$。

(1) 展开一个股票价格的真实世界点阵，其中 $p=1/2$，时间步长为 $\Delta t=0.05$ 同时利用有着适当值 q 的式(7.147)给这个期权进行定价。

(2) 利用同(1)部分同样的方法，估算在时点 $t=0.05$ 时这个期权的两个价格，同时构造一个在 $t=0$ 时对于这些价格的复制组合。证明这个复制组合的成本等于在(1)部分得到的价格。

(3) 利用有着适当值 q 的式(7.147)且基于 $p=0.25$ 的一个点阵的式(7.147)来给这个期权定价。

(4) 在风险中性的世界中利用(1)部分中同样的模型生成 500 个两年期的路径，同时通过计算在两年年末每一个股票价格下有多少场景，同时利用式(7.150)估计这个期权的价格。

22. 通过生成 500 个两年期的路径中另外 99 个批次，生成在上面练习 21(4)部分中另外的 99 个价格：

(1) 利用所有 $N=50\,000$ 计算出被估计的价格 O_N，同时证明这个价格等于 100 批次价格的简单平均。

(2) 计算出 100 批次价格的方差，$Var[O_{500}]$，同时利用这个价格去估计在(1)部分中所估计的价格的方差 $Var[O_N]$。(提示：回想一下随机变量 O_N 是 100 个价格的平均。)

(3) $\Lambda_0(S_0)$ 被定义为在练习 21(1)中所得到的点阵价格，同时利用(2)部分中的 $Var[O_{500}]$，将 100 个价格中满足 $|O_{500}-\Lambda_0(S_0)|>\epsilon$ 的比例同事件 $\frac{Var[O_{500}]}{\epsilon^2}$ 发生的概率进行比较，可参照命题 8.15。

▶9

微积分 I:微分

9.1 近似平滑函数

微积分是研究平滑函数性质的数学学科。直觉上如果函数值以某种可预期的方式变动,那么这个函数就是平滑的。所以基于函数值以及函数在给定点的行为的相关知识,我们能够粗略估计出在给定点附近的函数值。此外函数存在不同程度的平滑度,因此我们相应也提供了关于平滑的不同精确度的近似方法。

我们首先回想一下第 2 章所介绍的关于函数的定义,然后引入最简单的平滑的定义,即被称为连续性,以及关于连续性的一些改进。我们将花一些时间在这些概念上,因为这些概念是很重要且非常精妙的。下一部分我们将研究函数的求导,以及泰勒级数展开,而泰勒级数展开被视为既为近似函数值提供了公式化基础,同时也为量化这类近似的精确度提供了公式化基础。

在这个过程中,我们最终将能够证明早期假定的 e^x 和 $\ln x$ 幂级数展开,同时能够证明在泊松分布展开的极限的有效性,例如当 $n \to \infty$ 时,$\left(1-\frac{\lambda}{n}\right)^n \to e^{-\lambda}$。

注释 9.1: 一般来说,出现在微积分中的函数都是实变量的实值函数。也就是说,函数 $f:X \to Y$,其中 $X, Y \subset \mathbb{R}$。

然而,尽管关于 $f(x)$ 的定义域是实数这个假设很重要,而且 $X = \mathrm{Dmn}(f) \subset \mathbb{R}$,但是假定 f 为有着实变量的复值函数,通常也没有本质上的困难,所以 $f(x)$ 的值域 $Y = \mathrm{Rng}(f) \subset \mathbb{C}$。不过这通常在金融领域并不需要,不过特征函数是少数用在金融领域的例子,在那里要用到复值函数。

$\mathrm{Dmn}(f) \subset \mathbb{R}$ 在微积分的展开之所以关键的一个原因在于我们通常会利用实数的自然排序。也就是说,给定 $x, y \in \mathbb{R}$ 且 $x \neq y$,那一定是 $x < y$ 或者 $x > y$。这些证明都不能简单地推广到复变量函数中,因为复变量函数中不存在这种排序。事实上这就说明了这类函数的微积分和被称为复分析所研究的相当不同。从另外一方面,$\mathrm{Rng}(f)$ 仅有的必要性质就是通常被假定存在一个能定义封闭性和极限的度量。因为 $\mathbb{C}$ 有一个如第 3 章所记的度量,所以仅依赖于在 $\mathbb{N}$ 的标准度量的任何证明和绝对值,同样适用于在 $\mathbb{C}$ 的标准度量或者任意等价度量上。也就是说,值域空间上排序的存在性并不影响大部分结果,我们仅仅需要一个度量构造。

在值域空间上关于这个表述的反例就是对于 $f(x)$和它的反函数 $f^{-1}(y)$ 的论述,因为在这样一个展开中,$\mathrm{Dmn}(f^{-1})=\mathrm{Rng}(f)$。另一个关于这个表述的例子就是 $f(x)$的最大值或最小值,或者中间值,根据定义,这些值的存在就意味着排序的存在。而这样表述一定要仔细评估,因为有可能只是针对存在最大值或最小值的情况,那么仅仅需要度量性质,有可能是在存在中值的情况下,这就需要排序的存在。

因为在金融领域很少遇到实变量复值函数,所以在这一章的所有表述中都是要么不提及 Y 的位置,要么就是很明确假定 $Y\subset\mathbb{N}$ 。特别的是,这里并不试图去明确地将证明框架定于 $Y\subset\mathbb{C}$ 这种一般情况下,因为这种明显的一般性看上去与给定的本书的主题无关。然而,任何关于不提及 Y 和仅仅依赖于 Y 上的一个度量的表述的证明实际上总是被视为当 $Y\subset\mathbb{C}$ 的情况的扩展。当一个证明明确地表示 $Y\subset\mathbb{N}$,这个证明的推广一定要谨慎思考,而且在许多情况下,我们又将看到仅需要使用 Y 上的度量。

许多结果对复值函数的适用性也可以通过拆分这个函数值为实数部分和虚数部分来证明。如果 $Y\subset\mathbb{C}$,我们可得:

$$f(x)=g(x)+ih(x)$$

其中 $g(x)$和 $h(x)$是实值。这章中的理论能很典型地而且无可争议地应用到拆分成$g(x)$和 $h(x)$的 $f(x)$中并合并结果。

9.2 函数和连续性

9.2.1 函数

定义 9.1 函数表示的是一种规则,通常用 f、g 等符号来表现,把其中一个值集合的每一个元素称为定义域,写为 $\mathrm{Dmn}(f)$;同样地,第二个值集合的唯一元素,被称为值域,命名为 $\mathrm{Rng}(f)$。

这个规则通常用一个公式表述,诸如 $f(x)=x^2+3$,其中 x 是函数 f 的定义域中一个元素,然而 $f(x)$是 f 的值域的一个元素。函数通常也认为是定义域和值域之间的映射。比如 x 被映射到 $f(x)$。在这个背景下,可能要用到这个符号:

$$f:X\rightarrow Y$$

其中 X 表示 f 的定义域,Y 表示值域。通常也写作 $f(x)$,既表示应该仅被记为 $f(x)$的函数,也表示在 x 下的函数值。不过这点疏忽几乎不会引起困惑。

函数的定义要求 $f(x)$对于任意 x 是唯一的,然而并不要求 x 对于任意 $f(x)$是唯一。例如上面的函数对于任意 $x\neq 0$ 有 $f(x)=f(-x)$。另外一种表述方式就是函数能够多对一,当然包括一对一,但是不包括一对多。

一对多的一个例子就是 $f(x)=\sqrt{x}$,函数 $f(x)$分配了两个值给每一个正的 x,例如 $f(4)=\pm 2$。在许多应用中,可以通过将函数的值简单地定义为值域中有可能的其中一个分支以实现转换。例如,整的平方根(或者负的平方根)都是函数。

有一类函数事实上是一对一的,意味着除非当且仅当 $x=x'$,否则不满足 $f(x)=f(x')$。这类函数有特殊性质,即它的倒数也是个函数。

定义 9.2 假定一个一对一函数,$f:X\to Y$,反函数记作 f^{-1},被定义为:

$$f^{-1}:Y\to X \text{ 如果 } f(x)=y\text{,那么 } f^{-1}(y)=x$$

也就说 $\mathrm{Dmn}(f^{-1})=\mathrm{Rng}(f)$ 和 $\mathrm{Rng}(f^{-1})=\mathrm{Dmn}(f)$。更一般地说,对于一个任意函数和集合 A,集合 $f^{-1}(A)$,f 下的 A 的原象被定义为:

$$f^{-1}(A)=\{x\in\mathrm{Dmn}(f)\mid f(x)\in A\}$$

例 9.1 如果函数 $f(x)=x^2+3$ 被定义为定义域为所有实数的函数,那么 $f(x)$没有反函数,因为它在定义域上是多对一的,但是如果将其定义域限定到任意非负子集或者非正实数上,它是有反函数的。也就是说,$f^{-1}(A)$ 对于任意 $A\subset\mathbb{N}$能被定义。例如 $f^{-1}([-1,0])=0$ 和 $f^{-1}([1,4])=[-1,-2]\cup[1,2]$。

函数也能被组合或者组成去产生所谓的复合函数(composite functions)。

定义 9.3 如果 $g:X\to Y$ 和 $f:Y\to Z$,f 和 g 的复合记做 $f\circ g$ 或者 $f(g)$,$X\to Z$ 的函数定义为:

$$f\circ g(x)=f(g)(x)\equiv f\big(g(x)\big)$$

更一般地,没必要写 $\mathrm{Dmn}(f)=\mathrm{Rng}(g)$,同时 $f(g)$被定义为 $\mathrm{Rng}(g)\subset\mathrm{Dmn}(f)$。

复合超过两个以上的函数的定义和上面差不多,函数符号上的惯例都是从右到左。例如:

$$f\circ g\circ h(x)\equiv f\Big(g\big(h(x)\big)\Big)$$

可以被认为是一个映射:

$$x\to h(x)\to g\big(h(x)\big)\to f\Big(g\big(h(x)\big)\Big)$$

最后函数的复合并不是一个交换的过程,其中只有当函数的定义域和值域满足 $f\circ g$ 和 $g\circ f$ 的定义,而且仅仅在最次要的特殊情况下,这两者才相等。一般的规则是:

$$f\circ g\neq g\circ f$$

所以顺序是很重要的。

9.2.2 连续的概念

直觉上一个函数被认为在给定的点 x_0 上是连续,那么只有如果当 x 靠近 x_0 时,$f(x)$必须靠近 $f(x_0)$。换句话说,当 $|x-x_0|$ 足够小时,$|f(x)-f(x_0)|$ 也足够小。数学家用一个逻辑复型语句规范化了这个概念,而这个逻辑复型语句受到了下面讨论的影响。

定义 9.4 函数 $f(x)$在点 x_0 上是连续的,如果对于任意值 $\epsilon>0$,可以找到一个 $\delta>0$,那么当 $|x-x_0|<\delta$ 时有 $|f(x)-f(x_0)|<\epsilon$ 等同于

$|x-x_0|<\delta$ 必然包含 $|f(x)-f(x_0)|<\epsilon$。

如果函数在区间的每一个点上都是连续的,那么函数 $f(x)$在区间上连续,如果它在定义域的每一个点上是连续的,那么 $f(x)$是连续的。

注释 9.2:(1) 按照惯例,如果 x 在这个闭区间中,函数在一个闭区间$[a, b]$的端点上被定义是连续的。正式的术语是说,$f(x)$从左边在 b 点是连续的,或者从右边在 a 点是连续的。然而,正式的语言通常不大被用,而诸如 $f(x)$在$[a, b]$上是连续的这类表述从这种意义上来说更普遍被理解。

(2) 在定义中,δ 的数值依赖于 ϵ 的值。在给定的应用中事实上要求这种相关关系通过函数形式公式化,所以有 $\delta \equiv \delta(\epsilon)$。

在 x_0 上连续意味着无论在 $f(x_0)$周围构建多么小的开区间,即区间 $\big(f(x_0)-\epsilon, f(x_0)+\epsilon\big)$,总能找到一个围绕 x_0 的开区间,也就是 $(x_0-\delta, x_0+\delta)$,这个区间和上一个区间形成映射。在这种情况下 x_0 就是闭区间$[a, b]$的端点,这种表述就是说无论围绕$f(x_0)$构建的开区间多么小,即区间 $(f(x_0)-\epsilon, f(x_0)+\epsilon)$,总能找到一个半开区间,在这里就是区间 $(b-\delta, b]$ 或者 $[a, a+\delta)$,这个半开区间和上述的区间形成映射。

现在上面关于 ϵ 和 δ 的表述是很微妙的,甚至有些无趣。但是这个定义可以被更加灵活地表述如下。

定义 9.5 如果对于任意序列 $\epsilon_n \to 0$,可发现序列 δ_n,当 $|x-x_0|<\delta_n$ 时,有 $|f(x)-f(x_0)|<\epsilon_n$,则 $f(x)$在点 x_0 上是连续的。换句话说,在区间 $|x-x_0|<\delta_n$ 中任意选择 x_n,我们能确信 $|f(x)-f(x_0)|<\epsilon_n$,因此 $|f(x_n)-f(x_0)|\to 0$。

一般来说,也就是 $\delta_n \to 0$ 的情况,但是对于所有的 x 来说有 $f(x)\equiv 1$ 的这个例子说明存在反例。

这个 ϵ-δ 定义是众多数学定义中的一个,在构造上接近于第 5 章用于定义序列收敛性的 ε-N 定义。这个定义可能看上去呆板且正式。这是因为直觉上看上去简单的连续性的概念也是相当精妙但很难精确定义的。所以数学老师总是有时喜欢这个定义有时厌恶那种定义,而且公平地说至少有一些数学家对于这一串文字充满爱意,在现实中他们比喻说这些词语如同诵读圣歌一般。

在这本书中我们向传统的定理致敬,但是同时也得承认它们给许多同学带来痛苦和煎熬。所以我们确实要在探索它们的意义上多花点时间。在实际中,传统连续性的定义是:"……对于任意 $\epsilon>0$,存在 $\delta>0$,所以……"在这里我们已经改写上述定义,证明了只要存在这样一个 δ 就能证明连续性的存在。

为了探索这个复杂的概念,简略地说,如果我们通过选择尽可能小的 $|x-x_0|$ 使得 $|f(x)-f(x_0)|$ 尽可能小,那么 $f(x)$在 x_0 上是连续的。我们也可以认为如果对于任意靠近 x_0 的所有 x,我们知道 $f(x)$的值,那么我们能够预测 $f(x_0)$的值。一旦我们知道了对于 x_0 附近的 x 的 $f(x)$的值,我们就会知道 $f(x_0)$。

在定义上很复杂的原因是连续性意味着可以更简单地表述"我们能发现有 x 在 x_0 附近,那么则有 $f(x)$在 $f(x_0)$附近,或者甚至是 $f(x)$无限靠近 $f(x_0)$"。现在规范化这些最简单的表述来看看哪些地方出错了。

定义 9.6(版本 1) 如果对于任意 $\epsilon>0$ 都有一个 x 使得 $|f(x)-f(x_0)|<\epsilon$,那么

$f(x)$在点 x_0 上是连续的。

然而这个版本并没有告诉我们更多信息,因为并不确定 x 是到底多靠近 x_0。

定义 9.7(版本 2) 如果对于任意 $\epsilon > 0$ 都有一个 x 使得 $|f(x) - f(x_0)| < \epsilon$ 和 $|x - x_0| < \epsilon$,那么 $f(x)$在点 x_0 是几乎连续的。

版本 2 更加理性,因为至少我们能够确定当我们要求 $f(x)$更靠近 $f(x_0)$时,存在使得 x 更加靠近 x_0 的 x 的值。也就是说,这个定义允许很多 x 值靠近 x_0 但是 $f(x)$远离 $f(x_0)$,有可能非常远。

例 9.1 这个几乎连续情况的经典例子是:

$$f(x) = \begin{cases} \sin \dfrac{1}{x}, & x \neq 0 \\ 0, & x = 0 \end{cases}$$

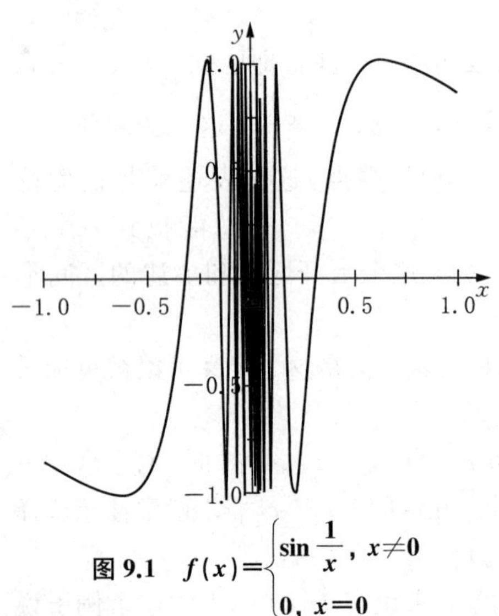

图 9.1 $f(x) = \begin{cases} \sin \dfrac{1}{x}, & x \neq 0 \\ 0, & x = 0 \end{cases}$

如图 9.1 中所示。该图满足了在 $x_0 = 0$ 几乎连续的定义,在那里 $f(0) = 0$,因为很清楚对于任意 $\epsilon > 0$,都有一个 x 使得 $|x - x_0| < \epsilon$ 和 $|f(x) - f(x_0)| < \epsilon$。事实上,对于任意 $\epsilon > 0$,都有一个 x 使得 $|x - x_0| < \epsilon$ 和 $f(x) = f(0)$。

这个几乎连续的概念的不足之处在于如果我们任意定义 $f(0)$作为-1 和 1 直接的任意数,这个定义依然满足。所以问题在于如果在这里我们可以任意定义值并且仍然满足定义,那么在 $x = 0$ 的这样一个函数我们到底能得出什么样的结论呢?很明显,我们不能从靠近 0 的 x 的 $f(x)$的值来预测 $f(0)$的值。

例 9.2 上面的例子可以更加激发我们的兴趣,当在考虑到:

$$g(x) = \begin{cases} \dfrac{1}{x} \sin \dfrac{1}{x}, & x \neq 0 \\ 0, & x = 0 \end{cases}$$

我们得到 $g(x)$在 $x = 0$ 几乎连续,并且即便我们定义 $g(0)$为任意实数,这个结论都将是正确的。这将展示在图 9.2 中,其中当 $x \to 0$ 时,$g(x)$可正可负且无界。

这里,很重要的一个细节就是把连续性的定义加到几乎连续的定义上,需要当 x 靠近 x_0 函数 f 使得所有 $f(x)$的值靠近 $f(x_0)$,而不是仅仅其中一些值靠近。为了做到这一点,允许 x 和 x_0 之间的距离迥异于 $f(x)$和 $f(x_0)$,只要对于任意 ϵ 我们能选出后者的距离。所以最后的逻辑变成了圣歌,"……对于任意 $\epsilon > 0$ 总能发现一个 $\delta > 0$ ……"。

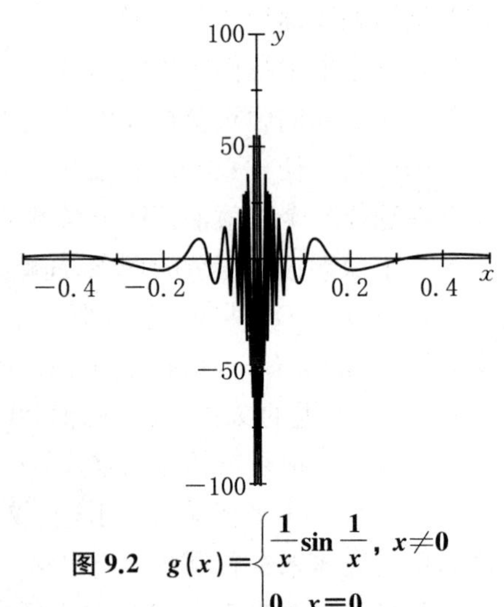

图 9.2 $g(x) = \begin{cases} \dfrac{1}{x} \sin \dfrac{1}{x}, & x \neq 0 \\ 0, & x = 0 \end{cases}$

例 9.3 一个每份票面价值 1 美元的 5 年期零息国债的价格，按照年率，就是 $P(r)=(1+r)^{-5}$。为了在 $r_0\in(0,\infty)$ 时使得这是一个连续函数，目标就是能通过使得 $|r-r_0|$ 尽可能小，使得 $|(1+r)^{-5}-(1+r_0)^{-5}|$ 尽可能小。为了实现这个目的，有：

$$|(1+r)^{-5}-(1+r_0)^{-5}|=\left|\frac{(1+r_0)^5-(1+r)^5}{(1+r)^5(1+r_0)^5}\right|$$
$$<|(1+r_0)^5-(1+r)^5|$$

因为当 $r\geqslant 0$ 时有 $(1+r)^5(1+r_0)^5\geqslant 1$，这里我们通过选择 $\epsilon<r_0$ 假定这一点。现在，根据二项式定理，$(1+r_0)^5-(1+r)^5=\sum_{j=1}^{5}\binom{5}{j}[r_0^j-r^j]$，因为 $j=0$ 的项取消。每一个对于 $j\geqslant 1$ 剩余项 $r_0^j-r^j$ 能被因子分解：

$$r_0^j-r^j=(r_0-r)\sum_{k=0}^{j-1}r_0^kr^{j-k-1}$$

合并起来，得到 $|(1+r)^{-5}-(1+r_0)^{-5}|<K|r_0-r|$，其中 K 被选作 $\sum_{j=1}^{5}\binom{5}{j}\sum_{k=0}^{j-1}r_0^kr^{j-k-1}$ 因子的最大数值。对于某些 $a>1$，这个边界通过 $r<r_0+\epsilon=ar_0$ 来决定，然后有：

$$K=\max_{r<r_0+\epsilon}\sum_{j=1}^{5}\binom{5}{j}\sum_{k=0}^{j-1}r_0^kr^{j-k-1}$$
$$=\sum_{j=1}^{5}\binom{5}{j}r_0^{j-1}\sum_{k=0}^{j-1}a^{j-k-1}=\sum_{j=1}^{5}\binom{5}{j}\left(\frac{a^j-1}{a-1}\right)r_0^{j-1}$$

最后，从这我们可以得出对于任意 $\epsilon>0$，$|(1+r)^{-5}-(1+r_0)^{-5}|<\epsilon$，如果 $|r_0-r|<\frac{\epsilon}{K}$。也就是，我们定义 $\delta(\epsilon)=\frac{\epsilon}{K}$。事实上 $P(r)$在 $r_0\in(-1,\infty)$ 上是连续的，但是需要更加关注的是数值估计，因为在 $r=-1$ 处有很显著的问题。

在这个例子中，无须努力去决定 K 的最优值，例如，通过进一步限制在最大值中 r 允许值的范围。为了简单地证明连续性，通过简化求导或者更加精炼的分析可能是粗糙的。连续性的结论并不依赖于这个 K 的大小，仅仅依赖于对于任意 ϵ 存在的某些函数 $\delta(\epsilon)$。

1. “不连续”的意义

因为连续性定义的逻辑复杂性，将在 x_0 点 $f(x)$不连续这个概念规范化是很有意义的。对于这种形式的任何表述的证明都需要这个思路：

如果性质 S 成立，那么 $f(x)$在 x_0 点是连续的。例如，我们可以选择用对照法，在这里我们尝试去证明。

如果 $f(x)$在 x_0 是不连续的，那么$\sim S$，或者用反证法，在这里我们尝试证明。

如果存在性质 S，并且 $f(x)$在 x_0 是不连续的，那么$\sim S$。也就是说，对于这个证明的任一这些工具，需要对于 $f(x)$在 x_0 是不连续的这个表述有一个清晰的理解。

利用第 1 章的观点，我们临时引入，如果 $P\equiv f(x)$ 在 x_0 连续，$Q(\epsilon)\equiv|f(x)-f(x_0)|<\epsilon$，$R(\delta)\equiv|x-x_0|<\delta$，那么我们得出 P 可定义为：

$$P\Leftrightarrow\forall\epsilon\,\exists\delta\,\forall x\,(R(\delta)\Rightarrow Q(\epsilon))$$

$\sim P$ 的逻辑展开进行如下,回想全称量词是彼此的否定:

$$\begin{aligned}\sim P &\leftrightarrow \sim\left[\forall \epsilon \exists \delta \forall x(R(\delta)\Rightarrow Q(\epsilon))\right]\\ &\leftrightarrow \exists \epsilon \sim\left[\exists \delta \forall x(R(\delta)\Rightarrow Q(\epsilon))\right]\\ &\leftrightarrow \exists \epsilon \forall \delta \sim\left[\forall x(R(\delta)\Rightarrow Q(\epsilon))\right]\\ &\leftrightarrow \exists \epsilon \forall \delta \exists x \sim(R(\delta)\Rightarrow Q(\epsilon))\\ &\leftrightarrow \exists \epsilon \forall \delta \exists x(R(\delta) \wedge \sim Q(\epsilon))\end{aligned}$$

加总起来,我们得到:

定义 9.8 如果存在一个 $\epsilon>0$,以至于对于任意 $\delta>0$,都能找到一个 x 使得 $|x-x_0|<\delta$ 和 $|f(x)-f(x_0)|\geqslant\epsilon$,那么 $f(x)$在 x_0 点是不连续的。假定一个更一般化的 ϵ,对于任意序列 $\delta_n\to 0$,我们能找到 x_n 使得 $|x_n-x_0|<\delta_n$ 和 $|f(x_n)-f(x_0)|\geqslant\epsilon$。所以 $x_n\to x_0$ 但是 $f(x_n)\nrightarrow f(x_0)$。

如下可见,每一个连续函数都有保留序列收敛性的这个有用性质。为了替这个性质打好基础,首先回忆第 5 章中 ϵ-N 收敛的定义,在这里将其一般化到函数。为了获得这个推广,如果$\{x_n\}$是一个序列,我们可以通过 $f(n)=x_n$ 定义一个函数 $f:\mathbb{N}\to\mathbb{R}$。

定义 9.9 当 $n\to\infty$时序列$\{x_n\}$收敛到 $x<\infty$,记做$x_n\to x$,如果给定任意$\epsilon>0$,能得到一个 $N\in\mathbb{N}$,所以有:

$$|x_n-x_0|<\epsilon,\text{当 } n\geqslant N$$

同样地,当 $x\to\infty$ 时函数 $f(x)$收敛到极限 $L<\infty$,记做 $\lim\limits_{x\to\infty} f(x)=L$,如果给定任意 $\epsilon>0$,能找到一个 N,使得:

$$|f(x)-L|<\epsilon,\text{当 } x\geqslant N$$

更一般地,当 $x\to x_0<\infty$ 时函数 $f(x)$收敛到极限 $L<\infty$,记做 $\lim\limits_{x\to x_0} f(x)=L$,如果给定任意 $\epsilon>0$,总能发现 $a\delta>0$,使得:

$$|f(x)-L|<\epsilon,\text{当 } |x-x_0|<\delta$$

也就是说,一个序列的收敛性暗示着最终这个序列的所有项都任意接近于极限值。对于函数收敛性,我们要求通过选择足够接近 x_0 的 x,$f(x)$能够任意接近 L,或者在 $x_0=\infty$ 的情况下,这个定义足够确保当选择的 x 足够大,$f(x)$能够任意接近 L。

注释 9.3:在上述定义中理解这个函数的极限是双边的是很重要的,也就是说,因为在收敛性判定准则中是绝对值,表达式 $\lim\limits_{x\to x_0} f(x)=L$ 意味着不论$x\to x_0$ 从右边有 $x>x_0$,还是从左边有 $x<x_0$,对于 $f(x)$极限值都存在,而且这些极限值都相等,单边极限值也可以被定义如下:

定义 9.10 函数 $f(x)$当$x\to x_0<\infty$ 时从左边收敛到极限$L<\infty$,记做 $\lim\limits_{x\to x_0^-} f(x)=L$,如果给定任意 $\epsilon>0$,可得 $a\delta>0$,使得:

$$|f(x)-L|<\epsilon,\text{当 } x_0-\delta<x<x_0$$

函数 $f(x)$当$x\to x_0<\infty$ 时从右边收敛到极限 $L<\infty$,记做 $\lim\limits_{x\to x_0^+} f(x)=L$,如果给定任

意 $\epsilon>0$,可得 $a\delta>0$,使得:

$$|f(x)-L|<\epsilon,\text{当}\ x_0<x<x_0+\delta$$

注释 9.4: 为了简略,一般说对于所有 $x_0\in[a,b]$, $\lim\limits_{x\to x_0}f(x)$ 存在,作为对于所有 $x_0\in(a,b)$ 有 $\lim\limits_{x\to x_0}f(x)$ 存在,以及 $\lim\limits_{x\to a^+}f(x)$ 和 $\lim\limits_{x\to b^-}f(x)$ 存在的简洁表述。

例 9.3 根据以上定义证明如果 $f(x)=\dfrac{x^2}{1-x^2}$,则有 $\lim\limits_{x\to 0}f(x)=0$ 和 $\lim\limits_{x\to\infty}f(x)=-1$。

(1) 对于极限 $\lim\limits_{x\to 0}f(x)$,我们可以随意限制 $|x|<0.1$,因为我们仅仅关心在 $x=0$ 处的极限。为了使当 $|x|$ 尽量小时使得 $\left|\dfrac{x^2}{1-x^2}\right|$ 尽量小,记做:

$$\left|\frac{x^2}{1-x^2}\right|<\frac{100}{99}x^2<\frac{100}{99}|x|$$

因为 $|x|<0.1$ 暗示着 $\dfrac{1}{1-x^2}<\dfrac{100}{99}$ 和 $x^2<x$。为了使 $\left|\dfrac{x^2}{1-x^2}\right|<\epsilon$,我们可以选择 $|x|<\delta(\epsilon)\equiv\dfrac{99}{100}\epsilon$。

(2) 对于极限 $\lim\limits_{x\to\infty}f(x)$,当 x 足够大时使得 $\left|\dfrac{x^2}{1-x^2}-(-1)\right|$ 足够小,记做:

$$\left|\frac{x^2}{1-x^2}+1\right|=\left|\frac{1}{x^2-1}\right|<\frac{1}{x}$$

因为当 $x>3$ 时,有 $x^2-1>x$。所以为了使得 $\left|\dfrac{x^2}{1-x^2}-(-1)\right|<\epsilon$,我们选择 $N\equiv\dfrac{1}{\epsilon}$ 从上述定义中可以很明显看出 $f(x)$ 在 x_0 点是连续的这个表述等价于 $\lim\limits_{x\to x_0}f(x)=f(x_0)$ 这个表述。$f(x)$ 在 (a,b) 点是连续的这个表述等价于对于所有 $x_0\in(a,b)$ 有 $\lim\limits_{x\to x_0}f(x)=f(x_0)$ 这个表述。最后单边极限的概念暗示着,$f(x)$ 在 (a,b) 点是连续的等于对于所有 $x_0\in(a,b)$ 有 $\lim\limits_{x\to x_0}f(x)=f(x_0)$,同时 $\lim\limits_{x\to a^+}f(x)=f(a)$ 和 $\lim\limits_{x\to b^-}f(x)=f(b)$。

这个观察提供了关于在点 x_0 不连续的另一个简单的思考方式。

定义 9.11 $f(x)$ 在点 x_0 上不连续,如果:

(1) $\lim\limits_{x\to x_0}f(x)$ 不存在;

(2) $\lim\limits_{x\to x_0}f(x)$ 存在且等于 L,但是 $f(x_0)\neq L$。例如 $f(x)=\dfrac{1}{x}$ 在 $x=0$ 时不连续因为 $\lim\limits_{x\to 0}\dfrac{1}{x}$ 不存在且 $f(0)$ 没有被定义。另一方面,$g(x)=\begin{cases}x, & x\neq 0\\ 1, & x=0\end{cases}$ 在 $x=0$ 是不连续的,不是因为 $\lim\limits_{x\to 0}g(x)$ 不存在而是因为 $g(0)\neq\lim\limits_{x\to 0}g(x)=0$。

2. *连续的测度概念

如上面定义所表述的,连续性被认为是个基础测度概念:

$$d(a,b)=|a-b|$$

因此连续性的定义明确利用了距离的概念并且在这个概念中要求我们想要的 $|x-x_0|$ 尽可能小使得 $|f(x)-f(x_0)|$ 尽可能小。换句话说,对于 $\epsilon>0$ 的任意值,能找到一个 $\delta>0$,使得当 $d(x, x_0)<\delta$ 有 $d(f(x), f(x_0))<\epsilon$。

这个观察的重要性在于当所定义函数在任意两个度量空间之间仅仅存在符号的变化,那么下面实变量的实值函数 $f(x)$ 的所有展开也是存在的。例如,一个连续的复变量的复值函数的概念按照相应的度量都能直接被构建。我们现在撇下这个一般性的观点,继续在 $\mathrm{Dmn}(f)\subset\mathbb{R}$ 这种更常见的设置中扩展这个理论。

更普遍的是,我们可以通过引入更几何化的解释为连续性的定义拓展出另一方面的认识。回想第 4 章式(4.1)中开球构造:

$$B_r(x)=\{y\in\mathbb{R}\mid |x-y|<r\}$$

连续性的定义通过两种方式重新表述,其中一种方式可以应用到后面章节以及更高级的数学处理中的更一般框架中。

定义 9.12 (1) 如果对于任意 $\epsilon>0$ 的值,都能找到一个 $\delta>0$,使得 $f\big(B_\delta(x_0)\big)\subset B_\epsilon\big(f(x_0)\big)$ 则 $f(x)$ 在 x_0 上是连续的。

(2) 如果对于任意整数 $n>0$ 的值,都能找到一个 $m>0$,使得 $f\big(B_{1/m}(x_0)\big)\subset B_{1/n}\big(f(x_0)\big)$,则 $f(x)$在 x_0 上是连续的。

也就是说,在 x_0 的连续性意味着无论围绕 $f(x_0)$所构造的开球多么小,都能找到一个围绕 x_0 的开球,使得这个开球被映射到围绕 $f(x_0)$的开球上。

通过这种方式解读,很明显连续性的概念是一个对于所有度量空间都普遍适用的概念。下面我们会发现当超越度量空间时这个概念也适用。

3. 序列连续性

另一个连续性的概念等同上面所说的序列连续性,定义如下:

定义 9.13 如果给定任意序列$\{x_n\}$使得 $x_n\to x_0$,那么 $f(x_n)\to f(x_0)$,则 $f(x)$在 x_0 上是序列连续的。同样地,如果在区间每一个点上都有如上的性质,那么 $f(x)$在区间上序列连续。

命题 9.1 $f(x)$在 x_0 是连续的,当且仅当在 x_0 上 $f(x)$是序列连续。

证明:见练习 28。 ■

9.2.3 连续函数的基本性质

虽然提供了各种各样的关于连续性的主观框架,但是前面的定义中没有一个能提供一个可行的方法来证明在任意但最简单的情况下一个给定函数是连续的。例如,怎样证明对于所有 $x>0$时 $f(x)=x^5+x^4+x^3\sqrt{(x^6+4)}+x^{(x2+x)}$ 是连续的?当然对于给定一个 $\epsilon>0$ 来求出 δ 的前景并不有吸引力了,更何况对于 $\delta(\epsilon)$求出一般公式。

下一个命题阐述了连续性的概念适用于运算法则以及其他各种方法。

命题 9.2 如果 $f(x)$和 $g(x)$在 x_0 上是连续的,那么下面的式子在 x_0 上也是连续的:

(1) $af(x)+b$,其中 $a,b\in\mathbb{R}$;

(2) $f(x)+g(x)$;

(3) $f(x)-g(x)$;

(4) $f(x)g(x)$;

(5) $\dfrac{f(x)}{g(x)}$ 如果 $g(x_0)\neq 0$。

证明:在每一种情况下,如果我们能够通过选择足够小的 $|x-x_0|$ 使得 $|f(x)-f(x_0)|$ 和 $|g(x)-g(x_0)|$ 尽可能小,那么这种性质就会转移到给定的组合上。根据 $\delta(\epsilon)$ 给定的一个适用于 f 和 g 的值的 ϵ,而这个 ϵ 被定义为各自两个值中的最小值,我们能找到一个 $\delta'(\epsilon)$ 满足给定的组合。

(1) $|[af(x)+b]-[af(x_0)+b]|=|a||f(x)-f(x_0)|$,所以我们能选择 $\delta'(\epsilon)=\delta\left(\frac{\epsilon}{|a|}\right)$。

(2) $|[f(x)+g(x)]-[f(x_0)+g(x_0)]|\leqslant|f(x)-f(x_0)|+|g(x)-g(x_0)|$,根据三角不等式,所以我们选择 $\delta'(\epsilon)=\delta\left(\frac{\epsilon}{2}\right)$。

(3) 这个由 $a=-1$ 和 $b=0$ 的第一部分产生,然后把第二部分应用到连续的 $f(x)$ 和 $-g(x)$ 中。

(4) 根据三角不等式:

$$\begin{aligned}|f(x)g(x)-f(x_0)g(x_0)|&=|[f(x)g(x)-f(x_0)g(x)]\\&\quad+[f(x_0)g(x)-f(x_0)g(x_0)]|\\&\leqslant M|f(x)-f(x_0)|+|f(x_0)||g(x)-g(x_0)|\end{aligned}$$

其中 M 记为在 $|x-x_0|<\delta$ 上对于 $|g(x)|$ 的任意上界。这个上界必然存在,如果我们给定 $|g(x)-g(x_0)|<\epsilon$,那么因为 $g(x)=g(x_0)+(g(x)-g(x_0))$,所以我们根据三角不等式得 $|g(x)|<|g(x_0)|+\epsilon$,因此如果 $f(x_0)\neq 0$ 我们选择 $\delta'(\epsilon)=\min\left[\delta\left(\frac{\epsilon}{2M}\right),\delta\left(\frac{\epsilon}{2|f(x_0)|}\right)\right]$。否则如果 $f(x_0)=0$,那么 $|f(x)g(x)-f(x_0)g(x_0)|\leqslant M|f(x)-f(x_0)|$,我们取 $\delta'(\epsilon)=\delta\left(\frac{\epsilon}{M}\right)$。

(5) 首先,因为 $g(x_0)\neq 0$,且 $g(x)$ 在 x_0,对于 $\epsilon=\frac{g(x_0)}{2}$,存在一个 δ'' 使得对于 $|x-x_0|<\delta''$ 有 $|g(x)-g(x_0)|<\frac{g(x_0)}{2}$。因此对于 $|x-x_0|<\delta''$ 有 $g(x)\neq 0$。

接下来有:

$$\begin{aligned}\left|\frac{f(x)}{g(x)}-\frac{f(x_0)}{g(x_0)}\right|&=\left|\frac{f(x)g(x_0)-f(x_0)g(x)}{g(x)g(x_0)}\right|\\&=\left|\frac{f(x)g(x_0)-f(x_0)g(x_0)+f(x_0)g(x_0)-f(x_0)g(x)}{g(x)g(x_0)}\right|\end{aligned}$$

$$\leqslant \left|\frac{f(x)-f(x_0)}{g(x)}\right|+\left|\frac{f(x_0)}{g(x_0)}\frac{g(x_0)-g(x)}{g(x)}\right|$$
$$\leqslant m\mid f(x)-f(x_0)\mid+cm\mid g(x)-g(x_0)\mid$$

其中 m 是对于 $|x-x_0|<\delta''$ 和 $c=\left|\frac{f(x_0)}{g(x_0)}\right|$ 来说 $\frac{1}{g(x)}$ 的最大值。我们可以选择 $\delta'(\epsilon)=\min\left[\delta\left(\frac{\epsilon}{2m}\right),\delta\left(\frac{\epsilon}{2cm}\right),\delta''\right]$。 ■

例 9.4 回到复杂函数连续性的检验上来,上述命题提供了有用的工具。因为当 $\delta(\epsilon)=\epsilon$ 时很明显 $f(x)=x$ 是连续,那么任意 x 的任意整数幂也是连续,因为这些都是 $f(x)$ 的乘积,同时关于 x 的任意多项式也是连续的,因为这个多项式等于这些 x 的连续整数幂的和与纯量倍数。同样地,任意定义为多项式的比例的有理函数在分母多项式非零时处处都连续。

最后关于确认复杂函数连续性的要素要遵循如下一系列命题:

(1) 第一个命题表明了一一对应函数的倒数的连续性,其中暗示着当对于所有 $n\in\mathbb{N}$,当 $x\geqslant 0$ 时,$f(x)=x^{\frac{1}{n}}$ 是连续的,也就是说对于 $x>0$,有 $f(x)=x^{-\frac{1}{n}}$ 也是连续的。

(2) 第二个命题表明了连续函数的组合也是连续的,这源于许多一般函数的连续性。例如,对于所有的整数 m, $n\neq 0$, $f(x)=x^{\frac{m}{n}}$ 是连续的,不但如此,这类函数和非零分母的组合的比值的很多线性组合也是连续的。

(3) 最后,对于某些实数 $a>0$,普通的指数函数 $f(x)=a^x$ 直接被认为是连续的,据此相关的对数函数 $g(x)=\ln_a x$ 对于 $x>0$ 将是连续的,因为这是指数函数的倒数。那么对于无理数指数 q,$f(x)=x^q$ 的连续性遵循当 $x>0$ 时,$f(x)=e^{q\ln x}$ 的连续性,而 $f(x)=e^{q\ln x}$ 是连续函数的组合。

命题 9.3 如果 $f(x)$ 在 x_0 和在关于 x_0 的一一对应的开区间上是连续的,那么 f^{-1} 在 $f(x_0)$ 也是连续的。

证明:假定 $f(x)$ 在 x_0 和在关于 x_0 的一一对应的开区间 I 上是连续的,让 $\bar{J}\subset I$ 是有界开子区间的闭包,其中 $x_0\in J$。我们把 f 约束到 $\bar{J}$ 上,表明通过反证法就可证明 f^{-1} 在 $f(x_0)$ 是连续的。如果 f^{-1} 在 $f(x_0)$ 上是非连续的,那么存在一个 $\epsilon'>0$ 和一个序列 $\{y_n\}\subset f(\bar{J})$,所以 $|y_n-f(x_0)|<\frac{1}{n}$,然而对于所有 n 来说有 $\left|f^{-1}(y_n)-f^{-1}\big(f(x_0)\big)\right|=|x_n-x_0|>\epsilon'$。现在,因为 $\bar{J}$ 是紧集,并且 $\{x_n\}\subset f(\bar{J})$,存在一个聚点 $x'\in\bar{J}$ 和一个序列 $\{x'_n\}\subset\{x_n\}$,所以有 $x'_n\rightarrow x$。因此,因为对于所有 n 有 $|x_n-x_0|>\epsilon'$,那么得出 $|x'_n-x_0|>\epsilon'$,所以 $|x'-x_0|\geqslant\epsilon'$。然而 $|y_n-f(x_0)|=|f(x_n)-f(x_0)|<\frac{1}{n}$ 暗示 $|f(x'_n)-f(x_0)|\rightarrow 0$。但是 $x'_n\rightarrow x'$ 和 $f(x)$ 的连续性表明 $|f(x'_n)-f(x')|\rightarrow 0$ 所以 $f(x')=f(x_0)$。现在我们得出反证,即 $|x'-x_0|>\epsilon'$ 和 $f(x')=f(x_0)$ 在 f 是一一对应的情况下是相冲突的。 ■

下面这个命题将迭代法应用到这些连续函数的任意集族的组合中。

命题 9.4 如果 $g(x)$在 x_0 是连续的,那么 $f(x)$在 $g(x_0)$是连续的,那么 $f(g(x))$ 在 x_0 是连续的。

证明:给定 $\epsilon>0$,目的就是找到 $\delta(\epsilon)$使得当 $|x-x_0|<\delta(\epsilon)$ 有 $\left|f(g(x))-f(g(x_0))\right|<\epsilon$。根据 $f(x)$的连续性,我们得出结论,对于任意 $\epsilon>0$ 如果 $|g(x)-g(x_0)|<\delta'(\epsilon)$ 有 $\left|f(g(x))-f(g(x_0))\right|<\epsilon$,其中 δ'表示对于 $f(x)$的相关函数。接下来,根据 $g(x)$的连续性,我们得出当 $|x-x_0|<\delta''(\delta'(\epsilon))$ 有 $|g(x)-g(x_0)|<\delta'(\epsilon)$,其中 δ''表示对于 $g(x)$的相关函数。因此我们选择让 $\delta''(\delta'(\epsilon))=\delta(\epsilon)$。 ■

最后,我们阐述指数函数和对数函数。

命题 9.5 函数 $f(x)=e^x$ 对于所有 $x\in\mathbb{R}$ 是连续的。

证明:给定 x_0 有,$e^x-e^{x_0}=e^{x_0}(e^{x-x_0}-1)$,所以 e^x 在 x_0 上是连续的,如果对于任意 ϵ 我们能找到一个 δ,那么对 $|x-x_0|<\delta$ 有 $e^{x_0}|e^{x-x_0}-1|<\epsilon$。因为 e^{x_0} 只是一个数,所以结果遵循如果在 $y=0$ 是 e^y 是连续的这种情况。那么对于任意 ϵ'我们可以找到一个 δ'当 $|y|<\delta'$ 时有 $|e^y-1|<\epsilon'$,所以给定 ϵ,我们定义 $\epsilon'=\frac{\epsilon}{e^{x_0}}$ 和 $\delta=\delta'$。概括起来说,如果在 $y=0$ 时 e^y 是连续的,那么它处处连续。根据第 9.3.3 节,$e>1$,并且我们有 $y>0$,$e^y>1$ 和 $e^{-y}<1$。因此 e^x 是在 $\mathbb{R}$ 上单调递增的函数,也就意味着,如果 $x'<x$ 有 $e^{x'}<e^x$。这是因为如果对于某些 $x''>0$ 有 $x=x'+x''$,那么 $e^x=e^{x'}e^{x''}>e^{x'}$。也就是,因为 $(e^y-1)^2\geqslant 0$,我们根据扩展式得出 $e^y-1\geqslant 1-e^{-y}\geqslant 0$。

所以,如果对于任意 $\epsilon>0$,存在一个 δ 使得 $0\leqslant e^y-1<\epsilon$,其中 $0\leqslant y<\delta$,也就是 $0<1-e^{-y}<\epsilon$,那么当 $|y|<\delta$ 时,得出 $|e^y-1|<\epsilon$ 并且在 $y=0$ 上的连续性的证明将完备。为此,让 $\epsilon>0$,同时考虑序列 $x_n=e^{y_n}$,其中 $y_n>0$ 和 $y_n\to 0$。因此对于所有 n 有 $x_n>1$。同时 e^x 的单调性暗示着 x_n 是单调递增序列。它也是有界的,因此它有个唯一的聚点 x_0。如果 $x_0=1$,证毕。但是假定 $x_0>1$,那么 $x_n\to x_0$,并且是单调递减的。因此 $e=x_n^{1/y_n}>x_0^{1/y_n}$,但这是相冲突的,因为 $x_0>1$ 和 $y_n\to 0$ 暗示 $x_0^{1/y_n}\to\infty$。因此 $x_0=1$。 ■

例 9.5 e^x 的连续性暗示着对于 $x>0$ 反函数 $\ln x$ 的连续性,因为 e^x 是一一对应的。对于 $a>0$,函数 $f(x)=a^x$ 作为复合函数也是连续的,因为 $a^x=e^{x\ln a}$。同样地,$\ln_a x$ 当 $x>0$ 和 $a>0$ 时,也是连续的,因为 $\ln_a x=\frac{\ln x}{\ln a}$ 同时,对于 $x>0$ 有 $x^x=e^{x\ln x}$。

9.2.4 一致连续

如上述部分所记,连续性的正式证明需要一个对作为 ϵ 函数的 δ,$\delta\equiv\delta(\epsilon)$有一个显性表达式。这样一个证明是复杂的,因为 δ 的值不但依赖于 ϵ,同时通常也依赖于 x_0,所以 $\delta\equiv\delta(\epsilon,x_0)$。

例 9.6 函数 $f(x)=\frac{1}{x}$ 在定义域上是连续的:$\mathrm{Dmn}(f)=\{x\mid x\neq 0\}$。然而对于给

定的 ϵ 和正的 x_0 证实上面所述并不困难,那么相应的 δ 也是 ϵ 和 x_0 的函数:

$$\delta(\epsilon, x_0)=\frac{\epsilon x_0^2}{1+\epsilon\mid x_0\mid}$$

对于 $x_0>0$,上式能被证实,所以,当 $|x-x_0|<\delta$ 时,有 $\delta<\frac{x_0}{2}$,使得 $x>0$,则有:

$$\left|\frac{1}{x}-\frac{1}{x_0}\right|<\frac{\delta}{xx_0}<\frac{\delta}{(x_0-\delta)x_0}$$

为了使 $\left|\frac{1}{x}-\frac{1}{x_0}\right|<\epsilon$ 成立,我们代入上述关于 δ 的公式。因此,对于一个给定的 ϵ,如果 $|x_0|$ 任意大,那么 δ 任意大。然而当 $|x_0|$ 趋近 0 时,它一定是逐渐变小。当然这可以很明显从 $f(x)$ 的图上看出。

一个很重要的概念就是一致性连续,因此有可能选择出 δ 是独立于 x_0。

定义 9.14 如果对于任意值 $\epsilon>0$ 总能找到一个 $\delta>0$,那么对于在区间上的所有 x 和 y,有 $|f(x)-f(y)|<\epsilon$,其中 $|x-y|<\delta$,那么 $f(x)$ 在区间上是一致连续的。同样地,如果对于所有在定义域内的 x 和 y 满足上述性质,$f(x)$ 也是一致连续的。

例 9.7 $f(x)=\frac{1}{x}$ 在任意不包含原点的闭区间 $[a, b]$ 上是一致连续的。很容易用例 9.6 来证明,在这里可以选择 δ 等于在区间中的 x_0 最小的 $\delta(x_0)$ 值,很明显 $\delta(x)$ 的值在区间的端点处趋近于 0。

这个例子可以被简化如下。这个一致连续的思想是说对于任意 $\epsilon>0$,在连续性定义中相关的 δ 通常被认为是 x 和 ϵ 的函数,$\delta(x, \epsilon)$,满足对于所有 x 和某些其他函数 $\delta(\epsilon)$,$\delta(x, \epsilon)>\delta(\epsilon)>0$。所以一个函数是连续而不是一致连续取决于对于一个给定的 ϵ 当 x 变动时,$\delta(x, \epsilon)$ 的值总是趋近于 0。可见例 9.6,在那里 $f(x)=\frac{1}{x}$。

在得出下一个结果后我们将回到这一点。它的证明依赖于闭的且有界区间的一个简单但是很重要的特性,这个特性我们在第 4 章命题 4.6 中遇到过。我们直接证明这个更简单的版本。

命题 9.6 如果 $\{r_j\}$ 是一个实数 $\{r_j\}\subset[a, b]$ 的有界有限序列,那么存在一个序列 $\{r'_j\}$,以及一个点 $r\in[a, b]$,使得当 $j\to\infty$ 时,$r'_j\to r$。

证明:把这个区间分成两个部分:$\left[a, \frac{a+b}{2}\right]$ 和 $\left[\frac{a+b}{2}, b\right]$,那么一个或者这两个子区间包含一个有限序列 $\{r_j\}$,并且如果这个子序列是唯一的,我们就选择这个序列;如果这个子序列是任意的,我们就任意选择一个子序列。我们也在被选区间中选择 r'_1。然后我们把这个子区间分成两部分,再次观察这其中一个新的子区间或者这两个新的子区间是否包含一个有限序列。然后我们选择一个序列以及在这个子区间上的 r'_2。以这种方式不断进行,我们可以得到一个长度为 $\frac{a+b}{2^j}$ 的嵌套区间的序列,每一个序列中都包含这期望序列 $\{r'_j\}$ 的一部分。很清楚的是,所有被选子区间的交集是一个独立点 r,因此,如果包含更多的点,那么也将包含横跨这两个点的区间,与此相矛盾的是根据上述构造的

半分性质,这些子区间的长度都趋近于0。最后根据上述构造 $|r'_j - r| < \frac{a+b}{2^j}$,所以存在 $r'_n \to r$。 ■

根据海涅-博雷尔定理,闭的且有界的区间$[a, b]$是紧集。这个结果是第4章结果的特殊情况,如果一个紧集 K 包括一个有限序列$\{r_j\}$,那么存在一个子序列$\{r'_j\}$和点 $r \in K$ 使得当 $j \to \infty$ 有 $r'_j \to r$。然而,这个证明并不是简单引用命题4.6。

这个命题阐述了点 r 的存在性,但是这个命题并不能被改进以断定这个点是唯一的。事实上在上述构造中的每一个子区间都有可能是原始序列$\{r_j\}$的有限子序列。

例 9.8 $\{r_j\}$记为在$[a, b]$上有理数的任意枚举。那么上述构造表示对于任一实数 $r \in [a, b]$ 都有一个序列$\{r'_j\} \subset [a, b]$,所以当 $j \to \infty$ 时有 $r'_j \to r$。在每一步简单地选择一个子区间,就有可能包含给定的点 r。

命题 9.7(版本 1) 如果 $f(x)$在闭的且有界区间$[a, b]$上是连续的,那么在这个区间上它是一致连续的。

证明:假定 $\epsilon > 0$ 是给定的。对于任意 $r \in [a, b]$,让 $\delta(r) \equiv \delta(r, \epsilon)$。我们称$\{\delta(r)\}$是远离0的有界序列,同时在一致连续性的定义中我们让 δ 等于相对于这个集族中任意非零下界。为了展示这个有界性,假定不存在有界性,那么矛盾将会出现。假定存在包含实数 r_j,其中 $\delta(r_j) \to 0$ 的序列,那么对于任意正整数 k,存在一个相关的 r_k 和 x_k,所以 $|f(r_k) - f(x_k)| \geq \epsilon$ 和 $|r_k - x_k| < \frac{1}{k}$。如果这样的点对于 $k \geq K$ 不存在,那么对于 $\delta = \frac{1}{K}$, $f(x)$ 是一致连续的。现在我们证明对于 $f(x)$连续性的反例。序列$\{r_k\}$和$\{x_k\}$有一个如上述命题所述的收敛的序列而且必然收敛到$[a, b]$上的同一个点,因为 $|r_k - x_k| < \frac{1}{k}$,但是因为 $|f(r_k) - f(x_k)| \geq \epsilon$,我们不能得到$\{f(r_k)\}$和$\{f(x_k)\}$收敛到同一个点,这就和序列连续性相矛盾,因此同 $f(x)$的连续性也是相矛盾。因此 $\delta(r)$是远离0的有界序列,证明完毕。 ■

从上述关于紧性的解释中,我们去想这样一个结果在某种程度上和这个区间$[a, b]$的紧性有一定相关性,因此这个结果可以被推广。回想一下,根据紧性就意味着覆盖$[a, b]$的开区间的每一个集族都包含一个有限开覆盖,也就是说,一个有限子集族也覆盖这个区间。我们用另一种证明方法来证明这个一般情况。

命题 9.8(版本 2) 如果 $f(x)$在紧集 $K \subset \mathbb{R}$ 上是连续的,那么在 K 上是一致连续的。

证明:假定 $\epsilon > 0$。对于任意 $r \in K$,记 $\delta(r)$。接下来考虑对于给定 r:$I_r = \left\{r' \,\middle|\, |r - r'| < \frac{\delta(r)}{2}\right\}$,并根据 $\delta(r)$所定义的区间。把 ϵ 除以2的这种处理方法的原因是很明显的。现在考虑对于所有 $r \in K$ 时的$\{I_r\}$,很明显这是一个对于 K 的开覆盖,根据紧致性,这个开覆盖有一个有限子覆盖$\{I_{r_j}\}_{j=1}^n$。定义 $\delta(\epsilon) = \frac{1}{2}\min\{\delta(r_j)\}$ 且让 r', $r'' \in K$,其中 $|r' - r''| < \delta(\epsilon)$。那么,因为 $r' \in I_{r_j}$,对于某些 j, $|r' - r_j| < \frac{\delta(r_j)}{2}$,所

以 $|f(r')-f(r_j)|<\frac{\epsilon}{2}$。同时，根据三角不等式，有：

$$\begin{aligned}|r''-r_j| &\leqslant |r''-r'|+|r'-r_j| \\ &<\delta(\epsilon)+\frac{\delta(r_j)}{2}\leqslant\delta(r_j)\end{aligned}$$

因此 $|f(r_j)-f(r'')|<\frac{\epsilon}{2}$。最后，根据三角不等式的另一个应用，有：

$$|f(r')-f(r'')|\leqslant|f(r')-f(r_j)|+|f(r_j)-f(r'')|<\epsilon$$ ■

注释 9.5：对于上述给定的这类证明有两种基本方法：

(1) 对所有的中间步骤进行逆向反推，那么在证明的最后一栏中可以得到期望的结论 $|f(r')-f(r'')|<\epsilon$。这就是上面所用到的方法。它适用于“对于任意 $\epsilon>0$ 都能找到一个 δ 以至于……”这类的定义中。这类方法的优势在于这种连续性的定义是咬文嚼字般生成的，而读者毫无疑问会遇到的劣势就是，这个以 1/2 为分解因子的暂时神秘性，因为在其他证明中可能是 1/3、1/4 等等。

忽略逆向推导并且最终得出类此于 $|f(r')-f(r'')|<4\epsilon$。我们可以证明诸如“给定 $\epsilon>0$，存在一个 δ，使得如果 $|r'-r''|<\delta$，那么有 $|f(r')-f(r'')|<4\epsilon$”这类的表述。当然，这在逻辑上等同于初始的观点，但是有些人发现在结论中“4”的存在在审美上可能不是那么让人愉悦。

目前，作者在这类方法中莫衷一是，不过在个人研究中一般情况下更倾向于第二种方法，在交流中更倾向于第一种方法。然而，逆向推导要求生成一个清晰的结论，有时会给推导增添未经证实的复杂性，有时就会放弃这种方法。

(2) 仔细查验上述的证明，可以很容易猜想出如果 K 是任意度量空间 (X, d) 的紧子集，$f(x)$ 是一个从 X 到 $\mathbb{R}$ 的连续函数，或者是从 X 到另外一个度量空间 (Y, d') 的连续函数，详见练习 5 和练习 30。

9.2.5 连续函数的其他性质

关于连续函数的其他一些基本结果我们将在后面阐述。第一个性质是很简单但是很有力的。换句话说就是，连续函数在某一点的符号必然被保存在关于这个点的某些开区间上。

命题 9.9 如果 $f(x)$ 在 x_0 上是连续的，且 $f(x_0)\neq 0$，那么存在一个关于 x_0 的区间，对于某些 $a>0$，表示为 $I=(x_0-a, x_0+a)$ 使得：

$$\begin{aligned}f(x_0)>0&\Rightarrow f(x)>0 \quad 对所有\ x\in I \\ f(x_0)<0&\Rightarrow f(x)<0 \quad 对所有\ x\in I\end{aligned}$$

证明：我们证明当 $f(x_0)>0$ 时的结果。根据连续性，对于 $\epsilon=\frac{1}{2}f(x_0)$，存在一个 δ 使得：

$$|f(x)-f(x_0)|<\frac{1}{2}f(x_0)，当\ |x-x_0|<\delta$$

如果这个不等式在没有绝对值的情况下重写,有:

$$\frac{1}{2}f(x_0)<f(x)<\frac{3}{2}f(x_0),\text{当 } x_0-\delta<x<x_0+\delta$$

在 $a=\delta$ 时证毕。 ■

接下来的结果是连续函数在紧区间上是有界的,但是更为重要的是,这么一个函数实际上在区间内就可达这些边界。

命题 9.10 如果 $f(x)$在闭的且有界(紧集)的区间$[a, b]$上是连续的,那么 $f(x)$在区间内可达到它的最大值和最小值。也就是说,存在点 $x^{\min}$, $x^{\max}\in[a, b]$,使得对于所有 $x\in[a, b]$,有 $f(x^{\min})\leqslant f(x)\leqslant f(x^{\max})$。

证明:因为 $f(x)$在$[a, b]$上是一致连续的,它一定是有界的。事实上,对于任意 ϵ,都有一个相关 δ,使得当 $|x-y|<\delta$ 时有 $|f(x)-f(y)|<\epsilon$。这就意味着 $f(x)$的值域一定在 N_ϵ 长度的区间内,其中整数 $N>\frac{(b-a)}{\delta}$,因为我们能够用长度 δ 的 N 个区间去覆盖$[a, b]$。现在,因为 $f(x)$是有界的,必然存在一个下确界和上确界,我们记为 L 和 U。根据定义我们构造两个序列$\{x_n^L\}$和$\{x_n^U\}$,都在$[a, b]$中,因此可得 $f(x_n^L)\to L$ 和 $f(x_n^U)\to U$。根据上述命题,这些序列必然有收敛到$[a, b]$上的点的子序列,$x_n^L\to x^{\min}$ 和 $x_n^U\to x^{\max}$,同时根据 $f(x)$的连续性,这个收敛性根据 f 的情况所保存,使得 $f(x_n^L)\to f(x^{\min})$,$f(x_n^U)\to f(x^{\max})$。因此,再次根据连续性,$L=f(x^{\min})$ 和 $U=f(x^{\max})$。 ■

注释 9.6:需要注意的是,数学的最大值或最小值是不同于在数学学科以外人们对于这些术语的非规范理解,最大值的概念是其中一个最大的,而最小值的概念是其中一个最小的。在数学中,术语最大值只是简单意味着不存在一个 x 的值使得 $f(x)>f(x^{\max})$,它并没有排除存在许多 x 的值使得 $f(x)=f(x^{\max})$,对于术语最小值也是如此。然而在现实世界中,在语言上并不排斥这种解释,但是在实践中是倾向于排斥这种解释的。例如,“我在我班上数学期末考试得到最高等级”诸如这类表述通常并没有包括每一个人都得到同样的等级这种可能性。在数学上,$f(x)=f(x^{\max})$ 的概率是允许存在且包含在“$f(x)$ 在 x_0 达到它的最大值”的这个概念中。最后的结果强化了一种直觉上的概念,即连续函数的图必须不让铅笔离开纸张而画成的;或者在现代意义上的想象中,在电脑上不能让你的手指离开鼠标键;或者说在图上不存在孔或者缝隙。

命题 9.11(中值定理) 如果 $f(x)$在闭的且有界(紧集)区间$[a, b]$上是连续的,那么 $f(x)$能到达在它的最大值和最小值之间的任一值。也就是,对于任意一点 y,使得 $f(x^{\min})\leqslant y\leqslant f(x^{\max})$,那么存在一个点 $c\in[a, b]$,有:

$$f(c)=y \tag{9.1}$$

证明:给定 y,我们定义 $A=\{x\in[a, b]\mid f(x)\leqslant y\}$,记 x^A 为集合 A 的上确界,且 $\{x_n\}\subset A$ 是一序列使得 $x_n\to x^A$。那么,根据连续性,$f(x_n)\to f(x^A)\leqslant y$。因为 x^A 是对于 A 的上确界,必然存在这种情况:存在一序列 $\{x'_n\}\subset\widetilde{A}\equiv\{x\mid f(x)\geqslant y\}$,有 $x'_n\to x^A$。根据连续性定义,我们得到 $f(x'_n)\to f(x^A)$,因此得到 $f(x^A)\geqslant y$。综合以上,我们得出 $f(x^A)=y$,那么结论得证。 ■

当连续性的概念确保 $f(x_0)$的值将会基于接近于 x_0 的 x 的 $f(x)$的值,它并没有提

及关于 $f(x)$ 的值以多快的速率接近这个值。李普希茨和赫尔德连续性的概念接下来将会阐述这个问题。

9.2.6 赫尔德和李普希茨连续性

定义 9.15 在给定点 x_0 且阶数 $\alpha>0$ 处，如果存在一个常数 $C\equiv C(x_0)$ 使得：

$$|f(x)-f(x_0)|\leqslant C|x-x_0|^{\alpha} \tag{9.2}$$

如果在定义域的任一点上都是赫尔德连续，那么 $f(x)$ 是在区间上阶数 $\alpha>0$ 的赫尔德连续的，或者简单地说，阶数 $\alpha>0$ 的赫尔德连续。在特殊情况下，当 $\alpha=1$ 时，$f(x)$ 被称为李普希茨连续，而不是 $\alpha=1$ 的赫尔德连续。

注释 9.7：为了简化术语，"$f(x)$ 在阶数 $\alpha>0$ 是赫尔德连续的"将会意图表示为包括 $\alpha=1$ 的李普希茨情况。

李普希茨连续是以鲁道夫·李普希茨(Rudolf Lipschitz, 1832—1903)命名的，赫尔德连续是以奥图·赫尔德(Otto Hölder, 1859—1937)命名的。在实践中，仅仅考虑对于级数 $\alpha\leqslant 1$ 的情况下的赫尔德连续，因为排除孤立点，更高阶的连续函数只能是常数函数：$f(x)=c$。这个的证明将分两个步骤：

(1) 一旦导数被定义和研究，我们将会看到这么一个函数有一个处处为 0 的导数。

(2) 根据中值定理，我们将会得知这个有着处处为 0 导数的唯一的连续函数是常数函数。

这些连续性的概念同时可被视为在连续性定义中提供了关于在 ϵ 和 δ 之间的明晰的函数关系。特别的是，一个赫尔德连续函数可被定义为在给定 ϵ 时，根据 $\delta(\epsilon)=\left(\frac{\epsilon}{C}\right)^{1/\alpha}$ 选择 $\delta(\epsilon)$ 的一种连续函数。

了解函数赫尔德连续的是很有价值的，因为在给出 x 和 x_0 之间的距离的条件下这个连续的定义提供了一个明晰的关于 $f(x)$ 以多快的速度收敛到 $f(x_0)$ 的估计。例如一个李普希茨连续函数以速率 $|\Delta x|\equiv|x-x_0|$ 收敛，而阶数为 1/2 的赫尔德连续函数以速率 $\sqrt{|\Delta x|}$ 收敛。一般来说，这种收敛的速率暗示了夹逼公式：

$$f(x_0)-C|x-x_0|^{\alpha}\leqslant f(x)\leqslant f(x_0)+C|x-x_0|^{\alpha} \tag{9.3}$$

收敛速率的概念在数学中依照"大 O"和"小 o"的概念被规范化。

1. 大 O 和小 o 收敛

定义 9.16 当 $x\to\alpha$ 时，函数 $f(x)$ 是 $g(x)$ 的大 O，记为：

$$f(x)=O\big(g(x)\big)，当 x\to a$$

如果存在一个 $C\neq 0$ 同时 $\delta>0$，使得：

$$\frac{|f(x)|}{|g(x)|}\leqslant C，当|x-a|<\delta，$$

同样地，当 $x\to a$ 时，函数 $f(x)$ 是 $g(x)$ 的小 o，记为：

$$f(x)=o\big(g(x)\big)，当 x\to a$$

如果当 $x \to a$ 时，$\dfrac{|f(x)|}{|g(x)|} \to 0$。

注释 9.8：在本书的大多数应用中，我们对以 $g(x)=|\Delta x|^{\alpha}$ 的形式表述 $|\Delta f| \equiv |f(x+\Delta x)-f(x)|$ 很有兴趣。我们的共识就是 Δf 是阶数为 α 的大 O 或者阶数为 α 的小 o。同时感兴趣的还有 $O(1)$，意味着当 $x \to a$ 时，$|f(x)| \leqslant C$，尤其 $o(1)$ 意味着当 $x \to a$ 时，有 $f(x) \to 0$。

例 9.9 如果 $f(x)$ 是阶数为 α 的赫尔德连续函数，那么：

$$|\Delta f| = O(|\Delta x|^{\alpha})$$

其中 $\Delta f \equiv f(x+\Delta x)-f(x)$，但是如果 $f(x)$ 是在 x 上的简单连续，那么有：

$$|\Delta f| = o(1)\text{，当 } \Delta x \to 0$$

因为连续性的定义可以非正式被概括为：

$$|f(x)| \to 0\text{，当 } \Delta x \to 0$$

这使得大家误以为对于任意连续函数必然是阶数为 α 赫尔德连续函数，可能 α 的值近似为 0，换句话说：

问题：如果当 $|\Delta x| \to 0$ 时，$|\Delta f| \to 0$ 必然是对于某些阶数 α 有这种情况 $|\Delta f| = O(|\Delta x|^{\alpha})$？

回答："否。"一个连续函数的收敛速率一定比任意阶数的赫尔德连续下的速率慢。

例 9.10 考虑：

$$f(x) = \begin{cases} \dfrac{1}{\ln|x|}, & x \neq 0 \\ 0, & x = 0 \end{cases}$$

首先，这个函数在 $x=0$ 时是连续的，通过被视为 $x_n = e^{-n}$，并且评估 $f(x)$ 可以得出上述结论。但是它不是任意阶上的赫尔德连续。可通过考量 $x_n = e^{-n/\alpha}$，其中 $\alpha > 0$ 来证明。那么因为 $f(x_n) = -\dfrac{\alpha}{n}$，并且 $x_n^{\alpha} = e^{-n}$，如果 $f(x)$ 是阶数为 α 的赫尔德连续，那么存在 $C > 0$，使得：

$$|f(x_n)| \leqslant C|x_n^{\alpha}|\text{，当 } n \to \infty$$

这也反过来暗示：

$$\alpha \leqslant Cne^{-n}\text{，当 } n \to \infty$$

但是因为 $ne^{-n} \to 0$，所以不存在这样的 $\alpha > 0$。

这也使得人误认为：因为小 o 的收敛速度比大 O 的收敛速度要快，那么一定存在这种情况，即小 o 意味着比大 O 在更高阶上收敛。不过：

问：如果 $|\Delta f| = o(|\Delta x|^{\alpha})$ 必然对于某些 $\epsilon > 0$ 有 $|\Delta f| = O(|\Delta x|^{\alpha+\epsilon})$？

答："否。"当 $o(|\Delta x|^{\alpha})$ 比 $O(|\Delta x|^{\alpha})$ 收敛更快时，有可能它比 $O(|\Delta x|^{\alpha+\epsilon})$ 在对于任意 $\epsilon > 0$ 收敛速度更慢。

例 9.11 取 $g(x) = x^{\alpha} f(x)$，其中 $f(x)$ 如例 9.10 中所定义。那么同样的分析显示

在 $x=0$ 时，$|\Delta g|=o(|\Delta x|^{\alpha})$，但是我们并不能得到对于任意 $\epsilon>0$ 有 $|\Delta g|=O(|\Delta x|^{\alpha+\epsilon})$。

9.2.7 连续函数序列的收敛性

这里,有另外一个和连续性相关的很重要的概念,我们通过下列问题来介绍一下:

问:如果 $f_n(x)$是连续函数的序列,同时有一个函数 $f(x)$使得对于每一个 x,有当 $n\to\infty$ 时,$f_n(n)\to f(x)$,那么 $f(x)$必然是连续的?

答:一般来说,这个答案是不,而且这个结论很容易去举例证明。

例 9.12 定义:

$$f(x)=\begin{cases}1, & x\leqslant 0\\ 0, & x>0\end{cases}$$

和

$$f_n(x)=\begin{cases}1, & x\leqslant 0\\ 1-nx, & 0<x\leqslant \dfrac{1}{n}\\ 0, & x>\dfrac{1}{n}\end{cases} \tag{9.4}$$

很清楚 $f_n(n)$对于所有 n 是连续的,并且在 $x=0$ 时 $f(x)$是不连续的。也就是说,对于每一个 x,当 $n\to\infty$时,$f_n(n)\to f(x)$。为了理解为什么当 $x\to 0$ 时,$f(x)\nrightarrow f(0)=1$,对于任意给定的 n,我们扩展得到:

$$f(x)-f(0)=[f(x)-f_n(x)]+[f_n(x)-f_n(0)]+[f_n(0)-f(0)]$$

当 $x\to 0$ 时,仅仅方框中的首项需要分析,因为根据每一个 $f_n(n)$的连续性,第二项对于任意 n 为 0 并且第三项处处为 0。现在,有:

$$f(x)-f_n(x)=\begin{cases}0, & x\leqslant 0\\ nx-1, & 0<x\leqslant \dfrac{1}{n}\\ 0, & x>\dfrac{1}{n}\end{cases}$$

换句话说,尽管当 $n\to\infty$时对于每一个 x 都有 $f_n(x)\to f(x)$,但当 $x\to 0$ 时增长的缓慢。也就是对于任意 $x>0$,都有 $f_n(x)\to f(x)$,因为对于 $n>\dfrac{1}{x}$ 有 $f_n(x)=f(x)=0$。但是对于 $0<x\leqslant\dfrac{1}{n}$,我们有:

$$\begin{aligned}f(x)-f(0)&=[f(x)-f_n(x)]-nx\\&=-1\end{aligned}$$

下列的定义介绍了一种关于收敛的很重要的概念,这个概念能够给予上述问题很明确的结论。我们看到这个定义排除了例子中所观察的问题,借此收敛速率以 n 的速率变动。

定义 9.17 函数序列 $f_n(n)$被认为是在区间 I 对于 $f(x)$是点收敛的,如果对于每一个 $x\in I$,当 $n\to\infty$时有 $f_n(n)\to f(x)$。就是说,对于任意 $\epsilon>0$,存在一个整数 $N=N(x)$,使得对于 $n>N(x)$有 $|f_n(x)-f(x)|<\epsilon$。在任意集合 $K\subset\mathbb{R}$ 上点收敛也被同样定义。一个函数序列 $f_n(x)$被认为是在区间 I 对于 $f(x)$是一致收敛的,如果对于任意 $\epsilon>0$ 存在一个整数 N,独立于 x,使得当 $n>N$ 对于 $x\in I$:$|f_n(x)-f(x)|<\epsilon$。在任意集合 $K\subset\mathbb{R}$ 上一致收敛也是同样被定义。

应该很清楚地从定义中得知一致性收敛意味着点收敛。例 9.12 同样提供了一个例证,证明这个暗示一般来说是不可逆的。在例中对于任意 $x\in\mathbb{R}$,$f_n(x)\to f(x)$点收敛,但是这个收敛不是一致的。例如,有 $\epsilon=\frac{1}{2}$,因为当 $0<x\leqslant\frac{1}{n}$ 时,$|f_n(x)-f(x)|=1-nx$,我们可以得到对于任意 n,对于 $0<x\leqslant\frac{1}{2n}$ 有 $|f_n(x)-f(x)|>\frac{1}{2}$。换句话说,对于独立于 δ 的所有 n 和所有 $|x|<\delta$ 我们不能得到 $|f_n(x)-f(x)|<\epsilon$,因为对于任意 n 有 $\frac{1}{2n}<\delta$,上述计算显示了对于 $0<x<\frac{1}{2n}$ 有 $|f_n(x)-f(x)|>\frac{1}{2}$。

下一个结果证明了不同于我们所看到的点收敛的情况,一致收敛保留了连续性。

命题 9.12 如果 $f_n(x)$是一个在区间 I 上一致性收敛到 $f(x)$的连续函数序列,那么 $f(x)$在 I 上是连续的。

注释 9.9: 根据命题 9.6,如果 I 是闭的且有界(紧集)区间$[a,b]$,那么事实上 $f_n(x)$在$[a,b]$是一致连续的,而且对 $f(x)$也同样成立,一旦它是连续的话。

证明:让 $x_0\in[a,b]$和给定 $\epsilon>0$。为了证明在 x_0 上 $f(x)$是连续的,存在 δ 使得当 $|x-x_0|<\delta$ 有 $|f(x)-f(x_0)|<\epsilon$。为了这个目的,给定在一致连续定义中 N 以确保如果 $n>N$ 对于所有 x 有 $|f_n(x)-f(x)|<\frac{\epsilon}{3}$。对于任意 n,使得 δ 是和 $f_n(x)$相关联的值,确保当 $|x-x_0|<\delta$ 时有 $|f_n(x)-f(x)|<\frac{\epsilon}{3}$。我们记:

$$f(x)-f(x_0)=[f(x)-f_n(x)]+[f_n(x)-f_n(x_0)]+[f_n(x_0)-f(x_0)]$$

同时根据三角不等式,对于 $|x-x_0|<\delta$,我们有:

$$\begin{aligned}|f(x)-f(x_0)|&\leqslant|f(x)-f_n(x)|+|f_n(x)-f_n(x_0)|+|f_n(x_0)-f(x_0)|\\&<\frac{\epsilon}{3}+\frac{\epsilon}{3}+\frac{\epsilon}{3}=\epsilon\end{aligned}$$

■

注释 9.10: 在收敛性中一致性在概念上等同于在连续性中一致性的使用。

(1) 对于连续性,一般性的要求是对于每一个 ϵ 都有一个 δ 存在,但是一般来说,δ 依赖于 ϵ 和点 x。对于一致连续所要求的是 δ 依赖于 ϵ 但不依赖于点 x。

(2) 对于点收敛,一般性的要求是对于每一个 δ 都有一个 N 存在,但是一般来说,N 依赖于 δ 和点 x。对于一致连续所要求的是 N 依赖于 δ 但不依赖于点 x。

一致性的概念在两个背景中都需要剔除对 x 的依赖。

一致收敛的性质也可以按照柯西准则来表述,正如第 5 章中数值序列的收敛的情况。

命题 9.13 一个函数序列 $f_n(x)$被认为是在 $K\in\mathbb{R}$ 对于 $f(x)$是一致收敛的,如果当

且仅当对于任意$\epsilon>0$,有一个整数N使得如果n, $m>N$,那么对于所有的$x\in K$,都有$|f_n(x)-f_m(x)|<\epsilon$。

证明:如果$f_n(x)$对于$f(x)$是一致收敛的,那么对于$\epsilon>0$有一个整数N使得,如果$n>N$对于所有x都有$|f_n(x)-f(x)|<\frac{\epsilon}{2}$。现在如果$n$, $m>N$,根据三角不等式,有:

$$\begin{aligned}|f_n(x)-f_m(x)| &\leqslant |f_n(x)-f(x)|+|f(x)-f_m(x)| \\ &<\epsilon\end{aligned}$$

这就是柯西准则。相反地,给定柯西准则,根据第4章对于每一个x数值序列$f_n(x)$是柯西序列,因此对于每一个x它收敛到某一个数,我们记为$f(x)$。现在给定$\epsilon>0$,柯西准则表明对于所有x,如果n, $m>N$,有$|f_n(x)-f_m(x)|<\epsilon$。让$m\to\infty$,我们得出对于所有x,如果$n>N$,得出$|f_n(x)-f(x)|<\epsilon$,所以$f_n(x)\to f(x)$是一致性的。 ■

1. *函数级数

对于命题9.11的一个很重要的推论与函数级数有关,$\sum_{j=1}^{\infty}g_j(x)$。首先给出一个定义。

定义9.18 给定一个函数$g_j(x)$序列,定义在一个普通区间I,同时函数$g(x)$也定义在I,如果对于任意$\epsilon>0$有$f_n(x)\equiv\sum_{j=1}^{n}g_j(x)$且存在一个整数$N=N(x)$使得对于$n>N(x)$有$|f_n(x)-g(x)|<\epsilon$,那么这个函数级数$\sum_{j=1}^{\infty}g_j(x)$被认为是点收敛到$g(x)$。如果对于任意$\epsilon>0$有一个整数$N$独立于$x$,使得当$n>N$时有$x\in J$: $|f_n(x)-g(x)|<\epsilon$,那么函数级数$\sum_{j=1}^{\infty}g_j(x)$在区间$J\subset I$上被认为一致收敛到$g(x)$。在任意集合$K\subset\mathbb{R}$函数级数的点收敛和一致收敛定义是相同的。

这里,有个关于命题9.12应用于一致收敛的连续函数级数的例子。

命题9.14 如果$g_j(x)$是被定义在区间I上的连续函数序列,同时$\sum_{j=1}^{\infty}g_j(x)$一致收敛到函数$g(x)$,那么$g(x)$在$I$上是连续的。

证明:定义函数序列$f_n(x)=\sum_{j=1}^{n}g_j(x)$,那么作为一个连续函数的有限总和,每一个$f_n(x)$在$I$上都是连续的,且一致性地$f_n(x)\to g(x)$。因此$g(x)$的连续性遵循命题9.12。

2. *互换极限

对于命题9.12有另外很重要的结论,而命题9.12是一个在实践中很有用且和互换极限的阶相关的命题。这是一个通常被认为在数学上很危险且需要很小心实现的处理。特别的是,问题在于:

问:如果当$n\to\infty$时对于每一个x有$f_n(x)\to f(x)$,那么$\lim_{x\to y}\lim_{n\to\infty}f_n(x)=\lim_{n\to\infty}\lim_{x\to y}f_n(x)$?

部分答案:在式(9.4)中的函数表明了点收敛$f_n(x)\to f(x)$,但是这并不足以允许上述互换。

例 9.13 对于在例 9.12 中 $y=0$,我们可得 $\lim\limits_{n\to\infty}\lim\limits_{x\to 0} f_n(x)=1$,然而$\lim\limits_{x\to 0}\lim\limits_{n\to\infty} f_n(x)=\lim\limits_{x\to 0} f(x)$ 并没有被定义,因为如果从右边开始推倒得到这个极限是 0,从左边开始推倒这个极限是 1。在定义 9.10 所介绍的概念中,$\lim\limits_{x\to 0+} f(x)=0$ 和 $\lim\limits_{x\to 0-} f(x)=1$。所以这个例子不成立因为 $f(x)$在 y 上不连续。

互换极限的可靠结果再次由一致收敛给出。我们首先提供一个简单的应用于实践中的例子,而后再提供一个在命题 9.16 中更一般的结果。在第 9.4 节中,关于导数序列收敛性的问题上我们将重新回到这个问题上。这个简单的结果在上述的命题中。

命题 9.15 如果 $f_n(x)$是一个在闭的且有界(或者说,紧致的)的区间$[a,b]$上并一致收敛到 $f(x)$的连续函数的序列,那么对于任意 $y\in[a,b]$,有:

$$\lim_{x\to y}\lim_{n\to\infty} f_n(x)=\lim_{n\to\infty}\lim_{x\to y} f_n(x) \tag{9.5}$$

证明:这个结果可以根据式(9.5)的重新表述从命题 9.11 中立即得出,而式(9.5)可以通过序列收敛和连续假设被证实:

$$\lim_{x\to y} f(x)=\lim_{n\to\infty} f_n(y)$$

因为 $f(x)$在$[a,b]$上是连续的,$\lim\limits_{x\to y} f(x)=f(y)$。同时因为 $y\in[a,b]$,可得 $\lim\limits_{n\to\infty} f(y_n)=f(y)$。 ■

令人惊喜的是,它证实了一致收敛的性质是如此强以至于允许极限互换,甚至当点 y 在一致收敛区间外,而只要它是这个区间的极限点即可,同时对于所有 n 都有 $\lim\limits_{x\to y} f_n(x)$存在。

命题 9.16 让 $f_n(x)$为在区间 I 一致收敛到 $f(x)$的连续函数序列,同时让 $y\in\bar{I}$,$\bar{I}$ 是 I 的闭包。如果对于所有 n,$\lim\limits_{x\to y} f_n(x)$存在,那么式(9.5)成立。

证明:因为这个极限被假定存在,我们定义 $f_n(y)=\lim\limits_{x\to y} f_n(x)$。当然如果 $y\in I$,那么这个定义根据连续性重新生成了 $f_n(y)$的初始值,否则当 $y\in\bar{I}\sim I$ 就扩展了 $f_n(y)$的定义域和值域。根据对于一致收敛的柯西准则,我们可以得出对于任意 $\epsilon>0$,存在一个 N 使得对于所有 $x\in I$ 有:

$$|f_n(x)-f_m(x)|<\epsilon,\ n,\ m>N$$

同时假设对于所有 n,$\lim\limits_{x\to y} f_n(x)$存在证实了当 $x\to y$ 时,可得:

$$|f_n(y)-f_m(y)|\leqslant\epsilon,\ n,\ m>N$$

所以当 $n\to\infty$时,$f_n(y)$是一个柯西数值序列,因此根据第 5 章的定义收敛到一个被标注为 $f(y)$的数值上。注意通过构造,$f(y)=\lim\limits_{n\to\infty}\lim\limits_{x\to y} f_n(x)$。目标就是展示 $f(y)=\lim\limits_{x\to y}\lim\limits_{n\to\infty} f_n(x)=\lim\limits_{x\to y} f(x)$。为了做到这一点,对于 $x\in I$,根据三角不等式,有:

$$|f(x)-f(y)|\leqslant|f(x)-f_n(x)|+|f_n(x)-f_n(y)|+|f_n(y)-f(y)|。$$

对于 n 足够大,由于对于上述给定 $\epsilon>0$ 和以下收敛性的定义,这个加总可以足够小:

(1) 对于 $x\in I$,一致性收敛 $f_n(x)\to f(x)$,意味着存在一个 N_1 使得对于 $n>N_1$ 和所有 x 有 $|f(x)-f_n(x)|<\epsilon$。

(2) $f_n(y) \to f(y)$ 意味着存在一个 N_2 使得对于 $n > N_2$ 有 $|f_n(y) - f(y)| < \epsilon$。

(3) 对于任意 n, $f_n(x) \to f_n(y)$ 意味着存在一个 δ_n 使得 $|x - y| < \delta_n$,从而得到 $|f_n(x) - f_n(y)| < \epsilon$。

综合以上,我们得出结论对于 $N' = \max(N_1, N_2)$ 和 $|x - y| < \delta_{N'}$ 使得 $|f(x) - f(y)| < 3\epsilon$。也就是说,$f(y) = \lim\limits_{x \to y} f(x)$。 ■

注释 9.11:在例子 $I = (a, b)$ 中,命题 9.16 的结果表明了如果 $\lim\limits_{x \to a} f_n(x) \equiv f_n(a)$ 对于所有 n 存在,那么在 I 上的一致收敛对于在 a 上所发生的情况提供了更多的信息。这个结果确保了必然会出现这种情况:

(1) $\lim\limits_{n \to \infty} f_n(a)$存在;

(2) $\lim\limits_{x \to a} f(x)$存在;

(3) $\lim\limits_{n \to \infty} f_n(a) = \lim\limits_{x \to a} f(x)$。

*9.2.8 连续性和拓扑

除了关于函数的连续性意味着度量性质这个解释以外——通过选择接近于 x_0 的 x,使得 $f(x)$能任意接近于 $f(x_0)$——连续性也可以有拓扑含义。也就是,连续函数在开的、闭的、连通的和紧集中有可预测的行为。

注释 9.12:在下面的表述和证明中,回想一下 $f^{-1}(A)$,在 f 下的集合 A 的原象,而即便 f 不是一一对应的甚至 f^{-1} 不能被定义为函数的情况,这个原象也可以被定义。特别地,$f^{-1}(A) = \{x \mid f(x) \in A\}$。

命题 9.17 如果 $f(x)$是一个连续函数,f: $\mathbb{R} \to \mathbb{R}$,那么:

(1) $f^{-1}(G)$对于每一个开集 $G \subset \mathbb{R}$ 是开的。

(2) $f^{-1}(F)$对于每一个闭集 $F \subset \mathbb{R}$ 是闭的。

(3) $f(C)$对于每一个连通集 $C \subset \mathbb{R}$ 是连通的。

(4) $f(K)$对于每一个紧集 $K \subset \mathbb{R}$ 是紧致的。

证明:(1) 假定$G \subset \mathbb{R}$是开的,$f^{-1}(G)$是开的表示对于任意 $x_0 \in f^{-1}(G)$都有一个关于 x_0 的开球 $B_r(x_0)$, $B_r(x_0) \subset f^{-1}(G)$。现在因为 G 是开的,所以有一个包含在 G 中的关于 $f(x_0)$的球。对于某些 $\epsilon > 0$,可得 $B_\epsilon(f(x_0)) \subset G$。假定 ϵ 根据 f 的连续性,有一个 $\delta > 0$ 使得 $|x - x_0| < \delta$ 意味着 $|f(x) - f(x_0)| < \epsilon$。也就是 $f(B_\delta(x_0)) \subset B_\epsilon(f(x_0))$,因此 $B_\delta(x_0) \subset f^{-1}(G)$,所以 $f^{-1}(G)$是开的。

(2) 给定 $F \subset \mathbb{R}$ 是闭的,F 的补集:$\widetilde{F} \equiv \mathbb{R} \sim F$ 是开的,所以根据(1),$f^{-1}(\widetilde{F})$ 同样也是开的。因此 $\widetilde{f^{-1}(\widetilde{F})}$ 是闭的。最后的步骤就是显示 $f^{-1}(\widetilde{F}) = \widetilde{f^{-1}(F)}$。这个等式表达式的证明留在练习 31 中。

(3) 利用反证法。假定$C \subset \mathbb{R}$是连通的,但是 $f(C)$不是。那么有开集 G_1 和 G_2 使得 $f(C) \subset G_1 \cup G_2$,然而 $G_1 \cap G_2 = \varnothing$。现在根据定义有 $C \subset f^{-1}(G_1 \cup G_2)$,但是 $f^{-1}(G_1 \cup G_2) = f^{-1}(G_1) \cup f^{-1}(G_2)$,上式很容易被证实。然而 $G_1 \cap G_2 = \varnothing$,意味着

$f^{-1}(G_1)\cap f^{-1}(G_2)=\varnothing$，同时根据第一部分，$f^{-1}(G_1)$和$f^{-1}(G_2)$都是开的，这和$C$是连通的这个假设矛盾。

(4) 假定$K\subset\mathbb{R}$是紧致的，同时设$\{G_\alpha\}$是$f(K)$的一个开覆盖。那么有$f(K)\subset\bigcup G_\alpha$。我们需要显示存在一个有限子集族$\{G_j\}_{j=1}^n\subset\{G_\alpha\}$使得$f(K)\subset\bigcup_{j=1}^n G_j$。现在根据第一部分，$\{f^{-1}(G_\alpha)\}$是$K$的一个开覆盖，那么因为$K$是紧致的，所以存在一个有限子覆盖$K\subset\bigcup_{i=1}^n f^{-1}(G_j)$。因此$f(K)\subset\bigcup_{j=1}^n G_j$证明了$f(K)$是紧致的。■

注释 9.13:在该命题的第一部分和第二部分可以依照“当且仅当”进行表述，而不止是一个必要性的逻辑表示。也就是说，如果当且仅当对于每一个开集G，$f^{-1}(G)$都是开的，或者等同于对于每一个闭集F都有$f^{-1}(F)$是闭的，那么函数是连续的。例如如果对于每一个开集G，$f^{-1}(G)$是闭的，那么对于$f(x_0)\in G$存在一个开球$B_\epsilon\big(f(x_0)\big)\subset G$，同时根据定义$f^{-1}\big(B_\epsilon\big(f(x_0)\big)\big)$一个包含$x_0$的开集。所以，根据定义，存在一个开球$B_\delta(x_0)\subset f^{-1}\big(B_\epsilon\big(f(x_0)\big)\big)$，这就意味着$f\big(B_\delta(x_0)\big)\subset B_\epsilon\big(f(x_0)\big)$，且存在连续性定义所需要的$\epsilon$和$\delta$。

这个观察的重要性在于它推动了在一般拓扑空间或者在一般拓扑空间之间的连续函数的定义的发展。

定义 9.19　如果$f: X\to Y$是一个定义在拓扑空间X上的函数，同时拓扑空间Y上的值为值域，那么我们定义，如果在空间X上对于在Y上的所有开集G，$f^{-1}(G)$是开的，那么f是连续的。

这个保留了开性的命题 9.17 的结果很明显和连续函数的反函数相关，因为一般来说一个连续函数本身保留开性是不正确的。下面的例子就是G是开的，但是$f(G)$是闭的。

例 9.14　考虑图 9.3 中的函数$f(x)=x^2(x^2-2)$。从图中很清楚得到当G是开的时，$f(G)$不一定是开的。例如，如果当$1<a\leqslant\sqrt{2}$有$G=(-a,a)$，那么$f(G)=[-1,0]$。

一般来说，F是闭的不一定意味着$f(F)$是闭的。然而，从上述命题的第四部分，只存在一个集合F是闭的且无界的例子。这是因为如果F是闭的且有界，那么根据海涅—博雷尔定理，它是紧集，所以根据第四部分$f(F)$也是紧集。但是在度量空间中，紧集意味着闭的且有界，所以$f(F)$比如也是闭的且有界的。

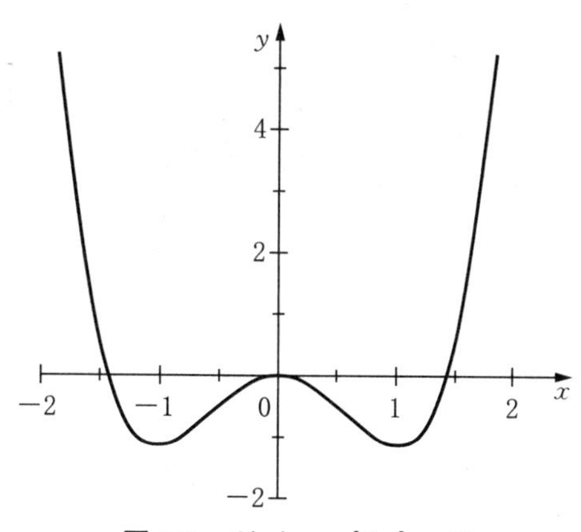

图 9.3　$f(x)=x^2(x^2-2)$

例 9.15　经典的关于F是闭的且无界的，且$f(F)$不是闭的例子$F=\{-n\pi\mid n=0,1,2,\cdots\}$和连续函数$f(x)=e^x\cos x$。当然，因为$F$的补集是开区间的并集，$F$是闭的。然而$f(F)$被视为等同于$\{(-1)^n e^{-n\pi}\mid n=0,1,2,\cdots\}$，因为$\cos(-n\pi)=(-1)^n$。$f(F)$集合并不是闭集因为一个闭集必须包括所有极限点。然而，$x=0$，很明显就是这个集合的一个极限点但不是这个集合的元素。

在每个反例中都视给定的函数$f(x)$是多对一的函数。这是必须的，因为对于一一对应的连续函数,上述命题的所有表达形式都可以一般化为以下形式。

命题 9.18 如果 $f(x)$是一个连续函数 $f:\mathbb{R}\to\mathbb{R}$,那么:

(1) $f(G)$对于每一个开集 $G\subset\mathbb{R}$ 是开的。

(2) $f(F)$对于每一个闭集 $F\subset\mathbb{R}$ 是闭的。

(3) $f^{-1}(C)$对于每一个连通集 $C\subset\mathbb{R}$ 是连通的。

(4) $f^{-1}(K)$对于每一个紧集 $K\subset\mathbb{R}$ 是紧致的。

证明:因为 $f(x)$是连续的一一对应的函数,根据命题 9.3,$f^{-1}(x)$也是连续的,因此我们可以应用命题 9.17,证明以上命题。 ■

9.3 导数和泰勒级数

9.3.1 近似法改进 I

在接下来的部分要回顾各种连续的概念和讨论过的命题。为了推动这个部分的讨论,我们依照函数值的近似含义以一种非规范化的方式试图去改进和完善连续性的定义。回想如果 $f(x)$在 x_0 上连续,那么当 x 接近 x_0 时,$f(x)$近似于 $f(x_0)$。在赫尔德连续的情况下,我们甚至可以断定如式(9.3)所见的这之间的误差的数量级。

进一步的研究,很自然地就探究出在 x_0 附近的 $f(x)$的近似并不简单就是一个常数 $f(x_0)$而是一个根据 $\Delta x=x-x_0$ 按比例变动的一个线性项:

$$f(x)\approx f(x_0)+a\Delta x$$

其中,a 是一个常数。

为了作为一个有效率的近似工具,我们要求当 $\Delta x\to 0$ 时在近似中的误差为 0。也就是,在最小误差下,我们要求:

$$f(x)-[f(x_0)+a\Delta x]\to 0,\text{当 }\Delta x\to 0$$

或者等同于

$$f(x)-f(x_0)-a\Delta x\to o(1),\text{当 }\Delta x\to 0,$$

这里,我们回想一下定义 9.16 中 $o(1)$意味这个表达式当 $\Delta x\to 0$ 时趋近于 0。

然而,稍微思考一下就显露出这个想法的弱点。也就是说,如果 $f(x)$在 x_0 上是连续的,那么对于任何常数 a 就都满足上述的最低要求,所以在近似表达式中我们从外加额外项 $a\Delta x$ 中什么也得不到。这个近似式是一个改进,然而如果误差项有可能从 $o(1)$ 到 $o(\Delta x)$。为了达到这个目的,我们重写:

$$f(x)-f(x_0)-a\Delta x\equiv\left(\frac{f(x)-f(x_0)}{\Delta x}-a\right)\Delta x$$

为了这个表达式以某种支持更好的近似法的方式到达 0,并且提供一种测定 a 的合意量的方法,我们要求:

$$\frac{f(x)-f(x_0)}{\Delta x}-a=o(1)\text{，当 }\Delta x\to 0 \tag{9.6}$$

然后，根据找出上述额外项 Δx 并且回想 $o(1)\Delta x=o(\Delta x)$，我们可知我们可以根据 a 的结果值来改进当 x 靠近 x_0 时 $f(x)$ 的近似，同时对于这个值而言有：

$$f(x)-f(x_0)-a\Delta x=o(\Delta x) \tag{9.7}$$

也就是说，如果在式(9.6)中的极限存在，从在没有收敛速率的信息条件的一般连续情况下我们就可以戏剧性地推动近似的能力：

$$f(x)-f(x_0)\to 0\text{，当 }x\to x_0$$

这就告诉我们收敛 $f(x)-f(x_0)\to 0$ 是 $o(\Delta x)$，并且一旦我们说明了这个线性项 $a\Delta x$，我们就能获得一个近似，事实上就是 $o(\Delta x)$ 收敛。这部分讨论将促进下面的进展。

9.3.2 一阶导数

我们规范化在式(9.6)中所要求的在定义中的条件。

定义 9.20 如果下面的极限存在，$f(x)$ 在 x_0 可微，或者在 x_0 有一个一阶导数，记做 $f'(x_0)$ 或者 $\left.\frac{\mathrm{d}f}{\mathrm{d}x}\right|_{x=x_0}$：

$$f'(x_0)=\lim_{\Delta x\to 0}\frac{f(x_0+\Delta x)-f(x_0)}{\Delta x} \tag{9.8}$$

同样地，如果式(9.8)中的极限对于所有 $x_0\in(a,\ b)$ 存在，$f(x)$ 在开区间 $(a,\ b)\equiv\{x\mid a<x<b\}$ 上可微，或者处处有一个一阶导数。

注释 9.14：(1) $\frac{f(x_0+\Delta x)-f(x_0)}{\Delta x}$ 代表了 $y=f(x)$ 图上点 $(x_0,\ f(x_0))$ 和 $(x_0+\Delta x,\ f(x_0+\Delta x))$ 之间割线的斜率。因此，当 $\Delta x\to 0$ 时，导数可以被解释为图 $y=f(x)$ 上点 $(x_0,\ f(x_0))$ 的切线斜率。这个被用于在 x 靠近 x_0 的 $f(x)$ 的近似的切线的方程式是：

$$y=f(x_0)+f'(x_0)(x-x_0) \tag{9.9}$$

(2) 这里介绍一下单边导数的概念，即在闭区间 $[a,\ b]$ 的端点上通过约束式(9.8)中的极限为 $\lim\limits_{\Delta x\to 0+}$ 得到 $f'(a)$ 或者约束极限 $\lim\limits_{\Delta x\to 0-}$ 得到 $f'(b)$。然而，一般来说，大多数我们所应用的都是和标准双边极限有关。

从第 9.3.1 节中的早期讨论来看，很清楚地看到存在另一种方法去定义在 x_0 时 $f(x)$ 是可微的这个概念，同时避免有时候根据 Δx 的令人麻烦的分割，还能更容易地应用到导数中。

定义 9.21 $f(x)$ 在 x_0 是可微的，如果存在数值 $f'(x_0)$ 以及一个误差函数 $\epsilon_f(x+\Delta x)$ 且当 $\Delta x\to 0$ 时有 $\epsilon_f(x+\Delta x)\to 0$，同时有：

$$f(x_0+\Delta x)-f(x_0)=\Delta x\big(f'(x_0)+\epsilon f(x_0+\Delta x)\big) \tag{9.10}$$

这个定义等同于前面根据式(9.8)中的观察，这就意味着对于任意给定 $\Delta x \neq 0$，我们有 $\dfrac{f(x_0+\Delta x)-f(x_0)}{\Delta x}=f'(x)+$误差。这个误差项在式(9.10)中记为 $\epsilon f(x_0+\Delta x)$，当 $\Delta x\to 0$ 时必然收敛到 0。

例 9.16 (1) 如果 $f(x)=c$，c 是一个常数，那么，很明显 $f'(x)=0$，但是亦如第 9.2.6 节中所记，常数函数是具有这个性质的唯一的连续函数。

(2) 可以轻易推导出对于任意正整数 n，$f(x)=x^n$ 是可微的：

$$\left.\frac{\mathrm{d}x^n}{\mathrm{d}x}\right|_{x=x_0}=nx_0^{n-1} \tag{9.11}$$

当 $n=1$ 时可以根据定义立刻得出，而当 $n\geqslant 2$ 时，可以从二项公式中推导出：

$$(x+\Delta x)^n=x^n+nx^{n-1}\Delta x+o(\Delta x^2)$$

(3) 当 $x\neq 0$ 时，绝对值函数 $f(x)=|x|$ 是可微的。我们可以根据定义得出：

$$f'(x)=\begin{cases}1,\ x>0\\ -1,\ x<0\end{cases}$$

这个绝对值函数在 $x=0$ 处是不可微的，因为在式(9.8)中的极限当 $\Delta x>0$ 时乘以 $+1$，当 $\Delta x<0$ 时乘以 -1。

从式(9.8)中我们可以推导出以下命题。

命题 9.19 如果 $f(x)$ 在 x_0 是可微的，那么它在这个点上是连续的。此外，$f(x)$ 在 x_0 上是李普希茨连续的。

证明：从式(9.8)中可得，当 $\Delta x\to 0$ 时，有：

$$\begin{aligned}f(x_0+\Delta x)-f(x_0)&=\Delta x\,\frac{f(x_0+\Delta x)-f(x_0)}{\Delta x}\\&\to 0\cdot f'(x_0)=0\end{aligned}$$

所以 $f(x)$ 是连续的。这种推导也可以表示为当 $\Delta x\to 0$ 时，有：

$$f(x+\Delta x)-f(x_0)=o(\Delta x)$$

所以 $f(x)$ 是李普希茨连续。 ■

注释 9.15：这个命题的逆命题是假的，因为李普希茨连续仅仅要求随着 $x\equiv x_0+\Delta x$，当 $\Delta x\to 0$ 时，有：

$$\left|\frac{f(x)-f(x_0)}{\Delta x}\right|\leqslant C$$

李普希茨连续不要求这个比率收敛到一个极限上。最简单的例子就是接下来的这个例子：

例 9.17 $f(x)=|x|$ 在 $x=0$ 上是李普希茨连续的，但是在这个点上不是可微的，因为根据式(9.8)左侧和右侧的极限同时乘以 -1 和 $+1$。

9.3.3 导数的计算

基于定义证明复杂函数是可微的以及找到他们的导数是很困难和沉闷的。下面三个结果提供了一个验证可微性与测定许多一般函数导数的系统性方法。

命题 9.20 如果 $f(x)$和 $g(x)$在 x_0 上是可微的,那么可得:

(1) $h(x)=af(x)\pm bg(x)$,有 $h'(x_0)=af'(x_0)\pm bg'(x_0)$。

(2) $h(x)=f(x)g(x)$,有 $h'(x_0)=f'(x_0)g(x_0)+f(x_0)g'(x_0)$。

(3) 如果 $g(x_0)\neq 0$, $h(x)=\dfrac{1}{g(x)}$ 有 $h'(x_0)=\dfrac{-g'(x_0)}{g^2(x_0)}$。

(4) 如果 $g(x_0)\neq 0$, $h(x)=\dfrac{f(x)}{g(x)}$ 有 $h'(x_0)=\dfrac{f'(x_0)g(x_0)-f(x_0)g'(x_0)}{g^2(x_0)}$。

证明:见练习 6 和练习 32,同时可见练习 34。这是被称为莱布尼茨规则的对于命题 9.20 中性质(2)的一般化表述,而这让人容易想起二项式定理。■

接下来的两个结果更加精妙,所以我们提供详细的证明过程。

命题 9.21 如果 $g(x)$在 x_0 上是可微的,同时 $f(x)$在 $g(x_0)$上是可微的,那么也可得:

(5) $h(x)=f(g(x))$ 在 x_0,有 $h'(x_0)=f'(g(x_0))g'(x_0)$。

证明:如果 $g(x)$在 x_0 上是可微的,同时 $f(x)$在 $y_0=g(x_0)$上是可微的,那么从式(9.10)中可得:

$$g(x_0+\Delta x)-g(x_0)=\Delta x\big(g'(x_0)+\epsilon g(x_0+\Delta x)\big)$$

$$f(y_0+\Delta y)-f(y_0)=\Delta y\big(f'(y_0)+\epsilon f(y_0+\Delta y)\big)$$

因此,记 $y_0+\Delta y=g(x_0+\Delta x)$,我们可以写出:

$$\begin{aligned}h(x_0+\Delta x)-h(x_0)&=f(g(x_0+\Delta x))-f(g(x_0))\\&=[g(x_0+\Delta x)-g(x_0)]\big[f'(g(x_0))+\epsilon_f(g(x_0+\Delta x))\big]\\&=\Delta x[g'(x_0)+\epsilon_g(x_0+\Delta x)]\big[f'(g(x_0))+\epsilon_f(g(x_0+\Delta x))\big]\end{aligned}$$

根据定义 $g(x)$在 x_0 上是可微的,当 $\Delta x\to 0$ 时,$\epsilon_g(x_0+\Delta x)\to 0$。同时当 $\Delta y\to 0$ 时,$\epsilon_f(y_0+\Delta y)\to 0$,但是因为 $\Delta y=g(x_0+\Delta x)-g(x_0)$,我们根据 $g(x)$的连续性得到,当 $\Delta x\to 0$ 时有 $\Delta y\to 0$。把最后的表达式相乘,我们根据随着一个记数变化推导出

$$h(x_0+\Delta x)-h(x_0)=\Delta x\big[f'(g(x_0))g'(x_0)+\epsilon h(x_0+\Delta x)\big]$$

其中当 $\Delta x\to 0$ 时,$\epsilon_h(x_0+\Delta x)\to 0$。同时用给定的误差项:

$$\begin{aligned}\epsilon_h(x_0+\Delta x)=&g'(x_0)\epsilon_f(g(x_0+\Delta x))+f'(g(x_0))\epsilon_g(x_0+\Delta x)\\&+\epsilon_g(x_0+\Delta x)\epsilon_f(g(x_0+\Delta x))\end{aligned}$$

因此根据式(9.10)$h(x)$是可微的。■

命题 9.22 如果 $g(x)$在 x_0 上是可微的,$g'(x_0)\neq 0$ 并且 $g'(x)$在关于 x_0 的一个区间上是连续的,那么:

(6) $h(y)=g^{-1}(y)$ 在 $y_0=g(x_0)$ 是可微的,其中 $h'(y_0)=1/g^{-1}(x_0)$。

注释 9.16:我们并不假设 $g(x)$是一一对应的,或者甚至在 x_0 附近是一一对应的。然而这个结果可能表现得很奇怪,因为我们要求在 y_0 附近的 $g^{-1}(y)$存在,所以他的导数可

以被定义,那么这个在 $g(x)$ 上的要求可以根据 $g'(x_0)\neq 0$ 和 $g'(x)$ 的连续性来确保(见练习 7)。

证明:从式(9.10),我们需要表述出如果 $g'(x_0)\neq 0$,有:

$$g^{-1}(y_0+\Delta y)-g^{-1}(y_0)=\Delta y\left(\frac{1}{g'(x_0)}+\epsilon_{g^{-1}}(y_0+\Delta y)\right)$$

从一些误差函数中有当 $\Delta y\to 0$ 时,$\epsilon_{g^{-1}}(y_0+\Delta y)\to 0$。现在如果 $g^{-1}(y_0)\equiv x_0$ 且 $g^{-1}(y_0+\Delta y)\equiv x_0+\Delta x$,那么 $\Delta y=g(x_0+\Delta x)-g(x_0)$,那么上面的等式等同于:

$$\Delta x=[g(x_0+\Delta x)-g(x_0)]\left(\frac{1}{g'(x_0)}+\epsilon_{g^{-1}}(g(x_0+\Delta x))\right)$$

相应地也就等同于:

$$\begin{aligned}g(x_0+\Delta x)-g(x_0)&=\frac{\Delta x g'(x_0)}{1+g'(x_0)\epsilon_{g^{-1}}(g(x_0+\Delta x))}\\&=\Delta x\left(g'(x_0)+\tilde{\epsilon}_{g^{-1}}(g(x_0+\Delta x))\right)\end{aligned}$$

其中根据某些代数关系,我们可以推导出:

$$\tilde{\epsilon}_{g^{-1}}(g(x_0+\Delta x))\equiv-\frac{[g'(x_0)]^2\epsilon_{g^{-1}}(g(x_0+\Delta x))}{1+g'(x_0)\epsilon_{g^{-1}}(g(x_0+\Delta x))}$$

现在,根据在 x_0 上 $g(x)$ 的可微性,我们得出存在一个 $\epsilon_g(x_0+\Delta x)$,使得:

$$g(x_0+\Delta x)-g(x_0)=\Delta x(g'(x_0)+\epsilon_g(x_0+\Delta x))$$

将这些表述式相比较,如果我们可以为所需的误差函数 $\epsilon_{g^{-1}}(g(x_0+\Delta x))$,求解出 $\epsilon_g(x_0+\Delta x)=-\dfrac{[g'(x_0)]^2\epsilon_{g^{-1}}(g(x_0+\Delta x))}{1+g'(x_0)\epsilon_{g^{-1}}(g(x_0+\Delta x))}$,并且证明出它有右侧性质,那么证毕。

根据一些代数推导可得:

$$\epsilon_{g^{-1}}(g(x_0+\Delta x))=\frac{-\epsilon_g(x_0+\Delta x)}{[g'(x_0)]^2+g'(x_0)\epsilon_g(x_0+\Delta x)}$$

最后,当 $\Delta y\equiv g(x_0+\Delta x)-g(x_0)\to 0$ 时,因为根据练习 7 中所确保的一一对应性,我们可以得出 $\Delta x\to 0$。因此,当 $\Delta y\to 0$ 时,我们有 $\epsilon_g(x_0+\Delta x)\to 0$,并且同时 $\epsilon_{g^{-1}}(g(x_0+\Delta x))=\epsilon_{g^{-1}}(y_0+\Delta y)\to 0$,证毕。 ■

注释 9.17:在反函数的导数的详细推导之后,这里也存在一个真正简单的证明——假如明确假定 $h(y)=g^{-1}(y)$ 在 y_0 附近是一一对应的同时在 y_0 上是可微的。因为复合式 $g(h(y))$ 就是简单函数 $g(h(y))=y$,我们可以用命题 9.21 的性质(5)中的复合方程得出双侧的导数,得到 $g'(h(y_0))h'(y_0)=1$。

这个结论适用于 $h(y_0)=x_0$。练习 7 证明了 $g^{-1}(y)$在 y_0 附近是一一对应的,但是在没有上述中那些额外的证明细节的情况下并不存在一个简单的方法证明,在 y_0 点 $g^{-1}(y)$是可微的。

例 9.18 这些命题广泛应用的例子如下:

(1) 从式(9.11)和上文的性质(1),可以很容易地找到任何多项函数的导数,然而根据性质(4),可以找到任何有理函数的导数,而有理函数是在分母多项式非零的点下的多项式的比率。同样地,用性质(5)可以找到多项式函数和有理函数的复合式的导数。此外,从正整数到 $1/m$ 的有理数性质(6)在一般化式(9.11)上是很有用的,因为 $g(y)=y^{1/m}$ 和 $f(x)=x^m$ 是互为反函数,这样的根据性质(5)和性质(3)就可以进一步一般化到所有的有理数指数 n/m 中。对于这些非整数的有理数指数,函数的定义域对于正指数约束到 $x\geqslant 0$,对于负指数约束到 $x>0$。

一个特殊情况是:

如果 $f(x)=\sum_{i=0}^{n} a_i x^i$,那么 $f'(x)=\sum_{i=0}^{n} i a_i x^{i-1}$

因为常数 a_0 的导数是 0。同样,根据上面的 $f(x)$ 和 q 为有理数的 $g(x)=x^q$,定义这个函数 $h(x)\equiv g\big(f(x)\big)$:

如果 $h(x)=\left[\sum_{i=0}^{n} a_i x^i\right]^q$,那么 $h'(x)=q\left[\sum_{i=0}^{n} a_i x^i\right]^{q-1}\sum_{i=1}^{n} i a_i x^{i-1}$。

(2) 然而,这个公式并没有证实可微性,同样也没有提供指数函数 $a>1$ 时 $f(x)=a^x$ 的导数。在练习 8 中,记作:

$$\frac{\mathrm{d}a^x}{\mathrm{d}x}=a^x\ln a,\ a>1 \tag{9.12}$$

这个是自然指数公式的一个推论:

$$\frac{\mathrm{d}\mathrm{e}^x}{\mathrm{d}x}=\mathrm{e}^x \tag{9.13}$$

从后面这个公式,很容易看出:

$$\frac{f(x+\Delta x)-f(x)}{\Delta x}=a^x\,\frac{a^{\Delta x}-1}{\Delta x}$$

同时,从式(9.13)中可得自然指数的底数 e,能被定义为一个满足下列条件的实数:

$$\lim_{\Delta x\to 0}\frac{\mathrm{e}^{\Delta x}-1}{\Delta x}=1 \tag{9.14}$$

并不能明显地看出存在这么一个数 e 满足式(9.14),但是这个数值能够通过如下面式(9.19)中一个等价的方法表述出来,同时根据直接的证明显示其存在[见下面的情况(7)和接下来的部分 0]。

对于在情况(1)中的 $f(x)$的导数的例子和 $g(x)=\mathrm{e}^x$,定义函数 $h(x)\equiv g\big(f(x)\big)$:

如果 $h(x)=\mathrm{e}^{\sum_{i=0}^{n} a_i x^i}$,那么 $h'(x)=\left(\mathrm{e}^{\sum_{i=0}^{n} a_i x^i}\right)\sum_{i=1}^{n} i a_i x^{i-1}$。

(3) 自然指数为扩展式(9.11)到任何实数指数提供了一个基础。对于任何实数 r,$g(x)\equiv x^r$ 可以用定义域 $x>0$ 上 $g(x)=\mathrm{e}^{r\ln x}$ 来定义。在这个命题中应用式(9.13)和性质(5),我们得到 $g'(x)=\frac{r}{x}\mathrm{e}^{r\ln x}=\frac{r}{x}x^r=rx^{r-1}$。也就是说:

如果 $g(x)=x^r$, $x>0$, $r\in\mathbb{R}$ 那么 $g'(x)=rx^{r-1}$ (9.15)

(4) 令 $f(x)=\mathrm{e}^{ix}$,其中 $i=\sqrt{-1}$。从在式(2.5)的欧拉公式中得到:

$$\mathrm{e}^{ix}=\cos x+i\sin x$$

现在,如果 $b\in\mathbb{R}$ 和 $g(x)=\mathrm{e}^{bx}=(\mathrm{e}^b)^x$,那么从式(9.12)中我们可以推导出 $g'(x)=b\mathrm{e}^{bx}$。这个公式对于 $b\in\mathbb{C}$ 也是正确的,但是我们不证明,因为这对于本书的目标而已并不必要。但是这个事实允许 $\sin x$ 和 $\cos x$ 的导数进行一个简单推导,也就是:

$$i\mathrm{e}^{ix}=\frac{\mathrm{d}\mathrm{e}^{ix}}{\mathrm{d}x}=\frac{\mathrm{d}\cos x}{\mathrm{d}x}+i\frac{\mathrm{d}\sin x}{\mathrm{d}x}$$

但是 $i\mathrm{e}^{ix}=-\sin x+i\cos x$。

相比较,我们推导出(对于 $b\in\mathbb{C}$ 上述的求导形式的有效性是有点存疑的):

$$\frac{\mathrm{d}\sin x}{\mathrm{d}x}=\cos x,\ \frac{\mathrm{d}\cos x}{\mathrm{d}x}=-\sin x \tag{9.16}$$

注释 9.18: 为了使这些想法更严谨,我们必须首先用三角恒等式从 $f'(x)$ 中直接推导出式(9.16)。这些应用到每一个函数上的公式是无限可微的(见定义 9.24)。从后面所使用的泰勒级数的方法来看,e^x、$\sin x$ 和 $\cos x$ 都是可解析的同时有收敛级数表达式。函数 e^{ix} 或者一般来说对于 $b\in\mathbb{R}$ 的 e^{ibx},可以依照 e^x 的泰勒级数展开式来替代,同时显示出是绝对收敛的。此外,如果 $c\in\mathbb{C}$, $c=a+bi$,那么定义 $\mathrm{e}^{cx}=\mathrm{e}^{ax}\mathrm{e}^{ibx}$。最后,$\mathrm{e}^{ibx}$ 的相关泰勒级数,$\sin bx$ 和 $\cos bx$,能被表述满足:

$$\mathrm{e}^{ibx}=\cos bx+i\sin bx$$

其中当 $b=1$ 时就是欧拉公式。

(5) 因为 $f(y)=\ln y$, $y>0$,是定义在 $\mathbb{R}$ 上的 $g(x)=\mathrm{e}^x$ 的反函数,我们可以应用上面命题中的性质(6)得出结论:

$$\frac{\mathrm{d}\ln y}{\mathrm{d}y}=\frac{1}{y} \tag{9.17}$$

同时,因为对于 $a>1$ 的 $\log_a y=\frac{1}{\ln a}\ln y$,我们可以根据命题中的性质(1),因为 $\frac{1}{\ln a}$ 是一个常数,有:

$$\frac{\mathrm{d}\log_a y}{\mathrm{d}y}=\frac{1}{y\ln a} \tag{9.18}$$

(6) 根据 $\ln x$ 的导数的公式,我们可以去阐明曾经用于第 7 章的泊松分布展开的一对极限。特别的是,我们需要对于任意实数 λ 和常数 k,有:

$$\left(1-\frac{\lambda}{n}+\frac{k}{n^2}\right)^n\to\mathrm{e}^{-\lambda},当\ n\to\infty$$

取自然对数,等同于:

$$n\ln\left(1-\frac{\lambda}{n}+\frac{k}{n^2}\right)\to-\lambda,当\ n\to\infty$$

考虑到函数 $f(x)=\ln(1-\lambda x+kx^2)$,这个函数在 $1-\lambda x+kx^2>0$ 上是可微的,同时相

应地对于任何常数和足够接近于0的 x 来说,上式都是有效的。尤其是,$f(x)$在 $x=0$ 上是可微的,从上面的展开式中我们得到 $f'(x)=\dfrac{-\lambda+2kx}{1-\lambda x+kx^2}$,同时有 $f'(0)=-\lambda$。应用 $f'(0)$的公式,同时观察到 $f(0)=0$,可得 $-\lambda=\lim\limits_{\Delta x\to 0}\dfrac{f(\Delta x)}{\Delta x}$。

最后,用 $\Delta x=\dfrac{1}{n}$ 来替代同时令 $n\to\infty$来完成该求导过程。

(7) 对于情况(6)来说一个简单但是讲究的推论就是接下来的e的定义,同时 $k=0$ 和 $\lambda=-1$:

$$e=\lim_{n\to\infty}\left(1+\frac{1}{n}\right)^n \tag{9.19}$$

根据设定 $\Delta x=\dfrac{1}{n}$ 和让 $n\to\infty$同样可以从式(9.14)中推导出来。

注释9.19:很明显,为了避免循环论证,例9.18中的情况(2)、(5)、(6)和(7)必须独立推导。正如上所记的常用的方法是首先直接根据序列 $a_n=\left(1+\dfrac{1}{n}\right)^n$(见下面部分)的分析首先建立在式(9.19)的极限。e^x 和 a^x 的可微性,以及 $\ln x$ 和 $\log_a x$ 的可微性,最后就可得情况(6)中的极限了。

(8) 如上所记,$f(x)=|x|$除了 $x=0$ 外处处可微。然而,如果 $p>1$,函数 $g(x)=|x|^p$ 处处可微。接下来,有:

$$g(x)=\begin{cases}x^p, & x\geqslant 0\\(-x)^p, & x\leqslant 0\end{cases}$$

我们可以应用在例9.18中的式(9.15),当 $x\neq 0$ 时,可得:

$$g'(x)=\begin{cases}px^{p-1}, & x>0\\-p(-x)^{p-1}, & x<0\end{cases}$$

对于 $x=0$,有:

$$\frac{g(\Delta x)-g(0)}{\Delta x}=\begin{cases}(\Delta x)^{p-1}, & \Delta x>0\\-|\Delta x|^{p-1}, & \Delta x<0\end{cases}$$

因此 $g'(0)=0$。综合以上,我们得出结果:

如果 $g(x)=|x|^p$, $p>1$,那么:

$$g'(x)=\begin{cases}p|x|^{p-1}, & x\geqslant 0\\-p|x|^{p-1}, & x\leqslant 0\end{cases} \tag{9.20}$$

1. 关于e的讨论

求出e的数值的最简单的方法包括两个步骤:

步骤1:根据 $e=\sum\limits_{n=0}^{\infty}\dfrac{1}{n!}$,定义e。

总和收敛直接满足第6章以及比率检定。因为 $b_n=\dfrac{1}{n!}$,我们看到:

$$\frac{b_{n+1}}{b_n}=\frac{1}{n+1}\to 0,当\ n\to\infty$$

同时也很明显，对 $n\geqslant 1$，有$\frac{1}{n!}\leqslant\frac{1}{2^{n-1}}$，所以根据几何级数的估值，有：

$$\begin{aligned}\mathrm{e}&=1+\sum_{n=1}^{\infty}\frac{1}{n!}\\&\leqslant 1+\sum_{n=0}^{\infty}\frac{1}{2^n}=3\end{aligned}$$

事实上，

$$\mathrm{e}\approx 2.718\ 281\ 828\ 459\cdots \tag{9.21}$$

步骤 2：如上面例 9.18 中情况(7)中的式(9.19)中定义 $a_n=\left(1+\frac{1}{n}\right)^n$。我们可以得出 $a_n\to\mathrm{e}$。根据二项式定理，有：

$$\begin{aligned}a_n&=\sum_{j=0}^{n}\binom{n}{j}\frac{1}{n^j}\\&=1+\sum_{j=1}^{n}\left[\prod_{k=0}^{j-1}\left(1-\frac{k}{n}\right)\right]\frac{1}{j!}\end{aligned}$$

从此结果，我们可以得出，因为 $\prod_{k=0}^{j-1}\left(1-\frac{k}{n}\right)\leqslant 1$，得 $a_n\leqslant \mathrm{e}_n<\mathrm{e}$，其中 $\mathrm{e}_n=\sum_{j=0}^{n}\frac{1}{j!}$ 是部分收敛到 e 的和。同时，$a_n<a_{n+1}$ 也很明显，因为 a_{n+1} 比上式的加总式多一个正项。对于其他项，$\left\{\frac{1}{j!}\right\}_{j=1}^{n}$ 的系数从 $\prod_{k=0}^{j-1}\left(1-\frac{k}{n}\right)$ 增加到 $\prod_{k=0}^{j-1}\left(1-\frac{k}{n+1}\right)$。因为 a_n 是个递增序列同时根据 e 是有界的，这个序列根据第 5 章的知识收敛到 a，其中 $a\leqslant\mathrm{e}$。为了设法做到 $a=\mathrm{e}$，请注意 $m>n$，有：

$$\begin{aligned}a_m&=1+\sum_{j=1}^{m}\left[\prod_{k=0}^{j-1}\left(1-\frac{k}{m}\right)\right]\frac{1}{j!}\\&>1+\sum_{j=1}^{n}\left[\prod_{k=0}^{j-1}\left(1-\frac{k}{m}\right)\right]\frac{1}{j!}\end{aligned}$$

让 $m\to\infty$，我们得出结论，因为 $a_m\to a$ 和 $\prod_{k=0}^{j-1}\left(1-\frac{k}{m}\right)\to 1$，得出 $a\geqslant \mathrm{e}_n$。综合来看，可得 $a_n\leqslant\mathrm{e}_n\leqslant a$，因此，如预期可得 $a_n\to\mathrm{e}$。

9.3.4 导数的性质

对于可微函数一个重要且众所周知的结果就是接下来的中值定理(Mean Value Theorem)，通常被称为 MVT。从图形上看，回想式(9.9)，MVT 表述了这么一种情况，如果 $f(x)$ 满足在 $[a,\ b]$ 上给定的性质，那么存在一个点 $c\in(a,\ b)$ 使得 $y=f(x)$ 在 c 的割线的斜率或者 $f'(c)$ 等于在 $[a,\ b]$ 上端点之间的点的割线的斜率。端点自然就是

$(a, f(a))$ 和 $(b, f(b))$。

命题 9.23(中值定理) 如果 $f(x)$ 在 $[a, b]$ 上可微,且在 $[a, b]$ 上连续,那么存在一个数 $c \in (a, b)$,使得:

$$f'(c)=\frac{f(b)-f(a)}{b-a} \tag{9.22}$$

证明:定义一个新函数:

$$g(x)=f(x)-\frac{f(b)-f(a)}{b-a}(x-a)$$

那么 $g(a)=g(b)=f(a)$,和 $g'(x)=f'(x)-\dfrac{f(b)-f(a)}{b-a}$,所以如果我们能够得出存在一个 $c\in(a, b)$,使得 $g'(c)=0$,那么证明得证。接下来的命题提供了这个结论。 ■

命题 9.24(罗尔定理) 如果 $g(x)$ 在 (a, b) 上可微,且在 $[a, b]$ 上连续,有 $g(a)=g(b)$,那么存在一个 $c \in (a, b)$,使得 $g'(c)=0$。

证明:如果 $g(x)$ 在 $[a, b]$ 上是常数,那么结论对于所有的 $c \in (a, b)$ 成立。如果不是常数,那么作为一个在 $[a, b]$ 上连续的函数,$g(x)$ 必然能达到区间上的最大值和最小值。因为 $g(x)$ 被假定是常数,同时 $g(a)=g(b)$,至少其中之一在 (a, b) 上一定出现,我们记这个值为 c。现在,如果 $g(c)$ 是一个最大值,那么我们得出:

$$\frac{g(x)-g(c)}{x-c}\begin{cases}\leqslant 0, & x \geqslant c\\ \geqslant 0, & x \leqslant c\end{cases}$$

同时在最小值上得出一个相反的不等式。因为当 $x\to c$ 时,极限必然存在且等于 $g'(c)$,我们得到,该极限唯一可能的值就是 0。

注释 9.20:(1) 在中值定理的帮助下,我们回到在第 9.2.6 一节中关于赫尔德连续的部分,如果 $f(x)$ 是在一个区间 (a, b) 上的阶数 $\alpha>1$ 的赫尔德连续,那么 $f(x)=c$,c 是在区间上的一个常数,为了实现这一点,首先如果 $f(x)$ 在 x_0 上有这个阶数的连续,那么:

$$\left|\frac{f(x)-f(x_0)}{\Delta x}\right|=o(\Delta x^{x-1})$$

因此 $f'(x_0)=0$。如果 $f(x)$ 在区间 (a, b) 上有这个阶数的连续,那么对于所有 $x \in (a, b)$,有 $f'(x)=0$。根据 MVT,对于任意区间 $[c, d]\subset(a, b)$,存在一个 $\mathrm{e}\in[c, d]$,使得 $\dfrac{f(d)-f(c)}{d-c}=f'(\mathrm{e})$,同时我们可以从 $f'(\mathrm{e})=0$ 得出 $f(d)=f(c)$,所以 $f(x)$ 是常数。当然,如果 $f(x)$ 满足在孤立点上的赫尔德连续的条件,那就不存在上述结论,正如当 $\alpha>1$ 时,函数 $f(x)=x^{\alpha}$,在 $x=0$ 时所证明的。

(2) 另外一个关于式(9.22)中第一项的结论是如果在一个区间 (a, b) 上 $f'(x)\equiv 0$,那么对于任意 $c, d\subset(a, b)$,一定有 $f(c)=f(d)$。也就是说,这个恒为 0 的函数的一阶导数是常数函数。

罗尔定理的证明生成了一个点 $c \in (a, b)$ 成为在 $[a, b]$ 上的 $f(x)$ 上相对极大值点或相对极小值点的必要条件,但是首先需要一个定义。

定义 9.22 如果存在一个开区间 I 和 $c\in I$,点 c 是函数 $f(x)$ 的一个相对极小值点,

那么对于所有 $x \in I$,有 $f(c) \leqslant f(x)$。如果点 c 是函数 $f(x)$的一个相对极大值点,那么对于所有 $x \in I$,有 $f(c) \geqslant f(x)$。

当 $f(x)$是一个可微函数,通常很容易发现所有相对极小值点和相对极大值点。特别地,在任意这样一个点上,$f'(c)=0$。

命题 9.25 如果 c 是 $f(x)$上相对极大值点或者相对极小值点,同时 $f(x)$在 c 上是可微的,那么 $f'(c)=0$。

证明:正如在罗尔定理的证明中,在一个相对极小值点,有:

$$\frac{f(x)-f(c)}{x-c}\begin{cases}\geqslant 0,\ x \geqslant c \\ \leqslant 0,\ x \leqslant c\end{cases}$$

这个不等式在相对极大值点上是相反的。当 $x \to c$ 时,$f'(c)$的存在表示这些比例收敛到同样的值,而这个值一定是 0。■

例 9.19 (1) 注意一个可微函数在$[a, b]$上的全局极大值点或者全局极小值点并不一定有 $f'(x)=0$,因为这样的极端值可能出现在区间的端点上。例如,$f(x)=x$ 是一个能在每一个闭区间$[a, b]$上的端点上达到它的全局极大值和全局极小值,然而 $f'(x) \equiv 1$。

(2) 同时 $f'(c)=0$ 仅仅是对于相对极大值和相对极小值的必要条件,它不是充分条件,正如在函数 $f(x)=x^3$ 在 $c=0$ 点。

因为这些函数导数为 0 的点的重要性,这些点有个特殊名字。

定义 9.23 给定一个可微函数 $f(x)$,这些 $f'(c)=0$ 的点被认为是 $f(x)$的临界点。

临界点是发现一个可微函数相对极大值点和极小值点的首要需要观察的点。因为这么一个分析仅仅能揭示一个函数的相对极大值点和相对极小值点,对于在闭的且有界区间上的全局极大值点和全局极小值点,第二个需要观察的就是区间的端点。对于在有界或无界的开区间(a, b)上全局极大值点和极小值点,需要考虑就是当 $x \to a$ 和 $x \to b$ 时,同时在这种情况下函数可能是无界的,这就意味着全局最大值(或者相对全局最小值)可能是∞(或者相对$-\infty$)。

最后一个简单的但是有用且需要强调的性质,是在命题 9.22 中反函数的求导公式的证明中,它的证明被安排作为练习 7,所以证明忽略。

命题 9.26 如果 $f(x)$在 x_0 上是可微的,$f'(x_0) \neq 0$,同时 $f'(x)$在包含 x_0 的一个开区间上是连续的,那么存在一个包含 x_0 的一个开区间,即对于某些 $a>0$,$I=(x-a, x+a)$。使得在 I 上,$f(x)$是一一对应且单调的。特别地,如果 $x, y \in I$ 并且 $x<y$,那么:

$$f'(x_0)>0 \Rightarrow f(x)<f(y)$$
$$f'(x_0)<0 \Rightarrow f(x)>f(y)$$

9.3.5 近似法的改进Ⅱ

从中值定理中所得到的另外一个重要的结论就是在 $f(x)$有一个有界导数的情况下存在一个关于从 $f(x)$到 $f(x_0)$的收敛速率的数值精炼。特别地,如果 $M=\max\{f'(x) |$

$x\in(a,b)\}$,那么对于任意 x, $x_0\in(a,b)$,我们可以从式(9.10)和三角不等式中得出:

$$|f(x)-f(x_0)|\leqslant M|x-x_0| \tag{9.23}$$

然而这个边界在理论上比式(9.7)要弱,这里,我们为了对比重写一下:

$$|f(x)-f(x_0)|\leqslant f'(x_0)|x-x_0|+o(|x-x_0|)$$

在实践中,当 M 很容易估计的时候,这个式子就可能更有价值,因为这个不等式对于任何在区间上的 x 和 x_0 都一致地起作用,而不是仅仅在点 x_0 上起作用。这种估计也避免了额外的小 o 项的出现,虽然小 o 项当 $\Delta x\to 0$ 时有用,但是当 Δx 是固定且有限的时候,对于数值估计就没有多大用了,因为它的精确公式我们并不知道。

同时根据式(9.7)中重写以及 $a=f'(x_0)$,我们可以得到如下近似式:

$$f(x)=f(x_0)+f'(x_0)\Delta x+o(\Delta x) \tag{9.24}$$

其中一般来说,$x=x_0+\Delta x$。在后面我们将视此为 $f(x)$的泰勒级数展开的一个特殊情况。

对比式(9.24)和式(9.9),我们确定了在切线近似和 $o(\Delta x)$的函数图像之间的误差。

9.3.6 更高阶导数

为了追求在 x_0 附近的 $f(x)$的更高阶近似,我们定义了如下概念:

定义 9.24 对于每一个 $n>1$ 的整数,$f(x)$在 x_0 上的 n 阶导数,记为 $f^{(n)}(x_0)$或者 $\left.\frac{d^n f}{dx^n}\right|_{x=x_0}$,以迭代形式定义为:

$$f^{(n)}(x_0)\equiv\lim_{\Delta x\to 0}\frac{f^{(n-1)}(x)-f^{(n-1)}(x_0)}{\Delta x} \tag{9.25}$$

当这个极限存在时,也可以说 $f(x)$在 x_0 上是 n 次可微的或者在一个区间(a,b),等等。如果 $f^{(n)}(x_0)$对于所有的 n 都存在,那么我们可以说 $f(x)$在 x_0 上是无限可微,或者在一个区间上是无限可微的,等等。这种 $f(x)$的 n 阶导数的存在可以被表述为等同于式(9.10):

$$f^{(n-1)}(x_0+\Delta x)-f^{(n-1)}(x_0)=\Delta x\left(f^{(n)}(x_0)+\epsilon_{f^{(n-1)}}(x_0+\Delta x)\right)$$

如果 $f(x)$在 x_0 是 n 次可微,那么根据命题 9.19,每一个前 $n-1$ 导数在 x_0 都是连续的。

同时如上所记,一个函数的 n 阶导数可以根据函数的导数顺序序贯算出,一阶,二阶,等等。后面我们将探究导数的数值估计,而这些导数能够直接从函数值中直接被展开。

例 9.20 令 $f(x)=x^N$,这里 N 是一个正整数。那么正如例 9.16 所展示的,$f'(x)=Nx^{N-1}$。根据迭代法,我们推导出:

$$\frac{dx^N}{dx^n}=\begin{cases}\dfrac{N!}{(N-n)!}x^{N-n}, & n\leqslant N\\ 0, & n>N\end{cases}$$

这里,我们回顾一下阶乘符号和相关的二项系数。

定义 9.25 （1）如果 N 是一个正整数，那么 N 的阶乘被定义为 $N!=N(N-1)(N-2)\cdots 2\cdot 1$ 同时 $0!=1$（见第 10 章伽马分布，可见对于 $0!$ 的定义的强力推动）。

（2）如果 N 和 M 是非负整数，$0\leqslant M\leqslant N$，二项系数 $\begin{pmatrix}N\\M\end{pmatrix}$ 被定义为 $\begin{pmatrix}N\\M\end{pmatrix}=\dfrac{N!}{M!(N-M)!}$。

9.3.7 近似式的改进Ⅲ：泰勒级数近似

为了将式(9.24)的上述分析进行推广，下面我们介绍一下一般的泰勒级数。为了实现这个目的，假定我们要用 n 阶多项式来近似 $f(x)$，先推广式(9.24)中的一阶近似式。也就是说，目的就是通过 $f(x)\approx\sum_{j=0}^{n}a_j(x-x_0)^j$ 来近似 $f(x)$，其中我们专门将 Δx 表述为 $x-x_0$。

如果我们假定 $f(x)$是 n 次可微的，那么我们可以用上述例 9.20 来微分这个表达式，同时用 $x=x_0$ 去求解系数 a_j。例如：

$$f(x_0)=\sum_{j=0}^{n}a_j(x_0-x_0)^j=a_0$$

$$f'(x_0)=\sum_{j=1}^{n}ja_j(x_0-x_0)^{j-1}=a_1$$

$$f^{(2)}(x_0)=\sum_{j=2}^{n}j(j-1)a_j(x_0-x_0)^{j-2}=2a_2$$

$$\vdots$$

$$f^{(m)}(x_0)=\sum_{i=m}^{n}\frac{j!}{(j-m)!}a_j(x_0-x_0)^{j-m}=m!\ a_m\text{，其中 } m\leqslant n$$

从计算中，我们可以推导出以 x_0 为中心的 $f(x)$的 n 阶泰勒多项式：

$$f(x)\approx\sum_{j=0}^{n}\frac{1}{j!}f^{(j)}(x_0)(x-x_0)^j \tag{9.26}$$

这个展开式是以布鲁克·泰勒(Brook Taylor，1685—1731)命名的，他在 18 世纪早期发表的如式(9.26)所示的近似结果，尽管这个结果很显然是被詹姆斯·格里高利(James Gregory，1648—1675)在更早几年发现。当 $x_0=0$ 时，这个级数近似式被认为是麦克劳林级数，这个级数是以科林·麦克劳林(Colin Maclaurin，1698—1746)所命名，他将这个想法应用到三角几何函数中。

我们为 e^x 推导出 n 阶泰勒多项式作为首个应用，最初在第 6 章中有引用而在第 7 章中得到应用。

例 9.21 当 $f(x)=e^x$，$x_0=0$，对于所有的 n 时，我们有 $f^{(n)}(x_0)=e^{x_0}=1$，而且

$$e^x\approx\sum_{j=0}^{n}\frac{1}{j!}x^j$$

我们接下来探究式(9.26)中近似式的误差。如果 $f(x)$是一个 n 级多项式,那么 n 阶泰勒多项式将复制 $f(x)$。事实上从式(9.26)很明显对于任意这样的多项式,x^j 的系数等于多项式的 j 阶导数除以 $j!$,其中,这些导数都是在 $x=0$ 处求值。然而,一般来说,会有一个余项,也被称为误差项。

我们现在探究余项的一个性质。

命题 9.27 如果 $f(x)$是在区间(a, b)上 n 次可微,同时当 $j \leqslant n-1$ 时,$f^{(j)}(x)$在区间$[a, b]$上连续,那么对于 $x, x_0 \in [a, b]$,有:

$$f(x)=\sum_{j=0}^{n} \frac{1}{j!} f^{(j)}(x_0)(x-x_0)^j+O(\Delta x^n) \tag{9.27}$$

其中 $\Delta x=x-x_0$。此外,如果 $f^{(n)}(x)$在$[a, b]$上是连续的,那么误差能微调到:

$$f(x)=\sum_{j=0}^{n} \frac{1}{j!} f^{(j)}(x_0)(x-x_0)^j+o(\Delta x^n) \tag{9.28}$$

证明:对于给定的 $x, x_0 \in [a, b]$。假定 $x>x_0$,定义常数 $A \equiv A(x, x_0)$,使得:

$$f(x)=\sum_{j=0}^{n-1} \frac{1}{j!} f^{(j)}(x_0)(x-x_0)^j+A \frac{(x-x_0)^n}{n!}$$

同时定义余项函数:

$$g(y)=f(x)-\sum_{j=0}^{n-1} \frac{1}{j!} f^{(j)}(y)(x-y)^j-A \frac{(x-y)^n}{n!}$$

现在根据命题的假设,$g(y)$在$[a, b]$上是连续的同时在(a, b)上是可微的。同时有 $g(x)=g(x_0)=0$。所以根据罗尔定理,存在一个值 $c \in (x_0, x)$,使得 $g'(c)=0$。利用导数的乘积法则,根据计算得出 $g'(y)$:

$$\begin{aligned} g'(y)= & -\sum_{j=0}^{n-1} \frac{1}{j!} f^{(j+1)}(y)(x-y)^j+\sum_{j=1}^{n-1} \frac{1}{(j-1)!} f^{(j)}(y)(x-y)^{j-1} \\ & +A \frac{(x-y)^{n-1}}{(n-1)!} \end{aligned}$$

仔细观察这两个加总式可以发现第一个式子中前 $n-1$ 项减去第二式子的 $n-1$ 项,留下:

$$g'(y)=-\frac{1}{(n-1)!} f(n)(y)(x-y)^{n-1}+A \frac{(x-y)^{n-1}}{(n-1)!}$$

罗尔定理的结论就是:存在一个 $c \in (x, x_0)$使得 $g'(c)=0$,而这个结论可以被重写为:

$$f^{(n)}(c)=A$$

因此,我们可以得到:对某些 $c \in (x, x_0)$,有:

$$f(x)=\sum_{j=0}^{n-1} \frac{1}{j!} f^{(j)}(x_0)(x-x_0)^j+f^{(n)}(c) \frac{(x-x_0)^n}{n!} \tag{9.29}$$

如果 $x<x_0$,可以得出同样的结论。从式(9.29)中,我们可以得到对于某些 $c \in (x_0, x)$或者 $c \in (x_0, x)$,有:

$$f(x)=\sum_{j=0}^{n} \frac{1}{j!} f^{(j)}(x_0)(x-x_0)^j+[f^{(n)}(c)-f^{(n)}(x_0)] \frac{(x-x_0)^n}{n!}$$

如果我们仅知道 $f^{(n)}(x)$存在的话，这个误差项被视为是 $O(\Delta x^n)$。然而，如果 $f^{(n)}(x)$也是连续的，使得当 $\Delta x \to 0$ 时，$f^{(n)}(c) - f^{(n)}(x_0) \to 0$，那么这个误差被视为 $o(\Delta x^n)$。 ■

注释 9.21：给定 x，$x_0 \in (a, b)$，存在一个为识别点 c 而设计的便利的概念设计，而这个点 c 是在 x 和 x_0 中，或者说如果 $x > x_0$，$c \in (x_0, x)$；或者如果 $x < x_0$，$c \in (x, x_0)$。为了表述更科学一点，设存在 θ，$0 < \theta < 1$，使得 $c = x_0 + \theta \Delta x$，其中 $\Delta x = x - x_0$，接下来我们将会用到这个。

例 9.22 从例 9.21 中，我们得到因为 e^x 是无限微分的，那么因此就有对于所有阶数连续性的导函数，那么对于任意的 n，有：

$$e^x - \sum_{j=0}^{n} \frac{1}{j!} x^j = o(x^n)，当 x \to 0$$

1. 解析函数

在很多应用中，泰勒多项式不仅能够提供当 $\Delta x \to 0$ 时，在 x_0 的给定函数的高阶近似式，同时这些多项式在 $n \to \infty$时能处处近似这个函数。如此函数被称为解析函数(analytic functions)。

定义 9.26 如果 $f(x)$能被扩展成一个收敛的泰勒级数，那么函数 $f(x)$被称为 x_0 附近的解析函数：

$$f(x) = \sum_{j=0}^{\infty} \frac{1}{j!} f^{(j)}(x_0)(x - x_0)^j \tag{9.30}$$

x 在一开区间内，中心点在 x_0。也就是说，对于在这个区间上的每一个 x，都有：

$$f(x) = \lim_{n\to\infty} \sum_{j=0}^{n} \frac{1}{j!} f^{(j)}(x_0)(x - x_0)^j。$$

很明显每一个多项式都是可解析的，因为所有但有限个的导数满足 $f^{(j)}(x_0) = 0$，正如许多我们熟悉的函数，如 e^x、$\ln x$、$\sin x$ 和 $\cos x$。每一个函数在它们相应的定义域内处处都是可解析的。然而，证明解析性要求如式(9.34)所拓展的那样的一些新工具。式(9.27)在证明解析性上起不到什么作用，即便我们知道 $f(x)$是无限可微的而且对于所有的 n 这个公式都成立。原因在于这个表达式仅仅提供当 $\Delta x \to 0$ 时的泰勒多项式的行为信息。在 x_0 处的解析性需要对于在 x_0 附近的 x 有当 $n \to \infty$时，$f_n(x) \to f(x)$，其中 $f_n(x)$记为 n 级泰勒多项式。

然而解析性要求许多导数的无限的存在，接下来的经典例子证明了它需要的不止如此。也就是说，无限可微分性对于一个函数来说是解析性的必要条件，不过不是充分条件。

例 9.23 定义 $f(x)$：

$$f(x) = \begin{cases} e^{-1/x^2}, & x \neq 0 \\ 0, & x = 0 \end{cases}$$

那么 $f(x)$的每一个导数都是一个这个形式的项的有限和：

$$c \frac{e^{-1/x^2}}{x^j}$$

所以对于所有的 $x \neq 0$，$f^{(n)}(x)$存在，但是也有可能对于所有的 n 也存在，当 $x \to 0$ 时，$f^{(n)}(x) \to 0$。为了实现这一点，设 $y = \frac{1}{x}$，得到以 $cy^j e^{-y^2}$ 形式的项的加总，同时让 $y \to \infty$，那么当 $y \to \infty$时，因为对于任意的 j，有 $y^j < e^y$，我们得出结论：

$$cy^j e^{-y^2} < c e^{-y(y-1)} \to 0, \text{当 } y \to \infty$$

也就是说，对于所有的 n，$f^{(n)}(0) = 0$，那么泰勒多项式在 $x_0 = 0$ 时的值满足对于所有的 n，$f_n(x) \equiv 0$。因此我们不能得到当 x 在 0 附近且当 $n \to \infty$时，有 $f_n(x) \to f(x)$，同时我们可以得出结论 $f(x)$是无限可微分的但是在 0 上是不可解析的。

注意上述解析性的定义并不要求泰勒级数绝对收敛，仅仅要求收敛。这和幂级数的定义相冲突，因为幂级数的收敛区间和收敛半径被一种方式所定义以确保这些级数绝对收敛。然而，许多解析函数的确绝对收敛，而且应用第 6 章的方法，我们可以很容易地得到确保绝对收敛的两个条件。这两个条件在 $n \to \infty$时与$\{f^{(n)}(x_0)\}$的增长相关。

命题 9.28 令 $f(x)$是一个根据式(9.30)在区间为 $|x - x_0| < R$ 上的一个解析函数。

(1) 如果：

$$\limsup_n \left| \frac{f^{(n+1)}(x_0)}{(n+1) f^{(n)}(x_0)} \right| = L < \infty \tag{9.31}$$

那么泰勒级数在 $|x - x_0| < R'$ 上是绝对收敛的，其中 $R' = \frac{1}{L}$。

(2) 如果存在一个 x'，使得对于所有的 n，有：

$$\left| \frac{f^{(n)}(x_0)}{n!} (x' - x_0)^n \right| \leqslant C \tag{9.32}$$

那么泰勒级数在 $|x - x_0| < R''$ 上是绝对收敛的，其中 $R'' = |x' - x_0|$。

证明：表述(1)可以从第 6 章的比率检定中得证，如果连续项比率的上确界极限小于 1 那么就确保了绝对收敛。令 $c_n \equiv \frac{f^{(n)}(x_0)}{n!}(x - x_0)^n$，我们可得：

$$\begin{aligned}\limsup_n \left| \frac{c_{n+1}}{c_n} \right| &= \limsup_n \left| \frac{f^{(n+1)}(x_0)}{(n+1) f^{(n)}(x_0)} \right| |x - x_0| \\ &= L |x - x_0|\end{aligned}$$

所以如果 $L|x - x_0| < 1$ 就确保了绝对收敛。表述(2)可以从比较检验中得证。特别地，式(9.23)意味着：

$$\begin{aligned}\left| \frac{f^{(n)}(x_0)}{n!} (x - x_0)^n \right| &\leqslant C \left| \frac{x - x_0}{x' - x_0} \right|^n \\ &< Cr^n\end{aligned}$$

其中如果 $|x - x_0| < |x' - x_0|$ 有，$r < 1$，同时根据一个收敛的几何级数这个泰勒级数是有界的。 ■

这个结果的一个有用推论如下。

命题 9.29 如果：

$$f(x)=\sum_{j=0}^{\infty}\frac{1}{j!}f^{(j)}(x_0)(x-x_0)^j,\ g(x)=\sum_{j=0}^{\infty}\frac{1}{j!}g^{(j)}(x_0)(x-x_0)^j$$

是当 $|x-x_0|<R$ 时绝对收敛的解析函数，那么对于任意 $a, b\in\mathbb{R}$，$h(x)\equiv af(x)+bg(x)$ 是当 $|x-x_0|<R$ 时绝对收敛的解析函数，同时 $h(x)=\sum_{j=0}^{\infty}\frac{1}{j!}h^{(j)}(x_0)(x-x_0)^j$。

证明：$h(x)$是绝对收敛的，这可从三角不等式以及 $f(x)$和 $g(x)$的绝对收敛性来证明：

$$\left|a\sum_{j=0}^{\infty}\frac{1}{j!}f^{(j)}(x_0)(x-x_0)^j+b\sum_{j=0}^{\infty}\frac{1}{j!}g^{(j)}(x_0)(x-x_0)^j\right|$$

$$\leqslant|a|\sum_{j=0}^{\infty}\frac{1}{j!}|f^{(j)}(x_0)(x-x_0)^j|+|b|\sum_{j=0}^{\infty}\frac{1}{j!}|g^{(j)}(x_0)(x-x_0)^j|$$

对于 $h(x)$的泰勒级数依照 $h(x)$的导数是给定的，而 $h(x)$也可根据如下级数的绝对收敛性证明其绝对收敛：

$$a\sum_{j=0}^{\infty}\frac{1}{j!}f^{(j)}(x_0)(x-x_0)^j+b\sum_{j=0}^{\infty}\frac{1}{j!}g^{(j)}(x_0)(x-x_0)^j$$

而这些级数的项重新排列可得：

$$\sum_{j=0}^{\infty}\frac{1}{j!}[af^{(j)}(x_0)+bg^{(j)}(x_0)](x-x_0)^j$$ ■

注释 9.22：然而作为解析函数的泰勒级数并不需要是绝对收敛的，这些级数的部分和是点收敛的。因此这些部分和在收敛区间上的任意紧集中都是一致收敛的。

9.3.8 泰勒级数余项

这部分我们将给出在式(9.26)以及式(9.27)和式(9.28)中的扩展式中隐含的余项的有用的显示表达式。另一种对于这个余项的表达式在第 10.8 节中可见。

定义 $f_n(x)$为在式(9.26)中的 n 阶泰勒多项式，我们给出：

$$f_n(x)=\sum_{j=0}^{\infty}\frac{1}{j!}f^{(j)}(x_0)(x-x_0)^j。$$

命题 9.27 提供了在误差项上的数量信息：

$$f(x)=f_n(x)+R_n(x)$$

加总起来，我们从式(9.27)和式(9.28)中可得：

(1) $R_n(x)=O(\Delta x^n)$适用于所有情况，仅仅要求 $f^{(n)}(x)$在(a, b)上存在。

(2) $R_n(x)=o(\Delta x^n)$适用于如果在这个区间上 $f^{(n)}(x)$也是连续的。

现在，如果 $f^{(n)}(x)$在这个区间上也是可微分的会是什么情况？那么命题 9.27 表述出可以在误差为 $R_{n+1}(x)=O(\Delta x^{n+1})$的误差下根据 $f_{n+1}(x)$得到 $f_n(x)$的近似。或者，在

$f_{n+1}(x)$项的最后一项可以移入误差项使得 $f(x)$可以根据 $f_n(x)$进行近似，并且误差为：

$$R'_n(x)=R_{n+1}(x)+\frac{1}{(n+1)!}f^{(n+1)}(x_0)(x-x_0)^{n+1}=O(\Delta x^{n+1})$$

然而，在这种情况下在我们所假定的 $f(x)$有一个额外的导数 $f^{(n+1)}(x)$处，也可以推导出一个关于这个余项的显性表达式。如果这个额外的导数是连续的，那么这个显性表达式在给定的区间上为这个误差处处提供了一个有用的上确界。这个余项通常被用于证明泰勒级数的收敛性，以及当给定 x_0 和 Δx 时的数值估计，而这个上确界通常被用于证明在给定区间上的可解析性。

命题 9.30 如果 $f(x)$在区间(a, b)上是 $n+1$ 次可微的，同时 $f^{(j)}(x)$在当 $j \leqslant n$ 的区间$[a, b]$上是连续的，以及 $x, x_0 \in (a, b)$，那么存在θ，$0<\theta<1$，使得：

$$f(x)=\sum_{j=0}^{n}\frac{1}{j!}f^{(j)}(x_0)(x-x_0)^j+\frac{1}{(n+1)!}f^{(n+1)}(c)(x-x_0)^{n+1} \tag{9.33}$$

其中 $c=x_0+\theta\Delta x$。也就是说，c 在 x 和 x_0 之间，所以如果 $x>x_0$ 那么 $c\in(x_0, x)$，且如果 $x<x_0$，那么 $c\in(x, x_0)$。另外，如果 $f^{(n+1)}(x)$在$[a, b]$上是连续的，那么存在 $M>0$，使得对于所有 $x, x_0\in(a, b)$，有：

$$\left|f(x)-\sum_{j=0}^{n}\frac{1}{j!}f^{(j)}(x_0)(x-x_0)^j\right|\leqslant\frac{M}{(n+1)!}|x-x_0|^{n+1} \tag{9.34}$$

证明：在式(9.33)中的表达式可以从命题 9.27 的证明过程式(9.29)中得证。另外，如果 $f^{(n+1)}(x)$在$[a, b]$上是连续的，那么从命题 9.10 中，这个函数能达到它的上确界和下确界。在这里 M 记为这些边界的绝对值中的最大值。 ■

注释 9.23：在式(9.33)中的泰勒级数展开式中的余项被认为是拉格朗日余项，这个是以约瑟夫·拉格朗日(Joseph-Louis Lagrange，1736—1813)所命名的，他证明了中值定理同时根据这个结果推导出了这个余项。另一种余项被命名为奥古斯丁·路易·柯西，将在第 10.8 节中被扩展。

例 9.24 (1) 我们可以应用这个命题到我们在第 8.4.1 节中所遇到的无穷乘积问题，即在强大数定律的讨论之前的部分。假定 $\{x_n\}_{n=1}^{\infty}$ 同时 $x_n>0$，以及当 $n\to\infty$、$x_n\to 0$ 时，我们可得：

$$\prod_{n=1}^{\infty}(1-x_n)=\begin{cases}0, & \sum x_n \text{ 发散}\\ c>0, & \sum x_n \text{ 收敛}\end{cases}$$

将当 $n=1$ 时的式(9.33)应用到 $f(x)=\ln(1-x)$，同时回想一下 $f'(x)=\dfrac{-1}{1-x}$ 和 $f''(x)=\dfrac{-1}{(1-x)^2}$，我们可得在 $x_0=0$ 下，其中也假定 $x_n<1$：

$$\ln(1-x_n)=-x_n-\frac{1}{2}(\theta_n x_n)^2,\ 0<\theta_n<1$$

因此，因为所有但有限个 x_n 满足 $x_n<1$，我们可以忽略这些例外，因为他们对于结论没有什么影响，同时得到：

$$\ln \prod_{n=1}^{N}(1-x_n)=-\sum_{n=1}^{N}x_n-\frac{1}{2}\sum_{n=1}^{N}(\theta_n x_n)^2$$

现在,如果 $\sum_{n=1}^{\infty}x_n=\infty$,那么我们可得 $\ln\prod_{n=1}^{\infty}(1-x_n)=-\infty$,因此 $\prod_{n=1}^{\infty}(1-x_n)=0$。此外,如果 $\sum_{n=1}^{\infty}x_n=s<\infty$,那么因为 θ_n, $x_n<1$,很明显 $\sum_{n=1}^{\infty}(\theta_n x_n)^2=s'<s$。所以 $\ln\prod_{n=1}^{\infty}(1-x_n)=-s-\frac{1}{2}s'$,且 $\prod_{n=1}^{\infty}(1-x_n)=e^{-s-\frac{1}{2}s'}$。

(2) 如果 $\{x_n\}_{n=1}^{\infty}$ 在没有约束 $\{x_n>0\}$ 下,当 $n\to\infty$ 时满足 $x_n\to 0$,在假定 $\sum|x_n|$ 收敛时,同样的第二个关于收敛的结论也可以得证。这个条件确保 $\sum_{n=1}^{\infty}(\theta_n x_n)^2$,因为 $|x_n|<1$,有:

$$\sum_{n=1}^{\infty}(\theta_n x_n)^2<\sum_{n=1}^{\infty}x_n^2<\sum|x_n|$$

$x_n=\frac{(-1)^n}{\sqrt{n}}$ 证明了绝对收敛条件的必要性,因为尽管 $\sum_{n=1}^{\infty}x_n=s<\infty$,所有关于第二个加总式的就是 $\sum_{n=1}^{\infty}(\theta_n x_n)^2<\sum_{n=1}^{\infty}\frac{1}{n}$,而这个式子是发散的。

关于余项的上确界在证明一个给定函数的解析性时是很有用的。然而,我们可以得出这些估计有时不能给一个泰勒级数的收敛性提供证明,因为有时反映在$[a, b]$上 $f^{(n+1)}(x)$ 的最大值或者对于给定的 x, x_0 上 $f^{(n+1)}(x)$ 的最大值,这个估计有点太粗糙了。根据在证明命题 9.27 中的式(9.29)我们其实仅仅需要一个 $f^{(n+1)}(x)$在中间的 c 的绝对值的一个估计,而这个 c 通常不知道。当这个区间最大值很大的时候,这种估计结果过于粗糙可能就是个问题。

如上所记,存在另外形式的余项,并且柯西形式的余项能够反映出 x 和 x_0 之间的 $f^{(n+1)}(t)$平均值,这使得它将在第 10.8 节中得到扩展,同时被认为当拉格朗日余项失效的情况下证明函数的解析性。

例 9.25 现在我们解释了三种所引用的并且应用到前面章节中的泰勒级数。对于 $f(x)=\frac{1}{1-x}$ 的级数被应用在例 6.8 中,而指数级数 e^x 被应用到第 7 章中的矩关系的展开上,同时自然对数级数 $\ln(1+x)$被应用到斯特林公式和其他结果中。

(1) 有 $f(x)=\frac{1}{1-x}=(1-x)^{-1}$ 和 $x_0=0$,很容易推导出 $f^{(n)}(x)=n!(1-x)^{-n-1}$ 同时有 $f^{(n)}(0)=n!$。注意到$(1-x)^{-n-1}$在$(-\infty, 1)$上是递增函数,因此:

$$\max_{[0,\,x]}(1-y)^{-n-1}=\begin{cases}(1-x)^{-n-1},\ 0<x<1\\ 1,\ x\leqslant 0\end{cases}$$

我们从式(9.34)中得到:

$$\left|\frac{1}{1-x}-\sum_{j=0}^{n}x^j\right|\leqslant\begin{cases}\left|\frac{x}{1-x}\right|^{n+1},\ 0<x<1\\ |x|^{n+1},\ x\leqslant 0\end{cases}$$

在第 6 章中,当 $|x|<1$ 时 $\sum_{j=0}^{n} x^j$ 收敛。因此,拉格朗日余项仅仅能证明在第二种情况下 $-1<x\leqslant 0$ 时 $\frac{1}{1-x}=\sum_{j=0}^{\infty} x^j$。因为当 $n\to\infty$时,有 $|x|^{n+1}\to 0$。当 $0<x<1$ 时,有 $\frac{x}{1-x}>1$,因此当 $n\to\infty$时,$\left|\frac{x}{1-x}\right|^{n+1}\to\infty$。我们在第 10 章将重新回到这个例子中,不过是用不同的对 $f(x)$余项估计和收敛性证明。

(2) 在式(9.34)中有 $f(x)=\mathrm{e}^x$ 且$x_0=0$,回想对于所有j,$f^{(j)}(x)=\mathrm{e}^x$ 和$f^{(j)}(0)=1$,所以有:

$$\left|\mathrm{e}^x-\sum_{j=0}^{n}\frac{1}{j!}x^j\right|\leqslant\begin{cases}\dfrac{\mathrm{e}^x}{(n+1)!}|x|^{n+1},\ x>0\\[2ex]\dfrac{1}{(n+1)!}|x|^{n+1},\ x\leqslant 0\end{cases}$$

因为当 $x>0$ 在横跨$[0,x]$上的 $f^{(n+1)}(y)$的最大值是 e^x,而当 $x\leqslant 0$ 时最大值是 1。现在在第 6 章中对于所有 $x\in\mathbb{R}$,都有 $\sum_{j=0}^{\infty}\frac{1}{j!}x^j$ 收敛。通过运用辛普森规则到$(n+1)!$,有:

$$\frac{(n+1)!}{\sqrt{2\pi}(n+1)^{n+(3/2)}\mathrm{e}^{-(n+1)}}=\frac{(n+1)!}{\sqrt{2\pi n}\left(\dfrac{n+1}{\mathrm{e}}\right)^{n+1}}\to 1$$

所以 $(n+1)!$比$\left(\frac{n+1}{\mathrm{e}}\right)^{n+1}$ 增长快,当然对于任意 x 比 x^{n+1}更快。这表示对于 x 的任意值,误差将趋向 0,同时当 $n\to\infty$时,泰勒级数收敛到 e^x。也就是说,e^x 是一个解析函数。同时如式(7.63)所记,

对于所有 $x\in\mathbb{R}$,有:

$$\mathrm{e}^x=\sum_{j=0}^{\infty}\frac{1}{j!}x^j \tag{9.35}$$

(3) 有 $f(x)=\ln(1+x)$,我们可得:

$$f'(x)=\frac{1}{1+x},\ f^{(2)}(x)=\frac{-1}{(1+x)^2},\ \cdots,\ f^{(n)}(x)=\frac{(-1)^{n+1}(n-1)!}{(1+x)^n}$$

因此当 $x_0=0$时,就有对于$n\geqslant 1$时,有 $f(0)=0$ 和 $f^{(n)}(0)=(-1)^{n-1}(n-1)!$。同时为了找到 M,注意到对于 $y>-1$ 时 $\frac{1}{(1+y)^{n+1}}$ 是一个递减函数:

$$\max_{[0,x]}\frac{1}{(1+y)^{n+1}}=\begin{cases}1,\ 0\leqslant x\\[1ex]\dfrac{1}{(1+x)^{n+1}},\ -1<x<0\end{cases}$$

根据式(9.34),我们可得:

$$\left|\ln(1+x)-\sum_{j=1}^{n}\frac{(-1)^{j+1}}{j}x^j\right|\leqslant\begin{cases}\dfrac{1}{n+1}|x|^{n+1},\ y\in[0,x],\ x\geqslant 0\\[2ex]\dfrac{1}{n+1}\left|\dfrac{x}{1+x}\right|^{n+1},\ y\in[x,0],\ -1<x\leqslant 0\end{cases}$$

如第 6 章所示当 $|x|<1$ 时,$\sum_{j=1}^{\infty}\frac{(-1)^{j+1}}{j}x^j$ 绝对收敛,而当 $x=1$ 时是有条件收敛,而对于 $x=-1$ 就发散了。所以正如这个例子中的情况(1)所示,拉格朗日余项仅仅能得出部分结果。在第一种情况中 $0\leqslant x\leqslant 1$,有 $\ln(1+x)=\sum_{j=1}^{\infty}\frac{(-1)^{j+1}}{j}x^j$。因为当 $n\to\infty$ 时有 $\frac{|x|^{n+1}}{n+1}\to 0$,而且在第二种情况中有 $-1<x\leqslant 0$。特别地,对于后者的 x 的值域,我们可得如果 $-\frac{1}{2}\leqslant x\leqslant 0$ 有 $\left|\frac{x}{1+x}\right|\leqslant 1$,因此当 $n\to\infty$ 时有 $\frac{1}{n+1}\left|\frac{x}{1-x}\right|^{n+1}\to 0$。但是对于 $-1<x<-\frac{1}{2}$,我们可得 $\left|\frac{x}{1+x}\right|>1$,所以当 $n\to\infty$ 可得 $\frac{1}{n+1}\left|\frac{x}{1-x}\right|\to\infty$。在第 10 章我们将重新回到这个例子。

根据应用到 $x=1$ 的这个分析来看,我们可以得出结论:

$$\ln 2=\sum_{j=1}^{\infty}\frac{(-1)^{j+1}}{j} \tag{9.36}$$

这个式子可以推导出交错调和级数的数值,而这个数值正是在例 6.2 中所记录的那样。

9.4 导数序列的收敛性

通过扩展第 9.2.7 节中关于连续函数序列的收敛性的讨论,我们发现这里存在一个同导数相关的类似讨论,接下来我们用一系列问题来介绍一下关于导数序列的收敛性的问题。

问题 1:如果 $f_n(x)$ 是可微分函数序列,同时存在一个函数 $f(x)$ 使得当 $n\to\infty$ 时,$f_n(x)\to f(x)$ 点收敛,那么 $f(x)$ 一定可微吗?

问题 2:如果在问题 1 中的 $f(x)$ 是可微的,对于当 $n\to\infty$ 时的每一个 x,必然有 $f_n'(x)\to f'(x)$?

问题 3:如果 $f_n(x)\to f(x)$ 是一致收敛而不是点收敛,那么对于问题 1 和问题 2 的答案是否会发生改变?

答:对于这三个问题,一般来说,答案是"不",并且很容易举例证明。

例 9.26 (1) 定义:

$$f_n(x)=\begin{cases}x^{1+(1/n)}, & x\geqslant 0\\(-x)^{1+(1/n)}, & x<0\end{cases}$$

那么每一个 $f_n(x)$ 都是可微的,同时有:

$$f_n'(x)=\begin{cases}\left(1+\frac{1}{n}\right)x^{1/n}, & x\geqslant 0\\-\left(1+\frac{1}{n}\right)(-x)^{1/n}, & x<0\end{cases}$$

现在 $f_n(x)\to f(x)\equiv|x|$,$f(x)$ 在 $x=0$ 和 $x\neq 0$ 时,是不可微的。当 $x>0$ 时,$f'(x)=1$,而当 $x<0$ 时 $f'(x)=-1$。同时,也存在这样的情况,即当 $x\neq 0$ 时,有

$f_n'(x) \to f'(x)$，因为对于所有 $x \neq 0$ 的当 $n \to \infty$ 时都有 $|x|^{1/n} \to 1$。这个观察为第二个问题的答案可能是“是”提供了希望，尽管是暂时的。

(2) 定义：

$$f_n(x) = \frac{\sin nx}{\sqrt{n}}$$

那么每一个 $f_n(x)$ 都是可微的，同时 $f_n'(x) = \sqrt{n}\cos nx$。

现在对于所有的 x 而言都有 $f_n(x) \to f(x) \equiv 0$，因为 $|\sin nx| \leqslant 1$，且 $f(x)$ 处处可微，其中 $f'(x) \equiv 0$。然而，$f_n'(0) = \sqrt{n} \to \infty$，尽管 $f_n'(\pi)$ 在 $\pm\sqrt{n}$ 之间变动，并且 $f_n'\left(\frac{\pi}{2}\right)$ 在序列 $\{0, -\sqrt{n}, 0, \sqrt{n}\}$ 中往复循环等等。

(3) 最后，尽管一致收敛给第 9.2.7 节中有关于连续性的保留提供了一个肯定结果，不过在这里它并没有什么帮助作用。情况(1)在紧集上一致收敛而情况(2)也是一致收敛，所以得到同样的否定结论。然而，在情况(1)中，导数序列 $f_n'(x)$ 并没有根据柯西准则在任何包含 0 的区间上一致收敛，因为当 $n \to \infty$ 时，有：

$$f_n'(x) \to \begin{cases} 1, & x > 0 \\ -1, & x < 0 \end{cases}$$

对于情况(2)，导数序列 $f_n'(x)$ 并没有在任何区间上一致收敛。

尽管不是最一般的表述，不过接下来的结论足够应用到大多数情况。

命题 9.31 如果 $f_n(x)$ 是一个连续可微函数的序列同时存在一个函数 $f(x)$ 使得在某一区间 I 上，$f_n(x) \to f(x)$ 一致收敛，且 $f_n'(x)$ 根据柯西准则一致收敛，那 $f(x)$ 是可微的且 $f_n'(x) \to f'(x)$。

证明：从第 9.2.7 节关于一致收敛的命题 9.12 和 9.13 中，$f_n'(x)$ 是连续且按照柯西准则一致收敛的假定意味着存在一个连续函数，假定 $g(x)$，使得 $f_n'(x) \to g(x)$ 一致收敛。需要证明的是 $f(x)$ 是可微的。为了实现这个目的，固定 $x_0 \in I$，并且定义当 $x \neq x_0$ 时的有限差分函数：

$$D_n(x) = \frac{f_n(x) - f_n(x_0)}{x - x_0},\ D(x) = \frac{f(x) - f(x_0)}{x - x_0}$$

$f_n(x) \to f(x)$ 一致收敛的这个假设意味着对于 $x \neq x_0$，有：

$$D_n(x) \to D(x)，当\ n \to \infty$$

因为 $f_n(x)$ 是可微的，对于所有 n，有 $\lim\limits_{x \to x_0} D_n(x) = f_n'(x_0)$

我们现在能够证明当固定 $x \neq x_0$，在 $n \to \infty$ 时 $D_n(x)$ 一致收敛。该证明分为两个步骤。首先应用中值定理到 $f_n(x) - f_m(x)$，得出对于在 x 和 x_0 之间的某些 y 来说，有：

$$|f_n(x) - f_m(x) - f_n(x_0) + f_m(x_0)| = |f_n'(y) - f_m'(y)||x - x_0|$$

第二步，$f_n'(x)$ 的一致收敛意味着对于任意 $\epsilon > 0$ 都存在一个 N，使得对于 $n, m > N$ 和任意 $y \in I$，有：

$$|f_n'(y) - f_m'(y)| < \epsilon$$

综合这些步骤，我们可以推导出当 $n, m > N$ 和 $x \neq x_0$ 时，有：

$$| D_n(x) - D_m(x) | < \epsilon$$

所以对于 $x \neq x_0$，当 $n \to \infty$ 时，$D_n(x)$一致收敛。综合这些部分，而且因为 x_0 是集合 $I - x_0$ 中的一个有限点，所以根据注释 9.11，下面的极限就能被反转。于是产生：

$$\begin{aligned} f'(x_0) &\equiv \lim_{x \to x_0} D(X) \\ &= \lim_{x \to x_0} \lim_{n \to \infty} D_n(x) \\ &= \lim_{n \to \infty} \lim_{x \to x_0} D_n(x) \\ &= \lim_{n \to \infty} f'_n(x_0) \end{aligned}$$

9.4.1 函数级数

前述的命题 9.31 可以轻易地一般化到函数级数上。

命题 9.32 如果 $g_j(x)$是一个连续可微函数的序列，并且存在一个函数 $g(x)$使得在某一区间 I 上，当 $n \to \infty$时，$\sum_{j=1}^{n} g_j(x)$ 一致收敛到 $g(x)$，并且 $\sum_{j=1}^{n} g'_j(x)$ 根据柯西准则一致收敛，那么 $g(x)$是可微的，且 $\sum_{j=1}^{n} g'_j(x) \to g'(x)$。也就是说：

$$g'(x) = \lim_{n \to \infty} \sum_{j=1}^{n} g'_j(x)$$

注释 9.24：用平实的语言来说，连续可微函数级数的一致收敛表明当导数级数也一致收敛时，存在一个可微函数，同时这个极限函数的导数等于在级数中导数项的和。级数和它的导数们的一致收敛证实了级数中逐项都可微，也就意味着：

$$\left(\sum_{j=1}^{\infty} g_j(x) \right)' = \sum_{j=1}^{\infty} g'_j(x)$$

证明：定义 $f_n(x) = \sum_{j=1}^{n} g(x)$，那么 $f_n(x)$作为一个连续可微函数的有限和，对于所有 n 都是连续可微的，同时根据假设，$f_n(x) \to g(x)$一致收敛。同时 $f'_n(x) \equiv \sum_{j=1}^{n} g'_j(x)$，所以根据柯西准则 $f'_n(x)$一致收敛。这个结果可从命题 9.31 中得证。 ■

9.4.2 幂级数的可微性

为了能够把一个给定的函数扩展成一个泰勒级数，必须使得这样的函数是无限可微的。然而，并不是所有无限可微的函数都能被表示成收敛的泰勒级数，如：

$$f(x) = \begin{cases} e^{-1/x^2}, & x \neq 0 \\ 0, & x = 0 \end{cases}$$

以及在例 9.23 中所阐述的那样。这里，对于所有的 n 来说，$f^{(n)}(0) = 0$，所以以 $x_0 = 0$ 为中心的泰勒级数满足：

$$\sum_{j=0}^{\infty}\frac{1}{j!}f^{(j)}(0)x^{j}\equiv 0$$

并且,在这个点附近都不可能表达出这个函数。

$f(x)$的性质被称为解析性,或者更精确点就是在 x_0 的邻域上是可解析的,这意味着不止是这类函数是在 x_0 上无限可微的。这就意味着这类函数能利用中心在 $x=x_0$ 上的一个泰勒级数来表达出来,同时这个级数在这个点的某些邻域上能够收敛到函数值上。对于函数值的强调是深思熟虑过的,因为上述的函数有一个中心在 $x_0=0$ 的泰勒级数,所以处处收敛,但是对于任何 $x\neq 0$ 它并不能收敛到 $f(x)$。

现在泰勒级数有一个关于幂级数的特殊例子,这个例子在第 6 章中被介绍过,同时很自然地我们有以下疑问:

如果函数 $f(x)$被定义为幂级数 $f(x)=\sum_{j=0}^{\infty}c_j(x-x_0)^j$,这个幂级数对于某些 $R>0$ 且 $|x-x_0|<R$ 时,是收敛的。

(1) $f(x)$是无限可微的? 如果是,那么如何求 $f^{(n)}(x)$?

(2) 如果是无限可微的,那么 $f(x)$是式(9.30)意义上的可解析函数吗?

(3) 如果是解析函数,且 $f(x)$能被扩展成关于 x_0 的泰勒级数,那么必然会是 $c_n=\frac{f^{(n)}(x_0)}{n!}$ 这种情况吗?

接下来的命题就回答了这些问题,同时提供了肯定的答复。这些大部分可以视为是关于函数级数的命题 9.32 的一个推论,但是这么被表述的目的在于澄清只有一小部分的想法需要被应用以确保一致收敛性。

命题 9.33　如果函数 $f(x)$被定义为幂级数:

$$f(x)=\sum_{j=0}^{\infty}c_j(x-x_0)^j \tag{9.37}$$

同时对于某些 $R>0$ 且由 $|x-x_0|<R$ 给定这个函数的一个收敛区间,那么:

(1) $f(x)$是无限可微的,同时:

$$f^{(n)}(x)=\sum_{j=n}^{\infty}c_j\,\frac{j!}{(j-n)!}(x-x_0)^j \tag{9.38}$$

当 $|x-x_0|<R$ 时是绝对收敛的。也就说,幂级数是无限可微且能逐项被微分的。

(2) $f(x)$是式(9.30)意义上的可解析的,所以:

$$f(x)=\sum_{n=0}^{\infty}\frac{f^{(n)}(x_0)}{n!}(x-x_0)^n$$

而且这个级数在 $|x-x_0|<R$ 上是绝对收敛的。更进一步,有:

$$\frac{f^{(n)}(x_0)}{n!}=c_n \tag{9.39}$$

也就是说,幂级数的扩展式是唯一的。

证明:定义 $f_n(x)$为 $f(x)$的部分加总:

$$f_n(x)=\sum_{j=0}^{n}c_j(x-x_0)^j$$

目前，假定收敛半径 $R<\infty$，这里我们回想起 R 是在第 6 章中被定义，其中 $R=\frac{1}{L}$，在式(6.20)中 L 被给定：

$$L=\limsup_{j\to\infty}\left\{\frac{|c_{j+1}|}{|c_j|}\right\}$$

那么很明显 $f_n(x)$是连续的，在 $|x-x_0|<R$，$f_n(x)\to f(x)$ 点收敛，因此根据练习 30(b)，对于任意的 $\epsilon>0$，$f_n(x)$ 在紧集 $|x-x_0|\leqslant R-\epsilon$ 上一致收敛。同时 $f_n(x)$是可微的：

$$f'_n(x)=\sum_{j=1}^{n}jc_j(x-x_0)^{j-1}$$

现在根据级数 $f'_n(x)=\sum_{j=1}^{\infty}jc_j(x-x_0)^{j-1}$ 同 $f(x)$的级数有同样的收敛区间的这个证明，我们可以证得在 $|x-x_0|<R$，$f'_n(x)$ 点收敛。根据比率检定：

$$\begin{aligned}\limsup_{j\to\infty}\left\{\frac{|(j+1)c_{j+1}(x-x_0)^j|}{|jc_j(x-x_0)^{j-1}|}\right\}&=\limsup_{j\to\infty}\left\{\frac{j+1}{j}\frac{|c_{j+1}|}{|c_j|}|x-x_0|\right\}\\&=\limsup_{j\to\infty}\left\{\frac{|c_{j+1}|}{|c_j|}\right\}|x-x_0|\\&=L|x-x_0|\end{aligned}$$

所以在 $|x-x_0|<R$ 上级数 $f'_n(x)$收敛，因此在 $|x-x_0|\leqslant R-\epsilon$ 上根据柯西准则一致收敛。根据命题 9.31，证得 $f(x)$是可微的，同时对于所有的 $|x-x_0|\leqslant R-\epsilon$ 有 $f'(x)=\lim_{n\to\infty}f'_n(x)$。因为对于所有 $\epsilon>0$，这是成立的，在式(9.38)中的结果对于 $n=1$ 也得证。然而，$f'(x)=\sum_{j=1}^{\infty}jc_j(x-x_0)^{j-1}$ 现在是一个幂级数，根据迭代法，式(9.38)对于所有 n 得证。如果 $R=\infty$，同样的论证过程只是排除了一致收敛中所需要的紧集这个条件，即对于任意 $R'<\infty$，$|x-x_0|\leqslant R'$。这也证明了命题中的第一部分。

对于第二部分，很明显从式(9.38)中通过替换 $f^{(n)}(x_0)=n!c_n$，命题得证，所以中心为 x_0 的泰勒级数当 $|x-x_0|<R$ 时绝对收敛，因为它和幂级数是同一的。■

注释 9.25：当然，关于幂级数的表达式是唯一的这个概念，正如命题 9.33 中的第二部分所表述的那样，意味着如果对于某些 x_0，有：

$$f(x)=\sum_{j=0}^{\infty}c_j(x-x_0)^j=\sum_{j=0}^{\infty}d_j(x-x_0)^j$$

其中 $|x-x_0|<R$ 且 $R>0$，那么对于所有 j 都有 $c_j=d_j=\frac{f^{(j)}(x_0)}{j!}$。一个给定的解析函数可以有很对不同 x_0 值的泰勒级数展开式。例如，展开式中 $x=0$ 和 $x=1$，可得：

$$e^x=\sum_{j=0}^{\infty}\frac{x^j}{j!}=\sum_{j=0}^{\infty}\frac{e(x-1)^j}{j!}$$

根据上述命题,就在第 9.3.7 节中的定义 9.26 的意义上在它的收敛半径上每一个幂级数都是一个解析函数。

例 9.27 在第 7.5.1 节中介绍了离散随机变量的矩母函数和特征函数,同时每一个上述的函数都等于一个反映给定随机变量矩的一个幂级数。例如,如果 $f(x)$是给定离散随机变量的概率密度函数 $X: S \to \{x_i\}_{i=1}^{\infty} \subset \mathbb{R}$,这个函数的矩母函数就是:

$$M_X(t) = \sum_{i=1}^{\infty} e^{tx_i} f(x_i)$$

对于在一个包含 $t=0$ 的区间 I 上的 t 来说,当这个级数收敛时,那么这个级数也绝对收敛。现在 e^{tx_i} 对于所有 t 是解析函数,同时可以表达为一个泰勒级数,可得:

$$M_X(t) = \sum_{i=1}^{\infty} \sum_{j=0}^{\infty} \frac{(tx_i)^j}{j!} f(x_i)$$

因为这个级数在 I 上是绝对收敛的,我们可以根据第 6.1.4 节中的分析去互换加总的顺序从而得到式(7.64):

$$\begin{aligned} M_X(t) &= \sum_{j=0}^{\infty} \frac{t^j}{j!} \sum_{i=1}^{\infty} x_i^j f(x_i) \\ &= \sum_{j=0}^{\infty} \frac{t^j \mu'_j}{j!} \end{aligned}$$

作为一个在 I 上的收敛级数,我们可知 $M_X(t)$在 I 上是无限可微的,同时应用式(9.38)可得:

$$M_X^{(n)}(t) = \sum_{j=n}^{\infty} \frac{t^{j-n} \mu'_j}{(j-n)!}$$

而当 $t=0$ 时,上式可生成式(7.65):

$$\mu'_n = M_X^{(n)}(0)$$

同样的分析可以应用到 $C_X(t)$中,当所有的矩都存在时,可以证明出这个函数的同样性质。如上所记,这就需要 e^{itx_j} 带有复数的幂级数展开式的使用了,同时这个级数根据三角不等式可以被认为是绝对收敛的。然而 $C_X(t)$在 $t=0$ 上并不需要是无限可微的,同时将会有同 $f(x)$的矩同样多数目的导数。

1. 泰勒级数的乘积

接下来这部分讨论的同两个解析函数的乘积有关。很明显,如果 $f(x)$和 $g(x)$是任意两个解析函数,定义函数 $h(x) \equiv f(x)g(x)$。这里的问题在于,如果 $f(x)$和 $g(x)$被给定是中心在 x_0 上的绝对收敛的泰勒级数,同时有两个相对应的收敛半径 R 和 R',那么 $h(x)$是解析的吗? 如果是,那么 $h(x)$的幂级数表达式是什么? 而它的收敛半径是多少?

接下来这个命题就是阐释这个问题,同时扩展了命题 9.29 中的结果,而那个结果只是阐述了当 $f(x)$和 $g(x)$是解析的情况下,对于 $a, b \in \mathbb{R}$, $af(x)+bg(x)$的可解析性。

命题 9.34 让 $f(x)$和 $g(x)$是解析函数同时给定为中心在 x_0 的收敛幂级数:

$$f(x) = \sum_{n=0}^{\infty} \frac{f^{(n)}(x_0)}{n!}(x-x_0)^n, \quad g(x) = \sum_{n=0}^{\infty} \frac{g^{(n)}(x_0)}{n!}(x-x_0)^n$$

其中都是对于 $|x-x_0|<R$ 是绝对收敛的。那么 $h(x)\equiv f(x)g(x)$ 是一个解析函数，对于 $|x-x_0|<R$ 是绝对收敛的：

$$h(x)=\sum_{n=0}^{\infty}d_n(x-x_0)^n \tag{9.40}$$

其中：

$$d_n=\sum_{k=0}^{n}\frac{f^{(k)}(x_0)g^{(n-k)}(x_0)}{k!(n-k)!} \tag{9.41}$$

证明:因为 $f(x)$和 $g(x)$是绝对收敛的,可以直接从命题 6.21 中得到结论。尤其式(9.41)可以从式(6.22)中得证。 ■

我们现在就可以从这个命题中得到一个推论,而这个推论就是莱布尼茨规则(Leibniz rule),莱布尼茨规则是关于两个 n 次可微的函数乘积的 n 阶导数的,以弗里德・威廉・莱布尼茨(Gottfried Wilhelm Leibniz, 1646—1716)所命名。这个推论可以应用到解析函数的乘积中,不过对于函数都是 n 次可微函数这样更弱的假设条件,这个推论也是正确的。

命题 9.35 如果 $f(x)$和 $g(x)$是解析函数,且在 $|x-x_0|<R$ 是绝对收敛的,那么对于 $h(x)=f(x)g(x)$，有：

$$h^{(n)}(x)=\sum_{k=0}^{n}\binom{n}{k}f^{(k)}(x)g^{(n-k)}(x),\text{其中 } |x-x_0|<R \tag{9.42}$$

证明:对于 $h^{(n)}(x)$的这个公式在 $x=x_0$ 上是成立的,因为 $h(x)$是解析函数,因此:

$$h(x)=\sum_{n=0}^{\infty}\frac{h^{(n)}(x_0)}{n!}(x-x_0)^n$$

将这个展开式同式(6.22)相比较,得到 $h^{(n)}(x_0)=n!d_n$,那么结果得证,因为 $\binom{n}{k}=\frac{n!}{k!(n-k)!}$。对于任何其他的 $|x-x_0|<R$ 中的 x,泰勒级数的中心在 x 上,那么在任意 $(x-R',x+R')\subset(x_0-R,x_0+R)$,这个泰勒级数是绝对收敛的。根据这个泰勒级数和上面的求导,式(9.42)得证。 ■

2. *泰勒级数的相除

这部分最后的讨论同两个解析函数的相除有关,或者说和一个解析函数的导数有关。显然,如果 $f(x)$和 $h(x)$是两个任意的解析函数,定义 $g(x)\equiv\frac{h(x)}{f(x)}$,其中 $f(x)\neq 0$。当 $h(x)\equiv 1$ 时,$g(x)$是 $f(x)$的导数。问题在于,如果 $f(x)$和 $h(x)$是给定的一个中心在 x_0 的绝对收敛的泰勒级数,同时 $f(x_0)\neq 0$,且收敛的共同半径为 R,那么 $g(x)$是可解析的? 如果是,$h(x)$的幂级数表达式是什么? 收敛的半径又是多少?

接下来的命题将回答这个问题。

命题 9.36 $f(x)$和 $h(x)$是解析函数且给定是中心在 x_0 上的收敛幂级数:

$$f(x)=\sum_{n=0}^{\infty}\frac{f^{(n)}(x_0)}{n!}(x-x_0)^n,\ h(x)=\sum_{n=0}^{\infty}\frac{h^{(n)}(x_0)}{n!}(x-x_0)^n$$

上式对于 $|x-x_0|<R$ 是绝对收敛的,同时 $f(x_0)\neq 0$。那么 $g(x)\equiv\frac{h(x)}{f(x)}$ 是一个解析函数,

$$g(x)=\sum_{n=0}^{\infty}c_n(x-x_0)^n \tag{9.43}$$

其中:

$$c_0=\frac{h(x_0)}{f(x_0)} \tag{9.44a}$$

$$c_n=\frac{1}{f(x_0)}\left[\frac{h^{(n)}(x_0)}{n!}-\sum_{k=0}^{n-1}\frac{f^{(n-k)}(x_0)c_k}{(n-k)!}\right] \tag{9.44b}$$

对于某些 $R'>0$ 和 $|x-x_0|<R'$,上式是绝对收敛的。

证明:因为 $f(x)$ 和 $h(x)$ 是绝对收敛,这个结论直接从命题 6.21 中得证,而命题 6.21 也证明出 $\frac{1}{f(x)}$ 是绝对收敛的。特别地,式(9.44)从式(6.25)中得证。 ■

注释 9.26:在下面关于风险中性概率 $q(\Delta t)$ 的第 9.8.10 节中,将会是关于解析函数的比率分析和这个结果的一个应用,或者说是式(6.25)的一个应用。然而,通常来说对于比率的幂级数函数可以根据幂级数 $h(x)$ 除以幂级数 $f(x)$ 的"长除法"而不是根据式(9.44)或者式(6.25)中的公式迭代得到系数来直接和简单推导出。上述命题的重要性在于,它确保了这个比率函数在 x_0 的邻域上是可解析的,所以我们能仅仅生成几项而依然能够根据项生成的数量所产生的数量级来确定余项将会收敛到 0。没有这样一个结果,我们可能需要生成并使用级数的部分加总,而此时余项可能不收敛。

因为 $c_n=\frac{g^{(n)}(x_0)}{n!}$,我们可以从这个命题中得到一个很明显的推论,而这个推论是关于在收敛区间内两个解析函数的比率的 n 阶导数的。这个推论可以应用到解析函数的比率上,因为我们已经得到上述的结果,不过当假设放松到方程式 n 次可微函数时,这个推论依然是正确的,只是需要数学归纳法的证明。

命题 9.37 如果 $g(x)\equiv\frac{h(x)}{f(x)}$,其中 $h(x)$ 和 $f(x)$ 是命题 9.36 中所给定的,那么:

$$g^{(n)}(x)=\frac{1}{f(x)}\left[h^{(n)}(x)-\sum_{k=0}^{n-1}\binom{n}{k}f^{(n-k)}(x)g^{(k)}(x)\right],\ n\geqslant 1$$

证明:这个结论可以从式(9.44)中得证,也可以从式(9.42)中的莱布尼茨规则中来证明,需要写出 $h(x)=f(x)g(x)$ 并迭代解出 $g^{(n)}(x)$。 ■

9.5 临界点分析

9.5.1 二阶导数检验

在关于泰勒级数的第 9.3.8 节的帮助下,有可能将一个可微函数的临界点进行分类。

上述的命题 9.25 提供了一个必要条件使得 x_0 成为 $f(x)$ 相对极大值或者相对极小值点，也就是 $f'(x_0)=0$。换句话说，必要条件就是 x_0 是 $f(x)$ 的临界条件。二阶和更高阶导数提供了对这种情况的分类方法。

命题 9.38 如果 $f(x)$ 是一个 $f'(x_0)=0$ 的二次可微函数，并且在 x_0 的邻域上 $f''(x)$ 是连续的，那么：

(1) 如果 $f''(x_0)>0$，那么 x_0 是 $f(x)$ 的相对极小值点。

(2) 如果 $f''(x_0)<0$，那么 x_0 是 $f(x)$ 的相对极大值点。

(3) 如果 $f''(x_0)=0$，那么 x_0 既有可能是 $f(x)$ 的相对极大值点，也有可能是相对极小值点，也可能两者都不是。

证明：首先，在情况(1)和情况(2)中，正如在命题 9.9 中所证明的，如果 $f''(x)$ 在 x_0 上连续的，那么存在一个关于 x_0 的区间，设为 $I=(x_0-a,\ x_0+a)$，其中 $f''(x)$ 有同在 x_0 上的同样的符号。在这些情况中的结果可以根据式(9.33)中 $n=1$ 的泰勒级数表达式得证。因为 $f'(x_0)=0$，有：

$$f(x)=f(x_0)+\frac{1}{2}f''(y)(x-x_0)^2$$

其中 $y=x_0+\theta\Delta x$ 且 $0<\theta<1$。选择在区间 I 上的 x 其中 $f''(y)$ 的符号等于 $f''(x_0)$ 的符号，结果得证。情况(3)可以根据下列的式子得证。 ■

例 9.28 (1) 在情况(1)和情况(2)中关于相对极大值和相对极小值的简单例子就是 $f(x)=\pm x^2$，其中 $x_0=0$，我们可得 $f'(x_0)=0$，$f''(x_0)=\pm 2$。

(2) 对于情况(3)，我们用 $f(x)=\pm x^4$，其中 $x_0=0$，可得 $f'(x_0)=0$，$f''(x_0)=0$。同时 $f(x)=x^3$ 也提供了一个简单的关于 $f'(x_0)=0$、$f''(x_0)=0$ 的例子，但是 $x_0=0$ 点既不是极大值点也不是极小值点。既不是极大值点也不是极小值点的临界点是 $f(x)$ 的拐点，尽管拐点不一定是临界点。也可见定义 9.29。

定义 9.27 给定二阶可微函数 $f(x)$，如果 $f''(x)$ 在 $x>x_0$ 和 $x<x_0$ 之间改变符号，那么点 x_0 是 $f(x)$ 的一个拐点。

例 9.29 对于连续 $f''(x)$，那么因此根据命题 9.11，$f''(x_0)=0$ 是点 x_0 成为拐点的一个必要条件，但是不是充分条件，比如 $f(x)=x^4$ 在 $x_0=0$。同时，拐点没必要一定是临界点，比如 $f(x)=x^3-x$ 在 $x_0=0$。

注释 9.27：在 $f'(x_0)=0$ 和 $f''(x_0)=0$，如果根据测定的第一个 $f^{(n)}(x_0)\neq 0$ 的值，如果 $f(x)$ 有足够的导数，我们可以求解出在 x_0 的 $f(x)$ 的性质。同时再次基于式(9.24)，只要 $f^{(n)}(x)$ 在 x_0 的邻域上是连续的，我们可以得出：

(1) 如果 n 是偶数的话，那么如果 $f^{(n)}(x_0)>0$，x_0 将会是相对极小值点；而如果 $f^{(n)}(x_0)<0$，x_0 将会是相对极大值点。

(2) 如果 n 是奇数的话，x_0 将会是一个拐点，这与 $f^{(n)}(x_0)$ 符号无关。$f(x)=\pm x^m$ 形式的函数为这种 $x_0=0$ 处的一般化提供了简单的例子。详见第 9.6 节中关于的凹凸函数的讲解，这其中有拐点的更多细节，特别是例 9.36。

正如下一部分中的例 9.32 中关于 l_p—范数的例子，有时候通过求 $f''(x_0)$ 的值去测定 x_0 是极大值点还是极小值点，还是有一点不那么便利。这时存在另外一种一阶导数检验法,有时候应用起来更便利。

命题 9.39 让 $f(x)$为一个可微函数,其中 $f'(x_0)=0$,并且假定存在一个开区间 I,其中 $x_0 \in I$,而且 $f'(x)$在这个区间上连续的。那么:

(1) 如果 $f'(x)$在 I 上是一个严格递增函数,那么 x_0 是 $f(x)$的一个相对极小值点。

(2) 如果 $f'(x)$在 I 上是一个严格递减函数,那么 x_0 是 $f(x)$的一个相对极大值点。

证明:根据式(9.33)和 $n=0$,对于 $x \in I$,存在 $y=x_0+\theta\Delta x$,其中 $0<\theta<1$,使得 $f(x)=f(x_0)+f'(y)\Delta x$。

现在,如果 $f'(x)$在 I 上是一个严格递增函数,那么因为 $f'(x_0)=0$,我们得出结论,即当 $x<x_0$,$f'(x)<0$;当 $x>x_0$,有 $f'(x)>0$。但是对于 $x\in I$,根据 $y\in I$,一定存在 $f'(y)\Delta x>0$。所以 $f(x)>f(x_0)$ 且 x_0 是 $f(x)$的相对极小值点。当 $f'(x)$在 I 上是一个严格递减函数,那么 $f'(y)\Delta x>0$,所以 $f(x)>f(x_0)$,x_0 是 $f(x)$的相对极小值点。当 $f'(x)$在 I 上是一个严格递减函数,那么 $f'(y)\Delta x<0$,所以 $f(x)<f(x_0)$,x_0 是 $f(x)$的相对极大值点。 ■

*9.5.2 变换函数的临界点

当追逐给定函数 $f(x)$的一个临界点分析时,通过采用 $f(x)$同另一个函数 $g(x)$的复合,首先来变换这个函数同时考虑 $g\big(f(x)\big)$的临界点,这样通常就会很便利。例如,如果 $f(x)$被给定为一个指数函数 $f(x)=\mathrm{e}^{j(x)}$,可能很自然地倾向于计算 $\ln f(x)=j(x)$ 的导数而不是算 $f(x)$的导数。同样地,当 $f(x)$时一个比率函数,$f(x)=\dfrac{j(x)}{k(x)}$或者乘积函数,$f(x)=j(x)k(x)$,在这里只要各种函数是正的以保证满足对数性质,那么用 $\ln f(x)$去微分可能比用 $f(x)$要更简单。在这些例子中就给定用在复合式中的函数是 $g(x)=\ln x$。

同样的考虑,如果 $f(x)$被给定作为一个正函数的自然对数 $f(x)=\ln j(x)$,其中复合 $g(x)=\mathrm{e}^x$,得出 $\mathrm{e}^{f(x)}=j(x)$。或者如果 $f(x)$是一个函数的幂 $f(x)=j(x)^a$,其中用 $g(x)=x^{1/a}$ 来构造复合式,这样就能生成一个更简单的函数。在每一个复合式的例子中都会生成一个更简单的函数去微分。

在所有这类情况中,问题在于:$f(x)$和 $g\big(f(x)\big)$的临界点之间的关系是什么?接下来的命题概括了这一结果。

命题 9.40 让 $f(x)$为一个可微函数,$g(x)$是一个定义 $\mathrm{Rng}(f)$上的可微函数。那么如果 x_0 是 $f(x)$的一个临界点,那么它也将是 $g\big(f(x)\big)$的一个临界点。

证明:$h(x)\equiv g\big(f(x)\big)$在 $\mathrm{Dmn}(f)$上是可微的,同时用命题 9.21 中的结果,得到:

$$h'(x)=g'\big(f(x)\big)f'(x)$$

因此,如果 $f'(x_0)=0$,那么 $h'(x_0)=0$。 ■

也就是说,$f(x)$的临界点将会是 $h(x)$临界点的一个子集。然而,从上面关于 $h'(x)$的公式中可以看出变换函数 $h(x)$的临界点不一定是 $f(x)$的临界点,除非知晓

$g'(f(x_0)) \neq 0$。

例 9.30 取 $g(x)=e^x$、$\ln x$，或者 $x^{1/a}$。那么 $g'(x)=e^x$、$\frac{1}{x}$、$\frac{1}{a}x^{1-a/a}$ 分别成立。在前两种情况中，因为 $g'(x)$ 有非零值，$f(x)$ 的临界点和 $h(x)$ 的临界点相一致。在第三种情况中 $g(x)=x^{1/a}$，对于 $h(x)$ 对于 $f(x_0)=0$ 的情况下有可能继承额外的临界点，因为：

$$h'(x_0)=g'(f(x_0))f'(x_0)=\frac{1}{a}(f(x_0))^{(1-a)/a}f'(x_0)=0$$

但是这个结论要求 $\frac{1-a}{a}>0$，这就等同于 $\frac{1}{a}>1$ 或者 $0<a<1$，否则 $(0)^{(1-a)/a}$ 就没有意义。从另一方面说，当 $f(x)=j(x)^a$，仅仅当 $j(x)=0$ 时，这个函数等于 0，这种变换典型的只被考虑到这种情况而已。但是，如果 $0<a<1$，这么一个 $f(x)$ 当 $j(x_0)=0$ 时不可微，所以 $f(x)$ 的可微性要求 $j(x_0)\neq 0$ 同时没有额外的临界点。

概括起来，上述这三种简单的变换将会确切地保留 $f(x)$ 的临界点，只要满足可微性假设这个命题的条件。对于更一般的变换，对某些 x_0 时 $g'(f(x_0))=0$，$f(x)$ 的临界点将会被在 $\mathrm{Rng}(f)$ 上的 $g(x)$ 的临界点被所扩增。

下面我们转入二阶导数检验。

命题 9.41 让 $f(x)$ 为二阶可微函数，同时 $g(x)$ 为定义在 $\mathrm{Rng}(f)$ 上二阶可微函数。那么，如果 x_0 是 $f(x)$ 的临界点，那么就是 $f(x)$ 的相对极大值点或相对极小值点。如果 $g'(f(x_0))>0$，x_0 将会有同 $g(f(x))$ 一样的性质；而如果 $g'(f(x_0))<0$，则有相反的性质。

证明：函数 $h(x)\equiv g(f(x))$ 是在 $\mathrm{Dmn}(f)$ 上的二阶可微函数：

$$h''(x)=g''(f(x))\left[f'(x)\right]^2+g'(f(x))f''(x)$$

因此，如果 $f'(x_0)=0$，那么：

$$h''(x_0)=g'(f(x_0))f''(x_0)$$

那么如果 $g'(f(x_0))>0$，$f''(x_0)$ 和 $h''(x_0)$ 将具有相同的符号；而如果 $g'(f(x_0))<0$ 则反之。

例 9.31 (1) 如果变换函数 $g(x)$ 是一个递增函数，使得对所有 x，$g'(x)>0$，命题 9.40 就要求 $f(x)$ 和 $h(x)$ 的临界点一致，然而命题 9.41 要求极大值点和极大值点一致，极小值点和极小值点一致。例如，$g(x)=e^x$ 是一个对于所有 x 的递增函数，然而 $\ln x$ 是对 $x>0$ 上的递增函数，只要 $a>0$，那么 $x^{1/a}$ 也是如此。

(2) 如果变换函数 $g(x)$ 是一个递减函数，使得对所有 x，$g'(x)>0$，$f(x)$ 和 $h(x)$ 的临界点又一致，但是极大值点和极小值点相反。在这样一种情况下，用 $\tilde{g}(x)\equiv -g(x)$ 将更便捷，因为变换成了递增函数，就没必要去注意这种情况，即在 $g(x)$ 下极大值点和极小值点将要逆转。

回想第 3.3.2 节中关于 l_p—范数的可跟踪性：假设给定一集族 $\{x_i\}_{i=1}^n$，而这一集族既可被想象为分布在实数线 $\mathbb{R}$ 上的集合，也可以认为是 $\boldsymbol{x}=(x_1, x_2, \cdots, x_n)\in\mathbb{R}$。假定

为了记数方便,我们按照递增顺序排列这些数据点 $x_1 \leqslant x_2 \leqslant \cdots \leqslant x_n$。目的是去发现一个单独的数 x_p 能最接近 l_p—范数中的这些点。也就是,为了找到 x_p,使得 $\|(x_1 - x_p, x_2 - x_p, x_3 - x_p, \cdots, x_n - x_p\|_p$ 最小。

这个问题可以被视为在 $\mathbb{R}$ 上的一个问题或者视为在 $\mathbb{R}^n$ 上的一个问题,但是我们选择前者以利用本章的工具。这个问题就变为:

$$\min f(x) = \left(\sum_{i=1}^{n} |x_i - x|^p\right)^{1/p}$$

这个问题可以用在 $p=1, 2, \infty$ 的情况下通过直接方法在第 3 章中求解,这里,我们回想一下对 $p=\infty$ 时,l_p—范数问题定义为:

$$\min f(x) = \max_i \{|x_i - x|\}$$

现在我们转向 p 为其他值的例子。

例 9.32 为了应用这章的工具,我们要求 $f(x)$ 为可微的,同时根据例 9.18[情况(8)]我们要求 $1 < p < \infty$。因为 $g(x) = x^p$ 是一个递增函数,$f(x)$ 和 $f(x)^p$ 的极大值点和极小值点如同上面例 9.31 所记是一致的,其中 $\frac{1}{a} = p$。因为对于所有的 x 都有 $f(x) > 0$,这里排除掉一些微不足道的例子中的 $x_j = c$ 使得 $f(c) = 0$。

假定 $\{x_j\}_{j=1}^n$ 中包含 m 个不同的值,这些值我们根据 $\{y_j\}_{j=1}^m$ 按照递增顺序来注释,这样原始集合中在每一个 y_j 值包含 n_j 个元素。目的是要去发现 $h(x) = g\big(f(x)\big)$ 的最小值:

$$h(x) = \sum_{i=1}^{m} n_j |y_j - x|^p,\ 1 < p < \infty$$

从式(9.20)中,我们得到:

$$h'(x) = \begin{cases} -p\sum_{j=1}^{m} n_j (y_j - x)^{p-1},\ x \leqslant y_1 \\ p\sum_{j=1}^{k} n_j (x - y_j)^{p-1} - p\sum_{j=k+1}^{m} n_j (y_j - x)^{p-1},\ y_k \leqslant x \leqslant y_{k+1} \\ p\sum_{j=1}^{m} n_j (x - y_j)^{p-1},\ y_m \leqslant x \end{cases}$$

$h'(x)$ 是连续的,因为它在 $\{y_j\}_{j=1}^m$ 区间端点上的 $\{y_j\}_{j=1}^m$ 已经被定义好了,即便他们有可能是在区间上分段连续的。同样,当 $x \leqslant y_1$ 时,$h'(x)$ 为负,$y_m \leqslant x$ 时为正。所以根据中值定理,至少存在一个点 x',有 $y_1 < x' < y_m$ 和 $h'(x') = 0$。

特别地,如果 $y_k \leqslant x' \leqslant y_{k+1}$,那么:

$$\sum_{j=1}^{k} n_j p (x' - y_j)^{p-1} = \sum_{j=k+1}^{m} n_j p (y_j - x')^{p-1}$$

当 $p=2$ 时,等式能被明显地解出,生成:

$$x' = \frac{\sum_{j=1}^{m} n_j y_j}{\sum_{j=1}^{m} n_j} = \frac{1}{n}\sum_{j=1}^{n} x_j$$

如第 3 章所推导的。

我们可以确认当 $1 < p < \infty$，x'总是唯一的，因为 $h'(x)$是一个严格递增函数。很明显对于 $x \leqslant y_1$ 和 $y_m \leqslant x$，以及 $y_k \leqslant x \leqslant y_{k+1}$，因为当 x 递增时，正的加总就增加而负的加总就减少。这个分析也确认了 x'是 $h(x)$的一个极小值点，如命题 9.39 所记，所以 $x' = x^p$。

一般来说，我们不能用二阶导数检验去确认 x'是不是一个极小值点，因为 $h'(x)$仅仅当 $p \geqslant 2$ 时是可微的。对于所有 j 当有 $x = y_j$ 可微性的问题在 $1 < p < 2$ 就出现，虽然在其他情况下对于所有 x，$h'(x)$都是可微的。我们假定 $p \geqslant 2$ 或者如果 $1 < p < 2$ 那么对于所有 j 来说，$x' \neq y_j$，那么二阶导数检验就可以使用：

$$h''(x) = p(p-1)\sum_{j=1}^{m} n_j \mid y_j - x \mid^{p-2}$$

从这我们可以得出结论 $h''(x') > 0$，即便 x'不被显性知道，因此 x'是极小值点。

9.6 凹函数和凸函数

9.6.1 定义

在前面的几章中凸性和凹性的概念我们已经遇到。首先回顾一下这些定义：

定义 9.28 函数 $f(x)$在一个区间 I 上是凹的，而这个区间可以是开、闭的或者半闭，有限或者无限的，如果对于任意的 x，$y \in I$，有：

$$f(tx + (1-t)y) \geqslant tf(x) + (1-t)f(y) \quad 其中\ t \in [0, 1] \tag{9.45}$$

函数 $f(x)$是在 I 上凸的，对于任意的 x，$y \in I$，有：

$$f(tx + (1-t)y) \leqslant tf(x) + (1-t)f(y) \quad 其中\ t \in [0, 1] \tag{9.46}$$

对于 $t \in (0, 1)$，当这些不等式是严格的时候，这样的函数分别称为严格凹和严格凸的。

注释 9.28：$f(x)$是凹函数，当且仅当 $f(x)$是凸函数，反之亦然。因此，大多数命题仅仅需要在一种情况下被证明，而一旦结果的负号效应被体现出来，另外一种情况下的结果也就得证。

很有意思的是，凹性和凸性的性质相当强。只要存在凹凸性，那么凹凸函数总是在开区间上连续，而且事实上是李普希茨连续的。

命题 9.42 如果 $f(x)$在一个开区间 I 上是凸函数或者凹函数，那么在 I 上是李普希茨连续的。

证明：我们论证凸函数 $f(x)$的情况。那么，如果 $g(x)$是凹函数，这个结果可以根据凸函数$-g(x)$的连续性得证。为了实现这个目的，给定 $y \in I$，同时令 $J = (y-a, y+a)$ 使得 $[y-a, y+a] \subset I$。因为 I 是开的，存在一个包含在 I 的关于 y 的开区间，同时我们选择一个其闭包在 I 上的更小的开区间 J。让 $M = \max(f(y-a), f(y+a))$。对于

任意 $x \in J$，我们得到 $f(x) \leqslant M$，因为任何一个这样的点都能被表述为 $x = (1-t) \cdot (y-a) + t(y+a)$，其中 $t \in (0, 1)$，并且因为 $f(x)$是凸函数，式(9.46)提供了这个结论。现在令 $x \in J$ 给定同时假定$x \geqslant y$。为了标准化概念，让 $x = y + ta$ 其中$t \in [0, 1]$，那么我们可得：

$$y - a < y \leqslant x \equiv y + ta < y + a$$

通过构造：

$$x = (1-t)y + t(y+a)$$

为了把 x 写作 $y-a$ 和 y 的线性组合，经过代数运算得到：

$$y = \frac{t}{1+t}(y-a) + \frac{1}{1+t}x$$

其中 $\frac{1}{1+t}, \frac{1}{1+t} \in [0, 1]$。现在从 $f(x)$的凸性以及 M 的定义，我们可得：

$$f(x) \leqslant (1-t)f(y) + tM$$

$$f(y) \leqslant \frac{t}{1+t}M + \frac{1}{1+t}f(x)$$

使用第一个不等式作为上确界，第二个不等式为下确界，可得：

$$-t[M - f(y)] \leqslant f(x) - f(y) \leqslant t[M - f(y)]$$

也就是

$$| f(x) - f(y) | \leqslant t \mid M - f(y) \mid$$

因为 $t = \frac{x-y}{a}$，我们可以得到李普希茨连续的最后结果：

$$| f(x) - f(y) | \leqslant \frac{| M - f(y) |}{a}(x - y)，当 x \geqslant y$$

当 $x \leqslant y$ 应用同一构造，通过 $x = y - ta$，所以 $y - a < x \leqslant y < y + a$。综合这些作为结果的不等式，可得：

$$| f(x) - f(y) | \leqslant C \mid x - y \mid$$ ■

例 9.33 这个命题并不能扩展到这样一个结果上，即一个凹函数或者凸函数在一个闭区间上是连续的，这一点很重要。例如，在区间[0, 1]上，定义：

$$f(x) = \begin{cases} x(x-1), & 0 < x \leqslant 1 \\ -1, & x = 0 \end{cases}$$

很明显 $f(x)$是凹函数，而且显然不是连续的。

当一个函数是可微的，那么相对容易确定它是凸函数还是凹函数。

命题 9.43 存在两个基于导数的识别凹性和凸性的检验：

(1) 如果 $f(x)$是可微的，那么：

① $f(x)$在一个区间上是凹函数当且仅当 $f'(x)$在这样的区间上是一个递减函数。

② $f(x)$在一个区间上是凸函数当且仅当 $f'(x)$在这样的区间上是一个递增函数。

③ $f(x)$在一个区间上是严格凹函数当且仅当$f'(x)$在这样的区间上是一个严格递减函数。同时$f(x)$在一个区间上是严格凹函数当且仅当$f'(x)$在这样的区间上是一个严格递减函数。

(2) 如果$f(x)$是二阶可微的，那么：

① $f(x)$在一个区间上是凹函数当且仅当在这样的区间上$f''(x) \leqslant 0$。

② $f(x)$在一个区间上是凸函数当且仅当在这样的区间上$f''(x) \geqslant 0$。

③ 严格凸性和严格凹性从$f''(x) < 0$或$f''(x) > 0$中得证。

注释 9.29：(1) 我们在情况(1)中使用“递减”，然而我们可以用更复杂的一个概念“非递增”。递减意味着如果$x < y$，那么$f(x) \geqslant f(y)$。当我们想要明确$x < y \Rightarrow f(x) \geqslant f(y)$，我们用术语“严格递减”。同样地也适用于“递增”的概念。

(2) 很明显，在这个命题中前五个表述都是按照“$f(x)$是凸函数/凸函数当且仅当……”，在②③部分中，二阶导数表述式不是一个严格凹性或者凸性的特征化表述而是一个充分条件。二阶导数约束并不是必要的，这可以很容易根据在区间$[-1, 1]$的$f(x) = \pm x^4$来证明。很明显这些函数是严格的凹函数和严格的凸函数，但是$f''(0) = 0$。

证明：按照次序证明：

(1) 给定可微函数$f(x)$，同时$x > y$，定义函数：

$$g(t) = f\big(tx + (1-t)y\big)，其中 t \in [0, 1]$$

$$g'(t) = f'\big(tx + (1-t)y\big)(x - y)$$

将$n = 0$以及$t_0 = 0, 1$代入式(9.33)，我们得到：

$$g(t) = g(0) + tg'(\theta_1),\ 0 < \theta_1 < t$$

$$g(t) = g(1) + (t-1)g'(\theta_2),\ t < \theta_2 < 1$$

替换掉原始函数，得到：

$$f\big(tx + (1-t)y\big) = f(y) + t(x-y)f'\big(y + \theta_1(x-y)\big)$$

$$f\big(tx + (1-t)y\big) = f(x) + (t-1)(x-y)f'\big(y + \theta_2(x-y)\big)$$

接下来，第一个等式乘以$1-t$，而第二个等式乘以t，相加得：

$$f\big(tx + (1-t)y\big) = (1-t)f(y) + tf(x) + E(t)$$

其中误差函数被定义为：

$$E(t) = (x-y)t(1-t)\Big[f'\big(y + \theta_1(x-y)\big) - f'\big(y + \theta_2(x-y)\big)\Big]$$

为了探究$E(t)$的符号，回想$y < x$。所以$E(t)$的符号和方括号中的项的符号是一样的。现在因为通过构造$\theta_1 < \theta_2$，$y + \theta_1(x-y) < y + \theta_2(x-y)$，同时我们可得：

$E(t) \geqslant 0$当且仅当$f'(x)$是递减的，那么$f(x)$是凹函数。

$E(t) \leqslant 0$当且仅当$f'(x)$是递增的，那么$f(x)$是凸函数。

如果$f'(x)$是严格单调的，那么$f(x)$既可能是严格凸函数也可能是严格凹函数，因

为相对于 $E(t)>0$ 或者 $E(t)<0$。

(2) 再次转向二阶可微函数 $f(x)$，令 $y<x$。将 $n=0$ 和 $x=y_0$ 的式(9.33)应用到 $f'(x)$ 中，可得：

$$f'(x)=f'(y)+(x-y)f''(\theta),\text{ 其中 } y<\theta<x$$

现在，如果 $f''(\theta)\leqslant 0$ 对于所有的 θ，很明显 $f'(x)\leqslant f'(y)$，因此 $f'(x)$是一个递减函数，那么 $f(x)$根据第一部分就是凹函数。同样地，如果 $f''(\theta)\geqslant 0$，我们得出 $f(x)$是凸函数的结论。

所以在(2)①和(2)②中的关于 $f''(x)$的约束保证了凸性和凹性。为了证明这些关于 $f''(x)$的约束能够根据凹性或者凸性的假设确保成立，我们根据反证法证明了凹性的结果，而凸性的结果和上述结果是相同的。假定 $f(x)$在一个区间上是凹函数，那么存在一些 x 在这个区间上使得 $f''(x)>0$。那么：

$$\lim_{t\to 0}\frac{f'(x+t)-f'(x)}{t}>0$$

根据极限的定义，我们得出存在 $\epsilon>0$ 使得对于 $|t|<\epsilon$，$\dfrac{f'(x+t)-f'(x)}{t}>0$。因此，取 $0<t<\epsilon$，我们得出结论：

$$f'(x+t)>f'(x)$$

所以 $f'(x)$是一个在区间 $[x.x+\epsilon)$ 上严格递增的函数，与(1)①中 $f(x)$的凸性矛盾。

最后，对于(2)③，如果对于所有的 θ，$f''(\theta)<0$ 或者 $f''(\theta)>0$，那么严格凹性(相对应，严格凸性)就能根据上述的 $y<x$ 条件下 $f'(x)$和 $f'(y)$之间的同一性来得到证明。

例 9.34 (1) 如第 3.1.5 节中对于杨氏不等式的证明，$f(x)=\ln x$ 是凹函数，事实上在$(0,\infty)$上是严格凹函数。这个函数有导数 $f'(x)=\dfrac{1}{x}$ 和 $f''(x)=-\dfrac{1}{x^2}$。观察到 $f'(x)$是严格递减，或者在 $(0,\infty)$ $f''(x)<0$，凹性得证。

(2) 如第 3.2.2 节中对于命题 6.12 的证明，$f(x)=x^p$ 是在$(0,\infty)$上当 $p>1$ 时的严格凸函数。这个函数有导数 $f'(x)=px^{p-1}$ 和 $f''(x)=p(p-1)x^{p-2}$。观察到 $f'(x)$是严格递增的，或者在 $(0,\infty)$ $f''(x)>0$，凸性得证。

(3) 作为第三个例子，$f(x)=\mathrm{e}^x$ 在 $\mathbb{R}$ 上是严格凸函数，因为 $f'(x)=\mathrm{e}^x$ 是严格递增，另外对于所有的 x，都有 $f''(x)=\mathrm{e}^x>0$。

回到我们关于拐点的讨论，我们将以一个定义开始。

定义 9.29 点 x_0 是 $f(x)$的一个拐点，如果存在一个包含 x_0 的区间(a,b)，使得 $f(x)$在(a,x_0)上是凹函数，而在(x_0,b)上是凸函数，或者相反。

例 9.35 点 $x=0$ 是 $f(x)=x^3$ 上的一个拐点，因为 $f''(x)=6x$，当 $x>0$ 时是正的，因此在$(0,\infty)$上 $f(x)$是凸函数。同样地，当 $x<0$ 时是负的，所以在$(-\infty,0)$上 $f(x)$是凹函数。从这个例子中，$f'(x)=0$，所以 $x=0$ 也是一个临界点。但是拐点不一定是临界点。例如，$g(x)=x^3+bx$ 满足 $g''(x)=6x$，所以 $x=0$ 又是一个拐点，然而 $g'(0)=b$ 可以是我们选择的任意值。

按照同样的方式潜在的相对极大值点和相对极小值点能够通过函数的临界点的观测来识别,也就是存在一个必要条件去识别这个点是否是拐点。

命题 9.44 如果 x_0 是二次可微函数 $f(x)$ 的一个拐点,且 $f''(x)$ 连续,那么 $f''(x_0)=0$。

证明:这个结论可以从命题 9.43 中得证,因为二次可微函数满足其为凹函数时,$f''(x)\leqslant 0$;为凸函数时,$f''(x)\geqslant 0$。因为 $f''(x)$ 是连续的,$f''(x_0)=\lim\limits_{x\to x_0} f(x)$,这样这个共同的值必然是 0。 ■

例 9.36 如第 9.5.1 节中所记,$f(x)=ax^n$ 形式的函数当整数 $n>2$,且 $a\in\mathbb{R}$ 时,$f''(0)=0$ 提供了许多可能的行为。对于偶数 n,很明显如果 $a>0$,$x_0=0$ 是一个相对极小值点;而如果 $a<0$,则是一个相对极大值点。当 n 为奇数时,很明显当 $a>0$,二阶导数满足当 $x>0$ 时有 $f''(x)>0$;而当 $x<0$ 时则相反。因此 $x_0=0$ 是一个拐点。当 $a<0$ 可以实现同样的结论。

更一般的是,如注释 9.27 中所记,如果 $f(x)$ 是一个当 $j=1, 2, \cdots, n-1$ 时 $f^{(j)}(x_0)=0$,且 $f^{(n)}(x_0)\neq 0$ 的函数,且 $f^{(n)}(x)$ 连续,那么如果 n 是偶数,且 $f^{(n)}(x_0)>0$,x_0 将会是一个相对极小值点,如果 $f^{(n)}(x_0)<0$,则是相对极大值点。这个证明可以从式(9.24)中得到:

$$f(x)=f(x_0)+\frac{1}{n!}f^{(n)}(y)(x-x_0)^n$$

其中 y 在 x_0 和 x 之间。因为 $f^{(n)}(x)$ 是连续的,存在一个关于 x_0 的区间 I,其中 $f^{(n)}(y)$ 同 $f^{(n)}(x_0)$ 有相同的符号。因此,如果对于 $y\in I$,$f^{(n)}(y)>0$,那么因为 n 是偶数,$f(x)\geqslant f(x_0)$ 且 x_0 是一个相对极小值点,同样的论证适用于 $f^{(n)}(y)<0$。

如果 n 是奇数,x_0 将是独立于 $f^{(n)}(x_0)$ 符号的一个拐点。为了实现这一点,式(9.24)也可以用到 $g(x)=f''(x)$,其中当 $j=1, 2, \cdots, n-3$ 时,有 $g(x_0)=0$ 和 $g^{(j)}(x_0)=0$:

$$g(x)=\frac{1}{(n-2)!}g^{(n-2)}(y)(x-x_0)^{n-2}$$

也就是说:

$$f''(x)=\frac{1}{(n-2)!}f^{(n)}(y)(x-x_0)^{n-2}$$

现在,如果对于 $y\in I$,$f^{(n)}(y)>0$,那么因为 n 是奇数,当 $x<x_0$,$f''(x)<0$;当 $x>x_0$ 时则相反。如果当 $y\in I$ 时,$f^{(n)}(y)<0$ 同样的论证能生成当 $x<x_0$ 时,$f''(x)>0$。所以因为 $f''(x)$ 在 $x=x_0$ 改变符号,这个点就是根据命题 9.42 所定义的拐点。

9.6.2 詹森不等式

函数 $f(x)$ 是凹函数还是凸函数的重要性在于它使得可以预测 $E[f(x)]$ 和 $f(E[X])$ 之间的关系。其中 X 是一个给定概率密度函数 $g(x)$ 的随机变量,而 E 表示给定量的期望。这个日后可以扩展的结果此刻只能应用到离散概率密度函数上,但是一旦有了必要的工具,在更一般的背景下,这个结论也是正确的。

为了实现这个目的，首先看一下关于两点间的凹性和凸性的概念，当然对于任意有限数而言，概念都是适用的。

命题 9.45 如果 $f(x)$在一个区间 I 上是凹函数，且 $\{x_i\}_{i=1}^{n}\subset I$ 和 $\{t_i\}_{i=1}^{n}\subset\mathbb{R}$ 且 $t_i\geqslant 0$，其中对于所有 i 和 $\sum t_i=1$，那么：

$$f(\sum_{i=1}^{n}t_ix_i)\geqslant\sum_{i=1}^{n}t_if(x_i)\tag{9.47}$$

同样地，如果 $f(x)$是凸函数，那么：

$$f(\sum_{i=1}^{n}t_ix_i)\leqslant\sum_{i=1}^{n}t_if(x_i)\tag{9.48}$$

证明：该证明根据归纳法证明。当 $n=2$ 时根据定义结果是正确的。假定对于 n 是正确的，令 $\{x_i\}_{i=1}^{n+1}\subset I$，而且给定 $\{t_i\}_{i=1}^{n=1}\subset\mathbb{R}$。定义：

$$t=t_1,\ x=x_1,\ 1-t=\sum_{i=2}^{n+1}t_i,\ y=\frac{\sum_{i=2}^{n+1}t_ix_i}{\sum_{i=2}^{n+1}t_i}$$

同时将定义应用到 $f\big(tx+(1-t)y\big)$，在凸函数情况下，得到：

$$f(\sum_{i=1}^{n}t_ix_i)\leqslant t_1f(x_1)+(\sum_{i=2}^{n+1}t_i)f(\sum_{i=2}^{n+1}s_ix_i)$$

其中 $S_i=\frac{t_i}{\sum_{i=2}^{n+1}t_i}$。现在因为 $\sum_{i=2}^{n+1}s_i=1$，应用该结果在上式最后一项取 n 时成立的假设，得到：

$$f(\sum_{i=2}^{n+1}s_ix_i)\leqslant\sum_{i=2}^{n+1}s_if(x_i)$$

再代入 s_i 并乘以 $(\sum_{i=2}^{n+1}t_i)$，则证毕。 ■

这个结果有两个直接应用。第一个是证明算术—几何平均数不等式。

命题 9.46 如果 $\{x_i\}_{i=1}^{n}\subset\mathbb{R}$，并有对于所有的 i，$x_i\geqslant 0$，那么：

$$\frac{1}{n}\sum_{i=1}^{n}x_i\geqslant(\prod_{i=1}^{n}x_i)^{1/n}\tag{9.49}$$

证明：见练习 12。 ■

现在考虑一下更早的关于 $E[f(X)]$和 $f(E[X])$之间关系的这个问题。如果 X 是一个有限离散随机变量，其概率密度函数为 $g(x)$，值域为 $\{x_i\}_{i=1}^{n}$，那么因为对于所有的 i 都有 $g(x_i)>0$ 且 $\sum_{i=1}^{n}g(x_i)=1$，命题 9.45 确保：

如果 $f(x)$是凹函数时，$E[f(X)]\leqslant f(E[X])$

如果 $f(x)$是凸函数时，$E[f(X)]\geqslant f(E[X])$

两个结果都可以从以下公式中得证:

$$E[f(X)]=\sum_{i=1}^{n}f(x_i)g(x_i)$$

$$f(E[X])=f\Big(\sum_{i=1}^{n}x_i g(x_i)\Big)$$

现在并不是要规范化这个极限结果,而是要将其一般化到任意离散概率密度函数上,因此,我们需要新的方法。

命题 9.47 如果 $f(x)$是可微的,那么对于任意 a,有:

如果 $f(x)$是凹函数,$f(x)\leqslant f(a)+f'(a)(x-a)$

如果 $f(x)$是凸函数,$f(x)\geqslant f(a)+f'(a)(x-a)$

另外,如果 $f(x)$是严格凹函数或者严格凸函数,那么这个不等式就是严格的。

注释 9.30:在没有可微性假设的情况下这个结果也是正确的,但是在那里 $f'(a)$会被一个不同的关于 a 的函数所替代。这个函数同导数紧密相关,并且事实上根据式(9.8)中的定义而被定义为一个单边导数,Δx 被约束只能是正或只能是负。那么凹函数和凸函数在每个点都有两个这样的单边导数,并且除非在一个点可数集族上,一般这两个导数相等。也就是说,凹函数和凸函数 $f(x)$不仅仅是如命题 9.42 中所证明的是李普希茨连续,而且是除非在一个点可数集族上,否则就是可微的。然而,我们并没有对这个一般化进行更进一步的应用,因为我们将不会扩展它。我们只是用来替换假定的可微性。

证明:根据中值定理,对于任意的 a,我们可得:

$$f(x)=f(a)+f'(\theta)(x-a)$$

其中 θ 在 x 和 a 之间。例如,如果 $x>a$,那么 $x>\theta>a$。现在,如果 $f(x)$是凹函数,$f'(x)$是一个递减函数。因此如果 $x>a$,那么 $f'(\theta)\leqslant f'(a)$;如果 $x<a$,$f'(\theta)\geqslant f'(a)$。在两个例子中,$f'(\theta)(x-a)\leqslant f'(a)(x-a)$。如果 $f(x)$是凸函数,则不等式反向。当严格凸或者严格凹时,一阶导数不等式就是严格的,而对于结论中的不等式也是严格的。 ■

我们现在转向一个同凹函数和凸函数有关的很重要的结果,被称之为詹森不等式,以它的发现者约翰·詹森(Johan Jensen, 1859—1925)所命名。

命题 9.48(詹森不等式) 让 $f(x)$为一个可微函数,同时 X 是一个值域包含在 f 定义域上的离散随机变量,也就是 $\mathrm{Rng}(X)\subset\mathrm{Dmn}(f)$。那么:

如果 $f(x)$是凹函数,$E[f(x)]\leqslant f(E[X])$ (9.50a)

如果 $f(x)$是凸函数,$E[f(x)]\geqslant f(E[X])$ (9.50b)

如果是严格凸或者严格凹,不等式就是严格的。

证明:令 $a=E[X]$ 在命题 9.46。因为 $E[f'(a)(x-a)]=f'(a)E[(x-a)]=0$,结果得证。 ■

注释 9.31:(1) 连续概率分布将在第 10 章研究,但是一旦 $E[f(X)]$被引入并被定义,上述证明的简洁性将不复存在。

(2) 一个简单的计算就能直接证明如果 $f(x)$ 是一个仿射函数，$f(x)=ax+b$，其中 a、b 是常数，并且函数是凹函数也是凸函数，那么 $E[f(X)]=f(E[X])$。

9.7 近似导数

泰勒级数近似中的早期部分不仅仅可以用来近似一个给定函数，同时也可以展开有各种导数的近似公式。

9.7.1 近似 $f'(x)$

对于仅仅有一个导数的函数，我们直接从式(9.8)中的定义得到 $f'(x_0)$ 能够通过 $\frac{f(x)-f(x_0)}{\Delta x}$ 来被近似，但是这并不能提供任何关于收敛速率的信息。使用 $n=1$ 时的式(9.27)并不能起到帮助，正如在连续函数 $f'(x)$ 的情况下，误差只能被视为 $o(\Delta x)/\Delta x=o(1)$，而这个式子只意味着误差以某种速率收敛到 0。

如果我们假定 $f(x)$ 有两个导数，我们可以利用 $n=2$ 的式(9.27)。特别地，从 $f(x)=\sum_{j=0}^{2}\frac{1}{j!}f^{(j)}(x_0)(x-x_0)^j+O(\Delta x^2)$，我们可以通过替换 $f(x_0)$，除以 Δx，并解出 $f'(x_0)$ 可得：

$$f'(x_0)\approx\frac{f(x_0+\Delta x)-f(x_0)}{\Delta x}+O(\Delta x) \tag{9.51}$$

这个近似公式被称为*前向差分近似公式*(forward different approximation)，同时误差 $O(\Delta x)$ 中式(9.27)中二阶导数除以 Δx。

如果有三个导数，这个近似公式可以被改进，通过应用 $n=3$ 的式(9.27)到 $f(x_0+\Delta x)$ 和 $f(x_0-\Delta x)$ 并替换。那么二阶导数项被抵消，那么我们得到：

$$f'(x_0)\approx\frac{f(x_0+\Delta x)-f(x_0-\Delta x)}{2\Delta x}+O(\Delta x^2) \tag{9.52}$$

这个近似公式被称为*中心差分近似公式*(central different approximation)，而误差项来自式(9.27)中的 $O(\Delta x^3)$ 项除以 Δx。

如果 $f(x)$ 仅有两个导数，式(9.52)中的公式也能使用，但是误差又是式(9.51)中的 $O(\Delta x)$。

9.7.2 近似 $f''(x)$

一旦再次应用 $n=3$ 的式(9.27)到 $f(x_0+\Delta x)$ 和 $f(x_0-\Delta x)$ 并且相加，那么用 $2f(x_0)$ 替代，我们可以得到在 3 个导数情况下的结果：

$$f''(x)\approx\frac{f(x_0+\Delta x)+f(x_0-\Delta x)-2f(x_0)}{(\Delta x)^2}+O(\Delta x) \tag{9.53}$$

这个近似公式也被称为中心差分近似公式,而且误差项来自式(9.27)中的 $O(\Delta x^3)$ 除以 Δx^2。如果 $f(x)$ 在 x_0 上有 4 个导数,我们可以应用 $n=4$ 的式(9.27)。结果的误差项将会是 $O(\Delta x^2)$,因为三阶导数被抵消。

9.7.3 近似 $f^{(n)}(x)$, $n>2$

方法类似于上面所应用的方法但是有时候会更复杂。原因在于需要测定增量的集族 $\{\Delta x_j\}_{j=1}^n$ 和数值系数 $\{a_j\}_{j=1}^n$,使得对于 $\sum_{j=1}^n a_j f(x_0+\Delta x_j)$ 的泰勒多项式将使得所有导数项抵消,只剩下最后一项,这是我们希望得到的近似结果。那么我们可以求解这个最后的导数,生成我们合意的近似公式和相关的误差项。不过这里存在的问题在于使用线性代数工具时的可解性。

9.8 在金融学中的应用

9.8.1 定价函数的连续性

在许多应用中连续性是很普遍的概念,包括在金融中,以及实际上所假定的几乎每一个情景中,抑或甚至在显而易见的认知中。例如,在时点 0 时的 100 美元投资在时点 t 时的价值,其中年化利率为 r:

$$f(r,\ t)=100(1+r)^t$$

现在固定 r,几乎普遍的假定就是 f 是 t 的一个连续函数,也就是说对于任意 t_0,有:

$$\lim_{t\to t_0} f(r,\ t)=f(r,\ t_0)$$

换句话说,投资价值随着时间平稳增长;在会计价值上并没有意外的跳跃。同样假定当 t 固定时,如果 r 靠近 r_0,所期望的情况就是 $f(r,\ t)$ 将靠近于 $f(r_0,\ t)$,同时 $\lim_{r\to r_0} f(r,\ t)=f(r_0,\ t)$。

当然,这类函数在 r 或者 t 上并不是一致连续的,除非我们约束容允值到一个闭的且有界的区间。当 r 大的时候在 r 上的 25 个基点的变化对于 f 的绝对影响要比 r 小的时候 r 上 25 个基点的变化对 f 的影响小得多。换句话说,给定 ϵ、δ 的值需要使得 $|r-r_0|<\delta$,这就意味着 $|f(r,\ t)-f(r_0,\ t)|<\epsilon$ 随着 r_0 的增加而增加。当 $t=15$ 和 $r_0=0.05$ 时,当 $\delta\approx0.000\ 7$ 或者大约 7 个基点能够达到 $\epsilon=1$ 美元,其中当 $r_0=0.25$,相关的 $\delta\approx0.000\ 82$ 或者大约 8.2 个基点。

一致连续性的缺乏在典型的市场利率范围内是相当无关紧要的,同时当考虑 f 为 t 的一个函数时,相比于所观察到的,一致性连续的缺乏也是无关要紧的。在这种情况下,当 t_0 增加时,δ 是衰减的。再次以 $t=15$ 和 $r_0=0.05$ 为初始值,当 $\delta\approx0.000\ 7$ 时能实现值 $\epsilon=1$ 美元,其中当 $t=30$ 时,相关的 $\delta\approx0.000\ 35$ 或者大约 3.5 个基点。

同样的观点适用于固定收入类型的主定价公式。例如,现值流量系列的一般贴现现值为：

$$f(r)=\sum_{t=0}^{n}c_t(1+r)^{-t}$$

同时相对应地，对于在式(2.15)中的 n 年的半年计息息票债券来说，有：

$$P(i, r)=F\frac{r}{2}a_{2n;\ i/2}+Fv_{i/2}^{2n}$$

就是根据连续函数给定的。

同样的结论应用到式(2.21)中的优先股的价格上，有：

$$P(i, r)=\frac{Fr}{i},\ i>0$$

或者利用增长率为式(2.22)的贴现股息模型的一般股票的估值：

$$V(D, g, r)=D\frac{1+g}{r-g},\ r>g$$

同时对于在式(2.24)中的在给定交易证券下的期权价格，有：

$$F_0(S_0, r_T, T)=S_0(1+r_T)^T$$

而这些函数与这章中的工具是一致的。比如通过控制其他变量不变的单变量函数，同时变量又在这些函数的定义域内，直觉上会促使我们得到，每一个函数都将生成连续定价结果，尽管这些函数都是很典型的非一致连续函数。基于上述的理论，如果形式上能够证实变量在相应价格函数定义域上，那么我们很容易证实这类直觉的正确性。

9.8.2 约束最优化

连续性的概念对于约束最优化问题是很重要的。如第 3 章和第 4 章所见，一般问题的架构是：

$$\max(\min)g(\boldsymbol{x})$$

给定：$\boldsymbol{x}\in A\equiv\{\boldsymbol{x}\in\mathbb{R}^n \mid f(\boldsymbol{x})=c\}$

因为 $A=f^{-1}(c)$，如果 f^{-1} 是连续的，那么在命题 9.18 中的拓扑结果就能推广，同时因为 c 是紧的，那么 A 将是一个紧集。另外，推广在闭的且有界的区间上的连续函数的命题 9.10 的结果，那么如果 $g(\boldsymbol{x})$ 是连续的，那它在每一个紧集上一定能够达到它的最大值和最小值。所以连续性至少为这样一类最优化问题的解提供一个存在性的理论保障。同样的分析可以应用到如果 $A=\{\boldsymbol{x} \mid f(\boldsymbol{x})\in C\}$，其中 C 是任意紧集这种问题，或者可以应用这类问题上，即存在有限数约束且 $A=\bigcap_j\{\boldsymbol{x} \mid f_j(\boldsymbol{x})\in C_j\}$，其中 C_j 对所有 j 是紧集。

9.8.3 区间平分

另一个问题来自于第 4 章和第 5 章，在那里区间平分(interval bisection)被引入所有求解这类等式的一种方法：

$$f(x)=c$$

在这些章节中用 $f(x)$ 作为收益率为 x 以及现值为 c 的债券价格来说明这种方法。也就是说,目的就是要找债券的到期收益率。

这种方法包括构造两个值序列:$\{x_n^+\}$ 和 $\{x_n^-\}$,其中性质如下:

(1) $x_n^+\leqslant x_n^-$;

(2) $f(x_n^-)\leqslant c\leqslant f(x_n^+)$;

(3) $|x_n^+-x_n^-|\leqslant\frac{|x_0^+-x_0^-|}{2^n}$,也就是说 $|x_n^+-x_n^-|=O(2^{-n})$。

在第 5 章中,$x_n^+-x_n^-\to 0$ 意味着存在一个 $\bar{x}$ 使得这两个序列都收敛到此。那么如果 $f(x)$ 是一个连续函数,如同在债券几个函数情况下一样,那么它也是序列连续的。因此 $x_n^{+/-}\to\bar{x}$ 确保了 $f(x_n^{+/-})\to f(\bar{x})$。最后,因为 $f(x_n^-)\leqslant c\leqslant f(x_n^+)$,我们得出 $f(\bar{x})=c$。

当然,如果 $f(x)$ 是连续函数,那么只要序列的前两项满足 $f(x_n^-)\leqslant c\leqslant f(x_n^+)$,中值定理就能确保 $\bar{x}$ 存在使得 $f(\bar{x})=c$。这种区间平分的方法为估计这类值简单地提供了一个数值方法。

9.8.4 最小风险资产配置

假设给定两种风险资产 A_1 和 A_2,我们想要按照权重 w_1 和 $w_2=1-w_1$ 来配置给定数目的投资。假定收益率为随机函数,记为 R_j, $j=1, 2$,近似地,收益率的均值和方差记为 μ_j 和 σ_j, $j=1, 2$;假定这些收益率之间的相关系数为 ρ。

这个资产组合的随机收益率就是一个权重函数 $w=w_1$:

$$R=wR_1+(1-w)R_2$$

使用第 7 章的结果,我们推导出:

$$E[R]=w\mu_1+(1-w)\mu_2 \tag{9.54a}$$

$$Var[R]=w^2\sigma_1^2+(1-w)^2\sigma_2^2+2w(1-w)\rho\sigma_1\sigma_2 \tag{9.54b}$$

作为一个 w 的函数,很明显如果不允许存在空头的情况下,$E[R]=\mu_2+(\mu_1-\mu_2)w$ 仅仅在对 w 的任意容允区间的端点上才能达到它的最大值和最小值,例如在[0, 1]。也就是说,$E[R]$ 没有临界点。另一方面:

$$Var[R]=(\sigma_1^2+\sigma_2^2-2\rho\sigma_1\sigma_2)w^2+2\sigma_2(\rho\sigma_1-\sigma_2)w+\sigma_2^2$$

是一个关于 w 的二次函数,因此它的最大值和最小值依赖于 w^2 的系数的符号。

这个 w^2 的系数当 $\sigma_1\neq\sigma_2$ 时,显然是正的,因为根据命题 7.17,因为 $-1\leqslant\rho\leqslant 1$,同时有:

$$\sigma_1^2+\sigma_2^2-2\rho\sigma_1\sigma_2=(\sigma_1-\sigma_2)^2+2(1-\rho)\sigma_1\sigma_2$$

因此,存在一个最小风险配置。如果 $\sigma_1=\sigma_2$,在这种情况下 $Var[R]$ 是常数而 $E[R]$ 是线性的,那么在 w 的任意容允区间的端点上就能达到它的最大值和最小值,那么除非 $\rho=1$,

否则上述同样的结论可以应用于此。

记$Var[R]$为$V(w)$,我们可得:

$$V'(w)=2(\sigma_1^2+\sigma_2^2-2\rho\sigma_1\sigma_2)w+2\sigma_2(\rho\sigma_1-\sigma_2)$$

因此风险最小的临界点,当$V'(w^{\min})=0$,由以下式子给出:

$$w^{\min}=\frac{\sigma_2(\sigma_2-\rho\sigma_1)}{\sigma_1^2+\sigma_2^2-2\rho\sigma_1\sigma_2} \tag{9.55}$$

由于$V''(w)=2(\sigma_1^2+\sigma_2^2-2\rho\sigma_1\sigma_2)>0$除了个别情况外,比如$\sigma_1=\sigma_2$和$\rho=1$,二阶导数检验证实了我们已知的,即$w^{\min}$是这个方差函数的一个相对极小值。

因为$w^{\min}$的分母除在一种例外的情况下之外总是正的,所以$w^{\min}$的符号根据分子的符号所确定,$\sigma_2(\sigma_2-\rho\sigma_1)$,而在这里就根据$\sigma_2-\rho\sigma_1$的符号来确定。特别地,对于$A_1$的最小风险配置满足:

$$w^{\min}>0,\text{如果 }\rho<\frac{\sigma_2}{\sigma_1} \tag{9.56a}$$

$$w^{\min}=0,\text{如果 }\rho=\frac{\sigma_1}{\sigma_2} \tag{9.56b}$$

$$w^{\min}<0,\text{如果 }\rho>\frac{\sigma_2}{\sigma_1} \tag{9.56c}$$

很容易证实如果其中一种资产是无风险资产,这个分析就得出很明显的结论,即最小风险资产配置就是在无风险资产上$w_j=1$(见练习39)。

9.8.5 久期和凸性近似

上述的许多最普通的定价函数被证明是连续,那么很容易证明在定义域上它们也是可微的。例如,一个有着年度现金流量和年度收益率的n年期债券的价格,$f(r)=\sum_{t=0}^{n}c_t(1+r)^{-t}$,很容易被微分得到:

$$f'(r)=-\sum_{t=1}^{n}tc_t(1+r)^{-t-1}$$

$$f''(r)=-\sum_{t=1}^{n}t(t+1)c_t(1+r)^{-t-2}$$

对于优先股的价格,其中$P(i)=\frac{Fr}{i}$,我们可得$P'(i)=-\frac{Fr}{i^2}$和$P''(i)=\frac{2Fr}{i^3}$。

随着这些导数,可以在基于r_0上的债券价格函数的信息在r上近似这个债券价格,同时对于优先股,用式(9.26)和基于式(9.33)或式(9.27)的误差估计。一般来说,对于固定收入的应用来说,这样的近似方法按照相关导数可以重新表述并定义如下:

定义 9.30 如果$f(r)$记为固定收入证券的价格,作为收益率r的一个函数,在r_0上的$f(r)$的(修正过的)久期记为$D(r_0)$,同时在r_0上的$f(r)$的凸性记为$C(r_0)$,当$f(r_0)\neq 0$时,被定义为:

$$D(r_0)=-\frac{f'(r_0)}{f(r_0)} \tag{9.57a}$$

$$=\frac{\sum_{t=1}^{n} tc_t(1+r_0)^{-t-1}}{\sum_{t=0}^{n} c_t(1+r_0)^{-t}} \tag{9.57b}$$

$$C(r_0)=\frac{f''(r_0)}{f(r_0)} \tag{9.58a}$$

$$=\frac{\sum_{t=1}^{n} t(t+1)c_t(1+r_0)^{-t-2}}{\sum_{t=0}^{n} c_t(1+r_0)^{-t}} \tag{9.58b}$$

当然,久期和凸性是 r 的函数,也是原始价格函数的函数,但是在实践中,通常聚焦于这些函数在现期收益率水平 r_0 下的值而不是它们的函数性质。上述的公式反映了年度现金流量和年度收益率 r 的假设,同时上述公式很容易被推广。例如,在半年收益率和半年现金流量的情况下对于 n 年期债券:$f(r)=-\sum_{t=0}^{2n} c_{t/2}(1+r/2)^{-t}$;同时久期和凸性再次被定义为这个函数的相关导数。例如,

$$D(r_0)=-\frac{f'(r_0)}{f(r_0)}=\frac{\sum_{t=1}^{2n} \frac{1}{2}tc_{t/2}\left(1+\frac{r_0}{2}\right)^{-t-1}}{\sum_{t=0}^{2n} c_{t/2}\left(1+\frac{r_0}{2}\right)^{-t}}$$

对于优先股,有 $D(i_0)=\frac{1}{i_0}$。

同时注意到上述久期的定义通常被标注为调整过的久期以区别于早先的麦考利久期,而麦考利久期是以弗雷德里克·麦考利(Frederick Macaulay, 1882—1970)命名的。麦考利在 1938 年介绍了这种算法,在年度收益率情况下,有:

$$D^{Mac}(r_0)=\frac{\sum_{t=1}^{n} tc_t(1+r_0)^{-t}}{\sum_{t=0}^{n} c_t(1+r_0)^{-t}} \tag{9.59}$$

对于其他票面基础上的收益率也是同样的定义。那么调整过的收益率看上去等于麦考利久期除以 $(1+r)$,或者在半年期情况下除以 $(1+r/2)$,以此类推。

注意麦考利久期公式可以被解释为加权时间现金收据测量:

$$D^{Mac}(r_0)=\sum_{t=1}^{n} tw$$

$$w_t=\frac{c_t(1+r)^{-t}}{\sum_{t=0}^{n} c_t(1+r)^{-t}}$$

利用在式(9.57)和式(9.58)中的值，可以从式(9.26)中得到如下近似：

$$f(r) \approx f(r_0)[1-D(r_0)(r-r_0)] \tag{9.60}$$

被称为久期近似(duration approximation)，也就是

$$f(r)\approx f(r_0)\left[1-D(r_0)(r-r_0)+\frac{1}{2}C(r_0)(r-r_0)^2\right] \tag{9.61}$$

被称为带凸性调整的久期近似。第二个公式为理解和量化一个大而正的凸性值的价格敏感度"利润"提供了一种方法。不管利率是增加还是减少，当这个存续效应是正的时候，一个大而正的凸性值将会促进久期的利润；而当这个存续效应是负的时候，在某种程度上它将减少存续的伤害。在较低收益率下对于确定凸性的证券根据预期所付的价格，那么这种凸性收益将会被抵消。

历史证实对于式(9.57)中被标注为调整过的久期就是认识到了如式(9.60)中一般，麦考利久期能被用于近似债券的价格变动，如果这种测量能通过除以一个因子 $(1+r)$，或者在半年期情况下除以 $(1+r/2)$，以此类推，那么就能产生一种调整过的久期测量。

1. 基于美元的测度

在这种情况下 $f(r_0)=0$，而当 $f(r)$记为一个净投资组合，如一个长期或者短期债券组合或者避险债券组合的价格时；或者当 $f(r)$被记为一个衍生品合同的价格，诸如利率掉期或者远期掉期合同的价格时，这时久期和凸性都没有被定义，那么 $f(r_0)=0$ 这种情况很容易发生。在这种情况下可以利用美元久期 $D^{\$}(r_0)$和美元凸性 $C^{\$}(r_0)$。一般来说，这些测量以一种或者两种方法来进行定义：

$$D^{\$}(r_0) \equiv D(r_0)f(r_0) = -f'(r_0) \tag{9.62a}$$

$$C^{\$}(r_0) \equiv C(r_0)f(r_0) = f''(r_0) \tag{9.62b}$$

当 $f(r_0)=0$ 和久期以及凸性没有被定义时，那么这些美元测量就能按照这些价格函数的导数直接定义。在 $f(r_0)=0$ 的情况下，在式(9.60)和式(9.61)中的近似公式更接近于式(9.34)中的标准泰勒级数多项式，除了惯用的 $D^{\$}(r_0)=-f'(r_0)$。那么这些公式变为：

$$f(r) \approx f(r_0) - D^{\$}(r_0)(r-r_0) \tag{9.63}$$

$$f(r) \approx f(r_0) - D^{\$}(r_0)(r-r_0) + \frac{1}{2}C^{\$}(r_0)(r-r_0)^2 \tag{9.64}$$

从式(9.27)中我们可得在所有情况下在久期近似式的误差都是 $O(\Delta r)$，而伴随凸性的调整，这个误差是 $O(\Delta r)^2$。用式(9.34)，也可以表述出按照在 r 和 r_0 之间的凸性函数的最大值在对于$\dfrac{f(r)}{f(r_0)}$的久期近似式中，最大误差为：

$$\left|\frac{f(r)}{f(r_0)}-[1-D(r_0)(r-r_0)]\right| \leqslant \frac{M}{2}(r-r_0)^2,\ M=\max_{\tilde{r}\in\{r,\ r_0\}}|C(\tilde{\boldsymbol{r}})|$$

同样地，伴随着凸性调整的公式包含了在$\{r,\ r_0\}$上的$\left|\dfrac{f^{(3)}(r)}{f(r)}\right|$的最大值，其中这个注释意图去表示区间$[r,\ r_0]$或者$[r_0,\ r]$，具体是哪个区间依赖于 r_0 和 r 谁更大。

当 $f(r_0)=0$ 时,这些误差边界能从式(9.34)中直接得证。所以 M 反映了对于久期近似式上在 $\{r, r_0\}$ 上 $|f''(r)|$ 的最大值以及对于带有凸性调整的近似式在 $\{r, r_0\}$ 上 $|f^{(3)}(r)|$ 的最大值。

2. 内嵌期权

对于更复杂的固定收入价格函数,例如那些与内嵌期权证券相关的函数,上述的近似式将会再次被用到。然而,在这种情况下因为没有公式化工具去计算衍生品,所以假如存在一个 Δr 的恰当被选值,可以利用在式(9.51)、式(9.52)和式(9.53)中的公式去近似这些衍生品。在这样一种情况下,通常称相关的久期和凸性的测量为*有效久期*(effective cluration)和*有效凸性*(effective convexity),一部分是为了强调内嵌期权已经被计入,另一部分是为了强调对于用于估计的被假定的 Δr 的依赖。更重要的是,这个术语意图去区隔开那些来自对于固定现金流量的测量算法,而对于这些算法来说,这些测量也能按照现金流量的时间分布进行解释。当内嵌期权是当期的,所有这样的联系就可以不会存在。

例如,诸如抵押担保证券的利息债券可能会有一个负的有效久期,尽管事实上所有的支付都发生在未来。这是因为这类证券有种性质,这个性质就是当利率上升时这些证券在价值上就增加。从另一方面讲,抵押担保证券的分割本金证券,因为价格函数的极端敏感性,那么在超过收到最后预计的现金流量的最长时间时就有一个显著有效的久期测量。在这两种情况下,这是因为在优先抵押中有内嵌预付期权。

很自然地,久期的近似能够同等地应用于一般股和优先股,同时又是甚至能看到久期和凸性的概念应用到上述计算的这类证券中。例如带有固定增长率分红的普通股票的价格被给定 $V(r)=D\dfrac{1+g}{r-g}$,在这里 D 记为最后分红的美元价值。这个函数当 $r>g$ 时很明显是可微的。这个价格函数的调整过的久期就计为:

$$D(r_0)=\frac{1}{r_0-g}$$

3. 久期的利率敏感度

除了为式(9.61)中的久期近似式提供了一个二阶调整,对于测定久期测量的敏感度,凸性也与利率的变化有密切联系;同时反过来也是相关的,因为久期的再平衡需要多久对于下一部分的应用可能是必须的。在定义久期和凸性函数后,即 $D(r)$ 和 $C(r)$,正如在式(9.57)和式(9.58)中那样,其中假设 $P(r)\neq 0$,我们可得:

$$D(r)=-\frac{P'(r)}{P(r)},\ C(r)=\frac{P''(r)}{P(r)}$$

很直接就能求出 $D'(r)$ 的值并得到:

$$D'(r)=D^2(r)-C(r) \tag{9.65}$$

因此,根据对于 $D(r)$ 的一阶泰勒级数,有:

$$D(r)=D(r_0)+[D^2(r_0)-C(r_0)](r-r_0) \tag{9.66}$$

很明显,如果 $D^2(r_0)<C(r_0)$,当收益率增加时,久期会减少;同时反过来,相反的结果也是正确的。

这就为理解同大而正的凸性相关的价格敏感性提供了另外一种途径。尤其,当 $C(r_0)$

大于 $D^2(r_0)$，证券的久期随着利率的升高而降低，同时随着利率降低而升高。因此当 $D'(r)$ 为正时，对于价格的久期效应是增强的，而当 $D'(r)$ 为负时则是减弱的。当然，小的尤其负的凸性会起相反的作用。当凸性为负时，会增强久期效应；当为正时，会减弱这种效应。

但是这一点也很重要，即在证券上的凸性当为正时，不是免费好物品；而当为负时，也不是一个免费坏物品。证券的凸性性质影响了它的合意性同时也影响了它的价格，所以存在一个期望价格和收益率抵消了凸性调整的效应。

9.8.6 资产负债管理

久期和凸性的概念最重要的应用可能就是对冲资产组合中的利率风险，这就是资产负债管理(asset-liability management)中最重要的部分，也被称为资产负债风险管理(asset-liability risk management)，而对于行家来说，简称为 ALM。一般的步骤就是有一个资产组合 $A(i)$，其价值被建模为一个依赖于单一利率的函数，同时还有一个负债组合 $L(i)$，其依赖于同样的利率。资产负债管理的核心在于盈余、净值或者权益资本：

$$S(i)=A(i)-L(i)$$

尤其是，核心在于管理这个净头寸的利率风险或者这个净头寸的某一函数。在此意义上，资产负债风险管理事实上是盈余风险管理或者资本风险管理。正如下面所见，对于这种行为没有任何的标签能充分表述其宽阔的范围以及这个理论的适用性。

依赖于单一利率的 A、L 和 S 在现实世界中是一个过于简化的假设，其中资产和负债可能都是依赖于多个利率的多变量函数，而且一般来说，不同利率之间是存在差异的。然而，在这个一般理论的一个应用中，A 和 L 依照它们分别的利率集族被求值出来，同时参数 i 记为所有利率中的共有变化。也就是说，在这个应用中，尽管初始利率结构是现实的，然而又简化相关假设，假设所有结构平行移动。在这种应用中，模型通常被称为平行移动模型。

为了表述这些一般的多变量价格函数模型，需要来自多变量微积分的额外工具。也就是说，即便在这种简化背景下，还是要引入并理解重要的概念，而在这个框架下这些概念是基础。

为了让读者只考虑这个理论的特殊应用，考虑如下例子。

例 9.37 (1) 对于金融中介机构，诸如人寿保险商、财产和意外保险商、商业银行或者养老基金机构来说，资产、负债和盈余就对应着在机构的资产负债表上的相应的会计组合。然而，在这些应用中很重要的是去识别出 $A(i)$、$L(i)$和 $S(i)$的函数值并不是意图去表示在他们资产负债表上的公司现存价值。根据一般公认会计原则(generally accepted accounting principles, GAAP)，现存价值是对于公开交易公司来说的，其反映一般公认会计原则所规定的多种会计惯例，它可能在不同国家之间有所变化，尽管这些原则现在正在趋向于一个统一的国际会计标准(international accounting standard, IAS)。在美国保险公司中，也存在一种会计框架，被称为法定会计(statutory accounting)，这种框架被国家保险监管者所推崇，这种会计框架的核心在公司资本充足率的一个审慎估计。对于养老金计划,估计会计(valuation accounting)是基础,其反映了监管者和市场估值原则。

相比于现存价值,$A(i)$、$L(i)$和$S(i)$所意味的价值是倾向于为市场价值或者在非流动性或非交易头寸情况下的公允价值,公允价值被定义为在竞争市场上中意愿买者和意愿卖者之间的市场价值。当然,在许多会计框架内,其市场价值就是现存价值。在这里不管它是以何种方式定义,资产负债管理的核心在于广义定义的市场价值。也就是,对于一个 ALM 经理来说重要的职责就是保证所策划的战略在这个环境中即在相对应的会计领域中能有一个为人所知且有利的效果,或者至少是可接受的负效果。

(2) 对于固定收入对冲基金(fixed income hedge fund)或者投资银行的公开市场操作,$A(i)$和$L(i)$都能分别记为长头寸和短头寸的市场价值。

(3) 在一般的资产对冲(asset-hedge)应用中,$A(i)$是一个资产组合,而$L(i)$可能在此刻并不存在,被认为是预期对冲资产组合,这在直觉上就表示在市场上的一个短头寸或者说是一个金融衍生品叠加。在这样的一个应用中,定义 $S(i)=A(i)-L(i)$ 作为净头寸,这在注释上是很便利的,同时必须小心符号。如果$L(i)$表示证券的市场价值,而如果这些证券被买空,那么净风险头寸就是$A(i)-L(i)$。另一方面,如果$L(i)$表示对冲头寸的市场价值,那么净头寸就是$A(i)+L(i)$。为了避免混淆,对冲通常被设立在前面的框架中,其中$L(i)$表示一个头寸的价值,如果被买空,那么在数学上就用"—"表示。

(4) 对于一般负债对冲(liability-hedge)应用,例如关于债务发行,假定$L(i)$是给定的,同时可能意图建立一个对冲头寸$A(i)$。在这里的分析中也要十分留意所使用的符号。

(5) 最后,在固定收入投资组合管理(fixed income portfolio management)中,例如共有基金,$A(i)$很自然被认为是资产组合的价值,而定义$L(i)$为在同样初始美元价值下投资组合基准指数中的一个头寸。那么通过投资组合经理 $A(i)-L(i)$ 能被求出以对比利率风险头寸和基准头寸,然后在资产组合中进行交易和评估以管理这个风险头寸。

为了展开一些结果同时清晰地阐述符号的问题,设想我们希望为第一个例子中的某公司量化其风险状况$S(i)=A(i)-L(i)$。我们假定初始状况下利率变量有值i_0,同时因此有盈余的初值$S(i_0)=A(i_0)-L(i_0)$。在平行移动模型中,$i_0=0$反映了今天利率结果的估价,同时一般性移动 $i_0 \to i$ 事实上就是 $0 \to i$。

计算任意投资组合的久期和凸性是很简单的,因为投资组合的价值反映了单独证券价值的简单加权平均。例如,假定资产组合价值是证券价值的和:

$$A(i)=\sum_{j=1}^{n} A_j(i)$$

其中为了避免定义上的问题,我们假定对于所有j,有$A_j(i_0)\neq 0$和$A(i_0)\neq 0$。第二个条件就是非盈余性,因为$\{A_j(i_0)\}$可能是正的和负的。

那么因为根据命题 9.20 和的导数等于导数的和,直接用 $w_j=\dfrac{A_j(i_0)}{A(i_0)}$ 推导出:

$$D^A(i_0)=\sum_{j=1}^{n} w_j D_j(i_0) \tag{9.67a}$$

$$C^A(i_0)=\sum_{j=1}^{n} w_j C_j(i_0) \tag{9.67b}$$

当然，$\sum_{j=1}^{n} w_j = 1$，尽管$\{w_j\}$可能包含正值和负值。

依赖 ALM 计划的目标，同利率变化有关的在 $S(i_0)$上的风险可能被以其中一个方式定义。如果 $T(i)$记为目标风险测量(target risk measure)，那么其中三种测量方法将会在下面被举例说明，第一步就是计算 $T(i)$的二阶泰勒级数展开：

$$T(i) \approx T(i_0)\left[1 - D^T(i_0)(i - i_0) + \frac{1}{2}C^T(i_0)(i - i_0)^2\right]$$

根据式(9.27)，如果 $T^{(3)}(i)$存在的话，在这个近似中的误差是 $O(\Delta i^3)$。同时根据式(9.28)，如果 $T^{(3)}(i)$是连续的，误差是 $o(\Delta i^3)$。

对于来自移动 $i_0 \to i$ 的这个函数来说，风险来自久期风险 $D^T(i_0)$，其表示了 $O(\Delta i)$阶的符号风险(signed risk)，和来自凸性风险 $C^T(i_0)$，其代表了 $O(\Delta i^2)$阶的无符号风险(unsigned risk)。根据移动 $i_0 \to i \equiv i_0 + \Delta i$，有正有负的风险意味着在 $T(i)$的效应，而这个效应依赖于 Δi 的符号，即"±"，同时也依赖于 Δi 的大小，其中对于无符号风险，效应并不依赖于符号而仅仅依赖于 Δi 的大小。

ALM 的终极目标就是寻找以实现下列结构：

$$D^T(i_0) = 0 \tag{9.68a}$$

$$C^T(i_0) > 0 \tag{9.68b}$$

在目标风险测量中这些结果被认为是经典无风险状况(immunized risk profile)，在图 9.4 中被画出。

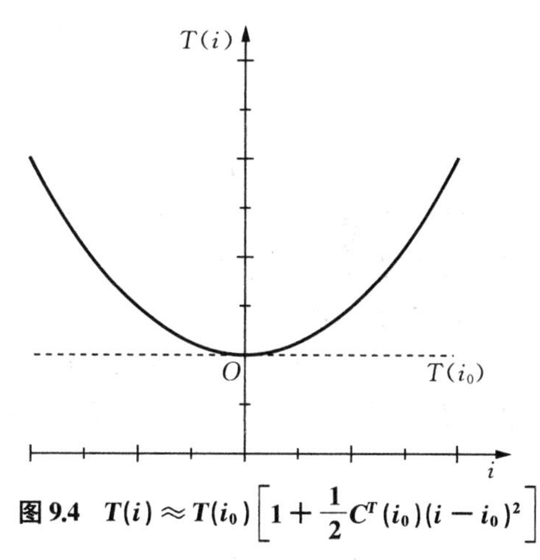

图 9.4 $T(i) \approx T(i_0)\left[1 + \frac{1}{2}C^T(i_0)(i - i_0)^2\right]$

对于某些实践者，风险免除(risk immunization)的目标被认为是不现实的，因为最终组合可能在市场上表现为一个无风险套利。无论利率是多少，总会有利润。有种观点说这是不可能的，这种观点是有可取之处的，但是有种简单的观点认为免除风险是不可能的，因为如果存在的话将会创造出一种无风险套利、一份免费午餐，所以这是不可能的，这种简单的认识过度诠释了这种情况。

为了得到真正的无风险套利，下面的需要都是真的，而实践中，又是不可能的：

(1) 从原始目标投资组合到免风险的投资组合的交易要以无成本的方式完成。

(2) 最终的免风险投资组合的收益比无风险收益率在所有时点上都要高。

(3) 同 $i_0 \to i$ 相关的风险概括了投资组合的所有风险；不存在其他风险，也没有新的风险。

所以在实践中，对于免除风险的追求并不能创造出无风险套利，但是将会创造出一种框架，在这个框架内投资组合的许多风险能被概括，同时从成本或者收益角度，存在多种被评估过的对冲交易。

实现 $T(i)$的三种途径接下来将会被展开。在这里的目标不仅仅展示最好的途径，而且要举例阐释这种通用方法的广泛适用性。

1. 盈余风险防范,$t=0$

简单来说,目标测量就是盈余现值:

$$T(i)=S(i)$$

因为 $S'(i)=A'(i)-L'(i)$,同时对于 $S''(i)$,只要 $S(i_0)\neq 0$,一个简单计算得到下面结果,而且这些结果作为式(9.67)中的特殊情况很好理解:

$$D^S(i_0)=\frac{A(i_0)}{S(i_0)}D^A(i_0)-\frac{L(i_0)}{S(i_0)}D^L(i_0) \tag{9.69}$$

$$C^S(i_0)=\frac{A(i_0)}{S(i_0)}C^A(i_0)-\frac{L(i_0)}{S(i_0)}C^L(i_0) \tag{9.70}$$

为了实现式(9.68)中的目标,要求:

$$D^A(i_0)=\frac{L(i_0)}{A(i_0)}D^L(i_0) \tag{9.71}$$

$$C^A(i_0)>\frac{L(i_0)}{A(i_0)}C^L(i_0) \tag{9.72}$$

在 $A(i_0)=L(i_0)$ 的情况下,有 $S(i_0)=0$,这些情况形式上缩减为:

$$D^A(i_0)=D^L(i_0) \tag{9.73}$$

$$C^A(i_0)>C^L(i_0) \tag{9.74}$$

但是式(9.73)并不是一个来自式(9.71)的合理推论(legitimate deduction),因为后面的公式是在 $S(i_0)\neq 0$ 的假设下展开的,也就是说 $A(i_0)\neq L(i_0)$。但是,在 $S(i_0)=0$ 的情况下,可以直接从式(9.27)中 $S(i)$ 的原始泰勒级数展开中得出。也就是说,得到美元久期和美元凸性的方法,同时在式(9.73)中得到防范条件并合理地生成式(9.74)(见练习 42)。

2. 盈余风险防范,$t>0$

如果 $Z_t(i)$ 记为一个 t 期无风险的零息国债的市场价格,其中在 t 时刻到期时的价格为 1 美元,盈余的远期价值(forward value of surplus)记为 $S_t(i)$,定义为:

$$S_t(i)\equiv\frac{S(i)}{Z_t(i)}$$

对于这个定义的直觉就是如果盈余现在已经被清偿并且投资为 0,那么这就是 t 时刻的确定性的值。在这种意义上,如果投资被清偿并已再投资,那么伴随着当期投资组合和在水平 i 上的利率,$S_t(i)$ 就是在 t 时刻可实现的值。

盈余远期价值的风险防范意味着:

$$T(i)=S_t(i)$$

同时这就要求依赖于 t 的条件,同时当 $t=0$ 时,$S_t(i)$ 缩减为上述的结果。为了证明这一点,我们首先计算 $S_t'(i)$ 和 $S_t''(i)$。尽管有些杂乱,如果 $S(i_0)\neq 0$,就得到如下结果:

$$D^{S_t}(i_0)=D^S(i_0)-D^{Z_t}(i_0) \tag{9.75a}$$

$$C^{S_t}(i_0)=C^S(i_0)-C^{Z_t}(i_0)-2D^{Z_t}(i_0)[D^S(i_0)-D^{Z_t}(i_0)] \tag{9.75b}$$

应用式(9.68),防范条件是:

$$D^{S}(i_0)=D^{Z_t}(i_0) \tag{9.76a}$$

$$C^{S}(i_0)>C^{Z_t}(i_0) \tag{9.76b}$$

当 $t\to 0$ 时,很明显 $D^{Z_t}(i_0)\to 0$ 和 $C^{Z_t}(i_0)\to 0$,所以在式(9.76)中的条件缩减为式(9.71)和式(9.72)。同时在 $S(i_0)=0$,对于 $S_t(i)=\big(A(i)-L(i)\big)/Z_t(i)$ 直接利用泰勒级数得到式(9.73)和式(9.74)中的条件,因此这个结果依赖于 t。

3. 盈余比率风险防范

盈余比率(surplus ratio),记为 $R(i)$,定义为:

$$R(i)=\frac{S(i)}{A(i)}$$

没必要确定时刻 0 的盈余比率或者 $t>0$ 时的盈余比率,因为很容易得出:

$$R_t(i)\equiv\frac{S_t(i)}{A_t(i)}=\frac{S(i)}{A(i)}$$

为了实现盈余比率风险防范,设定:

$$T(i)=R(i)$$

作为一个比率,对于 $R(i)$ 久期和凸性公式等同于那些在式(9.75)中的比率函数,其中仅有一处记号上的变化,我们在这里记录下来,即当 $S(i_0)\neq 0$ 时:

$$D^{R}(i_0)=D^{S}(i_0)-D^{A}(i_0) \tag{9.77a}$$

$$C^{R}(i_0)=C^{S}(i_0)-C^{A}(i_0)-2D^{A}(i_0)[D^{S}(i_0)-D^{A}(i_0)] \tag{9.77b}$$

应用式(9.68)到这些公式中得到:

$$D^{S}(i_0)=D^{A}(i_0) \tag{9.78a}$$

$$C^{S}(i_0)>C^{A}(i_0) \tag{9.78b}$$

当式(9.69)和式(9.70)被用于剔除关于 $S(i)$ 相关项,式(9.78)就缩减为式(9.73)和式(9.74)。

当 $S(i_0)=0$ 时,式(9.73)和式(9.74)表现出了对于盈余比率合适的防范条件,因为它能直接从 $R'(i)$ 和 $R''(i)$ 中被推导出来,或者简单地识别出,当 $S(i_0)=0$ 时,在这种情况下,防范 $S(i)$ 等同于防范 $R(i)$,因此式(9.73)和式(9.74)即刻得证。

9.8.7 "希腊字母"

尽管久期和凸性作为相对衍生测量方法,是测量和引述固定收入工具和基于衍生品证券的相关利率敏感性的一个通用方法,但是对于大多数其他金融工具,敏感性可以直接按照价格函数的导数表述出。例如一个基于第 8 章的布莱克—斯克尔斯—莫顿公式的看跌或者看涨期权的价格很清楚的就是如下变量的函数:

S_0:股票价格

σ:股票价格波动性

r:无风险理论

t 或 T:到期期限

"希腊字母"这个词是对于这个价格函数的多个导数而言的,而且进一步会应用到其他关于货币、商品普通股票指数、远期合约以及其他种种的金融衍生证券。其中 O 被用于表示给定债券的价格,同时它是这些变量的一个函数,O 的导数用希腊字母表示,有时用一个虚构的希腊字母表示:

$$\text{delta}: \Delta = \frac{dO}{dS} \tag{9.79a}$$

$$\text{gamma}: \Gamma = \frac{d^2O}{dS^2} \tag{9.79b}$$

$$\text{rho}: \rho = \frac{dO}{dr} \tag{9.79c}$$

$$\text{"vega"}: v = \frac{dO}{d\sigma} \tag{9.79d}$$

$$\text{theta}: \theta = \frac{dO}{dt} \tag{9.79e}$$

"Vega"的希腊符号事实上就是小写的希腊字母"nu"。

尽管我们并不在形式上表述多元变量函数,但是出于上面定义的需要,只要问题中的价格函数是一个仅有利率变量的函数,我们就将定义这些导数。同时按照惯例我们将应用上述的泰勒级数的结果。例如:

$$O(S) \approx O(S_0) + \Delta(S - S_0) + \frac{1}{2}\Gamma(S - S_0)$$

同时我们知道这个误差是 $O(\Delta S^2)$。然而,为了同时在所有变量上近似这类价格函数,我们需要一些来自多变量微积分的新工具。

根据上面的公式,上述的希腊字母容许一般股权和金融衍生品组合的风险评估,同时根据这个模型,对冲策略也能被构建,这同我们在第 9.8.6 节中所讨论的关于资产负债管理是相类似的。

9.8.8 效用理论

凸性和凹性的概念在金融和经济中的重要应用就是在效用理论中,这个理论对于理解给定个人在各种有风险的可替代品之间选择提供了一个数学框架和模型。这种风险偏好(risk preference)一直都存在,如当个人在各种风险投资中,或者在风险和无风险资产之间进行选择时,或者说是当个人决策要去买哪一类保险或者不去买哪一类保险时。事实上个人对赌博的倾向,或者在特定的机遇博弈中,有些机遇吸引力大,有些机遇吸引力小,其中这些选择也表露着风险偏好。

尽管这个主题可以在一个规范的公理性的框架内被研究,但是我们取而代之用一种非规范化的方式来阐述。核心结果就是被称为冯·诺依曼—摩根斯坦定理,以它的发现者冯·诺依曼(John von Neumann, 1903—1957)和奥斯卡·摩根斯坦(Oskar Morgenstern, 1902—1977)命名的。这个定理表述了如果个人有风险偏好,而这个偏好是一致且满足特定的其他逻辑关系,那么存在一个效用函数(utility function)$u(x)$,使得“偏好”能被根据 $u\big(W(X)\big)$ 的期望值预测出来,其中 $W(X)$ 记为个人财富的值,这个值是作为风险变量 X 变现的一个函数。递增函数 $u(x)$ 的校准使得“多比少好”或者“更倾向于较大的效用而不是较小的”,因此决策制定者的目的就是最大化财富的期望效用 $E\big[u\big(W(X)\big)\big]$。

在这类设定中,W_0 通常被用于表示决策制定者在决策时的初始财富。

1. 投资选择

在风险偏好框架内,在时期$[0, T]$内 $I \leqslant W_0$ 的一个投资被认为相比于一个无风险投资更有吸引力,其中在这个投资中随机变量 Y 被定义为风险收益,那么当且仅当:

$$E\big[u\big(W(Y)\big)\big] > u\big(W_0(1+r)^T\big)$$

在这里 r 表示在这个期间上的年化无风险收益率,同时:

$$W(Y) = I(1+Y) + (W_0 - I)(1+r)^T$$

这个框架当 $I > W_0$ 时也是成立的,在这种情况下这个投资就包含了一个在无风险资产上的空头。

更一般地说,这个投资比另一个投资更受偏好,其中在另一个投资中随机变量 Y' 被定义为另一个投资的风险收益,那么当且仅当:

$$E\big[u\big(W(Y)\big)\big] > E\big[u\big(W(Y')\big)\big]$$

其中财富函数 $W(Y)$ 和 $W(Y')$ 如上定义。

当然,投资多少的决策也可以在这个框架内被阐述,因为给定 Y,那么对于一个给定的投资来说,最优投资 I 是使得 $E\big[u\big(W(Y)\big)\big]$ 最大化的投资值。这个最大值可能是在 $I < 0$ 处、$I = 0$ 处或者 $I > W_0$ 处。

2. 保险选择

保险决策也可以应用在这个框架内,其中 X 记为个人所遇到并打算承保的风险损失。如果保费为 P,如果下式成立,个人将参保:

$$u(W_0 - P) > E[u(W_0 - X)]$$

对于部分承保还是完全承保的人,如果下式成立将选择完全承保:

$$u(W_0 - P) > E\big[u\big(W_0 - P_\lambda - (1-\lambda)X\big)\big]$$

其中 P_λ 是承保损失的 $100\lambda\%$ 时的保费。那么这时也可以通过最大化 $E\big[u\big(W_0 - P_\lambda - (1-\lambda)X\big)\big]$ 测定 λ 的值。

3. 赌博选择

对于一个赌博选择,比如购买一张彩票,其中成本为 L,如果下式成立,将选择去赌博:

$$E[u(W_0 - L + Y)] > u(W_0)$$

其中 Y 是来自赌博的随机支付。

4. 效用和风险规避

如上所记,当效用函数为递增函数时,可被校准,因此当给定可微性假设时,总是存在 $u'(x) > 0$。然而风险偏好的实质是由二阶导数 $u''(x)$的符号所定义的。尤其,我们有如下术语:

风险规避:$u''(x) < 0$,因此 $u(x)$是严格凹的 (9.80a)

风险中性:$u''(x) \equiv 0$,因此 $u(x)$是线性的(仿射) (9.80b)

风险偏好:$u''(x) > 0$,因此 $u(x)$是严格凸的 (9.80c)

这个术语的动机来自于确定风险偏好问题上詹森不等式的应用。根据式(9.33)其中 $n=1$,我们可得 $u''(x) \equiv 0$ 当且仅当 $u(x) = ax + b$,因此证实了术语中所述的,这是一个线性效用函数(规范术语是仿射函数,除非 $b = 0$)。

为了评估在固定时点上的一个投资,必须认识到不投资在风险资产的决策不能被建模,因为这个资金并没有流动。更有逻辑性的选择就是假定这个选择在风险投资和无风险投资之间,假定在所考虑的投资期内,假定一期为一年,每期的无风险收益率被表述为 r。为了在$[0, T]$内投资,并在一个整数期内进行测量,有 X 记为风险周期回报率,选择在:

无风险投资:$u\Big(W_0 + I\big((1+r)^T - 1\big)\Big)$

风险投资:$E\Big[u\Big(W_0 + I\big(\prod\limits_{j=1}^{T}(1+X_j) - 1\big)\Big)\Big]$

接下来的命题总结了投资选择的结果,同时当这些结论应用于保险选择或者赌博选择中时,在练习 22 和练习 47 中把扩展这个结论的任务作为作业。

命题 9.49 给定一个计划期$[0, T]$,决策者在风险投资和无风险投资之间无差异,而这取决于 $E\Big[\prod\limits_{j=1}^{T}(1+X_j)\Big]$ 和$(1+r)^T$ 的关系,如下:

(1) 如果是风险规避,无差异性要求 $E\Big[\prod\limits_{j=1}^{T}(1+X_j)\Big] = (1+r+a)^T$,对于某些 $a > 0$。

(2) 如果是风险中性,无差异性要求 $E\Big[\prod\limits_{j=1}^{T}(1+X_j)\Big] = (1+r)^T$。

(3) 如果是风险偏好,无差异性要求 $E\Big[\prod\limits_{j=1}^{T}(1+X_j)\Big] = (1+r-a)^T$,对于 $a > 0$。

注释 9.32:(1) 注意对于风险偏好术语直觉上的证实。对于一个风险规避投资者,为了在风险投资和无风险投资之间选择无差异,风险投资必须有一个超过无风险投资收益率的期望收益率。也就是说,风险规避投资者要求在期望收益上有一个正的风险升水使得有意愿去接受一个可能更低的收益率的风险。风险偏好者甚至在期望收益率比无风险收益率低的时候其选择都会是无差异的。实质上,这样一个投资者将愿意放弃风险收益中表现更好的期望收益。最后,风险中性投资者对于风险是中性的,同时也意愿去接受风险,而这种风险并没有相对于无风险收益率,对期望收益率进行相关调整。

(2) 上述的命题按照年化或者期化利率 r 被表述,但是它也能按照连续复合无风险收益率 r'同等被表述。例如对于风险中性投资者,条件变为:

$$E\Big[\prod_{j=1}^{T}(1+X_j)\Big] = e^{r'T}$$

证明:决策制定者将会无差异,如果:

$$u\Big(W_0+I((1+r)^T-1)\Big)=E\Big[u\Big(W_0+I(\prod_{j=1}^{T}(1+X_j)-1)\Big)\Big]$$

现在,如果投资者是风险规避的,那么因此有一个严格凹的效用函数,我们可以从式(9.50a)中的詹森不等式得到:

$$E\Big[u\Big(W_0+I(\prod_{j=1}^{T}(1+X_j)-1)\Big)\Big]<u\Big(W_0+I(E\Big[\prod_{j=1}^{T}(1+X_j)\Big]-1)\Big)$$

相比较,对于风险规避投资者来说,无差异要求:

$$u\Big(W_0+I((1+r)^T-1)\Big)<u\Big(W_0+I(E\Big[\prod_{j=1}^{T}(1+X_j)\Big]-1)\Big)$$

同时回想 $u(x)$是一个递增函数,我们得到一个结果。也就是,对于某些 $a>0$,有:

$$W_0+I((1+r+a)^T-1)=W_0+I\Big(E\Big[\prod_{j=1}^{T}(1+X_j)\Big]-1\Big)$$

对于风险中性投资者,第二个最后等式是:

$$u\Big(W_0+I((1+r)^T-1)\Big)=u\Big(W_0+I(E\Big[\prod_{j=1}^{T}(1+X_j)\Big]-1)\Big)$$

因此得到第二个结果。最后,对于风险偏好者来说,有严格凸的效用函数,根据式(9.50b),有:

$$E\Big[u\Big(W_0+I(\prod_{j=1}^{T}(1+X_j)-1)\Big)\Big]>u\Big(W_0+I(E\Big[\prod_{j=1}^{T}(1+X_j)\Big]-1)\Big)$$

同时求解最后的等式:

$$u\Big(W_0+I((1+r)^T-1)\Big)>u\Big(W_0+I(E\Big[\prod_{j=1}^{T}(1+X_j)\Big]-1)\Big)$$

因为 $u(x)$是递增的,所以我们得到第三个结论。 ■

例 9.38 (1) 风险中性概率(risk-neutral probability)在第 7.8.6 节中被引入,同时将第 8.8.3 节推广到长度为 Δt 的一个任意周期内,同时被定义:

$$q(\Delta t)=\frac{e^{r\Delta t}-e^{d(\Delta t)}}{e^{u(\Delta t)}-e^{d(\Delta t)}}$$

其中 r 记为年化无风险收益率,假定其为常数;$u(\Delta t)$和 $d(\Delta t)$假定为在这个周期内股票收益率的上界和下界;$q(\Delta t)$表示为收益率上界的概率。如第 7 章所见,可以很容易推广到长度 Δt 的一个周期上,在时点 Δt 上股票期望价格低于 q 时满足:

$$E_q[S_{\Delta t}]=e^{r\Delta t}S_0$$

也就是说,$1+X=\dfrac{S_{\Delta t}}{S_0}$ 等于随机周期收益:

$$E[1+X]=e^{r\Delta t}$$

根据上述命题,上式就证实了 $q(\Delta t)$是一个风险中性投资者为这个证券意愿所支付的 S_0 的上界的概率。

(2) 特殊的风险规避概率(risk-averter probability)也在第8章被引入,这个概率同布莱克—斯克尔斯—莫顿定价公式相联系,同时在式(8.55)中被定义:

$$\bar{q}(\Delta t)=q(\Delta t)e^{u(\Delta t)}e^{-r\Delta t}$$

为了符号上的简洁,我们丢掉 Δt,同时通过简单计算得到:

$$1-\bar{q}=(1-q)e^{d}e^{-r\Delta t}$$

和

$$\begin{aligned}E_{\bar{q}}[S_{\Delta t}]&=\bar{q}(S_0e^{u})+(1-\bar{q})(S_0e^{d})\\&=[e^{u}-e^{u+d-r\Delta t}+e^{d}]S_0\end{aligned}$$

尽管上述公式不是很明显,但仍然能得到 $E_{\bar{q}}[1+X]>e^{r\Delta t}$,并且得到 $\bar{q}(\Delta t)$是风险规避投资者为这个证券所意愿支付的 S_0 的一个上界的概率。这个结论可以从代数运算步骤中得证:

$$e^{u}-e^{u+d-r\Delta t}+e^{d}>e^{r\Delta t}\quad \text{当且仅当:}$$

$$e^{u-r\Delta t}-e^{u+d-2r\Delta t}+e^{d-r\Delta t}-1>0\quad \text{当且仅当:}$$

$$(e^{u-r\Delta t}-1)(1-e^{d-r\Delta t})>0$$

最后这个不等式有效性的证明来自 $d(\Delta t)<r(\Delta t)<u(\Delta t)$。

5. 效用函数的例子

注释 9.33:根据上述关于风险偏好的定义,我们可得:

(1) 如果 $u(x)$是任意效用函数,那么 $\tilde{u}(x)\equiv au(x)+b$,对于任意 $a, b\in\mathbb{R}$ 和 $a>0$ 在风险规避、风险中性或者风险偏好下都有同样的性质,因为 $\tilde{u}''(x)=au''(x)$。

(2) 另外,对于 a, b$\in\mathbb{R}$ 和 $a>0$,有着效用函数 $\tilde{u}(x)$的决策制定者将会做出同效用函数为 u(x)决策者相同的决策。这个结论的证明来自 $E\left[\tilde{u}(W(x))\right]=aE\left[u(W(x))\right]+b$,因此在期望效用和固定效用之间或者在两个期望效用之间的前述的任意决策不等式上,a 和 b 都没有任何意义。

(3) 因为(1)和(2),效用函数有时需要校准,使得 $u(W_0)=0$ 和 / 或 $u(0)=-1$。

(4) 如果 u(x)是一个风险规避的效用函数,那么 $au(x)+b$ 对于 $a<0$ 和任意 b,是风险偏好函数;反之亦然。

在这里有定义在 $x\geqslant 0$ 上的风险规避效用函数的一些普通例子。每一个例子都能通过上述的注释(4)乘以-1来表现风险偏好倾向。

例 9.39 (1) 指数效用:

$$u(x)=1-e^{-kx},\ k>0$$

(2) 二次效用:

$$u(x)=ax-bx^2,\ a, b>0$$

这个效用函数违背了 $u'(x)>0$ 的假设,至少当 $x>\dfrac{a}{2b}$ 时。

(3) 幂效用:

$$u(x)=\frac{1}{\lambda}x^{\lambda},\ \lambda>0$$

(4) 对数效用:

$$u(x)=\ln\left(1+\frac{x}{c}\right),\ c>0$$

9.8.9 最优风险资产配置

假定有着效用函数 $u(x)$和初始财富 W_0 的投资者想要在风险资产之间做出一个最优配置,其中周期收益率随机变量为 X,而无风险资产的周期收益率为 r。如果 I 记为在风险资产上的投资,那么这个投资者投资了 T 期后的风险效用是:

$$u\left(W_0(1+r)^T+I\left(\prod_{j=1}^{T}(1+X_j)-(1+r)^T\right)\right)$$

为了注释简单,我们假定计划周期 $T=1$,所以风险效用值为:

$$u(W_0(1+r)+I(X-r))$$

这里,r 代表这个周期内固定无风险收益率,或者说在子周期上的无风险收益率的复合变量。

现在,如果我们临时假定 $u(x)$是一个可解析函数,这个关于 $W_0(1+r)$ 的风险效用能被进行扩展得到:

$$u(W_0(1+r)+I(X-r))=\sum_{k=0}^{\infty}\frac{1}{k!}u^{(k)}\left(W_0(1+r)\right)\left(I(X-r)\right)^k$$

如果仅仅可以微分到 m 阶,这个扩展式就会容纳 m 阶导数作为一个泰勒级数,其中误差不超过 $O(\Delta x^m)$,而 $\Delta x\equiv I(X-r)$。为了注释上简便,我们假定和的上界极限为∞。

为了简化这个分析,同时因为在注释 9.33 中所做的第二点,这个效用函数能被转换为: $\tilde{u}(x)=au(x)+b$,其中 $a>0$,这并没有改变我们所做的任何结论。因为我们假定 $u'\left(W_0(1+r)\right)>0$,所以我们定义:

$$\tilde{u}(x)=\frac{u(x)-u\left(W_0(1+r)\right)}{u'\left(W_0(1+r)\right)}$$

这就得到:

$$\begin{aligned}\tilde{u}\left(W_0(1+r)+I(X-r)\right)&=\sum_{k=1}^{\infty}\frac{1}{k!}\frac{u^{(k)}\left(W_0(1+r)\right)}{u'\left(W_0(1+r)\right)}I^k(X-r)^k\\&=\sum_{k=1}^{\infty}\frac{1}{k!}\tilde{u}_k I^k(X-r)^k\end{aligned}$$

其中:

$$\tilde{u}_k=\frac{u^{(k)}\left(W_0(1+r)\right)}{u'\left(W_0(1+r)\right)}$$

所以 $\tilde{u}_1\equiv1$。

绝对风险规避的 Arrow-Pratt 测度(又称风险厌恶度量)r_{AP},被定义为:

$$r_{AP}=-\tilde{u}_2=-\frac{u''\left(W_0(1+r)\right)}{u'\left(W_0(1+r)\right)}\tag{9.81}$$

是以肯尼斯·J.阿罗(Kenneth J. Arrow,1921—)和约翰·W.伯瑞特(John W.Pratt,1931—)所命名的。因为 $u'(W_0(1+r))>0$,这种风险规避的测度对于风险规避者是正的,对于风险偏好者是负的,对于风险中性投资者是恒等于0的。此外更大的正 r_{AP} 意味着更大的风险规避,同时更负的 r_{AP} 意味着更大的风险偏好,正如下所见。

取期望值,我们推导出:

$$E\left[\tilde{u}\left(W_0(1+r)+I(X-r)\right)\right]=\sum_{k=1}^{\infty}\frac{1}{k!}\tilde{u}_k I^k E[(X-r)^k] \tag{9.82}$$

用这个级数的前两项:

$$E\left[\tilde{u}\left(W_0(1+r)+I(X-r)\right)\right]\approx IE[(X-r)]-\frac{I^2 r_{AP}}{2}E[(X-r)^2] \tag{9.83}$$

对于风险规避投资者来说,I 的最优值就能被找到,其中最优化就意味着效用最大化。

假定 $f_2'(I)$ 记为式(9.83)的右侧,作为 I 的函数,我们推导出:

$$f_2'(I)=E[(X-r)]-Ir_{AP}E[(X-r)^2]$$
$$f_2''(I)=-r_{AP}E[(X-r)^2]$$

所以这个期望效用函数有临界点,在:

$$I_0=\frac{E[(X-r)]}{r_{AP}E[(X-r)^2]} \tag{9.84}$$

如果 $f_2''(I_0)<0$,那么这个点将是相对最大值点。

对于风险规避投资者,有 $r_{AP}>0$ 或者等同地有 $u''(W_0(1+r))<0$,I_0 总是期望效用的相对极大值点。如果 $E[(X-r)]>0$,那么对于风险资产的典型情况就是 $I_0>0$,同时这样的一个投资者将会买进更多以最大化期望效用。如果 $E[(X-r)]<0$,这个投资者将会买空风险资产,因为 $I_0<0$。在每一种情况下,当Arrow-Pratt测度增加时,投资者将会买进更少来获得最优期望。

对于风险偏好者,有 $r_{AP}<0$,或者等同地有 $u''(W_0(1+r))>0$,I_0 总是期望效用的相对最小值点。因为在这种情况下是符合逻辑的,所以考虑 I 的一个函数,在式(9.83)中表达式就是 $g(I)=aI+bI^2$,其中 $b>0$,所以期望仅仅能在对于 I 所容许的任何区间的端点上最大化。也就是说,风险偏好者将会根据比较有着最大化杠杆的多头和在风险资产中最大的空头,选择出较大效用的选项来最大化效用。

在 I_0 上的期望效用函数的值:

$$E\left[\tilde{u}\left(W_0(1+r)+I_0(X-r)\right)\right]=\frac{E[(X-r)]^2}{2r_{AP}E[(X-r)^2]}$$

这个最大化期望效用能够等同的按照威廉·夏普(William F.Sharpe)所发展出的夏普比率来进行表述:

$$E\left[\tilde{u}\left(W_0(1+r)+I_0(X-r)\right)\right]=\frac{s^2}{2r_{AP}} \tag{9.85}$$

其中夏普比率被定义为：

$$s=\frac{E[(X-r)]}{\sqrt{E[(X-r)^2]}} \tag{9.86}$$

注释 9.34: 夏普比率的意义在于对于每一个风险规避投资者，在式(9.85)中的最优效用通过选择最大的夏普比率的风险资产不断增大。

当 r 是假定的常数，最大化 s 等同于最大化：

$$s'=\frac{\mu-r}{\sigma} \tag{9.87}$$

其中 μ 和 σ 是 X 的均值和标准差。这是因为 $X-r=(X-\mu)+(\mu-r)$，而且计算可得 $s=\frac{s'}{\sqrt{1+(s')^2}}$。因此当 s' 被最大化，s 也就被最大化。式(9.87)被称为夏普比率。

9.8.10 当 $\Delta t\to 0$ 时风险中性的二项分布

在第 8.8.2 节中证明出对于权益价格的真实世界二项模型收敛到对数正态分布上。在这里重复式(8.46)中的定义，假设：

$$S_T^{(n)}=S_0\mathrm{e}^{\sum_j^B}$$

其中：

$$B_j=\begin{cases}\mu\Delta t+a\sigma\sqrt{\Delta t}\,, & \Pr=p\\ \mu\Delta t-\frac{1}{a}\sigma\sqrt{\Delta t}\,, & \Pr=p' \quad j=1,\ 2,\ \cdots,\ n\end{cases}$$

$$a=\sqrt{\frac{p'}{p}}=\frac{p'}{\sqrt{pp'}},\ -\frac{1}{a}=\frac{-p}{\sqrt{pp'}}$$

那么当 $\Delta t\to 0$ 时，如式(8.50)中，可得：

$$\ln S_T^{(n)}\to_p N(\ln S_0+\mu T,\ \sigma^2 T)$$

其中我们强调注释为“$\to_p$”的真实世界概率。S_T 记为极限随机变量，这就如式(8.51)中能被等同写为：

$$S_T=S_0\mathrm{e}^X$$

其中 $X\sim N(\mu T,\ \sigma^2 T)$。这是一个对数正态随机变量的定义(详见第 10 章关于这个分布的更多细节)。

在这部分，我们研究有着同样权益价格的极限分布，但不是将二项概率 p 用于真实世界建模中，我们使用风险中性概率 q，这个概率是在第 7 章和第 8 章中期权定价公式中的暗藏假设。对于在第 8.8.3 节中所引入的布莱克—斯克拉斯—莫顿公式的欧式看涨期权和欧式看跌期权定价来讲，非常需要这个极限分布。

在下一部分我们将探究在特殊风险规避概率 $\bar{q}$ 下的极限分布，而这个概率也被布莱克—斯克拉斯—莫顿定价公式所需要，同时在式(8.55)中被定义为 $\bar{q}=q\mathrm{e}^u\mathrm{e}^{-r\Delta t}$，其中 $u=\mu\Delta t+a\sigma\sqrt{\Delta t}$。

在这些研究中额外的复杂性就是不像 p,概率 q 以及$\bar{q}$是 Δt 的一个函数,如式(8.52)所记:

$$q(\Delta t)=\frac{e^{r\Delta t}-e^{d(\Delta t)}}{e^{u(\Delta t)}-e^{d(\Delta t)}}$$

在这里 r 是假定的固定的无风险利率,而 $r(\Delta t)=r\Delta t$ 是假定在 Δt 上是线性的,而对于 B_j 的权益收益率的上界和下界再次被给出:

$$u(\Delta t)=\mu\Delta t+a\sigma\sqrt{\Delta t}$$
$$d(\Delta t)=\mu\Delta t-\frac{1}{a}\sigma\sqrt{\Delta t}$$

为了方便第一个调查,我们需要一个关于 $q(\Delta t)$更易理解的公式,使得这个依赖于 Δt 的函数更易控制。

1. 风险中性概率的分析:$q^{(\Delta t)}$

这部分的目标是推导出下列扩展式:

命题 9.50 根据如上所定义的 $q(\Delta t)$,我们得到:

$$q(\Delta t)=p+\frac{\left(r-\mu-\frac{1}{2}\sigma^2\right)}{\frac{\sigma}{\sqrt{pp'}}}\sqrt{\Delta t}+\left(p-\frac{1}{2}\right)\left(r-\mu-\frac{\sigma^2}{6}\right)\Delta t$$
$$+\left[\frac{(r-\mu)^2+(r-\mu)\sigma^2\left(\frac{1}{6pp'}-1\right)+\frac{\sigma^4}{12}}{\frac{2\sigma}{\sqrt{pp'}}}\right]\Delta t^{3/2}+O[\Delta t^2] \tag{9.88}$$

首先,为了调查当 $\Delta t\to 0$ 时 $q(\Delta t)$的行为,我们需要做一些分析。因为直接用 $\Delta t=0$ 替换会导致 0/0。我们分离出普通项 $e^{d(\Delta t)}$,然后应用式(9.35)到这个表达式上的每一个指数项上,得到:

$$q(\Delta t)=\frac{\exp\left(\frac{1}{a}\sigma\sqrt{\Delta t}+(r-\mu)\Delta t\right)-1}{\exp\left[\left(a+\frac{1}{a}\right)\sigma\sqrt{\Delta t}\right]-1}$$
$$=\frac{\frac{1}{a}\sigma\sqrt{\Delta t}+\left[\frac{1}{2}\left(\frac{1}{a}\sigma\right)^2+(r-\mu)\right]\Delta t+O(\Delta t^{3/2})}{\left(a+\frac{1}{a}\right)\sigma\sqrt{\Delta t}+\frac{1}{2}\left[\left(a+\frac{1}{a}\right)\sigma\right]^2\Delta t+O(\Delta t^{3/2})}$$

在这种格式下,我们可以通过普通因子$\sqrt{\Delta t}$分离分子和分母,来替代 $\Delta t=0$,并得到:

$$q(0)=\frac{\frac{1}{a}}{a+\frac{1}{a}}=p$$

可能很令人惊讶,当 $\Delta t\to 0$ 时,这个风险中性概率收敛到 p,真实世界概率为:

$$q(\Delta t) \to p,\text{当 } \Delta t \to 0$$

在这个点上有可能完整地证实这样一个希望,即上述的这个结论应该意味着在风险中性概率 $q(\Delta t)$ 下的极限分布同第 8 章中所推导出真实世界概率 p 的分布是一样。相当明显的是,这个希望将会被证明是错误的,而且我们将会看到尽管 $q(\Delta t) \to p$,但是它进行得如此之慢,使得价格的极限分布的改变来自早先我们所推导的结论。

为了得到这一点,我们需要去完善 $q(\Delta t)$ 的分析,实际上就通过推导出比固定项 p 更多的泰勒级数的项。为了做到这一点,我们可以首先取 $q(\Delta t)$ 的导数,但是很快我们发现这是一个很痛苦的追索,所以我们采用另一种方法。这种方法吸引人的地方在于它是基于第 9.4.2 节中的命题 9.35。为了实现这一点,让我们假定:

$$q(\Delta t) = p + \sum_{n=1}^{\infty} q_n (\sqrt{\Delta t})^n \tag{9.89}$$

那么因为函数 $q(\Delta t)$ 的分子和分母都是关于 $\sqrt{\Delta t} = 0$ 的变量 $\sqrt{\Delta t}$ 的可解析函数,所以这个比例函数 $q(\Delta t)$ 也是可解析的,正如在那个部分中所证明的那样。

注释 9.35: 我们并不声称 $q(\Delta t)$ 的分子或者分母或者 $q(\Delta t)$ 本身是关于 $\Delta t = 0$ 的 Δt 的函数,因为 $\sqrt{\Delta t}$ 在 $\Delta t = 0$ 上甚至不是可微的。例如,尽管 $f(x) = e^x$ 是一个在 x 上处处可微的函数,而 $g(x) = e^{\sqrt{x}}$ 在 $x = 0$ 上甚至不是可微的,因为 $g'(x) = \frac{1}{2\sqrt{x}} e^{\sqrt{x}}$。从另一方面来说,尽管在 Δt 上不是可解析的,但是所有这三个函数都有绝对收敛的关于 $\sqrt{\Delta t}$ 的函数级数。例如,因为 $q(\Delta t)$ 的分子是一个 $\sqrt{\Delta t}$ 的可解析函数,同时对于某些 R 来说,在这种情况下我们所知 $R = \infty$,而当 $|\sqrt{\Delta t}| < R$ 时,分子是绝对收敛的。对于 $q(\Delta t)$ 的分母来说,一样也是正确的,因此对于 $q(\Delta t)$ 来说,当某些 $R' > 0$ 时有 $0 \leqslant \sqrt{\Delta t} < R'$。

为了简化注释,用 $x = \sqrt{\Delta t}$,同时将 $q(x)$ 表述为:

$$q(x) = \frac{\exp(pdx + cx^2) - 1}{\exp(dx) - 1}$$

$$c = r - \mu,\ d = \frac{\sigma}{\sqrt{pp'}}$$

对于分子和分母的泰勒级数则变为:

$$q(x) = \frac{\sum_{j=1}^{\infty} \frac{1}{j!}(pdx + cx^2)^j}{\sum_{k=1}^{\infty} \frac{1}{k!}(dx)^k}$$

把这些表达式扩展到 $O(x^4)$ 并按照幂级数比率式的格式展开,其中 $r(x)$ 和 $s(x)$ 相应地记为分子和分母,我们得到:

$$r(x) = (pd)x + \left(c + \frac{1}{2}d^2p^2\right)x^2 + \left(cdp + \frac{1}{6}d^3p^3\right)x^3 + O(x^4)$$

$$s(x) = dx + \frac{1}{2}d^2x^2 + \frac{1}{6}d^3x^3 + O(x^4)$$

目标是去确定在式(9.89)中的$\{q_n\}$,使得:

$$\left(p+\sum_{n=1}^{\infty}q_n x^n\right)s(x)=r(x) \tag{9.90}$$

其中我们可以利用式(6.24)来实现。尽管代数上很冗繁,而且容易受初始错误的影响,但是这种方法比直接求作为比率函数的$q(x)$的导数值还是要简单不少。另外,因为$q_n=\frac{q^{(n)}(0)}{n!}$,我们可以间接通过微分和求解下列等式来求得$q(x)$的导数:

$$r(x)=q(x)s(x) \tag{9.91}$$

尤其,我们可以根据在式(9.42)中的莱布尼茨公式求得对于在关于0的区间上的x来说$q(x)$是可解析的,因此是无限可微的:

$$r^{(n)}(x)=\sum_{k=0}^{n}\binom{n}{k}q^{(k)}(x)s^{(n-k)}(x)$$

可以迭代求出在$x=0$的值。那么回想$s(0)=0$,我们得到:

$$q(0)=\frac{r'(0)}{s'(0)} \tag{9.92a}$$

$$q^{(n-1)}(0)=\frac{1}{ns'(0)}\left[r^{(n)}(0)-\sum_{k=0}^{n-2}\binom{n}{k}q^{(k)}(0)s^{(n-k)}(0)\right],\ n\geqslant 2 \tag{9.92b}$$

用$q_n=\frac{q^{(n)}(0)}{n!}$代入式(9.89)中得到合意的结果。

这同我们在式(6.24)所展开的方法相比仅仅是方法论上有差异,而并不是一个在理论上的新方法。在这里我们展开一个来自$r(x)$和$s(x)$的$q(x)$的导数值的一个迭代式,并且将$q(x)$构造为一个泰勒级数。为了利用式(6.24),我们首先为$r(x)$和$s(x)$构造了泰勒级数,而这些泰勒级数反映了这些函数的导数,因此能够迭代生成关于$q(x)$的级数的系数。

利用定义$s(x)=\exp(dx)-1$,简单计算就可得到:

$$s^{(k)}(0)=d^k,\ k\geqslant 1$$

函数$r(x)=\exp(pdx+cx^2)-1$有一点复杂,因为在指数上是二次函数,但是对于四个导数,我们得到:

$$\begin{aligned}
r'(x)&=(pd+2cx)\exp(pdx+cx^2)\\
r''(x)&=[2c+(pd+2cx)^2]\exp(pdx+cx^2)\\
r^{(3)}(x)&=[6c(pd+2cx)+(pd+2cx)^3]\exp(pdx+cx^2)\\
r^{(4)}(x)&=[12c^2+12c(pd+2cx)^2+(pd+2cx)^4]\exp(pdx+cx^2)
\end{aligned}$$

相应地:

$$\begin{aligned}
r'(0)&=pd\\
r''(0)&=2c+(pd)^2\\
r^{(3)}(0)&=6cdp+(pd)^3\\
r^{(4)}(0)&=12c^2+12c(pd)^2+(pd)^4
\end{aligned}$$

将其代入式(9.92)中,我们得到:

$$
\begin{aligned}
q(0) &= p \\
q'(0) &= \frac{1}{2s'(0)}\left[r^{(2)}(0) - q^{(0)}(0)s^{(2)}(0)\right] \\
&= \frac{c}{d} - \frac{dpp'}{2} \\
q''(0) &= \frac{1}{3s'(0)}\left[r^{(3)}(0) - \sum_{k=0}^{1}\binom{3}{k}q^{(k)}(0)s^{(3-k)}(0)\right] \\
&= 2\left(p - \frac{1}{2}\right)\left(c - \frac{d^2pp'}{6}\right) \\
q^{(3)}(0) &= \frac{1}{4s'(0)}\left[r^{(4)}(0) - \sum_{k=0}^{2}\binom{4}{k}q^{(k)}(0)s^{(4-k)}(0)\right] \\
&= \frac{3c^2}{d} + 3cd\left[\frac{1}{6} - pp'\right] + \frac{1}{4}(pp')^2d^3
\end{aligned}
$$

回顾 $q_n = \dfrac{q^{(n)}(0)}{n!}$、$c = r - \mu$ 和 $d = \dfrac{\sigma}{\sqrt{pp'}}$，我们在式(9.88)中再进行一点代数运算后得到最终结果。

当然，$\tilde{q}(\Delta t) \equiv 1 - q(\Delta t)$，是很容易通过用 p' 替换为 p，并且把所有系数的符号从正变为负，并根据这个表达式来被展开。

注释 9.36：我们使用 $\tilde{q}(\Delta t)$ 表示 $q(\Delta t)$ 的互补概率，而在其他的应用中 p 的补集被记为 p'。可能同 $q(\Delta t)$ 导数的标准符号表达相混淆，所以 $q'(\Delta t)$ 的注释将避免出现。

注释 9.37：在注释 8.11 中讨论了真实世界概率记为 p 的上确值选择和二项点阵分布价格收敛到式(8.50)中正态分布的收敛速率之间的关系。在那里得出 $p=1/2$ 通过改变从 $O(n^{-1/2})$ 到 $O(n^{-1})$ 展开式的中误差项提供了更快的收敛速率。因为风险中性概率也是 $\Delta t = T/n$ 的函数，那么很自然就期望在风险中性概率下的二项点阵分布的收敛速率不仅仅依赖于 p，同时也依赖于在点阵校准中所使用的其他参数。事实上式(9.88)表明 $q(\Delta t)$ 相对比较慢地收敛到 p，其中数量级为 $O(\sqrt{\Delta t}) = O(n^{-1/2})$。但是也很明显如果一个点阵仅仅被展开到期权定价中，那么选择 $\mu = r - \sigma^2/2$ 使得 $q(\Delta t)$ 收敛到 p 的数量级为 $O(\Delta t) = O(n^{-1})$。如果此外我们选择 $p=1/2$，收敛将会改善到 $O\big((\Delta t)^{3/2}\big) = O(n^{-3/2})$。当然选择 $p=1/2$ 是无害，但是选择 $\mu = r - \sigma^2/2$ 并不能提供一个对现实世界股票价格建模有用的点阵。但是在实践中这种校准通常被用于期权定价，因为这将加速期权价格收敛到 Δt 的一个函数上。同时这种选择可以通过对布莱克—斯克尔斯—莫顿期权定价公式极限的观察得到进一步证实，而且正如在第 8.8.3 节中的注释 8.14 所记的那样，真实世界参数 μ 在任何情况下都不起作用，所以我们被证实可以随意选择 μ 的值。当然，如果目的是去生成一个对于真实世界建模和期权定价的真实股票价格点阵，必须选择一个真实的 μ 并且容忍这样的事实，即期权价格当 $\Delta t \to 0$ 时将会更缓慢的收敛。

2. 当 $\Delta t \to 0$ 时风险中性二项分布

我们现在能够推导出风险中性概率下的二项模型的极限分布。首先，根据第 8 章式(8.46)中相同的设置，我们定义：

$$S_T^{(n)} = S_0 e^{\sum B_j}, \ j = 1, 2, \cdots, n$$

$$B_j = \begin{cases} u(\Delta t) \equiv \mu \Delta t + a\sigma\sqrt{\Delta t}, \ \Pr = q(\Delta t) \\ d(\Delta t) \equiv \mu \Delta t - \dfrac{1}{a}\alpha\sqrt{\Delta t}, \ \Pr = 1 - q(\Delta t) \end{cases}$$

并有 $a = \sqrt{\dfrac{p'}{p}} = \dfrac{p'}{\sqrt{pp'}}$, $-\dfrac{1}{a} = \dfrac{-p}{\sqrt{pp'}}$,同时 $q(\Delta t) = \dfrac{e^{r\Delta t} - e^{d(\Delta t)}}{e^{u(\Delta t)} - e^{d(\Delta t)}}$。

这部分的目标就是为了证明以下命题。

命题 9.51 根据上面所定义的 $S_T^{(n)}$ 和 $q(\Delta t)$,那么当 $\Delta t \to 0$ 时,相对于式(8.50)有:

$$\ln\left[\frac{S_T^{(n)}}{S_0}\right] \to_q \ln\left[\frac{S_T}{S_0}\right] \sim N\left(\left(r - \frac{1}{2}\sigma^2\right)T, \ \sigma^2 T\right) \tag{9.93a}$$

或者

$$\ln S_T^{(n)} \to_q \ln S_T \sim N\left(\ln S_0 + \left(r - \frac{1}{2}\sigma^2\right)T, \ \sigma^2 T\right) \tag{9.93b}$$

其中极限符号"$\to_q$"被用于去强调在风险中性概率结构中结果的相互依赖性。

记 S_T 为极限随机变量,可等同写为:

$$S_T = S_0 e^X \tag{9.94}$$

其中 $X \sim N\left(\left(r - \frac{1}{2}\sigma^2\right)T, \ \sigma^2 T\right)$。所以 S_T 满足一个对数正态随机变量的定义(详见第 10 章关于这个分布的更多细节)。

当这个结果同推论 8.2 中所表述的真实世界概率 p 相对比时,可以看出这真的是一个相当非凡的结果。当然,把二项概率从 p 变为 $q(\Delta t)$ 改变了 $\ln[S_T/S_0]$ 的极限分布的矩,因此我们要把 $N(\mu T, \ \sigma^2 T)$ 变为 $N\left(\left(r - \frac{1}{2}\sigma^2\right)T, \ \sigma^2 T\right)$,这一点看上去并不很惹人关注。然而令人瞩目的其实正是上面所见的,尽管当 $\Delta t \to 0$ 时,$q(\Delta t) \to p$,但是上述的变化仍然发生。

作为这个研究中的第一步,我们首先得到在 $q(\Delta t)$ 下,使用式(9.88),可得:

$$E\left[\ln\left[\frac{S_{t+\Delta t}}{S_t}\right]\right] = \left(r - \frac{1}{2}\sigma^2\right)\Delta t + O[\Delta t^{3/2}] \tag{9.95a}$$

$$Var\left[\ln\left[\frac{S_{t+\Delta t}}{S_t}\right]\right] = \sigma^2 \Delta t + O[\Delta t^{3/2}] \tag{9.95b}$$

这个推导将被作为下面的练习 24。所以甚至用这种相对简单的计算,很明显尽管当 $\Delta t \to 0$ 时,$q(\Delta t) \to p$,这个收敛以某种方式发生,而这种方式引入了一种永久移动,这种移动是发生在这个分布的均值同早先结果中分布的均值之间。

现在为了证明在极限分布上的结果,我们再次回到矩母函数论证上。因为 $q(\Delta t)$ 对分布的均值有影响,所以但是试图将现在的结果同第 8.8.2 节中的展开式进行比较是徒劳的,在第8.8.2节中的展开式中我们用标准化随机变量 $Y^{(n)}$ 而不是实际随机变量 $B^{(n)}=\sum_{j=1}^{n}B_j\equiv\ln[S_T^{(n)}/S_0]$。在第8.8.2节中,用 $Y^{(n)}$ 我们可以剔除掉 Δt 项,而在本节我们只能用简化的 B_j 的 $\sqrt{\Delta t}$ 项。在本节,事实上标准化变量的使用要比原始随机变量的使用更困难,所以我们直接用 $B^{(n)}$。

对于 $B^{(n)}$ 的矩母函数,首先有 $a=\sqrt{\frac{p'}{p}}=\frac{p'}{\sqrt{pp'}}$, $-\frac{1}{a}=\frac{-p}{\sqrt{pp'}}$ 和 $d=\frac{\sigma}{\sqrt{pp'}}$ 正如在 $q(\Delta t)$ 的分析中:

$$\begin{aligned}M_{B_j}(s)&=e^{\mu s\Delta t}\left(q(\Delta t)e^{as\sigma\sqrt{\Delta t}}+\tilde{q}(\Delta t)e^{-(s\sigma\sqrt{\Delta t})/a}\right)\\&=e^{\mu s\Delta t}\left(q(\Delta t)e^{dsp'\sqrt{\Delta t}}+\tilde{q}(\Delta t)e^{-dsp\sqrt{\Delta t}}\right)\end{aligned}$$

其中 $\tilde{q}(\Delta t)\equiv1-q(\Delta t)$。因为 $\{B_j\}$ 是独立同分布的,所以 $M_{B^{(n)}}(s)=\prod_{j=1}^{n}M_{B_j}(s)$,所以因为 $n\Delta t=T$,有:

$$M_{B^{(n)}}(S)=e^{\mu Ts}\left(q(\Delta t)e^{dsp'\sqrt{\Delta t}}+\tilde{q}(\Delta t)e^{-dsp\sqrt{\Delta t}}\right)^{T/\Delta t}$$

目的就是证明:

$$M_{B^{(n)}}(s)=e^{\mu Ts}\left(q(\Delta t)e^{dsp'\sqrt{\Delta t}}+\tilde{q}(\Delta t)e^{-dsp\sqrt{\Delta t}}\right)^{T/\Delta t}$$

在这里的挑战是求出:

$$\lim_{\Delta t\to0}\left(q(\Delta t)e^{dsp'\sqrt{\Delta t}}+\tilde{q}(\Delta t)e^{-dsp\sqrt{\Delta t}}\right)^{1/\Delta t}$$

因为 $f(y)=y^T$ 是一个对于 $T\geqslant0$ 的一个连续函数,所以如果证明出当 $\Delta t\to0$ 时有 $y(\Delta t)\to y_0$,其中:

$$y(\Delta t)\equiv\left(q(\Delta t)e^{dsp'\sqrt{\Delta t}}+\tilde{q}(\Delta t)e^{-dsp\sqrt{\Delta t}}\right)^{1/\Delta t}$$

那么 $f\big(y(\Delta t)\big)\to(y_0)$,所以在这个极限被求出后我们对它进行取幂运算。相应的 $y(\Delta t)$ 的极限能够通过 $z(\Delta t)\equiv\ln y(\Delta t)$ 求出,因为 $g(y)=e^y$ 是连续的,因此如果 $z(\Delta t)\to z_0$,那么 $y(\Delta t)=e^{z(\Delta t)}\to e^{z_0}=y_0$。

利用 $z(\Delta t)$,其中我们为了注释上的简便将其表述为 $z(x)$,得到:

$$z(x)=\frac{\ln\left(q(x)e^{dsp'\sqrt{x}}+\tilde{q}(x)e^{-dsp\sqrt{x}}\right)}{x}$$

同时目的就是测定 $\lim_{x\to0}z(x)$。通过将上述步骤顺序反转,得到:

$$M_{B^{(n)}}(s)=e^{\mu Ts}\left[e^{z(0)}\right]^T$$

所以一旦得出 $z_0\equiv\lim_{x\to0}z(x)$,我们可以从指数函数和幂函数的连续性中得出:

$$M_{B^{(n)}}(S)\to e^{\mu Ts+z_0T}\tag{9.96}$$

当然,为了上述的式(9.93)中的要求,根据这个推导能够被证实,我们必须证明:

$$z_0=\left(r-\mu-\frac{1}{2}\sigma^2\right)s+\frac{1}{2}\sigma^2 s^2 \tag{9.97}$$

细节有些凌乱,下面将提供完整证明。

3. *极限结果的细节

为了推导出式(9.97),请注意:

$$A(x)\equiv q(x)\mathrm{e}^{dsp'\sqrt{x}}+\tilde{q}(x)\mathrm{e}^{-dsp\sqrt{x}}$$

其中 $d=\dfrac{\sigma}{\sqrt{pp'}}$:

(1) $A(x)$在 $x\geqslant 0$ 上连续的同时,$A(0)=1$。

(2) 在 $A(x)$的定义中的四个函数的级数展开对于某些区间是绝对收敛的,如在注释 9.35 中所记的对于 $s=1$ 的 $0\leqslant x<R'$ 证明了式(9.89),因此对于 $0\leqslant s\leqslant 1$,这依然正确。因此对于 $A(x)$的级数展开可以通过操控这些级数来展开,并且如期望一般进行重新排列(回想第 6.1.4 节中关于绝对收敛级数的重新排列的讨论)。

(3) 因为第 1 项,对于任意 $\epsilon>0$,存在一个 δ 使得如果 $0\leqslant x<\delta$,可得 $|A(x)-1|<\epsilon$。所以我们假定 $\epsilon=1/2$,得出 $A(x)=1+B(x)$,其中对于 $0\leqslant x<\delta$ 有 $|B(x)|<1/2$。这里不涉及什么学术性,所以我们仅考虑 $0\leqslant x<R'$,其中如果 $R'<\delta$,那么 R'如第(2)项中所定义。

(4) 根据第(2)项,对于 $B(x)$的级数展开对于 $0\leqslant x<\min(\delta,R')$ 也是绝对收敛的。

现在我们通过两个要求的证明完成这部分结果的推导。

声明 9.1 如果 $A(x)=1+x[z_0+C(x)]$,其中 $C(x)$ 在 $0\leqslant x<\min(\delta,R')$ 上有一个绝对收敛级数,其中 $C(0)=0$,那么:

$$\lim_{x\to 0}z(x)=z_0$$

证明:因为 $z(x)=\dfrac{1}{x}\ln[A(x)]=\dfrac{1}{x}\ln[1+x(z_0+C(x))]$,同时根据第(3)项,当 $0\leqslant x<\min(\delta,R')$,$|x(z_0+C(x))|=|B(x)|<1/2$,对于 $\ln(1+y)$ 的幂级数能被利用同时这是一个绝对收敛级数:

$$\begin{aligned}\ln\left[1+x\left(z_0+C(x)\right)\right]&=\sum_{j=1}^{\infty}\frac{(-1)^{j+1}x^j\left(z_0+C(x)\right)^j}{j}\\&=x\left(z_0+C(x)\right)+x^2\sum_{j=2}^{\infty}\frac{(-1)^{j+1}x^{j-2}\left(z_0+C(x)\right)^j}{j}\end{aligned}$$

因此:

$$z(x)=\left(z_0+C(x)\right)+x\sum_{j=2}^{\infty}\frac{(-1)^{j+1}x^{j-2}\left(z_0+C(x)\right)^j}{j}$$

因为 $C(0)=0$,我们得出如所要求的,当 $x\to 0$ 时有 $z(x)\to z_0$。 ■

我们现在证明 $A(x)$有所要求的性质,其中 z_0 如式(9.97)中所给定的,同时根据式(9.96),我们将完成式(9.93)的证明。

声明 9.2 $A(x)=1+x\left[\left(r-\mu-\frac{1}{2}\sigma^2\right)s+\frac{1}{2}\sigma^2 s^2+C(x)\right]$，其中 $C(x)$ 有一个在 $0\leqslant x<\min(\delta, R')$ 上的绝对收敛级数展开，其中 $C(0)=0$。

证明：有 $A(x)\equiv q(x)\mathrm{e}^{dsp'\sqrt{x}}+\tilde{q}(x)\mathrm{e}^{-dsp\sqrt{x}}$，因为 $q(x)+\tilde{q}(x)=1$，所以得到：

$$\begin{aligned}A(x)&=1+q(x)(\mathrm{e}^{dsp'\sqrt{x}}-1)+\tilde{q}(x)(\mathrm{e}^{-dsp\sqrt{x}}-1)\\&=1+\sum_{i=0}^{\infty}q_i x^{i/2}\sum_{j=1}^{\infty}\frac{(dsp')^j x^{j/2}}{j!}+\sum_{i=0}^{\infty}\tilde{q}_i x^{i/2}\sum_{j=1}^{\infty}\frac{(-dsp)^j x^{j/2}}{j!}\end{aligned}$$

其中所有的级数都是如上所记，对于 $0\leqslant x<\min(\delta, R')$ 是绝对收敛的。在这里 $\{q_i\}$ 被定义在利用式(9.88)的式(9.89)上而 $\{\tilde{q}_i\}$ 被定义为 $\tilde{q}(x)$ 的相应的系数。因此：

$$\tilde{q}_0=1-q_0=p',\ \tilde{q}_i=-q_i,\ i\geqslant 1$$

每一个在 $A(x)$ 的展开式中这些级数的两两乘积能被扩展为式(6.22)和式(6.23)中的情况，然后合并得到：

$$A(x)=1+\sum_{n=1}^{\infty}(d_n+\tilde{d}_n)x^{n/2}$$

其中：

$$d_n=\sum_{k=1}^{n}q_{n-k}\frac{(dsp')^k}{k!},\ \tilde{d}_n=\sum_{k=1}^{n}\tilde{q}_{n-k}\frac{(-dsp)^k}{k!}$$

通过证明 $d_1+\tilde{d}_1=0$ 和 $d_2+\tilde{d}_2=\left(r-\mu-\frac{1}{2}\sigma^2\right)s+\frac{1}{2}\sigma^2 s^2$，这个声明证毕。为了实现这一点，回想 $d=\frac{\sigma}{\sqrt{pp'}}$，有：

$$\begin{aligned}d_1+\tilde{d}_1&=q_0(dsp')+\tilde{q}_0(-dsp)\\&=p(dsp')-p'(dsp)=0\end{aligned}$$

同时，根据式(9.88)有 $q_1=\frac{\left(r-\mu-\frac{1}{2}\sigma^2\right)}{\sigma/\sqrt{pp'}}$：

$$\begin{aligned}d_2+\tilde{d}_2&=q_1(dsp')+\tilde{q}_1(-dsp)+q_0\frac{(dsp')^2}{2}+\tilde{q}_0\frac{(-dsp)^2}{2}\\&=q_1 ds+\frac{1}{2}d^2pp's^2\\&=\left(r-\mu-\frac{1}{2}\sigma^2\right)s+\frac{1}{2}\sigma^2 s^2\end{aligned}$$

■

把这些综合起来，我们从式(9.96)以及上面的声明中得到：

$$\begin{aligned}M_{B(n)}(S)&\to \mathrm{e}^{\mu Ts+(r-\mu-(1/2)\sigma^2)Ts+(1/2)\sigma^2 Ts^2}\\&=\mathrm{e}^{(r-(1/2)\sigma^2)Ts+(1/2)\sigma^2 Ts^2}\end{aligned}$$

也就是，如在式(9.93)，有：

$$B^{(n)}\equiv\ln\left[\frac{S_T^{(n)}}{S_0}\right]\to_q N\left(\left(r-\frac{1}{2}\sigma^2\right)T,\ \sigma^2 T\right)$$

*9.8.11 当 $\Delta t \to 0$ 时，特殊风险规避者二项分布

幸运的是，我们不需要重复上述的部分来测定其他极限，而对于第 8.8.3 节中所记的欧式看涨和欧式看跌期权的布莱克—斯克拉斯—莫顿定价公式来说这些极限是必需的。不过我们只需要将上述的成果应用到调整过的这些情况下。

1. 特殊风险规避者概率的分析

因为$\bar{q}(\Delta t)=q(\Delta t)e^{u(\Delta t)}e^{-r\Delta t}$，我们可以相对简单地决断出对于$\bar{q}(\Delta t)$的级数展开式来自给定在式(9.88)的对于$q(\Delta t)$的级数展开式以及对于$e^{u(\Delta t)-r\Delta t}$的级数展开式。这个推导是可能的，因为每一个这些级数对于$0\leqslant t<R$，其中某些$R>0$都是绝对收敛的。所以我们可以利用第 6.3.1 节中的在式(6.22)和式(6.23)中的相乘级数，相乘并按意愿重新排列这些和。因此，如下所需，对于$\bar{q}(\Delta t)$的级数也是绝对收敛的。

这部分的目标在于推导出如下展开式。

命题 9.52 有$\bar{q}(\Delta t)$如上述定义，我们可得：

$$\begin{aligned}\bar{q}(\Delta t)=&p+\frac{\left(r-\mu+\frac{1}{2}\sigma^2\right)}{\sigma/\sqrt{pp'}}\sqrt{\Delta t}\\&+\left[\left(p-\frac{1}{2}\right)\left(r-\mu-\frac{7\sigma^2}{6}\right)-p^2\left(r-\mu+\frac{1}{2}\sigma^2\right)\right]\Delta t\\&+O[\Delta t^{3/2}]\end{aligned}\tag{9.98}$$

记$q(\Delta t)$级数的系数为$\{q_i\}$，同时$\bar{q}(\Delta t)$级数相对应的系数为$\{\bar{q}_i\}$，我们从$\bar{q}(\Delta t)=q(\Delta t)e^{u(\Delta t)}e^{-r\Delta t}$得到：

$$\sum_{n=0}^{\infty}\bar{q}_n(\Delta t)^{n/2}=\sum_{k=0}^{\infty}q_k(\Delta t)^{k/2}\sum_{j=0}^{\infty}\frac{(-c\Delta t+dp'\sqrt{\Delta t})^j}{j!}$$

这里，如在式(9.88)中的展开式，我们利用简化的记法$c=r-\mu$和$d=\frac{\sigma}{\sqrt{pp'}}$。如果这些级数中的每一个都能被扩展，那么式(6.23)就能被用于去推导所需的$\bar{q}_i$项。

从对于$q(\Delta t)$分析的第二个要求的证明中我们已知仅仅需要上至$\sqrt{\Delta t}$的展开式，但是需要计算Δt项以便更好测度，我们推导出：

$$\sum_{k=0}^{\infty}q_k(\Delta t)^{k/2}=q_0+q_1\sqrt{\Delta t}+q_2\Delta t+\cdots$$

$$\sum_{j=0}^{\infty}\frac{(-c\Delta t+dp'\sqrt{\Delta t})^j}{j!}=1+dp'\sqrt{\Delta t}+\left(-c+\frac{1}{2}(dp')^2\right)\Delta t+\cdots$$

所以：

$$\begin{aligned}\bar{q}&=q_0\\\bar{q}_1&=q_1+q_0dp'\\\bar{q}_2&=q_2+q_1dp'+q_0\left(-c+\frac{1}{2}(dp')^2\right)\end{aligned}$$

用来自式(9.88)的系数进行必要的代数运算，回顾 $c=r-\mu$ 和 $d=\dfrac{\sigma}{\sqrt{pp'}}$，得到式(9.88)。

2. 当 $\Delta t\to 0$ 时特殊风险规避者二项分布

我们现在能够推导出在特殊风险规避者概率下的二项模型的极限分布。特别地，我们用上述对于风险中性的分析的相同设置来开始：

$$S_T^{(n)}=S_0\mathrm{e}^{\sum B_j}\ ,\ j=1,\ 2,\ \cdots,\ n$$

$$B_j=\begin{cases}u(\Delta t)\equiv\mu\Delta t+a\sigma\sqrt{\Delta t}\ ,\ \Pr=\bar{q}(\Delta t)\\ d(\Delta t)\equiv\mu\Delta t-\dfrac{1}{a}\sigma\sqrt{\Delta t}\ ,\ \Pr=1-\bar{q}(\Delta t)\end{cases}$$

其中$\bar{q}(\Delta t)=q(\Delta t)\mathrm{e}^{u(\Delta t)}\mathrm{e}^{-r\Delta t}$，$a=\sqrt{\dfrac{p'}{p}}=\dfrac{p'}{\sqrt{pp'}}$和$-\dfrac{1}{a}=-\dfrac{p'}{\sqrt{pp'}}$。

这个部分的目标就是去证明如下命题。

命题 9.53　有如上所定义的 $S_T^{(n)}$ 和$\bar{q}(\Delta t)$，那么当 $\Delta t\to 0$ 时，相对于式(8.50)和式(9.93)：

$$\ln\left[\frac{S_T^{(n)}}{S_0}\right]\to_{\bar{q}}\ln\left[\frac{S_T}{S_0}\right]\sim N\left[\left(r+\frac{1}{2}\sigma^2\right)T,\ \sigma^2T\right] \tag{9.99a}$$

或者

$$\ln S_T^{(n)}\to_{\bar{q}}\ln S_T\sim N\left[\ln S_0+\left(r+\frac{1}{2}\sigma^2\right)T,\ \sigma^2T\right] \tag{9.99b}$$

其中极限符号“$\to_{\bar{q}}$”被用于强调在特殊风险规避概率结构上结果的相互依赖性。

S_T 记为极限随机变量，可等同写为：

$$S_T=S_0\mathrm{e}^X \tag{9.100}$$

其中，$X\sim N\left[\left(r+\dfrac{1}{2}\sigma^2\right)T,\ \sigma^2T\right]$。所以再一次提及，$S_T$ 有一个对数正态分布，而这个分布在第 10 章中被定义与研究。

作为这个研究中的第一步，我们得到在$\bar{q}(\Delta t)$下，用式(9.98)：

$$E\left[\ln\left[\frac{S_{t+\Delta t}}{S_t}\right]\right]=\left(r+\frac{1}{2}\sigma^2\right)\Delta t+O[\Delta t^{3/2}] \tag{9.101a}$$

$$Var\left[\ln\left[\frac{S_{t+\Delta t}}{S_t}\right]\right]=\sigma^2\Delta t+O[\Delta t^{3/2}] \tag{9.101b}$$

这个推导将会被做为作业放在后面的练习 48 中。所以即便用相对简单的计算，很明显，尽管当 $\Delta t\to 0$ 时，$\bar{q}(\Delta t)\to p$ 和$\bar{q}(\Delta t)-q(\Delta t)\to 0$，但是这个收敛依然会缓慢地发生，不过也足以引起在这个分布的均值同早期在第 8.8.2 节和第 9.8.10 节中结果中的均值相比较之间的一个不同的永久移动。

3. 极限结果的细节

对于这个极限结果，在风险中性情况下的回顾将会确认在这么长的推导过程中仅有

一个步骤中对于 $q(\Delta t)$的级数真正地起了作用,而在这部分的最后第二个声明的推导中才需要在式(9.97)上的 z_0。在这里,我们陈述调整过的第二个声明,而所有的符号同前一样。

声明 9.3 有 $\bar{A}(x)$定义为 $\bar{A}(x)\equiv\bar{q}(x)\mathrm{e}^{dsp'\sqrt{x}}+\bar{\bar{q}}(x)\mathrm{e}^{-dsp\sqrt{x}}$,其中$\bar{\bar{q}}(x)=1-\bar{q}(x)$,那么:

$$\bar{A}(x)=1+x\left[\left(r-\mu+\frac{1}{2}\sigma^2\right)s+\frac{1}{2}\sigma^2 s^2+\bar{C}(x)\right]$$

其中 $\bar{C}(x)$有一个在 $0\leqslant x<\min(\delta, R')$ 上的绝对收敛级数展开,同时 $\bar{C}(0)=0$。

证明:关于 $\bar{A}(x)=1+\sum_{n=1}^{\infty}(\bar{d}_n+\bar{\bar{d}}_n)x^{n/2}$ 的推导同前面是一样的,也是利用式(9.98)中的级数系数$\bar{q}_i$,来替换来自式(9.88)的 q_i,得到:

$$\begin{aligned}\bar{A}(x)&=1+\bar{q}(x)(\mathrm{e}^{dsp'\sqrt{x}}-1)+\bar{\bar{q}}(x)(\mathrm{e}^{-dsp\sqrt{x}}-1)\\&=1+\sum_{i=0}^{\infty}\bar{q}_i x^{i/2}\sum_{j=1}^{\infty}\frac{(dsp')^j x^{j/2}}{j!}+\sum_{i=0}^{\infty}\bar{\bar{q}}_i x^{i/2}\sum_{j=1}^{\infty}\frac{(-dsp)^j x^{j/2}}{j!}\\&=1+\sum_{n=1}^{\infty}(\bar{d}_n+\bar{\bar{d}}_n)x^{n/2}\end{aligned}$$

此时:

$$\bar{d}_n=\sum_{k=1}^{n}\bar{q}_{n-k}\frac{(dsp')^k}{k!},\ \bar{\bar{d}}_n=\sum_{k=1}^{n}\bar{\bar{q}}_{n-k}\frac{(-dsp)^k}{k!}$$

这个证明中仅有一步与前面不同,这就需要查看这个级数的前两项。例如:

$$\bar{d}_1+\bar{\bar{d}}_1=0$$

因为 $\bar{q}_0=q_0=p$ 和 $d=\dfrac{\sigma}{\sqrt{pp'}}$,所以:

$$\begin{aligned}\bar{d}_2+\bar{\bar{d}}_2&=\bar{q}_1 ds+\frac{1}{2}d^2pp's^2\\&=\left(r-\mu+\frac{1}{2}\sigma^2\right)s+\frac{1}{2}\sigma^2 s^2\end{aligned}$$

这个可以从 $\bar{q}_1=\dfrac{\left(r-\mu+\frac{1}{2}\sigma^2\right)}{\sigma/\sqrt{pp'}}$ 中得证。 ■

9.8.12 布莱克—斯克拉斯—莫顿期权定价公式Ⅱ

我们在第 8.8.3 节中开始推导对于欧式看涨和欧式看跌期权的著名的布莱克—斯克拉斯—莫顿定价公式。对于一个 T 期的欧式看涨期权,有一个为 K 的敲定价格,这个可以在时点 0 时推导出这个价格,而这个价格被定义为在有 $\Delta t=\dfrac{T}{n}$ 时的一个二项点阵上一个复制组合的价格,其在前面的式(8.56)中给出:

$$\Lambda_0(S_0)=S_0\Pr\left[\bar{B}_{(n)}\geqslant\ln\left[\frac{K}{S_0}\right]\right]-\mathrm{e}^{-rT}K\Pr\left[B_{(n)}\geqslant\ln\left[\frac{K}{S_0}\right]\right]$$

回想在 $\mathrm{Bin}(\bar{q}, n)$ 模型上的 $\bar{B}_{(n)}=\sum_{i=1}^{n}B_i$，其中 $\{B_i\}$ 是独立同分布的二项式并且有上确值和下确值 $u(\Delta t)$ 和 $d(\Delta t)$，并且相应地有特殊风险规避概率 $\bar{q}(\Delta t)$ 和 $1-\bar{q}(\Delta t)$，同时 $B_{(n)}$ 被定义在 $\mathrm{Bin}(q, n)$ 模型上，但是有风险中性概率 $q\equiv q(\Delta t)$。

前面两部分的证明显示 $\bar{B}_{(n)}\to N\left(\left(r+\frac{1}{2}\sigma^2\right)T,\ \sigma^2T\right)$ 和 $B_{(n)}\to N\left(\left(r-\frac{1}{2}\sigma^2\right)T,\ \sigma^2T\right)$。因此，$Z_1$ 和 Z_2 记为正态变量，而 $\Phi(z)$ 记为单位正态累计分布函数：

$$\begin{aligned}\Pr\left[\bar{B}_{(n)}\geqslant\ln\left[\frac{K}{S_0}\right]\right]&\to\Pr\left[Z_1\geqslant\ln\left[\frac{K}{S_0}\right]\right]\\&=1-\Phi\left(\frac{\ln\left[\frac{K}{S_0}\right]-\left(r+\frac{1}{2}\sigma^2\right)T}{\sigma\sqrt{T}}\right)\\&=\Phi\left(\frac{\ln\left[\frac{S_0}{K}\right]+\left(r+\frac{1}{2}\sigma^2\right)T}{\sigma\sqrt{T}}\right)\end{aligned}$$

在这里，最后一步可以从正态分布的对称性上得到证明，这也意味着：

$$1-\Phi(z)=\Phi(-z)$$

类似地：

$$\begin{aligned}\Pr\left[B_{(n)}\geqslant\ln\left[\frac{K}{S_0}\right]\right]&\to\Pr\left[Z_2\geqslant\ln\left[\frac{K}{S_0}\right]\right]\\&=\Phi\left(\frac{\ln\left[\frac{S_0}{K}\right]+\left(r-\frac{1}{2}\sigma^2\right)T}{\sigma\sqrt{T}}\right)\end{aligned}$$

综合以上结果，我们推导出对于欧式看涨期权的布莱克—斯克拉斯—莫顿定价公式：

$$\Lambda_0^C(S_0)=S_0\Phi(d_1)-\mathrm{e}^{-rT}K\Phi(d_2)\tag{9.102a}$$

$$d_1=\frac{\ln\frac{S_0}{K}+\left(r+\frac{1}{2}\sigma^2\right)T}{\sigma\sqrt{T}}\tag{9.102b}$$

$$d_2=\frac{\ln\frac{S_0}{K}+\left(r-\frac{1}{2}\sigma^2\right)T}{\sigma\sqrt{T}}\tag{9.102c}$$

欧式看跌期权现在很容易定价。尽管在到期日上对于一个看涨期权为

$$\Lambda^C(S_T) = \max(S_T - K, 0) \tag{9.103}$$

而对于一个看跌期权来说：

$$\Lambda^P(S_T) = \max(K - S_T, 0) \tag{9.104}$$

因此，对于这个投资组合的支付函数来说就包括了一个认沽期权和一个认购期权：

$$\Lambda^C(S_T) - \Lambda^P(S_T) = S_T - K$$

也就是说，这个组合在时点 T 上有一个等于 $S_T - K$ 的值，这就意味着这个组合可以是根据一个包括一份长期股权和一份到期为 K 的短期国债空头的组合进行复制。因此这个期权组合在 $t=0$ 时的价格等于这个复制组合的价格，因此满足：

$$\Lambda_0^C(S_0) - \Lambda_0^P(S_0) = S_0 - K\mathrm{e}^{-rT} \tag{9.105}$$

这个在价格上的恒等式是根据这个复制论证求出的，通常被认为是认沽认购等价（putcall parity）。

练习 23 为推导欧式看跌期权的布莱克—斯克拉斯—莫顿定价公式布置了作业，可以利用认沽认购等价、上述关于欧式看涨期权的几个公式以及单位正态分布的性质。对于看涨期权来说带有同样记号的公式是：

$$\Lambda_0^P(S_0) = \mathrm{e}^{-rT} K\Phi(-d_2) - S_0\Phi(-d_1) \tag{9.106}$$

练习题

操作练习

1. 关于下列一堆函数，确定出给定的复合函数：

(1) $f(x) = x^{-n}$ 和 $g(i) = 1 + \frac{i}{2}$：$f\big(g(i)\big)$ 和 $g\big(f(x)\big)$；

(2) $f(x) = \sum_{j=1}^{n} x^{-j}$ 和 $g(i) = 1 + \frac{i}{2}$：$f\big(g(i)\big)$ 和 $g\big(f(x)\big)$；

(3) $f(x) = \mathrm{e}^{rx} g(y) = \ln y$, $h(z) = \sum_{j=1}^{n} z^j$：$f \circ g \circ h(z)$, $g \circ f \circ h(z)$, $f \circ h \circ g(y)$。

2. 证明下列函数在给定点上是连续的：（提示：直接证明或者利用已知连续函数组合的性质。）

(1) 对于所有 $i \in \mathbb{R}$，$r(i) = (1+i)^2$；

(2) 对于所有 $i \in \mathbb{R}$，其中 $n \in \mathbb{N}$，$s(i) = (1+i)^n$；

(3) 对于所有 $x > -1$，其中 $n \in \mathbb{N}$，$f(x) = (1+x)^{-n}$；

(4) 对于所有的 $z \in \mathbb{R}$，其中 $b_j \in \mathbb{R}$，$N \in \mathbb{N}$，$g(z) = \sum_{j=0}^{N} b_j z^j$；

(5) $a(i) = \begin{cases} \dfrac{1-(1+i)^{-n}}{i}, & i > -1,\ i \neq 0 \\ n, & i = 0 \end{cases}$，其中 $n \in \mathbb{N}$。［提示：考虑 $(1+i)^n a(i)$ 并回

顾二项式定理]

3. 证明下列函数如文所示不是连续的:

(1) $f(x)=\begin{cases}\sin\dfrac{1}{x},\ x\neq 0\\ 0,\ x=0\end{cases}$在 $x=0$ 上不是连续的;

(2) $g(y)=\begin{cases}1,\ x\geqslant 3\\ -1,\ x<3\end{cases}$在 $y=3$ 上不是连续的。

4. 如在练习 2 中的函数,证明 2(1)、(2)和(4)在 $(-1, 1]$ 上是一致连续的,同时 2(3)和(5)不是一致连续的。

5. 明确地写出定义在度量空间(X, d)上的函数 $f(x)$的连续性,序列连续以及一致连续的定义,以及值域在:

(1) $\mathbb{R}$,在标准度量空间上;

(2) 一个一般度量空间(Y, d')上。

6. 证明如果 $f(x)$和 $g(x)$在 x_0 上是可微的,那么 $h(x)$也是可微的[提示:目的就是按照 $f(x)-f(x_0)$、$g(x)-g(x_0)$ 的方式来表述出 $h(x)-h(x_0)$。参考式(9.10)。]:

(1) $h(x)=af(x)\pm bg(x)$ 和 $h'(x_0)=af'(x_0)\pm bg'(x_0)$;

(2) $h(x)=f(x)g(x)$ 和 $h'(x_0)=f'(x_0)g(x_0)+f(x_0)g'(x_0)$。

7. 证明如果 $g(x)$是可微的且 $g'(x)$在包含 x_0 以及 $g'(x_0)\neq 0$ 的一个开区间上是连续的,那么对于某些 $a>0$,其中 $g(x)$是一一对应时,存在一个关于 x_0 的区间,也就是 (x_0-a, x_0+a)。[提示:假定 $g'(x_0)>0$,同时如果 $\lim\limits_{\Delta x\to 0}\dfrac{g(x_0+\Delta x)-g(x_0)}{\Delta x}=g'(x_0)>0$,那么对于 $\epsilon=\dfrac{1}{2}g'(x_0)$,存在一个 δ,使得 $\left|\dfrac{g(x_0+\Delta x)-g(x_0)}{\Delta x}-g'(x_0)\right|<\dfrac{1}{2}g'(x_0)$ 对于 $|\Delta x|<\delta$ 成立。上述表述说明了 $g(x_0+\Delta x)-g(x_0)$ 什么性质?同样可以考虑 $g'(x_0)<0$ 的情况。]

8. 证明对于 $a>0$,$\dfrac{da^x}{dx}=a^x\ln a$ 的证明来自恒等式 $a^x=e^{x\ln a}$。[提示:$a^x=f\big(g(x)\big)$其中 $g(x)=x\ln a$ 和 $f(y)=e^y$。]

9. 计算出练习 2 中函数的导数,并且确定是否需要给定定义域的限制。

10. 找出下列函数的泰勒级数展开式,并且确定什么时候它们收敛:

(1) $f(x)=(1+x)^{-1}$,其中 $x_0=0$;

(2) $g(y)=(1-y)^{-n}$,其中 $y_0=0$;

(3) $h(z)=e^{-rz}$,其中 $z_0=0$。

11. 确认下列每一个函数在它们相应的定义域上是凸函数还是凹函数:

(1) $f(x)=e^{-x^2}$, $x\in\mathbb{R}$;

(2) $h(y)=(1+y)^{-n}$, n 为一个正整数,$y>-1$;

(3) $l(z)=\ln(1+z)$, $z>-1$。

12. 证明算术几何平均不等式。如果对于所有 i, $x_i\geqslant 0$,有:

$$\frac{1}{n}\sum_{i=1}^{n}x_i \geqslant (\prod_{i=1}^{n}x_i)^{1/n}$$

（提示：如果对于某些 $x_i=0$，这个结果很明显是正确的，所以假定所有的 $x_i>0$，取对数并考虑 $\ln x$ 的凹凸性。）

注释 9.38：当 $\{x_i\}$ 既是正的又是负的时，集合 $\{|x_i|\}$ 满足这个不等式。

13. 证明根据泰勒级数的乘积，对于 $a,b\in\mathbb{R}$：$e^{ax}e^{bx}=e^{(a+b)x}$，证实这些总和的重新排序能得到所意图的结果。[提示：利用二项式定理和式(9.41)。]

14. 证明利用泰勒级数展开式，如果对于 $x>-1$，$f(x)=\ln(1+x)$，那么 $f'(x)=\frac{1}{1+x}$。可通过逐项微分以及最后的级数项的收敛性得到期望的答案。

15. 求出两种资产之间风险最小的组合，同时求出相应组合的期望回报率以及回报的标准差：

(1) $\mu_1=0.05$，$\sigma_1=0.09$，$\mu_1=0.08$，$\sigma_1=0.15$，$\rho=0.4$；

(2) $\mu_1=0.05$，$\sigma_1=0.09$，$\mu_1=0.08$，$\sigma_1=0.15$，$\rho=0.6$；

(3) $\mu_1=0.05$，$\sigma_1=0.09$，$\mu_1=0.08$，$\sigma_1=0.15$，$\rho=0.8$。

16. 对于指数 $(k=9\cdot10^{-5})$、二次方程 $(a=1,\ b=4\cdot10^{-6})$、幂 $(\lambda=0.01)$ 以及对数 $(c=10\ 000)$ 的效用函数，证明最优风险资产配置在 $r=0.03$ 的无风险资产和 $\mu=0.10$ 以及 $\sigma=0.18$ 的一个风险资产上，其中 $W_0=100\ 000$。（提示：参考练习 38。）

17. 计算出下列定价函数的久期和债券凸性，并且利用 $\Delta i=0.01$ 和 $\Delta i=0.001$ 的近似公式。对于久期，将式(9.52)的结果和式(9.51)进行对比。假定票面价值为 100。

(1) 10 年期，半年收益率为 8%的无息债券；

(2) 3 年期，半年收益率为 7%、半年期利息率为 6%的债券。

18. 对于在练习 17 中每一个定价函数，根据 $\Delta i=0.01$ 的前面的不同久期的近似值所预测出的价格同根据凸性调整过所预测的价格进行对比，同时将再次利用 $\Delta i=0.01$ 的凸性近似法所得的价格同精确的价格进行比较。在原始定价收益率在 ±3%、±2%、±1%、±0.5%、±0.1%变动的情况下做这个练习。

19. 对于给定定价函数如下的固定收入债券的一个组合来说：$P(i)=\sum_{j=1}^{n}P_j(i)$

证明这个组合的久期和凸性。假定 $P(i)\neq 0$ 和 $P_j(i)\neq 0$：

$$D(i)=\sum_{j=1}^{n}w_jDj(i),\ C(i)=\sum_{j=1}^{n}w_jC_j(i)$$

其中 $w_j=\frac{P_j(i)}{P(i)}$，所以 $\sum_{j=1}^{n}w_j=1$。

注释 9.39：很重要的一点就是并不需要假定 $\{P_j(i)\}$ 的符号来证明这个结果，所以这个结果也同样适用于多头 $P_j(i)>0$，以及空头 $P_j(i)<0$，或者一个多头和空头的混合组合。

20. 给定一个久期为 6 的 250 万美元的债券和久期为 4.5 的 225 万的债务的资产组合，在下列情况下确定必要的目标久期以及必要的资产交易以实现盈余的风险防范。假定债券是同质的且能以任何数量进行交易，同时现金能在久期为 1 时被重新投资。

(提示:盈余是一种资产的长期组合和负债的短期组合,见练习 19。)

(1) 在 $t=0$ 时盈余风险防范;

(2) 在 $t=2$ 时盈余风险防范,其中 $Z_2(i)$ 以 $i=0.03$ 半年期定价;

(3) 盈余比率风险防范。

21. 利用一个对于看涨期权的布莱克—斯克拉斯—莫顿公式,推导出一个看涨期权的增量为:

$$\Delta^C=\Phi(d_1)$$

(提示:这是一个相对有挑战性的计算。其实很容易去思考,因为布莱克—斯克拉斯—莫顿公式的第一部分就是 $S_0\Phi(d_1)$,那么这个导数$\frac{\mathrm{d}\Delta}{\mathrm{d}S_0}$是很明显的。但是并不是这样的,因为 d_1 和 d_2 也是 S_0 的函数。一旦你得到这个导数表达式,那么就需要观察一下需要什么来得到理想的结果。)

22. 开发一个关于个人风险偏好和参保给定风险的意愿之间关系式,其中无差异等式为:

$$u(W_0-P)=E[u(W_0-X)]$$

其中 P 为保费,X 为投保所抵御的风险。那么由 $u''(x)$所决定的 P 和$E[X]$之间的最终关系是怎么样的?(提示:利用詹森不等式。)

23. 在式(9.106)中利用认购认沽等价推导出对于一个欧式看跌期权的布莱克—斯克拉斯—莫顿定价公式,以及在式(9.102)中欧式看涨期权的布莱克—斯克拉斯—莫顿定价公式。

24. 探讨 $\ln[S_{t+\Delta t}/S_t]$ 在风险中性概率下的矩:

(1) 利用式(9.88)中 $q(\Delta t)$的展开式推导式(9.95)。[提示:仅使用 $q(\Delta t)$和 $1-q(\Delta t)$展开式中至 $O(\sqrt{\Delta t})$的项,因为正如接下来所证实的,更高阶的项将是误差项 $O(\Delta t^{3/2})$的部分。]

(2) 证明在均值上的变动仅仅是由于在 $q(\Delta t)$展开式中$\sqrt{\Delta t}$的系数所引起的同时更高阶的项对于大于$O(\Delta t^{3/2})$的矩没有影响。

强化练习

25. 关于下列一堆函数,确定出给定的复合函数:

(1) $f(x)=\mathrm{e}^{-rx}$ 和 $g(z)=\sum_{j=1}^{n}z^j$: $f\big(g(z)\big)$ 和 $g\big(f(x)\big)$;

(2) $f(x)=\frac{1}{x}$ 和 $g(y)=\sum_{j=1}^{n}y^{-j}$:$f\big(g(y)\big)$ 和 $g\big(f(x)\big)$;

(3) $f(x)=\left(1+\frac{i}{12}\right)^x$, $g(y)=\ln y$, $h(z)=\sum_{j=1}^{n}\frac{z}{j}$:$f\circ g\circ h(z)$、$g\circ f\circ h(z)$ 和 $f\circ h\circ g(y)$。

26. 证明下列函数在给定点上是连续的。(提示:直接证明或者利用已知连续函数的组合的性质。)

(1) $h(x)=\mathrm{e}^{rx}$,对于所有 $x\in\mathbb{R}$ 和任意 $r\in\mathbb{R}$;

(2) $g(z)=\frac{1}{\sqrt{2\pi}}e^{-z^2}$,对于所有 $z\in\mathbb{R}$;

(3) $h(z)=\sum_{j=0}^{n}\frac{b_j}{z^j}$,其中 $b_j\in\mathbb{R}$, $N\in\mathbb{N}$, $z>0$;

(4) $r(i)=m\ln\left(1+\frac{i}{m}\right)$,对于 $m\in\mathbb{N}$ 和所有 $i>-1$。[提示:$r(i)$是一个等于月度名义利率的连续利率,这一点将在第 10 章中研究。]

27. 证明下列函数如文所示不是连续的:

(1) $i(z)=\begin{cases}1, & z\text{ 是有理数}\\ -1, & z\text{ 是无理数}\end{cases}$,且在实数域上非连续

(2) $f(x)=\begin{cases}n, & x=n\in\mathbb{Z}\\ \frac{1}{x^2}, & x\notin\mathbb{Z}\end{cases}$,且在任意 $n\in\mathbb{Z}$ 除了 $n=1$ 上是非连续的

28. 证明 $f(x)$在 x_0 上是连续的当且仅当它在 x_0 上是序列连续的。(提示:如果连续,则需要考虑借助 $x_n\to x_0$ 的定义,根据连续性的定义证明。也可证明这个命题的逆命题。)

29. 如在练习 26 中的函数,证明练习 26(1)、练习 26(2)在$(-1, 1]$上是一致连续的。在练习 26(4)中的函数在$(-1, 1]$上是一致连续的仅当 $m>1$ 时,同时练习 26(3)和练习 26(5)在$(0, 1]$不是一致连续的。[注意:在练习 26(3)中的函数是常数函数,因此在当 $N=0$ 时是一致连续的,所以对于此练习假定 $N>0$。]

30. (1)证明如果 $f(x)$在紧集 $K\subset X$ 上是连续的,其中(X, d)是一个度量空间,那么在 K 上是一致连续的。假定 $f(x)$的值域是一个一般度量空间(Y, d')。或者更简单点,首先考虑这种情况:$f:X\to\mathbb{R}$。(提示:首先回顾一下,当 $X=\mathbb{R}$ 时章节中的证明。)

(2) 证明如果 $f(x)=\sum_{j=0}^{\infty}a_j(x-x_0)^j$ 是一个幂级数,且在 $I=\{x \mid |x-x_0|<R\}$ 上收敛,同时 $f_n(x)$记为这个级数的部分和,那么 $f_n(x)\to f(x)$ 在任意紧集 $K\subset I$ 上一致收敛。

31. 证明假定 $f(x)$是一个任意函数,$f:\mathbb{R}\to\mathbb{R}$,那么对于任意集合 $F\subset\mathbb{R}$ 都有 $f^{-1}(\widetilde{F})=f^{-1}(F)$。

32. 证明如果 $f(x)$和 $g(x)$在 x_0 上是可微的,那么 $h(x)$也是可微的。[提示:目的就是按照 $f(x)-f(x_0)$、$g(x)-g(x_0)$ 的方式来表述出 $h(x)-h(x_0)$。参考式(9.10)。]

(1) $h(x)=\frac{1}{g(x)}$,如果 $g(x_0)\neq 0$,且 $h'(x)=\frac{-g'(x_0)}{g^2(x_0)}$;

(2) $h(x)=\frac{f(x)}{g(x)}$,如果 $g(x_0)\neq 0$,且 $h'(x)=\frac{f'(x_0)g(x_0)-f(x_0)g'(x_0)}{g^2(x_0)}$

33. 计算练习 26 中函数的导数,并且确定是否需要给定定义域的限制。

34. 证明在式(9.42)中所给定的两个 n 次可微函数的乘积的 n 阶导数的莱布尼茨规则。也就是,如果 $h(x)=f(x)g(x)$,那么:

$$h^{(n)}(x)=\sum_{k=0}^{n}\binom{n}{k}f^{(k)}(x)g^{(n-k)}(x)$$

其中 $f^{(0)}(x)\equiv f(x)$，而且类似地，$g^{(0)}(x)\equiv g(x)$。(提示：利用数学归纳法。)

35. 找出下列函数的泰勒级数展开式，并且确定什么时候它们收敛：

(1) $P(r)=\dfrac{D}{r}$ 其中 $r_0=0.05$；

(2) $f(x)=\sin x$ 其中 $x_0=0$；[提示：利用式(9.16)。]

(3) $g(x)=\cos x$ 其中 $x_0=0$；

(4) 利用(2)和(3)，按照相应的泰勒级数展开，求其中 $e^{ix}=\cos x+i\sin x$。这个式子就是第2章的欧拉公式。

36. 确认下列每一个函数在他们相应的定义域上是凸函数还是凹函数：

(1) $j(w)=w^r$，其中 $r>0$，$w\geqslant 0$；

(2) $a(u)=\dfrac{1}{u}$，$u\neq 0$；

(3) $z(v)=e^v$，$v\in\mathbb{R}$。

37. 证明利用泰勒级数展开式，如果对于 $r>0$ 的 $f(x)=e^{-rx}$，那么 $f'(x)=-rf(x)$。可通过逐项微分证实。

38. 对于指数 $(k=9\cdot 10^{-5})$、二次方程 $(a=1,\ b=4\cdot 10^{-6})$、幂 $(\lambda=0.01)$ 以及对数 $(c=10\,000)$ 的效用函数，求出相应的 Arrow-Pratt 测度，其中 $r=0.03$ 和 $W_0=100\,000$。

39. 利用式(9.54b)中关于组合风险的一般公式，得出在风险资产和无风险资产之间风险最小配置的结果是在无风险资产上为 $w_j=1$ 的份额。

40. 精确计算出下列定价函数的久期和债券凸性，并且利用 $\Delta i=0.01$ 和 $\Delta i=0.001$ 的逼近公式。对于久期，将式(9.52)的结果和式(9.51)进行对比。假定对于(1)部分，为100的票面价值，在(2)中，为100的贷款。

(1) 年度分红收益为8%的优先股，且年化收益率为10%。

(2) 5年期的月度还贷贷款，其月度还贷利率为10%，且有月度12%的收益。

41. 对于在练习40中每一个定价函数，根据 $\Delta i=0.01$ 前面的不同久期的近似值所预测出的价格同根据凸性调整过所预测的价格进行对比，同时将再次利用 $\Delta i=0.01$ 的凸性近似法所得的价格同精确的价格进行比较。在原始定价收益率在±3%、±2%、±1%、±0.5%、±0.1%变动的情况下做这个练习。

42. 求出 $S(i_0)=0$ 时式(9.73)中的豁免条件。[提示：确定所需的条件需确保 $S'(i_0)=0$ 和 $S''(i_0)>0$。]

43. 给定一个久期为4.5的900万美元的债券和久期为2.5的850万的债务的资产组合，这个资产组合构成了一个固定收入的对冲基金。在下列情况下确定必要的目标久期以及必要的资产交易以实现对冲基金权益的利率风险防范。假定债券是同质的且能以任何数量进行交易，同时现金能在久期0.25时被重新投资。(提示：盈余是一种资产的长期组合和负债的短期组合。参考练习19。)

(1) 在 $t=0$ 时的权益的利率风险防范。

(2) 在 $t=1$ 时的权益的利率风险防范，其中 $Z_1(i)$ 在半年期 $i=0.025$ 时被定价。

(3) 权益比率的利率风险防范。

44. 利用一个来自式(9.106)的布莱克—斯克拉斯—莫顿公式，推导出一个看涨期权的增量为：

$$\Delta^P = \Phi(d_1) - 1$$

［提示：参考练习 21 以及式(9.105)中的认购认沽等价公式。］

45. 利用练习 21 和练习 44 以及布莱克—斯克拉斯—莫顿定价公式，计算出一个看跌和看涨期权的 Γ：

$$\Gamma^{P/C} = \frac{\Phi'(d_1)}{S_0 \sigma \sqrt{T}}$$

其中 Φ' 是正态分布函数的导数，而正态密度函数：$\Phi'(d_1) = \phi(d_1)$（见第 10.5.2 节）。

46. 前面关于盈余价值 $S_T(i)$，被定义为：

$$S_t(i) \equiv \frac{S(i)}{Z_t(i)}$$

计算出 $S'_t(i)$ 和 $S''_t(i)$，以及久期和凸性公式：

$$D^{S_t}(i_0) = D^S(i_0) - D^{Z_t}(i_0)$$

$$C^{S_t}(i_0) = C^S(i_0) - C^{Z_t}(i_0) - 2D^{Z_t}(i_0)[D^S(i_0) - D^{Z_t}(i_0)]$$

47. 开发一个关于个人风险偏好和参与给定赌注的意愿之间关系式，其中无差异等式为：

$$E[u(W_0 - L + Y)] = u(W_0)$$

其中 L 为赌博的成本，Y 为潜在支付。换言之，由 $u''(x)$ 所决定的 Y 和 $E[Y]$ 之间的最终关系是怎样的？（提示：利用詹森不等式。）

48. 重复练习 24 中关于式(9.101)中特殊风险规避分布的矩的计算。

▶10

微积分Ⅱ:积分

10.1 平滑函数加总

在本章中,当积分概念应用到对于连续函数的连续和确定性的概括时,我们研究了积分最早的概念,或者说是广义加总式的概念。积分的方法首先被波恩哈德·黎曼(Bernhard Riemann, 1826—1866)在很严谨的基础上所引入,尽管他的一生很短暂,但是他为相当多的受人称赞的数学发现做出了贡献,而许多发现都是以他的名字命名。在这里我们也要拓展积分和导数之间的关系,并探究出关于这个关系的一些结论。在最后的部分,我们将讨论一下黎曼积分的优势和局限性。这将为实分析下更一般的积分概念提供一个背景支持。

注释 10.1:一般来说,出现在微积分中的函数都是实变量的实值函数。也就是说,函数是:

$$f: X \rightarrow Y$$

其中 $X, Y \subset \mathbb{R}$。然而,尽管 $f(x)$ 的定义域是实数域的这个假设是很重要的,$X = \mathrm{Dmn}(f) \subset \mathbb{R}$,但是如果假设 f 是一个实变量的复值函数使得 $f(x)$ 的值域为 $Y = \mathrm{Rng}(f) \subset \mathbb{C}$,通常也不会出现什么实质上的困难。这种推广并不经常用于金融中,而特征函数是少有的在金融中遇到复值函数的情况。

$\mathrm{Dmn}(f) \subset \mathbb{R}$ 在微积分的发展中很重要的一个原因在于我们通常使用实数的自然排序。换句话说,给定 $x, y \in \mathbb{R}$,且 $x \neq y$,那么必然是 $x > y$ 或者 $x < y$。这些证明没有一个能够一般化到复变量的函数上,因为在复变量函数中没有这样的排序存在。事实上,这样函数的微积分是十分不同于我们现在所研究的微积分,而通常在被称为复分析的学科中才研究这类函数的微积分。

因为在金融学中遇到复值实变量函数的机会很罕见,所以这一章所有的表述都要么不提及 Y 的位置,要么干脆假定 $Y \subset \mathbb{R}$。不过,我们并不试图去使所有的证明都在一般情况 $Y \subset \mathbb{C}$ 中成立,因为这种刻意的一般化并不契合本书的目的。

通常是通过将函数值划分成实数部分和虚数部分来证实关于微积分的结果应用到复值函数的可行性。如果 $Y \subset \mathbb{C}$,我们写出:

$$f(x)=g(x)+ih(x)$$

其中 $g(x)$和 $h(x)$都是实值的。对于积分理论，正如刚刚所观察到的，在值域空间的排序是很重要的，所以将 $f(x)$划分为实数部分和虚数部分正是微积分如何继续应用到复值函数上的方法，其中 $g(x)$和 $h(x)$都是实值的。因此在这章中的积分理论通常能够应用到 $f(x)$是通过分别应用到 $g(x)$和 $h(x)$上并汇总这些结果来实现的。

10.2 黎曼函数积分

10.2.1 黎曼连续函数积分

在知晓黎曼积分的定义后我们最直觉的想法就是去找到给定的连续函数 $f(x)$的图像，和在区间$[a, b]$，$a<b$ 上的 x 轴之间被标记的有正有负的区域。有正有负就是说在 x 轴上面的区域被标记为正区域，而 x 轴下面的区域被标记为负区域。可以用许多不重叠的矩形来近似这个区域。

例如，将区间$[a, b]$划分为长度为 $\Delta x=\dfrac{b-a}{n}$ 的 n 个子区间，并在每一个子区间上选择一个点，$\tilde{x}_i \in [a+(i-1)\Delta x, a+i\Delta x]$，其中 $i=1, 2, \cdots, n$，我们可以得到一个近似式：

$$\text{标记区域} \approx \sum_{i=1}^{n} f(\tilde{x}_i)\Delta x$$

当然，目的是去测定关于 $f(x)$的情况以确保当 $\Delta x \to 0$ 时或者当 $n \to \infty$ 时近似收敛，且收敛与如何在子区间上选择 $\tilde{x}_i$ 无关。

当 $f(x)$是一个非负函数即 $f(x)\geqslant 0$，这个带正号的区域符合通常的区域的概念。然而，对于一般的 $f(x)$，很关键的是函数有正有负，积分规定了函数图形和 x 轴之间的"净"区域，其中在 x 轴以上的区域被记为正区域，以下的区域被记为负区域。那么积分提供了这两个值的一个净值计算方法，而最终可能是正的、负的或者为 0。

如果我们假设 $f(x)$是一个连续函数，那么在每一个闭子区间上，$[a+(i-1)\Delta x, a+i\Delta x]$，它都能到达它的最大值 M_i 和最小值 m_i，而且从 $\tilde{x}_i$ 值的任意选择中我们可以得出结论：

$$\sum_{i=1}^{n} m_i \Delta x \leqslant \sum_{i=1}^{n} f(\tilde{x}_i)\Delta x \leqslant \sum_{i=1}^{n} M_i \Delta x$$

较小的加总式和被称为下黎曼和，而较大的和相应地被称为上黎曼和。这种类型其他所有的和都简单地称为黎曼和。

在更一般的情况下，可以利用一种任意的划分来定义这些和，而这种任意的划分就是将区间$[a, b]$分成许多子区间$[x_{i-1}, x_i]$：

$$a=x_0<x_1<\cdots<x_{n-1}<x_n=b$$

其中我们可以选择 $\tilde{x}_i \in [x_{i-1}, x_i]$ 并定义 $\Delta x=x_i-x_{i-1}$，得到：

$$m(b-a) \leqslant \sum_{i=1}^{n} m_i \Delta x_i \leqslant \sum_{i=1}^{n} f(\tilde{x}_i)\Delta x_i \leqslant \sum_{i=1}^{n} M_i \Delta x_i \leqslant M(b-a) \tag{10.1}$$

其中 M_i 和 m_i 分别记为在子区间 $[x_{i-1}, x_i]$ 上的连续函数 $f(x)$ 的最大值和最小值,而 M 和 m 记为定义在全区间 $[a, b]$ 上的最大值和最小值。

更一般化的条件下,如果 $f(x)$ 在 $[a, b]$ 是非连续但是有界的,我们能够根据所定义的 M_i 和 m_i 实现同样的不等式集,而这里定义 M_i 和 m_i 分别被称为在每一个子区间上的 $f(x)$ 的上确界(least upper bound, l.u.b.)和下确界(greatest lower bound, g.l.b.)。特别的是,对于 $i=1, 2, \cdots, n$,有:

$$\begin{aligned} M_i &= \text{l.u.b.}\{f(x) \mid x \in [x_{i-1}, x_i]\} \\ &= \min\{y \mid y \geqslant f(x), x \in [x_{i-1}, x_i]\} \\ m_i &= \text{g.l.b.}\{f(x) \mid x \in [x_{i-1}, x_i]\} \\ &= \max\{y \mid y \leqslant f(x), x \in [x_{i-1}, x_i]\} \end{aligned} \tag{10.2}$$

在通行划分的背景下,黎曼和收敛的问题现在可以根据逐渐细分的划分来定义。尤其,有:

$$\mu = \max_{1 \leqslant i \leqslant n}\{x_i - x_{i-1}\} \tag{10.3}$$

当 $\mu \to 0$ 时,就能研究收敛性问题了。测度 μ 通常被称为划分的网目。

从式(10.1)很清楚地看到,黎曼和的收敛性问题还有 $\tilde{x}_i$ 值的选择与这些极限的无关性问题都可以放在一起阐述。也就是说如果我们能够证明上黎曼和与下黎曼和当 $\mu \to 0$ 时能收敛到同一值,那么这两个问题肯定都可以被回答。基于这种思想,我们有了下面的定义。

定义 10.1 如果当 $\mu \to 0$ 时,我们可得:

$$\left[\sum_{i=1}^{n} M_i \Delta x_i - \sum_{i=1}^{n} m_i \Delta x_i\right] \to 0 \tag{10.4}$$

其中 M_i 和 m_i 如式(10.2)所定义,那么 $f(x)$ 在区间 $[a, b]$ 上是黎曼可积的。在这种情况下我们定义在 $[a, b]$ 上的 $f(x)$ 的黎曼积分为:

$$\int_a^b f(x)\mathrm{d}x = \lim_{\mu \to 0} \sum_{i=1}^{n} f(\tilde{x}_i)\Delta x_i \tag{10.5}$$

根据式(10.1),上式存在并独立于 $\tilde{x}_i \in [x_{i-1}, x_i]$ 的选择。那么函数 $f(x)$ 被称为被积函数,而常数 a 和 b 被称为这个积分的积分限。

注释 10.2: 有时为了更明晰,上述的积分被称为定积分,当然这是相对于关于积分导数的第 10.5.2 节中所介绍的不定积分来说。

接下来的结果对于积分理论是极为重要的,但是它不是一个最广义的结果。它要求 $f(x)$ 是连续,同时区间 $[a, b]$ 是有界的。

命题 10.1 如果 $f(x)$ 在有界区间 $[a, b]$ 上是连续的,那么 $f(x)$ 是黎曼可积的。

证明:因为根据命题 9.7, $f(x)$ 在闭的且有界的区间 $[a, b]$ 必然是一致连续的,对于任意 $\epsilon > 0$ 存在一个 δ 使得:

$$|f(x) - f(x')| < \epsilon, \text{当 } |x - x'| < \delta$$

因此,如果给定一个在 $[a, b]$ 上的划分的网目满足 $\mu \leqslant \delta$,那么在任意子区间上有:

$$|M_i - m_i| < \epsilon$$

根据三角不等式,有:

$$\left|\sum_{i=1}^{n} M_i \Delta x_i - \sum_{i=1}^{n} m_i \Delta x_i\right| \leqslant \sum_{i=1}^{n} |M_i - m_i| \Delta x_i$$
$$< \epsilon(b-a)$$

所以当 $\epsilon \to 0$ 时,上黎曼和与下黎曼和之间的差分收敛到 0。接下来在区间上的一个黎曼积分事实上能够被分别计算出来。 ■

命题 10.2 如果 $f(x)$在有界区间$[a, b]$上是连续的,且 $a < c < b$,那么:

$$\int_a^b f(x)\mathrm{d}x = \int_a^c f(x)\mathrm{d}x + \int_c^b f(x)\mathrm{d}x \tag{10.6}$$

证明:很清楚的是,如果我们选择区间$[a, b]$上的划分使得其中一个划分的点为 $x_i = c$,那么这个结果就正如我们简单地将上黎曼和与下黎曼和划分为$[a, c]$和$[c, b]$。更一般的是,假定点 c 在某划分的一个子区间内,也就是假定 $c \in [x_{i-1}, x_i]$。记 M_i^1 为在$[x_{i-1}, c]$上的 $f(x)$的 l.u.b.,M_i^2 为在$[c, x_i]$上的 $f(x)$的 l.u.b.,那么很清楚 $M_i^k \leqslant M_i$,M_i 为在$[x_{i-1}, x_i]$上的 $f(x)$的 l.u.b.,其中 $k=1, 2$。根据相同的概念,$m_i^k \geqslant m_i$。因此,有 Δx_i^1 用作表示$c - x_{i-1}$,Δx_i^2 表示 $x_i - c$:

$$[M_i^1 - m_i^1]\Delta x_i^1 + [M_i^2 - m_i^2]\Delta x_i^2 \leqslant [M_i - m_i]\Delta x_i$$

因此,当 $\Delta x_i \to 0$ 时,在反映包含 c 的区间的黎曼和的项收敛到 0。 ■

注释 10.3:上面的论述证明了包含 c 的区间的黎曼和的项可以被丢弃因为他们收敛到 0。也就是说,当 $\epsilon > 0$ 时,对于这个函数,下列结果将被论证出:

$$\int_a^{c-\epsilon} f(x)\mathrm{d}x \to \int_a^c f(x)\mathrm{d}x \tag{10.7a}$$

$$\int_{c+\epsilon}^b f(x)\mathrm{d}x \to \int_c^b f(x)\mathrm{d}x \tag{10.7b}$$

对于 $f(x)$在有界开区间(a, b)上仅仅是连续这种情况,只要 $f(x)$再是有界的,那么这个观察就为上述的命题提供了一个简单的概括。

命题 10.3 如果 $f(x)$在有界区间(a, b)上是有界和连续的,那么 $f(x)$在$[a, b]$上是黎曼可积的。进一步说,就是对于任意 $\epsilon_1, \epsilon_2 \to 0$,有:

$$\int_a^b f(x)\mathrm{d}x = \lim_{\epsilon_1, \epsilon_2 \to 0} \int_{a-\epsilon_1}^{b-\epsilon_2} f(x)\mathrm{d}x \tag{10.8}$$

证明:给定任意的在区间$[a, b]$上的划分,假设:

$$a = x_0 < x_1 < \cdots < x_{n-1} < x_n = b$$

我们必须证明式(10.4)。现在,因为$[x_1, x_{n-1}] \subset [a, b]$,我们可以得出 $f(x)$是连续的,那么在这个区间上也是黎曼可积的。同时,因为它是有界的,所以我们可以假设在$(a, x_1] \cup [x_{n-1}, b)$上,函数 $f(x)$满足 $m \leqslant f(x) \leqslant M$。最后,因为 $\Delta x = x_i - x_{i-1}$,那么当 $\mu \to 0$ 时,有:

$$
\begin{aligned}
& \left|\sum_{i=1}^{n} M_i \Delta x_i - \sum_{i=1}^{n} m_i \Delta x_i\right| \\
\leqslant & \sum_{i=1}^{n} \left| M_i - m_i \right| \Delta x_i \\
= & \left| M - m \right| \left[\Delta x_1 + \Delta x_n\right] + \sum_{i=2}^{n-1} \left| M_i - m_i \right| \Delta x_i \\
\to & \ 0
\end{aligned}
$$

所以 $f(x)$在$[a, b]$上是黎曼可积的。同时因为在$(a, a-\epsilon_1] \cup [b-\epsilon_2, b)$上$|f(x)| \leqslant M'$,可得:

$$
\left|\int_a^b f(x)\mathrm{d}x - \int_{a-\epsilon_1}^{b-\epsilon_2} f(x)\mathrm{d}x\right| \leqslant M'(\epsilon_1 + \epsilon_2)
$$

式(10.8)得证。■

在具体应用中一个很有用的结果是函数的线性组合的黎曼积分能够很容易简化为被加总式部分的积分。

命题 10.4 如果 $f(x)$和 $g(x)$在$[a, b]$上是黎曼可积的,那么对于任意 $c, d \in \mathbb{R}$, $cf(x)+dg(x)$ 也是黎曼可积的,且:

$$
\int_a^b [cf(x)+dg(x)]\mathrm{d}x = c\int_a^b f(x)\mathrm{d}x + d\int_a^b g(x)\mathrm{d}x \tag{10.9}
$$

证明:$f(x)$和 $g(x)$在$[a, b]$上是黎曼可积的意味着每一个能被表述为:

$$
\int_a^b f(x)\mathrm{d}x = \lim_{\mu\to 0} \sum_{i=1}^{n} f(\tilde{x}_i)\Delta x_i
$$

$$
\int_a^b g(x)\mathrm{d}x = \lim_{\mu\to 0} \sum_{i=1}^{n} g(\tilde{x}_i)\Delta x_i
$$

其中 μ 记为划分的间隔,同时$\{\tilde{x}_i\}$是每一种划分的子区间上的任意点。现在,对于任意划分和子空间点集族,有:

$$
\sum_{i=1}^{n} [cf(\tilde{x}_i)+dg(\tilde{x}_i)]\Delta x_i = c\sum_{i=1}^{n} f(\tilde{x}_i)\Delta x_i + d\sum_{i=1}^{n} g(\tilde{x}_i)\Delta x_i
$$

因此,通过取当 $\mu\to 0$ 时的极限,我们可以得出 $cf(x)+dg(x)$ 和式(10.9)中的公式都是可积的。■

最后,存在一个对于黎曼积分的三角不等式,这个不等式在许多估计中是很有用的。

命题 10.5 如果 $f(x)$在有界区间$[a, b]$上是连续的,那么:

$$
\left|\int_a^b f(x)\mathrm{d}x\right| \leqslant \int_a^b |f(x)|\mathrm{d}x \tag{10.10}
$$

证明:首先,如果 $f(x)$在有界区间$[a, b]$上是连续的,那么对于$|f(x)|$也是连续的,那么第二个积分就能被很好地定义。同时,如果$\{x_n\}$是任意收敛数值序列,那么:

$$
\left|\lim_{n\to\infty} x_n\right| = \lim_{n\to\infty} |x_n|
$$

因为如果 $x_n \to x$,那么根据练习 23 中的式(10.139),$|x_n| \to |x|$。利用这些事实和在式(10.5)中这个积分的定义。根据三角不等式,我们可得,

$$\begin{aligned} \left|\int_a^b f(x)\mathrm{d}x\right| &= \left|\lim_{\mu\to 0}\sum_{i=1}^{n} f(\tilde{x}_i)\Delta x_i\right| \\ &= \lim_{\mu\to 0}\left|\sum_{i=1}^{n} f(\tilde{x}_i)\Delta x_i\right| \\ &\leqslant \lim_{\mu\to 0}\sum_{i=1}^{n} |f(\tilde{x}_i)|\Delta x_i \\ &= \int_a^b |f(x)|\mathrm{d}x \end{aligned}$$

注释 10.4：当 $f(x)$ 是连续的就意味着 $|f(x)|$ 也是连续的，这一点很重要，不过反命题很明显是错误的。定义在[0, 1]的一个简单例子是：

$$f(x)=\begin{cases}1, & x \text{ 为有理数}\\ -1, & x \text{ 为无理数}\end{cases}$$

那么 $|f(x)|\equiv 1$，因此是连续的，但是 $f(x)$ 在任何点都不是连续的。

10.2.2 不带连续性条件下的黎曼积分

连续函数在闭且有界的区间上是黎曼可积的，但是这个结果的约束条件过于严苛。证明简洁表明了连续性是一个很有力的假设，同时可能远超出了使得黎曼和收敛所需的条件。在无限区间上连续函数的情况将会在下面被阐述，这种情况被称为所谓的反常积分。在这里我们阐述一下在有界区间[a, b]上连续性的问题。

1. 有限个间断点

例 10.1 定义函数：

$$f(x)=\begin{cases}x^2, & 0\leqslant x<1\\ x^2+5, & 1\leqslant x\leqslant 2\end{cases}$$

图像在图 10.1 基于式(10.6)的证明，很容易知道 $|f(x)|$ 是黎曼可积的，且：

$$\int_0^2 f(x)\mathrm{d}x=\int_0^1 x^2\mathrm{d}x+\int_1^2 (x^2+5)\mathrm{d}x$$

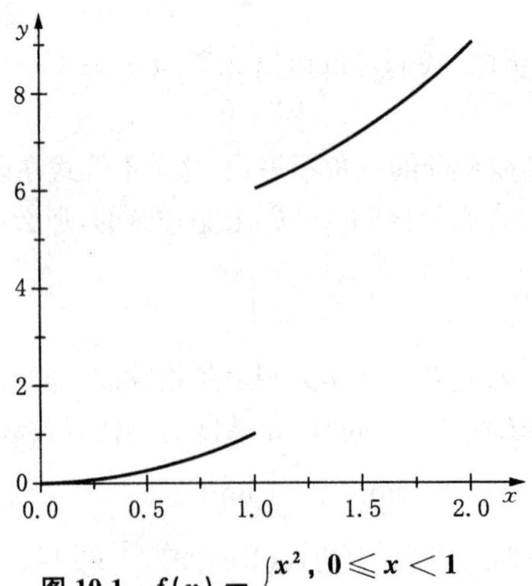

图 10.1 $f(x)=\begin{cases}x^2, & 0\leqslant x<1\\ x^2+5, & 1\leqslant x\leqslant 2\end{cases}$

其中第一个积分根据式(10.8)所定义。正如我们下面将要看到,这个积分和有值为 23/3。这种划分的形式验证反映在式(10.6)和式(10.8)的证明中。中心思想就是说在包含任何给定点 c 的子区间的黎曼和中的项可能被证明收敛到 0。

就事实而言,式(10.6)的证明并没有利用 $f(x)$在 c 点上是连续的这个假设,而仅仅用了在每一个包含 c 的划分子区间上函数是有界的这个假设。这种有界假设在式(10.8)中很明显。只要函数在关于 c 的一个区间上是有界的,$f(c)$的值就与证明完全不相关。

这个例子可以轻易地扩展到一个有界函数 $f(x)$的情况上,这个函数在区间$[a, b]$上是连续的,但是在一个有限点集族$\{\hat{x}_j\}_{j=1}^n$上不连续,这个有限点集族可能包含区间的一个或两个端点。这类函数被称为在$[a, b]$上是分段连续函数。正如上述例子中的证明,反映这些间断点的黎曼和的项当 $\mu \to 0$ 时对于积分的值并没有什么帮助。

公式化这个概念如下。

定义 10.2 函数 $f(x)$在$[a, b]$上是**分段连续**(piecewise continuous)的,如果存在点:

$$a \leqslant \hat{x}_0 < \hat{x}_1 < \hat{x}_2 < \cdots < \hat{x}_n \leqslant b$$

使得在每一个开区间$(\hat{x}_{j-1}, \hat{x}_j)$上,$f(x)$是有界且连续的。

注释 10.5:根据这些应用,有可能看到这个定义并不要求 $f(\hat{x}_j)$是被定义好的。从黎曼积分的存在性来看,我们没有必要让这些值被定义,仅仅需要如同式(10.8)所定义的那样 $f(x)$是有界的就行。然而,如果希望 $f(\hat{x}_j)$在这个定义中被定义,那就需要 $f(\hat{x}_j)$被定义为这些极限中的一个:$\lim\limits_{x \to \hat{x}_j^+} f(x)$或者 $\lim\limits_{x \to \hat{x}_j^-} f(x)$。

当然,在 $f(x)$上有界性的假设是很关键的,因为正是有界性限制着在黎曼和中每一个这样的区间中的 M_i 和 m_i 的值,同时也为当 $\mu \to 0$ 时这些异常项衰减到 0 这个结论提供了必要支持。如果 $[x_{ij-1}, x_{ij}]$ 是包含间断点 $\hat{x}_j$ 的划分中的任意区间,那么与此相关的黎曼和的项,对于任意 $\tilde{x}_{ij} \in [x_{ij-1}, x_{ij}]$,满足:

$$m_{ij} \Delta x_{ij} \leqslant f(\tilde{x}_{ij}) \Delta x_{ij} \leqslant M_{ij} \Delta x_{ij}$$

因此当 $\Delta x_{ij} \to 0$时,那么 $f(\tilde{x}_{ij}) \Delta x_{ij} \to 0$。因为在关于给定的间断点的区间递减时,$M_{ij}$ 不能是递增的而 m_{ij} 不能是递减的。

标记 10.1 上述段落中记号法有些笨重但是是必须的。问题在于每一个异常点$\{\hat{x}_j\}$将能够在每一种定义一个黎曼和的划分中的子区间上找到,但是不能是同一个子区间,所以宣称 $\hat{x}_j \in [x_{j-1}, x_j]$ 并不精确。例如,因为每一个 $\hat{x}_j$ 是固定,然而在划分中的子区间的个数随着 n 而增长。所以在每一种划分中每一个 $\hat{x}_j$ 将会是在不同的子区间上。所以,所用的记号就是 $\hat{x}_{ij} \in [x_{ij-1}, x_{ij}]$,这表明了 $[x_{ij-1}, x_{ij}]$ 是这种划分的 $[x_{i-1}, x_i]$ 子区间中的一个,同时这个子区间包含 $\hat{x}_j$。

除了有界性,在可积性的证明中,另外的关键假设就是间断点$\{\hat{x}_j\}_{j=1}^n$的点集族是有限的,所以这个点集族可能是被包含在划分子区间集族中,$\{[x_{ij-1}, x_{ij}]\}_{j=1}^n$,而这个区间的总长度可能尽可能地如期望得小。那么,尽管在这些子区间上 $M_{ij} - m_{ij} \not\to 0$,正如上述的例子和图 10.1 中所示,仍然有可能得到合意的结果,即这些项并没有在黎曼和的极限中加进什么。因为当 $\mu \to 0$ 时这些区间的总长度 $\sum (M_{ij} - m_{ij}) \Delta x_{ij}$ 能够被设定得任意小,即便 $M_{ij} - m_{ij}$ 不能衰减到 0。

这个讨论引发了下面的命题,而我们所表述的这个命题并没有独立的证明,而是依赖于上述的讨论和读者能形式化的证明。同时在下一个部分中这个结果将会进一步扩展。

命题 10.6 设 $f(x)$是一个有界函数,且在有界区间$[a, b]$上连续,间断点为$\{\hat{x}_j\}_{j=1}^n \subset [a, b]$,且是按增序排列。那么 $f(x)$是黎曼可积的。我们有:

$$\int_a^b f(x)\mathrm{d}x = \int_a^{\hat{x}_1} f(x)\mathrm{d}x + \sum_{j=1}^{n-1}\int_{\hat{x}_j}^{\hat{x}_{j+1}} f(x)\mathrm{d}x + \int_{\hat{x}_n}^b f(x)\mathrm{d}x \tag{10.11}$$

其中 $a=\hat{x}_1$,第一个积分为0,而如果 $\hat{x}_n=b$,最后一个积分为0。每一个积分都可以根据式(10.8)中意义进行解释。

2. * 无限个间断点

上述的命题依赖于有限点集族的一个很重要的"覆盖性质",而这个性质被称为零测度的集合的性质。在第 4.2 节中康托尔三分集就是一个零测度的集合。这种性质意味着点集族 $\{\hat{x}_j\}_{j=1}^n$ 能被区间集族 $\{|x_{ij-1}, x_{ij}|\}_{j=1}^n$ 所包含,而这个区间的总长度 $\{|x_{ij-1}, x_{ij}|\}_{j=1}^n$,能被设定得如期望一般小。那么尽管在 $[x_{ij-1}, x_{ij}]$ 上 $M_{ij}-m_{ij} \not\to 0$,但是对于黎曼和的总贡献满足:

$$\sum (M_{ij}-m_{ij})\Delta x_{ij} \to 0$$

这种称为零测度的集合的性质事实上被任意可数点集族所共有。例如,给定 $\{\hat{x}_j\}_{j=1}^\infty$,同时对于任意 $\epsilon>0$,闭区间:

$$\left\{\left|\hat{x}_j - \frac{\epsilon}{2^{j+1}}, \hat{x}_j + \frac{\epsilon}{2^{j+1}}\right|\right\}_{j=1}^\infty$$

有长度$\left\{\frac{\epsilon}{2^j}\right\}_{j=1}^\infty$,且总长度为 $\sum_{j=1}^\infty \frac{\epsilon}{2^j}=\epsilon$。也就是说,$\{\hat{x}_j\}_{j=1}^\infty$ 是一个零测度的集合。

这可以扩展到以下命题。

命题 10.7 如果 $\{E_j\}_{j=1}^\infty$ 是一个零测度的可数集族,那么$\bigcup E_j$ 有零测度。

证明:首先,我们用总长度为$\frac{\epsilon}{2^j}$的区间去覆盖每一个集合 E_j,这是有可能的,因为 E_j 的测度为 0。那么$\bigcup E_j$ 能够被这些覆盖区间的并集所覆盖,同时他们的总长度不可能超过ϵ。■

我们现在要得到一个命题,这个命题能够确保上述论证关于 $f(x)$的连续能被推翻,同时仍然保留黎曼可积性的结论。波恩哈德·黎曼证明了这个结果。关键观察点在于,如果 M_i 和 m_i 能够如式(10.2)中所定义,同时有一个区间集族 $\{(x_{i-1}, x_i)\}$,在这里所有的区间都包含一个给定的点 x',那么当 $\Delta x_i \to 0$ 时,$M_i - m_i \to 0$。当且仅当 $f(x)$ 在 $x' \equiv \bigcap (x_{i-1}, x_i)$ 上是连续的。这个结果可以从连续性的定义中得证。

为了拓展这个想法,我们引入一个很便利的符号,这个符号能够测度函数在给定的区间上的变动性,比如在给定点的连续性或者间断性。

定义 10.3 给定一个开区间 $I=(x_{i-1}, x_i)$,$f(x)$在 I 上的振荡记为:

$$\omega(x; I) = [M_i - m_i]$$

其中 M_i 和 m_i 如式(10.2)中所定义,只是到开区间上。另外,在 x 上的 $f(x)$的振荡记为:

$$\omega(x)=\text{g.l.b.}\{\omega(x;\ I)\}$$

对于所有 I 都有 $x \in I$。

我们也可以定义:

$$E_N=\left\{x \,\middle|\, \omega(x) \geqslant \frac{1}{N}\right\}$$

同时 $E \equiv \bigcup_{N\geqslant 1} E_N=\{x \mid \omega(x)>0\}$。

根据前面的定义和练习 3 有:

- $\omega(x)=0$ 当且仅当 $f(x)$在 x 上是连续的;
- $\omega(x)>0$ 当且仅当 $f(x)$在 x 上是间断的。

因此 E 是间断点集族。

例 10.2 如图 10.1 的函数,当所有的 $x \in (0,\ 1) \cup (1,\ 2)$ 有$\omega(1)=5$ 和$\omega(x)=0$。

我们接下来证明两个事实,这两个事实对于下面这个命题是必须的。

命题 10.8 集合 E_N 对于任意N 是一个闭集合。因此任何函数间断点的集合等于闭集的可数并集。

证明:因为一个集合是闭集当且仅当它包含所有的极限点,我们证明出如果 x 是 E_N 的一个极限点,那么 $\omega(x) \geqslant \frac{1}{N}$,所以 $x \in E_N$。为了实现这一点,如果 I 是任意包含x 的开区间,那么 I 也包含点 $x' \in E_N$。因此,根据式(10.2)有定义在 I 上的M 和m,我们可得$M-m \geqslant \omega(x')$, 因为 $\omega(x')$是所有这样区间 I 上的所有这样的值的 g.l.b.。但是 $\omega(x') \geqslant \frac{1}{N}$,因为 $x' \in E_N$。因为$M-m \geqslant \frac{1}{N}$ 对于任意包含x 的开区间都成立,这样值的 g.l.b.同时也满足这个不等式,因此 $\omega(x) \geqslant \frac{1}{N}$ 和$x \in E_N$。 ■

注释 10.6:(1) 如果一个集合是闭集的可数并集,那么这个集合有时被称为 F_σ—集合。F 是对于一个闭集的标准符号表示法,因为这种符号很明显起源于法国,来自单词"fermé",而下角标 σ 代表了法语中闭集合的总和或者并集"somme"的意思。F_σ—集合可能是开的、闭的或者都不是,比如 $\left\{\left[\frac{1}{n},\ 1-\frac{1}{n}\right]\right\}$, $\left\{\left[-\frac{1}{n},\ 1+\frac{1}{n}\right]\right\}$ 和$\left\{\left[\frac{1}{n},\ 1+\frac{1}{n}\right]\right\}$,分别和$(0,\ 1)$、$[-1,\ 2)$和$(0,\ 2]$进行合并。有理数同时也是一个 F_σ—集合,同时另外一个关于 F_σ—集合的例子就是它既不是开的也不是闭的。

(2) E_N 的补集,定义为:

$$\widetilde{E}_N=\left\{x \,\middle|\, \omega(x)<\frac{1}{N}\right\}$$

因此它的补集是开集。所有给定函数的连续的集合是这些集合的可数交集。这么一个集合有时被称为 G_δ—集合。G 代表了开集的标准符号表示法,因为这种符号很明显起源于德国,来自单词"Gebiet"是区域的意思,其中下角标 δ 代表德语中这些闭集的交集,G_δ—集合可以是闭的、开的,也可以两者都不是,同时可以按照上面的例子来举例。无理数也是 G_δ—集合,它既不是开集也不是闭集,因为这个集合等于下面这个开集的交集:

$$G_q=(-\infty,\ q) \cup (q,\ \infty)$$

其中所有 $q \in \mathbb{Q}$。

(3) 根据德摩根法则,G_δ—集合的补集是 F_σ—集合,反之亦然。例如,闭集的可数并集的补集是一个开集的可数交集,反之亦然。

振荡函数的值能够清晰地阐明在函数的上黎曼和与下黎曼和之间潜在差分的最大值,所以振荡函数是很重要的函数。

命题 10.9 如果对于所有 $x \in [a, b]$,有 $\omega(x) < c$,那么存在一种在这个区间上的划分使得:

$$\sum_{i=1}^{n} M_i \Delta x_i - \sum_{i=1}^{n} m_i \Delta x_i < c(b-a)$$

证明:因为对于所有 I 且 $x \in I$,$\omega(x) = \text{g.l.b.}\{\omega(x; I)\}$,所以对于每一个 x,我们能选择一个开区间 I 并有 $\omega(x; I) < c$,同时收缩每一个 I,我们能找到一个开区间 J,使得 J 的闭包 $\bar{J} \subset I$,同时 $\omega(x; I) < c$。所有 J 的集族是一个紧区间$[a, b]$的开覆盖,所以存在一个有限子覆盖 $\{J_k\}_{k=1}^{m}$。可以根据包含$[a, b]$的区间族端点的集族来定义合意划分。在每一个这样的划分区间 $\{J'_k\}_{k=1}^{n}$ 上,我们得到 $\omega(x; J'_k) < c$,因此:

$$\sum_{i=1}^{n} [M_i - m_i] \Delta x_i < c \sum_{i=1}^{n} \Delta x_i = c(b-a) \qquad \blacksquare$$

我们现在可以展示这个主要结果,而这个结果为有界函数在任意有界区间$[a, b]$上是黎曼可积的证明提供了一个充分必要条件。这个结果是由波恩哈德·黎曼所证明。

命题 10.10(黎曼存在定理) 如果 $f(x)$在有限区间$[a, b]$上是一个有界函数,那么 $\int_a^b f(x)\mathrm{d}x$ 存在当且仅当除了在零测度的$E \equiv \{x_\alpha\}$ 上,$f(x)$是连续的。对于任意 $\epsilon > 0$,存在一个可数区间集族$\{I_\alpha\}$,使得对于所有 α,都有 $x_\alpha \in I_\alpha$,并且 $\sum |I_\alpha| < \epsilon$,其中$|I_\alpha|$记为区间 I_α 的长度。

证明:我们首先假定 $\int_a^b f(x)\mathrm{d}x$ 存在,这就意味着 $\sum_{i=1}^{n} |M_i - m_i| \Delta x_i \to 0$ 对于任意划分,同时 $\mu \equiv \max\{\Delta x_i\} \to 0$。对于一个给定的 ϵ 和整数 N,选择一种划分,有:

$$\sum_{i=1}^{n} |M_i - m_i| \Delta x_i < \frac{\epsilon}{N}$$

现在我们证明 E_N 测度为 0,因此 $E = \bigcup E_N$,而这个可数并集等于所有间断点的集合同时根据命题 10.7,测度为 0。在 E_N 上的 $f(x)$的任意间断点都在这种划分的区间的端点之间,因为存在至多 $n+1$ 个这样的点。所以我们仅仅考虑这些子区间上的间断点。设 $\{I_j\}_{j=1}^{m}$ 为划分区间的子集,而这种划分区间的内部至少有一个来自 E_N 的间断点。那么在任意这样的区间 $\frac{1}{N} \leqslant M_j - m_j$,因为$\frac{1}{N}$被定义为包含 E_N 的点的所有区间中的值的 g.l.b.。因此,作为初始划分的一个子集,有:

$$\frac{1}{N} \sum_{j=1}^{m} |I_j| \leqslant \sum_{i=1}^{n} [M_i - m_i] \Delta x_i < \frac{\epsilon}{N}$$

因此 $\sum |I_j| < \epsilon$,则证毕。

接下来假定有界的 $f(x)$ 是连续,除了在零测度的 $E\equiv\{x_\alpha\}$ 的点集族上。对于任意的 N, $E_N\subset E$ 同时必然有零测度,因此对于任意 $\epsilon>0$ 有一开区间族 $\{I_\alpha\}$ 使得 $E_N\subset\bigcup I_\alpha$ 和 $\sum|I_\alpha|<\epsilon$。现在,因为 E_N 是闭的而且是紧集 $[a, b]$ 的一个子集,那么它必然也是紧集,同时存在一个有限集族 $\{I_j\}_{j=1}^n$,这个集族有同样的性质: $E_N\subset\bigcup_{j\leqslant n}I_j$ 和 $\sum_{j\leqslant n}|I_j|<\epsilon$,因为 $f(x)$ 在 $[a, b]$ 上是有界的,存在一个 M 和 m 使得对于任意 $[a, b]$ 的划分,相关的 M_j 和 m_j 满足:

$$m\leqslant m_i\leqslant M_i\leqslant M$$

现在 $[a, b]-\bigcup_{j\leqslant n}I_j$ 等于闭区间的一个有限集族,设为 $\{K_j\}_{j=1}^m$,同时对于任意 $x\in K_j$,有 $\omega(x)<\dfrac{1}{N}$。因为每一个 K_j 都在 E_N 的补集上。根据命题 10.9,存在关于每一个闭区间 K_j 的一种划分,使得:

$$\sum_{i=1}^{m'}M_i\Delta x_i-\sum_{i=1}^{m'}m_i\Delta x_i<\sum\frac{|K_j|}{N}$$

其中 m' 记为在这些划分中的子区间的总数。随着对于 $\{K_j\}_{j=1}^m$ 的这些划分和作为他们自己划分的 I_j 区间,我们得出相关上黎曼和与下黎曼和,而这些和在两个区间组之间被划分:

$$\begin{aligned}\sum_{i=1}^{n}M_i\Delta x_i-\sum_{i=1}^{n}m_i\Delta x_i&<\frac{\sum|K_j|}{N}+(M-m)\sum|I_j|\\&<\frac{(b-a)}{N}+(M-m)\epsilon\end{aligned}$$

其中 M 和 m 是在 $[a, b]$ 上的对于 $f(x)$ 的边界。因为 N 和 ϵ 是随意的,我们可以得出存在这种划分使得上黎曼和与下黎曼和根据一个任意小的量而相异。现在给定任意划分且 $\mu\to0$,这些划分最终必然比所构造的划分更加精密,因此也将满足同样的边界。因此,$f(x)$ 在 $[a, b]$ 上是黎曼可积的。 ■

注释 10.7:(1) 零测度的集合在实分析中起了关键作用。其中所引入的积分理论比黎曼积分更广义,而对于黎曼积分来说,零测度的集合并不重要。然而,不像黎曼积分这般要求在这个集合外是连续的,广义积分要求更少。这种积分被称之为勒贝格积分并以亨利·勒贝格(Henri Lèon Lebsegue, 1875—1941)所命名的。这种扩展剔出了黎曼积分的性质中不符合直觉的部分,而这部分我们将在第 10.3 节中讨论。

(2) 作为术语上的一点,当 $f(x)$ 有一个确定的性质:"除了在零测度的集合上",通常被认为 $f(x)$ 有几乎处处的确定形式,而这个性质通常被简称为(a.e.)。例如,命题 10.10 表述了一个有界函数 $f(x)$ 在一个有界区间 $[a, b]$ 上是黎曼可积的,当且仅当 $f(x)$ 是连续的(a.e.)。

10.3 黎曼积分的例子

在这部分我们将要举例说明黎曼积分的概念应用到函数上的适用范围,而这些函数是排除了在零测度的集合上的连续函数，且我们会用一个例子去阐明什么时候积分是不存在的。

当应用到测度不为 0 的集合上的连续函数时，第一个例子提供了关于如何考虑黎曼积分的经典情况。这个经典的状况就是分段连续函数 $s(x)$，也就是说 $s(x)$ 被定义为在许多非重叠区间上是有界且连续的函数。这些函数在第 10.2.2 节中被介绍过。

分段连续这个术语是描述性的，因为它字面上的意思就是在分段中是连续的。当这个连续函数在每一个区间上是常数时，很明显，它就被称为典型的阶梯函数。那么一个黎曼和能被认为是所定义的一个阶梯函数的积分的一个近似，以至于在每一个子区间上，阶梯函数就能假定在那个区间上的 $f(x)$ 的某些值。对于黎曼和的上界和下界，$f(x)$ 的这些值都被选为在每一个子区间上函数的最大值和最小值。

例 10.3 (1) 定义在区间[0, 2]上的一个函数，如下所示。首先将这个区间划分为：

$$[0,\ 2]=[0,\ 1)\cup\left[1,\ 1\frac{1}{2}\right)\cup\left[1\frac{1}{2},\ 1\frac{3}{4}\right)\cup\left[1\frac{3}{4},\ 1\frac{7}{8}\right)\cup\cdots\cup[2]$$

也就是说，划分 $[0,\ 2]=\bigcup_{n=0}^{\infty} I_n\cup[2]$，其中 $I_0\equiv[0,\ 1)$ 且有：

$$I_n=\left[\sum_{j=0}^{n-1}\frac{1}{2^j},\ \sum_{j=0}^{n}\frac{1}{2^j}\right),\text{其中 } n=1,\ 2,\ 3,\ \cdots$$

接下来，定义一个函数：

$$s(x)=\begin{cases}\dfrac{1}{2^n},\ x\in I_n\\ 1,\ x=2\end{cases}$$

可见图 10.2。因为这个有界函数是在可数集点族 $\left\{\sum_{j=0}^{n}\frac{1}{2^j}\right\}_{n=0}^{\infty}\cup\{2\}$ 之外的点上是连续的，所以根据命题 10.10 它一定是黎曼可积的。因为 I_n 的长度对于所有的 n 是 $\frac{1}{2^n}$，并且包

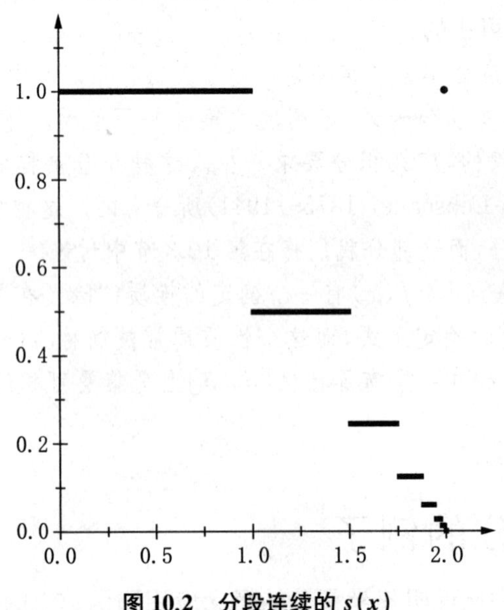

图 10.2 分段连续的 $s(x)$

含间断点的黎曼和在极限上并不增加,所以我们可得:

$$\begin{aligned}\int_0^2 s(x)\mathrm{d}x &= \sum_{n=0}^{\infty}\int_{I_n} s(x)\mathrm{d}x \\ &= \sum_{n=0}^{\infty}\frac{1}{2^n}\frac{1}{2^n} \\ &= \sum_{n=0}^{\infty}\frac{1}{4^n}=\frac{4}{3}\end{aligned}$$

运用了第 6 章关于几何级数的方法。

下一个例子概述了一个观点,在这个观点中当 $f(x)$是分段连续的,就不存在更长的区间了。

(2) 定义在区间[0, 1]上的一个函数:

$$f(x)=\begin{cases}1,\ x=0\\ \dfrac{1}{n},\ x\text{ 是有理数且 }x=m/n\text{ 是最小项}\\ 0,\ x\text{ 是无理数}\end{cases}$$

在图 10.3 中为 n 上至 $n=13$。这个函数在任意有理数上都不是连续的。例如,如果 $x=\dfrac{m}{n}$为最小项,那么 $f(x)=\dfrac{1}{n}$并且任意包含 x 的区间也包含 $f(x)=0$ 时的无理数。所以,如果 $0<\epsilon<\dfrac{1}{n}$,并不存在 δ 满足对于 $\left|\dfrac{m}{n}-x\right|<\delta$ 中的所有 x 有 $\left|f\left(\dfrac{m}{n}\right)-f(x)\right|<\epsilon$,因此总是存在无理数满足 $\left|f\left(\dfrac{m}{n}\right)-f(x)\right|=\dfrac{1}{n}$。令人惊奇的是,在每一个无理数点上

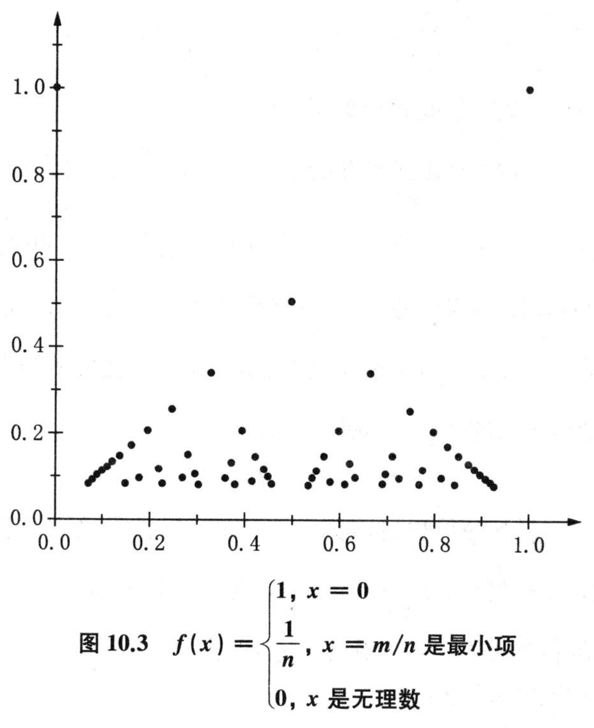

图 10.3 $f(x)=\begin{cases}1,\ x=0\\ \dfrac{1}{n},\ x=m/n\text{ 是最小项}\\ 0,\ x\text{ 是无理数}\end{cases}$

$\left|f\left(\frac{m}{n}\right)-f(x)\right|=\frac{1}{n}$ 是连续的。为了得到这一点,假定 x 为无理数且给定 $\epsilon>0$。选择 N 使得 $\frac{1}{N}<\epsilon$。从有限无理数 $\left\{\frac{m}{n}\middle| n\leqslant N,\ m\leqslant n\right\}$ 集族中,存在一个最近似 x 的数;选择 δ 使得其比最近距离还要近。所以定义:

$$\delta<\min\left\{\left|x-\frac{m}{n}\right|\middle| n\leqslant N,\ m\leqslant n\right\}$$

根据构造,任何在区间$(x-\delta,\ x+\delta)$上的有理数必须是当 $M>N$ 时$\frac{m}{M}$的形式,所以 $\left|f(x)-f\left(\frac{m}{n}\right)\right|=\left|\frac{1}{M}\right|<\frac{1}{N}<\epsilon$。因此 $f(x)$在无理数 x 上是连续的。

因为间断点是零测度的集合上的有理数,所以这个函数根据命题 10.10 是黎曼可积的。很明显有:

$$\int_0^1 f(x)\mathrm{d}x=0$$

因为 $f(x)=0$ 在点上是连续。这个结果也直接可以通过黎曼和来证实。对于任意 N,我们能构造出总长度 ϵ 的能覆盖 $\left\{\frac{m}{n}\middle| n\leqslant N,\ m\leqslant n\right\}$ 的非重叠区间。因为在这个集合的任意点上都有 $f\left(\frac{m}{n}\right)\leqslant 1$,这些黎曼和的总和并没有超过 ϵ。而且因为根据构造 $f(x)\leqslant\frac{1}{N+1}$ 在这些区间外,那么与这些点相关联的黎曼和没有超过 $\frac{1}{N+1}$。也就是说,对于任意 ϵ 和 N,我们都能找到一个黎曼和使得:

$$0\leqslant\sum_{i=1}^{n}f(\tilde{x}_i)\Delta x_i\leqslant\epsilon+\frac{1}{N+1}$$

而且当 $\epsilon\to 0$ 以及 $N\to\infty$ 时,黎曼和聚集于 0。

(3) 在前面的例(2)中,$f(x)$在许多方面按照对于 $f\left(\frac{m}{n}\right)$值的分配可以以许多方式进行重新定义。所需就是当 $n\to\infty$时序列 $f\left(\frac{m}{n}\right)\to 0$。这样一种值的分配对于在无理数上的连续性是关键的,并且因此对于黎曼积分的存在是很关键的。例如,如果当 $n\to\infty$时,单调的 $g(n)\to 0$,重新定义 $f\left(\frac{m}{n}\right)=g(n)$ 就提供了一个可比较的结果。

(4) 在如例(2)中所定义的 $f(x)$,如果我们定义:

$$g(x)=1-f(x)$$

那么 $g(x)$是积分等于 1 的黎曼可积的,同时 $g(x)$也仅仅在无理数上连续,其中它的值恒等于 1。对于有理数,$g(x)$假定 $g\left(\frac{m}{n}\right)=1-\frac{1}{n}$,其中$\frac{m}{n}$假定为最小项。接下来的例子通过例(4)多加一个步骤推出例(2),那么现在黎曼可积性失效了。

(5) 定义在$[0,\ 1]$上的 $h(x)$:

$$h(x)=\begin{cases}1, & x\ \text{是有理数}\\ 0, & x\ \text{是无理数}\end{cases}$$

排除了零测度的集合上的有理数,在例(4)中有 $h(x)=g(x)$。然而 $g(x)$是黎曼可积的且积分为 1,同时 $h(x)$是不可积的。$h(x)$是黎曼不可积是很容易看出的,因为对于[0, 1]的任意划分,黎曼和的上界等于 1 而和的下界等于 0。

这一系列的例子显示了黎曼积分的适用范围,从它应用于连续函数和以及对于内在缺陷的确定的概述,我们能看出它的力与美,而这也可以在积分和零测度的集合之间总结出一个相矛盾的关系:

(1) 如果 $f(x)$是在非零测度的集合上是连续的,它就是黎曼可积的。这就意味着在这个意义上,零测度的集合与此是无关的。

(2) 另一方面,如果从一个连续函数开始,假定在[0, 1]上 $t(x)\equiv 1$,并且重新定义它在一个零测度的集合上,有时如例(4)中的情况,可积性是被保留的,而有时又不存在,正如在例(5)中的 $h(x)$的情况一般。

(3) 对于某些零测度的集合,例如有限集合,可以在这些不存在影响可积性的任意这些点上重新定义函数。这就是对于有着有限阶梯的简单阶梯函数的情况来说的。

(4) 另一方面,零测度的无限集合能生成不同的结果:

① 如果这个集合有聚点,如有理数,可积函数在这个集合上必须谨慎地重新定义以维持黎曼可积性。

② 如果这个集合是稀疏的没有聚点,如整数,黎曼可积性就与在这些点上的函数值的定义无关。也就是说,积分存在与否与这些值无关。

正如上述,这种矛盾关系使得用黎曼方法得到积分要比根据连续函数的固有特征得到积分更有探索性。在实分析中不同于积分的方法,它将会用最简单的答案消除所有关于零测度的集合的困惑。也就是说,零测度的集合与它们不影响可积性之间将没有关联,同时这个结论将与集合是有限还是无限也是无关的。在后面的情况中,不管这个集合,比如说是有理数集合抑或是如整数般稀疏分布的集合都与可积性无关。

10.4 积分中值定理

接下来的结果是对于第 9.41 节中所介绍的连续函数的介值定理的一个直接推导。这就是被认为是第一积分中值定理,原因将会在命题 10.19 中给出。

命题 10.11(第一积分中值定理) 假定 $f(x)$在$[a, b]$上是有界且连续的,那么存在一个 $c\in[a, b]$,使得:

$$\int_a^b f(x)\mathrm{d}x=f(c)(b-a) \tag{10.12}$$

证明:因为 $f(x)$是连续的,它能到达区间上的最大值 M 和最小值 m,因此有:

$$m(b-a)\leqslant\int_a^b f(x)\mathrm{d}x\leqslant M(b-a)$$

因此 $\frac{1}{b-a}\int_a^b f(x)\mathrm{d}x$ 在如 $f(x)$一般同样的界限也有值。根据第 9 章的中值定理,在

$f(c)=\frac{1}{b-a}\int_a^b f(x)\mathrm{d}x$ 中必然存在一个 $c\in[a, b]$。■

注释 10.8: 重写式(10.21)为:

$$f(c)=\frac{1}{b-a}\int_a^b f(x)\mathrm{d}x$$

同时考虑积分为 $f(x)$在区间$[a, b]$下的净区域。那么 $f(c)$的值可以被解释为 $f(x)$在这个区间上的平均值,也就是说这个被标记的区域也等于基线长度为 $b-a$、高为 $f(c)$的一个长方形的被标记的区域。

这个结果的一个应用比它在后面实践中的应用要更有意思。对于一个区间的任意划分,存在一个黎曼和是确切的中值点的集合。同时这里有另外一个经典的数学上关于"存在"定理的例子。它确认了存在性,但是并没有对如何识别或者构造这些点提供说明。

命题 10.12 假定 $f(x)$在$[a, b]$上是有界连续的,那么给定任意划分:

$$a=x_0<x_1<\cdots<x_{n-1}<x_n=b$$

存在 $\{\tilde{x}_i\}_{i=1}^n$,有 $\tilde{x}_i\in[x_{i-1}, x_i]$ 使得在 $\Delta x_i=x_i-x_{i-1}$ 中,有:

$$\int_a^b f(x)\mathrm{d}x=\sum_{i=1}^n f(\tilde{x}_i)\Delta x_i \tag{10.13}$$

证明:根据式(10.6),我们可以得出:

$$\int_a^b f(x)\mathrm{d}x=\sum_{i=1}^n\int_{x_{i-1}}^{x_i} f(x)\mathrm{d}x$$

以上这个命题和式(10.12)确定对于在右侧的每一个积分,都存在一个如所表述的结果中所给出的点 $\tilde{x}_i\in[x_{i-1}, x_i]$。■

注释 10.9: 这个证明证实了对于一个连续函数和任意划分,在理论上都能选出中值点 $\tilde{x}_i$ 使得黎曼和能精确地得出极限点的积分值。当然这个证明和结论依赖于第一积分中值定理,但是这无助于得出这样的中值点是如何被确定的,它仅仅能确认它们的存在。因此这个结果在得到黎曼和的精确积分方面上实际上毫无用处。

另外两个重要的关于这个命题的推论提供了简单也有用的结论。

命题 10.13 假定 $f(x)$在$[a, b]$上是有界且连续的,同时假定对于每一个 $[c, d]\subset[a, b]$,有:

$$\int_c^d f(x)\mathrm{d}x=0$$

那么在$[a, b]$上有 $f(x)\equiv 0$。

证明:根据命题 10.11,我们可以得出结论,对于每一个 $[c, d]\subset[a, b]$,都存在一个点 $c'\in[c, d]$ 使得$\int_c^d f(x)\mathrm{d}x=f(c')(d-c)$,因此对于每一个这样的 c' 都有 $f(c')=0$。假定$d=c+\Delta c$,我们可以得出对于每一个 Δc,都存在一个 $c'\in[c, c+\Delta c]$ 使得 $f(c')=0$。假设 $\Delta c\to 0$ 时,我们有 $c'\to c$,同时 $f(x)$ 的连续性可得 $f(c)=0$。这就证明了对于所有 $c\in[a, b)$ 都有 $f(c)=0$,因此根据连续性有 $f(b)=0$。■

命题 10.14 假定 $f(x)$和 $g(x)$在区间$[a, b]$上是连续且有界的,同时假定对于每一个$[c, d] \subset [a, b]$，有：

$$\int_c^d f(x)\mathrm{d}x = \int_c^d g(x)\mathrm{d}x$$

那么在$[a, b]$上有 $f(x) \equiv g(x)$。

证明：这个结论很直白，因为 $f(x) - g(x)$ 满足命题 10.13 中的假设，所以

$$\int_c^d [f(x) - g(x)]\mathrm{d}x = 0。$$ ■

10.5 积分和导数

这里存在两个相关的结果，这些结果同第 9 章所展开的导数的概念以及在上面所展开的关于黎曼积分的概念相关联。首先得到的就是当一个导数被积分时的结果。

10.5.1 导数的积分

命题 10.15(微积分基本定律，版本Ⅰ) 假定 $f(x)$是一个可微函数使得 $f'(x)$在$[a, b]$上是连续有界的。那么：

$$\int_a^b f'(x)\mathrm{d}x = f(b) - f(a) \tag{10.14}$$

证明：我们知道当 $f'(x)$被假定是连续时积分存在，因此我们对于 $\mu \to 0$ 的任何划分，按照任意黎曼和的条件来定义它。给定任意划分，我们根据命题 9.23 中的中值定理在每一个子区间$[x_{i-1}, x_i]$，存在一个 $\tilde{x}_i$ 使得 $f'(\tilde{x}_i)\Delta x_i = f(x_i) - f(x_{i-1})$。选择这些 $\tilde{x}_i$，我们可得：

$$\sum_{i=1}^n f'(\tilde{x}_i)\Delta x_i = \sum_{i=1}^n [f(x_i) - f(x_{i-1})] = f(b) - f(a)$$

因为这个中间的总和通过抵消“缩简”为仅仅剩余第一和最后一项。 ■

标记 10.2 在微积分中对于式(10.14)右侧中经常使用符号 $f(x)|_a^b$。也就是说：

$$f(x)\,|_a^b \equiv f(b) - f(a)$$

例 10.4 (1) 当 $f(x) = \mathrm{e}^x$，因为 $f'(x) = f(x)$，对于任意闭区间$[a, b]$，有：

$$\int_a^b \mathrm{e}^x\,\mathrm{d}x = \mathrm{e}^b - \mathrm{e}^a$$

(2) 定义：

$$f(x) = \begin{cases} x^2, & 0 \leqslant x < 1 \\ x^2 + 5, & 1 \leqslant x \leqslant 2 \end{cases}$$

这个例子在图 10.1 中，那么在$(0, 1) \cup (1, 2)$上，可得 $f(x) = F'(x)$，其中：

$$F(x) = \begin{cases} \dfrac{x^3}{3}, & 0 \leqslant x < 1 \\ \dfrac{x^3}{3} + 5x, & 1 \leqslant x \leqslant 2 \end{cases}$$

所以：

$$\begin{aligned}\int_0^2 f(x)\mathrm{d}x &= \lim_{\epsilon\to 0}\int_0^{1-\epsilon} x^2\mathrm{d}x + \int_1^2 (x^2+5)\mathrm{d}x \\ &= \lim_{\epsilon\to 0}\frac{x^3}{3}\bigg|_0^{1-\epsilon} + \left(\frac{x^3}{3}+5x\right)\bigg|_1^2 \\ &= \frac{23}{3}\end{aligned}$$

微积分基本定理Ⅰ的适用性是很显然的。如果尝试去积分一个连续函数 $f(x)$，并且这个函数被认为是另一个函数 $F(x)$ 的导数，那么 $f(x)=F'(x)$，那么就能避免黎曼和与计算积分的极限过程，因此有：

$$\int_a^b f(x)\mathrm{d}x = F(b)-F(a) \tag{10.15}$$

基于这个基本定理，所以在许多微积分课本中，函数 $f(x)$ 的积分被转化为确定相关函数 $F(x)$ 的方法，也就是所谓的 $f(x)$ 的不定积分，因此积分被大大简化了。不幸的是，不是所有连续函数都能是其他可识别函数的导数，而且甚至对于那些可用的情况，找到正确的 $F(x)$ 的函数形式可能是很困难的。因此，有效的数值分析通常是有用的并将在第10.10 节中被讨论。

定义 10.4 给定一个连续函数 $f(x)$，$f(x)$ 的不定积分有时候被记为 $\int f(x)\mathrm{d}x$，有时当 $f(x)$ 明晰就记为 $F(x)$，并有：

$$F'(x)=f(x) \tag{10.16}$$

很重要的是函数的不定积分并不是唯一的。尤其，如果 $F(x)$ 是一个不定积分，那么 $F(x)+C$ 对于任意 $C\in\mathbb{R}$ 也是不定积分。当然，很容易得出，对于根据式(10.15)去求得一个积分的目的来说，任意不定积分起作用的原理是相同的，在实践中，我们一般用 $C=0$。

同时约定俗成的表达式 $F(x)=\int f(x)\mathrm{d}x$ 中有一点点疏忽，然而这种情况是普遍的。在左边，变量 x 记为函数 F 的定义域值，然而在右边，变量 x 被称为所谓的哑变量，通常被记为 y、z、l、α 或者其他字母。这同在加总式中的哑变量一般，从这个意义上来说 $\sum_{j=a}^{b} j^2$ 等同于 $\sum_{k=a}^{b} k^2$。这就意味着根据这个定义，$F(x)$ 是一个有着导数 $f(x)$ 的函数。尽管在符号上有疏忽，但是要替代 $F(x)=\int f(y)\mathrm{d}y$ 这个表述的话在标记上容易引起歧义。这个符号将在第 10.5.2 节中更精确化，在那里基本定理的第二种表述将会被展开。

注释 10.10：黎曼积分的直觉上的框架 $\int_a^b f(x)\mathrm{d}x$ 是一个曲线，$y=f(x)$ 和横跨区间 $[a,b]$ 的 x 轴间的净区域。为了实现这个目的，假定 $b>a$。然而，在 $\int_a^b f(x)\mathrm{d}x$ 的意义上也可以根据上述命题 10.15 中以一种一致性的方法来介绍。也就是说，从式(10.14)中我们可以得出定义：

$$\int_b^a f(x)\mathrm{d}x \equiv -\int_a^b f(x)\mathrm{d}x \tag{10.17}$$

提供了关于黎曼积分定义的一致性概述。

上述关于式(10.14)的基本定理的版本也提供另外的简单也实用的结论。首先回想:

(1) 很明显从 $f(x)$的定义中可得,如果 $f(x)$是递增的,那么对于所有 $x \leqslant x'$ 有 $f(x) \leqslant f(x')$,那么对于所有 x 都有 $0 \leqslant f(x')$。

(2) 如果 $f(x)$是严格递增的,那么对于所有 $x < x'$,都有 $f(x) < f(x')$,那么对于所有 x, $f'(x) > 0$ 是不正确的,并且这个结论仅仅对所有 x, $f'(x) \geqslant 0$ 成立。例如,考虑 $f(x)=x^3$,它是严格递增的,但是 $f'(0)=0$。

(3) 同样地,如果 $f(x)$是递减的或者严格递减的,那么对于所有 x, $f'(x) \leqslant 0$。

下面要阐述的这个问题就是这些含义的反转。也就是说,怎么才能使得 $f'(x)$的符号预测关于 $f(x)$的性质?下面的结论被认为比第 9 章所使用的工具描述的条件要弱一些。特别地,我们用 $n=0$ 的式(9.33)提供了在没有 $f'(x)$的连续性假定的情况下同样的结论。然而,在比较不同方法下的结果中总是存在这样的值。

命题 10.16 假定 $f(x)$在区间$[a, b]$上是连续的且有连续的 $f'(x)$,那么对于任意$[c, d] \subset [a, b]$,有:

(1) $f'(x) \geqslant 0$ 在 $[c, d] \Rightarrow f(c) \leqslant f(d)$,同时 $f(x)$是递增的;

(2) $f'(x) > 0$ 在 $[c, d] \Rightarrow f(c) < f(d)$,同时 $f(x)$是严格递增的;

(3) $f'(x) \leqslant 0$ 在 $[c, d] \Rightarrow f(c) \geqslant f(d)$,同时 $f(x)$是递减的;

(4) $f'(x) < 0$ 在 $[c, d] \Rightarrow f(c) > f(d)$,同时 $f(x)$是严格递增的。

证明:上述这些每一个表述都很容易可以从式(10.14)中证明出来,在符号上表述为:

$$\int_c^d f'(x)\mathrm{d}x = f(d) - f(c)$$

现在根据黎曼积分的定义,如果这个符号是一致的,$\int_c^d f'(x)\mathrm{d}x$ 的符号遵从在$[c, d]$上的 $f'(x)$的符号,同时这个命题的四个表述也遵从这个观察。 ■

10.5.2 积分的导数

第二个关于导数和黎曼积分关系的结果看上去有些特别,其实和前面的论述是等价的。为了实现这个目的,我们介绍一下不定积分的概念,在这里变量 x 被用作积分极限的其中一个。这个术语有时候被称为 $\int_b^a f(x)\mathrm{d}x$ 定积分。

定义 10.5 连续函数 $f(x)$的不定积分被定义如下:

$$F(x) = \int_a^x f(y)\mathrm{d}y \tag{10.18}$$

如果 $a < x$,这个值可以直接根据黎曼积分的定义给出,其中如果 $x < a$,这个函数如注释 10.10 中式(10.17)所定义得那样被视作 $-\int_x^a f(y)\mathrm{d}y$。

接下来的结果提供了一个关于积分和导数的另外的角度的关联。

命题 10.17(微积分基本定理,版本Ⅱ) 假定 $f(x)$ 是一个在 $[a, b]$ 上的连续有界函数,同时定义:

$$F(x)=F(a)+\int_a^x f(y)\mathrm{d}y,\ a\leqslant x\leqslant b \tag{10.19}$$

其中 $F(a)$ 被任意定义,那么 $F(x)$ 在 $[a, b]$ 上是可微的,同时:

$$F'(x)=f(x) \tag{10.20}$$

证明:首先 $F(x)$ 是连续的这点可能并不明显。然而,在命题 10.11 中积分中值定理使我们确信对于 $x'<x$,对于某些 $c\in[x', x]$,有:

$$F(x)-F(x')=\int_{x'}^x f(y)\mathrm{d}y=f(c)(x-x')$$

现在因为假定 $f(x)$ 在 $[x', x]$ 上是连续的,我们得出结论当 $x'\to x$, $F(x')\to F(x)$,同时 $F(x)$ 是连续的。同样的等式也显示,对于某些 $c\in[x', x]$,有:

$$\frac{F(x)-F(x')}{x-x'}=f(c)$$

因此,当 $x'\to x$, $\dfrac{F(x)-F(x')}{x-x'}\to f(x)$,这又得归根于 $f(x)$ 的连续性。

注释 10.11:(1) 这个命题也被称为微积分基本定理,是因为这等同于命题 10.15 中所表述的。假定 $x=b$,同时用这个结论 $f(x)=F'(x)$,我们从微积分基本定理Ⅱ中得出:

$$F(b)=F(a)+\int_a^b F'(y)\mathrm{d}y$$

其中这同早先在式(10.14)中的微积分基本定理Ⅰ在符号上有小的变化。

另外一方面,微积分基本定理Ⅰ用 x 替换了 b,这样被重新排列生成:

$$f(x)=f(a)+\int_a^x f'(y)\mathrm{d}y$$

其中 $f(x)$ 是给定的并假定可微且连续可导。如果同样的 $f(x)$ 通过一个不同的连续函数 $g(x)$ 来实现:

$$f(x)=f(a)+\int_a^x g(y)\mathrm{d}y$$

我们可以得出结论,对于所有 x 有 $\int_a^x[g(y)-f'(y)]\mathrm{d}y=0$。因此,根据减法,对于所有 x 和 Δx,有 $\int_x^{x+\Delta x}[g(y)-f'(y)]\mathrm{d}y=0$,同时根据来自中值定理的命题 10.14 的结果,我们可得对于所有 y,有 $g(y)=f'(y)$。

(2) 基本定理的表述也使得通常被用于不定积分的表述 $F(x)=\int f(x)\mathrm{d}x$ 的符号疏忽更加精确。在式(10.19)中利用 a 和 $F(a)$ 是不相关这一事实,一般简写为 $F(x)=F(a)$

$+\int_a^x f(y)\mathrm{d}y$。

例 10.5　(1) 微积分基本定理Ⅱ的一个简单应用就是它提供了一个很有意思的关于 $\ln x$ 的新定义,因为当 $f(x)=\ln x$ 时,有 $f'(x)=\dfrac{1}{x}$,同时 $\ln 1=0$,我们从中得出,当 $x\geqslant 1$ 时:

$$\ln x=\int_1^x \frac{\mathrm{d}y}{y} \tag{10.21}$$

(2) 作为 $f(x)=\mathrm{e}^x$ 的另一个应用,因为 $f'(x)=\mathrm{e}^x$,对于任意 a 和 $x\geqslant a$,我们可得:

$$\mathrm{e}^x=\mathrm{e}^a+\int_a^x \mathrm{e}^y\mathrm{d}y$$

假定 $a\to-\infty$,我们可得下面要讨论的反常积分的一个例子:

$$\mathrm{e}^x=\int_{-\infty}^x \mathrm{e}^y\mathrm{d}y$$

10.6　反常积分

10.6.1　定义

前面的部分为如何用下列两种方法中的一种去尝试扩展某些函数的积分提供了不同视角:

(1) 对于连续的 $f(x)$,定义 $\int_a^b f(x)\mathrm{d}x$,其中 $b=\infty$ 且/或 $a=-\infty$。

(2) 对于在每一个闭区间 $[c,d]\subset[a,b]$ 上,$f(x)$ 是连续的,但是在 a 且/或 b 上是无界的,定义 $\int_a^b f(x)\mathrm{d}x$。

在这两种情况下,如果这些积分存在的话,所定义的积分都被称为反常积分,因为它们的定义超出了命题 10.10 中的黎曼存在性定理的一般框架。回想一下这个定理一般应用于有界区间 $[a,b]$ 的几乎处处连续的有界函数上,这就排除了零测度的集合。

这些每一个扩展都能潜在地被定义为黎曼积分的一个极限。例如,如果 $f(x)=F'(x)$ 在 $[-M,N]$ 上对于所有的 M 和 N 都是连续的,那么定义:

$$\int_{-\infty}^{\infty} f(x)\mathrm{d}x\equiv\lim_{N,M\to\infty}\int_{-M}^{N} f(x)\mathrm{d}x=\lim_{N,M\to\infty}[F(N)-F(-M)] \tag{10.22}$$

同样地,如果 $f(x)=F'(x)$ 在 $[a+\delta,b-\epsilon]$ 上对于所有 $\epsilon,\delta>0$ 是连续的,那么定义:

$$\int_a^b f(x)\mathrm{d}x\equiv\lim_{\epsilon,\delta\to 0}\int_{a+\delta}^{b-\epsilon} f(x)\mathrm{d}x=\lim_{\epsilon,\delta\to 0}[F(b-\epsilon)-F(a+\delta)] \tag{10.23}$$

唯一留存的问题就是这些极限的存在性。因为这样的极限包括两个变量,我们以预测的方法来公式化这个定义。

定义 10.6　对于 $a<\infty$ 和 $L<\infty$,$\lim\limits_{x,y\to a} f(x,y)=L$。如果对于任意 $\epsilon>0$,存在个 δ

使得 $|f(x, y)-L|<\epsilon$ 其中 $|x-a|<\delta$ 和 $|y-a|<\delta$。同时 $\lim\limits_{x, y\to a} f(x, y)=L$ 对于任意 $\epsilon>0$，存在一个 N，当 $x, y>N$ 时使得 $|f(x, y)-L|<\epsilon$。

例 10.6 (1) $\int_1^\infty x^{-a}\,dx$ 当且仅当 $a=1$ 时能被定义明确，因为根据式(10.14)，当 $a\neq 1$ 时，有：

$$\int_1^\infty x^{-a}\,dx=\lim_{x\to\infty}\left[\frac{x^{1-a}}{1-a}-\frac{1}{1-a}\right]$$
$$=\begin{cases}\dfrac{1}{a-1}, & a>1\\ \infty, & a<1\end{cases}$$

同时，如果 $a=-1$，有：

$$\int_1^\infty x^{-1}\,dx=\lim_{N\to\infty}\ln N=\infty$$

(2) $\int_0^1 x^a\,dx$ 当且仅当 $a>-1$ 时是被定义明确，因为当 $a\neq -1$ 时，有：

$$\int_0^1 x^a\,dx=\frac{1}{\alpha+1}-\lim_{\epsilon\to 0}\frac{\epsilon^{\alpha+1}}{\alpha+1}$$
$$=\begin{cases}\dfrac{1}{\alpha+1}, & a>-1\\ \infty, & a<-1\end{cases}$$

同时，如果 $a=-1$，有：

$$\int_0^1 x^{-1}\,dx=-\lim_{\epsilon\to 0}\ln\epsilon=\infty$$

10.6.2 级数收敛的积分检验

在这部分中将要被介绍的是关于数值级数收敛性的另一个检验，也就是如第 6 章所述的积分检验。首先大家可能对于黎曼积分能被用于检验级数的收敛性感到奇怪，但是因为这些级数是黎曼和的极限，并且每一个黎曼和是一个有限级数且对于反常积分来说，这些黎曼和就是一个无限级数，所以这之间的联系并不让人惊奇。

为了介绍这种方法，我们提供了关于调和级数发散性的另外一种证明。

例 10.7 考虑这样一个级数：$\sum\limits_{n=1}^{\infty}\frac{1}{n}$。对于 $f(x)=\ln x$，我们从式(10.21)中可得 $\ln x=\int_1^x\frac{dy}{y}$，并且根据定义，$\int_1^\infty\frac{dy}{y}=\infty$。现在将这个积分划分为单位区间，我们可得：

$$\sum_{n=1}^{\infty}\int_n^{n+1}\frac{dy}{y}=\infty$$

在每一个单位区间上，通过应用单独的黎曼和的上界和下界，可得：

$$\frac{1}{n+1}<\int_n^{n+1}\frac{dy}{y}<\frac{1}{n}$$

因此:

$$\sum_{n=1}^{\infty}\int_{n}^{n+1}\frac{\mathrm{d}y}{y}<\sum_{n=1}^{\infty}\frac{1}{n}$$

发散性得证。

通过这个例子为指引,我们现在表述下关于级数的积分检验。

命题 10.8(积分检验) 假定 $\sum_{n=1}^{\infty}a_n$ 为给定级数,同时 $f(x)$为在$[1, \infty)$上的连续函数,并当 $x\in[n, n+1]$ 时,有

$$a_{n+1}\leqslant f(x)\leqslant a_n \tag{10.24}$$

那么 $\sum_{n=1}^{\infty}a_n$ 和$\int_{1}^{\infty}f(x)\mathrm{d}x$ 同时收敛或者同时发散。

证明:根据给定的假设,对于所有 $n\geqslant 1$,有:

$$a_{n+1}\leqslant\int_{n}^{n+1}f(x)\mathrm{d}x\leqslant a_n$$

同时另有:

$$\left(\sum_{n=1}^{\infty}a_n\right)-a_1\leqslant\int_{1}^{\infty}f(x)\mathrm{d}x\leqslant\sum_{n=1}^{\infty}a_n$$

结果通过比较得证。 ■

很重要的是,对于这个检验不仅仅验证了给定级数的收敛或者发散性,同时在收敛情况下的数值估计和在发散情况下的增长率分析中,这种方法也是很有用的。为了验证这一点,考虑上面提及的从 $n=1$ 到 $N-1$ 的不等式的部分和的版本,得到:

$$\left(\sum_{n=1}^{N}a_n\right)-a_1\leqslant\int_{1}^{N}f(x)\mathrm{d}x\leqslant\left(\sum_{n=1}^{N}a_n\right)-a_N$$

重新排列,我们可得:

$$\int_{1}^{N}f(x)\mathrm{d}x+a_N\leqslant\sum_{n=1}^{N}a_n\leqslant\int_{1}^{N}f(x)\mathrm{d}x+a_1 \tag{10.25}$$

在级数发散的例子中,积分为发散速率提供了一种估计。

在收敛的情况下,通过假定 $N\to\infty$,使得 $a_N\to 0$,积分生成了关于加总式的一种估计:

$$\int_{1}^{\infty}f(x)\mathrm{d}x\leqslant\sum_{n=1}^{\infty}a_n\leqslant\int_{1}^{\infty}f(x)\mathrm{d}x+a_1 \tag{10.26}$$

接下来我们考虑每一种情况下的例子。

例 10.8 (1) 作为收敛性的一种应用,回想一下幂调和级数 $\sum_{n=1}^{\infty}\frac{1}{n^p}$,其中 $p>1$,这个级数根据例 6.1 中所示是收敛的。有 $f(x)=x^{-p}$,计算可得:

$$\int_{1}^{\infty}f(x)\mathrm{d}x=\left(\frac{x^{1-p}}{1-p}\right)\Bigg|_{x=1}^{\infty}=\frac{1}{p-1}$$

同时:

$$\frac{1}{p-1}\leqslant\sum_{n=1}^{\infty}\frac{1}{n^p}\leqslant\frac{p}{p-1}$$

对于这个级数的部分和，同样的方法对于所有的 N，有：

$$\frac{1-N^{1-p}}{p-1}+N^{-p}\leqslant\sum_{n=1}^{N}\frac{1}{n^{p}}\leqslant\frac{p-N^{1-p}}{p-1}$$

(2) 作为发散情况的一个应用，我们回到调和级数上且有 $f(x)=\frac{1}{x}$。因为$\int_1^N\frac{\mathrm{d}x}{x}=\ln N$，有：

$$\ln N+\frac{1}{N}\leqslant\sum_{n=1}^{N}\frac{1}{n}\leqslant\ln N+1$$

同时调和级数的部分和比 $\ln N$ 大，但是只比 $\ln N$ 大不到一个单位。下面更详细的分析证明了下列极限存在：

$$\lim_{N\to\infty}\left[\sum_{n=1}^{N}\frac{1}{n}-\ln N\right]=\gamma\approx 0.577215664902\cdots \tag{10.27}$$

这个常数 γ 被称为欧拉常数，根据它的发现者莱昂哈德·欧拉(Leonhard Euler，1707—1783)命名的。

根据表达式 $N=\prod_{n=1}^{N-1}\left(\frac{n+1}{n}\right)$，我们可得：

$$\sum_{n=1}^{N}\frac{1}{n}-\ln N=\frac{1}{N}+\sum_{n=1}^{N-1}\left[\frac{1}{n}-\ln\left(1+\frac{1}{n}\right)\right]$$

因此，应用式(9.33)和 $n=1$ 到 $\ln(1+x)$，我们可得存在一个$\{c_n\}$，其中 $0<c_n<1$，使得：

$$\begin{aligned}\sum_{n=1}^{N-1}\left[\frac{1}{n}-\ln\left(1+\frac{1}{n}\right)\right]&=\sum_{n=1}^{N-1}\left[\frac{1}{2}\left(\frac{n}{n+c_n}\right)^2\frac{1}{n^2}\right]\\&\leqslant\sum_{n=1}^{N-1}\frac{1}{2n^2}<\infty\end{aligned}$$

所以在式(10.27)的序列减去不连贯的项$\frac{1}{N}$，是递增和有界的，因此当 $N\to\infty$时根据命题5.5，它是收敛的。

10.7 积分技巧的公式化

公式化计算一个积分 $\int_a^b f(x)\mathrm{d}x$ 最重要的技巧是根据式(10.15)中的微积分基本定理。也就是说，尝试去发现 $f(x)$的不定积分，这就意味着要去寻找任意函数 $F(x)$使得 $f(x)=F'(x)$。我们用"任意"函数这个词，是因为我们晓得如果 $F(x)$是一类这样的函数，那么对于任意常数 C，$F(x)+C$ 也是。当然这种常数可以通过应用式(10.15)来剔除。

识别这样的不定积分有很多技巧。一般来说，这些方法通过一步或者多步的方法先简化问题，然后分区块揭示不定积分。在这部分我们考虑两种方法，重点在于定积分。当然，根据式(10.15)定积分的一般化求值的任何过程都为不定积分提供了公式。

特别地，任意这类的公式：

$$\int_a^b f(x)\mathrm{d}x = F(b) - F(a)$$

都可被重写,其中 $b = y$,也就是生成:

$$F(y) = F(a) + \int_a^y f(x)\mathrm{d}x$$

对于任意 a 的值以及关于 $F(a)$值的任意分配,这是被积函数的一个不定积分——$f(y)$。

注释 10.12: 实践中,发现不定积分方法的一个简单应用就是在表达式 $F(b) - F(a)$ 中去将 b 转变为 x,并抛开公式中是常数和独立于 x 的项,同时加上一个任意常数 C。

10.7.1 换元法

换元法更类似于视觉陷阱,一种欺骗眼睛的艺术形式,而并不是一种新的数学方法。但是有时候通过欺骗眼睛来更简单地观察问题可能更能了解一个积分问题。

这种方法就是通过应用复合函数的微分公式来实现:

$$\left[F\left(G(x)\right)\right]' = f\left(G(x)\right)g(x)$$

其中,$F'(x) = f(x)$ 和 $G'(x) = g(x)$。根据基本定理,导数的积分很容易求值:

$$\begin{aligned}\int_a^b f\left(G(x)\right)g(x)\mathrm{d}x &\equiv \int_a^b \left[F\left(G(x)\right)\right]'\mathrm{d}x \\ &= F\left(G(b)\right) - F\left(G(a)\right)\end{aligned}$$

所以当给定的一个被积函数是这种形式时,应用这个结果的困难就在于识别函数,同时这里视觉缺陷也起了作用。我们首先通过一个例子来阐释这个问题。

例 10.9 计算 $\int_a^b \mathrm{e}^x(\mathrm{e}^x + 4)^{20}\mathrm{d}x$ 的值。很基本但是很繁琐的方法就是把这个被积函数扩展为 $\sum c_i \mathrm{e}^{d_i x}$ 形式的项的和,因为 $\int c_i \mathrm{e}^{d_i x}\mathrm{d}x = \frac{c_i}{d_i}\mathrm{e}^{d_i x} + \mathrm{e}_i$,其中 e_i 是任意常数,这样就很容易通过基本定理来积分这些项。另外,我们可以观察到这是一个复合函数,其中 $f(y) = y^{20}$、$G(x) = \mathrm{e}^x + 4$ 和 $\mathrm{e}^x(\mathrm{e}^x + 4)^{20} = f\left(G(x)\right)g(x)$,因此因为 $F(y) = \frac{y^{21}}{21}$,有:

$$\int_a^b \mathrm{e}^x(\mathrm{e}^x + 4)^{20}\mathrm{d}x = \frac{1}{21}\left[(\mathrm{e}^b + 4)^{21} - (\mathrm{e}^a + 4)^{21}\right]$$

可以被写为一个不定积分:

$$\int \mathrm{e}^x(\mathrm{e}^x + 4)^{20}\mathrm{d}x = \frac{1}{21}(\mathrm{e}^x + 4)^{21} + C$$

诚然,这种计算要求我们记录复合函数中的许多成分,同时在很多情况下单纯用脑力进行追踪是很复杂的。换元法意图用一种整洁的记数策略去简化这种追踪。

对于这个例子来说,换元法被定义为一种新的"变量"u,u 事实上就是关于 x 的一个函数 $u = \mathrm{e}^x + 4$,同时相应的可微的定义 $\mathrm{d}u = \frac{\mathrm{d}u}{\mathrm{d}x}\mathrm{d}x = \mathrm{e}^x\mathrm{d}x$。因此我们可以得到:

$$\int e^x (e^x+4)^{20} dx = \int u^{20} du$$

其中第二个不定积分是很初级的且等于$\frac{u^{21}}{21}$。因此可以替换回来而得到$\int e^x (e^x+4)^{20} dx = \frac{(e^x+4)^{21}}{21}$,同时伴随着手头上的不定积分,基本定理就可以提供上述的积分结果。

现在事实上通过引入包含 x 极限的 u 的极限,我们调整整个过程以直接应用到带极限的积分中。也就是:

$$\int_a^b e^x (e^x+4)^{20} dx = \int_{e^a+4}^{e^b+4} u^{20} du$$

在这个例子中,变量 u 替换了上述复合函数中 $G(x)$ 的位置,而 du 解释了 $g(x)dx$ 项。所以换元法可以被表述为将某些复杂的样式视为某些简单的样式。也就是说,通过视觉欺骗:

$$\int_a^b f\big(G(x)\big) g(x) dx = \int_{G(a)}^{G(b)} f(u) du \tag{10.28}$$

其中换元式为:$u=G(x)$, $du=g(x)dx$,同时 x 的积分极限可以转换为 u 的极限。

在应用中,有时需要揣测变量 u 的恰当定义以及如何转换积分。为了使得替换能够成功,必须做到两件事情:

(1) 存在某一个换元 $u=G(x)$ 能够进入初始积分中,而这个换元函数能转换为在式(10.28)中的$\int f(u)du$ 的积分形式。

(2) 生成的积分能被直接求出,或者能够进行进一步的应用,抑或利用其他技术手段进行处理。

10.7.2 分部积分

如名所示,分部积分提供了一个算法,这种算法可以将被积函数简化为一个有可能被简化处理的新的被积函数。它给出了最后结果的"部分",同时可以从两个函数的乘积的导数公式中推导出。

假定 $F(x)$和 $G(x)$是两个有着导数 $f(x)$和 $g(x)$的两个可微函数。也就是说,$F'(x)=f(x)$ 和 $G'(x)=g(x)$。那么 $F(x)G(x)$的导数就是:

$$[F(x)G(x)]' = f(x)G(x) + F(x)g(x)$$

根据基本定理,很容易积分$[F(x)G(x)]'$,也就是:

$$\int_a^b [F(x)G(x)]' dx = F(b)G(b) - F(a)G(a)$$

所以分部积分的概念就是把积分中难的部分,比如 $f(x)G(x)$,转换为某些有可能更简单些的积分,也就是 $F(x)g(x)$,以及第二个更简单的积分$[F(x)G(x)]'$。因此我们可以得到分部积分公式:

$$\int_a^b f(x)G(x) dx = F(b)G(b) - F(a)G(a) - \int_a^b F(x)g(x) dx \tag{10.29}$$

在应用式(10.29)时若要成功解决问题,需要两个条件:

(1) 被积函数能被划分为 $f(x)G(x)$ 的乘积,同时对于函数 $f(x)$ 我们能够找到不定积分 $F(x)$,同时 $G(x)$ 能被微分得到 $g(x)$。

(2) 这个划分生成的最终被积函数 $F(x)g(x)$ 能够比初始的被积函数 $f(x)G(x)$ 更容易计算。

在某些应用中,这个过程被重复运用。在另外应用中,正如接下来的几个例子一样,通常需要试错法抑或创造性思维来解决问题。

例 10.10 (1) 考虑 $\int_a^b x^3 e^{x^2} dx$ 的求值。因为我们不知道 e^{x^2} 的不定积分,很自然猜测到我们应该定义 $f(x)=x^3$ 和 $G(x)=e^{x^2}$,这样就生成 $F(x)=\frac{x^4}{4}$ 和 $g(x)=2xe^{x^2}$。不幸的是,在式(10.29)中最后的积分是 $\frac{1}{2}\int_a^b x^5 e^{x^2} dx$,这比我们初始遇到的情况还要糟糕。所以,如果要这个办法可行,而在许多情况下它其实是不可行的,那么我们必须找到一个办法去将 e^{x^2} 挪入 $f(x)$ 的定义中去。当发现 e^{x^2} 的不定积分看上去不可能时,$f(x)=xe^{x^2}$ 的不定积分是 $F(x)=\frac{1}{2}e^{x^2}$,所以我们定义 $G(x)=x^2$ 连同 $g(x)=2x$,并且得到:

$$\begin{aligned}\int_a^b x^3 e^{x^2} dx &= \frac{1}{2}[b^2 e^{b^2} - a^2 e^{a^2}] - \int_a^b x e^{x^2} dx \\ &= \frac{1}{2}[b^2 e^{b^2} - a^2 e^{a^2}] - \frac{1}{2}[e^{b^2} - e^{a^2}]\end{aligned}$$

按照不定积分重写:

$$\int x^3 e^{x^2} dx = \frac{1}{2}[x^2 e^{x^2} - e^{x^2}] + C$$

(2) 假定求值 $\int_a^b \ln x dx$ 其中 $b > a > 0$,以确保被积函数能明确定义且连续。$a > b > 0$ 的情况等同于注释 10.10 所示。在这种情况下,我们仅仅得到一个可见函数,这就意味着这种方法不可能成功。确定的是,我们可以选择 $G(x)=\ln x$ 以及 $g(x)=\frac{1}{x}$,因此把 $\ln x$ 分配给 $f(x)$ 需要不定积分 $F(x)$ 的计算,然而我们并不知道这个不定积分的结果,否则我们将应用基本定理。在 $G(x)$ 的定义中,并不存在其他选择使得 $f(x)=1$,同时有 $F(x)=x$。我们得到:

$$\begin{aligned}\int_a^b \ln x dx &= b\ln b - a\ln a - \int_a^b 1 dx \\ &= b\ln b - a\ln a - (b-a)\end{aligned}$$

再次作为不定积分重写:

$$\int \ln x dx = x\ln x - x + C$$

(3) 考虑当 n 为整数时,$\int_a^b x^n e^x dx$。因为 x^n 和 e^x 都很容易被微分也很容易被积分,所以在把它们分配给 $f(x)$ 和 $G(x)$ 存在某种选择。然而,如果我们让 $G(x)=e^x$ 和 $f(x)$

$=x^n$，很明显我们正在往错误的方向移动并且最后的积分为 $\frac{-1}{n+1}\int_a^b x^{n+1}\mathrm{e}^x\,\mathrm{d}x$。反转这个分配，我们得到最后的积分为 $-n\int_a^b x^{n-1}\mathrm{e}^x\,\mathrm{d}x$，同时这个过程可以被重复直到最后的积分为 $K\int_a^b \mathrm{e}^x\,\mathrm{d}x$，其中常数 $K=\pm n!$，在这一点上，很容易得证。详见练习 8 和练习 27。

*10.7.3 沃利斯乘积公式

作为分部积分方法的最后一个应用，我们回到沃利斯乘积公式的展开上，而这个展开类似第 8.5.1 节所介绍的斯特林公式的推导。回想一下这个乘积公式，如式(8.25)所示：

$$\frac{\pi}{2}=\prod_{n=1}^{\infty}\frac{(2n)^2}{(2n-1)(2n+1)} \tag{10.30}$$

为了实现这个目的，首先记 $h(x)=\sin^{n-1}x\cos x$，那么根据式(9.16)可推导出：

$$\begin{aligned}h'(x)&=(n-1)\sin^{n-2}x\cos^2 x-\sin^n x\\&=(n-1)\sin^{n-2}x(1-\sin^2 x)-\sin^n x\\&=(n-1)\sin^{n-2}x-n\sin^n x\end{aligned}$$

其中这个推导用到了：

$$\sin^2 x+\cos^2 x=1 \tag{10.31}$$

现在对于 $n>1$，$\int_0^{\pi/2}h'(x)\mathrm{d}x=h\left(\frac{\pi}{2}\right)-h(0)$，因此有：

$$\int_2^{\pi/2}\sin^n x\,\mathrm{d}x=\frac{n-1}{n}\int_0^{\pi/2}\sin^{n-2}x\,\mathrm{d}x,\ n>1 \tag{10.32}$$

这个恒等式能够被应用到偶数 $n=2m$，和奇数 $n=2m+1$，上并且迭代得到：

$$\begin{aligned}\int_0^{\pi/2}\sin^{2m}x\,\mathrm{d}x&=\frac{2m-1}{2m}\frac{2m-3}{2m-2}\cdots\frac{1}{2}\int_0^{\pi/2}\mathrm{d}x\\&=\frac{\pi}{2}\prod_{j=0}^{m-1}\left(\frac{2m-2j-1}{2m-2j}\right)\end{aligned}$$

同样地，因为 $\int_0^{\pi/2}\sin x\,\mathrm{d}x=1$，有：

$$\begin{aligned}\int_0^{\pi/2}\sin^{2m+1}x\,\mathrm{d}x&=\frac{2m}{2m+1}\frac{2m-2}{2m-1}\cdots\frac{2}{3}\int_0^{\pi/2}\sin x\,\mathrm{d}x\\&=\prod_{j=0}^{m-1}\left(\frac{2m-2j}{2m-2j+1}\right)\end{aligned}$$

为了下一步骤，我们必须划分这些表达式并且解出当 $\pi/2$ 时的值，得到：

$$\frac{\pi}{2}=\prod_{j=0}^{m-1}\left(\frac{2m-2j}{2m-2j+1}\right)\prod_{j=0}^{m-1}\left(\frac{2m-2j}{2m-2j-1}\right)\frac{\int_0^{\pi/2}\sin^{2m}x\,\mathrm{d}x}{\int_0^{\pi/2}\sin^{2m+1}x\,\mathrm{d}x}$$

$$=\prod_{j=0}^{m-1}\frac{(2m-2j)^2}{(2m-2j+1)(2m-2j-1)}\frac{\int_0^{\pi/2}\sin^{2m}x\,\mathrm{d}x}{\int_0^{\pi/2}\sin^{2m+1}x\,\mathrm{d}x}$$

从$n=1$到$n=m$根据所定义的$n=m-j$并改变j个乘积到n个乘积,这个公式可以被重写为:

$$\frac{\pi}{2}=\prod_{n=1}^{m}\frac{(2n)^2}{(2n+1)(2n-1)}\frac{\int_0^{\pi/2}\sin^{2m}x\,\mathrm{d}x}{\int_0^{\pi/2}\sin^{2m+1}x\,\mathrm{d}x}$$

最后一步就是让$m\rightarrow\infty$,但是为了做到这一点需要积分比率收敛到1的证明。因为当$0<x<\frac{\pi}{2}$时,$0<\sin x<1$对于任意m,可证得:

$$\int_0^{\pi/2}\sin^{2m+1}x\,\mathrm{d}x<\int_0^{\pi/2}\sin^{2m}x\,\mathrm{d}x<\int_0^{\pi/2}\sin^{2m-1}x\,\mathrm{d}x$$

如果这个不等式集合被$\int_0^{\frac{\pi}{2}}\sin^{2m+1}x\,\mathrm{d}x$所划分,应用式(10.32),我们可得:

$$1<\frac{\int_0^{\frac{\pi}{2}}\sin^{2m}x\,\mathrm{d}x}{\int_0^{\frac{\pi}{2}}\sin^{2m+1}x\,\mathrm{d}x}<1+\frac{1}{2m}$$

所以这个积分比率收敛到1,那么式(10.30)得证。

10.8 带积分余项的泰勒级数

在第9.3.7和第9.3.8节中泰勒级数被引入同时也研究了它的一些性质。在这个部分我们重新回顾这个想法,在分部积分的帮助下,扩展一个关于余项的新形式,而这正可以同式(9.33)中的表述进行对比。

为了实现这个目的,我们首先观察到在给定x_0的情况下,可以根据式(10.19)中基本定理的第二种形式,得到:

$$h(x)=h(x_0)+\int_{x0}^{x}h'(z)\mathrm{d}z$$

其中我们使用$h(x)$以避免同式(10.29)中的函数混淆。现在我们可以应用分部积分,将其表述为$h'(z)=f(z)G(z)$,其中$f(z)=1$和$G(z)=h'(z)$,同时应用任意但便捷的常数项去表述$F(z)=-(x-z)$,因此我们得到:

$$h(x)=h(x_0)+h'(x_0)(x-x_0)+\int_{x0}^{x}h''(z)(x-z)\mathrm{d}z$$

我们表述$h''(z)(x-z)=f(z)G(z)$,其中$f(z)=(x-z)$、$G(z)=h''(z)$和$F(z)=-\frac{1}{2}(x-z)^2$,因此得到如下结果:

命题 10.18 假定$h(x)$在(a,b)上为$n+1$次可微,且在(a,b)上所有导数连续。那

么对于 x, $x_0 \in (a, b)$, 有:

$$h(x)=\sum_{j=0}^{n}\frac{1}{j!}h^{(j)}(x_0)(x-x_0)^j+\frac{1}{n!}\int_{x0}^{x}h^{(n+1)}(z)(x-z)^n\mathrm{d}z \tag{10.33}$$

证明:这个可利用上述的分部积分法,通过数学归纳法求证。■

在式(10.33)的泰勒级数展开中余项被认为是柯西形式的余项,这是由奥古斯丁·路易·柯西所发现,且他为泰勒定理的首次严格证明做出了很大的贡献。另外一种余项的形式被以拉格朗日命名,这个余项在第 9.3.8 节中展开讲述过。

如果我们对比一下柯西和拉格朗日形式的余项,调整一下记号,我们可得:

$$\frac{1}{n!}\int_{x0}^{x}f^{(n+1)}(z)(x-z)^n\mathrm{d}z=\frac{1}{(n+1)!}f^{(n+1)}(y)(x-x_0)^{n+1} \tag{10.34}$$

其中点 y 依赖于 x 且满足 $x_0<y<x$ 或 $x<y<x_0$,这表明这些余项之间的关系被认为是第二积分中值定理的一种特殊情况。

命题 10.19(第二积分中值定理) 假定 $f(x)$ 和 $g(x)$ 在 $[a, b]$ 上是有界且连续的,同时 $g(x)\geqslant 0$。那么存在一个点 $c\in[a, b]$,使得:

$$\int_a^b f(x)g(x)\mathrm{d}x=f(c)\int_a^b g(x)\mathrm{d}x \tag{10.35}$$

证明:因为当 $g(x)\equiv 0$ 时这个结果很明显是正确的,我们可以假定 $g(x)>0$ 在这个区间上有时是存在的,因此 $\int_a^b g(x)\mathrm{d}x>0$。现在当 $f(x)$ 在 $[a, b]$ 上是连续的,那在区间上它能到达它的最大值 M 和最小值 m。从黎曼积分的定义上看,$M\geqslant f(x)\geqslant m$ 意味着:

$$m\int_a^b g(x)\mathrm{d}x\leqslant\int_a^b f(x)g(x)\mathrm{d}x\leqslant M\int_a^b g(x)\mathrm{d}x$$

相应地,就意味着:

$$m\leqslant\frac{\int_a^b f(x)g(x)\mathrm{d}x}{\int_a^b g(x)\mathrm{d}x}\leqslant M$$

因为这个比例在最大值和最小值之间,我们可以从命题 9.11 中的式(9.1)中值定理中得出存在一个 $c\in[a, b]$,使得 $f(c)$ 等于这个比率。■

当然,在式(10.12)中的表述,也就是第一积分中值定理,当 $g(x)\equiv 1$ 时的结果的一种特殊情况。同时在式(10.34)中的泰勒余项是另外一种特殊情况,因为很容易去算出余项积分:

$$\int_{x0}^{x}(x-z)^n\mathrm{d}z=\frac{(x-x_0)^{n+1}}{n+1}$$

柯西形式的余项的一个优势在于它反映了 $f^{(n+1)}(z)$ 在给定区间上的平均值,而拉格朗日余项是一个点估计。因此,为了证明一个泰勒级数的收敛性,以及给定的函数的解析性,柯西余项能比那些基于 $f^{(n+1)}(z)$ 的最大值的余项给出更多有用的估计,而这种基于 $f^{(n+1)}(z)$ 最大值的余项正如在命题 9.21 中的拉格朗日余项所要求的一般。回想一下例

9.25 的情况，会发现拉格朗日余项仅仅能提供部分结果。

例 10.11 (1) 有 $f(x)=\dfrac{1}{1-x}=(1-x)^{-1}$ 和 $x_0=0$，很容易证明 $f^{(n)}(x)=n!(1-x)^{-n-1}$，所以 $f^{(n)}(0)=n!$。尽管在第 6 章中证得当 $|x|<1$ 时，$\sum\limits_{j=0}^{\infty}x^j$ 收敛，但是在例 9.25 中拉格朗日余项仅仅能证明在 $-1<x\leqslant 0$ 情况下 $\dfrac{1}{1-x}=\sum\limits_{j=0}^{\infty}x^j$，因为拉格朗日余项当 $n\to\infty$ 时收敛到 0。当 $0<x<1$ 时，这个余项发散。利用上述的柯西形式，可得：

$$\begin{aligned}\frac{1}{n!}\int_0^x f^{(n+1)}(z)(x-z)^n\mathrm{d}z&=(n+1)\int_0^x(1-z)^{-n-2}(x-z)^n\mathrm{d}z\\&=(n+1)\int_0^x\left(\frac{x-z}{1-z}\right)^n(1-z)^{-2}\mathrm{d}z\end{aligned}$$

现在在区间 $0\leqslant z\leqslant x$ 上，其中 $0<x<1$，函数 $g(z)=\dfrac{x-z}{1-z}$ 是正的且递减的，同时 $g(z)\leqslant x$。同时在同样的区间上 $h(z)=(1-z)^{-2}$ 是正的且递增的，同时 $h(z)\leqslant(1-x)^{-2}$。因此我们可得：

$$\left|\frac{1}{1-x}-\sum_{j=0}^{n}x^j\right|\leqslant(n+1)\frac{x^n}{(1-x)^2}\int_0^x\mathrm{d}z=(n+1)\frac{x^{n+1}}{(1-x)^2}$$

所以当 $0<x<1$ 时，这个余项当 $n\to\infty$ 时收敛到 0。这样就完成了 $f(x)=\dfrac{1}{1-x}$ 在 $(-1,1)$ 上是一个可解析函数的证明，同时根据级数展开式得到：

$$\frac{1}{1-x}=\sum_{j=0}^{\infty}x^j,\ -1<x<1$$

(2) 有 $f(x)=\ln(1+x)$，我们得到：

$$f'(x)=\frac{1}{1+x},\ f^{(2)}(x)=\frac{-1}{(1+x)^2},\ \cdots,\ f^{(n)}(x)=\frac{(-1)^{n+1}(n-1)!}{(1+x)^n}$$

因此 $f(0)=0$ 和当 $n\geqslant 1$ 时，$f^{(n)}(0)=(-1)^{n-1}(n-1)!$。在例 9.25 中证得当 $|x|<1$ 和 $x=1$ 时，$\sum\limits_{j=1}^{\infty}\dfrac{(-1)^{j+1}}{j}x^j$ 收敛。但是正如(1)中，拉格朗日余项仅能得出部分结果，即在 $-\dfrac{1}{2}\leqslant x\leqslant 1$ 下 $\ln(1+x)=\sum\limits_{j=1}^{\infty}\dfrac{(-1)^{j+1}}{j}x^j$，因为拉格朗日余项当 $n\to\infty$ 时收敛到 0。那么对于 $-1<x<-\dfrac{1}{2}$，这个余项是发散的。利用上述的柯西形式，可得：

$$\begin{aligned}\frac{1}{n!}\int_0^x f^{(n+1)}(z)(x-z)^n\mathrm{d}z&=(-1)^{n+2}\int_0^x(x-z)^n(1+z)^{-n-1}\mathrm{d}z\\&=(-1)^{n+3}\int_x^0\left(\frac{x-z}{1+z}\right)^n(1+z)^{-1}\mathrm{d}z\end{aligned}$$

其中通过乘以 -1，这个积分的极限被反转和被抵消使得能更好地适应所预期的 x 的值。

重复上述关于这个被积函数的分析,我们可得在区间 $x \leqslant z \leqslant 0$ 其中 $-1 < x < -\frac{1}{2}$,函数 $g(z) = \left|\frac{x-z}{z+1}\right|$ 是正的且递增,同时 $g(z) \leqslant |x|$。然而函数 $h(z) = (1+z)^{-1}$ 是正的且递减的同时 $h(z) \leqslant (1+x)^{-1}$。我们利用式(10.10)可得:

$$\left|\ln(1+x) - \sum_{j=1}^{n} \frac{(-1)^{j+1}}{j} x^j\right| \leqslant \int_x^0 \left|\frac{x-z}{1+z}\right|^n (1+z)^{-1} \mathrm{d}z$$
$$\leqslant \frac{|x|^{n+1}}{1+x}$$

同时对于 $-1 < x < -\frac{1}{2}$,这个余项当 $n \to \infty$ 时收敛到 0。这就完成了 $f(x) = \ln(x+1)$ 在$(-1, 1]$上是可解析函数的证明,同时根据级数展开式得到:

$$\ln(1+x) = \sum_{j=1}^{\infty} \frac{(-1)^{j+1}}{j} x^j, \ -1 < x \leqslant 1$$

10.9 积分序列的收敛性

10.9.1 关于早期收敛结果的评论

在数学上经常出现的一种重要情况同函数序列$\{f_n(x)\}$有关,而这个序列被认为在某种意义上能收敛到一个函数 $f(x)$。如果在序列中的每一个函数都被认为有某种特定的形式,那么是否能够得出结论,即 $f(x)$也将有这种性质?这个方面的典型应用就是当函数在某些方面是简单的同时又很容易构造的合意性质,那么我们所要研究的这个问题就是是否我们能够推断出这种合意性质也能被 $f(x)$所共享。

例如,在第 9 章第 9.2.7 节中关于连续函数序列收敛性中,点连续性并不是一个在一般意义上能从函数 $f_n(x)$传递到函数 $f(x)$上的性质。也就是说,如果对于每一个 x,数值序列 $f_n(x)$收敛到点 $f(x)$,可能每一个在序列上的函数都是连续的,但是 $f(x)$不是。我们给出一个简单的例子

$$f(x) = \begin{cases} 1, & x \leqslant 0 \\ 0, & x > 0 \end{cases}$$

且

$$f_n(x) = \begin{cases} 1, & x \leqslant 0 \\ 1 - nx, & 0 < x \leqslant \frac{1}{n} \\ 0, & x > \frac{1}{n} \end{cases}$$

尽管对于所有 x 有 $f_n(x) \to f(x)$,但是 $f_n(x)$的连续性在 $x=0$ 上是丢失的,因为 x 越靠近 0,收敛开始逐渐趋缓。这个观点也产生了对于这个问题的解答,同时如果

$f_n(x)\to f(x)$一致的,那么连续性被保留,其中根据一致性,那就意味着通过设置 n 足够大,$|f_n(x)-f(x)|$能使得被设置的任意小。

对于可微的性质,在第 9.4 节中关于一个导数序列的收敛性已经证明出不管 $f_n(x)\to f(x)$ 是点连续还是一致连续都不足以确保 $f_n(x)$的可微性能推断出 $f(x)$的可微性,或者也不能确认在 $f'(x)$存在的情况下 $f_n'(x)\to f'(x)$ 的收敛性。在不存在 $f'(x)$的一个例子中,有:

$$f_n(x)=\begin{cases}x^{1+(1/n)}, & x\geqslant 0\\ (-x)^{1+(1/n)}, & x\leqslant 0\end{cases}$$

$$f(x)=|x|$$

因为 $f'(0)$不存在。

关于 $f'(x)$存在但是 $f_n'(x)\not\to f'(x)$ 的例子如:

$$f_n(x)=\frac{\sin nx}{\sqrt{n}}$$

$$f(x)\equiv 0$$

10.9.2 连续函数序列

这个部分的概括性问题是:

问题 1:如果 $f_n(x)$是对于所有 n 都成立的在$[a, b]$上的黎曼积分,且 $f_n(x)\to f(x)$ 为点收敛,那么 $\int_a^b f(x)\mathrm{d}x$ 是否存在以及 $\int_a^b f_n(x)\mathrm{d}x\to\int_a^b f(x)\mathrm{d}x$ 是否成立?

问题 2:一般来说,可积函数 $f_n(x)$是什么类型的收敛才能保证 $f(x)$的可积性和积分值的收敛性,同时积分区间的性质应该是什么才能有上述的结果?

正如所示,问题 1 是相对简单的,但是问题 2 比起相关的连续性或者可微性的研究就要更微妙和更困难了。我们在这里解释下问题 1 和问题 2 中很重要的部分。相关讨论将会在实分析框架内被进一步展开。

答 1:$f_n(x)$的点收敛性在有界区间$[a, b]$上是黎曼可积的,但这并不确保 $f(x)$的可积性也不能说明在 $f(x)$是可积的情况下,积分值的收敛性。下面这些例题可以作为例证。

例 10.12 (1) 对于在$[0, 1]$上的有理数的任何序列 $\{r_j\}_{j=1}^{\infty}$,定义:

$$f_n(x)=\begin{cases}1, & x=r_j,\ 1\leqslant j\leqslant n\\ \dfrac{1}{n}, & \text{其他区域}\end{cases}$$

那么 $f_n(x)$除了在 n 点上都是连续,因此也是可微的,同时 $\int_0^1 f_n(x)\mathrm{d}x=\dfrac{1}{n}$。然而,$f_n(x)\to f(x)$ 点连续,其中:

$$f(x)=\begin{cases}1, & x\ \text{是有理数}\\ 0, & x\ \text{是无理数}\end{cases}$$

其中函数处处不连续,因此也不是黎曼可积的。

(2) 定义当 $n \geqslant 1$ 时,有:

$$f_n(x)=\begin{cases}2^n, & \frac{1}{2^n} \leqslant n \leqslant \frac{1}{2^{n-1}} \\ 0, & \text{其他区域}\end{cases}$$

那么 $f_n(x)$在$[0, 1]$上点收敛,但是不是一致收敛的,因此对于 $f(x)\equiv 0$ 是可积函数。同时,对于所有 n,一个简单的计算可以得出$\int_0^1 f_n(x)\mathrm{d}x=1$。但是很明显,$\int_0^1 f_n(x)\mathrm{d}x=0$。

答 2:接下来的两个命题提供了两种情况,在这两种情况下期望的结论可以得证。第一个结果需要在有界区间上的连续函数的一致收敛性,第二个结果将会在下部分得出。

命题 10.20 如果 $\{f_n(x)\}$ 是一个在闭且有界区间$[a, b]$上的连续函数序列,同时存在一个函数 $f(x)$使得 $f_n(x)\to f(x)$ 一致收敛,那么 $f(x)$是黎曼可积的,同时:

$$\int_a^b f_n(x)\mathrm{d}x \to \int_a^b f(x)\mathrm{d}x \tag{10.36}$$

也就是说:

$$\int_a^b f(x)\mathrm{d}x=\lim_{n\to\infty}\int_a^b f_n(x)\mathrm{d}x \tag{10.37}$$

证明:首先,$\int_a^b f_n(x)\mathrm{d}x$ 对于所有 n 都是存在的,因为这些函数是连续且区间是有界的。同时根据命题 9.12 一致收敛性也确保了 $f(x)$的连续性,因此$\int_a^b f(x)\mathrm{d}x$ 是存在的,所以唯一的问题在于在式(10.36)中积分值的一个收敛性,即$\int_a^b [f_n(x)-f(x)]\mathrm{d}x\to 0$ 为了实现这个目的,一致收敛意味着对于任意 $\epsilon>0$ 存在一个 $N(\epsilon)$使得对于所有的 $x\in [a, b]$,其中 $n>N$ 有 $|f_n(x)-f(x)|<\epsilon$。因此对于任何划分 $a=x_0<x_1<\cdots<x_n=b$,其中 $y_j\in[x_{j+1}-x_j]$,黎曼和是有界的:

$$\begin{aligned}\left|\sum_j [f_n(y_j)-f(y_j)][x_{j+1}-x_j]\right| &\leqslant \sum |f_n(y_j)-f(y_j)|[x_{j+1}-x_j] \\ &<\epsilon\sum[x_{j+1}-x_j] \\ &=\epsilon(b-a),\ n>N\end{aligned}$$

因此$\int_a^b [f_n(x)-f(x)]\mathrm{d}x\to 0$,同时因为在式(10.9)中的积分的线性性质,这个结果同式(10.36)中的证明是等价的。 ■

注释 10.13:(10.37)能够被重写就是为了强调这是另外一个关于反转两个极限运算顺序的例子,而这正如命题 9.15 中所表述的一样。回想一下积分被定义为黎曼和的极限,同时式(10.37)变成:

$$\int_a^b [\lim_{n\to\infty} f_n(x)]\mathrm{d}x=\lim_{n\to\infty}[\int_a^b f_n(x)\mathrm{d}x]$$

10.9.3 可积函数序列

在放松了 $f_n(x)$的连续性假设情况下,前面的结果可以被推广,而假设条件只需有界性和黎曼可积性。

命题 10.21 如果$\{f_n(x)\}$是一个有界序列,黎曼可积函数在一个闭且有界的区间$[a, b]$上,那么存在一个函数$f(x)$使得$f_n(x) \to f(x)$一致收敛,那么$f(x)$是黎曼可积的且式(10.36)得证。

证明:首先我们证明$f(x)$确实是黎曼可积的。根据命题10.10中黎曼存在定理中的有界区间上可积性的特征,足够证明$f(x)$是在非零测度的集合上是有界且连续。

为了实现这个目的,假定E_n记为$f_n(x)$的间断点的集合,可积性假定那么这个集合是零测度,同时让$E=\bigcup E_n$。那么根据命题10.7,E也是零测度,那么我们就能证明在E的外部,$f(x)$是连续的。很重要的是,一般来说在E的许多甚至所有点上$f(x)$也将是连续的,但是我们不能确保这一点而且对于期望的结果而言在任意情况下也不需要这一点。

根据一致收敛我们得到对于任意$\epsilon > 0$,存在一个$N = N(\epsilon)$使得对于所有$y \in [a, b]$和所有$n \geqslant N$都有$|f(y)-f_n(y)|<\epsilon$。假定$x \in [a, b]-E$,同时因为$f_N(x)$在x上是连续的,对于这个同样的ϵ存在一个δ_N使得如果$|x-y|<\delta_N$,有$|f_N(x)-f_N(y)|<\epsilon$。根据三角不等式,如果$|x-y|<\delta_N$,那么:

$$\begin{aligned}|f(x)-f(y)| &\leqslant |f(x)-f_N(x)|+|f_N(x)-f_N(y)|+|f_N(y)-f(y)| \\ &< 3\epsilon\end{aligned}$$

所以在零测度集合E的外部,$f(x)$是连续的。

$f(x)$的有界性也可以从一致连续和$f_n(x)$的有界性中得证。对于上面的$n \geqslant N$,有:

$$\begin{aligned}|f(x)| &\leqslant |f(x)-f_n(x)|+|f_n(x)| \\ &< \epsilon + C_n\end{aligned}$$

其中C_n记为$|f_n(x)|$在$[a, b]$上的最大边界。

为了进一步证明式(10.36)中的积分的收敛性,一致连续意味着对于所有$x \in [a, b]$和$n \geqslant N$,有:

$$-\epsilon < f(x)-f_n(x) < \epsilon$$

这就意味着对于$n \geqslant N$,有:

$$-\epsilon(b-a) < \int_a^b [f(x)-f_n(x)]\mathrm{d}x < \epsilon(b-a)$$

当ϵ是任意的,这就证明了式(10.36)。 ■

10.9.4 函数级数

正如在第9.27节中关于连续函数序列情况以及第9.4节中关于可微函数序列的情况,上述关于可积函数序列的命题很容易就透露出关于一致收敛的函数级数的比较结果。我们仅从更一般的情况来表述这个问题。

命题 10.22 如果$g_j(x)$是一个有界黎曼可积函数序列,同时存在一个$g(x)$使得在某些区间$[a, b]$上,级数$\sum_{j=1}^{\infty} g_j(x)$一致收敛到$g(x)$,那么$g(x)$是黎曼可积的,同时当$n \to \infty$时,$\sum_{j=1}^{n}\int_a^b g_j(x)\mathrm{d}x \to \int_a^b g(x)\mathrm{d}x$。

注释 10.14：这个可积函数序列的一致收敛表明了这个可积函数的积分等于级数中项的积分的和。也就是说，一致收敛证实了可以逐项积分然后再加总：

$$\int_a^b g(x)\mathrm{d}x = \lim_{n\to\infty}\sum_{j=1}^{n}\int_a^b g_j(x)\mathrm{d}x$$

证明：定义 $f_n(x) = \sum_{j=1}^{n} g(x)$。那么 $f_n(x)$ 作为一个有界可积函数的和对于所有 n 是有界的和黎曼可积的，同时根据假设，$f_n(x) \to g(x)$ 一致收敛。同时也就得到 $\int_a^b f_n(x)\mathrm{d}x \equiv \sum_{j=1}^{n}\int_a^b g_j(x)\mathrm{d}x$。所以这个结果可以从命题 10.21 中得证。■

10.9.5 幂级数的可积性

接下来我们把上述的结果应用到函数级数的特殊情况——幂级数上。很大程度上它是上面关于函数级数命题的一个推论，但是在这里并不像上面的结果所要求的那样需要使用那么多想法去确保收敛的一致性。

命题 10.23 假定函数 $f(x)$ 被定义为幂级数：

$$f(x) = \sum_{j=0}^{\infty} c_j(x - x_0)^j \tag{10.38}$$

同时根据给定的 $I = \{x \mid |x - x_0| < R\}$，其中一些 $R > 0$，有一个收敛的积分。那么 $f(x)$ 在任意有界区间 $[a, b] \subset I$ 上是黎曼可积的，同时：

$$\int_a^b f(x)\mathrm{d}x = \sum_{j=0}^{\infty}\frac{c_j}{j+1}[(b - x_0)^{j+1} - (a - x_0)^{j+1}] \tag{10.39}$$

也就是说，一个幂级数可以在收敛区间上逐项被积分。

证明：当然，正如定义 9.14 中所证明的那样，$f(x)$ 是无限可微的，因此在 I 上是连续且在任意 I 内的有界区间上是黎曼可积的。定义 $f_n(x)$ 为与 $f(x)$ 相关的部分加总式：

$$f_n(x) = \sum_{j=0}^{n} c_j(x - x_0)^j$$

函数 $f_n(x)$ 是连续的，因此对于所有 n 是黎曼可积的。作为一个有限加总式，其积分为：

$$\begin{aligned}\int_a^b f_n(x)\mathrm{d}x &= \sum_{j=0}^{n}\int_a^b c_j(x - x_0)^j\,\mathrm{d}x \\ &= \sum_{j=0}^{n}\frac{c_j}{j+1}[(b - x_0)^{j+1} - (a - x_0)^{j+1}]\end{aligned}$$

因为在 $|x - x_0| < R$ 上 $f_n(x) \to f(x)$ 点收敛，所以在紧集 $[a, b] \subset I$ 上根据第 9 章练习 30(2)这个收敛是一致的。所以根据命题 10.20：

$$\begin{aligned}\int_a^b f(x)\mathrm{d}x &= \lim_{n\to\infty}\int_a^b f_n(x)\mathrm{d}x \\ &= \sum_{j=0}^{\infty}\frac{c_j}{j+1}[(b - x_0)^{j+1} - (a - x_0)^{j+1}]\end{aligned}$$

■

注释 10.15:(1) 在关于函数级数的积分的结果中,很明显积分级数是收敛的,事实上是绝对收敛的。首先,根据三角不等式,有:

$$\left|\sum_{j=0}^{\infty}\frac{c_j}{j+1}[(b-x_0)^{j+1}-(a-x_0)^{j+1}]\right|$$
$$\leqslant\sum_{j=0}^{\infty}\frac{|c_j|}{j+1}|(b-x_0)|^{j+1}+\sum_{j=0}^{\infty}\frac{|c_j|}{j+1}|(a-x_0)|^{j+1}$$

现在,根据比率检验,对于任意 $x\in I$,有:

$$\limsup_{j\to\infty}\frac{\frac{|c_{j+1}|}{j+2}|(x-x_0)|^{j+2}}{\frac{|c_j|}{j+1}|(x-x_0)|^{j+1}}=\limsup_{j\to\infty}\frac{|c_{j+1}|}{|c_j|}|(x-x_0)|$$

同时当 $|x-x_0|<R$ 时,这个极限正好小于1,因为根据定义有:

$$\frac{1}{R}=\limsup_{j\to\infty}\frac{|c_{j+1}|}{|c_j|}$$

(2) 这个命题可以应用到绝对收敛的可解析函数的泰勒级数上,当然,因为这些部分和是点收敛,因此在任意有界区间$[a, b]$上是一致收敛的。

10.10 数值积分

当需要函数 $f(x)$的一个积分时,可能没有很直观的方法去应用微积分基本定理Ⅰ,因为给定的函数不是可识别函数的导数。在这么一种情况下就需要数值算法,同时这里有许多选择。

最基本的方法来自式(10.5)中黎曼积分本身的定义。我们以相等或者不等的大小,简单地把区间划分为有限子区间集族,同时从每一个子区间中选择一个点,然后用下面这个近似式:

$$\int_a^b f(x)\mathrm{d}x\approx\sum_{i=1}^{n}f(\widetilde{x}_i)\Delta x_i$$

其中:

$$\widetilde{x}_i\in\left[a+\sum_{j=1}^{i-1}\Delta x_j,\ a+\sum_{j=1}^{i}\Delta x_j\right]$$

这就是一个结果的近似式,因为根据定义,这个积分的确切值是根据式(10.3)中所定义的划分的点阵大小来生成的,而这个点阵大小是收敛到0的。所不知的就是对于给定划分的这个近似式的质量,或者说是当 $\mu\to 0$ 时近似误差趋近0的比率。

在接下来的部分,我们仅仅考虑平均划分的情况,其中 $\mu=\Delta x\equiv\frac{b-a}{n}$。

10.10.1 梯形积分法

定义近似式方法的精确度的一个有用途径就是当这个方法生成一个确切值时去测定

函数的类。类越大，近似的质量越好。例如，黎曼和的上界和下界一般只能为常数函数 $f(x)=d$ 或者更一般地，就是分段常数函数 $f(x)=d_i$，其中 $x\in[x_i, x_{i+1}]$、$x_0=a$ 以及 $x_n=b$ 提供精确值。这个分段常数函数也被称为**阶梯函数**(step function)。

对这一方法稍稍修正，我们可以将这函数的类扩展到包括所有线性或者仿射函数 $f(x)=cx+d$ 以及当 $x\in[x_i, x_{i+1}]$ 分段线性函数 $f(x)=c_ix+d_i$。这个简单的调整包含了定义在黎曼和中区间的中位点上的 $f(\tilde{x}_i)$，或者更一般地，对于其他的应用，用在每一个子区间端点上的函数值的平均值来替代 $f(\tilde{x}_i)$：

$$\int_a^b f(x)\mathrm{d}x \approx \sum_{i=1}^{n}\left[\frac{f(x_{i-1})+f(x_i)}{2}\right]\Delta x$$

这个方法生成了所谓的**梯形积分法**(trapezoidal rule)，其表述如下：

$$\int_a^b f(x)\mathrm{d}x \approx \frac{1}{2}\left[f(x_0)+2\sum_{i=1}^{n-1}f(x_i)+f(x_n)\right]\Delta x \tag{10.40}$$

很显然从几何上考虑，这种近似对仿射函数是精确的，同时当恰当地选择划分时，对分段仿射函数也是精确的。

为了评估这种近似的误差，回想一下式(10.6)中我们可以分别对每一个子区间上的积分进行评估，然后简单加总这些结果。同样地，我们可以在每一个子区间上探究所提议的近似的质量，而近似的总体误差就是子区间上的误差和。

为了符号上的简单，我们在第一个子区间上进行梯形近似。从在式(9.33)中的泰勒级数展开式中，其中有 $n=1$ 和 $x_0=a$，以及对于 $f^{(2)}(x)$ 连续性的假定，我们可得：

$$f(x)=f(a)+f'(a)(x-a)+\frac{1}{2}f^{(2)}(y)(x-a)^2$$

其中 $y\equiv y(x)$ 和 $a<y(x)<x$。因为 $f(x)$ 是连续，我们推断 $f^{(2)}(y)$ 也是一个连续函数。

在区间$[a, a+\Delta x]$上积分这个公式生成当 $I\equiv\int_a^{a+\Delta x}f(x)\mathrm{d}x$ 时，有：

$$\begin{aligned}I&=f(a)\Delta x+\frac{1}{2}f'(a)\Delta x^2+\frac{1}{2}\int_a^{a+\Delta x}f^{(2)}\big(y(x)\big)(x-a)^2\mathrm{d}x\\&=f(a)\Delta x+\frac{1}{2}f'(a)\Delta x^2+\frac{1}{3!}f^{(2)}(z)\Delta x^3\end{aligned}$$

最后一步可以通过应用到函数 $f^{(2)}\big(y(x)\big)$ 上的式(10.35)中的第二积分中值定理来进行证明。也就是说，对于某些 $c\in[a, a+\Delta x]$，$f^{(2)}(z)$ 被定义为 $f^{(2)}\big(y(c)\big)$，同时因此因为 $a<y(x)<x$，我们得出 $z\in[a, a+\Delta x]$。

利用上述的泰勒展开式，在这个区间上的梯形近似是：

$$\begin{aligned}I^T&=\frac{1}{2}[f(a)+f(a+\Delta x)]\Delta x\\&=\frac{1}{2}\left[2f(a)\Delta x+f'(a)\Delta x^2+\frac{1}{2}f^{(2)}(y)\Delta x^3\right]\end{aligned}$$

其中 $a<y(\Delta x)<a+\Delta x$ 和 $y\equiv y(\Delta x)$。减去这些表达式得到：

$$I - I^T = -\left[\frac{1}{4}f^{(2)}(z) - \frac{1}{6}f^{(2)}(y)\right]\Delta x^3,\text{当 } a < y,\ z < a + \Delta x$$

最后,当 $d > b > 0$ 时,考虑表达式:

$$\frac{df^{(2)}(z) - bf^{(2)}(y)}{d - b} = f^{(2)}(z) + \frac{b}{d-b}[f^{(2)}(z) - f^{(2)}(y)]$$

很明显这个表达式是严格在 $f^{(2)}(z)$和 $f^{(2)}(y)$之间,因此根据 $f^{(2)}(x)$的连续性和式(9.1)中的中值定理,存在一个 w 在 y 和 z 之间使得 $f^{(2)}(w) = \frac{df^{(2)}(z) - bf^{(2)}(y)}{d - b}$。将这个应用到梯形近似中,其中 $d = 1/4$ 和 $b = 1/6$,我们得出:

$$I - I^T = -\frac{1}{12}f^{(2)}(w)\Delta x^3,\text{当 } a < w < a + \Delta x$$

总结以上,我们推导出如下结果。

命题 10.24 如果 $f(x)$是二次可微且 $f^{(2)}(x)$在有界区间$[a, b]$上是连续的,同时给定划分 $\{x_i\}_{i=0}^n = \{a + i\Delta x\}_{i=0}^n$ 和 $\Delta x = \frac{b-a}{n}$,那么在式(10.40)中所定义的梯形近似误差就是:

$$I - I^T = -\frac{1}{12}f^{(2)}(w)\frac{(b-a)^3}{n^2} \tag{10.41}$$

其中对于某些 $w \in [a, b]$。如果在$[a, b]$上 $|f^{(2)}(x)| < M_2$,绝对误差边界是:

$$|I - I^T| \leqslant \frac{M_2(b-a)^3}{12n^2} \tag{10.42}$$

证明:把上面的分析应用到每一个子区间上同时加总,我们得出:

$$I - I^T = -\frac{1}{12}\sum_{i=1}^n f^{(2)}(w_i)\Delta x^3$$

对于 $a + (i-1)\Delta x < w_i < a + i\Delta x$。现在因为根据在$[a, b]$上的 $f^{(2)}(x)$的最大值和最小值,$\frac{1}{n}\sum_{i=1}^n f^{(2)}(w_i)$ 是有界的,同时根据中值定理,存在一个 $w \in [a, b]$ 等于这个值。代入 $\Delta x = \frac{b-a}{n}$ 就完成了式(10.41)的证明。从这个证明中通过取绝对值和根据它的最大值 M_2 来界定 $f^{(2)}(w)$,式(10.42)得证。 ■

注释 10.16:梯形近似的误差估计是 $O(\Delta x^2)$。尤其,因为 $\Delta x = \frac{b-a}{n}$,我们从式(10.42)中得到:

$$|I - I^T| \leqslant \frac{M_2(b-a)}{12}\Delta x^2 \tag{10.43}$$

10.10.2 辛普森积分法

从 $O(\Delta x^2)$到 $O(\Delta x^4)$,辛普森积分法能够改进在梯形积分法近似中的误差。额外要做的就是利用上述根据划分所定义的每一个子区间上的中位点和端点，而不是只利用端点。然而，辛普森积分法要求在$[a, b]$上的$f^{(4)}(x)$的四阶导数的连续性。

尤其，在给定的区间上，也就是$[a, a+\Delta x]$，辛普森积分法近似被定义为：

$$\int_a^{a+\Delta x} f(x)\mathrm{d}x \approx \frac{1}{6}\left[f(a)+4f\left(\frac{2a+\Delta x}{2}\right)+f(a+\Delta x)\right]\Delta x$$

其中$\Delta x=\dfrac{b-a}{n}$。把所有子区间加总式起来得到辛普森积分法：

$$\int_a^b f(x)\mathrm{d}x \approx \frac{1}{6}\sum_{i=1}^{n}\left[f(x_{i-1})+4f\left(\frac{x_{i-1}+x_i}{2}\right)+f(x_i)\right]\Delta x$$

依照函数值的结果参数，一个简化的计算就是：

$$\int_a^b f(x)\mathrm{d}x \approx \frac{1}{6}\left[f(x_0)+2\sum_{i=1}^{n-1}f(x_i)+4\sum_{i=1}^{n}f\left(\frac{x_{i-1}+x_i}{2}\right)+f(x_n)\right]\Delta x \tag{10.44}$$

在这个近似中的误差展开证明了上述的梯形积分法，但是利用上至$f^{(4)}(x)$项的泰勒近似。我们对最后的这个计算结果并没有证明(详见练习 12)。

命题 10.25 如果$f(x)$是一个四次可微的函数，且在有界区间$[a, b]$上$f^{(4)}(x)$是连续的，且给定的划分是$\{x_i\}_{i=0}^{n}=\{a+i\Delta x\}_{i=0}^{n}$和$\Delta x=\dfrac{b-a}{n}$，那么在式(10.44)中所定义的辛普森积分法的误差就是：

$$I-I^S=-\frac{1}{180}f^{(4)}(w)\frac{(b-a)^5}{(2n)^4} \tag{10.45}$$

对于某些$w\in[a, b]$。如果在$[a, b]$上$|f^{(4)}(x)|\leqslant M_4$，绝对误差边界就是：

$$|I-I^S|\leqslant\frac{M_4(b-a)^5}{180(2n)^4} \tag{10.46}$$

注释 10.17：辛普森积分法的误差估计就是$O(\Delta x^4)$。尤其，因为$\Delta x=\dfrac{b-a}{n}$，我们从式(10.46)中可得：

$$|I-I^T|\leqslant\frac{M_4(b-a)}{2\,880}\Delta x^4 \tag{10.47}$$

10.11 连续概率理论

10.11.1 概率空间和随机变量

回想关于级数的第 6 章提供了必要的工具来展开大部分的离散概率理论。除了在式(7.67)中需要一些第 9 章的工具，基本上矩母函数或者特征函数的表述就能刻画出一个唯一的概率密度，这些在第 8.1 节中也阐述过。同样第 10 章中的黎曼积分的工具对于展开大部分的连续部分的概率理论也是必要的。

正如第 7 章一样，我们以一个简单空间 S 开始，而正如在离散概率理论中一样，我们并不要求这个空间是有限的或者离散的。我们可以想象 S 是实数空间 $\mathbb{R}$ 或者欧氏空间 $\mathbb{R}^n$。在概述中关键的一点是我们不再依赖于 S 有一个样本点可数的集族这个约束。

在这个部分中我们引入关于这个连续理论的多个相关方面并在练习 40 至练习 42 中提供一个更一般的"混合"离散和连续模型。数学上更规范以及更完整的展开需要实分析的工具，而这个展开为更广义的理论包括离散和连续的概率理论提供了一个框架。

给定 S，在定义 7.1 中我们定义了完备事件集族，但是也开始强调使用在注释 7.1 中的术语。

定义 10.7 给定一个样本空间 S，一个事件集族 $\mathcal{E}=\{A \mid A\subset S\}$，被称为完备的，或者是一个 σ—代数，如果它满足下列性质：

(1) $\varnothing,\ S\in\mathcal{E}$；

(2) 如果 $A\in\mathcal{E}$，那么 $\widetilde{A}\in\mathcal{E}$；

(3) 对于 $j=1,\ 2,\ 3,\ \cdots$，如果 $A_j\in\mathcal{E}$，那么 $\bigcup_j A_j\in\mathcal{E}$。

也就是说，我们要求事件的 σ—代数包含空事件 $\varnothing$、确定事件 S，所有事件的补集和在可数并集下闭集。然而第三款仅对可数并集才能被表述，而因为性质(2)和德摩根法则对于可数交集来说它也是可表述的。因此 $\bigcap_j A_j\in\mathcal{E}$ 也成立。同样地，如果 A，$B\in\mathcal{E}$，那么 $A\sim B\in\mathcal{E}$，其中和 $A\sim B\equiv\{x\in S\mid x\in A,\ x\notin B\}$，因为 $A\sim B=A\cap\widetilde{B}$。

注释 10.18：(1) 在第 7 章中的离散样本空间中，$\mathcal{E}$ 通常包含每一个样本点和 S 的所有子集，因此总是完备的。在一般不可数的无限样本空间中，事件集族事实上总是所有子集的集族的真子集。因此根据 σ—代数的定义的暗示，事件集族的结构是所有我们必须面对的，因此在这个理论展开中被假定为 $\mathcal{E}$。

(2) 如第 7 章所记，用"完备"这个词并不标准，但是我们引入它只是为了简洁。在上面定义中的三种情况是对为 σ—代数的 $\mathcal{E}$ 的一般要求，而且这是一种更自然的表达语言，在这里我们也给出这个集族更一般化的表述。

(3) 尽管可能不规范，但是至少直觉上，应该很清楚的是事件的一个 σ—代数定义的概括意味着在任何给定的样本空间上，任何数目的 σ—代数只要它们满足上面的条件就都能被定义。一旦思忖过这个问题，那么很清楚我们可能找到两个 σ—代数，$\mathcal{E}$ 和 $\mathcal{E}'$，其中 $\mathcal{E}\subset\mathcal{E}'$ 就意味着在 $\mathcal{E}$ 的每一个事件是在 $\mathcal{E}'$ 中的一个事件。从那个意义上说，$\mathcal{E}'$ 是一个更好的 σ—代数因为它包含更多时间。$\mathcal{E}$ 被认为是一个更简略的 σ—代数因为它包含更少的时间。不难想象出可能有两个 σ—代数，其中既不是 $\mathcal{E}\subset\mathcal{E}'$ 也不是 $\mathcal{E}'\subset\mathcal{E}$。不过我们仍然有需要探寻的未决问题，只是这个问题的分析需要在更高级的处理框架内用到实分析的工具：

- 如果 D 是 S 的任意子集族，那么是否存在一个 σ—代数 $\mathcal{E}$ 包含在 D 中的集合使得 $D\subset\mathcal{E}$？
- 如果是，那么存在一个更小的这样的 σ—代数吗？

例如,如果$\mathcal{E}$和$\mathcal{E}'$是在S上的两个σ—代数,是否存在一个σ—代数$\mathcal{E}''$使得$\mathcal{E}' \cup \mathcal{E} \subset \mathcal{E}''$? 对于另外一个例子,如果$X:S \to \mathbb{R}$是一个给定函数,是否存在一个$\sigma$—代数包含所有的$X^{-1}(a, b)$形式的集合,其中所有的开区间$(a, b) \subset \mathbb{R}$?

在$\mathcal{E}$的概率测度概念和第7章是一样的。因为事件空间的一般化和$\mathcal{E}$作为事件不包含样本点,所以我们用通用的符号μ,这在理论上是标准表达,而在离散理论中用到的Pr并不是标准符号。

定义 10.8 给定一个样本空间S,同时一个σ—代数事件$\varepsilon = \{A \mid A \subset S\}$,一个概率测度就是一个函数$\mu: \mathcal{E} \to [0, 1]$,其中满足下列性质:

(1) $\mu(S) = 1$;

(2) 如果$A \in \mathcal{E}$,那么$\mu(A) \geqslant 0$和$\mu(\widetilde{A}) = 1 - \mu(A)$;

(3) 如果对于$j = 1, 2, 3, \cdots$, $A_j \in \mathcal{E}$是相互排他事件,也就是$A_j \cap A_k = \varnothing$,对于所有$j \neq k$,那么$\mu(\bigcup_j A_j) = \sum \mu(A_j)$。

在这种情况下三元组$(S, \mathcal{E}, \mu)$被称为一个概率测度。

定义 10.9 事件$A \in \mathcal{E}$在μ下是一个空事件,如果$\mu(A) = 0$。如果A是一个空事件而且每一个$A' \subset A$满足:

(1) $A' \in \mathcal{E}$;

(2) $\mu(A') = 0$。

那么三元组$(S, \mathcal{E}, \mu)$被称为一个完备概率空间。

注释 10.19: 我们有一些关于概率空间的问题,但是这些问题的探寻需要用实分析的工具在更高级的处理框架内完成:

(1) 如果$(S, \mathcal{E}, \mu)$是一个不完备的概率空间,那么$\mathcal{E}$能被扩展为一个完备且包括空集的所有子集的σ—代数$\mathcal{E}'$吗?

(2) 如果$(S, \mathcal{E}, \mu)$是一个不完备的概率空间,$\mathcal{E}$能被扩展为一个包括空集的所有子集的空间,那么μ能在不改变在$\mathcal{E}$上的值的情况下被扩展到$\mathcal{E}'$吗?

(3) 给定$(S, \mathcal{E}, \mu)$,定义n次试验样本空间,记为S^n:

$$S^n = \{(s_1, s_2, \cdots, s_n) \mid s_j \in S\}$$

那么相关的事件$\mathcal{E}^n$的σ—代数如何能被定义且反映σ—代数$\mathcal{E}$? 同时在有着同样概率测度的$\mathcal{E}$和$\mathcal{E}^n$中在$\mathcal{E}$中的n个事件同在$\mathcal{E}^n$中n个独立事件是相同时,对于$A \in \mathcal{E}^n$,如何在某种程度上定义概率测度$\mu_n(A)$?

到目前为止并没有太多的已被定义的概念与第7章中离散设定条件下的定义有什么本质差别。真正区分离散和连续模型的是定义在S上的随机变量的属性。

定义 10.10 给定一个样本空间S,同时事件σ—代数$\mathcal{E} = \{A \mid A \subset S\}$,连续分布的随机变量是函数:

$$X: S \to \mathbb{R}$$

使得:

(1) 对于任意有界或者无界区间$\{a, b\} \subset \mathbb{R}$,其中$\{a, b\}$记为可能是开的、闭的或者半开半闭的区间:

$$X^{-1}\{a, b\} \in \mathcal{E}$$

(2) 存在一个连续函数，记为 f 或者 f_X，其中 $f(x)\geqslant 0$，被称为 X 的概率函数(p.f.)或者概率密度函数(p.d.f.)使得给定任意区间$\{a, b\}$：

$$\int_a^b f(x)\mathrm{d}x=\mu[X^{-1}\{a, b\}] \tag{10.48}$$

与 X 相关的分布函数(d.f.)或者累积分布函数(c.d.f.)记为 F 或者 F_X，在 $\mathbb{R}$ 上被定义：

$$F(x)=\mu[X^{-1}(-\infty, x]] \tag{10.49a}$$

$$=\int_{-\infty}^{x} f(y)\mathrm{d}y \tag{10.49b}$$

对于任意 $a\in\mathbb{R}$，$X^{-1}[a]\in\mathcal{E}$，因为对于所有 n 有，$\left[a, a+\frac{1}{n}\right]\in\mathcal{E}$，同时根据 σ—代数的性质，有：

$$\bigcap_n X^{-1}\left[a, a+\frac{1}{n}\right]=X^{-1}[a]\in\mathcal{E}$$

当然，如果 $a\notin \mathrm{Rng}[X]$，那么 $X^{-1}[a]=\varnothing$。同时根据式(10.48)，一定存在这种情况：$\mu\left[X^{-1}[a]\right]=0$，对于所有 $a\in\mathbb{R}$。

因此在 X 下的任何点的原象都有零概率测度同时在$\mathcal{E}$上是空事件。另外任何点的可数集族的原象也是空事件，因为给定 $\{a_j\}_{j=1}^{\infty}$，所以事件集族 $\{X^{-1}[a_j]\}_{j=1}^{\infty}$ 是相互排斥的，因为 X 是一个函数，所以根据定义 10.8：

$$\mu\left[\bigcup_j X^{-1}[a_j]\right]=\sum_j\mu\left[X^{-1}[a_j]\right]=0$$

注释 10.20：这些结论强调了连续和离散概率理论的显著不同。在第 7 章，给定任意随机变量 X，存在一个有限或者可数集族 $\{a_j\}_{j=1}^{\infty}\subset\mathbb{R}$使得$\{X^{-1}[a_j]\}_{j=1}^{\infty}\subset\mathcal{E}$是相互独立事件，同时 $\Pr\left[\bigcup_j X^{-1}[a_j]\right]=1$。在连续概率理论里，对于任何集族 $\{a_j\}_{j=1}^{\infty}\subset\mathbb{R}$，$\{X^{-1}[a_j]\}_{j=1}^{\infty}\subset\mathcal{E}$ 仍然是正确的同时是相互独立事件，那么可得 $\mu\left[\bigcup_j X^{-1}[a_j]\right]=0$。

因为 c.d.f.是连续函数的积分，所以我们从微积分基本定理Ⅱ中得出 $F(x)$是一个可微函数且：

$$F'(x)=f(x) \tag{10.50}$$

从 $F(x)$的定义中也可得：

(1) $F(\infty)=1$，因为$F(x)=\mu[X^{-1}(-\infty, x)]$，同时当$x\to\infty$时，$\mu[X^{-1}(-\infty, x)]\to\mu(S)=1$。

(2) $F(x)$是非递减的，也就是 $x<x'\Rightarrow F(x)\leqslant F(x')$，因为根据式(10.49)，以及 $f(x)\geqslant 0$，有：

$$F(x')-F(x)=\int_x^{x'} f(y)\mathrm{d}y\geqslant 0$$

(3) $F(-\infty)=0$ 因为对于任意 x 我们可得，$S=X^{-1}(-\infty, x]\cup X^{-1}(x, \infty)$。因此：

$$F(x)=\mu\left[x^{-1}(-\infty,\ x]\right]=1-\mu[X^{-1}(x,\ \infty)]$$

同时根据情况 1,当 $x\to-\infty$ 时有 $F(x)\to 0$。

注释 10.21:并无关于定义在 S 上的成为连续函数的随机变量 X 的任何解释。似乎很自然地,连续概率理论应该就是连续随机变量的概率理论。但是要到这一点需要 S 有比事件 σ—代数更多的结构。尤其,为了能够定义 X 是连续函数,要求:

(1) S 是一个度量空间,所以 X 在通常的 $\mathcal{E}$—δ 意义上能被定义为连续的,或者等价的,根据条件对于任意开集 $G\subset\mathbb{R}$,$X^{-1}[G]$是开集。

(2) S 是一个拓扑空间,根据当任意开集 $G\subset\mathbb{R}$,$X^{-1}[G]$ 是开集这一条件 X 能被定义为是连续的。

因为对于所有区间以及所有开集一定存在 $X^{-1}[G]\subset\mathcal{E}$,$\sigma$—代数必然能够被定义为包含在 S 上的所有开集。也就是说,为了能够定义 X 为连续随机变量要求 S 有一个集拓扑,同时 σ—代数包含所有这些开集。在更高级的基于实分析的处理中,有这种性质的最小的 σ—代数被称为博雷尔 σ—代数,同时相关事件被称为博雷尔集,以埃米尔·博雷尔(Emile Borel, 1871—1956)命名。

然而,尽管这种精确的结构能够定义连续随机变量的概念,但是这并不够,我们还需要更多数学工具,来确保存在一个连续函数式 $f(x)$使得式(10.48)被满足。所以我们避免这种展开,同时连续概率理论事实上被定义为有着连续概率密度函数的随机变量的概率理论。

10.11.2 连续分布的期望

下面公式的一般结构将等同于在第 7.5.1 节中的结构。这些公式再次阐述了期望值计算,有时候被称为取期望。这个计算的一般结构就是首先定义然后呈现具体例子。

定义 10.11 给定一个连续分布随机变量 $X:S\to\mathbb{R}$ 并有连续概率密度函数 $f(x)$,而连续函数被定义在值域为 x,$\mathrm{Rng}[X]\subset\mathbb{R}$,$g(X)$的期望值,记为 $E[g(X)]$,定义如下:

$$E[g(X)]=\int_{-\infty}^{\infty}g(x)f(x)\mathrm{d}x \tag{10.51}$$

只要相关积分是绝对收敛的。也就是说,因为 $f(x)\geqslant 0$,要求:

$$\int_{-\infty}^{\infty}|\,g(x)\,|\,f(x)\mathrm{d}x<\infty \tag{10.52}$$

如果式(10.52)没有被满足,那么我们说 $E[g(X)]$不存在。

注释 10.22:(1) 如果存在在上述定义中同在定义 7.14 中的离散情况有小的差别的话,那么并不存在对于公式(7.35)的自然对应:

$$E[g(X)]=\sum_{s_j\in S}g\big(X(s_j)\big)\Pr(s_j)$$

其中$\{x_j\}\subset\mathbb{R}$ 记为 X 的值域。也就是说,在第 7 章期望值等同被定义为用概率测度 Pr 在 S 上的一个算法,或者是用概率密度函数 $f(x)$在$\mathbb{R}$上的一个算法。这时,不用更一般的实分析的工具是没办法定义 $E[g(X)]$为用概率测度 μ 在 S 上的一个算法。如果存在

的话,我们可以期待定义:

$$E[g(X)]=\int_S g(X(s))\mathrm{d}\mu(s)$$

尽管还有一些工作需要去做以确认精确定义这样一个积分意味着什么。

(2) 如果 $g(x)$ 在值域 X 上是有界函数,其中 $|g(x)|\leqslant K$,那么在式(10.52)中的条件是自动满足的,因为:

$$\int_{-\infty}^{\infty}|g(x)|f(x)\mathrm{d}x\leqslant K\int_{-\infty}^{\infty}f(x)\mathrm{d}x=K$$

所以这个约束仅仅对无界函数重要。也就是说在实践中我们首先对无界函数的期望值感兴趣,所以这个条件一般情况下不能被假定是有效的。

*10.11.3 连续分布的离散化

该部分的目的是为了更好地将离散背景和连续背景下的期望值的概念联系起来。这时可能出现在第 7 章定义 7.14 中加总式被转化为积分。为了了解为什么这是正确答案而不只是一个符号上的一个技巧,我们以一个稍长的定义作为开始。这个概念是很简单且很自然的,只是需要花费大量语言去表述。

定义 10.12 给定一个连续分布随机变量 $X:S\rightarrow\mathbb{R}$,点阵大小为 δ 的 X 的离散化,记为 X_δ,是一个定义在样本空间 S 离散化,记为 S_δ,其上的离散随机变量,构造如下:

(1) $\mathbb{R}$ 的一个划分被定义为点阵大小为 δ。也就是说,存在给定的 $\{x_i\}_{i=0}^{\infty}$, $\{y_i\}_{i=0}^{\infty}\subset\mathbb{R}$,其中:

$$\cdots<y_2<y_1<y_0=x_0<x_1<x_2<\cdots$$

对于所有 i 有 $x_{i+1}-x_i\leqslant\delta$ 和 $y_i-y_{i+1}\leqslant\delta$,同时这个划分被定义为 $\{[x_i, x_{i+1})\}_{i=0}^{\infty}\cup\{[y_{i+1}, y_i)\}_{i=0}^{\infty}$。

(2) 从每一个划分区间上选择一个点或者区间标签:

$$\widetilde{x}_i\in[x_i, x_{i+1}),\ \widetilde{y}_i\in[y_{i+1}, y_i),\ i\geqslant 0$$

(3) 在 $\mathcal{E}$ 上的相互排斥事件:

$$A_i^+=X^{-1}[x_i, x_{i+1}),\ A_i^-=X^{-1}[y_{i+1}, y_i),\ i\geqslant 0$$

那么 S_δ 被定义为离散样本空间,其中这些事件都是样本点:

$$S_\delta=\{A_i^+\}_{i=0}^{\infty}\cup\{A_i^-\}_{i=0}^{\infty}\tag{10.53}$$

有完备事件集族,记为 $\mathcal{E}_\delta$,被定义为这些样本点加上所有并集以及这些样本点并集的补集。

概率测度 Pr_δ 在样本点上被定义:

$$\mathrm{Pr}_\delta[A_i^+]=\mu[X^{-1}[x_i, x_{i+1})]\tag{10.54a}$$

$$\mathrm{Pr}_\delta[A_i^-]=\mu[X^{-1}[y_{i+1}, y_i)]\tag{10.54b}$$

同时被扩展到所有事件,其中在定义中 $X^{-1}[x_i, x_{i+1})$ 和 $X^{-1}[y_{i+1}, y_i)$ 都被认为是在 S 上的事件。

最后,离散随机变量 $X_\delta : S_\delta \to \mathbb{R}$ 被定义:

$$X_\delta(A_i^+) = \tilde{x}_i,\ X_\delta(A_i^-) = \tilde{y}_i \tag{10.55}$$

其中相关概率密度函数被定义为:

$$f_\delta(\tilde{x}_i) \equiv \Pr_\delta\left[X_\delta^{-1}[\tilde{x}_i]\right] = F(x_{i+1}) - F(x_i) \tag{10.56a}$$

$$f_\delta(\tilde{y}_i) \equiv \Pr_\delta\left[X_\delta^{-1}[\tilde{y}_i]\right] = F(y_i) - F(y_{i+1}) \tag{10.56b}$$

例 10.13 下面将引入其他连续分布,但是单位正态分布在第 8.6 节中已经被引入同时可以被离散化。在背景中$(S,\ \mathcal{E},\ \mu)$表示了一个样本空间、σ—代数和概率测度,同时也有一个连续分布随机变量 $X : S \to \mathbb{R}$。所以对于任意区间$\{a,\ b\}$,不过为了确定性我们取其为闭集,这样我们得到 $X^{-1}[a,\ b] \in \mathcal{E}$,以及:

$$\mu\left[X^{-1}[a,\ b]\right] = \frac{1}{\sqrt{2\pi}}\int_a^b \mathrm{e}^{-x^2/2}\mathrm{d}x$$

尽管不必要,但是很自然就能定义离散化,因为 $\phi(x) = \frac{1}{\sqrt{2\pi}}\mathrm{e}^{-x^2/2}$ 关于 $x=0$ 是对称的,所以从区间标签集族的角度看,离散化是对称的。为了实现这一点,有点阵大小 $\delta = \frac{1}{n}$,从标记上很容易剔除 y_0 和 x_0,并且定义:

$$x_i = \frac{2i-1}{2n},\ y_i = -x_i,\ i = 1,\ 2,\ 3,\ \cdots$$

同时在 S 中的相关事件:

$$A_0 = X^{-1}\left[-\frac{1}{2n},\ \frac{1}{2n}\right)$$

$$A_i^+ = X^{-1}\left[\frac{2i-1}{2n},\ \frac{2i+1}{2n}\right),\ A_i^- = X^{-1}\left[-\frac{2i+1}{2n},\ -\frac{2i-1}{2n}\right),\ i \geqslant 1$$

离散样本空间 S_δ 如同在式(10.53)中那样被定义为样本点的集族,同时概率测度 $\Pr_\delta$ 如式(10.54)中所定义的。在这种情况下,$\Phi(x)$被记为正态累计分布函数:

$$\Pr_\delta[A_0] = \Phi\left(\frac{1}{2n}\right) - \Phi\left(-\frac{1}{2n}\right)$$

$$\Pr_\delta[A_i^+] = \Phi\left(\frac{2i+1}{2n}\right) - \Phi\left(\frac{2i-1}{2n}\right)$$

$$\Pr_\delta[A_i^-] = \Phi\left(-\frac{2i-1}{2n}\right) - \Phi\left(-\frac{2i+1}{2n}\right)$$

最后,区间标签$\{\tilde{x}_i,\ \tilde{y}_i\}$被定义为区间中位点:

$$\tilde{x}_0 = 0,\ \tilde{x}_i = \frac{i}{n},\ \tilde{y}_i = -\frac{i}{n},\ i \geqslant 1$$

离散正态随机变量 X_δ 被定义为:

$$X_\delta(A_0) = 0,\ X_\delta(A_i^+) = \frac{i}{n},\ X_\delta(A_i^-) = -\frac{i}{n},\ i \geqslant 1$$

其中概率密度函数在式(10.56)中被给出。

在图 10.4 中，我们可以比较正态累积分布函数和 $\delta=0.5$ 的离散化的累积分布函数。用中位点生成了一个平衡的离散化，其中每一个划分区间，例如$[-0.25, 0.25)$，离散正态累积分布函数在$[-0.25, 0)$上低于 $\Phi(x)$而在$[0, 0.25)$上高于 $\Phi(x)$。

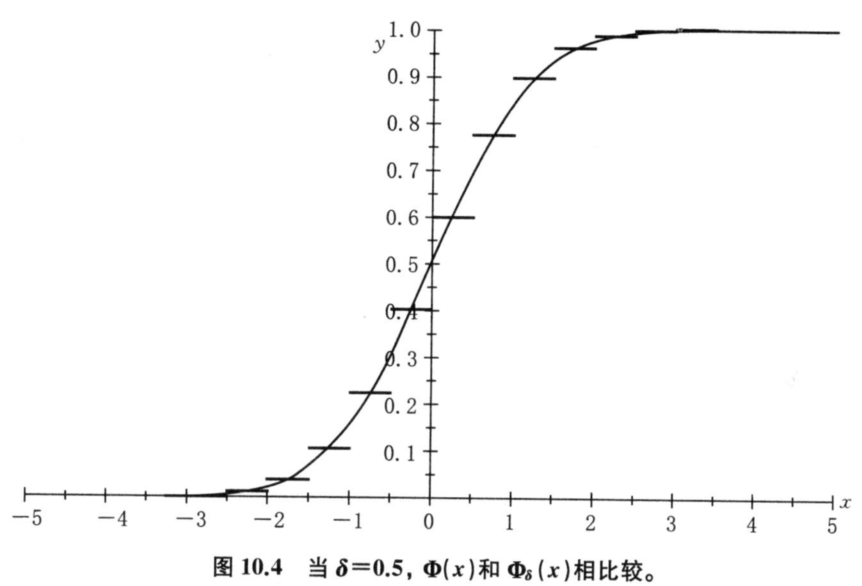

图 10.4　当 $\delta=0.5$，$\Phi(x)$和 $\Phi_\delta(x)$相比较。

类似地，左端点和右端点生成的离散化累积分布函数几乎总是在连续累积分布函数 $\Phi(x)$的上面或者下面。

在离散和连续背景下的期望值之间的联系能通过下面的结果规范化。为了减少标记，假定 $-x_i=y_i$。

命题 10.26　给定一个连续分布随机变量，$X:S\to\mathbb{R}$，同时有点阵大小为 δ 的 X 的离散化，记为 X_δ 并定义在 S_δ 上，那么对于 $g(x)$为连续函数，其中：

$$E[g(X_\delta)]\to E[g(X)],\ \delta\to 0 \tag{10.57}$$

证明：根据式(7.36)和式(10.56)，有：

$$E[g(X_\delta)]=\sum_{i=0}^{\infty}g(x_i^+)[F(x_{i+1})-F(x_i)]+\sum_{i=0}^{\infty}g(x_i^-)[F(-x_i)-F(-x_{i+1})]$$

我们详述第一个加总式的收敛性，同时把关于第二加总式的相同推导作为练习。现在，因为 $F(x)$是可微的，在式(9.22)中的中值定理表明：

$$F(x_{i+1})-F(x_i)=F'(x_i')\Delta x_i$$

其中 $\Delta x=x_{i+1}-x_i$ 和 $x_i'\in(x_i, x_{i+1})$。因此，因为根据式(10.50)有：

$$F'(x_i')=f(x_i')$$

$$\sum_{i=0}^{\infty}g(x_i^+)[F(x_{i+1})-F(x_i)]=\sum_{i=0}^{\infty}g(x_i^+)f(x_i')\Delta x_i$$

当 $g(x)f(x)$ 是一个连续函数，在每一个紧集上它都能达到它的最大值和最小值，因此在划分中的每一个区间的闭包上也是如此。因此对于每一个 i 存在 $x_i^{\max}$，$x_i^{\min}\in[x_i,\ x_{i+1}]$ 使得：

$$f(x_i^{\min})g(x_i^{\min})\leqslant g(x_i^{+})f(x_i')\leqslant f(x_i^{\max})g(x_i^{\max})$$

当 $g(x)f(x)$ 被假定是绝对可积的，那它一定是可积的，所以当 $\Delta x_i\to 0$ 时根据 $x_i^{\max}$ 或者 $x_i^{\min}$ 所定义的黎曼和收敛到这个积分上。因此，当 $\delta\to 0$ 时，我们根据定义得到 $\Delta x_i\to 0$ 并且能够得出：

$$\sum_{i=0}^{\infty}g(x_i^{+})f(x_i')\Delta x_i\to\int_0^{\infty}g(x)f(x)\mathrm{d}x$$

在定义 $E[g(X_\delta)]$ 中同样的论断也能被应用到第二个加总式中，其中：

$$E[g(X_\delta)]\to\int_{-\infty}^{\infty}g(x)f(x)\mathrm{d}x$$

最后，这个最后的积分等于 $E[g(X)]$ 因为根据假设，$g(x)$ 满足式(10.52)。

注释 10.23：上述的命题是在相对强的假设下证明，即 $g(x)$ 是连续函数。这个证明的回顾为所需的假设提供了佐证：(1) $g(x)$ 在非零测度集上是连续的，使得 $\int_{-\infty}^{\infty}g(x)f(x)\mathrm{d}x$ 能够被定义；(2) $g(x)$ 在每一个有界区间上是有界的，所以我们能够得到关于 $g(x_i^{+})f(x_i')$ 在每一个子区间上的上确界和下确界。

10.11.4 广义期望公式

我们现在列了一个关于期望公式的集合，这其中包括了 X 的矩。如上所记，在每一种情况下期望仅仅当式(10.52)被满足时才能被定义。这里的标记与第 7.5.1 节中是一致的。

(1) n 阶矩。

$$\mu_n'\equiv\int_{-\infty}^{\infty}x^n f(x)\mathrm{d}x,\ n=1,\ 2,\ 3,\ \cdots \tag{10.58}$$

(2) 均值。

$$\mu\equiv\mu_1'=\int_{-\infty}^{\infty}xf(x)\mathrm{d}x \tag{10.59}$$

(3) n 阶中心矩。

$$\mu_n\equiv\int_{-\infty}^{\infty}(x-\mu)^n f(x)\mathrm{d}x,\ n=1,\ 2,\ 3,\ \cdots \tag{10.60}$$

(4) 方差。

$$\sigma^2\equiv\mu_2=\int_{-\infty}^{\infty}(x-\mu)^2 f(x)\mathrm{d}x \tag{10.61}$$

(5) 标准差。

$$\sigma=\sqrt{\int_{-\infty}^{\infty}(x-\mu)^2 f(x)\mathrm{d}x} \tag{10.62}$$

(6) 矩母函数。

$M_X(t)$仅仅当积分对于 t 在关于 0 的一个区间上是收敛时才能被定义：

$$M_X(t) \equiv \int_{-\infty}^{\infty} e^{xt} f(x) dx \tag{10.63}$$

(7) 特征函数。

$$C_X(t) \equiv \int_{-\infty}^{\infty} e^{ixt} f(x) dx \tag{10.64}$$

对于所有 t，$C_X(t)$都能被定义，因为根据式(10.10)有：

$$\begin{aligned} |C_X(t)| &\leqslant \int_{-\infty}^{\infty} |e^{ixt}| f(x) dx \\ &= \int_{-\infty}^{\infty} f(x) dx = 1 \end{aligned}$$

因为根据在式(2.5)中的欧拉方程：$|e^{ixt}| = |\cos xt + i \sin xt| = 1$。

例 10.14 除了那些包含两个或者更多变量的概率密度函数，在第 7.5.1 节中所有的包含期望的公式都能在这个连续概率模型下证明是有效的。不过当我们还不能为这些函数求得一个微分或者积分时，这些公式相对应的连续形式就不能使用多变量微积分方法，与其相关的联合、条件和边际概率密度、全概率法则、样本统计学或者独立同分布的随机变量等也不能使用。然而，一旦这些工具被展开，那么这些离散结果也能够证明在连续甚至更一般的设定下适用。

(1) 如在式(7.45)中：

$$\sigma^2 = E[X^2] - E[X]^2 \tag{10.65}$$

(2) 如在第 7 章练习 12：

$$\mu_n = \sum_{j=0}^{n} (-1)^{n-j} \binom{n}{j} \mu'_j \mu^{n-j} \tag{10.66a}$$

$$\mu'_n = \sum_{j=0}^{n} \binom{n}{j} \mu_j \mu^{n-j} \tag{10.66b}$$

(3) 如果在式(7.64)和式(7.65)中：

$$M_X(t) = \sum_{n=0}^{\infty} \frac{\mu'_n t^n}{n!} \tag{10.67}$$

$$\mu'_n = M_X^{(n)}(0) \tag{10.68}$$

如果所有的矩都存在。

(4) 如在式(7.71)和式(7.72)中：

$$C_X(t) = \sum_{n=0}^{\infty} \frac{\mu'_n (it)^n}{n!} \tag{10.69}$$

$$\mu'_n = \frac{1}{i^n} C_X^{(n)}(0) \tag{10.70}$$

如果所有的矩都存在。

10.11.5 连续概率密度函数

如第 7.6 节中的情况,理论上存在无限多的连续密度函数。特别地,如果 $h(x)$是任意有着绝对收敛积分的连续函数:

$$0<\int_{-\infty}^{\infty}|h(x)|\,\mathrm{d}x=C<\infty$$

那么概率密度函数能被定义为:

$$f(x)=\frac{|h(x)|}{\int_{-\infty}^{\infty}|h(x)|}$$

尽管在理论上正确的,然而是否这个概率密度函数被发现有用或者能反映所感兴趣的随机变量的概率密度,那是另外一个问题了。

在这部分我们确定了一个常用的连续概率密度以及它们的一些性质。

1. 连续均匀分布

能想象到的最简单的连续概率密度就是这个假定在每一个点上都是同样值的这样一个分布。这个分布的定义域是任意,通常被记为区间$[a, b]$。连续均匀分布的概率密度函数,有时被称为连续矩形分布,当密度函数被定义在$[a, b]$上有:

$$f_U(x)=\begin{cases}\dfrac{1}{b-a}, & x\in[a, b]\\ 0, & x\notin[a, b]\end{cases} \tag{10.71}$$

很容易计算推导出这个分布的均值和方差:

$$\mu_U=\frac{1}{2}(b+a) \tag{10.72a}$$

$$\sigma_U^2=\frac{1}{12}(b-a)^2 \tag{10.72b}$$

同样的矩母函数从 e^{xt} 的积分中能够计算得出:

$$M_U(t)=\frac{\mathrm{e}^{bt}-\mathrm{e}^{at}}{t(b-a)},\ t\in\mathbb{R} \tag{10.73}$$

尽管 $M_U(t)$在 $t=0$ 时有一个奇异点,但是上式中的分子按照泰勒级数被展开,同时可以发现:

$$M_U(t)=1+\sum_{n=2}^{\infty}\left(\frac{b^n-a^n}{b-a}\right)\frac{t^{n-1}}{n!}$$

其中对于所有 t 都是收敛的。

假定在这些公式中,$a=0$ 和 $b=1$。这样当 $n\to\infty$ 时,这些公式所生成的极限值同在第 7.6.1 节中所展开的离散矩形分布得到的极限值一样。进一步来说离散矩形分布能被视为这个连续分布的一个离散化,其中 $\delta=\dfrac{1}{n}$。

这种密度函数的例子可在图 10.5 中得到。

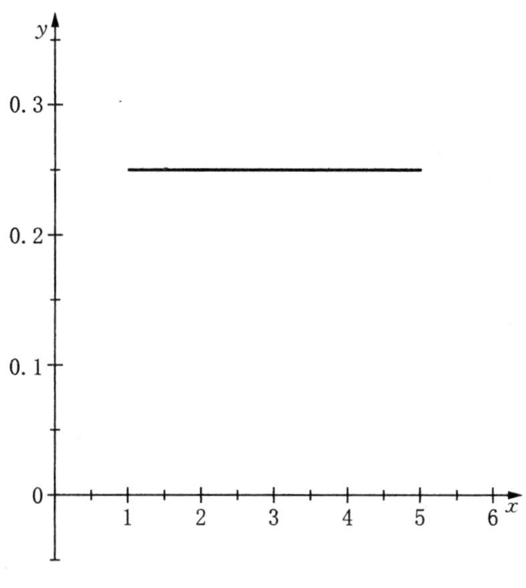

图 10.5　$f_U(x)=1/4,\ 1\leqslant x\leqslant 5$

2. 贝塔分布

贝塔分布包含了两个形状参数 $v>0$ 和 $w>0$，同时根据密度函数它被定义在区间 $[0,\ 1]$上：

$$f_\beta(x)=\frac{x^{v-1}(1-x)^{w-1}}{B(v,\ w)} \tag{10.74}$$

在这里，贝塔函数 $B(v,\ w)$在数学上被认为是一种特殊函数，它根据一个定积分所定义，一般来说，这个函数要求有如下数值求值：

$$B(v,\ w)=\int_0^1 y^{v-1}(1-y)^{w-1}\mathrm{d}y \tag{10.75}$$

根据定义，因此 $\int_0^1 f_\beta(x)\mathrm{d}x=1$。

如果 v 或者 w 或者两个参数都小于 1，那么贝塔密度在 $x=0$ 或者 $x=1$ 或者在两个点上时都是无界的，同时这个积分如同在第 10.6 节中所讨论的反常积分那样收敛，因为指数 x 和 $1-x$ 都大于-1。如果两个参数都大于 1，那么这个密度函数在区间端点上都为 0，同时根据第 9.5 节中的方法，在 $x=\dfrac{v-1}{v+w-2}$ 上有唯一最大值。例中这个概率密度函数被展示在图 10.6 中。在这个图中参数被定义为：

$$(v,\ w)=\begin{cases}(0.5,\ 0.5),\text{虚线}\\(2,\ 6),\text{实线}\\(5,\ 3),\text{粗线}\end{cases}$$

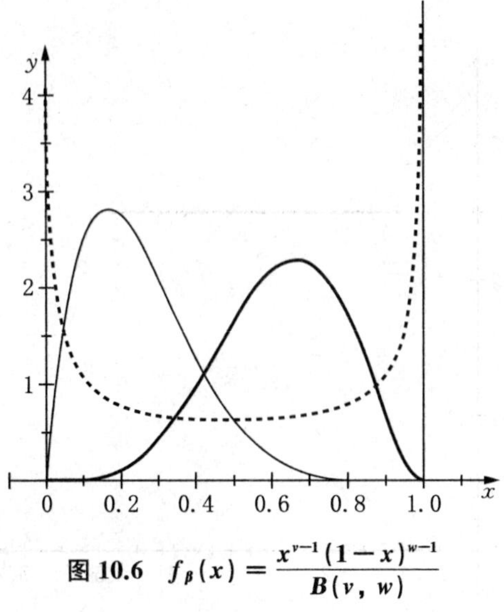

图 10.6 $f_\beta(x)=\dfrac{x^{v-1}(1-x)^{w-1}}{B(v,\ w)}$

根据定义,对于任意正整数 n,都有:

$$E[x^n]=\frac{B(v+n,\ w)}{B(v,\ w)}$$

现在贝塔函数 $B(v,\ w)$满足一个重要的恒等式,这在求练习 14 的分布的矩值时很有用:

$$B(v+1,\ w)=\frac{v}{v+w}B(v,\ w) \tag{10.76}$$

应用式(10.76)的迭代公式,得到:

$$\mu_\beta=\frac{v}{v+w} \tag{10.77a}$$

$$\mu'_{n\beta}=\prod_{i=0}^{n-1}\left(\frac{v+i}{v+w+i}\right) \tag{10.77b}$$

$$\sigma_\beta^2=\frac{vw}{(v+w)^2(v+w+1)} \tag{10.77c}$$

用同样的迭代公式,我们根据数学归纳法推导出,如果 n、m 是正整数,有:

$$B(n,\ m)=\frac{(n-1)!(m-1)!}{(n+m-1)!} \tag{10.78}$$

即练习 33。

3. 指数分布

指数分布被定义在$[0,\ \infty)$,同时有一个单一的尺度参数 $\lambda>0$,根据密度函数:

$$f_E(x)=\lambda \mathrm{e}^{-\lambda x} \tag{10.79}$$

很明显对于任意 $\lambda>0$,$\int_0^\infty f_E(x)\mathrm{d}x=1$ 是一个反常积分,其中 $f_E(0)=\lambda$ 同时在$[0,\ \infty)$是 $f_E(x)$是严格递减的。这个分布是后面所讨论的伽马分布的一种特殊情况。

4. 伽马分布

伽马分布被定义在$[0, \infty)$，有一个尺度参数$b>0$和一个形状参数$c>0$，同时根据密度函数：

$$f_\Gamma(x)=\frac{1}{b}\left(\frac{x}{b}\right)^{c-1}\frac{e^{-x/b}}{\Gamma(c)} \tag{10.80}$$

正如在贝塔分布，伽马函数$\Gamma(c)$是根据积分所定义的另一个特殊函数：

$$\Gamma(c)=\int_0^\infty y^{c-1}e^{-y}dy, \ c>0 \tag{10.81}$$

当$c=1$和$b=\frac{1}{\lambda}$时，伽马密度函数是指数密度函数。

伽马函数作为反常积分存在，对于它的求值，必须既要考虑区间的无界性，也要考虑在$c<1$的情况下，在$x=0$附近的被积函数的无界性。

事实上$\int_0^\infty f_\Gamma(x)dx=1$，那么从代入$y=\frac{x}{b}$和式(10.81)中得证。

当$c\leqslant 1$时，伽马密度函数是严格递减函数，因为$f'_\Gamma(x)<0$其中对于$c>1$，伽马密度在$x=b(c-1)$上有唯一最大值。同时，如上所记，当$c<1$时，伽马密度在$x=0$上是无界的。伽马密度对于各种参数被展示在图10.7。尤其，上面所展示粗线的密度是一个指数密度，其中$\lambda=0.5$：

$$(b, c)=\begin{cases}(2, 0.5), \text{实线}\\(2, 2), \text{中线}\\(2, 1), \text{粗线}\end{cases}$$

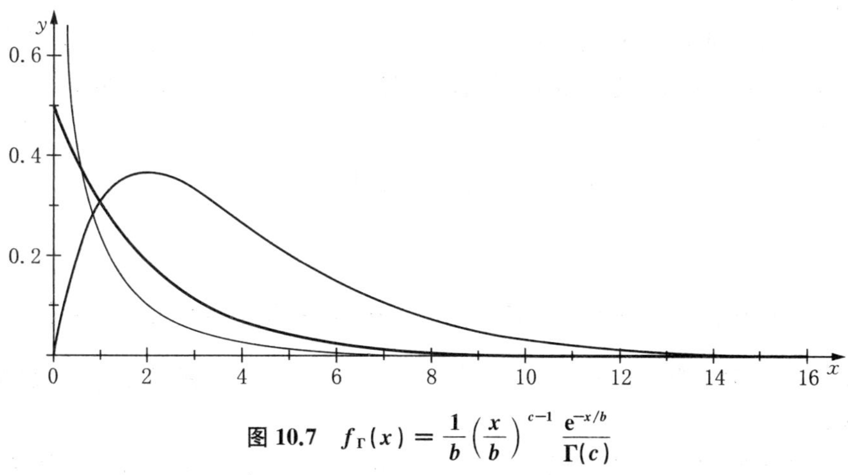

图 10.7 $f_\Gamma(x)=\frac{1}{b}\left(\frac{x}{b}\right)^{c-1}\frac{e^{-x/b}}{\Gamma(c)}$

伽马函数$\Gamma(c)$满足一个迭代公式，这个迭代公式求对于这个分布的矩母很有用处，而这个迭代公式能从分部积分中得出：

$$\Gamma(c)=(c-1)\Gamma(c-1) \tag{10.82}$$

从替代$y=\frac{x}{b}$，有：

$$E[x^n]=\frac{b^n\Gamma(c+n)}{\Gamma(c)}$$

这个迭代公式得出:

$$\mu_{\Gamma}=bc \tag{10.83a}$$

$$\mu'_{n\Gamma}=b^{n}\prod_{j=0}^{n-1}(c+j) \tag{10.83b}$$

$$\sigma_{\Gamma}^{2}=b^{2}c \tag{10.83c}$$

矩母函数也能被计算出(见练习 15):

$$M_{\Gamma}(t)=(1-bt)^{-c},\ |t|<\frac{1}{b} \tag{10.84}$$

如上所记,当 $c=1$ 和 $b=\frac{1}{\lambda}$ 时,伽马密度函数便成为指数密度函数,所以上面的矩和矩母函数很容易被转换到这种情况下。

伽马函数 $\Gamma(c)$ 根据直接积分满足 $\Gamma(1)=1$,所以数学归纳法连同式(10.82)能够被使用去证明对于任意正整数 n:

$$\Gamma(n)=(n-1)! \tag{10.85}$$

所以当 $c>0$ 时,$\Gamma(c)$ 能被视为一个离散阶乘函数的一个连续概括。这个阶乘恒等式也是定义 $0!=1$ 后面的一个推动力,虽然 $0!=1$ 直接看上去并没有什么意义。然而,把 $\Gamma(c)$ 作为这个离散函数的一个概括,$0!=1$ 的表述式事实上意味着根据式(10.85),$0!$ 能够在伽马函数的条件下被定义,所以:

$$0!\equiv\Gamma(1)=1$$

5. 柯西分布

柯西分布,以奥古斯丁·路易·柯西(1789—1857)命名,很有意思的是,这个分布的概率密度函数没有有限矩。这个密度函数定义在 $\mathbb{R}$,同时有一个位置参数 $x_0\in\mathbb{R}$ 和一个尺度参数 $\lambda>0$:

$$f_C(x)=\frac{1}{\pi\lambda}\frac{1}{1+\left(\frac{x-x_0}{\lambda}\right)^2} \tag{10.86}$$

这个函数关于 $x=x_0$ 是对称的,而在点 $f_C(x_0)=\frac{1}{\pi\lambda}$ 是密度最大值。参数 λ 是一个尺度参数,这个参数测定当 $|x-x_0|\to\infty$ 时,$f_C(x)$ 以多快(λ 小)或者多慢(λ 大)的速率从最大值衰减。

当 $x_0=0$ 和 $\lambda=1$ 时,这个函数是相互独立的单位正态随机变量的一个比率的概率密度,但是我们并不推导这个部分。

$\int_{-\infty}^{\infty}f(x)\mathrm{d}x=1$ 作为反常积分能够从两个替代中得证。首先,用 $y=\dfrac{x-x_0}{\lambda}$ 替代得到:

$$\int_{-\infty}^{\infty}f_C(x)\mathrm{d}x=\frac{1}{\pi}\int_{-\infty}^{\infty}\frac{1}{1+y^2}\mathrm{d}y。$$

第二个替代是 $y=\tan z$,其中得到 $1+y^2=\sec^2 z$。因为 $z=\dfrac{\sin z}{\cos z}$,这个函数可用第 9

章的工具进行微分,同时根据式(9.16)得到 $(\tan z)'=\sec^2 z$。最后,从 $y\in(-\infty,\infty)$ 到 $z\in\left(-\frac{\pi}{2},\frac{\pi}{2}\right)$ 这个代入改变了积分的极限,使得:

$$\int_{-\infty}^{\infty} f_C(x)\mathrm{d}x=\frac{1}{\pi}\int_{-\pi/2}^{\pi/2}\mathrm{d}z=1$$

这个函数没有有限矩,虽然通过一个抵消参数 $\mu=x_0$。使得这个函数也能出现有限矩。但是回想一下根据期望的定义,相关积分必须是绝对收敛的。将这个计算简化为 $x_0=0$ 和 $\lambda=1$,这样就等同于用代入 $y=\frac{x-x_0}{\lambda}$,得到:

$$\begin{aligned}\int_{-\infty}^{\infty}|y|f_C(y)\mathrm{d}y&=2\int_0^{\infty} y f_C(y)\mathrm{d}y\\&=\frac{2}{\pi}\int_0^{\infty}\frac{y}{1+y^2}\mathrm{d}y\end{aligned}$$

这个积分很明显能够根据这个代入求值,$1+y^2=z$,得到:

$$\begin{aligned}\int_{-\infty}^{\infty}|y|f_C(y)\mathrm{d}y&=\lim_{N\to\infty}\frac{1}{\pi}\int_1^N\frac{\mathrm{d}z}{z}\\&=\frac{1}{\pi}\lim_{N\to\infty}[\ln z]\,|_1^N\\&=\frac{1}{\pi}\lim_{N\to\infty}\ln N=\infty\end{aligned}$$

所以柯西分布没有有限均值也没有高阶矩,因此也没有矩母函数。它的确有特征函数,尽管式(10.70)在这里已经无效了。正如所见,$C_C(t)$在 $t=0$ 上不可微分因为它是一个 $|t|$ 上的函数。

这个密度在图 10.8 中被以粗线画出,其中 $x_0=0$ 和 $\lambda=1$。相比较在图中也画出的标准单位正态密度(虚线)和另外的正态分布$\left(\sigma=\sqrt{\frac{\pi}{2}}\approx1.253\,3,\text{实线}\right)$,他们和柯西分布都有同样的最大值。柯西分布密度的“肥尾”是很明显的。

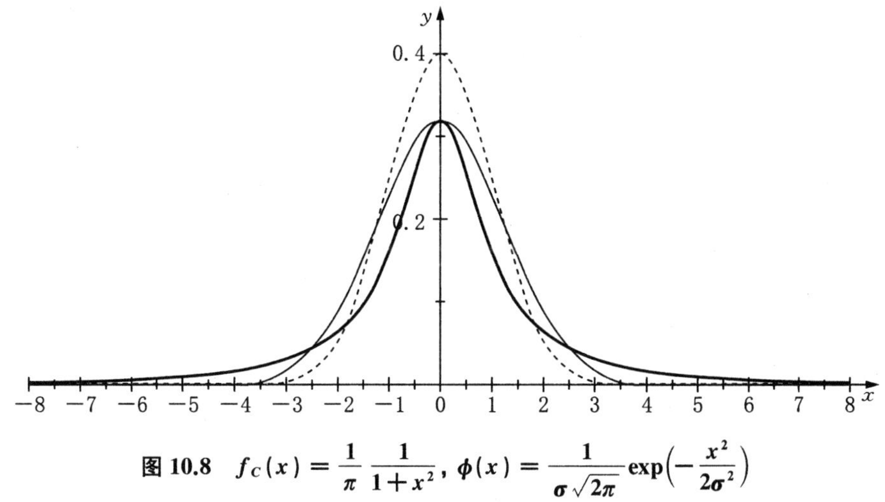

图 10.8　$f_C(x)=\frac{1}{\pi}\frac{1}{1+x^2},\ \phi(x)=\frac{1}{\sigma\sqrt{2\pi}}\exp\left(-\frac{x^2}{2\sigma^2}\right)$

6. 正态分布

正态分布被定义在$(-\infty, \infty)$里，同时依赖于位置参数$\mu \in \mathbb{R}$和尺度参数$\sigma^2 > 0$，同时根据密度函数的定义，在那里我们使用$\exp A = e^A$来简化标记：

$$f_N(x) = \frac{1}{\sigma\sqrt{2\pi}}\exp\left(-\frac{(x-\mu)^2}{2\sigma^2}\right) \tag{10.87}$$

当$\mu = 0$和$\sigma^2 = 1$时，这就是被认为的单位正态分布，通常被记为：

$$\phi(x) = \frac{1}{\sqrt{2\pi}}\exp\left(-\frac{x^2}{2}\right) \tag{10.88}$$

利用式(8.26)中的棣莫弗定理。

正态密度被展示在图10.8中，其中$\mu = 0$，而$\sigma = 1$(虚线)和$\sigma = 1.253\,3$(实线)。

把$y = \frac{x-\mu}{\sigma}$代入进$f_N(x)$的积分中就证明了这个积分等于$\phi(y)$的积分。不幸的是，在现有的工具中并没有方法去证明后面这个积分的值为1，所以规范化的证明作为应用将被推后，在这里要应用到多元变量微积分。我们简单表述以下结果：

$$\int_{-\infty}^{\infty}\phi(y)\mathrm{d}y = 1$$

然而，因为当$x \to \infty$时对于任意N，都有$\exp\left(-\frac{x^2}{2}\right) < x^{-N}$，对于任意$n \geqslant 0$利用第10.6节中关于反常积分的结果很容易证实：

$$\int_{-\infty}^{\infty}y^n\phi(y)\mathrm{d}y < \infty$$

一般来说，计算中心矩μ_{nN}要更容易一点，同时如果需要相应的矩μ'_{nN}可以利用式(10.66b)。为了实现这一目的，用替代式$y = \frac{x-\mu}{\sigma}$得到：

$$\int_{-\infty}^{\infty}(x-\mu)^n f_N(x)\mathrm{d}x = \sigma^n\int_{-\infty}^{\infty}y^n\phi(y)\mathrm{d}y$$

对于n为奇数，很明显$\int_{-\infty}^{\infty}y^n\phi(y)\mathrm{d}y = 0$，因为在第二个积分中用替代式$z = -y$：

$$\begin{aligned}\int_{-\infty}^{\infty}y^n\phi(y)\mathrm{d}y &= \int_0^{\infty}y^n\phi(y)\mathrm{d}y + \int_{-\infty}^{0}y^n\phi(y)\mathrm{d}y \\ &= \int_0^{\infty}y^n\phi(y)\mathrm{d}y - \int_{\infty}^{0}(-z)^n\phi(-z)\mathrm{d}z \\ &= \int_0^{\infty}y^n\phi(y)\mathrm{d}y - \int_0^{\infty}z^n\phi(z)\mathrm{d}z \\ &= 0\end{aligned}$$

在这里因为n是奇数，所以$(-z)^n = -z^n$，从式(10.88)中得到$\phi(-z) = \phi(z)$，同时极限的互换可从式(10.17)中得证。

正态分布的均值很容易从这个用同样替代式的结果中计算出来：

$$\begin{aligned}\int_{-\infty}^{\infty}xf_N(x)\mathrm{d}x &= \int_{-\infty}^{\infty}(\sigma y + \mu)\phi(y)\mathrm{d}y \\ &= \mu\end{aligned}$$

所以 $\mu_N = \mu$。

当 $n=2m$ 是偶数时,练习 34 展开了这个迭代公式:

$$\int_{-\infty}^{\infty} y^{2m}\phi(y)\mathrm{d}y = (2m-1)\int_{-\infty}^{\infty} y^{2m-2}\phi(y)\mathrm{d}y$$

同时这个加上数学归纳法将能证明出:

$$\int_{-\infty}^{\infty} y^{2m}\phi(y)\mathrm{d}y = \frac{(2m)!}{2^m m!}$$

综合上述,我们推导出:

$$\mu_{nN} = \begin{cases} 0,\ n=2m+1 \\ \dfrac{\sigma^{2m}(2m)!}{2^m m!},\ n=2m \end{cases} \tag{10.89a}$$

$$\mu_N = \mu \tag{10.89b}$$

$$\mu_{2N} \equiv \sigma_N^2 = \sigma^2 \tag{10.89c}$$

所以可预测的是,参数 μ 和 σ^2 等于这个分布的均值和方差。

最后的推导式是关于矩母函数:

$$\begin{aligned} M_N(t) &= \int_{-\infty}^{\infty} \mathrm{e}^{tx} f_N(x)\mathrm{d}x \\ &= \frac{1}{\sigma\sqrt{2\pi}}\int_{-\infty}^{\infty} \exp\left(-\frac{(x-\mu)^2 - 2\sigma^2 tx}{2\sigma^2}\right)\mathrm{d}x \end{aligned}$$

现在将上式完全平方得到:

$$(x-\mu)^2 - 2\sigma^2 tx = [x-(\mu+\sigma^2 t)]^2 - 2\sigma^2 t\left(\mu + \frac{1}{2}\sigma^2 t\right)$$

所以:

$$M_N(t) = \frac{1}{\sigma\sqrt{2\pi}}\exp\left(\mu t + \frac{1}{2}\sigma^2 t^2\right)\int_{-\infty}^{\infty}\exp\left(-\frac{[x-(\mu+\sigma^2 t)]^2}{2\sigma^2}\right)\mathrm{d}x$$

在这个积分中的替代式 $y = \dfrac{x-(\mu+\sigma^2 t)}{\sigma}$ 生成了 $\int_{-\infty}^{\infty}\phi(y)\mathrm{d}y$,而这个式子等于$\sqrt{2\pi}$,所以:

$$M_N(t) = \exp\left(\mu t + \frac{1}{2}\sigma^2 t^2\right) \tag{10.90}$$

相应地,对于单位正态的矩母函数:

$$M_\Phi(t) = \exp\left(\frac{1}{2}t^2\right) \tag{10.91}$$

同样推导可以得到如下关于特征函数的结果:

$$C_N(t) = \exp\left(i\mu t - \frac{1}{2}\sigma^2 t^2\right) \tag{10.92}$$

$$C_\Phi(t) = \exp\left(-\frac{1}{2}t^2\right) \tag{10.93}$$

7. 对数正态分布

对数正态分布是被定义在$[0, \infty)$上,依赖于位置参数$\mu \in \mathbb{R}$和形状参数$\sigma^2 > 0$,同时毫无意外地看到这个分布同在第 8.6 节中所引入的正态分布以及上面所讨论的分布有着密切的关联。然而,对于这个对数正态的名字看上去似乎又不认同这种关系的存在。从一个方面表述下这个分布,就是如果$X = e^Z$,其中Z是参数为(μ, σ^2)的正态分布,那么随机变量X是对数正态的其中参数(μ, σ^2)。所以X可以被理解为指数化正态。从另一方面表述,就是如果$\ln X$是正态的且参数为(μ, σ^2),那么随机变量X就是对数正态且参数为(μ, σ^2)。这个名字来自第二种表述,也就是对数正态的对数是正态的。

对数正态的概率密度函数被定义如下,这里再次应用$\exp(A) \equiv e^A$去简化标记:

$$f_L(x) = \frac{1}{\sigma x \sqrt{2\pi}} \exp\left(-\frac{(\ln x - \mu)^2}{2\sigma^2}\right) \tag{10.94}$$

利用替代式$y = \dfrac{\ln x - \mu}{\sigma}$得到:

$$\begin{aligned}\int_0^{\infty} f_L(x)\mathrm{d}x &= \frac{1}{\sqrt{2\pi}} \int_{-\infty}^{\infty} \exp\left(-\frac{y^2}{2}\right)\mathrm{d}y \\ &= \int_{-\infty}^{\infty} \phi(y)\mathrm{d}y\end{aligned}$$

也就是说,在$[0, \infty)$上对数正态密度的积分等于 1。

这个密度函数在$x = 0$上能被明确定义,同时$f_L(0) = 0$。为了得到这一点,假定$x = e^{-y}$并考虑$y \to \infty$。根据这个转换,有:

$$\begin{aligned}f_L(e^{-y}) &= \frac{e^y}{\sigma \sqrt{2\pi}} \exp\left(-\frac{(y+\mu)^2}{2\sigma^2}\right) \\ &= \frac{1}{\sigma \sqrt{2\pi}} \exp\left(y - \frac{(y+\mu)^2}{2\sigma^2}\right)\end{aligned}$$

当$y \to \infty$时,很明显$\left[y - \dfrac{(y+\mu)^2}{2\sigma^2}\right] \to -\infty$,所以$f_L(e^{-y}) \to 0$。

同时密度函数$f_L(x)$有唯一临界点、一个最大值点,同在$x = \exp(\mu - \sigma^2)$。在图 10.9 中展

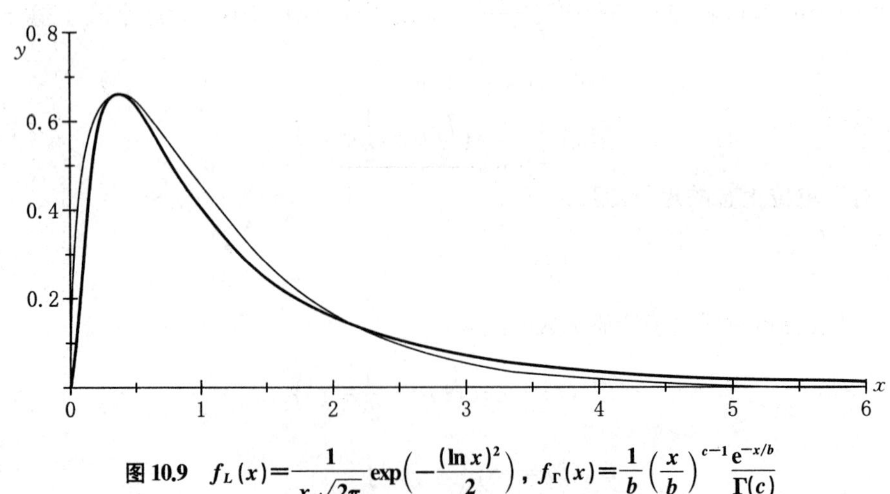

图 10.9 $f_L(x) = \dfrac{1}{x\sqrt{2\pi}} \exp\left(-\dfrac{(\ln x)^2}{2}\right)$, $f_\Gamma(x) = \dfrac{1}{b}\left(\dfrac{x}{b}\right)^{c-1} \dfrac{e^{-x/b}}{\Gamma(c)}$

示了 $\mu=0$ 和 $\sigma=1$ 的对数正态(粗线)。伽马密度也被展示(细线),同时同对数正态分布有同样的临界点,也就是在 $x=\mathrm{e}^{-1}$ 上有最大值,这个最大值等于 $\dfrac{1}{\mathrm{e}^{-1}\sqrt{2\pi}}\exp\left(-1\dfrac{(\ln \mathrm{e}^{-1})^2}{2}\right)\approx$ 0.657 74。从上述关于伽马的分析中,最大值的位置要求 $b(c-1)=\mathrm{e}^{-1}$,同时这个参数在数值上被估计为:

$$c\approx 1.5,\ b\approx 2\mathrm{e}^{-1}=0.735\ 76。$$

最后,$f_L(x)$有所有阶的矩。特别地,利用替代式 $y=\dfrac{\ln x-\mu}{\sigma}$,我们可得:

$$\begin{aligned}\mu'_{nL}&=\int_0^{\infty}x^n f_L(x)\mathrm{d}x\\&=\int_{-\infty}^{\infty}\exp(n\sigma y+n\mu)\phi(y)\mathrm{d}y\\&=\mathrm{e}^{n\mu}M_{\Phi}(n\sigma)\end{aligned}$$

也就是说,对数正态的矩能从单位正态的矩母函数中计算得出。尤其,利用式(10.91),我们得到:

$$\mu'_{nL}=\mathrm{e}^{n\mu+(n\sigma)^2/2} \tag{10.95a}$$

$$\mu_L=\mathrm{e}^{\mu+\sigma^2/2} \tag{10.95b}$$

$$\sigma_L^2=\mathrm{e}^{2\mu+\sigma^2}(\mathrm{e}^{\sigma^2}-1) \tag{10.95c}$$

令人惊奇的是,尽管对数正态分布有所有阶的矩,但是它并没有一个收敛的矩母函数。为了得到这一点,假定这个矩母函数存在,同时根据式(10.67),有:

$$\begin{aligned}M_L(t)&=\sum_{n=0}^{\infty}\frac{\mu'_n t^n}{n!}\\&=\sum_{n=0}^{\infty}\frac{\mathrm{e}^{n\mu+(n\sigma)^2/2}t^n}{n!},\ |t|<R\end{aligned}$$

那么,作为一个幂级数,它的收敛区级同命题 6.10 中关于比率检验的参数比率的极限上确界和下确界有关。

假定 $c_n=\dfrac{\mathrm{e}^{n\mu+(n\sigma)^2/2}t^n}{n!}$,我们得到 $\limsup_{n\to\infty}\left|\dfrac{c_{n+1}}{c_n}\right|=\liminf_{n\to\infty}\left|\dfrac{c_{n+1}}{c_n}\right|$,所以:

$$\begin{aligned}L&=\lim_{n\to\infty}\left|\frac{c_{n+1}}{c_n}\right|\\&=\lim_{n\to\infty}\left|\frac{\mathrm{e}^{\mu+(2n+1)\sigma^2/2}}{n+1}t\right|\\&=\infty\end{aligned}$$

对于所有 $t\neq 0$。所以根据比率检验,这个级数对于 $t\neq 0$ 是发散的,并且 $M_L(t)$仅存在于 $t=0$。对于任意 $|t|>0$ 这些矩增长的速率容许收敛的存在。

10.11.6 随机样本生成

在第 7 章引入了生成给定任意离散概率密度函数下独立同分布随机样本的一个一般

方法。这个结果的证明依赖于 n 次试验样本空间的结构，记为 S^n，而这个结构同原始样本空间 S 有关，而这个随机变量就是在原始样本空间上被定义。这个样本空间被赋予一个完备事件集族，记为 $\mathcal{E}^n$，和相关的概率测度 P_n，每一个都紧密地同在 S 上的相应概念相关联。一个随机变量的独立同分布样本可以如命题 7.10 中所表述的那样被定义，在这里我们再次要求完备性。

命题 10.27 假定 X 是一个在样本空间 S 上的离散随机变量，其中 $\text{range}\{x_k\}\subset\mathbb{R}$，和分布函数 $F(x)$。那么如果 $\{r_j\}_{j=1}^n\subset[0,1]$ 在式(7.117) 意义上的均匀分布随机样本，那么 $\{F^{-1}(r_j)\}_{j=1}^n$ 就是一个在式(7.7) 意义上的 X 的一个随机样本，其中 $F^{-1}(r_j)$ 在式(7.118) 中 被定义。也就是，如果 $\{x_{k_j}\}_{j=1}^n\subset\text{Rng}[X]$，那么：

$$f(x_{k1},x_{k2},\cdots,x_{kn})=\prod_{j=1}^n f(x_{k_j})$$

不幸的是，我们还没有必需的工具去把这个结果推广到连续分布的情况。然而，上述的离散结果提供了一个很有用的方法，这个结果与实践中的理论结果是等同的。

为了展开这个应用，假定我们被给定一个连续分布随机变量 X，而我们希望能生成规模为 n 的 i.i.d.随机样本。为了简化标记，我们假定 $\text{Rng}[X]$仅仅在一个方向上是无界的，也就是说 $\text{Rng}[X]\subset[a,\infty)$。那么对于任意 $\delta>0$，一个点阵大小为 δ 的离散化的 X 能被构造出来，同时根据在式(10.56)中的 $f_\delta(\tilde{x}_i)\equiv F(x_{i+1})-F(x_i)$ 被定义，记为 X_δ，其中 $\text{range}\{\tilde{x}_i\}\subset\mathbb{R}$，$\tilde{x}_i\in[x_i,x_{i+1})$ 以及概率密度 $f_\delta(x)$。回想 δ 的意义就是对于所有 i，有 $x_{i+1}-x_i\leqslant\delta$。

上述关于离散随机变量的结果使我们确信对于均匀分布随机样本 $\{r_j\}_{j=1}^n\subset[0,1]$，$\{F_\delta^{-1}(r_j)\}_{j=1}^n$ 是独立同分布的，使得对于任意$\{\tilde{x}_{kj}\}_{j=1}^n\subset\text{Rng}[X_\delta]$：

$$f_\delta(\tilde{x}_{k1},\tilde{x}_{k2},\cdots,\tilde{x}_{kn})=\prod_{j=1}^n f_\delta(\tilde{x}_{k_j})$$

另一方面，因为 $f_\delta(\tilde{x}_i)\equiv F(x_{i+1})-F(x_i)$，我们得出：

$$\begin{aligned}f_\delta(\tilde{x}_{k1},\tilde{x}_{k2},\cdots,\tilde{x}_{kn})&=\prod_{j=1}^n[F(x_{k_{j+1}})-F(x_{k_j})]\\&=\prod_{j=1}^n\Pr[X\in[x_{k_j},x_{k_{j+1}})]\end{aligned}$$

也就是说，对于任意的随机变量 X 的离散化，上述的步骤为生成有着正确概率结构且容量为 n 的独立同分布随机样本提供了一种方法。在这个步骤中所需妥协的就是对于任意根据离散化定义的区间 $[x_i,x_{i+1})$，能被采样的 X 的唯一值就是标签点 $\tilde{x}_i\in[x_i,x_{i+1})$。

在实践中，这点并不很重要，因为我们能按照意图设置离散化。例如，在理论上当定义离散化时，我们希望在样本点 $\tilde{x}_i$ 的度量上精度越小越好，也就是 δ 越小越好。例如，如果想要一个十进位精度的随机样本，我们可以选择 $\delta=0.05$，或者更小。

10.12 在金融学中的应用

10.12.1 连续贴现

积分在金融上的一个普遍应用就是用于连续复利计算的利率控制。给定一个年化利率 r,基于每年 m 次的复利计算的等价利率,记为 $r^{(m)}$,根据式(2.14)被定义为:

$$1+r=\left(1+\frac{r^{(m)}}{m}\right)^{m} \tag{10.96}$$

复利的连续利率被定义为:

$$r^{(\infty)}\equiv\lim_{m\to\infty}r^{(m)}$$

这个极限按照下面方法很容易计算,其中我们代入 $m=\dfrac{1}{\Delta x}$并且当 $\Delta x\to 0$ 时求出这个结果:

$$\begin{aligned}r^{(m)}&=m[(1+r)^{1/m}-1]\\&=\frac{(1+r)^{\Delta x}-1}{\Delta x}\end{aligned}$$

当 $\Delta x\to 0$ 时我们从式(9.8)中识别出这个表达式作为函数 $f(x)=(1+r)^{x}$ 在 $x=0$ 时的导数,根据式(9.12)有:

$$r^{(\infty)}=\ln(1+r) \tag{10.97a}$$

或者

$$1+r=e^{r^{(\infty)}} \tag{10.97b}$$

换句话说,对 1 美元的连续复利计算的现值函数在时刻 t 假定为 $e^{-\delta t}$,然而在时刻 t 的 1 美元的累积现值函数是 $e^{\delta t}$,利用简化记号,$\delta\equiv r^{(\infty)}$。 这个式子可以根据式(10.96)通过提高两侧到$\pm t$,然后如上方法在当 $m\to\infty$时取极限证明出来。

对于连续复利计算这个概念的另一种理解就是记 $A(t)$为在时刻 t 上的值,而 1 美元为投资在时刻 0 的值。假定连续复利计算,那么用年化利率,$A(t+\Delta t)=A(t)(1+r)^{\Delta t}$,我们可以得到:

$$\frac{A(t+\Delta t)-A(t)}{\Delta t}=\left(\frac{(1+r)^{\Delta t}-1}{\Delta t}\right)A(t)$$

同时从上面的计算中得出 $A(t)$为一个可微函数,同时 $A'(t)=\delta A(t)$。

那么从 $\dfrac{A'(t)}{A(t)}=\delta$ 和$\dfrac{A'(t)}{A(t)}=\dfrac{d}{dt}[\ln A(t)]$,我们推导出:

$$\frac{d}{dt}[\ln A(t)]=\delta$$

$$\int_0^T\frac{d}{dt}[\ln A(t)]dt=\delta T$$

$$A(T)=A(0)e^{\delta T}$$

其中最后这一步来自微积分基本定理版本Ⅰ：

$$\int_0^T \frac{\mathrm{d}}{\mathrm{d}t}[\ln A(t)]\mathrm{d}t = \ln A(T) - \ln A(0) = \ln \frac{A(T)}{A(0)}$$

很自然地，对于离散现金流量并不需要连续复利计算，但是这为研究连续支付的现金流量提供了一个框架。连续函数 $C(t)$ 代表了一个连续支付现金流量，如果在任意时间区间内 $[a, b]$，那么整个应付现金就是：

$$C(a, b) = \int_a^b C(t)\mathrm{d}t$$

函数 $C(t)$ 代表了在时刻 t 的支付的年化率，其中在 $[t, t+\Delta t]$ 上的应支付现金的数量近似为 $C(t)\Delta t$。这个可以从在式(10.12)中积分第一中值定理中证得，也可以被重新表述使得对于 $t' \in [t, t+\Delta t]$，有：

$$\int_t^{t+\Delta t} C(s)\mathrm{d}s = C(t')\Delta t$$

同时这个积分近似于 $C(t)\Delta t$，即当 Δt 足够小时一个黎曼和的单独项。

在时刻 t 的现值，或者在时刻 b 的累积值，假定以 δ 为利率的连续复利计算，然后首先进行一个离散近似，同时识别出在极限中的黎曼积分。例如现值计算要求在 $[t, t+\Delta t]$ 上等于 $C(t')\Delta t$ 的现金流量贴现到时刻 a，那么这就近似等于 $\mathrm{e}^{-\delta(t'-a)}$ 的一个因式。所以，有 $\Delta t = \dfrac{b-a}{n}$，我们得到一个由 $\{a+j\Delta t\}_{j=0}^{n}$ 所定义的划分，同时子区间标签记为 $t'_j \in (a+(j-1)\Delta t, a+j\Delta t)$：

$$PV_{[a, b]}[C(t)] = \lim_{\Delta t \to 0} \sum_{j=0}^{n-1} C(t'_j)\mathrm{e}^{-\delta(t'_j-a)}\Delta t$$

也就是说：

$$PV_{[a, b]}[C(t)] = \int_a^b C(t)\mathrm{e}^{-\delta(t-a)}\mathrm{d}t \tag{10.98}$$

而当 $C(t)=C$ 时，为一个常数现金流量，我们得到：

$$PV_{[a, b]}[C] = C\left[\frac{1-\mathrm{e}^{-\delta(b-a)}}{\delta}\right] \tag{10.99}$$

同样地，这个现金流量的累积值要求在 $[t, t+\Delta t]$ 上的现金流量累积到时点 b 这样这个累积值就近似等于 $\mathrm{e}^{\delta(b-s')}$ 的一个因式：

$$AV_{[a, b]}[C(t)] = \lim_{\Delta t \to 0} \sum_{j=0}^{n-1} C(s'_j)\mathrm{e}^{\delta(b-s'_j)}\Delta t$$

也就是：

$$AV_{[a, b]}[C(t)] = \int_b^a C(t)\mathrm{e}^{\delta(b-t)}\mathrm{d}t \tag{10.100}$$

而当 $C(t)=C$ 时，为一个常数现金流量，得到：

$$AV_{[a, b]}[C] = C\left[\frac{\mathrm{e}^{\delta(b-a)}-1}{\delta}\right] \tag{10.101}$$

一般来说:

$$AV_{[a,b]}[C(t)]=e^{\delta(b-a)}PV_{[a,b]}[C(t)] \tag{10.102}$$

这是一个简单的调整,从 $t=a$ 到 $t=b$ 的估值的公式。

10.12.2 连续利率期限结构

在第 3 章我们引入了离散利率期限结构模型,在那里基于市场的观察,可以计算出在债券收益率,即期汇率或者远期汇率的一个或者所有有效基期内的期限结构。在这部分中这个模型被推广到连续框架内。

1. 债券收益率

尽管在数学中是可能的,但是债券收益率结构的连续对应期限结构在实践中很少用到。因为为了有意义,连续债券收益在每一个时点 t,假定记为 i_t,将代表在一个 t 期的以利率 r_t 连续的支付票息的债券的收益率。用式(10.99)将式(3.36)推广,我们得到这个债券的价格 P_t,对于票面价格为 F_t,得到:

$$P_t=F_tr_t\left[\frac{1-e^{-i_tt}}{i_t}\right]+F_te^{-i_tt} \tag{10.103}$$

年金符号记为:

$$\bar{a}_{t;\,i_t}\equiv\frac{1-e^{-i_tt}}{i_t} \tag{10.104}$$

这就是对于在第 2 章式(2.11)中的离散公式的关于连续利率的连续对应式。但是很重要的是要去理解下面这两点,即现金流量的连续性清楚地反映在式(10.104)中,并且这个公式并不等于在仅仅利率是连续的假设下的式(2.11)中的公式。事实上,根据式(10.97),如果 $r=i_t$ 表示连续利率,而 $n=t$ 被假定为一个整数,来自第 2 章的公式变为:

$$a_{n;\,i_t}\equiv\frac{1-e^{-i_tt}}{e^{i_t}-1}$$

两个年金因子用一个连续利率反映了每一个年的支付流的现值。但是 $\bar{a}_{t;\,i_t}$ 以连续行来处理这个支付,而 $a_{n;\,i_t}$ 是以在每一年年终一次总付金额的形式来处理这个支付。所以直觉上 $\bar{a}_{t;\,i_t}>a_{n;\,i_t}$,因为现金被收得更早。更规范化的表述是,以 $\bar{a}_{t;\,i_t}$ 为基础的连续现金流量能利用式(10.101)被累积到每年年底,得到:

$$AV[1]=\int_0^1 e^{i_t(1-t)}\,dt=\frac{e^{i_t}-1}{i_t}$$

逻辑上 $\bar{a}_{t;\,i_t}$ 应该等于每年支付的年金的值,而这个年金在每一年年末支付了 $AV[1]$,同时毫无惊奇地,我们得到:

$$\bar{a}_{t;\,i_t}=\frac{e^{i_t}-1}{i_t}a_{n;\,i_t}$$

2. 远期利率

通常假设连续即期利率和远期利率是以连续的以时间标记,同时分别被记为 s_t 和 f_t。这是受到远期利率展开模型以及这些模型所透露出的关于当今债券定价的信息的启发,而这个远期利率展开模型中在连续时间上包含了随机性的概念,也就是所说的随机性的概念。这些随机定价议题相对于刚才所展开的工具来说是相当前沿的,但是我们能展开在给定时间点上的连续远期期限结构模型和债券价格之间的关系。想象一下对于当 $t>0$ 时连续远期利率 f_t 的一个模型设定,直觉上这就意味着在时点 $t+\Delta t$, 1 为应付值,这样在时刻 t 上的现值近似等于 $e^{-\Delta t f_t}$。扩展这个想法,在时刻 T 应付为 1,那么在时刻 0 的现值近似为:

$$Z_T \approx \exp\left[-\sum_{j=0}^{n-1} f_{j\Delta t}\Delta t\right]$$

其中 Z_T 表示 T 期零息债券的价格,同时有 $\Delta t=\frac{T}{n}$。

很明显,如果 f 模型是连续的,而这已经超出了所学。但是通常在实践中的模型就是这种情况,那么这个近似价格当 $\Delta t\to 0$ 时是收敛的。特别地,T 期无息债券的价格,在给定一个连续远期利率设定的情况下,满足:

$$Z_T=\exp\left[-\int_0^T f_t \mathrm{d}t\right] \tag{10.105}$$

因为一个固定现金流量息票债券同时是无息债券的一个组合,所以在式(10.105)中的公式能被用于这些债券中,这就推广了式(3.39)。

所以给定一个对于远期利率的模型设定,我们可以用这个公式给固定现金流量债券定价。当然,实际中,这样的模型并不能得到这类结构下单独的确定性的结果,因为如果我们得到了所有我们所需的信息,那么一般情况下我们也应该能在当天的金融市场上观察到。这类模型的目的是得到为了远期利率"路径"的随机生成集族,也就是这样路径的一个样本空间,其中我们把 Z_T 作为一个随机变量。一旦建模完成,对于依赖于这些远期利率的当期固定和可变现金流量证券来说,就有一个完整的利率空间存在,可以将这些证券的利率路径的统计分布和价格转换进逻辑价格中。这是高阶主题,需要随机过程的工具。

3. 固定收入投资基金

利率模型也能够在这种背景下被解释,即在基金中提供投资收益。例如货币市场基金,其中远期利率 f_t 从时点 t 到 $t+\Delta t$ 时被获取。也就是,假定这样一个利率路径是连续的,如果 A_t 表示在时点 t 的基金结余,那么:

$$A_{t+\Delta t}\approx A_t e^{f_t\Delta t}$$

因此,因为 $\frac{A_T}{A_0}=\prod_{j=0}^{n-1}\frac{A_{(j+1)\Delta t}}{A_{j\Delta t}}$,其中 $\Delta t=\frac{T}{n}$,我们得出:

$$\frac{A_T}{A_0}\approx\exp\left[\sum_{j=0}^{n-1} f_{j\Delta t}\Delta t\right]。$$

根据以上论述,如果 f_t 是一个连续函数,这个加总式当 $\Delta t\to 0$ 时收敛,得到投资基金公式:

$$A_T=A_0\exp\left[\int_0^T f_t \mathrm{d}t\right] \tag{10.106}$$

这个模型在确定性设定和统计学设定下都有意义，在确定性设定下，远期利率路径是指定的；而在统计学设定下，生成各种利率路径同时最终的基金结余，对于固定 T 的 A_T，被视为在路径样本空间上的一个随机变量。

因为微积分基本定理Ⅱ，当 f_t 是连续的，A_T 是一个关于 T 的可微函数，同时我们可得：

$$\frac{\mathrm{d}A_T}{\mathrm{d}T}=f_T A_T$$

在这个解释中，在时刻 T 的基金结余的瞬时变化对于基金结余来说是成比例的，其中这个比例是一个关于 f_T 的因式。这个函数有时可以按照微分记号来表述：

$$\mathrm{d}A_t=f_t A_t\,\mathrm{d}t \tag{10.107}$$

正如在第 10.7.1 节中关于换元积分法中所见，这个记号在积分理论背景下最好理解。换句话说，函数的微分是一种综合去确定函数如何变化的数学工具。现在，如果我们简单积分这个等式的两侧，得到：

$$\int_0^T \mathrm{d}A_t=\int_0^T f_t A_t\,\mathrm{d}t$$

这个等式看上去不是十分有用。逻辑上，左边是 1 的积分，所以：

$$\int_0^T \mathrm{d}A_t=A_t\mid_{t=0}^{T}=A_T-A_0$$

但是右边不容易求出。

但是如果我们首先把式(10.107)的等式除以 A_t，因为 $A_t>0$，所以可行，然后积分，得到：

$$\int_0^T \frac{\mathrm{d}A_t}{A_t}=\int_0^T f_t\,\mathrm{d}t$$

左边的积分现在是：

$$\int_0^T \frac{\mathrm{d}A_t}{A_t}=\int_0^T f_t\,\mathrm{d}t$$

而当等于右边的积分时，式(10.106)就被重现。

4. 即期利率

如果 s_T 表示对于期限 T 的连续即期利率，那么一定存在这种情况，即另外根据式(10.105)，根据定义我们得到：

$$Z_T=\exp[-Ts_T] \tag{10.108}$$

因此根据式(10.105)，有：

$$s_T=\frac{1}{T}\int_0^T f_t\,\mathrm{d}t \tag{10.109}$$

回想在命题 10.11 中积分第一中值定理。在时刻 T 的连续即期利率被视为等于在区间[0, T]上的连续远期利率的平均值。

这个连续即期—远期的关系可以在上述的微积分基本定理Ⅱ的帮助下被颠倒。首先，如果 f_t 是连续的，那么对于 $T>0$ 时 s_T 是 T 的一个可微函数，因为它是 $1/T$ 的乘积；

对于 $T \neq 0$ 时,是可微的且 $\int_0^T f_t \mathrm{d}t$ 根据这个定义也是可微。同时:

$$\frac{\mathrm{d}s_T}{\mathrm{d}T} = \frac{-1}{T^2}\int_0^T f_t \mathrm{d}t + \frac{1}{T} f_T$$

可以被重写为:

$$\frac{\mathrm{d}s_T}{\mathrm{d}T} = \frac{1}{T}(f_T - s_T) \tag{10.110}$$

同时也有:

$$f_T = \frac{\mathrm{d}(Ts_T)}{\mathrm{d}T} \tag{10.111}$$

这个分析容许一些基于式(10.110)和第 9 章的工具简单结论成立:

(1) 当且仅当对于所有 t, $\frac{\mathrm{d}s_t}{\mathrm{d}t} > 0$,即期利率作为一个 t 的函数是递增的,当且仅当对于所有 t, $f_t > s_t$,即期利率也是递增的。

(2) 当且仅当对于所有 t, $\frac{\mathrm{d}s_t}{\mathrm{d}t} < 0$,即期利率作为一个 t 的函数是递减的,当且仅当对于所有 t, $f_t < s_t$,即期利率也是递减的。

(3) 如果即期利率先增后减或者相反,那么存在一个时刻 t_0 使得 $\left.\frac{\mathrm{d}s_t}{\mathrm{d}t}\right|_{t_0} = 0$,并且因此得到 $f_{t_0} = s_{t_0}$。

从式(10.111)中进一步我们可以得出对于所有 T, $f_T > 0$,当且仅当函数 $g(T) = Ts_T$ 是 T 的一个严格递增函数。没有必要为了 $f_T > 0$ 就有 s_T 是递增函数这样的结论。事实上, $\frac{\mathrm{d}Ts_T}{\mathrm{d}t} > 0$ 简单就意味着 $\frac{\mathrm{d}s_T}{\mathrm{d}T} > -\frac{s_T}{T}$。

10.12.3 连续股票红利和再投资

上面对于固定收入基金的分析很容易扩展到股票基金的背景分析上。特别地,如果 R_t 表示在时点 t 的股票基金收益率,那么根据同样的推导,有 E_T 表示在时刻 T 的基金结余:

$$E_T = E_0 \exp\left[\int_0^T R_t \mathrm{d}t\right] \tag{10.112}$$

如上,当 R_t 是一个连续函数时, E_T 是 T 的一个可微函数,所以这个复合函数可被微同时按照微分符号可被表述为:

$$\mathrm{d}E_t = R_t E_t \mathrm{d}t \tag{10.113}$$

现在,通常假定这样一个股票会支付连续现金分红,同时这些分红连续地被再投资进更多的股票。连续分红就是如果 D_t 表示在 t 时刻的股利的支付率,对于投资者而言 t 时刻价值上的总变化就近似为:

$$\text{总收益} \approx (R_t E_t + D_t E_t)\Delta t$$

投资者收到 $R_tE_t\Delta t$,作为在基金上的增值或者贬值,而 $D_tE_t\Delta t$ 作为现金分红。

在这种形式上很难去在未来的某些时点上对于整个投资者建模。尽管这个现金可能被投资在无风险资产,如国债,但是在国债上的头寸不是无风险的,因为最主要的流入基金的现金流 $D_tE_t\Delta t$ 反映了这个股票基金的风险性。因为通常都要把全投资划分在风险资产和无风险资产上。例如当有人重复购买期权,那一定存在动机去把这些分红再投资在股票上,而不是积聚在国债这样的无风险资产上。

带着这个目的,当分红是被这样再投资时,我们现在寻求去测定基金的整个价值。为了实现这个目的,当分红被以现金形式支付给投资者时,假定 E_t 再次表示股票基金的价值,同时当所有分红被连续再投资在更多的股票上时,假定 F_t 表示这个基金的价值。逻辑上在整个基金的变化 $F_{t+\Delta t}-F_t$,反映了两个因素:

(1) 基于股票的表现的盈余或者亏损,如 R_t 所意味的,能被在 E 基金的收益率所捕捉到,被测量去反映在 F 基金的资产:

$$\frac{[E_{t+\Delta t}-E_t]}{E_t}F_t$$

(2) 因为 $D_t\geqslant 0$,盈余基于在总基金结余为 F_t 时的连续现金分红的支付,等于 $F_tD_t\Delta t$,然后这些将被再投资在 F 基金上的更多股票。

综合起来,我们推导出:

$$F_{t+\Delta t}-F_t=\frac{[E_{t+\Delta t}-E_t]}{E_t}F_t+F_tD_t\Delta t,$$

或者:

$$\frac{F_{t+\Delta t}-F_t}{\Delta tF_t}=\frac{E_{t+\Delta t}-E_t}{\Delta tE_t}+D_t\text{。}$$

当 $\Delta t\to 0$ 时,在等式右侧的极限存在因为 E_t 是可微的。因此 F_t 也是可微的,同时:

$$\frac{F'_t}{F_t}=\frac{E'_t}{E_t}+D$$

现在 $\frac{E'_t}{E_t}=R_t$ 根据假设是连续,同样 D_t 也是,因此$\frac{F'_t}{F_t}$也是。积分这个表达式从 $t=0$ 到 $t=T$,同时回想$\frac{\mathrm{d}\ln f(x)}{\mathrm{d}x}=\frac{f'(x)}{f(x)}$,我们得到:

$$\ln\left[\frac{F_T}{F_0}\right]=\ln\left[\frac{E_T}{E_0}\right]+\int_0^T D_t\,\mathrm{d}t$$

最后,假设 $F_0=E_0$,所以两个基金以同样水平的资产起始,我们得到:

$$F_T=E_T\exp\left[\int_0^T D_t\,\mathrm{d}t\right] \tag{10.114}$$

当 $D_t=D$ 是固定的时,这个可以简化为:

$$F_T=E_T\mathrm{e}^{DT} \tag{10.115}$$

将式(10.114)和式(10.112)综合起来,我们得到:

$$F_T = E_0 \exp\left[\int_0^T (R_t + D_t)\mathrm{d}t\right] \tag{10.116}$$

10.12.4 久期和凸性近似式

在第 9.8.5 节中泰勒近似式被用于固定收入证券或者投资组合的价格敏感性的建模上。利用这个工具，我们扩展了另外一种价格敏感性模型。回想一下在式(9.57)中关于价格函数久期的定义：

$$D(r) = -\frac{P'(r)}{P(r)}$$

假定 $D(r)$和 $P(r) > 0$ 的连续性，我们这个积分表达式从 i_0 到 i，得到：

$$\int_{i_0}^{i} D(r)\mathrm{d}r = -\int_{i_0}^{i} \frac{P'(r)}{P(r)}\mathrm{d}r$$
$$= -\ln\left[\frac{P(i)}{P(i_0)}\right]$$

经过些许代数运算就得到这个恒等式：

$$P(i) = P(i_0)\mathrm{e}^{-\int_{i_0}^{i} D(r)\mathrm{d}r} \tag{10.117}$$

这个恒等式可以被转换为有着单步黎曼和的一个近似公式：

$$P(i) \approx P(i_0)\mathrm{e}^{-D(i_0)(i-i_0)} \tag{10.118}$$

通过分析在式(10.117)中的指数，这个近似式能被改进为：

$$f(i) = \int_{i_0}^{i} D(r)\mathrm{d}r$$

同时应用在式(10.20)的微积分基本定理Ⅱ，同时应用式(9.65)，得到：

$$f'(i) = D(i),\ f''(i) = D^2(i) - C(i)$$

扩展关于 i_0 的 $f(i)$的二阶泰勒级数，同时有 $f(i_0) = 0$，我们得到对式(10.118)的一个改进式：

$$P(i) \approx P(i_0)\mathrm{e}^{-D(i_0)(i-i_0)-(1/2)[D^2(i_0)-C(i_0)](i-i_0)^2} \tag{10.119}$$

令人感兴趣的是比较在第 9 章所展开的近似式和上面所得近似式。为了实现这个目的，如果我们把式(7.63)关于一个指数幂级数的公式应用到式(10.118)的近似上，我们得到：

$$P(i) \approx P(i_0)\left[1 - D(i_0)(i-i_0) + \frac{1}{2}D^2(i_0)(i-i_0)^2\right] + O(\Delta i^3)$$

以同样的方式扩展式(10.119)得到：

$$P(i) \approx P(i_0)\left[1 - D(i_0)(i-i_0) + \frac{1}{2}C(i_0)(i-i_0)^2\right] + O(\Delta i^3)$$

所以对于 $O(\Delta i^3)$的误差，式(10.119)用式(9.61)的二阶泰勒近似得到了同样的结果。对于 $O(\Delta i^2)$，式(10.118)和式(9.60)是相同的。然而，对于有着正凸性的价格公式，式

(10.118)仅仅用 $D(i_0)$ 就提供了比式(9.60)更好的近似,因为在式(10.118)中存在 $\frac{1}{2}D^2(i_0)(i-i_0)^2$ 调整。

最后,作为黎曼和的一个应用,通过划分区间$[i_0, i]$,同时把式(9.60)中的简单近似式应用到每一个子区间上,我们论证出在极限情况下的恒等式(10.117)。为了得到这一点,定义对于 $j=0, 1, \cdots, n$, $i_j=i_0+\frac{j}{n}\Delta i$,其中 $\Delta i=i-i_0$。很明显,有:

$$\frac{P(i)}{P(i_0)}=\prod_{j=1}^{n}\frac{P(i_j)}{P(i_j-1)}$$

同时在这个乘积中的每一个因式都能根据式(9.60)进行近似:

$$\frac{P(i_j)}{P(i_{j-1})}=1-D(i_{j-1})\frac{\Delta i}{n}+O\left(\frac{1}{n^2}\right)。$$

因此:

$$\prod_{j=1}^{n}\left[\frac{P(i_j)}{P(i_{j-1})}\right]=\prod_{j=1}^{n}\left[1-D(i_{j-1})\frac{\Delta i}{n}+O\left(\frac{1}{n^2}\right)\right]$$

同时根据假定 $D(i)$是连续的,因此在这个区间上是有界的,我们得到在这个乘积上的所有因式当 n 足够大时,是正的,而我们通过对上式取自然对数。根据式(8.20)得到:

$$\begin{aligned}\ln\left[\prod_{j=1}^{n}\left[1-D(i_{j-1})\frac{\Delta i}{n}+O\left(\frac{1}{n^2}\right)\right]\right]&=\sum_{j=1}^{n}\ln\left[1-D(i_{j-1})\frac{\Delta i}{n}+O\left(\frac{1}{n^2}\right)\right]\\&=-\sum_{j=1}^{n}D(i_{j-1})\frac{\Delta i}{n}+O\left(\frac{1}{n}\right)\end{aligned}$$

在此计算中,尽管每一个对数幂级数的误差都是 $O\left(\frac{1}{n^2}\right)$,这种误差将会激增到 $O\left(\frac{1}{n}\right)$,因为在这个加总式中存在 n 项。

假定 $n\rightarrow\infty$,最后的表达式作为一个黎曼和收敛到连续函数的积分上,$D(i)$。也就是说:

$$\ln\left[\prod_{j=1}^{n}\left[1-D(i_{j-1})\frac{\Delta i}{n}+O\left(\frac{1}{n^2}\right)\right]\right]\rightarrow-\int_{i_0}^{i}D(r)\mathrm{d}r$$

现在,因为 $g(x)=\mathrm{e}^x$ 是一个连续函数,因此是序列连续的,我们可以对这个序列取幂,同时当 $n\rightarrow\infty$时取极限:

$$\frac{P(i)}{P(i_0)}=\prod_{j=1}^{n}\left[1-D(i_{j-1})\frac{\Delta i}{n}+O\left(\frac{1}{n^2}\right)\right]\rightarrow \mathrm{e}^{-\int_{i_0}^{i}D(r)\mathrm{d}r}$$

10.12.5 正态密度积分的近似

单位正态密度函数在第 8.6 节中被引入同时在第 10.11.5 节中用更多细节研究了这个函数。正如在式(10.88)所给出的,它被定义如下:

$$\mathbb{R}(x)=\frac{1}{\sqrt{2\pi}}\mathrm{e}^{-x^2/2}$$

在第 8 章中这个函数被证明是相当重要的一个函数，这要归因于棣莫弗—拉普拉斯定理和广义中心极限定理，同时现在这个函数甚至更重要，因为后续的结果的表述和证明就能被进一步的推广。用于推广这个结果的工具同多元函数的性质有关，而所推广的结果将会被用独立同分布随机变量以及更一般的积分理论和概率论的研究中。

在这部分中我们把上面被研究过一些结果应用到$\phi(x)$的积分近似的问题上。当然，如果 X 是一个有着密度函数为$\phi(x)$的随机变量，那么：

$$\Pr[a \leqslant X \leqslant b]=\int_a^b \phi(x)\mathrm{d}x$$

从另一方面讲，如果 Y 是一个有着密度函数等于更一般的 $f_N(y)$的随机变量，那么通过替换式 $x=\frac{y-\mu}{\sigma}$，有：

$$\Pr[c \leqslant Y \leqslant d]=\int_c^d f_N(y)\mathrm{d}y=\int_a^b \phi(x)\mathrm{d}x$$

其中 $a=\frac{c-\mu}{\sigma}$，$b=\frac{d-\mu}{\sigma}$。

因此，所有关于 Y 的概率表述都能被转换成关于 X 的概率表述，也就是在这部分中所要阐述的$\phi(x)$的积分。

正如第 8.6 节所记，最普通的要去展开的概率值就是以如下形式：

$$\Phi(b)=\int_{-\infty}^b \phi(x)\mathrm{d}x\text{，}b>0$$

因为所有其他的表述都是从式(8.32)中的表述中衍生出的。然而，如果 $b>0$，很明显因为 $\Phi(0)=0.5$，那么：

$$\Phi(b)=0.5+\int_0^b \phi(x)\mathrm{d}x\text{，}b>0$$

同时仅仅有这种形式 $\int_0^b \phi(x)\mathrm{d}x$ 的积分。

1. 幂级数方法

如第 10.9.5 节中关于幂级数的可积性的描述，幂级数能够在收敛区间的任意子区间上逐项被积分。因为$\phi(x)$是一个对于所有 x 都收敛的可解析函数，这个方法可以用到任意区间上。为了实现这一点，回想关于指数函数的泰勒级数展开，有：

$$\begin{aligned}\phi(x)&=\frac{1}{\sqrt{2\pi}}\sum_{j=0}^{\infty}\frac{\left(-\frac{1}{2}x^2\right)^j}{j!}\\&=\frac{1}{\sqrt{2\pi}}\sum_{j=0}^{\infty}\frac{(-1)^j x^{2j}}{2^j j!}\end{aligned}$$

逐项积分，如式(10.39)中所记，我们得到对于 $b>0$，有：

$$\int_0^b \phi(x)\mathrm{d}x=\frac{1}{\sqrt{2\pi}}\sum_{j=0}^{\infty}\frac{(-1)^j b^{2j+1}}{(2j+1)2^j j!} \tag{10.120}$$

根据上述部分所记，这个表述式绝对收敛，同时作为一个交错级数，我们得到一个误差，根据第 6.1.5 节,这个误差同任意部分和都是相关的。特别地,当 n 足够大时交错级数的收敛性检验能够确保级数项递减,根据这一点,有:

$$\left|\int_0^b \phi(x)\mathrm{d}x - \frac{1}{\sqrt{2\pi}}\sum_{j=0}^{n-1}\frac{(-1)^j b^{2j+1}}{(2j+1)2^j j!}\right| \leqslant \frac{1}{\sqrt{2\pi}}\frac{b^{2n+1}}{(2n+1)2^n n!}$$

当 n 增加时,这个误差项迅速衰减到 0,正如根据式(8.24)中斯特林公式的一个应用一般:

$$\mathrm{e}^{1/(12n+1)} < \frac{n!}{\sqrt{2\pi}\, n^{n+(1/2)}\,\mathrm{e}^{-n}} < \mathrm{e}^{1/12n}$$

再经过一点代数运算得到误差估计:

$$\left|\int_0^b \phi(x)\mathrm{d}x - \frac{1}{\sqrt{2\pi}}\sum_{j=0}^{n-1}\frac{(-1)^j b^{2j+1}}{(2j+1)2^j j!}\right| \leqslant \frac{b\mathrm{e}^{-1/(12n+1)}}{2\pi\sqrt{n}\,(2n+1)}\left(\frac{b^2\mathrm{e}}{2n}\right)^n \tag{10.121}$$

2. 黎曼上界和下界和

因为$\phi(x)$在$[0, b]$上,其中 $b>0$ 上是严格递减函数,那么黎曼和的上界被左边子区间的端点所定义,然而下界和被右边端点所定义。因此,定义$[0, b]$的划分,有 $\Delta x=\frac{b}{n}$,我们得到:

$$\frac{1}{\sqrt{2\pi}}\sum_{j=1}^{n}\Delta x\ \exp\left(-\frac{1}{2}[j\Delta x]^2\right) \leqslant \int_0^b \phi(x)\mathrm{d}x$$

$$\leqslant \frac{1}{\sqrt{2\pi}}\sum_{j=0}^{n-1}\Delta x\ \exp\left(-\frac{1}{2}[j\Delta x]^2\right)$$

上式可以通过定义和 $S=\sum_{j=1}^{n-1}\Delta x\ \exp\left(-\frac{1}{2}[j\Delta x]^2\right)$ 来进行简化,得到:

$$\frac{1}{\sqrt{2\pi}}\left[S+\Delta x\ \exp\left(-\frac{1}{2}b^2\right)\right] \leqslant \int_0^b \phi(x)\mathrm{d}x \leqslant \frac{1}{\sqrt{2\pi}}(S+\Delta x) \tag{10.122}$$

在给定 S 的定义下,上界和下界的幅度是$\frac{\Delta x}{\sqrt{2\pi}}\left[1-\exp\left(-\frac{1}{2}b^2\right)\right]$,同时这样一个中位点估计给出了这个误差的一半。定义 $I^{U/L}$ 为中位点值得到:

$$I^{U/L}=\frac{1}{\sqrt{2\pi}}\left[S+\frac{\Delta x}{2}\left[1+\exp\left(-\frac{1}{2}b^2\right)\right]\right]$$

同时我们得到:

$$\left|\int_0^b \phi(x)\mathrm{d}x - I^{U/L}\right| \leqslant \frac{\Delta x}{2\sqrt{2\pi}}\left[1-\exp\left(-\frac{1}{2}b^2\right)\right] \tag{10.123}$$

所以给定 $b>0$,关于这个方法的误差是 $O\left(\frac{1}{n}\right)=O(\Delta x)$。

3. 梯形积分法

梯形积分法被定义为在左端点和右端点上的黎曼和的平均值,式(10.40)已经阐述很清楚。因此在单调函数如$\phi(x)$的情况中，梯形近似法也可以被定义为黎曼和的上界和下界的平均。所以在这里梯形近似 I^T 等于上面的 $I^{U/L}$。

然而，对于梯形积分法的误差估计反映了$\phi(x)$的更高阶导数值。尤其，从式(10.42)中我们得到：

$$\left|\int_0^b \phi(x)\mathrm{d}x - I^T\right| \leqslant \frac{M_2 b}{12}(\Delta x)^2 \tag{10.124}$$

其中 M_2 是在$[0, b]$上的对于$|\phi^{(2)}(x)|$的上界。取导数，我们得到：

$$\phi'(x) = -\frac{x}{\sqrt{2\pi}}\mathrm{e}^{-x^2/2},\ \phi^{(2)}(x) = \frac{(x^2-1)}{\sqrt{2\pi}}\mathrm{e}^{-x^2/2}$$

为了估计 M_2，我们通过第 9.5.1 节中方法找出 $f(x)=\phi^{(2)}(x)$ 的临界点。通过计算 $f'(x)$，我们得到：

$$f'(x) = \frac{[x(3-x^2)]}{\sqrt{2\pi}}\mathrm{e}^{-x^2/2}$$

所以很明显 $f'(x)$的关键点出现在 $x=0,\ \pm\sqrt{3}$。同时当$|x|\to\infty$时，$\phi^{(2)}(x)\to 0$，同时因为 $\phi^{(2)}(0)<0$ 和 $\phi^{(2)}(\pm\sqrt{3})>0$，有：

$$M_2 = \max[\,|\phi^{(2)}(0)|,\ \phi^{(2)}(\pm\sqrt{3})] \approx 0.398\,9$$

因此我们得到梯形误差估计：

$$\left|\int_0^b \phi(x)\mathrm{d}x - I^T\right| \leqslant 0.033\,25b(\Delta x)^2 \tag{10.125}$$

这个估计比在式(10.123)中的估计要更好，尽管用同样的近似方面，这要归因于对于这个函数的二阶导数的信息的使用，而这一点在上面的分析中都是被忽略的。这个信息将这个误差减小到 $O(\Delta x^2)$，其中 $\Delta x = \frac{b}{n}$。$\phi^{(2)}(x)$在图 10.10 中可见。

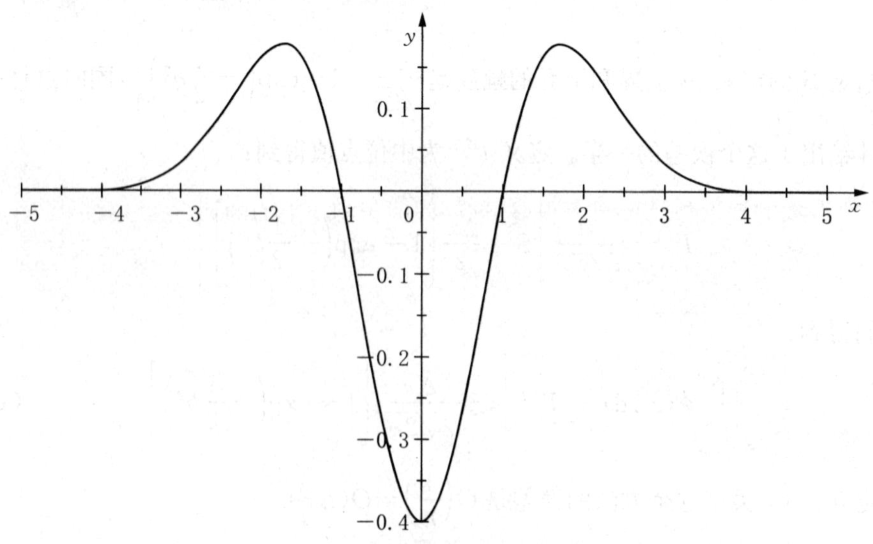

图 10.10 $\phi^{(2)}(x) = \frac{1}{\sqrt{2\pi}}(x^2-1)\mathrm{e}^{(-x^2/2)}$

这个图也表示出正态密度有二阶导数，这个二阶导数在$[-1, 1]$上是负的，推广到一般情况，就意味着在区间$[-\sigma, \sigma]$上这个函数在区间上凹的同时在这个区间外就变为凸的。点 $x=\pm 1$ 或者更一般的情况 $x=\pm\sigma$，因此是正态密度函数的拐点。同时在这个例子中，这些拐点也是当 $\phi^{(2)}(x)=0$ 的点。

4. 辛普森积分法

辛普森积分法，正如在式(10.44)所观察到的，要求三个黎曼和，其中有两个和与用于定义在子区间的左端点和右端点的梯度积分法所用的和是相同的，而第三个黎曼和是定义在子区间的中位点上。黎曼和的端点的权重每一个点是 1/6，而在中位点上的黎曼和的权重是 4/6。用 I^S 表示辛普森近似，同时用如上一样的划分，其中 $\Delta x=\dfrac{b}{n}$，我们根据式(10.46)得到：

$$|I-I^S|\leqslant\frac{M_4 b}{2\,880}(\Delta x)^4 \tag{10.126}$$

其中 M_4 是在$[0, b]$上的对于$|\phi^{(4)}(x)|$的一个上界。

继续取导数，得到：

$$\phi^{(3)}(x)=\frac{[x(3-x^2)]}{\sqrt{2\pi}}e^{-x^2/2},\ \phi^{(4)}(x)=\frac{[x^4-6x^2+3]}{\sqrt{2\pi}}e^{-x^2/2}$$

再次找到 $f(x)=\phi^{(4)}(x)$ 的临界点，我们得到：

$$f'(x)=\frac{-x[x^4-10x^2+15]}{\sqrt{2\pi}}e^{-x^2/2}$$

同时这些临界点可以通过把 $y=x^2$ 应用到 $y^2-10y+15$，得到：

$$x=0,\ \pm\sqrt{3+\sqrt{6}},\ \pm\sqrt{3-\sqrt{6}}$$

对于$|\phi^{(4)}(x)|$的上界再次出现在 $x=0$，通过替换，得到：

$$M_4=\phi^{(4)}(0)\approx 1.196\,8$$

因此辛普森误差估计变成：

$$|I-I^S|\leqslant 0.000\,42b(\Delta x)^4 \tag{10.127}$$

这个误差比上面的梯形估计要显著得好，这要归因于相比上面的$O(\Delta x^2)$在这里的误差变为$O(\Delta x^4)$，尽管可能被证明出这种比较并不是相当公平，因为辛普森积分法使用了子区间中位点，因此有一个更好的划分。

如果梯形估计用同样数量的区间计算点，那么意味着划分就将是 $\Delta x'=\dfrac{b}{2n}=\dfrac{\Delta x}{2}$，因此修正过的梯形估计，记为 $I^{T'}$，被表述为原始的 Δx 的项，我们将得到误差：

$$\left|\int_0^b \phi(x)\mathrm{d}x-I^{T'}\right|\leqslant 0.008\,32b(\Delta x)^2$$

所以，尽管在两个估计中使用同样的区间点，辛普森积分法被认为更高级是因为它在各个点上赋权重的方法而不是因为包含更多点。$\phi^{(4)}(x)$的图可以在图 10.11 中看到。

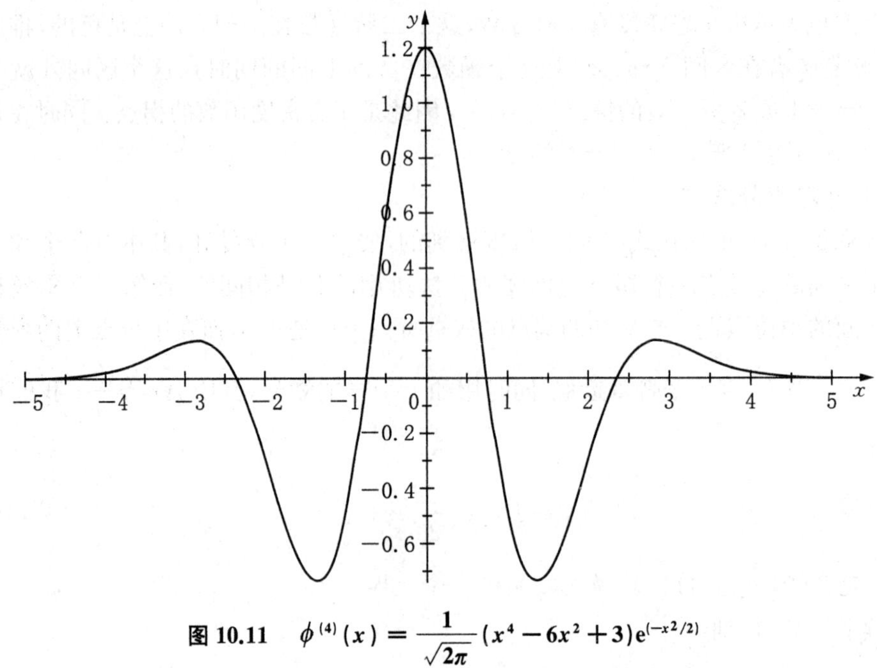

图 10.11　$\phi^{(4)}(x)=\frac{1}{\sqrt{2\pi}}(x^4-6x^2+3)e^{(-x^2/2)}$

*10.12.6　一般化的布莱克—斯科尔斯—莫顿公式

这部分展开了一个一般化的经典布莱克—斯科尔斯—莫顿期权定价公式。在这个一般化中主要是把早期的方法应用到更一般的欧式衍生品上而不是欧式看涨期权或者看跌期权。欧式衍生品意味着金融合约不允许提前执行，而这类金融合约在时点 T 上有一个一般的支付函数，而这个支付函数依赖于在时点 T 上的潜在投资的价值。一如既往，我们使用 S 表示一般股票，但是如第 7.8.6 节中所记，我们只是需要假设 S 是一个投资资产以证实复制组合定价论证。

如果说这些推广后得到的式子都是新的，甚至这个公式的作者们都不知晓这些式子，那从这个意义上来说我们并不能将这些著名的公式推广，这一点是很重要的。事实上，在原始文章中所使用的数学工具确实能处理在这里所考虑的支付函数，而且作者们很清楚这一点。但是我们并没有展开被这些作者所使用的工具，所以解决不管是特定的问题还是一般的问题都用本章的工具。

这部分的目的如下：

(1) 推导出对于欧式衍生品的价格的一般积分公式，这要基于复制组合方法，而当支付函数是欧式看涨或者看跌期权，那么这些公式将会被归纳为是经典布莱克—斯科尔斯—莫顿公式。

(2) 证明出这个求值仅仅利用股票价格的风险中性概率分布。

(3) 用这章所研究的积分论的工具来展开这个公式，因为第 9 章中的工具对于看跌看涨期权来说是足够了，但是对于这种一般情况是不够的。

首先我们先回想第 7 章的式(7.147)中的在时点 T 到期的一个欧式衍生品的价格，这个价格在第 8.8.3 节中又得到推广。欧式期权或者关于投资资产的其他欧式衍生品的基于点阵的价格，其在 n 期内是可执行的并且可以通过基于复制组合的论证推导出，即：

$$\Lambda_0(S_0) = e^{-nr}\sum_{j=0}^{n}\binom{n}{j}q^j(1-q)^{n-j}\Lambda(S_n^j)$$
$$S_n^j = S_0 e^{ju+(n-j)d}$$

在被推广的第 8 章的设置中，T 时固定的而且周期的时间步长被定义为 $\Delta t = \frac{T}{n}$，这个公式对风险中性概率是适用的，如在式(8.52)：

$$q(\Delta t) = \frac{e^{r(\Delta t)} - e^{d(\Delta t)}}{e^{u(\Delta t)} - e^{d(\Delta t)}}$$

其中根据式(8.53)和式(8.54)，二项资产周期收益率和无风险利率被给出：

$$u(\Delta t) = \mu\Delta t + \sqrt{\frac{p'}{p}}\sigma\sqrt{\Delta t}$$

$$d(\Delta t) = \mu\Delta t - \sqrt{\frac{p}{p'}}\sigma\sqrt{\Delta t}$$

$$r(\Delta t) = r\Delta t$$

其中 $0 < p < 1$ 是 $u(\Delta t)$的真实世界概率，同时 $p' \equiv 1 - p$。

我们将在下面的命题 10.28 中表述这部分的主要结果。对于在时点 T 对于支付函数 $\Lambda(S_T)$的唯一要求就是它是有界且是有极限的分段连续的。分段连续的概念在第 10.2.2 节中已经介绍过，在这里将用一个定义推广一下这个概念。

定义 10.13 函数 $f(x)$在$\mathbb{R}$上是有极限的分段连续，如果存在下列点：

$$\cdots < a_{-2} < a_{-1} < a_0 < a_1 < a_2 < \cdots$$

使得：

(1) 在每一个开区间 (a_j, a_{j+1}) 上，$f(x)$是有界且连续的。

(2) 对于每一个 a_j，$\lim_{x\to a_j^+} f(x)$ 和 $\lim_{x\to a_j^-} f(x)$ 存在，同时 $f(a_j)$被定义为这些极限中的一个。

(3) 集族$\{a_j\}$，如果是无限的，那么不存在聚点使得 $\min[a_{j+1} - a_j] = m > 0$。

函数 $f(x)$在$[a, b]$上是有极限的分段连续的，如果存在这样的点：

$$a \leqslant a_0 < a_1 < a_2 < \cdots < a_n \leqslant b$$

有上面同样的性质。

出于下面关于黎曼积分存在证明的目的，所以如在第 10.2.2 节中所记的黎曼积分是不带连续性的，那么在分段连续的典型定义中仅仅需要加上约束(1)就能成为有极限的分段连续的定义。为了使得作为欧式衍生品的支付函数有意义，我们再添加了约束(2)。

约束(2)除了使得这个定义在金融市场中有逻辑性，同时它也使得我们可以将 $f(x)$ 表述为一个在每一个闭区间$[a_j, a_{j+1}]$上的连续函数，同时将 $f(x)$重新定义在单边极限的端点上。$f(x)$的划分并不能改变它的积分值，然而却能为下面命题的证明提供所需的专业性。

例 10.15 欧式二态看涨期权，在 T 点到期，执行价格为 K，其支付函数定义为：

$$\Lambda(S_T)=\begin{cases}A, & S_T > S_0\\ 0, & S_T \leqslant S_0\end{cases} \tag{10.128}$$

对于某些固定数量 $A>0$。一个欧式二态看跌期权，其支付函数被定义为：

$$\Lambda(S_T)=\begin{cases}0, & S_T \geqslant S_0\\ A, & S_T < S_0\end{cases} \tag{10.129}$$

欧式二态期权是支付函数为有极限的分段连续的衍生品的最简单例子。

接下来要表述的主要结果是对于有界支付函数，同时这个结果将在下面几个部分中被证明。在真实世界中每一个支付函数都必然是有界函数，即 $|\Lambda(S_T)|\leqslant M$，其中 M 表述全球的 GDP。严格地说，我们并不需要为这个结果的表述假定有界性。然而，如果是无界的，在命题的表述中这里就存在一个积分存在性的问题，而这个推广将会产生一些不必要的技术上的困难，因为这个有界性假设并不是在任何真实世界应用中的一个约束。

命题 10.28 对于任意有界支付函数 $\Lambda(S_T)$，是有极限的分段连续，我们得到当 $\Delta t\to 0$ 时，有：

$$\Lambda_0(S_0)\to \mathrm{e}^{-rT}\int_{-\infty}^{\infty}\Lambda(S_0\mathrm{e}^x)f(x)\mathrm{d}x \tag{10.130}$$

其中 $f(x)$ 是对于 $N\left(\left(r-\frac{1}{2}\sigma^2\right)T,\ \sigma^2 T\right)$ 的概率密度函数，同时 $\Lambda_0(S_0)$ 是定义在式(7.147)中并被推广到 $\Delta t=T/n$ 的二项和。

注释 10.24：根据第 9.8.10 节中的分析，如在式(9.93)中所展开的那样，$N\left(\left(r-\frac{1}{2}\sigma^2\right)T,\ \sigma^2 T\right)$ 是在风险中性概率下权益价格的对数比率的极限分布。也就是说，式(10.130)表述了基于在二项点阵的复制组合的欧式衍生品的价格，收敛到支付函数值的期望现值上。假定远期股票价格是对数正态分布的，且平均收益同投资者是风险中性的相一致，那么这个期望可以被计算出来。在这里，如式(7.144)，风险中性意味着投资者对于等于远期股票价格的期望现值的证券支付 S_0：

$$S_0=\mathrm{e}^{-rT}\int_{-\infty}^{\infty}(S_0\mathrm{e}^x)f(x)\mathrm{d}x \tag{10.131}$$

其中 $f(x)$ 是对于 $N\left(\left(r-\frac{1}{2}\sigma^2\right)T,\ \sigma^2 T\right)$ 的概率密度函数。因为右边表述等于 $S_0\mathrm{e}^{-rT}M_Z(1)$，其中 $Z\sim N\left(\left(r-\frac{1}{2}\sigma^2\right)T,\ \sigma^2 T\right)$，减至 S_0，那么这个恒等式得证。

我们现在展开为证明这个一般结构所需要的工具。

1. 二项分布的分段"连续性"

在第 10.11.3 节，连续分布随机变量的离散化被引入。在这里我们引入相反概念的第一步，而这个就是关于离散随机变量的连续性。正如现实中一些应用，我们聚焦于权益收益的二项分布，但是根据构造我们就会很清楚地知晓这种方法有更广的适用性。

我们首先定义用在上面衍生品定价的二项分布 Bin(n, q)的概率密度函数的分段连续性。尤其，对于 $j=0, 1, 2, \cdots, n$，给定 $f_B(j)=\binom{n}{j}q^j(1-q)^{n-j}$，以及区间标签等于在 n 个时间步长后二项点阵上的股票收益，有：

$$x_j = nd + (u-d)j, \; j=0, 1, 2, \cdots, n+1$$

$f_B(j)$的分段连续性被定义在区间 $[x_0, x_{n+1})$ 上：

$$\tilde{f}_n(x) = \frac{1}{u-d} f_B(j), \qquad x_j \leqslant x < x_{j+1} \tag{10.132}$$

同时在区间 $[x_0, x_{n+1})$ 外被定义为 0。

有在式(8.53)对于 $u(\Delta t)$和 $d(\Delta t)$的公式，同时回想 $n \equiv \frac{T}{\Delta t}$，我们得到：

$$x_0 = T\left[\mu - \sqrt{\frac{p}{p'}}\frac{\sigma}{\sqrt{\Delta t}}\right]$$

$$x_{n+1} = T\left[\mu + \sqrt{\frac{p'}{p}}\frac{\sigma}{\sqrt{\Delta t}}\right] + \frac{\sigma\sqrt{\Delta t}}{\sqrt{pp'}}$$

所以当 $\Delta t \to 0$ 时，$[x_0, x_{n+1})$无限制增长。

在图 10.12 中，$n=6$，$q=0.55$，$u=0.05$ 和 $d=-0.04$ 的二项分布的分段连续性通过七条粗体的横线表现出。在一个 n 期的二项点阵，仅仅 $\{x_j\}_{j=0}^n$ 被生成作为权益收益。在这里 x_{n+1} 一贯被定义用来简化这个模型。为了避免外部的收益，在这个图中每一个横条都是以 $\{x_j\}_{j=0}^n$，同时被定义为：

$$\hat{f}_n(x) = \frac{1}{u-d} f_B(j), \; x_j - \frac{1}{2}(u-d) \leqslant x < x_j + \frac{1}{2}(u-d)$$

但是这将使得后续的工作因为没有明显的支付函数而显得有一点繁琐。

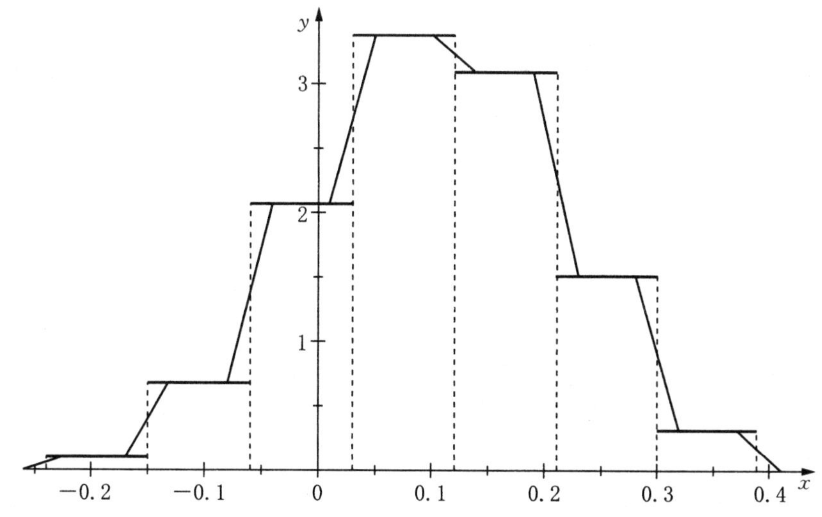

图 10.12　二项分布的 $f(x)$的分段连续性和连续性

$\widetilde{f}_n(x)$是分段连续的同时有积分 1，因为 $x_{j+1}-x_j=u-d$。在这种情况下积分只是矩形区域：

$$\int_{x_0}^{x_{n+1}}\widetilde{f}_n(x)\mathrm{d}x=\sum_{j=0}^{n}\int_{x_j}^{x_{j+1}}\widetilde{f}_n(x)\mathrm{d}x$$
$$=(u-d)\sum_{j=0}^{n}\frac{1}{u-d}f_B(j)=1$$

在练习 19 中要求展开下面的期望公式，其中 $\widetilde{X}_n$ 表示有着概率密度函数的 $\widetilde{f}_n(x)$的分段连续分布的随机变量，同时 X_n^B 表示有着概率密度函数 $f_B(j)$和定义域 $\{x_j\}_{j=0}^n$ 的离散随机变量：

$$E[\widetilde{X}_n]=E[X_n^B]+\frac{1}{2}[u-d] \tag{10.133a}$$

$$E[(\widetilde{X}_n)^2]=E[(X_n^B)^2]+[u-d]E[X_n^B]+\frac{[u-d]^2}{3} \tag{10.133b}$$

$$Var[\widetilde{X}_n]=Var[X_n^B]+\frac{[u-d]^2}{12} \tag{10.133c}$$

$$M_{\widetilde{X}_n}(t)=\frac{\mathrm{e}^{t(u-d)}-1}{t(u-d)}M_{X_n^B}(t) \tag{10.133d}$$

回想 $u-d=\frac{\sigma\sqrt{\Delta t}}{\sqrt{pp'}}$，根据泰勒级数展开，$\frac{\mathrm{e}^{t(u-d)}-1}{t(u-d)}=1+O(u-d)$。因此，当 $\Delta t\to 0$ 时，对于 $\widetilde{X}_n$ 的矩和矩母函数接近了关于 X_n^B 的各自值，我们可以在第 9.8.10 节中回顾这些值，而且这些值接近于关于 $Z\sim N\left(\left(r-\frac{1}{2}\sigma^2\right)T,\ \sigma^2T\right)$ 的各自值。

2. 二项分布的“连续性”

接下来我们定义 $f_B(j)$的连续性，使得积分这类函数更容易。在图 10.12 中这个连续函数是用细对角曲线和粗横线的连结部分组成的。正如所见，这个函数记为 $f_n(x)$，被定义使得 $\int f_n(x)\mathrm{d}x=\int\widetilde{f}_n(x)\mathrm{d}x$，因为函数中的微分简单地说就是相互抵消的三角式的和。

为了规范定义 $f_n(x)$，我们选择 $\{\epsilon_j\}_{j=0}^{n+1}$ 其中有约束 $0<\epsilon_j<\frac{u-d}{2}$，尽管目的是为了更好地确定 $\epsilon\to 0$ 的收敛速率。对于 $x\in[x_0-\epsilon_0,\ x_{n+1}+\epsilon_n]$ 这种连续性现在被定义为：

$$f_n(x)=\begin{cases}\widetilde{f}_n(x),\ x\in[x_j+\epsilon_j,\ x_{j+1}-\epsilon_j]\\(1-t)\widetilde{f}_n(x_j-\epsilon_j)+t\widetilde{f}_n(x_j+\epsilon_j),\ x=(1-t)(x_j-\epsilon_j)+t(x_j+\epsilon_j)\end{cases} \tag{10.134}$$

我们定义在区间$[x_0-\epsilon_0,\ x_{n+1}+\epsilon_n]$外，$f_n(x)=0$。关于这个定义，当$j=0,\ 1,\ 2,\ \cdots,\ n$ 时，在第一条线上就定义 $f_n(x)$的水平部分，而当 $j=0,\ 1,\ 2,\ \cdots,\ n,\ n+1$ 和 $0<t<1$ 时，第二条线就定义了 $f_n(x)$的对角线部分。同时回顾在$[x_0,\ x_{n+1}]$ 以外 $\widetilde{f}_n(x)=0$，而特别的是，在第二条线上这将被用于 $\widetilde{f}_n(x_0-\epsilon_0)$ 和 $\widetilde{f}_n(x_{n+1}+\epsilon_{n+1})$。

在图 10.12 中，所展示的是 $n=6$，$q=0.55$，$u=0.05$ 和 $d=-0.04$ 的二项分布的连续性，其中对于所有 j 都有$\epsilon_j=0.02$。$f_n(x)$是连续的，因为在每一个点 $x_j-\epsilon_j$ 上，我们根据

第一条线得到 $f_n(x_j-\epsilon_j)=\widetilde{f}_n(x_j-\epsilon_j)=\widetilde{f}_n(x_{j-1})$，而根据第二条线，在这个点上 $t=0$，因此得到同样的结果。同样的分析在所有的 $x_j+\epsilon_j$ 上都能证明连续性。

为了证明 $f_n(x)$是一个概率密度函数，我们首先证明 $\int[f_n(x)-\widetilde{f}_n(x)]\mathrm{d}x=0$。为了做到这一点，我们仅仅需要去证明这个等式在 $f_n(x)$的对角线部分上是成立的就可以，因为这个积分在水平部分是等于 0 的。

对于 $j=0, 1, 2, \cdots, n, n+1$，考虑区间 $[x_j-\epsilon_j, x_j+\epsilon_j]$。从 $x=(1-t)(x_j-\epsilon_j)+t(x_j+\epsilon_j)$ 中我们得到：

$$f_n(x)-\widetilde{f}_n(x)=\begin{cases}t[\widetilde{f}_n(x_j+\epsilon_j)-\widetilde{f}_n(x_j-\epsilon_j)], & x_j-\epsilon_j\leqslant x<x_j\\ -(1-t)[\widetilde{f}_n(x_j+\epsilon_j)-\widetilde{f}_n(x_j-\epsilon_j)], & x_j\leqslant x\leqslant x_j+\epsilon_j\end{cases}$$

现在为了 $\int_{x_j-\epsilon_j}^{x_j+\epsilon_j}[f_n(x)-\widetilde{f}_n(x)]\mathrm{d}x$，我们首先需要如 x 的函数一般清晰地表述 $f_n(x)-\widetilde{f}_n(x)$，而不是含糊地表述为 t 的函数。为了做到这一点，我们从 $x=(1-t)(x_j-\epsilon_j)+t(x_j+\epsilon_j)$ 中得到：

$$t=\frac{x-(x_j-\epsilon_j)}{2\epsilon_j},\ 1-t=\frac{(x_j+\epsilon_j)-x}{2\epsilon_j}$$

同时用一个代数步骤：

$$f_n(x)-\widetilde{f}_n(x)=\begin{cases}\left[\dfrac{x-(x_j-\epsilon_j)}{2\epsilon_j}\right][\widetilde{f}_n(x_j+\epsilon_j)-\widetilde{f}_n(x_j-\epsilon_j)], & x\in[x_j-\epsilon_j, x_j)\\ -\left[\dfrac{(x_j+\epsilon_j)-x}{2\epsilon_j}\right][\widetilde{f}_n(x_j+\epsilon_j)-\widetilde{f}_n(x_j-\epsilon_j)], & x\in[x_j, x_j+\epsilon_j]\end{cases}$$

提取出 $\left[\widetilde{f}_n(x_j+\epsilon_j)-\widetilde{f}_n(x_j-\epsilon_j)\right]$ 和 $2\epsilon_j$，然后划分这个积分，因为在 $x=x_j$ 时是连续的，当 $j=0, 1, 2, \cdots, n, n+1$，我们推导出：

$$\begin{aligned}&\frac{2\epsilon_j}{[\widetilde{f}_n(x_j+\epsilon_j)-\widetilde{f}_n(x_j-\epsilon_j)]}\int_{x_j-\epsilon_j}^{x_j+\epsilon_j}[f_n(x)-\widetilde{f}_n(x)]\mathrm{d}x\\&=\int_{x_j-\epsilon_j}^{x_j}[x-(x_j-\epsilon_j)]\mathrm{d}x-\int_{x_j}^{x_j+\epsilon_j}[(x_j+\epsilon_j)-x]\mathrm{d}x\\&=0\end{aligned}$$

这个方法也为计算 X_n 的矩和矩母函数提供了一个有效方法，而 X_n 是有着密度函数为 $f_n(x)$连续分布的随机变量，相应地对于 $\widetilde{X}_n$ 的值在式(10.133)。也就是说，对于任意函数 $g(x)$，有：

$$\int g(x)f_n(x)\mathrm{d}x=\int g(x)\widetilde{f}_n(x)\mathrm{d}x+\sum_{j=0}^{n+1}\int_{x_j-\epsilon_j}^{x_j+\epsilon_j}g(x)[f_n(x)-\widetilde{f}_n(x)]\mathrm{d}x \tag{10.135}$$

在练习 38 中布置了将式(10.135)应用到 $g(x)=x$ 和 x^2 上并生成如下公式的作业：

$$E[X_n]=E[\widetilde{X}_n]+\frac{1}{6}\sum_{j=0}^{n}f_B(j)\left(\frac{\epsilon_{j+1}^2-\epsilon_j^2}{u-d}\right) \tag{10.136a}$$

$$E[X_n^2]=E[(\widetilde{X}_n)^2]+\frac{1}{3}\sum_{j=0}^{n}f_B(j)\left[\left(\frac{\epsilon_{j+1}^2-\epsilon_j^2}{u-d}\right)x_j+\epsilon_{j+1}^2\right] \tag{10.136b}$$

$$Var[X_n]=Var[\widetilde{X}_n]+\frac{1}{3}\sum_{j=0}^{n}f_B(j)\left[\left(\frac{\epsilon_{j+1}^2-\epsilon_j^2}{u-d}\right)(x_j-E[\widetilde{X}_n])+\epsilon_{j+1}^2\right]$$

$$+\frac{1}{36}\left[\sum_{j=0}^{n}f_B(j)\left(\frac{\epsilon_{j+1}^2-\epsilon_j^2}{u-d}\right)\right]^2 \qquad (10.136c)$$

如果对于所有 j，如果 $\epsilon_j^2=\epsilon^2$，这些繁复的公式可以被极大简化为：

$$E[X_n]=E[\widetilde{X}_n]$$

$$Var[X_n]=Var[\widetilde{X}_n]+\frac{\epsilon^2}{3}。$$

如果$\{\epsilon_j^2\}$不是常数，那么需要关注一下以确保当 $\Delta t\to 0$ 时，这些加总式收敛，因为 $n=O[(\Delta t)^{-1}]$。例如，一阶矩公式暗示了当 $\Delta t\to 0$ 时这个加总式收敛，有 $\sum\limits_{j=0}^{n}f_B(j)=1$，在 j 上，$\left\{\frac{\epsilon_{j+1}^2-\epsilon_j^2}{u-d}\right\}$ 必须一致收敛到 0，这一点是必需的。当 $u-d=O[(\Delta t)^{1/2}]$ 时，如果对于 $\delta>0$ 有 $\epsilon_{j+1}^2-\epsilon_j^2=O[(\Delta t)^{(1/2)+\delta}]$，最终的和将是 $O[(\Delta t)^{\delta}]$并随着 Δt 收敛到 0。在 $\epsilon_{j+1}^2-\epsilon_j^2$ 上的这个条件一般来说比初始定义的条件 $0<\epsilon_j<\frac{u-d}{2}=O[(\Delta t)^{1/2}]$ 要强。

从二阶矩和方差来看，因为 $\max\{|x_j|\}=O[(\Delta t)^{-1/2}]$，这个式子可以从 x_j 的定义中得证，我们需要 $\epsilon_{j+1}^2-\epsilon_j^2=O[(\Delta t)^{1+\delta}]$ 以及 $\epsilon_{j+1}^2=O[(\Delta t)^{\delta}]$ 去确保当 $\Delta t\to 0$ 时，包含 $\{\epsilon_{j+1}^2-\epsilon_j^2\}$ 的项和包含 $\{\epsilon_j^2\}$ 的项。

在接下来的部分中，将会选择$\{\epsilon_j^2\}$使其不仅仅用于当 $n\to\infty$ 时稳定 X_n 的两个矩的极限。而更大的目的在于确保 X_n 的矩母函数当 $n\to\infty$ 时收敛到 $\widetilde{X}_n$ 的矩母函数上。

3. "连续性"的极限分布

这部分的目的在证明当 $\Delta t\to 0$ 时这个"连续"二项分布的矩母函数收敛到 $N\left(\left(r-\frac{1}{2}\sigma^2\right)T,\ \sigma^2T\right)$ 的矩母函数上。先证明具有这种连续性的分布的矩母函数同原始二项分布的矩母函数有相同收敛性，而原始二项分布的矩母函数根据第 9.8.10 节中所证明的，当 $\Delta t\to 0$ 时，收敛到 $N\left(\left(r-\frac{1}{2}\sigma^2\right)T,\ \sigma^2T\right)$ 的矩母函数上，这样上述问题就得证了。

为了实现这一点，同时避免 $f_n(x)$的繁复积分，我们再次应用式(10.135)：

$$\int e^{tx}f_n(x)dx=\int e^{tx}\widetilde{f}_n(x)dx+\sum_{j=0}^{n+1}\int_{x_j-\epsilon_j}^{x_j+\epsilon_j}e^{tx}[f_n(x)-\widetilde{f}_n(x)]dx$$

现在我们将分两个步骤证明第一个积分得到合意结果，并且$\{\epsilon_j^2\}$能被选择时的对于所有 t，当 $n\to\infty$ 时或者等同地当 $\Delta t\to 0$ 时，第二项收敛到 0。

(1) 如式(10.133)中所记：

$$\int e^{tx}\widetilde{f}_n(x)dx=\frac{e^{t(u-d)}-1}{t(u-d)}M_B(t)$$

其中 $M_B(t)$是二项分布随机变量记为 X_n^B 的矩母函数，同时 X_n^B 取值为$\{x_j\}$。回想在第

9.8.10 节中所证明出的当 $\Delta t \to 0$ 时,且有 $Z \sim N\left(\left(r-\frac{1}{2}\sigma^2\right)T, \sigma^2 T\right)$, $M_B(t) \to M_Z(t)$。同样地,通过扩展 $e^{t(u-d)}$ 为一个泰勒级数,同时使用 $u-d=\frac{\sigma\sqrt{\Delta t}}{\sqrt{pp'}}$,我们可得:

$$\begin{aligned}\frac{e^{t(u-d)}-1}{t(u-d)} &= 1+O((u-d)) \\ &= 1+O[(\Delta t)^{1/2}]\end{aligned}$$

所以:

$$\begin{aligned}\int e^{tx}\tilde{f}_n(x)\mathrm{d}x &= (1+O[(\Delta t)^{1/2}])M_B(t) \\ &\to M_Z(t),\text{当 } \Delta t \to 0\end{aligned}$$

(2) 对于第二个积分,根据前面部分的分析,仅仅需要子区间 $[x_j-\epsilon_j, x_j+\epsilon_j]$ 需要去用于求值,因为在其他地方 $f_n(x)=\tilde{f}_n(x)$。如上所得:

$$f_n(x)-\tilde{f}_n(x)=\begin{cases}\left[\frac{x-(x_j-\epsilon_j)}{2\epsilon_j}\right][\tilde{f}_n(x_j+\epsilon_j)-\tilde{f}_n(x_j-\epsilon_j)], & x\in[x_j-\epsilon_j, x_j) \\ -\left[\frac{(x_j+\epsilon_j)-x}{2\epsilon_j}\right][\tilde{f}_n(x_j+\epsilon_j)-\tilde{f}_n(x_j-\epsilon_j)], & x\in[x_j, x_j+\epsilon_j]\end{cases}$$

现在 x 的系数函数的绝对值被约束在 1/2 上,而且因为对于所有 i,在 $x\in[x_j, x_{j+1})$ 和 $f_B(j)\leqslant 1$ 上有 $\tilde{f}_n(x)=\frac{1}{u-d}f_B(j)$,我们根据三角不等式,得出:

$$|f_n(x)-\tilde{f}_n(x)|\leqslant\frac{1}{u-d}$$

所以根据式(10.10),有:

$$\begin{aligned}\left|\int e^{tx}[f_n(x)-\tilde{f}_n(x)]\mathrm{d}x\right| &\leqslant \frac{1}{u-d}\sum_{j=0}^{n}\int_{x_j-\epsilon_j}^{x_j+\epsilon_j}e^{tx}\mathrm{d}x \\ &= \frac{1}{u-d}\sum_{j=0}^{n}\frac{e^{t(x_j+\epsilon_j)}-e^{t(x_j-\epsilon_j)}}{t}\end{aligned}$$

现在利用泰勒级数展开,当 $\epsilon_j \to 0$ 时,我们推导出:

$$\frac{e^{t(x_j+\epsilon_j)}-e^{t(x_j-\epsilon_j)}}{2\epsilon_j t}=e^{tx_j}(1+O[(\epsilon_j t)^2])$$

根据这一点我们得出:

$$\begin{aligned}\left|\int e^{tx}[f_n(x)-\tilde{f}_n(x)]\mathrm{d}x\right| &\leqslant \frac{2}{u-d}\sum_{j=0}^{n}\epsilon_j e^{tx_j}(1+O[(\epsilon_j t)^2]) \\ &= \frac{2}{u-d}\sum_{j=0}^{n}\epsilon_j e^{tnd}e^{j(u-d)}(1+O[(\epsilon_j t)^2])\end{aligned}$$

我们免于去选择合意的$\{\epsilon_j\}$,这要归结于上面的对于保留矩的约束,所以我们设定:

$$\epsilon_j=\sqrt{\Delta t}\,e^{-j(u-d)}=\sqrt{\Delta t}\exp\left[\frac{-j\sigma\sqrt{\Delta t}}{\sqrt{pp'}}\right] \tag{10.137}$$

那么，因为 $0 \leqslant j \leqslant n = \dfrac{T}{\Delta t}$，我们得到当 $\Delta t \to 0$ 时且有 $\epsilon_j \to 0$：

$$\sqrt{\Delta t}\exp\left[\frac{-\sigma}{\sqrt{\Delta t}\sqrt{pp'}}\right] \leqslant \epsilon_j \leqslant \sqrt{\Delta t}$$

同时它能被证实这些 ϵ_j 值也满足上面的必需的矩条件。

代入 $nd = \dfrac{T}{\Delta t}\left[\mu\Delta t - \dfrac{p\sigma\sqrt{\Delta t}}{\sqrt{pp'}}\right]$ 和 $u-d = O(\sqrt{\Delta t})$，有常数 $C, C>0$，因为 $O[(t\epsilon_j)^2] = t^2 O(\Delta t)$ 和 $n = \dfrac{T}{\Delta t}$，有：

$$\begin{aligned}\left|\int \mathrm{e}^{tx}[f_n(x) - \tilde{f}_n(x)]\mathrm{d}x\right| &\leqslant C(1+t^2 O(\Delta t))\sum_{j=0}^{n} \mathrm{e}^{-ct/\sqrt{\Delta t}} \\ &= C(1+t^2 O(\Delta t))\left(\frac{T}{\Delta t}+1\right)\mathrm{e}^{-ct/\sqrt{\Delta t}}\end{aligned}$$

这是因为在这个加总式中有 $n+1$ 个常数项。

为了得到当 $\Delta t \to 0$ 时对于所有 t 这个积分收敛到 0，代入 $s = \dfrac{1}{\sqrt{\Delta t}}$ 并且当 $s \to \infty$ 时考虑这个上界的极限：

$$C\left(1+t^2 O\left(\frac{1}{s^2}\right)\right)(Ts^2+1)\mathrm{e}^{-cts} \to 0$$

4. 一般化的布莱克—斯科尔斯—莫顿公式

现在我们能够阐述上面式(10.130)中的结果了。为了简化记号，我们省略了 e^{-rT} 项，而这一项只是在离散和极限连续的定价公式中的一个乘积因式。主要的步骤在证明中是：

(1) 有如式(10.134)所定义的 $f_n(x)$，同时 $f(x)$ 如在式(10.130)中为正态分布函数，我们首先证明当 $n \to \infty$ 时或者等同地当 $\Delta t \to 0$ 时，有：

$$\int_{-\infty}^{\infty} \Lambda(S_0 \mathrm{e}^x) f_n(x)\mathrm{d}x \to \int_{-\infty}^{\infty} \Lambda(S_0 \mathrm{e}^x) f(x)\mathrm{d}x$$

如上所示，当 $\Delta t \to 0$ 时对于所有 t，$M_{X_n}(t) \to M_X(t)$ 点收敛。重新约束到紧区间 $[-N, N]$，这个解析函数的点收敛，因此是一致收敛的。

同时，根据式(10.136)，方差的集族 $\{\sigma_n^2\}$ 是有界的，且根据切比雪夫不等式，对于任意 $\epsilon > 0$ 存在一个 N，对于所有 n 有：

$$\Pr[|X| > N] < \epsilon$$

$$\Pr[|X_n| > N] < \epsilon$$

但是上述论述并没有被证明的，就是矩母函数的收敛性也意味着 $f_n(x) \to f(x)$ 的点收敛性，同时作为连续函数，在任意紧区间 $[-N, N]$ 上都是一致连续的。在这类区间上，把 $\Lambda(S_0\mathrm{e}^x)$ 分离进有限个数的子区间 $[a_j, a_{j+1}] \subset [-N, N]$ 上为分段连续的函数中，我们得到在每一个子区间上 $\Lambda(S_0\mathrm{e}^x)f_n(x) \to \Lambda(S_0\mathrm{e}^x)f(x)$ 一致收敛，因此在

$[-N, N]$也是。因此,根据命题 10.20 有:

$$\int_{aj}^{aj+1} \Lambda(S_0 e^x) f_n(x) dx \rightarrow \int_{aj}^{aj+1} \Lambda(S_0 e^x) f(x) dx$$

对于所有 $[a_j, a_{j+1}] \subset [-N, N]$ 同时在 $[-N, N]$ 上对于这些积分上式也是正确的。

综合起来,我们能够将区间$(-\infty, \infty)$划分为$[-N, N]$, $(-\infty, -N]$和$[N, \infty)$。因此根据三角不等式,式(10.10)以及上面的切比雪夫边界还有就是关于 $\Lambda(S_0 e^x)$ 是有界的,并因此衍生的对于某些M, $|\Lambda(S_0 e^x)| < M$ 这个假设,我们可得:

$$\left|\int_{-\infty}^{\infty} \Lambda(S_0 e^x) f_n(x) dx - \int_{-\infty}^{\infty} \Lambda(S_0 e^x) f(x) dx\right|$$
$$\leqslant \left|\int_{-N}^{N} \Lambda(S_0 e^x) f_n(x) dx - \int_{-N}^{N} \Lambda(S_0 e^x) f(x) dx\right| + 2M\epsilon$$

因为在$[-N, N]$上的积分的微分当 $n\to\infty$时收敛到 0,我们证明出在 $(-\infty, \infty)$ 上的积分的微分能小到理想水平,这就证明了结果。

(2) 接下来我们用 $f_n(x)$将积分转换进有着二项概率的一个加总式中,其中我们以这个观察作为起始:

$$\int_{-\infty}^{\infty} \Lambda(S_0 e^x) f_n(x) dx = \sum_j \int_{aj}^{aj+1} \Lambda(S_0 e^x) f_n(x) dx$$

在每一个区间 $[a_j, a_{j+1}]$, 根据 $\Lambda(S_0 e^x)$ 被定义在有关它极限值的端点上,被积函数 $\Lambda(S_0 e^x) f_n(x)$ 是连续的。同时 $f_n(x)$在区间 $[x_0, x_{n+1}] = [nd, (n+1)u - d]$ 外恒等于 0。有 $\Delta x = \dfrac{x_{n+1} - x_0}{n+1} = u - d$ 同时区间划分被定义为当$j = 0, 1, 2, \cdots, n, n+1$, 有 $x_j = nd + (u-d)j$, 在上面加总式中的每一个积分能被表述如下,其中 $a_j \leqslant x_k < x_{k+1} < \cdots < x_l \leqslant a_{j+1}$:

$$\int_{aj}^{aj+1} \Lambda(S_0 e^x) f_n(x) dx = \int_{aj}^{xk} \Lambda(S_0 e^x) f_n(x) dx + \sum_j \int_{xj}^{xj+1} \Lambda(S_0 e^x) f_n(x) dx$$
$$+ \int_{aj}^{aj+1} \Lambda(S_0 e^x) f_n(x) dx$$

现在根据式(10.12)中的积分第一中值定理,存在 $\hat{x}_j \in (x_j, x_{j+1})$, 有:

$$\int_{xj}^{xj+1} \Lambda(S_0 e^x) f_n(x) dx = \Lambda(S_0 e^{\hat{x}_j}) f_n(\hat{x}_j)(x_{j+1} - x_j)$$

对于在加总式中的积分,因为 $\hat{x}_j \in (x_j, x_{j+1})$ 同时 ϵ_j 的区间值能比正在式(10.137)中所定义的值选择得更小一点,所以我们能够假设 $\hat{x}_j \in (x_j + \epsilon_j, x_{j+1} - \epsilon_{j+1})$, 因为 $f_n(\hat{x}_j) = \widetilde{f}_n(\hat{x}_j) = \dfrac{1}{u-d} f_B(j)$。那么,因为 $x_{j+1} - x_j = u - d$, 有:

$$\int_{xj}^{xj+1} \Lambda(S_0 e^x) f_n(x) dx = \Lambda(S_0 e^{\hat{x}_j}) \widetilde{f}_n(\hat{x}_j)(x_{j+1} - x_j)$$
$$= \Lambda(S_0 e^{\hat{x}_j}) \binom{n}{j} q^j (1-q)^{n-j}$$

现在,对于包含给定 a_j 的积分,同时有 $x_k < a_j < x_{k+1}$,我们把在 $[x_k, a_j]$ 上的积分和在 $[a_j, x_{k+1}]$ 的积分合并,一个相同的论证证得下面的部分,其中 $\hat{x}_{k1} \in (x_k + \epsilon_k, a_j)$,$\hat{x}_{k2} \in (a_j, x_{k+1} - \epsilon_{k+1})$,$\lambda_{k1} = \dfrac{a_j - x_k}{x_{k+1} - x_k}$ 和 $\lambda_{k2} = 1 - \lambda_{k1} = \dfrac{x_{k+1} - a_j}{x_{k+1} - x_k}$:

$$\begin{aligned}&\int_{x_k}^{x_{k+1}} \Lambda(S_0 e^x) f_n(x) dx \\ &= \binom{n}{k} q^k (1-q)^{n-k} [\lambda_{k1} \Lambda(S_0 e^{\hat{x}_{k1}}) + \lambda_{k2} \Lambda(S_0 e^{\hat{x}_{k2}})] \\ &= \binom{n}{k} q^k (1-q)^{n-k} \Lambda(S_0 e^{\hat{x}_{k1}}) + \binom{n}{k} q^k (1-q)^{n-k} \lambda_{k2} [\Lambda(S_0 e^{\hat{x}_{k2}}) - \Lambda(S_0 e^{\hat{x}_{k1}})]\end{aligned}$$

合并所有积分,得到:

$$\begin{aligned}\int_{-\infty}^{\infty} \Lambda(S_0 e^x) f_n(x) dx &= \sum_{j=0}^{n} \binom{n}{j} q^j (1-q)^{n-j} \Lambda(S_0 e^{\hat{x}_j}) \\ &\quad + \sum_{a_k \in (x_j, x_{j+1})} \binom{n}{j} q^j (1-q)^{n-j} \lambda_{j2} [\Lambda(S_0 e^{\hat{x}_{j2}}) - \Lambda(S_0 e^{\hat{x}_{j1}})]\end{aligned} \tag{10.138}$$

其中第二个加总式仅仅包含 j 的那些值,其中 $a_k \in (x_j, x_{j+1})$ 对于某些 k。

(3) 最后的步骤就是证明在式(10.138)中的加总式收敛到在式(10.130)中 $\Lambda_0(S_0)$ 所表现的二项加总式。为了实现这一点,我们证明第一个加总式收敛到 $\Lambda_0(S_0)$,而第二个当 $n \to \infty$ 时第二加总式收敛到 0。首先:

$$\begin{aligned}&\Lambda_0(S_0) - \sum_{j=0}^{n} \binom{n}{j} q^j (1-q)^{n-j} \Lambda(S_0 e^{\hat{x}_j}) \\ &= \sum_{j=0}^{n} \binom{n}{j} q^j (1-q)^{n-j} [\Lambda(S_0 e^{x_j}) - \Lambda(S_0 e^{\hat{x}_j})]\end{aligned}$$

其中根据构造,$\hat{x}_j \in (x_j + \epsilon_j, x_{j+1} - \epsilon_{j+1})$。同时 $\Lambda(S_0 e^x)$ 能被假定为在每一个 x_j 上是连续的,不过对于某些 j 和 k,当 n 是固定时可能出现 $x_j = a_k$,但是当 $n \to \infty$ 时,可能 $\Lambda(S_0 e^x)$ 不是连续的。因此当 $n \to \infty$ 时对于每一个 j 有 $\hat{x}_j \to x_j$。现在,因为在这个加总式中的二项密度对于所有 n 有有界方差,我们再次利用切比雪夫不等式推导出对于任意 $\epsilon > 0$ 存在一个区间$[-N, N]$使得对于所有 n 有,$\Pr[X_n^B \in [-N, N]] \geq 1 - \epsilon$。在这个区间上,因为 $\Lambda(S_0 e^x)$ 是有极限的分段连续的,同时仅仅存在唯一的有限数的区间,$[a_k, a_{k+1}] \subset [-N, N]$,我们得出当 $n \to \infty$ 时,有:

$$\max_{x_j \in [-N, N]} |\Lambda(S_0 e^{x_j}) - \Lambda(S_0 e^{\hat{x}_j})| \to 0$$

因此在 j 上的所有项加总起来,且 $x_j \in [-N, N]$,得到:

$$\sum_{x_j \in [-N, N]} \binom{n}{j} q^j (1-q)^{n-j} |\Lambda(S_0 e^{x_j}) - \Lambda(S_0 e^{\hat{x}_j})| \to 0$$

现在对于所有 j,对于 $x_j \notin [-N, N]$,我们应用三角不等式:

$$\sum_{x_j \notin [-N,\ N]} \binom{n}{j} q^j (1-q)^{n-j} \mid \Lambda(S_0 e^{x_j}) - \Lambda(S_0 e^{\hat{x}_j}) \mid \leqslant 2M\epsilon$$

因为根据 M 和 $\Pr\left[X_n^B \notin [-N,\ N]\right] < \epsilon$, $\Lambda(S_0 e^x)$ 是有界的。因此在式(10.138)中的第一个加总式收敛到 $\Lambda_0(S_0)$。

对于在式(10.138)中的第二个加总式,根据三角不等式,有:

$$\sum_{a_k \in (x_j,\ x_{j+1})} \binom{n}{j} q^j (1-q)^{n-j} \lambda_{j2} \mid \Lambda(S_0 e^{\hat{x}_{j2}}) - \Lambda(S_0 e^{\hat{x}_{j1}}) \mid$$

$$\leqslant 2M \sum_{a_k \in (x_j,\ x_{j+1})} \binom{n}{j} q^j (1-q)^{n-j}$$

因为根据 M 和 $0 \leqslant \lambda_{j2} \leqslant 1$, $\Lambda(S_0 e^x)$ 是有界的。我们可以将这个加总式分离进 $\{a_k\} \subset [-N,\ N]$ 的有限集族中,得到:

$$\sum_{a_k \in (x_j,\ x_{j+1})} \binom{n}{j} q^j (1-q)^{n-j} < \sum_{a_k \in [-N,\ N]} \binom{n}{j} q^j (1-q)^{n-j} + \epsilon$$

现在,因为这个加总式仅仅包括那些满足对于某些 k,当 $a_k \in (x_j,\ x_{j+1})$ 时 j 的项的值,所以这个有限加总式当 $n \to \infty$ 时收敛到 0,完成了推导式的证明。

练习题

操作练习

1. 根据黎曼和的求值,证明下列积分,其中 $c \in \mathbb{R}$,其中为了简便,假定 $0 \leqslant a < b$。

(1) $\int_a^b c\,\mathrm{d}x = (b-a)c$;

(2) $\int_a^b cx\,\mathrm{d}x = \frac{c}{2}(b^2 - a^2)$;$\left(\text{提示}:\sum_{j=1}^n j = \frac{n(n+1)}{2}。\right)$

(3) $\int_a^b cx^2\,\mathrm{d}x = \frac{c}{3}(b^3 - a^3)$。$\left(\text{提示}:\sum_{j=1}^n j^2 = \frac{n(n+1)(2n+1)}{6}。\right)$

2. 对于函数:

$$f(x) = \begin{cases} x^2,\ 0 \leqslant x < 1 \\ x^2 + 5,\ 1 \leqslant x \leqslant 2 \end{cases}$$

(1) 通过包含点 $x=1$ 的项的在黎曼和上的贡献收敛到 0,证明:

$$\int_0^2 f(x)\,\mathrm{d}x = \int_0^1 x^2\,\mathrm{d}x + \int_1^2 (x^2+5)\,\mathrm{d}x = \frac{23}{3}$$

(2) 证明这个结论同 $f(1)$ 上的定义相独立。

3. 考虑一个包含点 x' 的区间的集合:$\{I_j\} = \{(x'-a_j,\ x'+b_j)\}$,其中 $\{a_j\}$ 和 $\{b_j\}$ 是收敛到 0 的正序列。证明:对于一个给定的函数,$f(x)$ 其中 M_j 和 m_j 如式(10.2)

中所定义,有 $M_j \to m_j \to 0$ 当且仅当 $f(x)$ 在 x' 是连续时成立。

4. 对于在练习 1 中每一个函数,证明 d 值的确定是按照中值定理所得到的:

$$\int_a^b f(x)\mathrm{d}x = f(d)(b-a)$$

5. 利用式(10.15)中的微积分基本定理版本 1:

(1) 证明在练习 1 中的公式。

(2) 推广练习 1,以证明对于 $a,b \in \mathbb{R}$,有:

$$\int_a^b cx^n \mathrm{d}x = \frac{c}{n+1}(b^{n+1} - a^{n+1}), \qquad n \in \mathbb{R}, n \neq -1$$

(3) 证明对于(2)部分,如果 $n=-1$,有:

$$\int_a^b cx^n \mathrm{d}x = \frac{c}{n+1}(b^{n+1} - a^{n+1}), \qquad n \in \mathbb{R}, n \neq -1$$

(4) 推广(3)部分,如果 $a < b < 0$。$\left(\text{提示:比较} \int_a^b cx^{-1}\mathrm{d}x, -\int_a^b cx^{-1}\mathrm{d}x \text{ 以及 } -\int_{-b}^{-a} cx^{-1}\mathrm{d}x\text{。}\right)$

6. 在下列分析中利用积分检验法:

(1) 证明 $\sum_{n=1}^{\infty} \mathrm{e}^{-n}$ 收敛并估计其收敛值。(提示:这个加总被视为几何级数的加总,当然证明方法与这里的方法不同。)

(2) 证明 $\sum_{n=1}^{\infty} n^m$,对于 $m \geqslant -1$ 发散,并且估计出部分和的增长速率。

(3) 对于 $0<q<1$,确定 $\sum_{n=1}^{\infty} nq^n$ 是收敛还是发散,同时估计它的加总和或者部分和的增长速率。(提示:对 $f(x) = xq^x = x\mathrm{e}^{x\ln q}$ 积分。)

7. 利用换元法计算下列定积分,同时确定被积函数的不定积分:

(1) $\int_0^{\infty} x\mathrm{e}^{-x^2}\mathrm{d}x$;$\left(\text{提示:首先考虑} \int_0^N x\mathrm{e}^{-x^2}\mathrm{d}x \text{ 为一个定积分。}\right)$

(2) $\int_0^{\infty} (4z^3 + 6z)(z^4 + 3z^2 + 5)^{-2}\mathrm{d}z$;

(3) $\int_0^{10} \frac{\mathrm{e}^{2x}\mathrm{d}x}{4\mathrm{e}^{2x} - 1}$。

8. 利用分部积分法计算下列定积分,同时确定被积函数的不定积分。(提示:一旦找到潜在的不定积分,这个公式就能通过微分证实。)

(1) $\int_0^{10} x^m \mathrm{e}^x \mathrm{d}x$,$m$ 为正整数。(提示:通过分部的步骤进行两次或者三次积分然后观察这种模式。)

(2) $\int_3^{20} x^m \mathrm{e}^{x^2}\mathrm{d}x$,$m$ 为正奇数,$m = 2n+1$。(提示:通过分部的步骤进行两次或者三次积分然后观察这种模式,利用 $x\mathrm{e}^{x^2}$。)

9. 利用泰勒展开式证明:如果对于 $|y|<1, f(y)=\frac{1}{1+y}$,那么 $\int_0^x f(y)\mathrm{d}y=\ln(1+x)$。可通过逐项积分以及最后的级数的收敛性得证。

10. 利用练习 7(3)、练习 8(1)和练习 8(2)中在有界区间上的定积分(利用练习 8 中 $m=5$):

(1) 在不同的 n 值的情况,实施梯形积分法和辛普森积分法并对比相关联的误差。(提示:尝试 $n=5, 10, 25$ 和 100。)

(2) 对于每一种近似算法,当 n 显著增加时计算其误差,以观察各自的收敛阶 $O\left(\frac{1}{n^2}\right)$ 和 $O\left(\frac{1}{n^4}\right)$ 是否显著。(提示:如果 $\epsilon_n^T=|I-I^T|$ 对于 $\Delta x=\frac{b-a}{n}$,误差 $\epsilon_n^T=O\left(\frac{1}{n^2}\right)$ 意味着对于某些常数 C^T,当 $n\to\infty$ 时,$n^2\epsilon_n^T\leqslant C^T$。同样地,如果 $\epsilon_n^S=|I-I^S|$,对于某些常数 C^S 当 $n\to\infty$ 时,$n^4\epsilon_n^S\leqslant C^S$。尝试去证明 C^T 和 C^S 的值理论上不大于利用给定函数的导数的极大值所预测出的值。)

11. 计算 $x_0=1$、尺度参数 $\lambda=2$ 时柯西分布中 $\Pr[-1\leqslant X\leqslant 2]$ 的值通过如下途径:

(1) $n=30$ 时的梯形积分法;

(2) $n=30$ 时的辛普森积分法;

(3) 计算在每一种近似算法中的误差。

12. 求出对于在子区间 $[a, a+\Delta x]$ 辛普森积分法的误差估计。(利用泰勒近似法:

$$f(x)=f(a)+f'(a)(x-a)+\frac{1}{2}f^{(2)}(a)(x-a)^2+\frac{1}{3!}f^{(3)}(a)(x-a)^3+\frac{1}{4!}f^{(4)}(y)(x-a)^4$$

对于某些 $y\in[a, a+\Delta x]$。利用式(10.35)中关于积分的第二中值定理计算 $\int_a^{a+\Delta x} f(x)\mathrm{d}x$,同时计算在这个区间上关于 I^S 的表达式,然后将两式相减。)

13. 证明下列等式:

(1) 如式(10.65):$\sigma^2=E[X^2]-E[X]^2$;

(2) 如式(10.66):

① $\mu_n=\sum_{j=0}^{n}(-1)^{n-j}\binom{n}{j}\mu'_j\mu^{n-j}$;(提示:利用二项式定理。)

② $\mu'_n=\sum_{j=0}^{n}\binom{n}{j}\mu_j\mu^{n-j}$。(提示:$X=[X-\mu]+\mu$。)

14. 对于式(10.76)中的贝塔函数证明下列迭代公式:

$$B(v+1, w)=\frac{v}{v+w}B(v, w)$$

$\left(\text{提示:利用分部积分法首先证明 } B(v+1, w) = \frac{v}{w} B(v, w+1)\text{,然后根据 } (1-x)^w = (1-x)(1-x)^{w-1}\text{,代入简化为 } B(v, w+1) = B(v, w) - B(v+1, w)\text{。}\right)$

15. 求出对于伽马分布的矩母函数:

$$M_\Gamma(t) = (1-bt)^{-c}, \qquad |t| < \frac{1}{b}$$

$\left(\text{提示:} \int e^{tx} f_\Gamma(x)\mathrm{d}x = \frac{1}{\Gamma(c)} \int \frac{1}{b}\left(\frac{x}{b}\right)^{c-1} e^{-((1-tb)/b)x}\mathrm{d}x \text{ 替换 } y = \frac{x}{b}\text{,那么 } z = (1-tb)y\text{。}\right)$

16. 50 年的年金,连续每年支付 1 000 元,且连续的年利率为 6%,求该年金的现值。

17. 重复练习 16,当年金是连续可支付且连续增加的,使得年化利率在时点 t 为 $C(t) = 1\,000\,(1.08)^t$,求该年金现值。(提示:考虑将 8% 的年化利率转换为其他基准利率。)

18. 重复第 9 章中练习 18,利用式(10.118)和式(10.119)中的定价函数近似。

19. 推导式(10.133)。$\left(\text{提示:分割每一个积分,例如:} \int_{x_0}^{x_{n+1}} x\tilde{f}_n(x)\mathrm{d}x = \sum_{j=0}^{n} \int_{x_j}^{x_{j+1}} x\tilde{f}_n(x)\mathrm{d}x\text{。}\right)$

20. 假定对于所有 $t \geqslant 0$, $Z_t = \frac{1}{1+t}$,t 期无息债券的价格被给定。

(1) 计算出暗含的连续远期利率 f_t,以及现期利率 s_t,其中 $t \geqslant 0$。

(2) 证明式(10.111)。

21. 在连续的基础上有 $r = 0.03$, $S_0 = 100$,且在年度期间,$\ln[S_{t+1}/S_t] \sim N(0.12, (0.18)^2)$:

(1) 确定股票市场上一个 0.5 年的二元看涨期权的值,其中支付函数为:

$$\Lambda(S_{0.5}) = \begin{cases} 10, & S_{0.5} > 105 \\ 0, & S_{0.5} \leqslant 105 \end{cases}$$

(2) 求出相应的二元看跌期权的值,其中支付函数为:

$$\Lambda(S_{0.5}) = \begin{cases} 0, & S_{0.5} \geqslant 105 \\ 10, & S_{0.5} < 105 \end{cases}$$

(3) 推导出对于这些二元期权的认购认沽等价公式:

$$\Lambda^P(S_0) + \Lambda^C(S_0) = 10e^{-0.01}$$

强化练习

22. 在下列情况下重复练习 1:

(1) $a < 0 < b$;

(2) $a < b < 0$。

(提示:对于(1)部分考虑利用 $\int_a^b=\int_a^0+\int_0^b$,同时确定给定函数中 $\int_a^0$ 和 $\int_0^{-a}$ 的关系。对于(2)部分,考虑给定函数中 $\int_a^b$ 和 $\int_{-b}^{-a}$。这两种情况下都要注意 $f(x)$ 的符号。)

23. 证明如果 $f(x)$ 在有界区间 $[a, b]$ 上是连续的,那么 $|f(x)|$ 也是连续的。换言之,证明 $f(x)\to f(x_0)$ 必然包含 $|f(x)|\to|f(x_0)|$。提示:为了证明上述命题,可证明

$$||a|-|b||\leqslant|a-b| \tag{10.139}$$

(1) 给出一个不同于教材中的例子,在这个例子中 $|f(x)|$ 连续并不意味着 $f(x)$ 是连续的。

(2) 给出第二例子,在这个例子中 $f^2(x)$ 的连续性并不意味着 $f(x)$ 的连续性。

24. 对于练习 5(2) 和 5(3) 中的函数,明确确定出 d 值,使得 d 值为中值定理中的 d 值:

$$\int_a^b f(x)\mathrm{d}x=f(d)(b-a)$$

25. 将积分检验法应用到下列分析中:

(1) 证明 $\sum_{n=1}^{\infty}n^2\mathrm{e}^{-n}$ 收敛并预测其收敛值。(提示:分部积分法。)

(2) 证明 $\sum_{n=1}^{\infty}\frac{n}{n^2+10}$ 发散,并估计其部分和的发散速率。

(3) 当 $0<q<1$,确定 $\sum_{n=1}^{\infty}n^2q^n$ 是发散还是收敛,同时估计其收敛值或者其发散速率。(提示对 $f(x)=x^2q^x=x^2\mathrm{e}^{x\ln q}$ 利用分部积分法。)

26. 利用换元法计算下列定积分的值,同时确定被积函数的不定积分:

(1) $\int_{-\infty}^{\infty}y\mathrm{e}^{-y^2}\mathrm{d}y$;(提示:首先考虑 $\int_{-M}^{N}y\mathrm{e}^{-y^2}\mathrm{d}y$ 为一个定积分。)

(2) $\int_2^{20}\frac{\ln\sqrt{w}}{w}\mathrm{d}w$;(提示:焦点在 $\ln\sqrt{w}$。)

(3) $\int_0^{10}(8x^3+10x-3)(2x^4+5x^2-3x)^{-1/2}\mathrm{d}x$。(提示:首先考虑当 $a>0$ 时,$\int_0^{10}f(x)\mathrm{d}x$ 的值。)

27. 利用分部积分法计算下列定积分,同时确定被积函数的不定积分。(提示:一旦找到潜在的不定积分,这个公式就能通过微分证实。)

(1) $\int_0^{20}x^n\mathrm{e}^{-rx}\mathrm{d}x$,$n$ 为正整数,r 为正实数。

(2) $\int_0^{20}x^n\mathrm{e}^{-x^2}\mathrm{d}x$,$n$ 为正奇数,$n=2m+1$。

28. 利用泰勒展开式证明:如果对于 $f(y)=\mathrm{e}^y$,那么 $\int_0^x f(y)\mathrm{d}y=\mathrm{e}^x-1$。逐项积分并且根据最后的级数的收敛性证明该命题。

29. 假定 t 期连续远期利率给定为对于所有 $t \geqslant 0$，$f_t = \dfrac{0.03}{1+0.1t}$。

(1) 求出暗含的连续的现值利率 s_t，以及零息债券的价格 Z_t。

(2) 证明式(10.111)。

30. 利用练习 26(2)、练习 26(3)、练习 27(3)和练习 27(2)中在有界区间上的定积分(利用练习 27 中 $n=10$，$r=0.10$。)

(1) 在不同的 n 值的情况，实施梯形积分法和辛普森积分法并对比相关联的误差。(提示：尝试 $n=5$，10，25 和 100。)

(2) 对于每一种近似算法，当 n 显著增加时计算其误差，以观察各自的收敛阶 $O\left(\dfrac{1}{n^2}\right)$ 和 $O\left(\dfrac{1}{n^4}\right)$ 是否显著。$\Big($提示：如果 $\epsilon_n^T = | I - I^T |$ 对于 $\Delta x = \dfrac{b-a}{n}$，误差 $\epsilon_n^T = O\left(\dfrac{1}{n^2}\right)$ 意味着对于某些常数 C^T，当 $n \to \infty$ 时，$n^2 \epsilon_n^T \leqslant C^T$；同样地，如果 $\epsilon_n^S = | I - I^S |$，对于某些常数 C^S，当 $n \to \infty$ 时，$n^4 \epsilon_n^S \leqslant C^S$。尝试去证明 C^T 和 C^S 的值理论上不大于利用给定函数的导数的极大值所预测出的值。$\Big)$

31. 计算出对于 $b=1$ 且形状参数 $c=3$ 的伽马分布，$\Pr[1 \leqslant X \leqslant 5]$，根据下列方法：

(1) 梯形积分法，其中 $n=100$。

(2) 辛普森积分法，其中 $n=100$。

(3) 计算每一近似算法中的误差。

32. 证明下列等式：

(1) 如式(10.67) $M_X(t) = \sum_{n=0}^{\infty} \dfrac{\mu_n' t^n}{n!}$。(提示：对比第 9 章中离散方差，利用第 10.7.2 节中关于积分序列的收敛性。)

(2) 如式(10.68) $\mu_n' = M_X^{(n)}(0)$。(提示：逐项微分并用 $t=0$ 进行替代。)

33. 直接证明贝塔函数：$B(1, 1)=1$，然后利用练习 14 中的同样的提示，证明：

$$B(v, w) = \frac{(v-1)(w-1)}{(v+w-1)(v+w-2)} B(v-1, w-1)$$

同时利用上式和数学归纳法，推导出式(10.78)。

34. 推导出单位正态的矩的迭代公式：

(1) 对于 $m=1$，2，3，…，有：

$$\int_{-\infty}^{\infty} y^{2m} \phi(y) \mathrm{d}y = (2m-1) \int_{-\infty}^{\infty} y^{2m-2} \phi(y) \mathrm{d}y$$

(提示：尝试利用分部积分法，将可积函数分成 y^{2m-1} 和 $y\phi(y)$，同时注意后面的项利用换元法进行积分。)

(2) 当 $m=1$，2，3，… 时，

$$\int_{-\infty}^{\infty} y^{2m-1} \phi(y) \mathrm{d}y = 0$$

（提示：考虑利用 $f(y)$ 和 $f(-y)$，并求出黎曼和。）

35. 有一永续可支付年金，连续每年支付 10 000 元，且连续的年利率为 10%，求该年金的现值。

36. 重复练习 35，其中这个年金是连续可支付且连续增长的，所以使得可支付的年化率在时点 t 上为 $C(t)=10\,000(1+2t)$。

37. 重复第 9 章中的练习 41 并利用式(10.118)和式(10.119)中的定价函数近似法。

38. 推导出式(10.136)。（提示：利用式(10.135)并根据式(10.132)当 $j=0, 1, 2, \cdots, n+1$ 时，有：

$$\tilde{f}_n(x_j+\epsilon_j)-\tilde{f}_n(x_j-\epsilon_j)=\frac{1}{u-d}[f_B(j)-f_B(j-1)]$$

39. 利用式(10.130)推导出一个欧式看跌期权或者看涨期权的价格的布莱克—斯科尔斯—莫顿公式。（提示：利用换元法积分。）

40. 黎曼积分的概念可以被概括为黎曼—斯蒂尔杰斯积分，这是为了纪念汤姆斯·约翰·斯蒂尔杰斯(Thomas Joannes Stieltjes, 1856—1894)。

定义 10.14　给定一个函数 $g(x)$，如果当 $\mu\to 0$ 时，且 μ 如式(10.3)中所定义，函数 $f(x)$ 在区间 $[a, b]$ 相对于 $g(x)$ 是黎曼—斯蒂尔杰斯可积的，那么我们可得：

$$\left[\sum_{i=1}^{n}M_i\Delta g_i-\sum_{i=1}^{n}m_i\Delta g_i\right]\to 0 \tag{10.140}$$

其中 M_i 和 m_i 如式(10.2)中定义。在这里 $\Delta g_i=g(x_i^-)-g(x_{i-1}^+)$，其中 $g(x_i^-)=\lim_{x\to x_i^-}g(x)$ 和 $g(x_{i-1}^+)=\lim_{x\to x_{i-1}^+}g(x)$ 都是被定义为单边极限。在这种情况下，我们定义在区间 $[a, b]$ 相对于 $g(x)$ 的 $f(x)$ 的黎曼—斯蒂尔杰斯积分：

$$\int_a^b f(x)\mathrm{d}g=\lim_{\mu\to 0}\sum_{i=1}^{n}f(\tilde{x}_i)\Delta g_i \tag{10.141}$$

上式将存在并根据式(10.140)独立于 $\tilde{x}_i\in[x_{i-1}, x_i]$ 的选择。

(1) 证明如果 $g(x)$ 和 $f(x)$ 在 $[a, b]$ 上是连续的，且 $g(x)$ 在 (a, b) 上是可微的，其中 $g'(x)$ 是连续的且当 $x\to a$ 和 $x\to b$ 时存在极限，那么：

$$\int_a^b f(x)\mathrm{d}g=\int_a^b f(x)g'(x)\mathrm{d}x \tag{10.142}$$

在这里右侧的积分是黎曼积分。（提示：利用第 9 章中的中值定理。）

(2) 推广(1)部分到这样一种情况，即存在一个 $[a, b]$ 的分割：

$$a=y_0<y_1<\cdots<y_{m+1}=b$$

使得 $g(x)$ 满足在每一个子区间 $[y_j, y_{j+1}]$ 上满足(1)部分的条件，但是存在在 $\{y_j\}_{j=1}^{m}$ 的跳跃：

$$\lim_{x\to y_j^+}g(x)\neq\lim_{x\to y_j^-}g(x), \quad j=1, 2, \cdots, m$$

证明在这种情况下：

$$\int_a^b f(x)\mathrm{d}g=\sum_{j=0}^{m}\int_{y_j}^{y_{j+1}}f(x)g'(x)\mathrm{d}x+\sum_{j=1}^{m}f(y_j)[g(y_j^+)-g(y_j^-)] \tag{10.143}$$

41. 计算$\int_0^{10} x^2 \mathrm{d}g$,其中:

(1) $g(x)=\mathrm{e}^{-0.04x}$

(2) $g(x)=\begin{cases}\mathrm{e}^{-0.04x}, & 0\leqslant x<2\\ \mathrm{e}^{-0.04x}-4, & 2\leqslant x<6\\ \mathrm{e}^{-0.04x}+4, & 6\leqslant x\leqslant 10\end{cases}$

42. 在这个练习中将要探究黎曼—斯蒂尔杰斯积分应用到概率论上。

(1) 证明如果 $f(x)$是一个连续概率密度函数并有分布函数 $F(x)$,那么对于任意函数 $g(x)$都有 $E[g(x)]$:

$$E[g(x)]=\int g(x)\mathrm{d}F \tag{10.144}$$

(提示:利用式(10.142)。)

(2) 证明如果 $f(x)$是一个离散概率密度函数并有假定定义域$\{x_j\}$没有聚点,同时分布函数为 $F(x)$,那么对于任意函数 $g(x)$都有 $E[g(x)]$。(提示:利用式(10.143)。)

评论 10.1 概率密度函数可能是混合的,这就意味着可能既存在连续的成分也存在离散的成分。那么分布函数 $F(x)$是非递减的,$0\leqslant F(x)\leqslant 1$,那么分布函数就有练习 40(2)所要求的构造,这样 $E[g(x)]$又可以利用式(10.143)被定义在式(10.144)中。

(3) 计算下列混合分布函数随机变量的均值和方差:

$$F(x)=\begin{cases}0, & x<0\\ 0.25, & x=0\\ \dfrac{1}{4}\left(1+\dfrac{x}{100}\right), & 0<x<50\\ 0.5, & x=50\\ \dfrac{1}{3}\left(1+\dfrac{x}{100}\right), & 50<x<100\\ 0.75, & x=100\\ 1-\dfrac{1}{4}\mathrm{e}^{100-x}, & x>100\end{cases}$$

参考文献

在这部分，我列了几本在本书中出现的数学和金融方面的教科书。所有这些教科书都为它们所涉及的相关领域提供了理论性和实用性的材料，而这些材料要比本书中所展开的相关内容更深入，因此这些材料也值得有兴趣获得更深或更广知识面的读者去阅读探索。这个书单并不完整，只是为进一步学习研究提供一份指南。

毋庸置疑，读者将会观察到数学方面的参考文献要比金融方面的参考文献老，而且如果在网络上搜索，我们将会发现有些比较老的教科书已经更新到比较新的版本了，有时还会附加上新的作者。因为我所列的教科书是我自己使用并有的版本，所以我觉得我给出的这些教科书应该是我所用且有的版本，而不是那些我没有阅读过的新版本。同时因为这些老版本的书比较经典，所以在大学图书馆和其他图书馆中也容易找到。当然，毫无疑问，有许多优秀的新版本也是值得阅读和探究的。

不论这本教科书是被同事推荐的还是被最新发现的，我对教科书的推荐经验如下：

(1) 如果这本书提供了一个清晰且完整的阐述使得读者很容易明白那些简单和高深的内容之间的联系，那它就是一本不错的教科书。

(2) 如果这本书提供了一个引人入胜的推理与应用从而激发了读者阅读和学习的兴趣，那它也是一本优秀的教科书。

(3) 如果这本书很难理解且不能激发读者兴趣，它要么是文笔不好、要么是超出了读者现有的知识层次，不论是哪种情况，读者接下来应该寻找其他的参考文献。

主题映射

数字代表了下面的文献排序安排

金融学

投资市场：2、3、5、6、8、11、12、14

固定收益产品定价：1、2、3、5、6、7、8、9、10、11、12、13、14

股权定价：1、2、3、5、7、12、14

投资组合理论：1、2、3、5、7、12、14

保险：4、10、12

效用论：4、5、7、12

数学

参考书目

金融学

1. Benninga, Simon. *Financial Modeling* 3rd ed., Cambridge: MIT Press, 2008.

2. Bodie, Zvi, Alex Kane, and Alan J. Marcus. *Investments* 7th ed., New York: McGraw-Hill/Irwin, 2008.

3. Bodie, Zvi, and Robert C. Merton. *Finance*, Upper Saddle River, NJ: Prentice Hall, 2000.

4. Bowers, Newton L., Jr., Hans U. Gerber, James C. Hickman, Donald A. Jones, and Cecil J. Nesbitt. *Actuarial Mathematics*, Itasca, IL: Society of Actuaries, 1986.

5. Copeland, Thomas E., J. Fred Weston, and Kupdeep Shastri. *Financial Theory and Corporate Policy* 4 th ed., Boston: Pearson Addison-Wesley, 2005.

6. Fabozzi, Frank J.. *Bond Markets, Analysis, and Strategies* 6 th ed., Upper Saddle River, NJ: Pearson Prentice Hall, 2007.

7. Huang, Chi-fu, and Robert H. Litzenberger. *Foundations for Financial Economics*, Upper Saddle River, NJ: Prentice Hall, 1988.

8. Hull, John C.. *Options, Futures, and Other Derivatives* 7 th ed., Upper Saddle River, NJ: Pearson Prentice Hall, 2009.

9. Hull, John C.. *Risk Management and Financial Institutions*, Upper Saddle River, NJ: Pearson Prentice Hall, 2006.

10. Kellison, Stephen G.. *The Theory of Interest*, Homewood, IL: Irwin, 1970.

11. McDonald, Robert L.. *Derivatives Markets* 2 nd ed., Boston: Pearson Addison-Wesley, 2006.

12. Panjer, Harry H., ed.. *Financial Economics*, Schaumburg, IL: Actuarial Foundation, 1998.

13. Shreve, Steven E.. *Stochastic Calculus for Finance I: The Binomial Asset Pricing Model*, New York: Springer, 2000.

14. Sharpe, William F.. *Investments* 3 rd ed., Englewood Cliffs, NJ: Prentice-Hall, 1985.

数学

15. Courant, Richard, and Fritz John. *Introduction to Calculus and Analysis* Vol.1, New York: Interscience Publishers, 1965.

16. Dugundji, James. *Topology*, Boston: Allyn and Bacon, 1970.

17. Feller, William. *An Introduction to Probability Theory and Its Applications* Vol.1, New York: Wiley, 1968.

18. Gel'fand, I. [Izrail'] M.. *Lectures on Linear Algebra*, New York: Dover, 1989.

19. Gemignani, Michael C.. *Elementary Topology*, Reading, MA: Addison-Wesley Publishing, 1967.

20. Goldberg, Richard R.. *Methods of Real Analysis*, Waltham, MA: Xerox College Publishing, 1964.

21. Halmos, Paul R.. *Naive Set Theory*, New York: Van Nostrand Reinhold, 1960.

22. Hoel, Paul G.. *Introduction to Mathematical Statistics* 4 th ed., New York: Wiley, 1971.

23. Kellison, Stephen G.. *Fundamentals of Numerical Analysis*, Homewood, IL: Irwin, 1975.

24. Lindgren, Bernard W.. *Statistical Theory* 3 rd ed., New York: Macmillan, 1976.

25. Margaris, Angelo. *First Order Mathematical Logic*, Waltham, MA: Xerox College Publishing, 1967.

26. Maor, Eli. *To Infinity and Beyond*, Princeton: Princeton University Press, 1991.

27. Paige, Lowell J., and J. Dean Swift. *Elements of Linear Algebra*, Waltham, MA: Blaisdell, 1961.

28. Pinter, Charles C.. *Set Theory*, Reading, MA: Addison-Wesley, 1971.

29. Ross, Sheldon. *A First Course in Probability*, New York: Macmillan, 1976.

30. Rudin, Walter. *Principals of Mathematical Analysis* 3 rd ed., New York: McGraw-Hill, 1976.

31. Sentilles, Dennis. *A Bridge to Advanced Mathematics*, Baltimore: Williams and Wilkins, 1975.

32. Thomas, George B., Jr.. *Calculus and Analytic Geometry* 4 th ed., Part 1. Reading, MA: Addison-Wesley, 1968.

译后记

《数量金融导论:数学工具箱》中译本的翻译工作终于完成,自 2011 年 12 月与格致出版社洽谈并接手翻译事宜始,经过近两年的繁忙、紧张的翻译,以及出版社钱敏编辑等人细致的工作,本书才最终能如愿与广大读者见面,我们深感欣慰!以期我们的翻译工作能够为中国数量化投资、金融事业的发展添砖加瓦。

本书的目的在于填补目前金融学与数学之间联合应用的缺口。对有志于金融学、量化投资、风险管理,并希望强化教学技能的研究人士与业界专家而言,本书具有很强的理论基础与实践指导作用,有利于全面提高读者的数量金融的投资分析能力。本书特别适合具有一定数学基础与金融学基础的高年级本科生、硕士、博士研究生与专业人士深入研读学习。

严谨的数学分析框架有利于分析真实世界的深刻问题。对于现代金融分析师而言,重要的是能够灵活地运用数学思维和数学工具解决实际中碰到的问题,而不是生搬硬套地拿现成的理论与模型解决实际问题。本书对投资建模、衍生品定价以及风险管理等方面的研究引入了更为高级的数学知识。

目前,我国在量化投资、数量金融工程等领域的人才缺口较大,本书中文版的面世无疑会为推动我国量化金融领域的人才发展提供了基础性的推动作用。我们也期待更多的有识之士加入到量化金融研究的队伍中来。

本书凝结了众多译者的心血,主要有马博、隆云滔、刘洁:其中隆云滔负责引言、第 1—4 章;刘洁负责第 5、6、7 章;马博负责第 8、9、10 章的翻译工作,最后由隆云滔负责本书统一校稿。

译者马博感谢史晓丹、张爽、夏宜君、曾力、李潇潇、张荣霞等的大力支持。

译者隆云滔感谢参与其负责翻译的部分以及参与校稿工作的同事、朋友们,他们是中南财经政法大学的李小平,中国社会科学院研究生院的曾力、李洪涛、王晖、周华林、钟震、张巍巍,清华大学的林艺杰,中国科学院的屈步云、李阳、齐波、穆义芬、陈晨等。

译者刘洁感谢卫梦星、巩书欣、朱振鑫、张森、王安娜、魏玮、朱丽、吕永健等同学的悉心帮助与热情讨论。

在整个翻译过程中,我们还得到了各自所在单位同事的大力帮助与指导,他们是中国社会科学院数量经济与技术经济研究所的王国成研究员、汪同三学部委员、张涛研究员、王宏伟研究员、万相昱、周勇等。中国科学院数学与系统科学研究院的郭雷院士、林群院士、杨晓光教授等也对我们的翻译工作给予了极大的指导与鼓舞,在此表示诚挚的感谢。感谢国家重大科研计划(973 项目)课题(2012CB955802)对我们翻译工作给予的支持！

感谢我们的家人给予我们的默默付出与无私关爱！

谨以此书献给热爱数量金融、量化投资研究的广大读者朋友们！囿于我们的水平，在翻译过程中难免有不妥之处，文责风险自担，恳请各位读者不吝赐教！在此不胜感激！

译　者

2014 年 12 月于北京

图书在版编目(CIP)数据

数量金融导论:数学工具箱/(美)雷伊塔诺著;马博,隆云滔,刘洁译.—上海:格致出版社:上海人民出版社,2014
(当代经济学系列丛书/陈昕主编.当代经济学教学参考书系)
ISBN 978-7-5432-2404-9

Ⅰ.①数… Ⅱ.①雷… ②马… ③隆… ④刘… Ⅲ.①金融学-数量经济学 Ⅳ.①F830

中国版本图书馆 CIP 数据核字(2014)第 240686 号

责任编辑 程 倩
装帧设计 敬人设计工作室
吕敬人

数量金融导论:数学工具箱

[美]罗伯特·R.雷伊塔诺 著 马博 隆云滔 刘洁 译

出 版
格致出版社·上海三联书店·上海人民出版社
(200001 上海福建中路 193 号 www.ewen.co)

编辑部热线 021-63914988
市场部热线 021-63914081
www.hibooks.cn

发 行 上海世纪出版股份有限公司发行中心

印 刷 浙江临安曙光印务有限公司
开 本 787×1092 1/16
印 张 32.75
插 页 3
字 数 741,000
版 次 2015 年 1 月第 1 版
印 次 2015 年 1 月第 1 次印刷

ISBN 978-7-5432-2404-9/F·759 定价:79.00 元

Quantitative Finance: A Math Tool Kit

By Robert R. Reitano

上海市版权局著作权合同登记号　图字 09-2011-552

当代经济学教学参考书系

数量金融导论:数学工具箱/罗伯特·R.雷伊塔诺著
产业组织:市场和策略/保罗·贝拉弗雷姆著
《微观经济学:现代观点》练习册(第九版)/H.范里安等著
微观经济学:现代观点(第九版)/H.范里安著
政府采购与规制中的激励理论/让-雅克·拉丰等著
集体选择经济学/乔·B.史蒂文斯著
现代宏观经济学高级教程:分析与应用/马克斯·吉尔曼著
市场、博弈和策略行为/查尔斯·A.霍尔特著
公共政策导论/查尔斯·韦兰著
宏观经济学:现代原理/泰勒·考恩等著
微观经济学:现代原理/泰勒·考恩等著
微观经济理论与应用:数理分析(第二版)/杰弗里·M.佩洛夫著
国际经济学(第七版)/西奥·S.艾彻等著
金融学原理(第五版)/彭兴韵著
新动态财政学/纳拉亚纳·R.科彻拉科塔著
货币理论与政策(第三版)/卡尔·瓦什著
全球视角的宏观经济学/杰弗里·萨克斯著
《微观经济学》学习指南(第三版)/周惠中著
《宏观经济学》学习指南/大卫·吉立特著
法和经济学(第六版)/罗伯特·考特等著
宏观经济理论/让-帕斯卡·贝纳西著
国际经济学(第五版)/詹姆斯·吉尔伯著
博弈论与信息经济学/张维迎著
计量经济学(第三版)/詹姆斯·H.斯托克等著
微观经济学(第三版)/周惠中著
基本无害的计量经济学:实证研究者指南/乔舒亚·安格里斯特等著
中级公共经济学/吉恩·希瑞克斯等著
应用微观经济学读本/克莱格·M.纽马克编
理性的边界/赫伯特·金迪斯著
合作的微观经济学/何维·莫林著
宏观经济学数理模型基础/王弟海著
策略:博弈论导论/乔尔·沃森著
博弈论教程/肯·宾默尔著
经济增长(第二版)/罗伯特·J.巴罗著
宏观经济学/查尔斯·琼斯著
经济社会的起源(第十三版)/罗伯特·L.海尔布罗纳著
信息与激励经济学(第二版)/陈钊编著
政治博弈论/诺兰·麦卡蒂等著
发展经济学/斯图亚特·R.林恩著
宏观经济学:现代观点/罗伯特·J.巴罗著
合同理论/帕特里克·博尔顿等著
高级微观经济学/黄有光等著
货币、银行与经济(第六版)/托马斯·梅耶等著
鲁宾斯坦微观经济学讲义/阿里尔·鲁宾斯坦著
全球市场中的企业与政府(第六版)/默里·L.韦登鲍姆著
经济理论中的最优化方法(第二版)/阿维纳什·K.迪克西特著